歴史と解釈学

歴史と解釈学

――《ベルリン精神》の系譜学――

安酸敏眞著

知泉書館

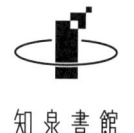

三十星霜にわたる伴走に感謝して
本書を　妻悦子にささぐ

凡　例

一　本書においては以下の略号を用いるが、原則的には各章の初出の際に、毎回省略せずに完全な書誌情報を載せることにする。

GS　Gesammelte Schriften

Ernst Troeltsch. *Gesammelte Schriften*. 4 Bde. Tübingen: J. C. B. Mohr（Paul Siebeck）, 1911-25.

KGA　Kritische Gesamtausgabe

Ernst Troeltsch. *Kritische Gesamtausgabe*. 20 Bde. Berlin und New York: Walter de Gruyter, 1998ff.

一　シュライアーマッハーとトレルチについての研究は、いずれはすべて批判校訂版の全集（Kritische Gesamtausgabe）に基づいて行なわれると思うので、すでに刊行されている部分に関しては、それを底本とした。しかし未刊行の巻も多く残っているので、読者の便宜を考慮に入れて、書誌情報としては、従来の研究において主要資料とされた文献と、批判校訂版全集の両方の情報とを、併記する方法を採った。

一　手元に原典がある限り、原則的にはすべて原典資料を参照しているが、かなり広範囲な文献を扱っているので、邦語の翻訳が存在している場合には、引用の際に可能なかぎり既存の訳文を利用させていただいた。但し、全体の統一と整合性をはかるために、部分的に手を入れている場合もある。なお、翻訳書の情報を逐一併記することは煩雑なので、多くの場合には、原典情報のみを挙げることにする。

一　人名の表記に関しては、出来るだけ原語の発音に近づけるよう心がけたが、すでに定着しているものについては、必ずしもその限りではない。

一　注ならびに文献一覧に関しては、*The Chicago Manual of Style: The Essential Guide for Writers, Editors, and Publishers*. 16th Edition（Chicago and London: University of Chicago Press, 2010）に準拠しているが、英語以外の文献の場合にはそれ

にあてはまらない事例もあり、これについては基本的に日本的な慣行に倣った。

はしがき

本書は一つの思想史研究でありながら、同時に、思想史研究の方法を根本的に反省しようとする試みである。筆者は長年、広義の思想史関係の仕事に従事してきた。もともとはキリスト教学の学徒としてスタートしたが、トレルチやレッシングの思想と格闘するうちに、いつしかキリスト教学プロパーの領域をはみ出して、西洋思想史という大海原に単身漕ぎ出していた。はじめのうちは研究方法について深く考えることもなく、キリスト教学研究の方法を準用していたが、やがて思想史というジャンルとその固有の方法について、より自覚的に反省するようになった。あるきっかけで村岡典嗣を読み直し、そこで出会ったアウグスト・ベークの *Encyklopädie und Methodologie der philologischen Wissenschaften* を、五十の手習いのようにして学び始めたのは、札幌に移ってきてからのことである。稀覯本となっていた原著（第二版）をたまたまスウェーデンの古書店から入手できたこと――初版はその一年後にアメリカの古書店に埋もれているのを見つけ、かなり廉価で購入できた――は、まさに僥倖であったと同時に、足踏み状態の自分にとっては、研究の新局面を切り拓く上での運命的な出会いでもあった。

ベークを学んでみると、一方では師にあたるシュライアーマッハーを、他方では彼の学生であったドロイゼンを、あらためて学ばざるを得なくなった。シュライアーマッハーの解釈学理論については、ヴァンダービルト大学の恩師J・フォーストマン教授が訳者の一人だったこともあり、米国留学時代に英訳書 *Hermeneutics: The*

Handwritten Manuscripts は読んでいたが、本格的な原典研究を行なったことはなかった。ドロイゼンに関しても、彼の *Historik* を本格的に研究し出したのは、つい四、五年前からに過ぎない。たまたま「解釈学と歴史主義――A・ベークとJ・G・ドロイゼンについての事例研究」に対して、二〇〇九―一一年度の科学研究費が交付されたので、本書の刊行に大きな弾みがついた。シュライアーマッハー、ベーク、そしてドロイゼンの書物を読むなかで、ディルタイへと至る方向線が明確に浮かび上がり、期せずして四半世紀前の計画と交差することになった。一九八五―八六年の科学研究費研究「近代的歴史意識の成立とその神学的意義」では、トレルチからディルタイ、ヘーゲル、ヘルダー、レッシングへと遡ることを企てたが、結局レッシングひとりに十年以上の歳月を要し、他の三人については一篇の論文も公表せずに時間だけが経過してきた。久しく筐底に秘したままになっていたディルタイに関する草稿は、かくして新しい光の下で換骨奪胎され、解釈学と歴史主義の糾合を示す論文に仕上げられた。これによってシュライアーマッハーからトレルチへと至る系譜が一本の線で繋がり、このたび《ベルリン精神》の系譜学として一書にまとめられた次第である。

「歴史と解釈学」という問題設定は、とりたてて目新しいものではなく、筆者の書架にあるものに限っても、宮島肇『歴史と解釈学――ディルタイ歴史哲学序説』（成美堂、一九三六年）、Carl E. Braaten, *History and Hermeneutics* (Philadelphia, 1966)、Robert Funk, ed., *History and Hermeneutic* (New York, 1967) など、それを書名に掲げた書物がすでに三冊も存在する。しかしこの主題を「《ベルリン精神》の系譜学」という仕方で叙述することは、まったく独自の問題関心に基づいている。《ベルリン精神》（Berliner Geist）に眼を開かれたのは、二〇〇〇年に来日した畏友F・W・グラーフ氏（ミュンヘン大学教授）から贈呈された *Berliner Geist. Eine Geschichte der Berliner Universitätsphilosophie bis 1946* (Berlin, 1999) という書物を通してであった。彼自身が執筆したのでも編集したのでもないこの本を、どうして署名までしてわたしにくれたのかわからないが、これもまた僥倖以外の何物でもなかった。

解釈学の系譜に関しては、Joachim Wach, *Das Verstehen. Grundzüge einer Geschichte der hermeneutischen Theorie im 19. Jahrhundert.* 3 Bde（Tübingen, 1926-1933）という大著があるが、解釈学と歴史主義との絡まり合いという視点は、上記のような読書を通じて、筆者の意識におのずと生じてきたものである。トレルチから出発した筆者にとっては、歴史主義への関心が先にあり、歴史主義のルーツを探るうちに思いがけず解釈学の水脈に出くわした、というのが実情である。そこから二つの水脈の相互関係が関心事となり、ベークやドロイゼンに促されて、シュライアーマッハーにまで遡る羽目になった。シュライアーマッハーの解釈学については、彼の神学・倫理学・弁証法との全体的連関のなかで考察する必要があり、本書における論述はその意味では不備なものである。ヘーゲルとの比較作業も重要であるが、現時点ではこれも手に余る仕事である。

解釈学に対する筆者の関心は、上記のような問題関心に規定されているので、ハイデガーの「事実性の解釈学」やガダマーの『真理と方法』によって支配された、「解釈学的転回」（die hermeneutische Wende）以降の議論とは、明確に一線を画している。筆者としてはガダマーの立論を鵜呑みにしないで、彼自身が批判的に対峙したところの「ロマン主義解釈学」の系譜を、自分の目で確かめてみたいと思った。「自分の目で検証すること」（mit eigenen Augen zu prüfen）は、筆者がレッシングから学んだことの一つであるが、この作業を通して、ガダマー解釈学の秀逸を再確認すると同時に、その偏見と一面性も少なからず感じざるを得なかった。筆者の関心は解釈学理論そのものではなく、歴史主義との絡みにおける解釈学であり、また思想史研究の方法を模索する一環としてのそれであるので、転回《ヴェンデ》以降の解釈学議論からすれば、決着済みの議論の蒸し返しのように見えるかもしれない。しかし大家の意見を鵜呑みにするよりは、徒事に終わろうとも自分で検証する方が価値があるだろう。シュライアーマッハーのような大思想家は、それこそ生涯を献げる研究をしても十分ではあり得ないのに、さらにベーク、ドロイゼン、ディルタイ、トレルチと、これまたいずれも容易に踏破できない巨匠たちを何人も付け加えて論究することは、まさに暴挙として諌められても仕方なかろう。しかしトレルチのなかには、これらの思想家たちの影響がもともと複合的に注ぎ込んでいるので、トレルチの著作に親炙している筆者にとっては、この種の研究もそれほど違和感のあるものではなかった。むしろ四半世紀前に全体像を捉えたトレルチを、再度その源泉へと立ち返って検証し直す作業となった。

思想史研究は、テクストとそれが成立した歴史的コンテクストを踏まえつつ、複雑な思想的ダイナミズムを一定の時間の広がりにおいて、過去と現在の両方の視点から解釈することを任務としている。思想史研究者は、けわしく切り立った絶壁を攻略することに命を懸けるアルピニストではなく、むしろ山から山、谷から谷へと渡り歩くワンダーフォーゲルに似ている。かつてはアルピニストに憧れた筆者ではあるが、いまでは難攻不落の山頂を極めることにロマンを感じるよりも、むしろおのが脚で山野を歩き回ることに喜びを見出す。ここに披露する内容は、それぞれの分野のスペシャリストやエキスパートからすれば、凡庸に過ぎるかもしれないが、筆者は山頂からの展望を想像しつつ、山麓から山並みを愛でることに、ささやかな喜びを感じている。

過去に行なったトレルチ研究やレッシング研究と違って、扱っている対象が広範かつ多岐にわたるので、限定的な考察にとどまっているところも多いが、そこに一定のオリジナリティもあろうかと思う。本書がわが国の思想史研究の発展に多少なりとも寄与するところがあれば、著者としては望外の喜びである。

目次

歴史と解釈学

——《ベルリン精神》の系譜学——

序章　《思想史》の概念と方法について

はじめに

今日、「思想史」は一つの学問分野として確立され、もはやそれについて説明を要しないかのごとくである。実際、文部科学省が定めている「系・分野・分科・細目表」においても、「思想史」は「人文社会系」の「人文学」の分野に属する、「哲学」という分科のなかの細目の一つに、しっかりと数えられている。国内外に広く認知された学会組織としては、例えば「日本思想史学会」という立派なものがあり、学会誌として『日本思想史学』も刊行されている。[1] また関連したジャーナルに『季刊　日本思想史』があり、さらには『日本思想史辞典』[2]という本格的な辞典すら存在する。わが国において「日本思想史」というジャンルが確立した背景には、津田左右吉（一八七三―一九六一年）、村岡典嗣（一八八四―一九四六年）、和辻哲郎（一八八九―一九六〇年）などの優れた業績があったことが挙げられるであろうが、[3] 方法論的な面でとりわけ重要なのは、東北帝国大学に本邦初の「日本思想史講座」を誕生させた、村岡典嗣の尽力とその業績であろう。[4] 村岡は東北帝国大学法文学部開設の翌年、一九二四年に文化史学第一講座の担当として着任し、一九四六年に定年退職するまでその職にとどまったが、彼はその間に、国学・神道・儒教・キリシタン・洋学などを広くかつ深く研究し、まさに日本思想史学のパイオニアとして、刮目すべき多くの業績を残した。村岡は一九一一年、弱冠二十六歳のときに処女作『本居宣長』を世に問うたが、彼はその書において、ヨーロッパの文献学とわが国近世の古学、とりわけ宣長の国学との間に、ある種の類縁性を見出している。そのことが暗示しているように、日本思想史の研究が江戸中期の本居宣長あたりにまで遡ることができることは、家永三郎も「日本思想史の過去と将来」において認めるところである[5]。

しかし他方では、わが国では「西洋思想史学会」なるものは組織されていないし、また「西洋思想史」という名を冠した書物は存在しても、中身は「西洋哲学史」を水で薄めたようなものがほとんどで、「哲学史」と「思想史」の概念的区別が不明確なケースも少なくない。「政治思想史」や「社会思想史」などの場合も同様で、「思想史」そのものの概念と方法について、掘り下げた考察をしている書物はほとんど見当たらない。大半のものは、政治思想や社会思想の歴史的変遷を論述することで満足し、「思想史」の理念・課題・方法について、掘り下げた仕方で問い質す作業は、ほぼ等閑視されているといっても過言ではない。

そこで問題は、日本思想史、西洋思想史、政治思想史、社会思想史などに共通するところの、そもそも「思想史」とはいかなるものか、ということである。この問いに対しては、例えばフランクリン・L・バウマー(Franklin Le Van Baumer, 1913-1990) が――もちろん、彼なりの観点からであるが――明確な答えを用意してくれている[6]。しかし筆者としては最初から特定のコンセプトを前提とするのではなく、むしろ独自のやり方で、より広い射程のもとにこの問いを追求してみたい。具体的なやり方としては、われわれが一般に「思想史」として考えているものと、それに密接な関わりを持っている諸概念とを洗い直し、その洗い直し作業のなかから明らかとなる諸事実に基づいて、「思想史」の概念・課題・方法について再検討するというものである。

一　Intellectual History,　History of Ideas,　History of Thought

（1）Intellectual History

「日本思想史学会」の英語表記は、Association of Japanese Intellectual History となっているので、ここから日本語の「思想史」に対応するのが intellectual history であることが窺われる。intellectual history というのは、平たく訳せば、「知の歴史」あるいは「知性の歴史」という意味である。わが国で「思想史」と呼んでいるものはおそらくこれに一番近いと思われる。それでは intellectual history とはどのようなものなのであろうか？[7]

プリンストン大学高等研究所の歴史学教授を務めたフェリックス・ギルバート（Felix Gilbert, 1905-1991）によれば、この概念はジェームズ・ハーヴィー・ロビンソン（James Harvey Robinson,1863-1936）の *The New History* (New York: Macmillan, 1912), pp. 101-131 所収の論文 “Some Reflections on Intellectual History” にその用例が見出されるという。[8] しかし筆者が独自に調査した限りでは、一八四九年にすでにグリスウォルド（Rufus Wilmot Griswold, 1815-1857）という人が、*The Prose Writers of America with a Survey of the Intellectual History, Condition and Prospects of the Country* という書物を刊行している。この本は、その売り込み文句によれば、初期アメリカの文学史を扱った以下のような書物である。

This volume contains a brief survey of our intellectual history, condition, and prospects, followed by more than seventy biographical and critical notices of authors, chronologically arranged, and illustrated, in most cases, by some fragments or entire short compositions from their works. I have confined my attention chiefly to the department of belles lettres, only passing its boundaries occasionally to notice some of our most eminent divines, jurists, economists, and other students of particular science, who stand at the same time as representatives of parties and as monuments of our intellectual power and capacity.[9]

それ以外にも、一八九九年には書名に intellectual history を含む次のような書物も刊行されている。Francis Seymour Stevenson, *Robert Grosseteste, Bishop of Lincoln: A Contribution to the Religious, Political and Intellectual History of the Thirteenth Century* (London: Macmillan & Co., 1899).

このように intellectual history という用語は、J・H・ロビンソン以前にも用いられていたことが判るが、いずれにせよその用語には今日のような特別な意味は込められていないように思われる。ロビンソンにおいてもそこで意味されているのは、「学問の進歩の歴史」（a history of the progress of scholarship）というほどの意味であって、「思想史」という独立した学問ジャンルを意味してはいない。ギルバートの見るところでは、intellectual history という用語が今日的に有意義な仕方ではじめて使われたのは、著名なピューリタン学者ペリー・ミラー（Perry Miller, 1905-1963）が一九三九年に出版した *The New England Mind*[10] においてであるという。ギルバートはミラーのその書物について、以下のように述べている。

Thirty-one years ago Perry Miller published his *New England Mind* . . . . He said that the book was intended ‘as the first volume in a projected series upon the intellectual history of New England.’ Was Miller aware that intellectual history was a novel concept, and by using this term did he want to indicate that his work belonged to a new genre of history? . . . . Miller's reasons for using this term can no longer be established. The fact is that in 1939 the term 'intellectual history' had not yet become a household word; it has crept gradually into the scholarly vocabulary . . . . During the interwar years the term came more and more into use, but Perry Miller's *New England Mind* . . . seems to have been the first serious scholarly work which claimed to be an 'intellectual history.'[(11)]

すなわち、一九三九年に刊行されたペリー・ミラーの『ニューイングランド精神』は、彼が計画実行したニューイングランドの intellectual history についての一連の研究[(12)]の、まさに最初の巻だというのである。実際、ペリー・ミラーはその書における彼の関心事を、「ニューイングランドにおけるピューリタン精神の、あるいは諸観念の起源と相互関係と意義とを説明する上での、主要概念を定義し明らかにすること」(defining and classifying the principal concepts of the Puritan mind in New England, of accounting for the origins, inter-relations, and significances of the ideas)[(13)]と述べている。

ところで、日本語の「思想史」に相当すると思われるこの intellectual history について、ギルバートは次のような興味深い事実を指摘している。

An examination of the history of this term reveals some further surprising facts. *Histoire intellectuelle* is not used by French scholars; nor does the *Oxford English Dictionary* recognize the existence of the term 'intellectual history.' . . . . In Italy in 1953 the term *storia intellettuale* was still such an unusual combination that it was placed

> in quotation marks to indicate that these two words might serve best to reproduce the meaning of the German *Geistesgeschichte*. The German knows only *Geistesgeschichte* or *Ideengeschichte*, not *intellektuelle Geschichte* . . . .
>
> Unquestionably the subject matters which fall into the sphere of intellectual history have always been concerns of the historian.[14]

英語の権威的辞書OED（*Oxford English Dictionary*）にintellectual historyが載っていないだけでなく、それに対応するフランス語の*histoire intellectuelle*もイタリア語の*storia intellettuale*も一般的ではなく、とくに後者はドイツ語の*Geistesgeschichte*の訳語だというのである。しかもドイツでは、*Geistesgeschichte*（精神史）ないし*Ideengeschichte*（理念史）が一般的であって、intellectual historyの直訳的ドイツ語ともいうべきintellektuelle Geschichteは使用されないというのである。

以上のことからわかることは、アメリカにおいてintellectual historyという用語が一般化してくるのは、ようやく第二次世界大戦前後からであるということと、ヨーロッパの主要言語においてはそれに対応する表現があまり見られないということである[15]。それでは、英語で「思想史」を言い表すにはintellectual historyしかないのだろうか？　言うまでもなく、日本語の「思想史」を言い表す表現は他にも存在する。一つはhistory of ideas（観念の歴史）であり、もう一つはhistory of thought（思想の歴史）である。「思想史」とは若干のニュアンスの相違があるものの、イタリア語の*storia intellettuale*の事例が示唆していたように、ドイツ語の*Geistesgeschichte*が第三の可能性を仄めかしている。したがって、それぞれの概念について次に検討してみよう。

（2）　History of Ideas

まず history of ideas について述べると、この概念に綱領的な意味を与えたのは、ジョンズ・ホプキンス大学のアーサー・O・ラヴジョイ（Arthur O. Lovejoy, 1873-1963）である。彼はジョンズ・ホプキンス大学に一九二二年、ヒストリー・オブ・アイディアズ・クラブなるものを設立して、西欧の文献に表れた一般的な哲学上の概念、倫理思想、美学上のファッションなどの歴史的発展や影響作用を、さまざまな研究分野の学者が共同でオープンに研究し合う機会を提供し、アメリカにおける思想史研究の発展に大いに貢献した。ラヴジョイは一九四〇年には同志と協力して、『思想史雑誌』*Journal of the History of Ideas* という学術誌を創刊し、その最初の編集人となった。今日彼は「より狭いより専門的な意味での思想史の研究を促進しようとの試み」を行なった最重要人物、アメリカ合衆国における思想史運動の「創始者であり中心的スポークスマン」[16]と見なされている。それでは history of ideas は何かといえば、ラヴジョイは history of ideas に関して次のように述べている。

By the history of ideas I mean something at once more specific and less restricted than the history of philosophy. It is differentiated primarily by the character of the units with which it concerns itself. Though it deals in great part with the same material as the other branches of the history of thought and depends greatly upon their prior labors, it divides that material in a special way, brings the parts into new groupings and relations, views it from the standpoint of a distinctive purpose. Its initial procedure may be said — though the parallel has its dangers — to be somewhat analogous to that of analytic chemistry. In dealing with the history of philosophical doctrines, for example, it cuts into the hard-and-fast individual systems and, for its own purposes, breaks them up into their component elements, into what may be called their unit-ideas.(17)

ここからわかるように、ラヴジョイの思想史研究の主たる関心は、①「学際的研究の必要性」（the need for inter-disciplinary studies）と、②「彼が〈単位観念〉と名づけたものへの関心」（concern with what he termed 'unit-ideas'）である。(18) ラヴジョイ自身の考えはひとまず横に置くとして、history of ideas と称されるものと intellectual history との関係を考えてみると、両者の関係はほぼ次のように言えるのではないかと思う。history of ideas は intellectual history とは「姉妹関係にある学科」（a sister-discipline）であるが、intellectual history の方がより広範な概念で、history of ideas は intellectual history の内部にあって、特殊なアプローチをするものである。すなわち、history of ideas は intellectual history の重要な一部を構成する「基礎単位」（building block）としての〈単位観念〉（unit-ideas）に着目し、人間の諸観念の表現と意味、あるいはその変遷と時代を貫いて変わらざる本質などを歴史的に探究することによって、それを一つの歴史として、つまりは history of ideas として提示しようとするものである、と。そのために history of ideas は、哲学史、科学史、文学史などと深く関わる「学際的研究」（interdisciplinary research）にならざるを得ず、そこに既成の学問領域を縦横にクロスする思想史研究の斬新さと魅力がある。それはともあれ、ラヴジョイ以外にも history of ideas を主唱した学者はいて、例えばスウェーデンでは、一九三二年にウプサラ大学教授に招聘されたヨーハン・ノルドストレーム（Johan Nordström, 1891-1967）は、みずからが担当する科目を "idéoch lärdomshistoria"（the history of ideas and learning）と命名し、「思想史学という新しい学科」（the new discipline History of Ideas and Learning）の礎石を据えた。(19)

history of ideas という意味での「思想史」の代表的著作は、言うまでもなく、ラヴジョイの『存在の大いなる連鎖』*The Great Chain of Being* であるが、彼のものとしては他に『思想史論文集』[20] も見逃せない。ラヴジョイに連なる思想史研究の各種方法論や、個々の分野における思想史研究の諸成果を収録したものとしては、『文化的展望における諸観念』[21] が特筆に値する。それ以外には、思想史研究の集成たるフィリップ・P・ウィーナー（Philip P. Wiener, 1905-1992）編『思想史辞典』[22] が銘記されなければならない。

（3）　History of Thought

次にさきのラヴジョイの引用文のなかに見出される history of thought についてみると、これは通常は history of xxx thought というようなかたちで、thought の前にそれを修飾する形容詞 xxx を伴う。例えば、history of social thought、history of religious thought、あるいは history of Christian thought といったふうに。具体的な事例を紹介すれば、「キリスト教思想史」（history of Christian thought）を表題に含む書物としては、W. Cunningham, *S. Austin and His Place in the History of Christian Thought*: The Hulsean Lectures 1885 (C. J. Clay & Sons, 1886)、Edward Caldwell Moore, *An Outline of the History of Christian Thought since Kant* (London: Duckworth, 1912)、Arthur Cushman McGiffert, *A History of Christian Thought*, 2 vols. (New York: Charles Scribner's Sons, 1932)、J. L. Neve, *A History of Christian Thought*, 2 vols. (Philadelphia: The Muhlenberg Press, 1946)、Otto W. Heick, *A History of Christian Thought*, 2 vols. (Philadelphia: Fortress Press, 1965-66)、Paul Tillich, *A History of Christian Thought* (New York: Simon & Schuster, 1967-68) などである。[23] 上記の書物のうちで、三番目に挙げた著作の著者アーサー・C・マッギファート（Arthur Cushman McGiffert, 1861-1933）は、アメリカにおいて「キリスト教思想史」という学問を確立する上で最も功績があった人物であるが、彼のもとで学んで日本人としてはじめて神学博士号を取

得したのが、同志社大学神学部長を経て、のちに京都大学基督教学講座の第二代の教授に就任した有賀鐵太郎（一八九九―一九七七年）である。有賀は同志社大学時代に、同僚の魚木忠一（一八九二―一九五四年）と協力して、『基督教思想史』（日獨書院、一九三四年、改訂版、教文館、一九五一年）という共著を刊行したが、その冒頭で次のように述べている。

> 我々は此書の表題を『教理史』とか『教義史』とか『神學史』とかせずに、單に『思想史』とした。『思想史』は極めて漠然たる観念であるが、漠然として居ればこそ其を選んだのである。
>
> 其なら何故そんな表題を選んだのか、その理由を理解してもらふ為には、一通り『教義史』『教理史』『神学史』の意味を説明しなくてはならない……。
>
> 茲に我々が企圖してゐることは、原始、カトリック、プロテスタントの凡てを通じた基督教思想史の大綱を叙述しようと云ふので、教義史とも神學史とも名け難いものである。其を『教理史』と呼んでも差支ないのであるが……、日本語に於ては譯語が未だ不確定である為に『教理史』としても『教義史』の意味に採られることもあり、且つプロテスタント思想史は多分に神學史を含むのである故、我々の仕事を教理史と名つけるよりは思想史と包括的に呼ぶことが最も適當である。我々が學んだユニオン・セミナリに於ては以前からヒストリ・オブ・クリスチャン・ソートと云ふ名稱を用ゐてゐた。マッギファト《〔ママ〕》先生の最後の著（一九三二―三三年）も其を題名としてゐる。(24)

ここに記されているように、History of Christian Thought という講座は、アメリカでは二十世紀初頭から存在しており、筆者がアメリカに留学して学んだのも、Vanderbilt University の Graduate Department of Religion のなかの History of Christian Thought という部門であった。これはマッギファートが設立したニューヨークの Union Theological Seminary の History of Christian Thought 講座を引き継いだヴィルヘルム・パウク（Wilhelm Pauck, 1901-1981）が、定年後ヴァンダービルト大学に移籍してきて、弟子のジャクソン・フォーストマン（Jackson Forstman, 1929-）とともに開設したものである。ともあれ、以上の例からもわかるように、history of Christian thought に限らず、history of thought という言い方も日本語の「思想史」を表現する一つの可能性と言えよう。日本語の「政治思想史」や「社会思想史」はまさにこれに該当する。

二　Geistesgeschichte と Ideengeschichte

（1）Geistesgeschichte

これまで intellectual history、history of ideas、history of thought について一瞥してみたが、「思想史」という学問ジャンルを理解するためには、これだけでは不十分である。そのためには、とりわけドイツにおいて成立した「精神史」と呼ばれるものに注意を払う必要がある。われわれが見てきたように、アメリカでは「思想史」はラヴジョイやミラーなどの研究によって大きく推進され、一九四〇年代後半以降、大学のカリキュラムの中にも市民権を得るようになったが、実はそれと類似していつつも哲学的・方法論的にははるかに掘り下げた試みは、すでに一八六〇年代のドイツでなされている。ヴィルヘルム・ディルタイ（Wilhelm Dilthey, 1833-1911）が学問的な基礎を据えた「精神史」（Geistesgeschichte）がそれである。

「精神史」とは、最も無難で一般的な定義を施せば、「歴史的事実の背後に歴史を動かす力として精神的な力が働いていると考え、この見地から歴史をとらえ、芸術・学問・宗教などの文化形象を精神の歴史として考察するもの」（広辞苑）となるであろうが、ディルタイがみずからの哲学をもって開拓したこの「精神史」なるものは、はるかヘーゲルの「絶対精神の哲学」にまで遡るものである。ヘーゲルは、人間と世界の全現実を絶対者の無限なる創造活動の示現として把握し、歴史的発展の主体を絶対知としての「絶対的理念」（absolute Idee）ないし「絶対的精神」（absoluter Geist）と見なした。彼は「世界史」（Weltgeschichte）を絶対的精神が理性的な自由を実現していく漸進的過程と考えたが、そのような精神の発展過程において、彼は主観的（個人的）精神、客観的精神、絶対的精神という三段階を区別し、法、道徳、人倫を客観的精神の段階に、芸術、宗教、哲学を絶対的精神の段階に位置づけて捉えた。

　ディルタイはヘーゲルから「客観的精神」という用語を受け継ぎながら、その内実を大きく変容させている。ディルタイにおいては、個人の間に成立している共同性——例えば、言語や習俗など——が感覚的世界のうちに客観化された多様の形式、これが客観的精神である。それは生活の客観態であり、道徳、法律、国家、宗教、文学、芸術、学問などはすべてそれを反映している。つまりヘーゲルが絶対的精神として客観的精神から区別していた、芸術や宗教や哲学を、ディルタイは客観的精神という枠に入れてしまっている。したがってディルタイには、ヘーゲルのいうような完全なる観念的構成としての絶対的精神なる概念は見出されない。いずれにせよ、民族や人類が歴史において形成してきた過去の精神的遺産は、客観的精神というかたちで現在となっているのであり、個々人は歴史的文化遺産としての客観的精神によって、歴史の意味や文化価値に主体的に参与するだけでなく、それを通して歴史を新たに創り出していく。ディルタイがその学問的樹立を目指した「精神科学」

（Geisteswissenschaft）は、われわれの内なる精神の自己表現としての生の客観態を研究対象とし、体験を通してそれを理解しようと努める。「精神が創造したもののみを精神は理解する」（Nur was der Geist geschaffen hat, versteht er）[25]とか、「生を生そのものから理解しようと欲する」（das Leben aus ihm selber verstehen zu wollen）[26]という表現のなかに、ディルタイの思想の根本性質は明示されているが、彼のいう「精神史」の意味も以上のような文脈において明らかとなる。すなわち、ディルタイは宗教、哲学、文学、芸術、教育、政治などの文化現象を、すべて人間の歴史的な生の表出であると考え、それらすべてを貫く精神（Geist）の作用連関の全体を「精神史」（Geistesgeschichte）と見なしたのである。

したがって、ディルタイが開拓した「精神史」の分野は、二十世紀になってアメリカ合衆国で産声を上げた「思想史」の先蹤をなす一面をもっているのである。ディルタイが「現代の思想史の父」（the father of the modern history of ideas）[27]と呼ばれる所以である。ここではアメリカの二人のすぐれた思想史家の文章を引用して、ディルタイが主唱した「精神史」が、「思想史」という新しい学問ジャンルとの関係で、どのように見られているかを確認しておこう。まずはイェール大学で長年「思想史」を講じたフランクリン・L・バウマーのディルタイ評である。

> In Germany, another philosopher, Wilhelm Dilthey, who was named to Hegel's chair at the University of Berlin in 1882, fought to establish the autonomy of the 'cultural' or 'human' sciences. In Dilthey's view, the 'human' sciences provided a far better way of understanding historico-social reality, hence also the nature of man, than the natural sciences. Dilthey, called 'the father of the modern history of ideas,' made history preeminent among the

Geisteswissenschaften, and made the human mind and its ideas history's fulcrum. He did much, more than anyone else up to that time, to establish a methodology for the study of the history of ideas. He also broadened its scope to include, not only rational thought, so much emphasized by the Hegelian tradition, but also the products of the human imagination and will, as embodied in literature, art, and religion, as well as philosophy and science.[28]

次に、同じくイェール大学の歴史学のスターリング・プロフェッサーだったハーヨ・ホールボーン（Hajo Holborn, 1902-1969）――彼もベルリン大学のマイネッケ（Friedrich Meinecke, 1862-1954）のもとで学位を取得したが、マイネッケ以外にトレルチ（Ernst Troeltsch, 1865-1923）、オットー・ヒンツェ（Otto Hintze, 1861-1940）、アードルフ・フォン・ハルナック（Adolf von Harnack, 1851-1930）、カール・ホル（Karl Holl, 1866-1926）、ハンス・フォン・シューベルト（Hans von Schubert, 1859-1931）など、当時の一流の歴史学者や神学者からも多くのことを直接学んでいる[29]――の弁に耳を傾けてみよう。

It was in the late 1860's that Wilhelm Dilthey began his work as a philosopher and historian. More than any other scholar he was the father of the modern history of ideas . . . . Dilthey intended to set aside Kant's Critique of Pure Reason a Critique of Historical Reason, designed to establish the cultural sciences on a secure, scientific basis.[30]

Dilthey's history of ideas has added a new dimension to historiography by expanding it to include, apart from the rational thoughts, the imaginative visions and the conative efforts of man. Not only conflicting systems of philosophy of a period could now be shown to represent various expressions of a common living experience, but the visions of artists and the motivating ideas of statesmen could also be related to the same experience. The spirit of an age, which Hegel and Western Positivism characterized only with naked ideas, could be described in its many-faceted and dynamic life.[31]

このように、バウマーもホールボーンもともに、ディルタイを「現代の思想史の父」と呼び、彼が思想史の範囲を拡大して、合理的な思想のみならず想像力や意欲的努力の産物をも、その考察対象に含めたことを高く評価している。

（2）Ideengeschichte

わが国で「思想史」と呼んでいるものの意味と内容を確認するためには、「精神史」と並んで、「理念史」（Ideengeschichte）と呼ばれているものについても、一瞥しておくことが肝要であろう。「理念史」というのは、歴史的な効力を有する「理念」（Ideen）を研究・叙述する精神科学の一分野であり、個人的・精神的な創造物（哲学的体系とか文学など）か、あるいは公共生活上の精神的運動に注意を向ける。ヴィルヘルム・フォン・フンボルト（Wilhelm von Humboldt, 1767-1835）の「史的理念説」やレーオポルト・フォン・ランケ（Leopold von Ranke, 1795-1886）の世界史理論などが、その遠景を形づくっているが、学問的基礎づけという点では、これもディルタイに多くを負っている。それゆえときには「精神史」とほぼ同義に受け止められることもあるが、歴史における「理念」の働きにより大きなウェートが置かれている。エルンスト・R・クルツィウス（Ernst

Robert Curtius, 1886-1956）の『ヨーロッパ文学とラテン中世』[32]やマイネッケの『近代史における国家理性の理念』[33]などが、いわゆる「理念史」の傑作と見なされている。ここではマイネッケの説明に耳を傾けてみよう。マイネッケによれば、理念とは生動する精神的な諸力であって、個々人の人格によって担われ形成されるものであるが、かかる理念を広汎かつ普遍的な枠のなかで把握すると同時に、歴史のもっともなまな現実との密接な結びつきにおいて探究しようとするのが、理念史的な方法の一番の特徴である。マイネッケ自身の言葉を引用すれば、

> 理念史はむしろ、普遍史の本質的で不可欠な一部として取り扱われねばならぬ。思索する人間が歴史的に体験した事柄からなにを作りあげたか、またそれをどのようにして精神的に克服したか、そこから彼がどんな理念的帰結をひきだしたかを、それゆえいわば生の基本的なものにむけられている諸精神中に、事象の精髄がうつしだされている様を叙述するのが理念史である。けれども、そうかといってまた決してたんなる影絵でもなければ灰色の理論でもなくて、自己の時代の本質的なものを表明することを使命としている人間の生命のなかへ摂取された諸事物の、生ける血なのである。その時代の諸体験から生じたある重要な思想家のイデオロギーは、譬えていえば数百のバラから得られる一滴のバラ油のようなものにほかならない。体験されたものを理念へと変ずることによって、人間は体験されたものの重圧から救済され、生を構成するところの新たな諸々の力を創造する。理念とは、人間が到達することができ、そのなかで人間の観照的精神と創造力とが結合して全業績に到達する最高の点である。それ自体のためまたその作用のために、理念は普遍史的考察を受ける価値がある。[34]

このような理念史的な方法がいかに実り豊かなものであるかは、マイネッケ自身の著作がよく示している。なお余談ながら、上で言及したフェリックス・ギルバートもハーヨ・ホールボーンも、ベルリン大学におけるマイネッケの教え子であったことはとても興味深い。彼らはドイツからの「亡命歴史家」として、ワシントンD．C．の「ドイツ歴史学研究所」（German Historical Institute）の活動を中心的に担ったが、マイネッケ直伝の「理念史」の方法は、彼らを通じてアメリカ合衆国に移植されたのである。[35] 戦後のアメリカにおける思想史研究の確立と発展は、こうした「亡命歴史家」たちの存在とも無関係ではないであろう。

三　Kulturgeschichte と Cultural History

（1）Kulturgeschichte

次に、「文化史」の概念を見ておこう。というのは、思想史はしばしば文化史の外延と見なされるからである。それでは文化史とは何か？　一概に「文化史」（〔独〕Kulturgeschichte、〔英〕cultural history、〔仏〕histoire culturelle）といっても、識者の間にかなりの認識の差と定義の幅があるので、最大公約数的な定義を得るために、まず dtv-Lexikon を繙いて、Kulturgeschichte の項を見てみよう。

> 《文化史》　一つの民族あるいは全人類の精神的・文化的・社会的発展の変遷についての探究。またはこの変遷そのもの。（純粋な）政治史とは区別される。文化史の起源は十八世紀のモンテスキューとヴォルテールに遡る。啓蒙主義は文化史を人類の進歩発展の歴史として理解した。ドイツでは文化史はJ・メーザー

によって、また文化を民族精神の無意識的な創造の成果と見なした、J・G・ヘルダーの『人類の歴史哲学の理念』（一七四八―一七九一年）によって、新しい刺激を受け取った。文化史はJ・ブルクハルト（『イタリア・ルネサンスの文化』（一八六〇年）と『世界史的考察』（一九〇五年））によって、特別な特徴を獲得すると同時に、一つの頂点に到達した。ブルクハルトは三つの「ポテンツ」に関する教説において、国家、宗教、文化を歴史的な生の主要構造と見なした。二十世紀になると、文化形態学（A・J・トインビー）と文化社会学（A・ヴェーバー）へと関心が向けられることによって、新しい方向づけが起こった。この試みによって、今日文化史は一方では高級文化の歴史として、他方では歴史学的な文化人類学として捉えられる、という事態が引き起こされた[36]。

ここに簡にして要を得た説明が見出されるが、Kulturegeschichte という表現について言えば、おそらくJ・C・アーデルンク（Johann Christoph Adelung, 1732-1806）の『人類の文化の歴史の試み』*Versuch einer Geschichte der Kultur des menschlichen Geschlechts*（1782）のなかに、Geschichte der Kultur というかたちで初めてその萌芽が認められる。そしてこの説明のなかにもあるように、十九世紀にこの概念を主唱した人たちにおいては、文化史は「圧倒的に政治的な歴史記述への修正」（Korrektur an einer vorwiegend politischen Geschichtsschreibung）として理解されていた[37]。しかし十九世紀末から二十世紀の初頭にかけて、シェーファー（Dietrich Schäfer, 1845-1929）対ゴータイン（Eberhart Gothein, 1853-1923）の論争や、ランプレヒト（Karl Lamprecht, 1856-1915）によって引き起こされた論争によって、文化史の定義とその方法論は、多面的で錯綜した哲学的な議論に巻き込まれる。それについてはここで論ずることはできないが[38]、十九世紀にはたしかに文化史の領域で、フランソワ・ギゾー（François Pierre Guillaume Guizot, 1787-1874）の『ヨーロッパ文明史』や『フランス文明史』[39]、トーマス・バックル（Henry Thomas Buckle, 1821-1862）の『イギリス文明史』[40]など、少なからぬ数のすぐれた業績が生み出された。しかしそのなかでも最も偉大な業績といえば、何といってもブルクハルト（Jakob Christopher Burckhardt, 1818-1897）のそれであろう[41]。それゆえ、われわれはここで文化史についての彼の考え方を見ておこう。

さきの引用にもあったように、ブルクハルトは国家と宗教と文化を「歴史における三つのポテンツ」と見なしている。彼によれば、三つの力は相互にきわめて異なったものであり、同列において論ずることはできないが、とくに文化は本質的に国家とも宗教とも別のものである。文化は、物質生活を促進するためであれ、あるいは精神的道徳的生活を表現するものとしてであれ、自発的に成立したすべてのものの総体である。それは社交、技術、美術、文芸、科学などを含む、流動するものの自由なものの世界であり、必ずしも普遍的妥当性や強制的承認を要求しない、精神の発展の総和のことである。文化は国家と宗教という二つの固定した生の設計に対して絶えず変形し分解する作用を及ぼす。文化の各要素は国家や宗教と同様に、その生成、開花（完き自己実現）、さらに衰退と一般の伝統の中での存続とをもつ。文化の所産は国民や民族や個人のなかに無意識に蓄積されて、一つの遺産として生き続ける。言語、文学、芸術、科学、社交、道徳、宗教などが、そのような文化遺産として存在しているが、文化史はかかる精神的連続体としての過去の特質を、その歴史的転変をつらぬいて永続する本質において、直観しかつ認識しようとするものである。ブルクハルトは『ギリシア文化史』の序論において、彼の文化史の方法全般に妥当すると思われる、次のような発言をしている。

文化史は過去の人類の内面に向かうものであり、この過去の人類がいかなるものであったか、どのように欲し、考え、観照し、そしてなしえたかを告げる。文化史がこうして恒常的なものに立ち至るとき、この恒常的なものはついには、現下のことよりも偉大かつ重要に思われ、ある特性は、ある行為よりも偉大かつ啓発的に思われる。なぜなら、行為というものは、そういう行為を絶えず新たに産み出すことのできるその当の人物に備わっている内的能力の個別的表出にすぎないからである。したがって、意欲された事柄、そしてその前提となっている事柄は起こった事柄と同様に重要であり、物の見方はなんらかの行動と同様に重要なのである。というのも、特定の瞬間には物の見方がこのような行動となって現われると考えられるからである。……

しかし、このような類型的叙述から生じている恒常的なものこそおそらくは、古代の最も真実な「実質的内容」であって、古代の遺物などに優るものであろう。われわれはここにおいて永遠なるギリシア人と識り合うのであり、個々の要因のかわりに、ある一つの形姿を知るに至るのである。[42]

ここには特定の時代や民族や国民の生活の中に生き生きと働いていた諸力を直観し、それを叙述することを通して、歴史発展の連続性に寄与しようとする文化史家ブルクハルトの本領が、卓越した筆致で綴られている。

さて、ブルクハルトに次ぐ偉大な文化史家といえば、オランダの二十世紀の歴史家ヨハン・ホイジンガ（Johan Huizinga, 1872-1945）であろうか。彼には『中世の秋』[43]という有名な著作があるが、彼は『文化史の課題』のなかで、「歴史とは、過去がわれわれに対してもつ意味の解釈である」[44]とし、そして「文化史を理解するためには、精神を把握しなければならない」[45]という。その上で、彼は文化史の課題について次のように語っている。

文化史はさしあたって歴史的生活の特殊な諸形式の確立の仕事をたっぷり抱えている。その使命は一般化の敢行に先行する特殊形態学だ。一つの中心概念を基準にしてすべての文化を描き上げる時もいつかは来るだろう。さしあたってわれわれはまず複数主義者でありたい。われわれの眼前に開かれた文化史の領域には過去の生活形態の客観的認識や定義づけは、まだ余りに少ししか行なわれていない(46)。

すなわち、文化史の主要課題は個々の文化を、その多様かつ特殊な歴史的現実に則して、形態学的に理解し叙述することである。ホイジンガによれば、

> ……文化史が理解しようとする過去の精神の諸形式は、むらがる諸事件の流れのただ中において常に考察され続ける。文化史は対象に立ち向い、目標をそこに集中するが、常にまたその対象から離れて、そのよって立つ世界に戻って行く。……
>
> 民族の歴史、社会集団の歴史から読みとれる限りの多様な文化形式及び機能が文化史の対象である。それは文化的イメージ、主題、論旨、シンボル、理念、思考形式、理想、様式、及び感情の中に凝縮されている。これら諸形式はそれぞれ個々の専門文化科学の対象となりうるもので、例えば、文学的主題と言語様式は文学史に、様式は芸術史に、理念は精神史に、といった具合だ。しかし同時にそれは一般的文化史にとっても対象となりうるのであり、宏大な歴史劇の諸情景として眺められる。
>
> 宗教学や民族学は神話、聖別式、秘儀、闘技、秘密組織などが文化生活で果たす意味を定義する。文化史はこれらの現象を多様な歴史の流れの中でとらえ、その作用と発生を明らかにする。文化史の形式を知れば

個々の出来事のより深い理解に役立ち、更に、その理解が各専門科学に確証と支持を提供することが出来る。数多くの文化史の対象は個々の専門分野の手に負えないものであるか、あるいはそのすべてに顔を出したりする。例えば牧歌は文学及び造形美術に属するのみならず、更に舞踊、音楽、社会生活、そして政治理論に関係がある。つまりそれは一つの文化主題である。奉仕、名誉、忠誠、心服、継承、反抗、自由への戦いなどの文化機能は、個々に取り上げれば社会学の対象だと称してかまわない。しかし、社会学が行なう体系的研究にしても、もし文化史が、時代と国を越えて時と共に変化するその作用と形態を見きわめないならば、それを決定的に取扱うことは出来ない。[47]

以上が、ホイジンガの考える文化史の課題であり、ここにはブルクハルトとも通底する古典的な文化史の理念が、実に雄弁に語られている。

(2) Cultural History

だが、ブルクハルトにせよホイジンガにせよ、そのような文化史の捉え方は古典的な意義を保ち続けているとしても、現代ではすっかり古びてしまった感がある。昨今流行《はやり》の文化史は、同じ文化史という表現ではあっても、「文化」によって意味されている内容がすっかり変容しているからである。現代の文化史が対象としている文化は、古典的文化史家たちが対象としていたような、いわゆる「高級文化」(Hochkultur)ではもはやなく、歴史学を含む人文科学の「文化論的転回」(カルチュラル・ターン)を反映して、圧倒的にポップカルチャー的なものに照準を合わせている。すなわち、「エリート文化」から「民衆文化」への転回が大きく進んでいるのである。

したがって、同じ文化史といっても、こちらは「古典的文化史」を連想させるKulturgeschichteよりは、むしろ「カルチュラル・スタディーズ」と軌を一にするcultural historyの訳語として理解した方がよかろう。もちろんドイツ語圏でも、英・仏・米などで盛んとなったcultural historyを顧慮する動きはあり、ハルトヴィヒとヴェーラーが編集した『今日の文化史』[48]などは、主にドイツ語圏の学者たちの真摯な議論を収録している。

新しい文化史研究の特徴を解説したものとしては、ピーター・バーク（Peter Burke, 1937- ）の『文化史とは何か』[49]は出色の出来映えの書物である。そこでピーター・バークの説明に従って、新しい文化史の基本的特質を把握してみたい。

バークによれば、「文化」という用語はかつて「高級」文化を意味していたが、最近は「下方」に拡張されて「低級」文化や民衆文化を含むものとなっている。すなわち、二十世紀初頭までは精神性の高い芸術や科学などを意味していたが、二十世紀後半からは民俗音楽や民衆的な芸術と科学のみならず、広範な技芸（イメージ、道具、家屋など）や慣習行為（会話、読書、ゲーム遊び）まで意味するようになっている。かつて文化人類学者のエドワード・タイラー（Edward Burnett Tylor, 1832-1917）は、「文化とは社会の一員として人間により獲得されたものの複合体であり、その中に知識・信仰・芸術・道徳・法律・習俗その他の諸機能と習慣とが含まれる」と述べたが、いまや文化という言葉はすぐれて日常生活の文化、つまり習慣、価値、生活様式などを指すようになり、このように拡大された文化人類学的な文化の定義が支配的となったのである。

バークはきわめて刺激的な「第三章　歴史人類学の時代」の冒頭で、「一九六〇年代から一九九〇年代に至る時期の文化史の実践のもっとも際だった特徴は、人類学的方向への転回であった[50]」、と述べている。この時期に歴史学と人類学の長期にわたる遭遇が起こり、かくして「歴史人類学の時代」が現出するに至ったのである。文学、美術、科学などの歴史においても、人類学的転回はきわめて顕著になり、特定のテクストや図像に寄りかかる旧来の手法はまったく通用しなくなった。こうした趨勢が進行するなかで、一九七〇年代には、「ミクロストリア」(microstoria; micro-history) と呼ばれる歴史のジャンルが台頭してきた。エマニュエル・ル・ロワ・ラデュリ(Emmanuel Le Roy Ladurie, 1929-)の『モンタイユー――オクシタニーの村。一二九四年から一三二四年まで』(一九七五年)とカルロ・ギンズブルグ(Carlo Ginzburg, 1939-)の『チーズとうじ虫――十六世紀の一粉挽屋の世界像』(一九七六年)が、このようなミクロストリアの代表的著作であるが、バークはこれらの新しい微視的な歴史叙述の成立を「事件」として捉え、これを三つの視点から考察している(51)。

第一に、ミクロストリアは、経済史のモデルにならったある様式の社会史に対する反発であった。そこでは、計量的な手法を用いて、地域文化のもつ多様性や特異性を理解することもなく、一般的傾向が描かれてきたからだった。ドイツでは、ハンス・メディックに代表されるミクロストリアと、ハンス・ウルリッヒ・ヴェーラーやユルゲン・コッカに代表される巨視的《マクロ》な「社会構造史」という、二つの様式のあいだでの競合が論争を生み出した。。第二に、ミクロストリアは人類学との遭遇への応答であった。人類学者が提供したオルタナティヴなモデルは、文化に対する理解があり、また社会経済還元主義から解放され、そして群衆のなかに顔が見える個人を描く余地のある詳細な事例研究を生み出した。こうした顕微鏡は、望遠鏡に対する魅力的な代替モデルを提供し、具体的な個人やローカルな経験を再び歴史に挿入する機会を与えたのだった。

第三に、ミクロストリアは、いわゆる進歩への「大きな物語」に対する幻滅が増大したことへの応答でもあった。この「大きな物語」とは、古代のギリシアやローマ、キリスト教、ルネサンス、宗教改革、科学革命、啓蒙、フランス革命、産業革命などを通じた近代西洋文明の勃興を意味している。この勝利者による物語は、こうした動きに参加しなかった西洋の社会集団はもとより、多くの他の文化の功績と貢献を見過ごしてしまうものであった。この「大きな物語」への批判と、いわゆる英文学での大作家や西洋美術史での大画家による「正典《カノン》」への批判とには、明らかにパラレルなものがあった。なぜなら、そうした批判の背後には、地域の文化やローカルな知識の価値を強調することによるグローバリゼーションへの対抗意識がみてとれるからだ[52]。

かくして「大きな物語」（grand narrative）に取って代わって、ローカルで小規模な微視的な歴史、つまりミクロストリアが次々と生み出されるようになったが、それらは村落や諸個人、家族や修道院、暴動、殺人、自殺など、実に多様な事象に焦点をあててきた。ポストコロニアリズムとフェミニズムがこのようなミクロストリアと結びつくことは、想像力を大きく膨らませなくとも容易に理解できるであろう。「新しい文化史」はこのようなポストモダンの時代状況への歴史学からの応答なのである。

さて、新しい文化史の成立に対して、バークは「四人の理論家」の名前を挙げて、彼らの理論的貢献を指摘している。それはミハイル・バフチン（Mikhail Bakhtin, 1895-1975）、ノルベルト・エリアス（Norbert Elias, 1897-1990）、ミシェル・フーコー（Michel Foucault, 1926-1984）、ピエール・ブルデュー（Pierre Bourdieu, 1930-2002）の四人である。彼らによって文化史の「新たなパラダイム」が創出され、「文化史における革命」が起ころうとしているのであろうか？　しかしバークは文化史の理論や実践のこのような転換や転回を手放しで承認してはいない。彼はむしろ「文化論的転回を超えて」ゆく必要性を感じている。バークは文化史の将来展望として、三つの可能性を示唆している。第一の可能性は、古典的文化史の復活である。彼はこれを「ブルクハルトへの回帰」という表現で言い表している。第二の可能性は、「新しい文化史をよりいっそう多くの領域へと絶えず拡張してゆくことである」。第三の可能性は、「構築主義的に社会を文化に還元することへの反発で、それは『社会史の逆襲』と呼ばれるだろう」[53]、と述べている。いずれのシナリオがもっとも可能性が高いかは別にして、古典的モデルと新しいモデルの共存が続くであろう。「いずれにせよ、ひとつの方法だけで文化史を探求しようと考えるのは、文化史を貧困なものにする」[54]。

以上が、文化史（とくに新しい文化史）についてのバークの見解である。このように、「文化史」の概念に関しても著しい変化が生じており、ブルクハルトやホイジンガによって代表される古典的なKulturgeschichteと、最近の文化人類学的な文化概念と問題意識に規定されたcultural historyに、果たして同一の「文化史」という訳語を充ててよいものか、検討の余地なしとしない。いずれにせよ、このことは思想史と文化史の関係を考える上で、われわれに根本的な再検討を迫るものである。

四　従来のわが国の「思想史」議論の問題点

さて、「思想史」の概念の外延が明らかになった今、これから「思想史」の概念と方法について、より掘り下げた検討をしてみよう。冒頭で紹介したように、「日本」という修飾語を伴った「日本思想史」は、かなり早い時期に成立しているが、より一般的な意味での「思想史」が正規の学問的ジャンルとなったのは、わが国ではようやく一九六〇年前後のことである。武田清子編『思想史の方法と対象』（創文社、一九六一年）と、中村雄二郎・生松敬三・田島節夫・古田光『思想史』（東京大学出版会、一九六一年。第二版、一九七七年）という二冊の書物が、そのことを端的に物語っている。[55] とくに前者の巻頭に収められている丸山真男の論文「思想史の考え方について――類型・範囲・対象」は、思想史という学問的営みを正面から議論しており、なかなか示唆に富む。その約十年後に出版された中村雄二郎編『思想史の方法と課題』（東京大学出版会、一九七三年）は、古田光を除く『思想史』の著者全員が参加していることからもわかるように、後者の延長線上に位置づけられる書物である。これは山崎正一東大教授の退官を記念して刊行されたものであるが、編者の中村雄二郎は、巻頭の論文「歴史の意識と思想史の可能性」において、思想史を「先駆的な、またしばしば意識されざるインタディシプリナリ的考察の努力」として捉え、われわれが思想史の方法論を考える上で興味深い人物として、「思想の社会史」（l’histoire sociale des idées）の提唱者H・ルフェーヴル（Henri Lefebvre, 1905-1991）と、「精神の社会学」（la sociologie de l’esprit）の唱道者L・ゴルドマン（Lucien Goldmann, 1913-1970）を挙げている。

　しかし筆者がこれら三冊の書物を読んで奇異に感ずるのは、一九六〇年代以降におけるわが国の思想史に関する議論が、「日本思想史」の存在や、その学問的確立に尽力した津田、村岡、和辻などの業績を、ほぼ完全に等閑に伏していることである。これは戦前の「日本思想史」が純粋な意味での思想史――「日本思想史」（Japanese Intellectual History）――ではなく、ともすれば日本精神を推奨する国粋的な「日本精神史」（The History of the Japanese Spirit）に傾きがちだったことと関係しているかもしれない。しかしそれと同時に、戦後の思想史に関する議論が圧倒的に欧米のインテリの理論的影響を受け、いまや欧米諸国の仲間入りを果たした日本の知識人たちが、自国の歴史や伝統や文化に対する感受性をすっかり喪失してしまった、という悲しむべき事実とも無関係ではなかろう。西洋思想史に従事するわが国の戦後の研究者は、舶来の斬新な理論や学説を学ぶことに汲々として、自国の文化的伝統や日本思想史の成果から学ぶことをほとんどしなくなった。それどころかみずからが日本人であるという事実すら顧みないような有り様だった。

こうした事態ときわめて対照的なのは、明治から昭和初期までのわが国の知識人たちの教養の幅の広さである。彼らの多くは東洋的伝統と西洋的伝統の両方に通じ、古文や漢文を読みこなすと同時に、ヨーロッパ起源の複数の外国語に精通していた。一例を挙げれば、京都帝国大学教授の原勝郎（一八七一―一九二四年）は、専門は西洋近世史でありながらみずから名著『日本中世史』（一九〇六年）を著し、また日本通史の本を英語で出版した[56]。あるいは昭和初期の名著『日本文化史序説』（一九三二年）を著した西田直二郎（一八八六―一九六四年）は、ヨーロッパとくにドイツの歴史学と対決しながら独自の方法論を確立し、それをもって日本思想史の分野に記念碑を打ち立てたが、このようなことは戦後の思想史家のなしえないことである[57]。このような先人の偉業に接してみると、もちろん自戒を含めてのことではあるが、欧米のことにしか関心がなく、自国の文化的伝統を顧みることをほとんどしなくなった、戦後のわが国の学問研究のあり方には、大きな問題があると言わざるを得ない。

五　村岡典嗣の日本思想史研究

だが、こういうなかにあって筆者の関心を引くのが、冒頭でも引き合いに出した村岡典嗣の業績である。とくにその方法論的議論は啓発的である。例えば、「日本思想史の研究法について」という昭和九（一九三四）年の論文は、直接的には日本思想史の研究方法を論じたものであるが、そこには西洋思想史に従事する者にも有益な洞察が含まれている[58]。

村岡はまず歴史を大きく政治史と文化史に分けた上で、文化史はその根底において「文化主義」なるものを前提とするという。これは何かといえば、「所謂文化主義とは、物質的外面的文明に対して、精神的内的文化に多くの価値をおく考へ方」である。つまりこのような立場から、文化の所産そのものを主題とする歴史が文化史である。ところで文化史には、《事象》として文化を観る立場と、《意識》として文化を観る立場とがある。「事象は意識の具現、意識は事象の反省」であって、両者が密接に関連し合って展開するのが、文化の実相である。そして村岡は、「文化の展開を、主として意識の方面について観る時、こゝに思想史が成立つ[59]」という。ところで村岡によれば、思想は、意識的発展の過程において、単なる思想から学問へと発展し、さらに哲学となってきわまるのであるから、「要するに思想史は、文化史の意識的方面であり、而して又、厳密な意味での学問史や哲学史の前史である[60]」ことになる。このように思想史を位置づけた上で、村岡はその具体的な研究対象と研究方法について論及する。村岡によれば、思想史の主な研究対象は文献であり、したがってフィロロギーすなわち文献学が、思想史研究にとって不可欠な学問要件となる。ここにおいて村岡は、十九世紀中葉のドイツにおいて文献学を完成させたアウグスト・ベークを引証する。すなわちベークは、「人間の精神によって産出されたもの、すなわち認識されたものの認識」(das Erkennen des vom menschlichen Geist Producirten, d.h. des Erkannten) を文献学の標語にし、文献学を「訓詁注釈の形式的語学的研究を準備として、古文献の内容、即ち思想を認識するを任務とする[61]」学問と見なしたが、村岡はベークのこの文献学に対応しかつそれに匹敵する業績として、本居宣長によって完成された国学を挙げ、この両者を総合するような仕方で独自の日本思想史の方法を構想した。

　われわれにとっては、日本思想史そのものではなく、より一般的な意味での「思想史」が問題なので、村岡の詳細な議論を追うことはここではしないが、重要なことは村岡が思想史を、「文献学的段階」と「史学的段階」とをうちに含む「史的文化学[62]」として規定していることである。村岡はこの「史的文化学」について詳しい説明は省いているが、おそらくこれは、直接的には西南ドイツ学派のヴィンデルバントとリッカート（Heinrich Rickert, 1963-1936）による「文化科学」（Kulturwissenschaft）をめぐる議論を、間接的にはフリードリヒ・シュライアーマッハー（Friedrich Schleiermacher, 1768-1834）に淵源し、ベークとドロイゼン（Johann Gustav Droysen, 1808-1884）を通ってディルタイに至る、「精神科学」（Geisteswissenschaft）と解釈学理論[63]を、背景にもっているとみて間違いない[64]。後者の系譜は、本書で「ベルリン精神」（Berliner Geist）と名づけている学統の、まさに中核を形づくるものである。筆者の視点から見て興味深いのは、もともと前者の陣営にいた神学者のトレルチが、第一世界大戦の勃発の時期と相前後して、ベルリン大学哲学部教授に招聘され、後者の衣鉢を継ぐに至ったことである。かくして、シュライアーマッハー―ベーク―ドロイゼン―ディルタイ―トレルチという、ベルリン大学哲学部における際立った人文学の系譜が成立すると同時に、ベルリン大学の学統と西南学派との合流が実現する。トレルチが彼の『歴史主義とその諸問題』を「ヴィルヘルム・ディルタイとヴィルヘルム・ヴィンデルバントの思い出に」（Dem Gedächtnis Wilhelm Diltheys und Wilhelm Windelbands）[65]献げていることは、この事実を如実に物語っている。ちなみに、村岡はヨーロッパ留学中（一九二二年四月―二四年三月）にベルリンのトレルチを訪ねているが、トレルチは一九二三年二月一日に急逝するので、おそらく村岡は生前のトレルチに会った最後の日本人学者の一人であろう[66]。それはともあれ、「文化科学」と「精神科学」をめぐる議論は、重なり合う部分があるだけにかえって錯綜しているが、村岡が示唆したように、思想史をめぐる学問的・方法論的反省は、十九世紀後半から二十世紀初頭にかけてドイツを中心に展開された学問論の議論にまで立ち返って考察しなければ、きわめて底の浅いものとなってしまうであろう。

いずれにせよ、村岡の所説からは学び取るべき多くの事柄がある。もちろん、政治史と文化史を対極的に捉え、その上で《事象》として文化を観る立場を「文化史」、《意識》として文化を観る立場を「思想史」とする村岡の解釈は、あまりに図式的にすぎるであろう。村岡の時代にはランケとブルクハルトが歴史学の二大巨匠として君臨し、「政治史かそれとも文化史か！」（Politische oder Kulturgeschichte!）[67]という対立の構図がかなり一般的であったが、今日こういう見方は修正されなければならなくなっている。[68]さらに、そこで自明のごとく前提されている「文化」の概念も、文化論的転回を経験した二十一世紀のわれわれからすれば、もはやそのままのかたちでは承認できないものである。[69]しかしそのような時代的制約はあるものの、村岡の議論にはあらためて検討してみるべき賢察がたくさん含まれている。筆者の目から見て重要と思われるのは、フィロロギーあるいは文献学の伝統と、「史的文化学」と名づけられているものである。そこで十九世紀および二十世紀のドイツに立ち戻って、こうした点について若干の検討を行なってみたい。

六　アウグスト・ベークの文献学

近代的な意味でのフィロロギーを確立したのは、フリードリヒ・アウグスト・ヴォルフ（Friedrich August Wolf, 1759-1824）であるといわれるが、真の意味でそれを学の体系にまとめ上げたのは、彼の弟子のアウグスト・ベーク（August Boeckh, 1785-1867）である。彼の死後、門弟のブラートゥシェクが生前の講義を整理して出版した『文献学的諸学問のエンチクロペディーならびに方法論』*Encyklopädie und Methodologie der philologischen Wissenschaften* (1877, ^{2}1886) は、今日に至るまで古典文献学のバイブルとして崇められてきている。その概要については、本書の第二章に譲るとして、ここでは彼の文献学の概略は一切省き、われわれの目下の主題との関連で重要と思われる点に絞って考察してみよう。

ベークが文献学の本来の任務を「人間精神から産出されたもの、すなわち、認識されたものの認識」（das Erkennen des von menschlichen Geist Prodicirten, d.h. des Erkannten）[70]としたことは、あまりにも有名である。しかしわれわれが注意しなければならないのは、ベークのいう「認識されたもの」が、単なる狭義の認識活動の成果や産物を表してはおらず、むしろ人間精神の活動の全産物を意味していることである。文献学の対象は、単なる言語や文学や言語資料つまりテクストではなく、むしろ「一つの民族の身体的ではなく人倫的ならびに精神的な全活動」、あるいは各民族の「精神的発展全体、その文化の歴史」[71]だというのである。次に文献学的認識は——プラトンに従えば、哲学的認識もまたそうだが——「再認識」（Wiedererkennen; Wiedererkenntniss）[72]だということである。但し、哲学と文献学は精神の認識に関しては協調関係にあるが、その認識の仕方は異なる。「哲学は原初的に認識する、つまりギグノースケイ（γιγνώσκει）〔知る、認識する〕であるが、文献学は再び認識する、つまりアナギグノースケイ（ἀναγιγνώσκει）〔再び知る、再認識する〕である[73]」。文献学は「所与の認識[74]」ないし「所与の知識[75]」を前提し、これを再認識しなければならない。その限りで「文献学の概念は最広義の歴史学の概念と重なり合う」。しかし文献学の目的は、歴史学のそれとは異なって、「出来事の叙述」（Darstellung des Geschehenen）や「歴史記述」（Geschichtsschreibung）そのものではなく、「歴史記述のなかに貯蔵されている歴史認識を再認識すること」（das Wiedererkennen der in der Geschichtsschreibung niedergelegten Geschichtskenntnis）[76]である。

ベークによれば、歴史的行為そのものは一つの認識であり、また「歴史的に生み出されたものは、行為へと移行した精神的なものである」[77]。したがって「認識全体の再構成としての文献学[78]」は、各民族の文化的伝承に含まれている「全認識とその部分を歴史的に構成すること」、また「かかる認識のうちに表現されている理念を認識すること[79]」を目指す。言い換えれば、「人間精神が構成したいろいろなものをその全体において追構成すること」(die Nachconstruction der Constructionen des menschlichen Geistes in ihrer Gesammtheit)[80]が、文献学の目的である。それゆえ、文献学は所与の認識の「再構成」(Reconstruction; reconstruiren)[81]ないし「追構成」(Nachconstruction; nachconstruiren)[82]を旨とし、かかる仕方での認識の「再生産」(Reproduction; reproduciren)[83]に従事するのである。そうであるとすれば、ベークが意図する文献学——とくにその実質的部分——は、われわれが「精神史」、「文化史」、あるいは「思想史」と呼んでいるものに連動するか、あるいはそれをうちに含んでいる。ベークの考えが直截に表明されている箇所を引用してみると、

> 文献学の実質的部分は、形式的活動によって突きとめられた、認識されたものの認識を含んでいる。認識されたものがきわめて多様であるように、文献学の対象も……きわめて多様である。だがしかし、……一つの民族の認識は単にその言語や文学のなかに保管されているのではない。そうではなく、一つの民族の、身体的ではなく人倫的ならびに精神的な全活動は、一定の認識の一つの表現である。あらゆるものにおいて、表象あるいは理念がはっきりと現れている。なるほど概念的にではないが、しかし感覚的直観に埋め込まれた仕方で、芸術が理念を表現しているということは、明白である。それゆえ、ここにも一つの認識と芸術家の精神によって認識されたものとが存在している。そしてこの認識されたものは、文献学的・歴史的な考察、芸術の解説、芸術史において再認識される。同様のことは、国家生活と家族生活にもあてはまる。実践的生

活のこれら二つの側面の配置においても、いたるところで各民族の内的本質、表象、それゆえ認識が発展されている。家族の理念は、各民族において、家族の歴史的発展のうちに特有の仕方で表現される。そして国家の発展において、民族のあらゆる実践的理念が実現されたかたちで現れる。家族生活と公共生活において理念がどのようにして実現されているのか、したがってそこにもまた認識が潜んでいる。そして民族は、その実現におけるこの理念そのものを、大なり小なりの意識をもって、民族によって認識されたものだと言ってきた。当然のことながら、あらゆる理念は学問と言語において最も明白に自覚された仕方で表現されている。そうだとすれば、あらゆる精神生活と行為は認識されたものの領域を形づくる。したがって、文献学は各民族において、その精神的発展全体、その文化の歴史を、それのあらゆる方向にわたって叙述しなければならない。これらすべての方向のうちにロゴス（λόγος）が含まれているが、実際の色合いにおけるこのロゴスは、すでに文献学の対象である。教養ある民族自体においても、ロゴスが、すなわち自覚的な認識と反省が、あらゆるものの上に広がっているので、これらは二重の関係において文献学的考察の支配下にある。[84]

これに続けて、ベークは文献学の具体的な作業について、次のように言う。

古典古代の文献学はしたがって、認識の素材として、古典古代の歴史的現象全体を含んでいる。同様のことは、実質的部分においても、その全面的な特有性に従って、みずから自身のうちで完結された有機体として認識されるべきである。……そのためには、……ひとはまず（非学問的な）境界や障壁をことごとく取り壊さなければならない。しかるのち、厳密な建築術と弁証法に従って、学問分野を諸概念から主要な点に向かって新たに構築しなければならない。しかしそれによってだけでは、この部分はまだ学問的にはならず、むしろこれらの個別の事柄がことごとく統一性のもとで把握されていることによって、はじめて学問的になるのである。あらゆる特殊的なものがそこに含まれているような、共通のものが見出されなければならない。これは哲学者が民族あるいは時代の原理（das Princip）と名づけている当のものである。それは民族の存在全体の最も内的な核（der innerste Kern）である。それは何か他のものではあり得ない。なぜなら、あらゆる他のものは、外から取り入れられたもので、おそらく異質なものだからである。個別の事柄はこの原理から演繹されるべきではない。そんなことは歴史的な事柄においては不可能である。しかし個別的な事柄は一般的な直観から（aus einer allgemeinen Anschauung）生じてくるべきであり、そしてかかる一般的な直観は、ふたたび個々の部分で実証されなければならない。それは〔いわば〕身体にとっての魂であり、ギリシア人が正当にも魂（die Seele）を名づけているように、一つにまとめ上げ配置する原因として、地上的な素材に浸透している。すなわち、このように魂を吹き込まれることによって、学問はまさに有機的（organisch）になるのである。したがって、実質的な部分はそのような一般的な直観をもって始まる。そしてそれは、古典古代の文献学においては、古典古代の理念そのもの以外のものではあり得ない。そしてかかる古典古代の理念から、つぎにふたたび両国民の特質が生じる。これが一般的な部分あるいは一般的な古典古代論である。[85]

われわれはここにベークの古典文献学の要諦を見ることができる。それはヘーゲル的な思弁による観念論とは異なるが、ドイツ・イデアリスムスの精神に育まれた、ある種の観念論を背景にもっている。おそらくそれはフンボルトやシュライアーマッハーとも通底するもので、一般に「史的理念説」（historische Ideenlehre）[86]と呼ばれているものに近いのではないかと思われる。この点に関しては今後の研究に待たなければならないが、いずれにせよ、ベークの文献学が「思想史」研究の方法に対してきわめて有益な示唆を与えるものであることは、以上の概観から明らかであろう。村岡典嗣はいち早くそこから学んで、日本思想史研究の実践に見事に応用してみせたが、われわれ西洋思想史に従事する者にとっても、有効に活用できるツールがベークの文献学のなかに潜んでいると思われる。奇を衒った斬新な理論や方法に飛びつく前に、ベークやその周辺の思想家たちの筐底を今一度点検してみることも大切ではなかろうか。

七　「史的文化学」の再検討

われわれはさきに、村岡が思想史を「文献学的段階」と「史学的段階」とをうちに含む「史的文化学」として構想したことを見たが、次にこの点について考察してみよう。村岡が「史的文化学」なるものに期待を寄せたのは、それが「文化の歴史性」を十分に認識し、「文化学即歴史学てふ意義」[87]を発揮し得るものである、と考えたからである。というのも、村岡の見るところでは、西洋の「フィロロギイ〔ママ〕と同種の学問」と見なし得る本居宣長の国学は、語義の解明から思想の闡明に至るところまではよいが、さらに進んで思想をその「内的発展の相に於いて見ること」をなし得なかった憾みがある。[88]つまり、「文献学的階段」に立ち止まって、「史学的階段」へと上らなかったところに、国学の最大の欠点が存する。これに対してベークは、文献資料のうちに閉塞する従来の文献学を改変して、文献資料と歴史的現実との相関関係を踏まえつつ、思想的発展を歴史学的に闡明する、「史的文化学」たらしめようとしたというのである。

村岡が「史的文化学」に込めた意味と内容は、ほぼそのようなものと思われるが、すでに指摘したように、この「史的文化学」という用語は、おもに西南学派のリッカートに由来していることは間違いない。リッカートは『文化科学と自然科学』の第十章において、die historischen Kulturwissenschaften について詳述している。邦訳書はこの用語を「歴史的文化科学」として訳出しているが、これは「史的文化学」と訳しても間違いではない[89]。おそらく村岡のいう「史的文化学」は、リッカートのこの用語を自分なりに訳出したものにほかならない。

本書におけるリッカートの中心的な問題意識は、「歴史は、それが一回的なもの、特殊的なもの、および個性的なものを叙述しなければならないとすれば、いかにして科学として可能であるか?」(wie ist die Geschichte, wenn sie das Einmalige, Besondere und Individuelle darzustellen hat, als Wissenschaft möglich?)[90]、という問いに答えることである。周知のように、この問いにはすでにリッカートの師ヴィンデルバントが、「歴史と自然科学」と題する一八九四年のシュトラスブルク大学総長就任演説において、明確な答えを与えていた。すなわち、ヴィンデルバントは経験科学には二種類あり、自然科学は普遍的法則を求め、歴史学に代表されるいわゆる精神科学は特殊的・歴史的事実を求める。前者は法則科学(Gesetzeswissenschaft)であり、常にあるところのものを教えるのに対して、後者は事件科学(Ereigniswissenschaft)であり、かつてあったところのものを教える。学的思惟としては、前者は「法則定立的」(nomothetisch)であり、後者は「個性記述的」(idiographisch)である、と[91]。

リッカートはヴィンデルバントのこの考えに基本的に賛同しつつも、師の学説に対して承伏しがたい点も見出している。その一つが「法則定立的」と「個性記述的」という師の用語法である。この術語は、一方には全く普遍的なものが、他方には全く特殊的なものがある、との誤解を与えかねない。リッカートによれば、事態はこの二つの術語によって劃然と区別されるほど単純なものではない。そこで彼はこれに代えて、「一般化的方法」

（eine generalisierende Methode）と「個性化的方法」（eine individualisierende Methode）という術語をあらたに考案した。すなわち、自然科学は価値や意味を離れた自然を対象とし、これを普遍的概念の中に入れるべく、一般化的手続きを用いるのに対して、歴史学に代表されるもう一方の諸学問は、意味に満ちた価値関係的文化を叙述することを課題とし、そのために個性化的考察を必要とする。したがって、後者の学問を言い表すには、《精神科学》という曖昧な用語ではなく、《歴史的文化科学》なる呼称のほうがはるかに相応しい。簡潔に言えば、以上がリッカートの主張の要点である。

　村岡が「史的文化学」を口吻に上らせるとき、彼がリッカートの議論を念頭に置いていることはほぼ間違いないとすれば、彼は日本思想史をリッカート的な意味での「歴史的文化科学」として確立しようと企図していたのであろうか。われわれの見るところでは、おそらくそこまで厳密にリッカートの立場に忠誠を誓っているとは思われないが、大局的に見れば西南学派の基本線に従っていると見てよかろう。ちなみに、あの英国の歴史家のG・P・グーチは、「古典的文献学を歴史科学に変化させた」ところにベークの最大の学問的功績がある、と発言している。[92] もしそうであるとすれば、ベークが古典文献学を「歴史科学」（an historical science）に高めようとしたように、ベークの方法論を自家薬籠中にした村岡も、日本思想史を「歴史科学」たらしめようと努めたのであろうか。いずれにせよ、「歴史的文化科学」（die historischen Kulturwissenschaften）についての議論は、「思想史」の概念との関連でもう一度再検討されなければならない。

　そこで筆者の関心を引くのは、『今日の文化史』*Kulturgeschichte Heute* のなかに収録されている、O・G・エクスレ（Otto Gerhard Oexle, 1939- ）の「歴史的文化科学としての歴史」という論文である。[93] この論文においてエクスレは、ゲオルグ・ジンメル（Georg Simmel, 1858-1918）と、とりわけマックス・ヴェーバー（Max

Weber, 1864-1920）の開拓者的な仕事に着目し、そこに歴史的文化科学としての歴史学の新しい可能性を模索しようとしている。U・バーレルマイヤーも『問題としての歴史的現実性』*Geschichtliche Wirklichkeit als Problem* において、ドロイゼンと並んでジンメルとヴェーバーを取り上げ、彼らが歴史学的知識の理論的基礎づけにおいて果たした役割とその意義を詳細に論述している。その際に彼は、「歴史的形成としての歴史学。ゲオルク・ジンメルの歴史的現実主義批判」という章題のもとにジンメルを、そして「マックス・ヴェーバー――歴史的文化科学の科学論理学について」という章題のもとにヴェーバーを論じている[94]。周知のように、ヴェーバーは哲学的にはリッカートの忠実な弟子であったが、彼は「実在のうち、価値理念への関係づけによってわれわれに意義あるもの[95]」の総体を「文化」と見なした。そして彼は人間生活の諸現象をその文化意義という観点から考察し認識する諸学科を「文化科学」と名づけた[96]。ヴェーバーによれば、文化科学は「価値理念」に根ざしており、その先験的前提は「われわれが、世界にたいして意識的に態度を決め、それに意味を与える能力と意思とをそなえた文化人である、ということにある[97]」。歴史的文化科学についてのヴェーバーの議論の詳細は省かざるを得ないが、エクスレは歴史的個体を理解するためにヴェーバーが提唱した、「理念型」Idealtypus と名づけられた方法論に、歴史学研究にとっての格別の意義を見出している。

　ヴェーバーの意図する歴史的文化科学は、ひとつの現実科学（eine Wirklichkeitswissenschaft）であって、それは一般的には「社会科学」として人口に膾炙しているものにほかならないが、これは「われわれが編入され、われわれを取り囲んでいる生活の現実を、その特性において――すなわち、一方では、そうした現実をなす個々の現象の連関と文化意義とを、その今日の形態において、他方では、そうした現実が、歴史的にかくなって他とはならなかった根拠に遡って――理解しようと欲する[98]」。歴史的資料にあたって経験的に作業するこの学問は、みずからの認識対象が事物の客観的連関ではなく、思考による問題の連関であることを深く自覚しており、そこに因果的説明を旨とする自然科学とは異なる、その固有の学問的性格は由来する。それはいわば《解明的理解》（deutend verstehen）と《因果的説明》（ursächlich erklären）を区別しつつ、しかもそれを結合しようとしたものであって、ディルタイが自然科学と精神科学の区別の基礎に据えた「説明」（Erkrären）と「理解」（Verstehen）を、対立的にではなくむしろ相互補完的に捉えることを目指している。エクスレはかかるヴェーバーの歴史的文化科学の構想を再検討する必要性を力説している。筆者にはヴェーバーの学問論を子細に論ずる準備がまだできていないが、いずれにせよ、ヴェーバーが切り拓いた「理解社会学」（verstehende Soziologie）の方法は、思想史研究の方法としてひとつの有力な方向性を示唆している。[99]

八　結論的考察

以上、われわれは「思想史」の概念をめぐって方々を尋ね歩いてきたが、思想史というジャンルは一筋縄ではいかない曖昧性と多面性を蔵している。用語的に見ても、それは intellectual history とも、history of ideas とも、history of thought とも、Gesistesgeschichte とも、Ideengeschichte とも単純に同定できない。それだけでなく、思想史と文化史との関係も、従来のようにクリアカットに表現することができなくなっている。なぜなら、二十世紀の後半に歴史学の分野でも大きな地殻変動が生じ、文化史といっても「古典的文化史」（いわゆる Kulturgeschichte）と「新しい文化史」（いわゆる cultural history）では、その扱う対象と研究手法に水と油ほどの違いがあるからである。にもかかわらず、思想史と文化史との基本的関係に関しては、フランクリン・バウマーの次のような見方が依然として妥当するであろう。

> 思想史は、人間の思想――「思想という内的な世界」――に焦点をしぼる。しかし、「思想」は融通性のある用語で、少数のエリートの思想から一般人の思想にいたるまで、ほとんどどんな思想でも指すことができる。したがって、思想史は、哲学史と文化史とのおよそ中間に位置することにもなる。いいかえれば、思想史のあつかう範囲は哲学史よりもかなり広いが、大衆文化を包含するほど（すくなくとも、それを中心的対象として包含するほど）範囲が広くはない。……思想史の視野は、文化史の視野にまでは――習俗・慣習・神話や、いわば一般大衆の思想にまで裾野をひろげようとするところまでは――ひろがってゆかない。わたくしは、思想史が大衆文化を完全に無視するのだとか、無視してかまわないのだ、とかいうつもりはない。だが、思想史のおもな関心は、低級文化に属する思想よりも高級文化に属する思想のほうにある。[100]

この引用文中の最後のくだりにあるように、思想史は「低級文化」（the lower culture）よりは「高級文化」（the higher culture）の思想に関心を寄せるので、ピーター・バークのいう《古典的文化史》とは親和性があるが、もっぱら「大衆文化」（popular culture）を対象にする昨今の《新しい文化史》とはかなりの距離があると言わざるを得ない。現在起きている「学問の下流化」[101]に歩調を合わせて、「文化史」概念の下流化がいかに進行しているかを理解するためには、「文化史」と名のつく書物の氾濫ぶりに目を向けてみるとよい。ランダムに列挙してみれば、「漆の文化史」「食の文化史」「タータンチェックの文化史」「ヴァイブレーターの文化史」「漢字の文化史」「体位の文化史」「書の文化史」「〈女装と男装〉の文化史」「アメリカスポーツの文化史」「ペニスの文化史」「青の文化史」「セクシュアリティの文化史」「花と木の文化史」「ブルー・ジーンズの文化史」「競走馬の文化史」「コルセットの文化史」「映画館と観客の文化史」「お尻とその穴の文化史」「月の文化史」「麻薬の文化史」「ヴァギナの文化史」「色の文化史」「性欲の文化史」「麺の文化史」「鏡の文化史」「遊女の文化史」「ビデの文化史」「パンの文化史」「キムチの文化史」「オルガンの文化史」「メガネの文化史」「楽譜の文化史」「合戦の文化史」「痛みの文化史」「料理の文化史」「酒場と旅館の文化史」「肉体の文化史」「台所の文化史」「処女の文化史」「毒とくすりの文化史」「小さな足の文化史」「死体の文化史」「トイレの文化史」等々、枚挙にいとまがない。このような下流化したハイブリッドな文化史が、われわれが問題としている「思想史」とほとんど接点をもたないことは説明を要しない。それゆえ、文化史との関わりを問う場合にも、それによって意味されているのが「文化論的転回」以前の文化史か、それともそれ以後の「新しい文化史」なのかによって、議論はすっかり異なるので注意を要する。

　バウマーが言うように、思想史は哲学者や思想家と呼ばれるようなエリートの思想だけを扱うのではなく、コーンフォードのいう「書きあらわされない哲学」(the unwritten philosophy)[102]、あるいは「時代精神」(Zeitgeist)とか「風潮、思潮、知的風土」(climates of opinion)[103]なども明らかにしようとする。それゆえ、大衆文化のなかに示現している風潮や時代精神に背を向けることは許されないが、その第一義的な主要課題は「思想」とか「観念」と呼ばれているものを、その潜在力と作用の実態に即して解明することである。

　最後になるが、思想史研究を行なうための必要要件を挙げれば、何よりもまず研究対象の文献を読みこなすだけの語学力を習得することが必須である。日本思想史の場合には、漢籍を読む漢文の力と、古文書を読みこなす古文の読解力が不可欠であるが、西洋思想史の場合には、古典語（ギリシア語、ラテン語、ヘブル語）と近代ヨーロッパ言語（英語、ドイツ語、フランス語など）のうちの、最低でも二つ三つはマスターしなければ、ファーストハンドの研究は覚束ない（この点では、筆者はみずからの語学力の限界を痛感している）。加えて、哲学、文学、歴史学などの分野の専門知識だけでなく、さらには心理学、社会学、経済学、法学、政治学、医学などの幅広い学際的知識と教養が求められる。いずれにしても不可欠なのは、第一に、文献学と歴史学の基本的技能である。歴史を近代的な意味での学問にまで高めたランケにとってそうであったように、「文献学的批判の方法における徹底的な訓練」（a thorough training in the methods of philological criticism）は、現代の思想史研究の学徒にとっても、やはり「必須の必要条件」であり続けている[104]。第二に、「解釈学」（Hermeneutik; hermeneutics）の理論と技法の修得が思想史研究の sine qua non である。とりわけ二十世紀中葉から、解釈学理論の目覚ましい発展と深化がみられるので、これについての一通りの知識は不可欠である。

しかし筆者のこれまでの経験から言えば、特定の誰かの歴史学理論や解釈学理論を学ぶことは、思想史研究においては二の次であって、まず研究対象となっている思想・作品・テクストと直接向き合うことの方が肝要である。先行研究や研究史を参照しつつ、試行錯誤しながら原典テクストを読み進むなかで、解釈対象に適した方法や解釈上の課題などは、おのずから明らかになってくるものである。この点では、本居宣長の『うひ山ふみ』は、限りなく貴重な助言を含んでいる。例えば、日本思想史研究の必読書を列挙した上で、著者は次のように述べているが、ここには日本思想史研究に限らず、すべての思想史研究にあてはまる奥義が見事に示されている。

……おほかたこれら、古學の輩の、よく見ではかなはぬ書ども也。然れども初學のほどには、件の書どもを、すみやかに讀《ミ》わたすことも、たやすからざれば、巻數多き大部の書共は、しばらく後へまはして、短き書どもより先《ツ》見んも、宜しかるべし。其内に延喜式の中の祝詞《ノリト》の巻、又神名帳などは、早く見ではかなはぬ物也。凡ての件の書ども、かならずしも次第を定めてよむにも及ばず、たゞ便にまかせて、次第にかゝはらず、これをもかれをも見るべし。又いずれの書をよむとても、初心のほどは、かたはしより文義を解せんとすべからず、まず大抵にさらさらと見て、他の書にうつり、これやかれやと讀ては、又さきによみたる書へ立かへりつゝ、幾遍《イクヘン》もよむうちには、始《メ》に聞えざりし事も、そろそろと聞ゆるやうになりゆくもの也。さて件の書どもを、數遍よむ間《タ》には、其外のよむべき書どものことも、學びやうの法なども、段々に自分の料簡の出來るものなれば、其末の事は、一々さとし教るに及ばず、心にまかせて、力の及ばむかぎり、古きをも後の書をも、廣くも見るべく、又簡約《ツヾマヤカ》にして、さのみ廣くはわたらずしても有《リ》ぬべし。さて又五十音のとりさばき、かなづかひなど、必《ス》こゝろがくべきわざ也。語釋は緊要にあらず、さて又漢籍《カラブミ》をもまじへよむべし。……さて又段々學問に入たちて、事の大すぢも、大抵は合點のゆけるほどにもなりなば、いづれにもあれ、古書の注釋を作らんと、早く心がくべし。物の注釋をするは、すべて大に學問のためになること也。[105]

ここに引用した文章のなかには、解釈学理論や方法論についての言及は一切ないが、しかし長年の実践のなかから獲得された思想史研究の要諦が、研ぎ澄まされた簡潔な言葉でもって見事に開陳されている。その意味で『うひ山ふみ』は、西洋思想史研究者にとってもまさに必読書であると言えよう。

以上のような洞察と信念とに基づいて、後続の各章では、シュライアーマッハーから始めて、ベーク、ドロイゼン、ディルタイ、トレルチへと至る学統を発展史的に辿りつつ、その過程で合流する歴史主義と解釈学の絡み合いを明らかにし、この二つの潮流が二十世紀にいかなる展開あるいは転回を遂げるのかを追跡してみたい。このような思想史的な読解作業を踏まえて、最後に、《ベルリン精神》の系譜学と、それによって生み出された歴史学的・文献学的・解釈学的理論が、思想史研究一般にとっていかなる意義を有しているかを、終章で論ずることにする。

第一章　シュライアーマッハーにおける一般解釈学の構想

はじめに

今日、「解釈学」（Hermeneutik）といえば、シュライアーマッハー（Friedrich Daniel Ernst Schleiermacher, 1768-1834）をもって嚆矢とするというのが、学問の世界での常識となっている（ちなみに、ハンス＝ゲオルク・ガダマーは、「解釈学の第二の転換点[1]」を表わしている）。もちろん解釈学の歴史はきわめて古く、その前史を辿ればホメロスや聖書の解釈をめぐる問題にまで遡ることができる。一般解釈学に限定しても、シュライアーマッハー以前に、すでにダンハウアー（Johann Conrad Dannhauer, 1603-1666）、クラデーニウス（Johann Martin Chladenius, 1710-1759）、マイアー（Georg Friedrich Meier, 1718-1777）、ヴォルフ（Friedrich August Wolf, 1759-1824）、およびアスト（Friedrich Ast, 1778-1841）などを、その先駆者として挙げることができる[2]。その意味では、シュライアーマッハーは一般解釈学という「新しい学問の創始者ではなかった[3]」が、しかし一般解釈学を一つの学問として確立すべく、最大限の努力を傾けたのは、何と言ってもやはりシュライアーマッハーであった。

そこで、本章ではシュライアーマッハーの解釈学について考察してみたいが、彼には幾つもの異なった顔がある。まずはフリードリヒ・フォン・シュレーゲル（Friedrich von Schlegel, 1772-1829）と肝胆相照らすロマン主義者としての顔であり、「宗教を蔑視する者たちのなかの教養人」に向けて語られた『宗教論』（一七九九年）は、ロマン主義の宗教観を言語化した記念碑的著作である。次により成熟した「近代神学の父」としての顔であり、『福音主義教会の原則に基づいて組織的に叙述されたキリスト教信仰』（一八二一年、第二版一八三〇―三一年）（通称『信仰論』）は、まさに十九世紀の学問的神学の不滅の金字塔として聳え立っている。シュライアーマッハーはまた、プラトンの著作を近代ドイツ語に翻訳したことでも知られている。彼の翻訳は「プラトンの定訳ドイツ語版」（*die* deutsche Platon-Ausgabe）[4]として今日でも通用している。一八一〇年のベルリン大学創立に関しては、シュライアーマッハーはヴィルヘルム・フォン・フンボルト（Wilhelm von Humboldt, 1767-1835）の片腕として尽力し、初代の神学部長を務めている[5]。「ベルリン科学アカデミー」（正式名称は「王立プロイセン科学アカデミー」）でも、彼は長期にわたって「哲学・歴史学部門」の長にあたる初代の書記を務めた。神学者の顔に加えて、彼は哲学者の顔ももっており、大スター居並ぶ哲学部で「弁証法」、「倫理学」、「解釈学」、「美学」、「ギリシア哲学史」などの講義を行なっている[6]。さらに、文部科学省の学術顧問官も務め、教育問題について積極的に発議しただけでなく、みずから教育学体系の構築を試みてもいる[7]。これだけでもすでに驚嘆すべきであるが、それに加えて彼は毎日曜日に牧師として、ベルリン三位一体教会で礼拝説教を行なっている。まさに八面六臂の活躍ぶりである。一般解釈学の構想は、こういう多面的なシュライアーマッハーにとって、三十星霜にわたって温め続けられてきた関心事であり、まさに彼の学問研究の隠れた中心テーマであった。

シュライアーマッハーは、『解釈学』を書物として世に出すことはしなかったが、彼の死後、弟子であり友人であったフリードリヒ・リュッケ（Friedrich Lücke, 1791-1855）は、遺稿に基づいて『解釈学と批判――とくに新約聖書に関連して』を編集し、『全集』第一区分第七巻としてそれを刊行した[8]。それによって、シュライアーマッハーの解釈学理論は知られるところとなり、従来から識者の間でさまざまに議論されてきた。[9] 久しく入手が困難になっていたこの書物は、一九七七年にマンフレート・フランクによって袖珍本《タッシェンブーフ》として再刊され、一般読者の読めるところとなったが、[10] しかしその原書そのものには編集上の難点が含まれており、今日これをそのまま使うことには大きな問題がある。これに対して、ハインツ・キンマーレが、シュライアーマッハーの未出版の草稿に基づいて刊行した、『解釈学』のテクスト（初版一九五九年、改訂第二版一九七四年）[11] や、さらにはヴォルフガング・ヴィルモントが編集して公にした、アウグスト・トヴェステン（August Twesten, 1789-1876）が書き取った一八〇九／一〇年の「一般解釈学」の講義ノートなどによって、[12] シュラーアーマッハーの解釈学の全貌は、より明瞭になりつつある。

現在刊行中の『批判版シュライアーマッハー全集』（Friedrich Schleiermacher Kritische Gesamtausgabe）のなかで予定されている「解釈学」の巻は、未だ刊行される運びとなっていないので、現段階では確定的な研究はまだできないが、われわれは下記の資料をテクストとして用いて、その概要を摑んでみたい。その資料とはすなわち、（1）キンマーレが自筆原稿に基づいて編集したシュライアーマッハーの『解釈学』第二版に収録されている草稿、（2）アウグスト・トヴェステンの筆記した、一八〇九／一〇年の「一般解釈学」の講義ノート、そして（3）弁証法や倫理学などの講義に含まれている関連箇所などである。

キンマーレ編集の『解釈学』第二版には、①一八〇五年と一八〇九／一〇年の箴言集、②一八〇九／一〇年の第一草稿、③一八一九年の綱領的叙述、④一八二六／二七年の分離された第二部の叙述、⑤一八二九年のアカデミー講演、⑥一八三二／三三年の欄外注が収録されており、これによってシュライアーマッハーの解釈学の発展過程とその基本構造と特質を、かなりの精確さをもって知ることができる。トヴェステンの筆記ノートは、筆記した当人がのちにベルリン大学哲学部の教授に就任した人物であることからも、かなり信頼できる資料であり、キンマール編集の自筆原稿を補足する上で、きわめて重要なものである。こうした資料に基づいて、シュライアーマッハーにおける「一般解釈学」の構想について以下に考察してみよう。

一　シュライアーマッハーと解釈学

シュライアーマッハーは、一般解釈学を構想するに至った経緯を、一八二九年のアカデミー講演「解釈学の概念――F・A・ヴォルフの示唆とアストの教科書に関連して」に付された自伝的注釈において、次のように述べている。

> いまから約二十五年前にハレで新約聖書に関する聖書釈義の講義を始めたとき、わたしは（欄外注――自分が解釈において安全に進むために、また他の解釈者たちについての自分の判断を明確かつ堅固なものにするために）自分自身にその手続きの原則についてできる限り厳密な釈明を行うことが不可欠であると感じた。もちろん、解釈のための手引きが欠けていたわけではない。エルネスティの『解釈提要』（institutio interpretis）は、ひとつの立派な文献学派が生み出した成果とみなされていて、大いに名声を博していたし、そのなかで立てられた多くの規則はきわめて有用なものに見えもした。しかし一般的な原理といったものはどこにも見当たらなかったので、それ自体には適切な基礎づけが欠けていた。それゆえ、わたしは独自の道をとって進まなければならなかった。非常に思いがけないかたちで引き継がれた大学講座で、わたしはとにかく、どうにか見

つけ出したもの、共同で探究したもの、秩序といえるものにまだほとんどもたらされていないものを、すぐさま教えなくてはならない状況にあった。こうしてこのような探究からすぐさま一般解釈学に関する講義がまた生じてきたのであった[13]。

シュライアーマッハーは、一八〇四年一〇月にハレ大学のチャプレンならびに神学部員外教授に就任したが、翌年の夏学期には、前年度に始めた神学通論に関する講義と並んで、解釈学に関する講義をはじめて行なっている。その講義の正規の受講生は総勢三十四名だったが、われわれが次章で詳述するアウグスト・ベークは、まさにそのなかの一人として、シュライアーマッハーの解釈学の最初の講義に列席している。解釈学に関するこの講義は、五月二〇日に始まり九月二〇日まで続いたが、そのときのメモと草稿は完全なかたちで保存されている[14]。それによれば、シュライアーマッハーは次のような言葉で解釈学の講義を始めている。

> 本来、解釈学（Hermeneutik）に属するのは、エルネスティが序論の第四節で、substilitas intelligendi〔理解の精妙さ〕と呼んでいるものだけである。というのも、substilitas explicandi〔説明の精妙さ〕は、それが理解（Verstehen）の側面を超え出たものとなるや否や、さらに再び解釈学の対象であり、叙述の技術に属するものだからである。……
>
> substilitas intelligendi に関する、エルネスティの著作の第一部は、まさしくもって理解に属するものの分析であり、それゆえに課題の提起である。その他の部分は、課題の解決であり、そのための補助手段である[15]。

この引用にも明確に示されているように、シュライアーマッハーは解釈学を講ずるにあたって、当時名声を博していたエルネスティ（Johann August Ernesti, 1707-1781）の主著『新約聖書の解釈提要』*Institutio Interpretis Novi Testamenti* (Leipzig, 1761) を叩き台にして、独自の思考を展開しようとしている。彼は開口一番 substilitas intelligendi と substilitas explicandi というエルネスティ的概念[16]について言及し、解釈学に属するのは「理解」（Verstehen）をこととする前者のみであって、後者は「叙述の技術」（Kunst des Darstellens）に属すると言い切っている。換言すれば、聖書の註釈やその記述などは解釈学の課題ではなく、ただ理解のみが解釈学の本来的課題だということである。

　それまでは神学や古典文献学や法学において、それぞれ特殊な仕方で実践されてきた解釈学的な営みを、「理解の技法」（Kunst des Verstehens）としての「一般解釈学」（die allgemeine Hermeneutik）として、あるいは普遍的な原理に基づく「解釈の学」として、構想しようとするシュライアーマッハーの意気込みを、われわれはここに感じ取ることができる。一八一一年の『神学通論』の言葉を引けば、「解釈の技法（Auslegungskunst）は、何かある他の学科と同じくらい、まさにきわめて堅固な原理に基づいている、文献学的な学科（eine philologische Disziplin）である[17]」。さらに一八三〇年の『神学通論』第二版から引けば、「ある説話や書物を完全に理解するということは、技法的行為（Kunstleistung）であり、それはわれわれが解釈学（Hermeneutik）という表現で呼んでいる、一種の技法論（Kunstlehre）ないし技術（Technik）を必要とする[18]」。そして「そのような技法論は、その諸規定が、思惟および言語の本性から直接明らかになってくる諸原則に根ざしたひとつの体系を形づくるときにのみ存在する[19]」のである。

　シュライアーマッハーのより成熟した考えに従えば、解釈学とは「他人の陳述、とりわけ文書的陳述を正しく理解するための技法」（die Kunst, die Rede eines andern, vernehmlich die schriftliche, richtig zu verstehen）[20]である。そしてそのような技法論は、「理解という単純な事実から出発して、言語の本性や、話し手と聴き手の間の諸関係の根本条件から解釈学の諸規則を完全にまとまりあるものにする」[21]ことを目指している。だが、彼が一八一九年の講義で述べているように、そのような「理解の技法としての解釈学は、まだ一般的には存在しておらず、ただ複数の特殊的な解釈学のみが存在している」[22]状態にあった。そこにこそシュライアーマッハーの一般解釈学の構想のパイオニア的意義が存するのである。

　詳細については順次考察するとして、最初に押さえておかなければならないのは、シュライアーマッハーが「解釈学は思考の技法との連関のうちにあり、したがって哲学的である」[23]として、「理解の技法」としての解釈学を、「思考の技法」（Kunst zu denken）の一部と捉えていることである。ここにシュライアーマッハーの解釈学が、彼が「弁証法」（Dialektik）と名づける「純粋な思考」に関わる学問と密接な連関のうちにあることがわかる。第二の点は、「解釈の眼目は、ひとが自分自身の心情から著者の心情へと出て行くことができねばならないということである」[24]という、一八〇五年の箴言集のなかの言葉が示しているように、シュライアーマッハーの解釈学においては、のちにディルタイが強調するような、「感情移入」の要素が濃厚なことである。[25]

二　一八〇九／一〇年の「第一草稿」と「一般解釈学」講義

　シュライアーマッハーが構想した一般解釈学の内実については、もちろんそこに一定の変化や発展、あるいは思想の深まりや揺らぎというものも見られるので、厳密な考察をするためには、各年度の講義を慎重に比較対照することが不可欠となる。しかし限られた紙面でそのような考察をなすことはもとより不可能なので、ここではまず「一八〇九／一〇年の第一草稿」（Der erste Entwurf von 1809/10）を一瞥した後に、「一八一九年の綱領的叙述」（Die kompendienartige Darstellung von 1819）を主要資料として、シュライアーマッハーの一般解釈学の特質を剔抉してみたい。

「一八〇九／一〇年の第一草稿」において、シュライアーマッハーは「特殊はただ普遍によってのみ理解されうる」[26]として、「特殊解釈学」（eine besondere Hermeneutik）を超えて「一般解釈学」（eine allgemeine Hermeneutik）にまで高まっていく必要性を説いている。彼は「理解の二重の原則」として、「いかなる無意味も目につかないならば、すべてが理解されている。きっちり組み立てられていないものは、何も理解されていない[27]。」という命題を挙げ、その上で「言語における理解」（Verstehen in der Sprache）と「話者における理解」（Verstehen im Sprechenden）という「二重の理解」を、「文法的理解」（grammat[isches] Verstehen）と「技術的理解」（technisches [Verstehen]）と言い換える。「文法的理解のもとでは著者を忘れ、技術的理解のもとでは言語を忘れること」が肝要となる。彼によれば、相対的な意味において、前者は「低次の解釈学」であり、後者は「高次の解釈学」と呼ぶことができる。そこから解釈学は大きく「文法的解釈」（grammatische Interpretation）と「技術的解釈」（technische Interpretation）に二分されることになる[28]。

ところでわれわれは、シュライアーマッハーが「解釈の技法」を「文献学的な学科」として規定していることを上で見たが、彼は解釈学を文献学（Philologie）との関係で、「裏返しの文法学」（umgekehrte Grammatik）、「裏返しの文章構成」（umgekehrte Composition）[29]として捉えている。つまり言語的テクストの解釈は、文章構成のプロセスの裏返しの作業であって、そこに文法学が重要な役割を果たす理由と根拠がある。しかし解釈学が文法学の単なる裏返しであり得ないのは、解釈学の目標は「著者を、著者自身よりも、よく理解するということ」（den Schriftsteller besser verstehen als er selbst）[30]だからである。シュライアーマッハーは、「一八〇五年と一八〇九／一〇年の箴言集」ですでにこの点に触れていたが、「第一草稿」ではさらに一歩進めて、「ひとは著者と同程度に理解しなければならず、そして著者よりもよく理解しなければならない」（Man muß so gut verstehen und besser verstehen als der Schriftsteller）[31]という命題にまで仕立てられている。ちなみに、「著者が自分自身を理解したよりもよく理解すること」というのは、すでにカントにおいて見出される定式であって[32]、シュライアーマッハーに帰せられるべき創見ではないが、しかし彼がこれを解釈学の究極的目標に据えた点は評価されなければならない。いずれにせよ、著者を理解するためには――しかもよりよく理解するためには――、文法的解釈だけでは不十分である。文法的解釈は、あくまでも「言語から、そしてまた言語の助けによって、ある陳述の一定の意味を見出すための技法」であって、「言語という著者と読者とに共同のもの」[33]のなかに、解釈の可能性を探し求めるものであるが、しかしそれだけでは、言語によってみずからの思想を表現にもたらした、著者の思考そのものにまでは辿り着かないからである。そのためには技術的解釈が必要となるのであって、したがって両者が相俟って、はじめて解釈学の目標が達成されるわけであるが、「第一草稿」では文法的解釈の説明にほとんどすべての紙面が費やされ、技術的解釈の詳細については語られずじまいになっている。

しかし、「一八〇九／一〇年の第一草稿」の序論的部分の概要は、おおよそ以上のごとくであるが、一八〇九／一〇年の冬学期になされた「一般解釈学」講義に関しては、学生のアウグスト・トヴェステンが筆記した講義ノートが存在しており[34]、これによってシュライアーマッハーの一般解釈学の概要をより詳しく知ることができる。それによれば、講義の全体の構成は次のようになっている。

序　論

第一部　解釈の文法的側面

A　実質的要素の規定

B　形式的要素の規定

C　両要素の質的理解について

第二部　解釈の技術的側面

結　論

序論の冒頭に掲げられた命題は、「解釈学は陳述が理解できないという事実に基づいている」というものであり、解釈学が「理解できないということ」（das Nichtverstehen）を出発点としながら、その陳述の「理解」（Verstehen）へと至ることを目標としていることが示される。「解釈学の目標は、最高の意味における理解である」[35]。そして「理解は二重の方向性を有している。すなわち、言語へ向かう方向性と、思考へ向かう方向性とである」[36]。前者は第一部の「解釈の文法的側面」で、後者は第二部の「解釈の技術的側面」で扱われているが、後者の課題は「連関性をもった陳述の個別的なものを、著者の一定の思考系列に属するものとして理解することである」[37]。ここではその詳細に立ち入ることはしないが、一八〇九／一〇年の講義では、「第一草稿」では確認できない技術的解釈についても、すでに相当踏み込んだ考察がなされている。

三　文法的解釈と技術的解釈

「一八一九年の綱領的叙述」も、一八〇九／一〇年の講義と同じように、「序論」（Einleitung）、「第一部　文法的解釈」（Die grammatische Auslegung）、「第二部　技術的解釈」（Die technische Interpretation）という構造になっているが、顕著な相違は第二部が中途半端な断片にとどまっていることである。資料的には、この欠けを補うものとして、「一八二六／二七年の分離された第二部の叙述」（Die gesonderte Darstellung des zweiten Teils von 1826/27）が遺されており、これで補完すればシュライアーマッハーの一般解釈学のおおよその特質は掴むことができるが、これ以外にも「一八二九年のアカデミー講演」（Die Akademiereden von 1829）などがある。ここでは便宜的に、これらの資料をひとまとまりのものとして論述することにする。

シュライアーマッハーは解釈学を「理解の技法」として構想しているが、「一般解釈学にそのしかるべき場所を割り当てることは非常に難しい」という率直な発言が示しているように、彼は普遍的な学問体系のなかに解釈学を位置づけるという課題が、実に容易ならざるものであることを痛感している。彼によれば、理解の技法としての解釈学は、語りないし発話の技法としての修辞学（Rhetorik）と表裏の関係にあるが、しかし語りないし発話は思考の外的側面であるので、最初に指摘しておいたように、解釈学は弁証法（Dialektik）とも密接な関連をもたざるを得ない。その際、シュライアーマッハーの定義に従えば、弁証法は「純粋な思惟の領域において技術的に適切な対話を営むための根本命題を詳述すること」（Darlegung der Grundsätze für die kunstmäßige Gespächsführung im Gebiet des reinen Denkens）(38)をこととする。しかしシュライアーマッハーはみずからの学問体系の基礎をなす弁証法を完成させていないので、それと密接な連関のうちにある解釈学も、おのずから未完成の状態にとどまっている。

シュライアーマッハーによれば、「いかなる語りも言語の全体性と原作者の思考全体への二重の関係性を有しているように、あらゆる理解も二つの契機を断固主張する。すなわち、語りを言語から取り出されたものとして理解することと、それを思考者のなかにある事実として理解することである[39]」。それゆえ理解は言語と思考という「二つの契機の相互内在[40]」のうちにのみ存在する。初期の草稿によれば、言語の理解に関わるものが「文法的解釈」で、思考の理解に関わるものが「技術的解釈」と呼ばれていたが、「一八一九年の綱領的叙述」では、後者について二通りの名称が用いられている。すなわち、序論部分では「心理学的解釈」（die psychologische Interpretation）という新たな名称が用いられているが、後段の第二部の表題には、以前と同様、「技術的解釈」（die technische Interpretation）と記されている。それではこの二つはいかなる関係にあるのだろうか。この点については、シュライアーマッハー自身が「一八三二／三三年の欄外注」において、興味深い注釈を加えている。それによれば、心理学的解釈は「生の契機の全体性から思考が成立すること」により重きを置き、「いろいろな考え（多くの〔語りが〕がそこから発展してくるところの、あの根本的思想もそれに属している）を理解することと付随的思想を理解すること」を目指すのに対して、技術的解釈は「一連の〔語りが〕そこから発展してくるところの、一定の思考あるいは表現意欲へと遡源すること」により一層着目し、「黙想を理解することと文章構成を理解すること[41]」を目指す。もちろんこれは相対的な相違にすぎず、場合によっては両者がかなり接近し合うこともあるという。

このように、初期には見られなかった「心理学的解釈」が、一八一九年以降登場してきて、晩年には「技術的解釈」に取って代わる勢いにあるという事実は、われわれに一体何を示唆しているのであろうか。中期の頃までのシュライアーマッハーが「技術的解釈」に託した課題は、個々の話者に特徴的な語りの「様式を完全に理解すること[42]」、あるいは「表現の特有さ＝様式[43]」を理解することであった。しかし晩年の彼は、内的な思考が言語へと現れ出てくる「内的な経過を、予見的かつ比較的な手続きによって、完全に透明[44]」ならしめ、それによって同時に、思考の産出過程と言語との関係をも解き明かすことに腐心した。つまり、話者の内的な思考のプロセスに着目し、その心理から思想形成とその言語的表現を捉えようとしたのである。実際、ディルタイはシュライアーマッハーの解釈学をそのような方向で受容かつ継承したし、またディルタイ的解釈の強い影響下で、シュライアーマッハーの解釈学はそのようなものだと受けとめられてきた。『真理と方法』におけるガダマーのシュライアーマッハー理解も、この点ではディルタイ的受容の呪縛を脱却しているとは言い難い。しかしわれわれが見てきたように、シュライアーマッハーにおいては、文法的解釈と技術的解釈との「相互内在性」(Ineinandersein)[45]は最後まで保持されているし、心理学的解釈と呼ばれているものも、技術的解釈として構想されてきたものの延長線上にあって、それを廃棄するものではないということを見落としてはならない。

四　「誤解を避ける技法」としての解釈学

シュライアーマッハーは、「解釈は技法である」(Das Auslegen ist Kunst)[46] と述べているが、解釈の実践に照らしてみると、一定の技法を必要とし、それに則った「技法的」(kunstmäßig) な解釈と、それを必要とせず、それに則りもしない「非技法的」(kunstlos) な解釈とがある。その相違は、自国のものと他国のもの、あるいは語りと書物の違いに基づいているのではなく、「つねにひとが若干のものは正確に理解しようとするが、他のものは正確に理解しようとはしないということに基づいている」[47]。解釈の技法の実践には二通りある。「より緩やかな実践（die laxere Praxis）は、理解はおのずから生ずるということから出発しており、そしてその目標を否定的に、『誤解は回避されるべきである』、と表現する」[48]。これに対して、「より厳格な実践（die strengere Praxis）は、誤解はおのずから生じるということ、そしてあらゆる点での理解が欲せられ求められなければならない、ということから出発する」[49]。回避されるべきものは、「内容についての質的な誤解と、口調についての誤解あるいは量的な誤解」[50]である。質的な誤解とは、客観的には、「言語の上で語りの一部分の箇所を他の箇所と取り違えることや、同様に、例えば一つの言葉の意義を他の言葉の意義と取り違えること」であり、主観的には、「一つの表現の関係を取り違えること」である。量的な誤解とは、主観的には、「語りの一部分がもっている発展力、あるいは語り手がその部分に付与する価値のこと」であり、客観的にはそれとの類比で、「語りの部分が漸層法《グラデーション》において占める位置のこと」である。シュライアーマッハーによれば、「通常は注意されることの少ない量的な誤解から、質的な誤解がつねに発展する」[51]という。いずれにせよ、解釈学的実践は「理解できない」（Nichtverstehen）という事実から出発し、「誤解」（Mißverstehen）を避けつつ、「理解」（Verstehen）を目指す不断の作業である。それゆえ、ガダマーが言うように、「シュライアーマッハーは『解釈学は誤解を避ける技法である』と定義した」、と言うことも許されるであろう[52]。

　ある語りないし陳述を解釈するということは、それを構成し産出するプロセスの裏返しの作業であるので、所与の語りないし陳述の解釈は、基本的に「追構成」（Nachconstruiren; Nachconstruktion）という性格をもっている。シュライアーマッハーによれば、追構成には、「歴史的」（geschichtlich）と「予見的」（divinatorisch）、「客観的」

（objektiv）と「主観的」（subjektiv）という、二組のアスペクトからなる四つの側面がある。[53]（１）「客観的で歴史的」とは、「言語の全体性における語りと、語りに含まれている言語の産物としての知識とが、いかなる関係にあるかを洞察すること」を意味している。（２）「客観的で予見的」とは、「語りそのものがいかにして言語にとっての発展の点となるかを予見すること」である。（３）「主観的で歴史的」とは、「いかにして語りが心における事実として生起したかを知ること」である。（４）「主観的で予見的」とは、「いかにしてそこに含まれている思想がさらに誤解に対して、また誤解において継続的影響を及ぼすかを予見すること」である。[54] これら四側面での検証作業なしには、追構成の際の質的ならびに量的な誤解を回避することはできない。

このように、解釈学は追構成の過程で起こりうる各種の誤解を避けるために、最大限の注意を払わなければならないが、そのようにして遂行される解釈学の究極の課題は、「語りをまずその原作者とまさに同じくらい、そしてつぎに原作者よりも良く理解すること」（die Rede zuerst eben so gut und dann besser zu verstehen als ihr Urheber）である。なぜ解釈者が原作者にまさる理解に到達することができるかといえば、解釈者は「原作者のなかで無意識的にとどまっている可能性のある多くのことを、意識へともたらすべく努力しなければならない」[55]からである。

シュライアーマッハーによれば、解釈者は「客観的ならびに主観的側面において、原作者と等しい立場に身を置かなければならない」が、そのためには、原作者が有していた言語の知識（客観的側面）と、原作者の内的・外的な生についての知識（主観的側面）を所有していなければならない。解釈者は、書物から作者の特有の語彙を知ることができ、またそこから作者の性格と置かれた状況を知ることができる。作者固有の語彙と語法は、彼の個性を反映しているが、同時にそれは歴史と時代状況の全体と連関しており、ある程度はそれによって規定されている。したがって、個別としての作家とその作品は、普遍的な全体から理解されなければならず、またその逆も成り立つ。シュライアーマッハーによれば、「個々の書物の内部においても、個別は全体からのみ理解されることができる。それゆえ、全体の概観を得るための走り読みは、より厳密な解釈に先行しなければならない[56]」が、いずれにしてもテクストの解釈においては、個は全体から、そして全体は個から、という「解釈学的循環」は不可避であり、無限の循環を繰り返すなかで理解は深まっていく。そのようにして解釈学の目標は、「ただ近似によってのみ到達されうる[57]」のである。

五　予見的方法と比較的方法

文法的解釈の細目は大部分文献学に属しており、またシュライアーマッハーの際立った貢献も必ずしもここには見出し得ないので、つぎにシュライアーマッハーが技術的解釈の二つの方法として特記している、「予見的方法」(die divinatorische Methode) と「比較的方法」(die comparative Methode) について考察してみよう。シュライアーマッハーは、技術的解釈の「業務全体にとっては最初から、予見的方法と比較的方法という、二つの方法が存在する。しかしこれらは相互に指示し合っているので、断じて相互に分離されてはならない[58]」、と言う。それではそれぞれの方法はいかなるものであり、また相互にどのように関係し合っているのだろうか。少し長いがシュライアーマッハー自身の言葉をそのまま引用すると、

予見的方法は、ひとが自分自身をさながら他者の姿に変えることによって、個性的なものを直接把握しよ

うとする方法である。比較的方法は、理解されるべきものをまず普遍的なものとして措定し、そして同じく普遍的な他のものと関わり合っているものとして、それらと比較することによって、つぎにそれ特有のものを見出す。前者は人間性を解する力における女性的な強さであり、後者は男性的なそれである。

両者は相互に指示し合う。というのは、前者はさしあたり次の事実に基づいているからである。すなわち、各々の人間はみずからが特有な人間である以外に、すべての他者に対する受容性を有しているという事実である。しかしこのこと自体は、各人が各人の最小限のものをみずからのうちに担っている、という事実に基づいているように思われる。そしてそれに従えば、予見は自分自身との比較によって掻き立てられる。しかし比較的方法は、いかにして対象を普遍的なもののなかに措定するに至るのであろうか。明らかに比較によって始め、しかるのち無限に遡源するか、あるいは予見によって始めるか、そのいずれかであろう。

両者は相互に分離されてはならない。なぜなら、予見は比較なしにはつねに熱狂的になる可能性があるので、確証しつつ比較することによって、はじめてその確かさを保持するからである。しかし比較的方法はいかなる統一性ももたらさない。普遍的なものと特殊的なものは、相互滲透的でなければならず、比較的方法はつねに予見によってのみ生起するのである。[59]

われわれはここでDivinationおよびdivinatorischという用語を、便宜的に「予見」／「予見的」と訳したが、ときには「予覚」／「予覚的」と訳されることもある。だが、いずれにせよ、シュライアーマッハーがこの用語に込めた意味は、これでは十分には伝わらない憾みがある。英訳者のアンドリュー・ボーウィーはDivinationを《the ability to arrive at interpretations without definitive rules》（明確な規則なしに解釈に至る能力）と説明しているが、[60]

日本語の「予見」ないし「予覚」からは、そのようなニュアンスは必ずしも伝わらないからである。マンフレート・フランクは、シュライアーマッハーのこの用語に特別の注意を促している。彼によればこの用語は、アウグスト・ベークやディルタイのように、一種の同質的な共感（追体験）的理解の意味に解されてはならないし、あるいはまたガダマーのように、解釈者とテクストとの間の時間的隔たりを跳び越えて、異他なる心魂を感情移入的に想像する可能性を言い表すもの、と捉えるべきでもない。シュライアーマッハーはこの用語をもっぱら「文体」（Stil）理論の文脈で使用しており、しかも英語の to divine、フランス語の deviner との親近性を意識している。シュライアーマッハーはこれに近い意味を表す語として、ドイツ語の Erraten（「推察する」「言い当てる」「憶測する」）を用いている箇所もある。いずれにせよ、Divination は心理学的解釈の枠組みでは、「著者の文体論的産出性に対応する解釈者の意識態度」[61]を言い表すものだというのである。

　フランクの分析からは学ぶものがあるが、われわれは彼の解釈に必ずしも賛同することはできない[62]。シュライアーマッハーの die divinatorische Methode あるいは das divinatorische Verfahren は、たしかに「文体」との関連で用いられていることが多いが、必ずしもそれに限定されてはいない。よしんばフランクが指摘するような一面があるとしても、シュライアーマッハーの Divination がベーク、ドロイゼン、トレルチなどと共通する意味をもっている可能性が、それによって否定されるわけではない。これらの思想家たちにおいては、Divination は一流の歴史家や天才的な解釈者に固有のある根源的な才能を表している。それは客観的な学問的手続きなしに、事柄の本質を一挙に把握する能力である[63]。シュライアーマッハーの用例を調べてみると、divinatorisch は demonstrativ とは正反対のもので、その限りで comparativ や vergleichend に対立（gegenüberstehen）しているが、しかもそれを補完（ergänzen）する側面を有している[64]。彼は動詞形の diviniren を二か所で用いてもいるが[65]、それはある同質性ないし親近性に基づいて直に働くところの、曰く言い難い直観的能力である。したがって、die divinatorische Methode あるいは das divinatorische Verfahren は、文法的解釈よりも技術的解釈あるいは心理学的解釈において、より重要な役割を果たすことが期待されよう。しかしシュライアーマッハーによれば、予見的方法は文法的解釈においても不可欠であり、それは比較的方法が心理学的解釈においても有効であるのと同じである。「一八二九年のアカデミー講演」から引用すれば、

> しかし文法的側面においても、予見的方法は間違いなく欠かすことができないであろう。なぜなら、天才的な著者（ein genialer Autor）が言語上のある言い回し、ある編成をはじめて明るみへともたらす場面に出くわすたびに、われわれはどうしようとするであろうか。ここには、著者がその途上にあった思考産出の状態から出発しながら、その瞬間の必要性が著者の念頭に生き生きと浮んでいた語彙に、ほかでもなくまさにそのような仕方で、影響を及ぼすことができたような、あの創造的行為を正確に模倣する（jenen schöpferischen Act richtig nachzubilden）、予見的なやり方以外には存在しない。そしてここでもまた、比較的なやり方を心理学的側面に適用することなしには、いかなる確かさも存在しないであろう。[66]

上記の引用からも、シュライアーマッハーが die divinatorische Methode あるいは das divinatorische Verfahren と名づけている方法が、ベーク、ドロイゼン、ディルタイ、トレルチなどに通底するものをもっていることがわかる。

六　シュライアーマッハーと歴史主義

以上のような特質をもつシュライアーマッハーの一般解釈学は、ベークやディルタイに引き継がれ、一定の評価を得てきたものの、ガダマーの『真理と方法』の登場によって、一変して厳しい批判に晒されることとなった。というのは、そこでガダマーはシュライアーマッハーの解釈学に「ロマン主義解釈学」の烙印を押し、歴史的生の再構成という性格をもつ彼の解釈学を、克服されるべきものと見なしたからである。彼は従来の解釈学議論を支配してきたディルタイ哲学を譴責し、「今日における課題は、ディルタイ流の問題の立て方がもってきた支配的な影響と、ディルタイが基礎づけた〈精神史〉にまつわる先入見から脱却することであろう」[67]、と明言した。それとともに、彼はシュライアーマッハーからディルタイへと至る解釈学の流れを否定して、むしろヘーゲルが『精神現象学』のなかで提示している「もうひとつの可能性」(eine andere Möglichkeit)[68]を高く評価した。ガダマーによれば、シュライアーマッハーの解釈学理論は伝承の歴史的再構成を目指すが、ヘーゲルが説くのは「過去に対して思惟する態度」(ein denkendes Verhalten zur Vergangenheit)[69]にほかならない。しかし再構成されたものはそれが本来あったところの生ではない。大事なことはむしろ「思惟によって現在の生との媒介を行なうことにある」[70]。かくしてガダマーは、大胆にも次のように主張する。

> シュライアーマッハーよりもヘーゲルに従うのを解釈学の課題として認めるならば、解釈学の歴史の意味合いはまったく変化する。すなわち、解釈学の歴史は、もはや、歴史的理解が一切の教義的なとらわれから解

放されることによって完成するのではない。解釈学の成立は、かつてディルタイがシュライアーマッハーを継いで叙述した際にとった観点から見ることはできなくなるであろう。むしろ重要なのは、ディルタイが敷いた道を新たに歩み直し、歴史学的な自己意識をもつディルタイの念頭にあったのとは異なった目標を求めることである(71)。

以上の引用に明確に見て取れるように、ガダマーはシュライアーマッハーからディルタイに至る「ロマン主義解釈学」の流れをトータルに否定し、ハイデガーの「現存在の存在論的分析」に基づく「事実性の解釈学」を出発点として、新たな解釈学的哲学への転轍を強力に推進した。一九六〇年代以降の解釈学議論は、こうしたガダマーの圧倒的影響下にあり、シュライアーマッハー解釈学についての評価もほぼその線に沿っている(72)。しかし強力な力で振れた振り子はやがて必ず反対方向に振れざるを得ない。今日、シュライアーマッハー解釈学への関心が高まり、久しく入手不可能となっていた『解釈学と批判』が袖珍本として再刊されたことや、あるいはその英訳版がCambridge Texts in the History of Philosophyの仲間入りをした事実は、このあたりの消息を如実に物語っている。いずれ近いうちに、キンマーレの編集したテクストにさらに批判的校訂を施したものが、Kritische Gesamtausgabe (KGA) のなかの一巻として刊行された暁には、より本格的な研究が可能となり、ガダマーが下した判断の正否も明らかになるであろう。しかしわれわれの関心は、必ずしもシュライアーマッハー解釈学そのものにはなく、むしろそこから開始された解釈学的な人文学の営みと、のちに「歴史主義」という用語で把捉される思潮との関連性にあるので、つぎにこの点について独自の考察を展開してみたい。

ガダマーは『真理と方法』において、第二部第I章第1節に「ロマン主義解釈学およびその歴史学への適用における問題点」という表題を付し、そこでシュライアーマッハーに続けて歴史学派（ランケ、ドロイゼンなど）について論じた上で、第二節を「ディルタイの陥った歴史主義のアポリア」と題しているので、ガダマーはシュライアーマッハーと歴史主義の密かな関係を鋭く嗅ぎ付けている、と言えなくもない。しかし「シュライアーマッハーと歴史主義」というテーマは、これまで本格的に論究されたことがなく、その限りではわれわれの問題設定は奇異に受け取られるかもしれない。だが、キンマーレは、「一八〇五年と一八〇九／一〇年の箴言集」に収録されている一文、つまり「解釈に際しての主要な事柄は、ひとが自分自身の心情から抜け出て、著者の心情へと赴くことができねばならないということである」というくだりに注目して、それを「歴史主義を呈示する覚え書き」（eine ... auf den Historismus vorweisende Notiz）と呼び、そこに「歴史主義的な理解の実践」（die historistische Verstehenspraxis）の萌芽を読み取っている。[73] キンマーレの捉え方が正しいとすれば、シュライアーマッハーにすでに歴史主義の発端が、あるいは少なくともそれとの接点が存在することになる。

少し古い文献にはなるが堅実な学風で知られる三宅剛一も、『宗教論』と『独白録《モノローゲン》』を引き合いに出しつつ、「存在の神的な根源を生として捉へ、個體的存在に、それの表現として獨自の意味と價値とを認める」シュライアーマッハーの思想は、「ドイツの歴史主義の有力な源泉となったのである」[74]と述べている。おそらくこれはマイネッケの歴史主義の捉え方を踏襲したものである。というのは、理性的なものの現実化、および現実的なものの理性化という、ヘーゲルの哲学のなかに歴史主義の神髄を見ようとするクローチェの捉え方に反対して、マイネッケは『歴史的感覚と歴史の意味について』（一九三九年）において、シュライアーマッハーの『宗教論』と『独白録』のなかに発現している、「目覚めた個体思想こそが歴史主義の母胎であり、またつねにそうであり続ける」[75]と主張しているからである。このようにマイネッケは、歴史主義の成立史とシュライアーマッハーの個体思想の成立史を絡めて捉えているが、しかし第七章において論ずるように、彼の歴史主義の理解には問題がないわけではない。それにまた、一般解釈学のパイオニアたるシュライアーマッハーは、「近代神学の父」と称される当代随一の神学者であっただけでなく、卓越したプラトン研究者でもあったのであり、プラトン主義者が往々にしてそうであるように、彼は「まったく非歴史的な思想家」（ein ganz unhistorischer Kopf[76]）であった、との評価もまた根強い。それゆえ、シュライアーマッハーと歴史主義の関係は、そう簡単に語ることのできない難しさを含んでいる。

「歴史主義」（Historismus）という用語そのものは、十九世紀の中葉にはじめて成立したと言われているので[77]、「シュライアーマッハーと歴史主義」という問題設定そのものに無理があるが、少し視点を変えて「シュライアーマッハーと歴史化」というテーマにすれば、あながち的外れな問題設定でないことが、以下の考察によって明らかになるであろう。「歴史化」とは、ドイツ語の Historisierung あるいは英語の historicizing の訳語であるが、トレルチは「歴史主義」を定義して、「人間とその文化や諸価値に関するあらゆるわれわれの思惟の根本的歴史化」（die grundsätzliche Historisierung alles unseres Denkens über den Menschen, seine Kultur und seine Werte[78]）であるとした。それゆえ、「歴史化」という視点からも、上記の主題を近似的な仕方で扱うことはおそらく可能であろう。実際、セオドア・ズィオルコフスキーは、「歴史化」という視点から十九世紀初頭のドイツの大学学問について論述しているが、そのなかでシュライアーマッハーについても啓発的な議論を展開している。

ズィオルコフスキーは、『ロマン主義のミューズたるクリオ』において、歴史学、哲学、神学、法学、医学という五つの学問分野において、十九世紀初頭に学問の「歴史化」（historicizing）が急速に進行した事実を叙述しているが、神学に関してはヘルダーに続けてシュライアーマッハーを取り上げ、とくに『宗教論』と『神学通論』を詳しく論評している。例えば『宗教論』第二講のくだりで、シュライアーマッハーは「真の意味での歴史が宗教の最高の対象である。宗教は歴史とともに始まり、歴史とともに終わる」[79]と述べているが、ズィオルコフスキーはこうした箇所へと読者の注意を喚起しつつ、シュライアーマッハーの思考が本質的に歴史的であったことを論証しようとする。ズィオルコフスキーによれば、シュライアーマッハーは神学に対して「徹底的に新しい歴史的アプローチ」（radically new historical approach）を採用しており、『神学通論』こそは「シュライアーマッハーによる神学の歴史化」（Schleiermacher's historicization of theology）[80]を最も良く示すものである。シュライアーマッハーはそこで神学を三つの部門（哲学的神学、歴史神学、実践神学）に分類する。「哲学的神学」（Philosophische Theologie）は、宗教哲学を用いてキリスト教の本質を規定し、かつキリスト教共同体の区分を行なうが、これ自体は「歴史の原理の学とも名づけるべき倫理学（Ethik）の研究」[81]に基礎をもつ。「歴史神学（Historische Theologie）は、神学研究の本来の根幹をなしており、哲学的神学を通じて本来の学問と、実践神学を通じて日常的なキリスト教生活と、関連をもつ」[82]。「実践神学」（Praktische Theologie）――これは、第一版では、「神学研究の王冠」（die Krone des theologischen Studiums）[83]と表現されている――は、キリスト教の教会指導という目標に奉仕する技術論である。

このように、シュライアーマッハーは、キリスト教神学全体を「歴史の原理の学」と称すべき倫理学の上に基礎づけ、しかも「教理神学」ないし教義学すらも、「釈義神学」と「教会史」と並べて歴史神学のなかに位置づけており、これによって神学という学問の歴史化を大きく推進していることがわかる。カール・バルトも、シュライアーマッハーが「神学を解釈し直して一般的精神科学の一部へと改変」し、「神学のあの歴史化を最も徹底的に準備した」[84]と述べ、かくして「神学的歴史主義は明らかに、堅固に、強固に、そして明確に基礎づけられている[85]」、との見方を示している。ところが、ディルタイ同様、アルベルト・シュヴァイツァーは、シュライアーマッハーを「非歴史的な思想家」(ein unhistorischer Kopf)[86]と呼んで、シュライアーマッハーにおける歴史意識の欠如を暗に批判している。このような相矛盾した評価は、一体どのように説明されるべきであろうか。シュヴァイツァーの批判は、シュライアーマッハーのイエス伝[87]に向けられたもので、彼の学問的営み全般を指して語られたものではないのであろう。そうであるとすれば、上記の相対立した批判は必ずしも矛盾と見なされる必要がない。それゆえ、われわれはズィオルコフスキーとともに、シュライアーマッハーが「キリスト教の観念を歴史化した[88]」ことを承認した上で、彼の思想における歴史化の問題をあらためて問い質さなければならない。

七　シュライアーマッハー解釈学の意義と限界

そこで、シュライアーマッハーの解釈学そのものに立ち返って、上記のような問題関心のもとに、その意義と限界についてあらためて考えてみたい。

シュライアーマッハーは一八〇五年の夏学期にハレ大学で「解釈学」についてはじめて講義をし（受講者三四名）、ベルリン大学開学前の一八〇九年の十一月から翌年三月にかけて、「解釈技法の一般原則」について第二回目の講義をしている（受講者数不明）。つぎに開学直後の一八一〇／一一年の冬学期にベルリン大学で第三回目の講義を行なっている（受講者一四名）。第四回目は一八一四年の夏学期に「新約聖書の解釈学」と「解釈技法の一般原則」について（受講者八名）、第五回目は一八一九年の夏学期に「解釈学」について（受講者五一名）、第六回目は一八二二年の夏学期に「解釈学」について（受講者七七名）、第七回目は一八二六／二七年の冬学期に「解釈学と批判の一般原則」について（受講者一〇七名）、第八回目は一八二八／二九年の冬学期に「解釈技法と批判の原則」について（受講者一一五名）、そして最後の第九回目は一八三二／三三年の冬学期に「解釈学と批判の一般原則とそれの新約聖書への適用」について講義をしている（受講者一一九名）[89]。第四回目の「解釈技法の一般原則」の講義は哲学部で開講されているが、それ以外の講義はすべて神学部でなされている。受講者も徐々に増えているが、これは大学が発展して在校生が増えたことと、また彼の名声が広まったことによるものであろう。Hermeneutik と並んで、ときどき Auslegungskunst という名称が講義題目に使用されていることにも注意したい。以上の大学での講義とは別に、一八二九年にはベルリン科学アカデミーにおいて解釈学についての講演を行なっている。

ちなみに、「神学通論」の講義は、一八〇四／〇五年の冬学期を皮切りに一八三一／三二年の冬学期まで、都合十二回行なっており、他方哲学部での「弁証法」の講義は、一八一一年の夏学期、一八一四／一五年の冬学期、一八一八／一九年の冬学期、一八二二年の夏学期、一八二八年の夏学期、一八三一年の夏学期と合計六回行なっている。ここからわかることは、「解釈学」の講義は「神学通論」および「弁証法」の講義と、ときには同時並行的に、ときには交互に行なわれており、内容的に考えても両者との繋がりが予想されることである。とくに「弁証法」はシュライアーマッハー独自の哲学体系（？）を探究したものなので、これとの連関に留意することはきわめて重要であるが、いまの筆者にはその準備ができていない。

そこで最後に、シュライアーマッハーの解釈学において、人間存在とその文化の歴史性にいかなる配慮が払われているかを調べることによって、シュライアーマッハー解釈学の意義と限界について考えてみようと思う。

シュライアーマッハーによれば、一般解釈学は文法的解釈と技術的解釈ないし心理学的解釈から構成されており、「解釈の方法においては、〔これ〕以外の多様性は存在しない(90)」という。あらゆる対象の解釈において、いずれの方法も一定の度合いにおいて不可欠である。だが、より客観性が高い対象（純粋な歴史書、叙事詩、外交文書など）に対しては、文法的解釈の比重が増し、主観性が高い文書（書簡、叙情詩、論争書など）に対しては、心理学的解釈のウェイトが大きくなる。いわゆる「歴史的解釈」（die historische Interpretation）も、歴史学的方法に固有な別個の解釈方法があるのではなく、要は文法的解釈と心理学的解釈の兼ね合いである。このように考える限り、シュライアーマッハーにおいては、歴史的なものはまだ解釈学的な全体の枠組みのなかに収まっており、それを根本から規定するものになってはいない。例えば、彼は「ある言語の画期《エポック》というものは、その歴史全体と言語の本質とを理解することなしには、理解されえず、またこの言語の本質は、言語一般を理解することなしには、理解されえない(91)」と述べている。この引用にもよく示されているように、歴史に一定の意義が付されつつも、一般ないし普遍なるものは歴史の埒外に想定されている。「表現されたものは、最も普遍的なものを理解することなくして、理解されえないが、しかしまた同様に、最も個人的で特殊なものを理解することなくしても、理解されえない(92)」と言われる場合、そこでは普遍と特殊、あるいは個別と一般の間の解釈学的循環が主張されているが、しかしその循環全体は未だ歴史的相対化の荒波に晒されない、いわば安全地帯のなかを動いている。

シュライアーマッハーの『神学通論』を手本にしてみずからの学問体系論を構想したトレルチは、「彼のプログラムは単に首尾一貫したやり方で遂行される必要がある。ほとんどいかなる変更も必要ではない。シュライアーマッハーの時代以降、歴史学の方法と成果がより急進的になり、より広範囲な結論に到達したということにさえ留意されればよい(93)」と語っているが、彼の解釈学についてもある意味で同じことが言えるのではなかろうか。すなわち、シュライアーマッハーはたしかに神学の歴史化を遂行しようとし、また特殊な形態にとどまっていた解釈学を普遍的原理に基づく一般解釈学として構想した。そしてそこに、神学においても解釈学においても、彼の不朽のパイオニア的意義が存するが、しかし彼の時代には、歴史学的方法はドイツ観念論の哲学体系の枠内に綺麗に収まっており、のちに《歴史主義》として表面化してくる問題は、未だ顕在化してはいなかったのである。だが、われわれがやがて本書第五章で見るように、ディルタイになると事情はすっかり変わっている。『解釈学の成立』が端的に示しているように、そこでは歴史的思考の成熟という事態を受けて、理解の技法論というシュライアーマッハー的理念を、歴史的世界の諸連関のなかに位置づけて構想し直そうとする、ディルタイなりの試みが素描されている[94]。つまり、ディルタイにおいては、人間と世界の《歴史性》(Geschichtlichkeit)ということが解釈学を構想する際の基底となっているが[95]、シュライアーマッハーにおいては、人間と世界の歴史性という観念は希薄で、その解釈学は語りないし陳述についての分析がその基礎となっているように、言語学的モデルのもとに構想されている。シュライアーマッハーでは文法的解釈にかなりのウェイトが置かれているのに対して、ディルタイでは心理学的解釈に圧倒的な比重が置かれるようになるのも、以上のことと密接に関係している。

いずれにせよ、シュライアーマッハーに関しては、歴史主義ないし歴史化という問題は、原理的に胚胎しているとしても、それはあくまでも萌芽にすぎず、まだ思想形成の重要な契機とはなっていない。H・A・コルフのいう「ゲーテ時代[96]」、すなわちドイツ観念論の下でドイツ古典主義とロマン主義が包摂されていた時代のただなかで活躍したシュライアーマッハーは、ヘーゲル同様、まさに「観念論の崩壊」以前の思想家であり、したがって彼の一般解釈学の構想のなかに歴史主義的な契機を求めようとすることは、所詮は無理な話なのかもしれない[97]。よしんば歴史主義との関係が問題となるにしても、シュライアーマッハーの思想は、「ドイツの歴史主義の有力な源泉」という位置づけにとどまり、歴史主義そのものは彼においてはまだ羽化していないと見る方が無難であろう。しかし彼の弟子であり同僚でもあったアウグスト・ベークにおいては、事情はかなり異なる。彼はドイツ観念論的な思潮を共有しながらも、『アテナイ人の国家財政』*Die Staatshaushaltung der Athener* (1817) という主著が示しているように、実証的データに立脚した歴史科学者の相貌を兼ね合わせている。かくしてベークにおいては、シュライアーマッハーには希薄だった歴史主義の契機が、より明示的な仕方で表に現れてくるのである。

むすびに

以上、シュライアーマッハーの解釈学について、われわれなりの視点から考察してみた。シュライアーマッハーは、神学者として日常的に聖書の注釈に関わらざるを得ず、またプラトン研究者としてその著作の翻訳に深く関わったが、そういう経験から解釈学が彼の関心事とならざるを得なかったことは、よく理解できるところである。シュライアーマッハーは、「解釈学的課題は、文法学を弁証法や技法論や特殊的な人間学に結びつけることによってしか、完全には解決され得ないとすれば、解釈学のなかには、思弁的なものを経験的なものや歴史的なものと結びつける力強い動機がある」[98]と述べて、解釈学が思弁的なものと歴史的なものを切り結ぶ中間地点に位置していることを表明している。彼は解釈学を理解の「技法論」(Kunstlehre) として捉えたが、単にそのレベルの議論に終始したわけではない。他方で彼は解釈学と弁証法の関連性を生涯にわたって模索し、「客観性における言語と思想産出のプロセス」を「個々の精神的生の機能として、思惟の本質そのものとの関係において」[99]完全に直観することを、彼の哲学の目標としている。シュライアーマッハーによれば、理解と解釈をこととする解釈学の仕事は、「徐々に発展していく不断の全体であり、そのさらなる過程のなかでわれわれはますます相互に支え合う。……それは思惟する精神の漸進的な自己発見である」[100]。このように、解釈学は人文学にとってきわめて重要な役割を果たすものであるが、そのことが広く認知されるようになるためには、シュライアーマッハーの衣鉢を継ぐ古典文献学者のベーク、歴史学者のドロイゼン、そしてとりわけ哲学者のディルタイの働きが不可欠であった。それゆえ、われわれは後続の章において、それぞれの業績を順次検証してみることにしよう。

第二章　アウグスト・ベークと古典文献学

はじめに

本章では、十九世紀のドイツにおいて近代的な学問としての「文献学」を確立した、アウグスト・ベーク（August Boeckh, 1785-1867）[1]の人となりを、とくに彼が構想した文献学との関わりにおいて、叙述してみようと思う。なぜベークの文献学を問題とするかといえば、彼の講義ノートに基づいて死後出版された『文献学的諸学問のエンチクロペディーならびに方法論』*Encyklopädie und Methodologie der philologischen Wissenschaften*[2]——この書はベークの文献学の方法と体系を知る上でまず参照すべき最重要書物である——のなかには、思想史研究の方法に関して、傾聴すべき実に意義深い創見が見出されるからである。実際、文献学に関するベークのこの講義は、学生としてそれを受講したドロイゼンの『歴史論』*Historik*[3]に甚大な影響を及ぼしただけでなく、ドロイゼンがこの書で打ち出した「探究的理解」（forschendes Verstehen）[4]の方法は、やがて「現代の思想史の父」（the father of the modern history of ideas）[5]と呼ばれるディルタイの解釈学に継承され深められて、現代における思想史研究の重要な方法の一つとなっている[6]。

わが国においても、いち早くベークの文献学的方法から多くを学び、それを思想史研究に応用した実例がある。

村岡典嗣の「日本思想史研究」がそれである。村岡は波多野精一のもとでギリシア哲学、とくにプラトン哲学を学び、もともとはギリシア思想の研究家を志していた。しかし波多野の助言もあって、幼少の頃から馴染んでいる日本思想史研究の道に方向転換したのであった。[7] 村岡がいつからベークに着目したかは定かではないが、おそらく学生時代のプラトン研究を通じて、ベークの著作に触れたのであろう。彼はすでに処女作『本居宣長』（警醒社、一九一一年）において、ベークの「知られたることを知ること」（Das Erkennen des Erkannten）という言葉を引き合いに出し、それをみずからの本居宣長研究の方法的基礎に据えている。[8] その後、村岡は折りに触れて「人間の精神から産出されたもの、即ち認識されたものの認識」というベークの標語を引証しているが、いずれにせよ彼の「日本思想史の研究方法」は、ベークの文献学的解釈学の応用的展開という意味合いをもっている。[9]

村岡の卓越した日本思想史研究に触発された筆者は、その方法論的基礎となったベークの文献学的解釈学に興味を抱いた次第であるが、[10] 調べてみるとわが国においては、ベークを正面から扱った本格的研究はいうまでもなく、詳しい伝記的叙述もほとんど存在しない。それゆえ、ベークの解釈学について考察する前に、まずは伝記的な側面を浮き彫りにすることが求められる。そこで本章では、ベークと彼を取り巻く人間模様を叙述すると同時に、彼の古典文献学の基本的構造とその特質を明らかにしてみたい。

一　アウグスト・ベークの人となり

アウグスト・ベークは、一七八五年一一月二四日バーデン州のカールスルーエに、六人兄弟姉妹の末っ子として生まれた。ベーク家の先祖は十五世紀末以後、ロマンティック街道沿いの自由都市ネルトリンゲンの市民として暮らし、十七世紀以降は、代々プロテスタントの牧師職を務めてきていた。父ゲオルク・マテーウスは聖職には就かず、宮廷顧問官秘書兼公証人という職に就いていたが、彼の兄クリスティアン・ゴットフリートはネルトリンゲンの牧師で、一七九二年に亡くなったときには司教座聖堂大執事の要職にあった。ゲオルク・マテーウスは兄に先立つこと二年、一七九〇年に不帰の客となったが、そのときアウグストは弱冠五歳の幼児であった。父が亡くなったとき医学生だった長兄ヨーハン・ゲオルク（一七六七―一八五三年）は、その後立派な医師となって天寿を全うしたが、次男は士官学校生徒として対仏戦争の戦地に赴き、一七九三年にルクセンブルクの原野であだない生涯を終えた。三番目の兄クリスティアン・フリードリヒ（一七七七―一八五五年）は、父親の急死によってギムナジウムでの勉学を一時的に中断せざるを得なかったが、その後の巻き返しによって驚異の出世を成し遂げ、一八二一―四四年バーデン州の財務長官を務め、一八二五年には爵位を授与された。その後、一八四四―四六年にはさらに州の大統領にまでなった。生涯独身を貫いた長姉フリーデリケは久しく伯爵夫人に仕え、一八五四年にカールスルーエでその生涯を終えた。次姉マリーはロシアの皇帝アレクサンダー一世の宮廷官と結婚し、一八五八年にレヴァル（現エストニアのタリン）に没した。兄弟姉妹はお互いに仲睦まじく、生涯にわたって親しい交わりを続けた。

父親の死によって、アウグストの一家は経済的に大いに困窮したが、それでも母親の理解と計らいで、アウグストは人並み以上の教育を受けることができた。彼は一七九一年から一八〇三年まで、カールスルーエにある地元のギムナジウム（Gymnasium illustre）で学んだが、そこは古典語と数学の教育に定評があった。ご多分に洩れずベークも古典語の他に、とくに数学の勉学に大いなる関心を抱いた。彼はこのギムナジウムで、ヘーベル（Johann Peter Hebel, 1760-1826）、ティッテル（Gottlob August Tittel, 1739-1816）、ベックマン（Johann Lorenz

Böckmann, 1741-1802）などの優れた教師から、古典語、哲学、数学などの学問的基礎を徹底的にたたき込まれた。一八〇三年、彼は優秀な成績でギムナジウムを卒業すると、州政府の奨学金を支給されて、神学者になるべくハレ大学に赴いた。[11] ベークは幸運にもその大学で、彼の将来に決定的な影響を及ぼす、二人の傑出した学者と出会うことになった。一人は古典文献学者のフリードリヒ・アウグスト・ヴォルフ（Friedrich August Wolf, 1759-1824）であるが、まさに脂の乗りきった全盛期のヴォルフは、若きベークをギリシア文化の多様性と永続的意義へと開眼させた。もう一人は、一八〇四年に神学部の員外教授としてハレにやってきた、フリードリヒ・シュライアーマッハーである。彼は神学部で教える傍ら、隣接する哲学部でプラトンに関する講義も担当しており、ベークはこの講義によってプラトン研究へと導かれた。かくして、この二人の偉大な学者との出会いを通して、ベークは神学者になるという当初の道を捨て、古典文献学者の道を歩み出すことになった。[12]

一八〇六年、あのイェーナの会戦に象徴されるように、ドイツ（プロイセン）はナポレオン軍に歴史的な大敗北を喫し、国家存亡の危機に瀕したが、ベークはまさにこの年にハレ大学を卒業すると、首都ベルリンへと赴いた。そこには恩師のヴォルフとシュライアーマッハーが一足先に移り住んでいた。ここでベークは、当地のギムナジウム校長ベラーマン（Johann Joachim Bellermann, 1754-1842）が主宰する上級ゼミナールに受け入れられ、またそのギムナジウムでラテン語、フランス語、歴史学を教えた。ほどなくブットマン（Philipp Karl Buttmann, 1764-1829）やハインドルフ（Ludwig Friedrich Heindorf, 1774-1816）と親しくなり、「ベルリン・ギリシア協会」（通称グラエカ）を設立した。しかし一八〇七年、フランス軍がベルリンにまで進攻して来るに及び、彼は郷里に戻ることを決意し、ハイデルベルク大学にポストを得るために、大急ぎで博士論文を完成させ、それをハレ大学に提出して学位を取得した。[13]

一八〇七年一〇月、弱冠二十二歳のベークはハイデルベルク大学の古典文献学の員外教授に就任した。教授のフリードリヒ・クロイツァー（Friedrich Creuzer, 1771-1858）は、一八〇四年にマールブルクから移動してきてまだ日も浅かったが、二人の間にはすぐに良好な人間関係が成立した。クロイツァーはアヒム・フォン・アルニム（Achim von Arnim, 1781-1831）やクレメンス・ブレンターノ（Clemens Brentano, 1778-1842）などと密接な交流をもっていたので、ベークも彼を介して、こうした後期ロマン派の詩人たちとの交わりの輪に入った。このサークルにおいて、ベークは「博学者」（Polyhistor）として一目置かれたという。

ベークはのちにハイデルベルク時代を「金冠で飾られた青春時代」と言い表しているが、美しい自然と豊かな精神的交流のなかで、彼の学者生活は順調な滑り出しを始めた。この時代のベークの研究は、主としてプラトンとその周辺に向けられている。就任の翌月、ベークは早速プラトンの『ティマイオス』についての批判的注釈の一部[14]を公にしているが、これは数か月前の論文「プラトンのティマイオス篇における世界霊魂の形成について」[15]と通底している。プラトンの宇宙論に対する関心は根強く、ベークはこの主題をその後二つの論文で追求している[16]。プラトン研究以外に、ギリシア悲劇作家やピンダロスについても、ベークはこの時期すでに本格的研究に着手している。

一八〇八年から一八〇九年にかけて、ベークは大勢の教授たちによって創刊された『ハイデルベルク文学年報』*Heidelbergische Jahrbücher der Literatur* の編集に携わり、みずからも幾つかの書評を掲載したが、そのなかでも特筆すべきは、シュライアーマッハーのプラトン翻訳についての書評である。ベークはこの件に関して、恩師のシュライアーマッハーに次のような書簡を送っている。「弟子が師を論評するということは、わたしとても好むところではありませんでした。しかし啓蒙された現代では、われわれはそれを乗り越えています。ですから、わたしはもはやそれ以上躊躇しませんでした」（一八〇八年二月九日付けのシュライアーマッハーへの書簡）。ちなみに、その書評の一部を紹介すれば、ベークはシュライアーマッハーの仕事をこう評価している。

> この人ほどプラトンをみずから完全に理解し、他の人にも理解するよう教えた人はこれまでいなかった。彼は至高なものを稀有のやり方で把握する際に、それに劣らぬ入念さをもって、極小のものをも侮らずに扱う。これはごくわずかの学者のなかで発達した才能であり、またごくわずかの対象に裨益した僥倖である。これにひきかえ従来は、大抵の対象はあまりに思慮もなく突飛な仕方で、あるいはあまりに偏狭な冷静さで、取り扱われてきたのであった。[17]

一八〇九年の初頭、ケーニヒスベルク大学から正教授としての招聘が舞い込んだが、ベークはこれを固辞してハイデルベルクに留まった。ほぼときを同じくして、教授のクロイツァーがライデン（オランダ名レイデン）大学に移籍したので、そのあとを受けてベークは、一八〇九年三月六日、ハイデルベルク大学の古典文献学の正教授に就任した。同年の一〇月四日、ベークはゲッティンゲンの教区総監督ゴットフリート・ヴァーゲマンの娘ドロテーアと華燭の典を挙げた。すべてのことは順調に進んでいたように思われたが、しかし必ずしもそうはいかなかった。ベークよりも一足先に員外教授として採用されていたハインリヒ・フォス（Heinrich Voß, 1779-1822）の父親でホメロス翻訳家のヨーハン・ハインリヒ・フォス（Johann Heinrich Voß, 1751-1826）が、ベークに対して敵対心を露わにしていたからである。一八〇九年四月一六日付けのダーフィト・シュルツ（David Schulz, 1779-1854）への書簡において、ベークはこう記している。「フォスはここではまことに大学に住み着いた悪魔のようなもので、諍いの種を蒔くことしかしません。……息子の方はより穏和な性格ですが、父親を馬鹿に崇拝しているために、一度として自分自身の考えが貫けません。わたしはわが道を行っていますが、すべての人間的権威に対しては反対する、根っからのプロテスタントです。ですから、わたしはひとをむやみに褒めちぎろうとする、猿やムガール帝国皇帝のようなこの手合いを、決して好きになれません[18]」。

こうした状況のなかで、クロイツァーがライデンの環境に馴染まず、九月にハイデルベルクに戻ってきたことは、ある面ではベークにとって歓迎すべきことではあったが、他面では新たな確執の要因ともなりかねなかった。ベークがすでに正教授に就任していたために、クロイツァーの舞い戻りは二人の正教授が競い合う状況をもたらしたからである。そうしたところに、一八一〇年九月、新設のベルリン大学から好条件の招聘状がもたらされた。シュライアーマッハーとブットマンが背後で尽力したお陰もあるが、ベーク自身はこの招聘を迷わず受諾して（新妻のドロテーアには少なからぬ躊躇があったと思われる）、「新設大学の新鮮かつ力強い精神への愛情に基づいて[19]」ベルリンへと赴く決意を固めた。プロイセン当局としては、大学開設初年度の冬学期（一八一〇年秋）からの着任を要望していたが、ハイデルベルク大学での職務義務が残っていたため、具体的な着任は翌一八一一年の夏学期からということになった。ベークが具体的にベルリン大学に着任したのは、翌一八一一年のイースターの前後であった。

二　ベークとベルリン大学

一八〇九年八月一六日、プロイセン王フリードリヒ・ヴィルヘルム三世は、ベルリン大学設立の命令を下し、翌年の秋には講義が開始される運びとなった。[20] 主要な人事構想は、枢密顧問官として教育行政の最高責任者の地位にあったヴィルヘルム・フォン・フンボルト（Wilhelm von Humboldt, 1767-1835）に託された。かくしてシュライアーマッハー、サヴィニー（Friedrich Karl von Savigny, 1779-1861）、フーフェラント（Christoph Wilhelm Hufeland, 1762-1836）、フィヒテ（Johann Gottlieb Fichte, 1762-1814）、ヴォルフ、ニーブール（Barthold Georg Niebuhr, 1776-1831）といった錚々たる顔ぶれが教授陣に名を連ねることになった。古典文献学の教授ポストには当初、ライプツィヒ大学教授のゴットフリート・ヘルマン（Gottfried Hermann, 1772-1848）が第一候補として名前が挙がった。しかし折衝がうまくいかずヘルマンが招聘を固辞したため、弱冠二十五歳のアウグスト・ベークに白羽の矢が立てられたのであった。ベークへの正式な招聘状は一八一〇年九月四日付けで送付された。プロイセンの文部官僚ニコロヴィウスから提示された就任の条件は、年収一五〇〇ターラーに加えて旅行費用二〇〇ターラーというものであった。[21] 直ちに引っ越しの支度に取りかかりたいベークではあったが、先に述べたような事情で、一八一〇／一一年の冬学期はハイデルベルクに留まって、残っていた職務の遂行に努めざるを得なかった。ちなみに、このときベルリン大に招聘されたハイデルベルク大学の同僚には、神学者のマールハイネケ（Philipp Marheineke, 1780-1846）とデ・ヴェッテ（Wilhelm Martin Leberecht De Wette, 1780-1849）や、さらに歴史学者のヴィルケン（Friedrich Wilken, 1777-1840）などがいた。

ベルリンに到着したベークは、すぐに「ギリシア協会」の旧知のメンバーと連絡を取り、再びその輪のなかに加わった。一八一一年四月二日付けの妻への書簡によれば、このサークルのメンバーとしては、ブットマン、ハインドルフ、イーデラー（Christian Ludwig Ideler, 1766-1846）、シュライアーマッハー、シュパルディング（Georg Ludwig Spalding, 1762-1811）、ヒルト（Aloys Hirt, 1759-1837）、ズューフェルン（Johann Wilhelm Süvern,

1775-1829）、ニーブールと彼の名前が挙げてある。大御所ヴォルフはこの集会には加わっていなかった。彼は病気がちでわがままになり、大学の授業でもハレ時代のような往年の活力はもはや失っていた。ハレ時代にヴォルフのもとで雌雄を競ったベッカー（August Immanuel Bekker, 1785-1871）も、ヴォルフの推挽で一八一〇年からベルリン大学のスタッフに名を連ねていたが、彼はすぐには着任せず、当時大臣を務めていたフンボルトの許可をとらないまま、パリに在外研究に出かけていた。ベッカーのパリ滞在は三年半に及んだが、研究休暇の申請も一部受け入れられて、彼のベルリン大学着任は、正式には一八一二年からということになった[22]。

ベークがベルリン大学の一員となったのは、一八一一年の夏学期からであるから、大学としては開学から半年、つまり一学期がすでに経過していたことになるが、彼をベルリン大学建学の父祖たちの一人に加え得る理由は、彼が最年少の正教授でありながら、シュライアーマッハー、サヴィニー、医学者ルードルフィ（Karl Asmund Rudolphi, 1771-1832）と並んで、大学の根本的定款を作成する委員会のメンバーとして、「大学の定款を起草した父祖たちの一人」（einer der Väter der Verfassung der Universität）[23]となったからである。いずれにせよ、ベークは一八一一年から一八六七年まで、五十六年の長きにわたってベルリン大学で教え、まさにヴィルヘルム・フォン・フンボルト大学の顔であり続けた。実際、その間哲学部長を六回、学長を五回も務め、大学創立五十周年の式典も学長としてみずからの手で挙行している[24]。言うまでもなく、大学設立時の正教授でこの五十周年記念の式典に現役スタッフとして参加した者は、ベークをおいて他に誰もいない。フンボルト、フィヒテ、シュライアーマッハー、サヴィニー、ヴォルフ、ヘーゲル（Georg Wilhelm Friedrich Hegel, 1770-1831）[25]、ランケ（Leopold von Ranke, 1795-1886）[26]など、ベルリン大学の名声を世界に轟かせた学者は多くいるが、ベークほどベルリン大学の命運に深く関わった人物はいない。古典文献学という学問が、それほど広まらなかったわが国においては、ベークの名前はこれらの人物の陰に隠れて忘れ去られているが、草創期のベルリン大学にあって、彼は半世紀以上にわたって要職を歴任した。それは彼が人間ならびに学者として同僚の間で信望が厚く、また行政家としても有能だったからにほかならない。

さて、ベークが就任した古典文献学の教授のポストは、同時に「雄弁ならびに詩歌の教授」（professor eloquentiae et poeseos）のポストでもあり、古い大学の慣行に倣って、彼は毎学期の始めに刊行されるラテン語による講義目録に、「プロオイミオン」と呼ばれる序文を書くことを義務づけられていた。そのため、彼は半世紀の長きにわたって、半年に一度ラテン語で（のちにはドイツ語で）学識に富む「プロオイミオン」を書き続けた。これとは別に、彼は「雄弁ならびに詩歌の教授」の職責上、大学の公式行事や式典に際して、あるいは国王の誕生日の祝典に際して、ラテン語で祝詞を述べることを求められた。したがって、ラテン語で記されたり語られたりした大小さまざまな言述や演説だけでも、何冊もの書物となっている[27]。こうした言述や演説において、ベークはしばしばギリシア・ローマの古代世界を考察する形をとりながら、現代が直面しているさまざまな問題に対しても、機知に富む仕方で批判的かつ的確に言及している。例えば、ハレに住む友人マイヤーに宛てた一八四七年四月一八日付けの書簡では、ベークは次のように記している。「今年は七月から一〇月までに、三度演説をしなければなりません。わたしは前もって仕事をするのが好きなので、ドイツ語でする予定の近々の二つは、休暇中に仕上げてしまいました。二番目のものは〔国王の誕生日である〕八月三日に行なうものです。そこではフリードリヒ・ヴィルヘルム三世の治下での諸大学の状況を、とりわけ当地の大学の状況を、穏やかに、しかし腹蔵なく自由に、考察するつもりです[28]」、と。

ベークは一八二七年までは毎学期、ほぼ三つの講義を担当している。一つは系統的なもので、韻律論、エンチクロペディー、古代ギリシア、ギリシア哲学史、ギリシア文学史、ローマ文学史などが交互に講じられているが、他の二つは作家ないし作品の解釈論であり、ギリシアとラテンの著作家が各学期に一名ずつ取り上げられている。一八二七年以後は、講義が一つ減らされて二つになっており、さらに一八三四年からはラテン文学史もラテン作家論も中止されている。これはカール・ラッハマン（Karl Lachmann, 1793-1851）という有能な若手の学者が、一八二九年にスタッフに加わり、ラテン文学関係の講義を彼に任せられるようになったからである。生涯を通じてベークが最も頻繁に取り上げた作家ないし思想家は、プラトン、ピンダロス、デモステネス、ソフォクレスであるが、これは彼が主力を注いだ研究領域とほぼ重なり合っている。エンチクロペディーの講義は、ベルリン時代には合計二十四回なされ、韻律論の二十六回に次いでいるが、このことからもこの授業が彼にとっていかに重要であったかがよくわかる。

　もうひとつ忘れてならないのは、ベークがベルリン大学着任後すぐに、「文献学ゼミナール」（Philologisches Seminar）の開設を申請したことである。ゼミナール制度そのものは十六世紀半ば過ぎにまで遡るが、文献学に関するゼミナールとしては、一七三八年にゲッティンゲン大学に設置された「文献学ゼミナール」（Seminarium philologicum）が最初のものである。Ｍ・ゲスナー（Johann Matthias Gesner, 1691-1761）が死去するまで主宰し、その後一年間だけミヒャエーリス（Johann David Michaelis, 1717-1791）が担当したが、一七六三年にＣ・Ｇ・ハイネ（Christian Gottlob Heyne, 1729-1812）に引き継がれて評判となった。その結果、一七七〇年代以降、このゲッティンゲン・モデルは、ヴィッテンベルク、エアランゲン、キール、ヘルムステッドなど、ドイツ各地の大学に一気に広まった。ベークがかつて学んだハレ大学には、Ｆ・Ａ・ヴォルフによって一七八七年に「文献学ゼミナール」が設置されている。その後もヴュルツブルク、ハイデルベルク、ライプツィヒ、フランクフルト・

アン・デア・オーデル、マールブルク、ミュンヘンに設置されているので、ベークの構想はこうした動きに倣ったものと思われる。ゲッティンゲン大学の前例に倣った一連のゼミナールは、州政府の認可による公式の学術機関として、州政府からの予算措置を伴い、通常学外にも開かれた組織体となっていた。ゼミナールの主催者はディレクターと呼ばれていたが、その人事は大学や学部からは切り離され、行政府の直轄下に置かれていた。ともあれ、ベークが作成した企画案は、一八一二年五月にプロイセン州政府によって承認され、ベルリン大学にはじめてこの種のゼミナールが成立した。正式な認可が下りるまでの二年間、ベークが主宰した「文献学の会」（Philologische Gesellschaft）は、予算措置の施された公的なゼミナールがスタートするまでの、いわばその前段階としての私的な集いにほかならない。[29] いずれにせよ、最年少の正教授として着任したベークは、次代を担う研究者ならびに教育者の育成に、最初から並々ならぬ情熱をいだいていた。ゼミナールの定員は、定款によって一〇名が上限と定められていたが、実質的には毎学期それを二、三倍、ときには四倍も上回る数の履修者がいたことは、ベークのゼミナールがいかに好評であったかを物語っている。

　ベルリン大学におけるベークの活動は、研究ならびに教育に限定されてはおらず、先に言及したように、五度の学長職と六度の学部長職をこなしている。彼はこれ以外にも、学内の各方面でその手腕を発揮したが、当然のことながらその活躍は学内にはとどまらなかった。ベークの各種の学外活動のうち、最も重要なものはベルリン科学アカデミーにおけるそれであった。

　「ベルリン科学アカデミー」（Akademie der Wissenschaften zu Berlin）は、一七〇〇年、ブランデンブルグ選帝侯に招かれたライプニッツ（Gottfried Wilhelm Leibniz, 1646-1716）の提唱で設立されたもので、初代の総裁（会長）はライプニッツ自身であった。その後、プロイセン国王の庇護のもとに正式名称を「王立プロイセン科学アカデミー」（Königlich Preußische Akademie der Wissenschaften）に改め、ロンドンの王立協会《ロイヤル・ソサエティ》（一六六〇年結成）やパリの王立科学アカデミー（一六六六年結成）に肩を並べるまでに発展したが、ベークは一八一四年五月一四日、弱冠二十九歳でベルリン科学アカデミーの会員に選ばれた。彼が属した「歴史学・文献学部門」には、シュライアーマッハー、フンボルト、ブットマン、イーデラー、ニーブールなどがいた。ベークはアカデミーに入会して間もなく、会員相互の研究をより大規模な共同研究事業に発展させるべきだと考え、その手始めとして、古代ギリシア文化圏の碑文を破損や散逸から救い、それらを批判的に校訂して資料化することを目的とした一大研究プロジェクトを、みずからベルリン科学アカデミーに提案した。一八一五年五月一二日、政府はこの研究計画を科学アカデミーの事業として採択し、向こう四年間の研究に対して六〇〇〇ターラーの助成金を交付することを決定した。こうして巨大なプロジェクトは緒に就いたが、しかしその遂行は決して容易なものではなかった。なぜなら、当初ニーブール、シュライアーマッハー、イーデラー、ヒルトなども協力を約束してくれていたが、いざ実際に研究に取りかかる段になると、さまざまな事情からそれが適わなかったからである。そのためベークも、一時はこのプロジェクトをご破算にしようと思ったが、ゲッティンゲンにいる忠実な弟子のミュラー（Karl Otfried Müller, 1797-1840）やボンのヴェルカー（Friedrich Gottlieb Welcker, 1784-1868）などの協力によってようやく軌道に乗り、やがて十年の歳月を要して、一八二五年に『ギリシア碑文集成』*Corpus Inscriptionum Graecarum* 第一輯がついに刊行されるに至った。この事業は科学アカデミーのプロジェクトとして継続されて、最終的には一八七七年に四巻本として完成されたが[30]、これはテオドーア・モムゼン（Theodor Mommsen, 1817-1903）を中心として遂行された、『ラテン碑文集成』*Corpus Inscriptionum Latinarum* の事業とともに、ベルリン科学アカデミーが行なった最も重要な学術的成果と見なされている[31]。

ベルリン科学アカデミーにおけるベークの重要な働きは研究面にとどまらない。彼は科学アカデミーの組織改革にも重要な役割を果たした。一八一七年四月二六日付けのニーブール宛ての書簡で、ベークは「アカデミーは死に体ですし、また死に体であり続けています。そしてフーフェラントがそれに関して、きわめて機知に富む論文を読んで聴かせても、それにもかかわらず、磁気療法ですらそれを生き返らせることはないでしょう。[32]」、と記しているが、一八一八年についに科学アカデミーの体質改善を図る委員会が結成され、ベークもその委員会のメンバーに任命された。ベークはシュライアーマッハーやサヴィニーと協力して改革案の作成に取り組んだが、彼は研究活動の共同性を促進するために、「物理学部門」（Physikalische Klasse）、「数学部門」（Mathematische Klasse）、「哲学部門」（Philosophische Klasse）、「歴史学・文献学部門」（Historisch-philologische Klasse）という四部門に分かれていた既存の区分を撤廃して、新たに「アカデミー全体を二分割して、数学・物理学部門と歴史学・哲学部門に分ける」ことを提案した。彼の提案は大きな賛同を得て、これが改革案の軸になった。この改革案はさらに多少の修正を施されて、最終的には一八三八年に政府によって認可された。

その間の一八三四年に、初代の書記シュライアーマッハーが逝去したため、この偉大な師であり友人であり同僚であった彼の後を承けて、ベークがベルリン科学アカデミーの「哲学・歴史学部門」の第二代の書記に選出された。[33] 会員の互選による投票で、ベークは十三票中の十票を獲得したが、彼に一票を投じたヴィルヘルム・フォン・フンボルトは、次のように述べてベークを推薦した。「その根本的で幅広い学識と、ドイツ国内と外国で博している名声と、試験済みの行政手腕と、そして公開講演のうまさとによって、ベーク氏はわれわれの書記の職に完全に適任である[34]」、と。その後ベークは、一八六一年にモーリッツ・ハウプト（Moriz Haupt, 1808-1874）にバトンタッチするまで、実に二十七年間もの長きにわたってこの要職を務めた。ハルナックが称しているように、ベークがまさに「アカデミーの生ける中心点」（der lebendige Mittelpunkt der Akademie[35]）であったことは、この事実からもよくわかる。エルンスト・クルツィウス（Ernst Curtius, 1814-1896）は、ベークの生誕一〇〇年に際して、彼を「学問の王者」（König der Wissenschaft[36]）と呼んだが、これがあながち誇張ではないことは、ベークが一八一七年に出版した主著『アテナイ人の国家財政』*Die Staatshaushaltung der Athener* が、今日に至るまでその価値を失っていないことから裏づけられる。

『アテナイ人の国家財政』は、一八五一年に改訂され、一八八六年に増訂第三版が出版されたが、ギリシア経済史研究の面目を一新させた労作としてつとに有名である。G・P・グーチによれば、これは「ランケ以前にドイツ語で書かれた著作で後のものに凌駕されない唯一のものである[37]」という。それは貴金属、土地、鉱山、家屋、奴隷、家畜、衣服、食物などの価格や、各種の税金や国民の収入などを示す大量の資料に基づいて、アテナイ国家の財政機構を実証的に明らかにしようとした、まさにパイオニア的研究であり、それまでの「古典文献学を歴史科学に変化させた[38]」ものである。その書の「まえがき」（Vorerinnerungen）で、ベークは次のような苦言を呈している。

> 古代研究者の、とりわけ若手の古代研究者の大方は、それ自体としては決して軽蔑すべきではないが、しかし大抵はまったく取るに足らないものに向けられた言語研究を、……自己満足的に行なって得意になっている。数世紀前の真の文献学者たちは、そのような研究に安心感を見出さなかった。その名にしたがえばエラトステネスの後継者として、最高に幅広い情報を所有しているはずの当の人々は、そのような研究によって形式のなかに沈没して、上品な文法家へとやせ細る。そしてわれわれの学問は、〔現実の〕生ならびに学殖

に備わる現在的視点からますます遊離するのである。[39]

ここにはすでに、文献学に対するベークの独自の理解と主張が簡潔に表現されているが、それがより鮮明になるのは、一八二五年から一八二七年にかけて熾烈に展開された、「ヘルマン―ベーク論争」（Hermann-Boeckh-Streit）を通してである。

三　ベルリンにおける交友関係

しかしこの論争について見る前に、われわれはベークとベルリン大学における同僚たちとの人間関係を、一瞥してみたい。ベークの伝記記者マックス・ホフマンによれば、「大学の同僚のなかでは、ベークはシュライアーマッハー、ラウマー、ボップ、W・ディーテリツィ、エドゥアルト・ガンスに一番近かった。これとは対照的に、ヘーゲルとランケに対しては親密な関係は築かれなかった」[40]という。ラウマー以下は、必ずしもよく知られていないので簡単な注釈を加えておくと、まずラウマー（Friedrich Ludwig Georg von Raumer, 1781-1873）は歴史家であると同時に政治家でもあり、ブレスラウの歴史学教授を経て、一八一九年に国家学（Staatswissenschaft）の教授としてベルリンに招聘された。ボップ（Franz Bopp, 1791-1867）はサンスクリットの大家で、比較文献学の確立のため尽力したが、彼は一八二一年から一八六四年までベルリン大学教授を務めた。W・ディーテリツィ（Karl Friedrich Wilhelm Dieterici, 1790-1859）は統計学と国民経済学の専門家で、一八三四年以降ベルリン大学のスタッフに加わった。ユダヤ系の法学者のガンス（Eduard Gans, 1798-1839）は、ヘーゲルの推挽で一八二〇年に私講師となり、一八二六年員外教授、その後間もなく正教授となり、一八三二年には法学部長に就任している。後述するヘーゲル学派の機関誌『学術批評年誌』の創刊にも一役買っている。

シュライアーマッハーは、すでに述べたように、ハレ時代のベークの師であり、彼をベルリンに招聘する際にも背後で動いているが、ベルリン大学では同僚として、また一八一四年以降は、ベルリン科学アカデミーの会員同士として、二人は深い信頼に結ばれていた。単なる師弟関係を超えて、両者の学問的ならびに思想的な影響関係を精査することは、きわめて意義深い課題であるが、この仕事はドイツでもまだ十分になされていないようである。いずれにせよ、シュライアーマッハーが開拓した解釈学が、ベークの文献学に及ぼした影響は甚大であり、シュライアーマッハーからベークを経て、ドロイゼン、そしてディルタイへと至る学問的系譜を解明することは、学術的にきわめて意義深い課題であろう。

次に、ベークとフンボルト兄弟との間の友情に満ちた関係も特筆に値する。ヴィルヘルム・フォン・フンボルトは、当時のプロイセンの教育行政に圧倒的な影響力を持っていたが、一八一九年末に政府の職務から身を引き、その後はみずからの別荘で言語の研究に勤しんだ。ヴィルヘルム・フォン・フンボルトは、ベルリン科学アカデミーの会員として、以前からベークとは懇意にしていたが、公職を退いてからはベークとより親密な関係を持ち、諸民族の言語について、とくにギリシア語について意見交換をした。[41] 一八三五年に彼が亡くなったとき、ベークはベルリン科学アカデミーにおいて厳かな追悼演説を行ない、[42] ヴィルヘルム・フォン・フンボルトは、ヘラクレスのような崇高な考えをもった政治家であり、彼がなしとげた研究は、「より気高いものと真に人間的なものに対して目をそらすことなく[43]」なされたことで、理想的なものにまで高められている、と故人をたたえた。

弟のアレクサンダー・フォン・フンボルト（Alexander von Humboldt, 1769-1859）は、長年パリに住んでいたので初めのうちこそ交流はなかったが、彼が一八二七年パリからベルリンに居住地を移すと、兄ヴィルヘルムを介して間もなく親密な交流が始まった。アレクサンダーは地理学者として、古代の地理学や天文学をより詳しく究明しようと考えていたので、当然ベークが有している古代学の知識に並々ならぬ興味を抱き、両者の間には深い信頼と尊敬に満ちた互恵関係が成立した。(44) 彼はベークから古代学の基礎を学びたいと強く望み、一八三三／三四年の冬学期に、ベークの講義を聴講するために教室まで足繁く通った。これに関しては、当時の学生による以下のような証言がある。

> われわれ若い学生たちが、一八三四／三五年冬学期の午前九時頃に、ベークがその時間にギリシア文学史と古代の遺物について講ずる、第八講義室へと殺到するとき、薄暗い廊下で茶色の長い上着に身を包んだ、小柄で、白髪の、年配の、非常に楽しそうな男性も、民謡がそう語尾変化させるように、「学生たちによって《ストゥーディオーシブス》」押されて講義室へと入った。この男性は文献学の学生アレクサンダー・フォン・フンボルトだった。彼がよく言ったように、彼はここで青年時代になおざりにしたことを取り戻したのであった。……講義室では、フンボルトは窓の近くの四番目か五番目の腰掛けに席を取り、そこで見栄えのしない書類入れから紙を少し取り出し、〔講義を〕書き取った。帰宅の途につく際に、彼は好んでベークにぴったり寄り添ったが、それはいわば会話によって古代世界から、彼なりの才気に富んだ仕方で、現代へと論理的な橋を架けるためであった。（エルンスト・コザック『ベルリンならびにベルリンの生活』(45)）

グーチによれば、ベークの『アテナイ人の国家財政』は、「ニーブールがローマに対してなした復興をアテネに対してなしとげたものである」[46]が、実際この著作は「心からの尊敬のしるしとして、頭脳明晰にして寛大な古代の専門家バルトルト・ゲオルク・ニーブール」（dem scharfsinnigen und großherzigen Kenner des Alterthums Bartold Georg Niebuhr zum Zeichen inniger Verehrung）に献呈されている。そこから両者の関係もある程度は推測できる。ニーブールは、伝承の真偽を見きわめ、古代を可能な限りその現実の姿で示すことをみずからの課題とした、批判的歴史記述の創立者と見なされているが、ベークの仕事、とりわけ『アテナイ人の国家財政』は、このような批判的研究の記念碑とも言うべきものである。しかしニーブールの著作や遺稿のなかに、ベークに言及した箇所はほとんど見られない。ニーブールは一八一〇年から一八一二年までベルリン大学で教鞭を執った後、一八一三年にプロイセン司令部の一員として従軍し、一八一六年から一八二三年までプロイセンの駐ローマ大使を務め、帰国後はボンに住居を定めて、一八二五年以降当地の大学でとくに古代史を講じ、一八三一年一月二日に逝去した[47]。

ベークとニーブールとの間には、何通もの手紙のやりとりがあり、ホフマンの『アウグスト・ベーク――伝記と学術的往復書簡選集』には、ベークがローマのニーブールに宛てて書いた一八一七年一〇月一九日の書簡に始まり、一八二七年三月三一日付けのボンのニーブールからベークに宛てた言付け書きに至るまで、合計一四通の往復書簡が収録されている[48]。それを読むとなかなか興味深いが、両者の関係は、一八二七年に創刊されたヘーゲル学派の機関誌『学術批評年誌』*Jahrbücher für wissenschaftliche Kritik* に、こともあろうにベークが関与したことにニーブールが激しく立腹したことで、不幸な幕切れに終わってしまった。その原因は「ニーブールは気性が激し過ぎ、また好き嫌いがはっきりし過ぎている」[49]からであったが、いずれにしてもヘーゲルの教授就任とその後の活躍は、ベルリン大学の草創期のメンバーの間にも大きな波紋を引き起こすことになった。

さて、ベークとニーブールの関係に暗い影を落としたヘーゲルであるが、ベークはバーデン大公国のカールスルーエ生まれ、ヘーゲルはビュルテンベルク公国のシュトゥットガルト生まれなので、郷里は直線距離にして六〇キロ程度しか離れていない（実際、バーデン州とビュルテンベルク州は、一九五二年に合併して、現在はバーデン＝ビュルテンベルク州という一つの州となっている）。だが、この点を除けば両者の間には、性格的にも学問的にも、あまり多くの共通点は存在しなかった。ヘーゲルは文献学を「単なる知識の寄せ集め」（bloße Aggregate von Kenntnissen）[50]と貶したが、ベークはそれを代表する立場にあったことからも、両者の関係はほぼ想像がつくというものである。とはいえ、いまだ年少で柔和かつ温厚なベークは、ヘーゲルと表立って対立することなく、当初はそれなりにうまく付き合っていたようである。マイヤー（Moritz Hermann Eduard Meier, 1796-1855）に宛てた一八二六年八月二〇日付けの書簡では、ベークはヘーゲルについて次のように述べている。

> ヘーゲルは非常に多くの優れた面をもっているので、わたしは彼と近しくなりたいと思い、これまで何度も確信をもってそのようにしてきましたし、また彼が意地悪に晒されたとき、自分なりに彼を支えもしました。その意地悪というのは、もちろん彼が反抗的な振る舞いによってその身に招いたものではありましたが。他方でわたしは見えざる手によって自分が繰り返し拒絶されているかのように感じます。それにもかかわらず、冷静に考えてみた場合、わたしは彼の企てに関与することによって、悪意を取り除くことができると信じています。ですから貴殿が拒絶されなければ、わたしとしては嬉しく思います。[51]

だが、ヘーゲルが彼の弟子のガンスとともに独自の学術団体「学術批評学会」（Societät für wissenschaftliche

Kritik）を組織し、その機関誌として『学術批評年誌』を創刊するための党派的な活動を開始したとき、熟慮もせずに協力を表明していたベークは、苦しい立場に陥ることになった。彼としては「ヘーゲルとわたしとの間に以前より存在していた緊張をできる限り無効にしたいという願望」[52]から協力を約束したのであったが、ニーブール、サヴィニー、シュライアーマッハーなどの古くからの友人たちは、ベークのこの行為を好しくは思わなかった。ヘーゲルが自分の哲学体系を熱狂的に信奉する弟子たちの感激によって自惚れており、ベルリン大学の他の学者たちを低く見ていたからである[53]。ベークはニーブールに宛てた一八二六年一〇月二四日付けの書簡で、ヘーゲルに触れて次のように記している。

> わたしは何年も前から、ヘーゲルとはかなりはっきりとした緊張関係に立っています。彼がやろうと努めていることすべて、彼の耐え難い党派形成、そしてとりわけきわめて倒錯した仕方で権力を笠に着て自分の信奉者を優遇すること、さらに彼の人格的本質の不快な性質は、たえずわたしに反感を起こさせましたし、彼もわたしを嫌悪していました。しかしわたしが学長をしている期間――有り難いことに、それももう終わりますが――、私見によれば哲学部が無責任にも彼をにっちもさっちもいかない状態に置いたある案件で、わたしは職責上、また良心にしたがって、彼を援助しなければなりませんでした[54]。

このように、ベークとヘーゲルの関係は良好なものとは言えなかったが、その間接的背景として、ヘーゲルとシュライアーマッハーの確執ということもあったであろう[55]。しかしシュライアーマッハーやニーブールやベークとの緊張関係は、大部分、ヘーゲル自身の気質と学問のスタイルに起因していたと見るべきであろう。ランケもまたヘーゲルとは折り合いが良くなかったが、さりとて彼はシュライアーマッハーやベークともそれほど親しくはなかった。十九世紀のドイツ史学史では、ニーブールの批判的方法の樹立に始まり、ランケがこれを継承することによって完成させた、という見方がかつてはかなり一般的であったが、最近ではこういう見方は必ずしも通用しないという。いずれにせよ、ランケの基本的な研究方法からすれば、彼と十歳年長のベークとの間には、もう少し親密な学問的および人間的な関係があってもよさそうだが、現存資料が示す限り、かかる関係は存在しなかった[56]。ランケは一八二五年にベルリン大学に招聘されて間もなく、ベークと仲の良かったラウマーと不仲になり、研究面でも政治面でも独自の道を進んだので、両者の間の疎遠な関係はそれが一因だったのかもしれない。しかしおそらくそれ以上に、彼が学生時代にゴットフリート・ヘルマンの薫陶を受けたことが、ベークに対する彼の疎遠な態度を根本的に規定しているように思われる[57]。その点でも、一八二五年から一八二七年にかけて繰り広げられ、ドイツの文献学界を二分した「ヘルマン―ベーク論争」は重要である。

四　ゴットフリート・ヘルマンとの論争

さて、それでは「ヘルマン―ベーク論争」であるが、主役を果たしたゴットフリート・ヘルマンは、一七七二年一一月二日にライプツィヒで生まれているので、ベークよりは十三歳ほど年長であった。十四歳で郷里のライプツィヒ大学に入学し、もともとは父親の希望に沿って法学を志した。しかしやがて古典語の研究を生涯の仕事と定めて、古典文献学の道に進んだ。フリードリヒ・ヴォルフガング・ライツ（Friedrich Wolfgang Reiz, 1733-1790）を生涯の師とし、一七八九年に母校ライプツィヒ大学の員外教授、一八〇三年に正教授に就任した。

彼は古典詩の韻律の研究に力を注いだが、カント哲学を応用した『韻律論の基本』*Elementa doctrinae metricae* (1816)は、彼の代表作と見なされている。ギリシア語ならびにラテン語の正確な知識こそが、古代世界の知的生活を明確に理解するための唯一の道であり、また古典文献学の中心的課題である、というのがヘルマンの持論であったが、その彼からすればベークの文献学理解は大いに問題であった。そこで『ギリシア碑文集成』第一輯が刊行された一八二五年に、それについての批判的な書評を書くことによって、ヘルマンの方からベークに論争を仕掛けた[58]。

ヘルマンは『ライプツィヒ文学時報』二三八―二四一号にきわめて辛口の書評を寄せ、ベークの研究方法とその成果を激しく批判した[59]。これに対してベークは、『ハレ一般文学時報』二四五号に「反批判」（Antikritik）を載せて、ただちにこれに応酬した[60]。これに呼応して弟子のM・H・E・マイヤーも同誌に「分析」（Analyse）と題する反駁文を寄稿した[61]。するとヘルマンは、翌年『ベーク教授のギリシア碑文の取り扱いについて』*Ueber Herrn Professor Böckhs Behandlung der Griechischen Inschriften* (1826)を出版して、さらにベークとその学派を厳しく糾弾した。ベークはこれに対して、ニーブールが編集していたライン博物館の機関誌に、「アテナイ人の会計検査委員と執務審査官について」（Ueber die Logisten und Euthynen der Athener）と題する論文を寄稿して切り返した[62]。

この論争は文献学の本質規定に関わる重大な問題を含んでおり、門外漢の筆者が軽々に判断を下すことは出来ないが、文献学が取り組むべき主要課題を、古典の形式的方面の研究を主とした文法および考証と考えるべきか、それとも言語を含む古典文化全般の内容理解と考えるかということが、両者の論争の根本的な対立点である[63]。言い換えれば、「言語の文献学」（Wortphilologie）と「事柄の文献学」（Sachphilologie）の対立である。この両面は、ヴォルフにおいてはいまだ未分化なまま統一されていたが、次の世代になって文献学の深まりとともに分かれてきたのである。ギリシア語ならびにラテン語の形式的特質の解明に力を注いだヘルマンは、「事柄の知識」(Sachekenntnis) と「言語の知識」(Sprachekenntnis) を峻別し、本来のフィロロギーはもっぱら後者に関わるものであるとして、次のように主張する。

> したがって、〔事柄の文献学者と「文法家」との間の〕あの区別は、言語という言葉に付与された二つの意義の取り違えに基づいている。……すでにそれ自体として一つの民族の言語は、その精神の生き生きとした像としてその本質を最もよく特徴づけるところのものである。それによってはじめて一つの民族に固有な爾余の一切のものが、把握され理解されることができるということによって、言語はさらに重要なものとなる。……それにまた、もし事柄の知識が、ひとが事柄と好んで名づけるところのすべてのものを包括するとしても、それがまさにその部分の各々のものを解く鍵を、すなわち言語の知識を、ないがしろにしたり、いわんや軽蔑した目で考察したりするかぎりは、そのような事柄の知識は依然として一面的なものにとどまる。これに対して、真の文献学者たる者は、ひとは飛翔すればたしかに速く頂上に到達することができ、そこからは非常に多くのものを鳥瞰的に見渡せるが、何一つ正しく区別できないということをよく知っているので、それとは別の道を歩む。そして彼らは、古代人の精神的作品を最も高貴で最も重要なものとして尊重することによって、言語をそこまで登りつめるのは難しい古代全体への入り口と見なすのである。かくして彼らは、いろいろな困難に慣れており、そしてまさにそれゆえに謙虚であって、事柄の知識をも尊重するが、しかし両者〔言葉の知識と事柄の知識〕を目的に対する手段にすぎないものと見なす。その目的というのは、古典

古代がすでにこの呼称によって予告しているもので、多くの学問の源泉として、また人格形成と嗜好との模範として奉仕するということである[64]。

さらに続けて、彼はこのように言う。曰く、

もし事柄の知識が文献学者の本来的本質を形づくるのであれば、ギリシア語やラテン語を理解しなくても、誰でもかなりの文献学者になれるであろう。なぜなら、古代に関する大抵の事柄は、ドイツ語、英語、フランス語、イタリア語の書物で非常に詳しく取り扱われているからである。それにまた、現代の事柄の文献学者は、すべての事柄についての知識をみずからのうちで統一することを、必ずしもよしとするわけではないので、そもそも本来いかなる事柄が正しい事柄であるのか、という問いが起こるであろう。各自は自分が研究している事柄こそ最も優れた最も必要なものだと言明するであろうから、これは事柄の文献学者自身の間での憂慮すべき論争に容易に導かれ得るであろう。これに対して、もし文献学の主眼が言語の知識に置かれるのであれば、少なくとも文献学に対しては、この方がはるかに正しい。第一に、言語の習得はすべてのもののなかで最も困難なものであるからであり、第二に、古い言語についての正確な知識は、どのみちすでに多様な事柄の知識——それなしには文献学はまったく不可能である。なぜなら、ほとんどすべての著作家は他の著作家を必要とするからである——を前提しているからであり、最後に第三として、言語は明らかに、若干の例外を除いて、われわれのすべての古代学がもともとそこから出発する中心点だからである。それゆえ、言語の知識をもつ者を文献学者と名づける人は、「ソノ重要ナモノヨリ名称ハ生ズ」(a potiori fit denominatio）という原則に従って、これをなすのである。[65]

これに対して、ベークは真っ向から対立する次のような見解を表明している。

十分なる熟慮をもって、しかし詳しい説明に立ち入ることなく――ヘルマンが序言で述べたことは根本的であるが、それと同じくらい根本的な仕方で詳しい説明をこの場の数頁で行なうことはできない――、わたしは次のことを前提している。すなわち、文献学は、比較的完結した時代のある一定の民族に関しては、その活動の総体、つまりその民族の全生活と全働きを、歴史的・学問的に認識するものである、ということである。この生活と働きは、当然それによって生み出されたものも含めて、文献学によって考察されるべき事柄である。だがそれは、家族関係や国家関係がそれによって作り出される実際的なものであるか、あるいは宗教、芸術、知識などの理論的なものである。思考の形式としての言語が、わたしがここで簡潔に知識と呼んだ領域に属しているということは、容易に示されることができる。したがって、それはまた……文献学が考察しなければならない事柄にもともに属しており、文献学者が追構成すべき事柄として認識されなければならない。……しかし古代的な民族の活動の表現が、大部分は言語的な記念物において伝承されているかぎり、たとえそうした記念物が非言語的な事実や思考をも含んでおり、文献学者はそれを再認識すべきであるとしても、言語は文献学にとって、同時に、古代の爾余のほとんどすべての産物を再認識するための手段であり、そして文献学は言語的な記念物から、言語自体の理解にとどまり続けることなく、事実と思考の全領域を叙述しなければならない。もちろん、個々の事象の研究に関しては、ヘルマンによっても推奨されている、できるかぎりの分業がなされるべきである。しかしこの分業は、工場生産方式のように、たとえば針が造られる場合であれば、一番目は針金を切断し、二番目はそれをとがらせ、三番目はてっぺんを回転させ、四番目は仕上げをするといった風に、あまり小さく細分化されてはならず、むしろ各々の有能な学者は、工場経営者の周到さを身につけると同時に、それなくしては単なる手工業者にすぎなくなってしまう、大きな展望を獲得すべく努めなければならない[66]。

「ヘルマン―ベーク論争」は学問的には決着がつかず、その対立は弟子たちへと引き継がれたが、ベークの文献学理解がいかに学術的に有意義であったかは、ベークの指導を受けた弟子たちの仕事を見ればよくわかる。例えば、ドロイゼンの名著『アレクサンドロス大王の歴史』*Geschichte Alexanders des Großen* (1833) や『ヘレニズムの歴史』*Geschichte des Hellenismus* (Bd. 1, 1836; Bd. 2, 1843) は、ベーク的研究方法を継承した見事な実例であるし、クルツィウスの文献学的業績もベークが敷いた軌道の延長線上で理解されなければならない。それはともあれ、ヘルマンとベークの間の人間的確執は、一八三七年八月にベークがライプツィヒにヘルマンを表敬訪問したことで氷解した。一八四八年に身罷ったヘルマンに対して、ベークは一八五〇年に開催された文献学者の全国大会で、議長としての開会演説において哀悼の意を表明し、先輩学者ヘルマンの学問的業績を高く評価したのであった。

五　ベークの古典文献学の体系と構造

ベークの文献学理解の大枠は、以上の考察からほぼ明らかであるが、そのコンセプトをより明確に把握するために、われわれはさらに『文献学的諸学問のエンチクロペディーならびに方法論』を繙いて、それに基づいてベークの文献学を概観してみたい[67]。この書は門弟のブラートゥシェクが、ベークの生前の講義を整理して出版したもので、そのもとになっているのは、一八〇八年夏学期（ハイデルベルク大学）を皮切りに、一八六五年夏学期（ベルリン大学）に至るまで、ベークが合計二十六学期にわたって行なった講義ノートである[68]。紙幅の制約上、ここでは「序論」（Einleitung）におけるベークの議論（とくにS. 3-34）に的を絞り、その骨子を描き出すことを試みてみたい。

ベークによれば、およそ一つの学問の概念は、そこに含まれる内容を断片的に数えて定められるものではない。いやしくも文献学が学問である限り、文献学の真の概念は、その各々の部分の概念の共通要素を包括し、すべての部分は概念としてそれのうちに含まれ、各部分は全体の概念を表現するものでなければならない。単にその部分を列挙するだけで、文献学の定義を与えたとするわけにはいかない。ところで、文献学の本質に関する諸説を吟味する際、三つの観点から評価しなければならない。第一に、その見解が文献学を他の諸学問から区別すべき学問的概念を基礎としているかどうか、ということである。第二に、その定められた概念には、文献学という語の実際の意義に照らして、また文献学に経験的に固有なさまざまな努力に照らして、歴史的に存在したすべての内容が含まれているかどうか、ということである。第三に、文献学の本質を捉えるためには、文献学が本来的に大規模な学問であることをしっかり考えて、最初からその範囲を限定せず、従来のさまざまな概念のうちからこれを抽出することが必要である。ところで、従来存在した説には大きく分けて六つある。

（1）最も広く普及したものに、文献学はAlterthumsstudium（古典古代学）であるという考え方がある。しかし、それは語源上からPhilologiaと異なり、習慣上からも文献学に事実上属する一切の研究を網羅していない。Alterthumsstudiumは、ギリシア語では*ἀρχαιολογία*（古物学）にあたるが、これは*φιλολογία*とは別物である。文献学の対象は必ずしも古代に限るべきではなく、中世も近世もこれに入りうる。それに、古物学は古物に関する知識の集積にすぎず、そこには学問的統一がない。さらに言えば、文献学の対象をギリシア・ローマの古典古代に限るのは恣意的である。そのような考え方は、ヘブライ、インド、中国などの、東洋的な文献学一般に照らして維持できない。

（2）文献学をSprachstudium（言語研究）と同一視する考え方も、巷間に広く行き渡っているが、SpracheはGlossa（*γλῶσσα* 舌）であって、Logos（*λόγος*）ではない。文献学は、単に言語のみを取り扱うのではなく、内容たる思想も取り扱う。言語の研究は、文献学の一部、それも必ずしも大部分ではなく、あくまで一部分にすぎない。

（3）取り扱う内容が広汎であるところから、文献学をPolyhistorie（博覧）と同一視する考えがあるが、それはなんの統一性も有しておらず、決して学問的概念と見なすことができない。単なる多知多識が学問でないことは、すでにヘラクレイトスも述べている。「博学は精神を生み出さず」（*πολυμαθίη νόον οὐ φύει*）[69]、と。

（4）このような漠然とした見方とは違って、Kritik（考証、批判）こそを文献学の専一的な課題と見なす見方がある。理性的な判断によって、真偽を鑑別し、考証するのは、博覧に比してはるかに学問的である。しかしそれは、文献学の形式的一面であるにすぎず、全体ではない。かつまた、それは単なるFertigkeit（熟練）、あるいはKunst（技術）であって、学問ではない。文献学は、学問と見なされるべきであるならば、熟練や技術とは異なったものでなければならない。

（5）ひとはしばしば文献学を、部分的に、Literaturgeschichte（文学史）と同一視する。しかし文学史は書物の形式の認識であり、文献学の主要部をなすとはいえ、全体をカバーするものではない。カントは文献学を「書物と言語についての批判的な知識」（kritische Kenntniss der Bücher und Sprachen）と定義しているが、この定義は経験的に正しくない。そのような知識は、学問的な連関を欠いた雑多な事物の集合についての情報にすぎないからである。

（6）多くの人はまた、文献学をHumanitätsstudium（人文学的研究）として捉える。だがこの定義も非学問的であり、漠然としている。それは文献学が純粋な人間性の形成に役立つという、その研究の実際的な有益性を引き合いに出すが、それだと文献学は単なる手段と見なされていることになる。人文主義的教養は、文献学の研究の結果であって、決して文献学の内実ではない。

このように、従来のさまざまな定義を批判した後で、概念規定が未だ不明確な状態を脱却して、最終的に文献学をどう定義するかということは、決して容易な事柄ではない。だが、われわれは従来のような一面的な見解には囚われないで、新たにこれについて考える必要がある。学問は統一的なものであり、しかも技術とは異なって、宇宙の概念的認識である。一つの全体としての総合的学問が、理念の学たる哲学である。しかし、万有を物質的方面から捉えるか、あるいは理念的方面から捉えるか、自然としてか精神としてか、必然としてか自由としてか、という思惟方式に応じて、自然科学としての物理学と、精神科学としての倫理学という二つの学問が成立する。

文献学はいずれに属すであろうか。ベークによれば、その内容は両者にまたがるが、そのいずれでもない。われわれは、文献学者としては、プラトンのように philosophieren してはならないが、しかしプラトンの著作を、芸術的作品として、すなわち形式的方面においてのみならず、内容的方面においても理解しなければならない。それにまた、例えばプラトンの『ティマイオス』のごとき自然哲学的著作をも、イソップの童話や、ギリシア悲劇同様、理解し説明しなければならない。自然哲学を産出することは、文献学の任務ではないが、自然哲学の所産を理解することは、文献学の任務である。このことは、政治学や倫理学の方面でも、同じように言えることである。

以上のことから考えて、文献学の本来の任務は、「人間精神から産出されたもの、すなわち、認識されたものの認識」（das Erkennen des von menschlichen Geist Producierten, d.h. des Erkannten）[70]である、と言い得るであろう。すなわち、文献学には、その再認識すべきための与えられた知識が、前提されている。かくして、一切の学問の歴史は、文献学的である。しかも、文献学と歴史の関係は、単にこれにとどまらず、文献学は、広義の歴史と密接な関係を有するものと考えられる。文献学は、認識された歴史（die erkannte Geschichte）を対象とする。すなわち、それは出来事に関する伝承の復原（die Wiederherstellung der Ueberlieferung über das Geschehene）を目的としており、単に出来事の叙述（die Darstellung des Geschehenen）ということを任務としてはいない。歴史記述（Geschichtsschreibung）は文献学の目的ではなく、歴史記述のなかに貯蔵されている歴史認識を再確認すること（das Wiedererkennen der in der Geschichtsschreibung niedergelegten Geschichtskenntniss）こそ、その目的とすべきである。しかし、この文献学と歴史との区別は、実際上はなかなか困難で、歴史は、およそそれが根本資料を取り扱う限り、文献学的であるので、ただ事実上従来の歴史は、主として政治を取り扱い、その他の文化生活を単に政治の付属物として取り扱ったというその範囲で、文献学と区別すべきである。それゆえ、一般的に考えると、文献学は、歴史としては、認識されたことの認識（Erkenntniss des Erkannten）といえる。ただし、この認識されたことのなかには、人間の文化生活の一切の所産の、一切の表象を含む。このようにして、所与の認識というものの存在を前提とするところから、文献学は、報告なくしては成立しない。すなわち、語られたもしくは書き記された言語を研究することが、最初の文献学的職能となる。

さて、文献学的職能の本質をこのように考えて、そこから従来の考えに立ち返ってみると、それぞれの説が有する意義が明瞭となる。すなわち、認識の最も一般的な道具が言語であるので、文献学は Sprachwissenschaft であると考えられる。近世はなお生産の過程にあるのに対して、古典古代は遠く隔たっており、理解しがたく、また断片的であって、したがって再構成を最も必要とする。これが古典古代学と考えられる所以である。何らその対象を限定しないところから、文献学はおのずから博覧となる。文学は、文献学の主要資源であるところから、その歴史が文献学と同一視される。人文主義が目的とする人間的教養の内容は、文献学によって得られるので、両者は同一視される。このように、これらの一面的な文献学観は、いずれも文献学の概念のうちに、そのところを得るのである。

以上が、ベークの文献学の本質観の骨子であるが、このような概念把握に基づいて構想されたベークの文献学の体系は、付録「アウグスト・ベークの古典文献学の体系」に示されるような、実に壮大な構えの学問体系となっている。

むすびに

以上、われわれはベークと彼を取り巻く人間関係を概観した上で、彼の主唱した文献学の基本特質について考察したが、われわれはグーチが指摘したように、ベークが古典文献学を歴史科学にまで発展させた点を高く評価したい。文献学といえば、ややもすれば単なる文献の原典批判や字句の解釈に従事する、いわゆる訓詁学を連想しがちであるが、ベークの考える文献学は、付録「アウグスト・ベークの古典文献学の体系」にその骨格が示されているように、壮観なる文化科学の体系である。そこには年代学、地理、政治史、国家論、度量衡学、農業、商業、家政、宗教、美術、音楽、建築、神話、哲学、文学、自然科学、精神科学、言語などがすべて含まれている。

仄聞するところによれば、最近、中国における考古学的調査の進展によって、出土文字資料に対する研究が注目すべき成果を上げており、その結果として、伝統的な書誌学ないし文献学の見直しが迫られているという[71]。だが、ベークの文献学はこうした状況をすでに先取りした形で構想されており、出土文字資料研究に十分対応できる構えを備えている。草創期のベルリン大学哲学部の「《スター軍団》の一人」(einer der „Sterne“[72]) であったベークの文献学は、まさに古典的価値をもったものとして、未だにその基本的コンセプトは揺るぎがない。それゆえ、西洋古典学に限らず、広く人文科学に従事する者にとって、ベークの『文献学的諸学問のエンチクロペディーならびに方法論』、とりわけその「序論」部分と「文献学的学問の形式論」を扱った「第一主要部」は、いまなお尽きない学問的魅力と創見に満ちている。

付録　アウグスト・ベークの古典文献学の体系

序　論（Einleitung）

Ⅰ　文献学の理念、またはその概念、範囲、最高目的（Die Idee der Philologie oder ihr Begriff, Umfang und höchster Zweck）

Ⅱ　とくに文献学に関連しての総覧《エンチクロペディー》の概念（Begriff der Encyklopädie in besonderer Hinsicht auf die Philologie）

Ⅲ　文献学的学問の総覧についての従来の試み（Bisherige Versuche zu einer Encyklopädie der philologischen Wissenschaft）

Ⅳ　総覧と方法論の関係（Verhältniss der Encyklopädie zur Methodik）

Ⅴ　全研究の資料と補助手段（Von den Quellen und Hülfsmitteln des gesammten Studiums）

Ⅵ　われわれの計画の草案（Entwurf unseres Planes）

第一主要部（Erster Haupttheil）

文献学的学問の形式論（Formale Theorie der philologischen Wissenschaft）

一般的概観（Allgemeine Ueberblick）

第一部（Erster Abschnitt）　解釈学の理論（Theorie der Hermeneutik）

解釈学の定義と区分（Definition und Eintheilung der Hermeneutik）

1　文法的解釈（Grammatische Interpretation）

2　歴史的解釈（Historische Interpretation）

3　個人的解釈（Individuelle Interpretation）

4　種類的解釈（Generische Interpretation）

第二部（Zweiter Abschnitt）　批判の理論（Theorie der Kritik）

批判の定義と区分（Definiton und Eintheilung der Kritik）

1　文法的批判（Grammatische Kritik）

2　歴史的批判（Historische Kritik）

3　個人的批判（Individuelle Kritik）

4　種類的批判（Generische Kritik）

第二主要部（Zweiter Haupttheil）

古典古代学の内容的諸学科（Materiale Disciplinen der Alterthumslehre）

第一部（Erster Abschnitt）　一般古典古代学（Allgemeine Altertumslehre）

前置き（Vorbemerkungen）

1　古代ギリシアの特質（Charakter des griechischen Alterthums）

Ⅰ　国家生活（Staatsleben）

Ⅱ　私的生活（Privatleben）

Ⅲ　儀礼および美術（Cultus und Kunst）

Ⅳ　学問（Wissen）

2　古代ローマの特質（Charakter des römischen Alterthums）

古典古代の世界史的意義（Weltgeschichtliche Bedeutung des klassischen Alterthums）

第二部（Zweiter Abschnitt）　特殊古典古代学（Besondere Alterthumslehre）

Ⅰ　ギリシア人ならびにローマ人の公的生活について（Vom öffentlichen Leben der Griechen und Römer）

一般的概観（Allgemeine Ueberblick）

1　年代学（Chronologie）

2　地理（Geographie）

3　政治史（Politische Geschichte）

4　古代国家（Staats-Alterthümer）

Ⅱ　ギリシア人とローマ人の私的生活（Privatleben der Griechen und Römer）

一般的概観（Allgemeine Ueberblick）

1　度量衡学（Metrologie）

2　外的な私的生活あるいは経済の歴史（Geschichte des äussern Privatlebens oder der Wirthschaft）

（a）農業と工業（Landbau und Gewerbe）

（b）商業（Handel）

（c）家政（Hauswirthschaft）

3　内的な私的生活あるいは社会の歴史（Geschichte des inneren Privatlebens oder Gesellschaft）

（a）社交（Geselliger Verkehr）

（b）営利団体（Erwerbsgesellschaft）

（c）教育（Erziehung）

（d）葬儀（Todtenwesen）

Ⅲ　外的宗教および美術について（Von der äusseren Religion und der Kunst）

一般的概観（Allgemeine Ueberblick）

1　祭儀または外的宗教（Cultus oder äussere Religion）

（a）神事としての祭儀（Der Cultus als Gottesdienst）

（b）儀礼的行為（Die Culthandlungen）

（c）宗教教育としての儀礼（Der Cultus als religiöse Erziehung）

（d）神秘（Die Mysterien）

2　美術史（Geschichte der Kunst）

A　造形美術（Bildende Künste）

（a）建築（Architektur）

（b）塑像術（Plastik）

（c）絵画（Malerei）

B　運動的美術（Künste der Bewegung）

（a）体操術（Gymnastik）

（b）舞踏（Orchestik）

（c）音楽（Musik）

C　詩的演出の美術（Künste des poëtischen Vortrags）

（a）ラプソディー（Rhapsodik）

（b）合唱（Chorik）

（c）演劇（Dramatik）

Ⅳ　古典古代の総合的知識について（Von dem gesammten Wissen des klassischen Alterthums）

一般的概観（Allgemeine Ueberblick）

1　神話（Mythologie）

2　哲学史（Geschichte der Philosophie）

3　個別諸科学の歴史（Geschichte der Einzelwissenschaften）

（a）数学（Mathematik）

（b）経験的自然科学（Empirische Naturwissenschaften）

（c）経験的精神科学（Empirische Geisteswissenschaften）

4　文学史（Literaturgeschichte）

ギリシア文学史（Geschichte der griechischen Literatur）

A　韻文（Poesie）

（a）叙事詩（Epos）

（b）叙情詩（Lyrik）

（c）劇詩（Drama）

B　散文（Prosa）

（a）歴史的散文（Historische Prosa）

（b）哲学的散文（Philosophische Prosa）

（c）修辞的散文（Rhetorische Prosa）

ローマ文学史（Geschichte der römischen Literatur）

A　韻文（Poesie）

（a）劇詩（Drama）

（b）叙事詩（Epos）

（c）叙情詩（Lyrik）

B　散文（Prosa）

（a）歴史的散文（Historische Prosa）

（b）修辞的散文（Rhetorische Prosa）

（c）哲学的散文（Philosophische Prosa）

5　言語の歴史（Geschichte der Sprache）

A　語素学（Stöchiologie）

（a）音韻学（Phonologie）
（b）古字学（Paläographie）
（c）正字学ならびに正音学（Orthographie und Orthoëpie）
B　語源学（Etymologie）
（a）辞書学（Lexikologie）
（b）語形学（Formenlehre）
C　統語論（Syntax）
D　歴史的文体論（Historische Stilistik）
韻律論（Metrik）

（典拠）　August Boeckh, *Encyklopädie und Methodologie der philologischen Wissenschaften*, herausgegeben von Ernst Bratuscheck; 2. Aufl., besorgt von Rudolf Klussmann (Leipzig: Druck und Verlag von B. G. Teubner, 1886), VII-X.

第三章　アウグスト・ベークにおける解釈学と歴史主義

はじめに

解釈学（Hermeneutik）が現代哲学の中心的トピックの一つであることは、ガダマーやリクールを引き合いに出すまでもなく、異論の余地がほとんどない。これに対して、少なくともわが国では、歴史主義（Historismus）は過去のものとなっており、今日それについて語られることはきわめて稀である。[1] しかしドイツでは、前世紀の八十年代以降、歴史主義に関する論議が活発化してきて、再たび新たなアクチュアリティを獲得している。[2] 歴史主義が再度関心を集める理由は、それによって提起された問題が未解決のまま今日に至り、形を変えて現代の主要な問題となっているからである。ところで、歴史主義の概念史・問題史を追跡してみると、歴史主義の水流と解釈学の水流が相互に伏流している事実が判明する。そもそもこの両者はどういう関係にあるのか？　また二つの流れはいつどのように合流したのか？　こうした疑問がわれわれをしてベークの解釈学に着目せしめる。

アネッテ・ヴィットカウによれば、歴史主義の問題史の発端は、人間とその文化が「歴史的に成ったもの」（die geschichtliche Gewordenheit）であることの自覚と、「人文科学における歴史学的認識方法の確立」であって、この両契機は大局的に見れば、「十八世紀末以降、とりわけ十九世紀において遂行された、西洋的思惟の歴史化という同一の包括的な精神史的現象の異なったアスペクト」である。そして思惟の歴史化という現象のこの二つのアスペクトを最初に洞察したのが、ヤーコプ・ブルクハルトとヨーハン・グスタフ・ドロイゼンであるという[3]。この見方はそれ自体としては正しいであろうが、この二人から出発すると、シュライアーマッハーにおいては必ずしも歴史主義と結びついていなかった解釈学が、なぜそれと結びつくようになったのかわからない。しかしドロイゼンとブルクハルトの共通の師であるベーク――ドロイゼンはベルリン大学でのベークのゼミ生であり[4]、ランケのゼミに属していたブルクハルトもベークの講筵に列している[5]――に遡ってみると、解釈学と歴史主義の結びつきが見えてくる。ディルタイもベークのもとで教授資格を獲得しているので、これを縦の線で結んでみると、シュライアーマッハー―ベーク―ドロイゼン―ディルタイという解釈学の系譜――これは《ベルリン精神》の有力な発露と見なすことができる――が成り立つ。実際、この学統の掉尾を飾るディルタイ自身は、この系譜を深く自覚している[6]。そこから、フリトヨフ・ローディのように、「ベークとドロイゼンを越えてディルタイへと至るシュライアーマッハーの解釈学の道[7]」について語ることも可能となる。ところで、われわれがここで注目しなければならないのは、ベルリン大学を舞台にしたこの解釈学の系譜において、やがて歴史主義の契機が深く滲透してきて、ついにはそれを呑み込む勢いになることである。

　われわれが見るところでは、解釈学と歴史主義の邂逅は、ベークの古典文献学、とりわけその解釈学理論において、はじめて興味深い仕方で生起している[8]。前章で見たように、ベークは文献学の本来の任務を、「人間精神によって生み出されたもの、すなわち、認識されたものの認識」(das Erkennen des von menschlichen Geist Producirten, d.h. des Erkannten)と見なし[9]、この「認識されたものの認識」を術語的には「理解」(Verstehen)として捉えた。草創期のベルリン大学哲学部の「《スター軍団》の一人[10]」であったベークの功績は、「古典文献学を歴史科学に変化させた[11]」ことであるが、彼の精神を継承して歴史学全体に及ぼし、歴史科学の中に解釈学モデルを導入したのが、「プロイセン・小ドイツ学派の真の創始者[12]」ドロイゼンである。ドロイゼンによれば、「歴史的方法の本質は探究しつつ理解することである[13]」。歴史学は、「歴史として伝承されているものを反復しなければならないだけでなく、より深く突き進まなければならない。それは、いやしくも過去から再び見つけ出されるべきものを、およそ可能な限り、精神において再たび生き生きと甦らせ、それを理解しようとする[14]」ものである。ここからわかるように、ベークの「認識されたものの認識」（das Erkennen des Erkannten）とドロイゼンの「探究しつつ理解すること」（forschend zu verstehen）とは通底しており、しかもそこに解釈学と歴史主義の両モティーフが密接に連関しているのが見出される[15]。

そこで本章では、アウグスト・ベークの解釈学にスポットライトを当て、それを詳しく解析することを通して、解釈学と歴史主義のモティーフの絡み合いにメスを入れてみたい。

一　ベーク文献学における解釈学の位置づけ

ベークの解釈学がいかなるものであるかを知るためには、われわれは彼の『文献学的諸学問のエンチクロペディーならびに方法論』*Encyklopädie und Methodologie der philologischen Wissenschaften*（1877, ^{2}1886）を考察しなければならない。全体で九百頁近くにも及ぶこの大著は、「序論」（Einleitung）に引き続く本論が大きく二つの部分に分けられており、「第一主要部」（Erster Haupttheil）は「文献学的学問の形式的理論」（Formale Theorie der philologischen Wissenschaft）と名づけられている。この部分はさらに二つの部分に分けられ、第一部は「解釈学の理論」（Theorie der Hermeneutik）、第二部は「批判の理論」（Theorie der Kritik）となっている。[16]「古典古代学の実質的諸学科」（Materiale Disciplinen der Alterthumslehre）と名づけられた「第二主要部」（Zweiter Haupttheil）は、「一般古典古代学」（Allgemeine Alterthumslehre）と「特殊古典古代学」（Besondere Alterthumslehre）に大別され、前者においては古代ギリシアの特質と古代ローマの特質が、国家生活、私的生活、儀礼および美術、学問などの面から考察され、むすびでは「古典古代の世界史的意義」が論じられている。後者は、「Ⅰ　ギリシア人ならびにローマ人の公的生活について」、「Ⅱ　ギリシア人とローマ人の私的生活」、「Ⅲ　外的宗教および美術について」、「Ⅳ　古典古代の総合的知識について」という大見出しのもとに、Ⅰでは①年代学、②地理、③政治史、④古代国家が、Ⅱでは①度量衡学、②外的な私的生活あるいは経済の歴史（a　農業と工業、b　商業、c　家政）、③内的な私的生活あるいは社会の歴史（a　社交、b　営利団体、c　教育、d　葬儀）が、Ⅲでは①祭儀または外的宗教（a　神事としての祭儀、b　儀礼的行為、c　宗教教育としての儀礼、d　神秘）、②美術史（A　造形美術――a　建築、b　塑像術、c　絵画　B　運動的美術――a　体操術、b　舞踏、c　音楽　C　詩的演出の美術――a　ラプソディー、b　合唱、c　演劇）が、Ⅳでは①神話、②哲学史、③個別諸科学の歴史（a　数学、b　経験的自然科学、c　経験的精神科学）、④文学史（ギリシア文学史――A　韻文〔a　叙事詩、b　叙情詩、c　劇詩〕、B　散文〔a　歴史的散文、b　哲学的散文、c　修辞的散文〕　ローマ文学史――A　韻文〔a　劇詩、b　叙事詩、c　叙情詩〕、B　散文〔a　歴史的散文、b　修辞的散文、c　哲学的散文〕）、⑤言語の歴史（A　語素学〔a　音韻学、b　古字学、c　正字学ならびに正音学〕、B　語源学〔a　辞書学、b　語形学〕、C　統語論、D　歴史的文体論〔韻律論〕）が論じられている（前章末尾の付録参照）。

以上の概要からわかるように、解釈学の問題は「第一主要部」の「文献学的学問の形式論」において、とりわけ第一部「解釈学の理論」において、重点的に論じられている。しかし解釈学の問題は他の箇所でも適宜扱われており、むしろ『文献学的諸学問のエンチクロペディーならびに方法論』それ自体が、あるいはこの書物に示された古典文献学の体系そのものが、ベークの解釈学をよく表している。

　すでに見たように、ベークの考えに従えば、文献学は①「古典古代研究」（Alterthumsstudium）でも、②「言語研究」（Sprachstudium）でも、③「博覧」（Polyhistorie）でも、④「批判」（Kritik）でも、⑤「文学史」（Literaturgeschichte）でも、⑥「人間性の研究」（Humanitätsstudium）でもなく、それの本来的課題は「認識されたものの認識」（das Erkennen des Erkannten; die Erkenntniss des Erkannten）[17]である。しかし注意しなければならないのは、第一に、ベークがここで文献学的認識活動の対象として設定している「認識されたもの」が、単なる狭義の認識活動の成果や産物を指すのではなく、人間精神の活動の全産物を意味していることである。[18]「人間精神によって生み出されたもの、すなわち、認識されたものの認識」[19]という有名なフレーズが、何よりもこのことを暗示している。文献学の対象は単なる言語や文学や言語資料ではなく、「一つの民族の身体的ではなく、人倫的ならびに精神的な全活動」、あるいは各民族の「精神的発展全体、その文化の歴史」[20]だということである。第二に、文献学的認識は——プラトンに従えば、哲学的認識もまたそうだということになるが——「再認識」（Wiedererkennen; Wiedererkenntniss）[21]だということである。哲学と文献学は、精神の認識に関しては協調関係にあるが、その認識の仕方は異なる。「哲学は原初的に認識する、つまりギグノースケイ（γιγνώσκει）〔知る、認識する〕であるが、文献学は再び認識する、つまりアナギグノースケイ（ἀναγιγνώσκει）〔再び知る、再認識する〕である」[22]。文献学は「所与の認識」[23]あるいは「所与の知識」[24]を前提としており、これを再認識しなければならない。したがって、「文献学の概念は最広義の歴史学の概念と重なり合う」が、しかし文献学の目的は、歴史学と違って歴史叙述そのものではなく、「歴史記述のなかに貯蔵されている歴史認識の再認識」[25]である。

ベークによれば、歴史的行為そのものは一つの認識であり、また「歴史的に生み出されたものは、行為へと移行した精神的なものである」ので、「あらゆる精神的生と行為」[26]についての「認識全体の再構成としての文献学」[27]は、各民族の文化的伝承に含まれている「全認識とその部分を歴史的に構成すること」、また「かかる認識のうちに表現されている理念を認識すること」[28]を目的とする。換言すれば、「人間精神が構成したいろいろなものをその全体において追構成すること」（die Nachconstruction der Constructionen des menschlichen Geistes in ihrer Gesammtheit）[29]が、文献学が目指すところである。それゆえ、文献学は所与の認識の「再構成」（Reconstruction; reconstruiren）[30]ないし「追構成」（Nachconstruction; nachconstruiren）[31]を旨とし、かかる仕方での認識の「再生産」（Reproduction; reproducieren）[32]に関わる。興味深いことにベークは、「少なからぬ哲学は純粋に生産しているとの思い違いをしているが、ここにおける〔文献学的な〕再生産のなかにはより多くの生産がある」[33]と述べて、一部の哲学よりも文献学の方が学問的により生産的であると主張している。それに続けて彼は、「文献学的な才能」（philologisches Talent）はいかなる学問にも大切であると言う。なぜなら、それは「理解の源」（die Quelle des Verstehens）であるが、「理解するということは決してそんなに容易い事柄ではない」[34]からである。

かくして、文献学において「理解」（Verstehen）ということが問題とならざるを得ない。ベークによれば、文献学は「理解の行為」（der Akt des Verstehens）と「理解の諸契機」（die Momente des Verständnisses）を学問的に探究しなければならず、それゆえ「そこから成立する理論」、つまり「文献学的なオルガノン」を含んでいなければならない。しかし文献学はそのような形式的な理論（解釈学）にとどまるものではなく、さらには「理解の産物、つまり文献学的活動から生じてくる内実」としての「理解されたもの」（das Verstandene）をも考察しなければならない。こうして文献学は二つの主要部分に大別されることになる。すなわち、理解の機能と諸契機を考察する「形式的」部分と、理解された内容を素材に即して学問的に叙述する「実質的」部分である[35]。

第一の「形式的」部分は、当然のことながら、第二の「実質的」部分を前提とし、それに裏打ちされているが、しかしながら他方で、理解するという行為、あるいは文献学的活動は、原理的には、理解の産物、つまり理解されたものに先行しなければならない。ここにはある種の「原理の請求」（petitio principii）があるように見えるが、しかしそれは避けがたいものであって、むしろ「事柄そのもののうちにある円環[36]」というべきである。ベークは解釈する上で避けがたいこのような「循環」を、明確に「解釈学的循環」（der hermeneutische Cirkel[37]）と呼んでいる。

文献学の形式的な部分としての「第一主要部」は、「理解の理論」（die Theorie des Verstehens[38]）を含んでいるが、これはさらに「解釈学の理論」（Theorie der Hermeneutik）と「批判の理論」（Theorie der Kritik）に二分される。というのは、「理解は一方では絶対的であり、他方では相対的である。すなわち、ひとは各々の対象を一方ではそれ自体として、他方では他との関係において理解しなければならない」からである。対象をそれ自体として理解することを、ベークは「絶対的理解」（das absolute Verstehen）と名づけるが、かかる理解を扱うのが解釈学（Hermeneutik）である。これに対して、対象を個と全体の関係で、あるいは他の個や理想との関係を通して理解することを、彼は「相対的理解」（das relative Verstehen）と呼び、かかる相対的理解を扱うのが批判（Kritik）であるという[39]。このような名称の可否は別にして、「理解の理論」を「解釈学」と「批判」に大別することは、シュライアーマッハーにおいてすでに一般的な慣行となっている[40]。

いずれにせよ、解釈学と批判は「理解の理論」のいわば両輪であり、「歴史的真理は解釈学と批判の共同作業

(das Zusammenwirken der Hermeneutik und Kritik) によって突き止められる」[41]。しかし解釈学と批判というふうに区別してみても、実は両者の間には「循環」関係が成り立っており、これを脱却することは不可能である。なぜなら、対象をそれ自体として理解しようと努める解釈学を抜きにして、批判はみずからの課題を果たし得ないし、逆に異他なるものとの関わりないし関係を確定することに努める批判なくして、解釈学はその本務を遂行できないからである。

ところで、ベークの「理解の理論」において特徴的な区分は、解釈学と批判という区分にいわば横断的に掛け合わされてくる、「文法的」(grammatisch)、「歴史的」(historisch)、「個人的」(individuell)、「種類的」(generisch)[42]という区分である。これによって、解釈学は①「文法的解釈」(die grammatische Interpretation)、②「歴史的解釈」(die historische Interpretation)、③「個人的解釈」(die individuelle Interpretation)、④「種類的解釈」(die generische Interpretation) に区別され、批判は①「文法的批判」(die grammatische Kritik)、②「歴史的批判」(die historische Kritik)、③「個人的批判」(Individalkritik)、④「種類的批判」(Gattungskritik) に分けられる[43]。それではなぜこのような区分が成り立つのであろうか。

ベークによれば、解釈の実際の区分は解釈学的活動の本質からのみ導き出される。理解と解釈にとって本質的なのは、報告・伝承されたものの意味ないし意義が、それによって制約され規定されるところのものであり、言語の客観的意義がこれに属する。しかしいかなる語り手・書き手も言語を特有かつ特別な仕方で用い、みずからの個性に従って言語に変更を加える。それゆえ、その人を理解するためにはその主観性を考慮に入れなければならない。そこからベークは、客観的見地からの言語の解釈を「文法的解釈」と名づけ、主観性の見地からの言語の解釈を「個人的解釈」と名づける。しかしあらゆる報告・伝承の意味は、現実の歴史的諸関係によってさらに制約されている。したがって、一つの報告・伝承を理解するためには、ひとはこうした諸関係のなかに身を置かなければならない。ベークは歴史的現実に定位した解釈を「歴史的解釈」と名づける。しかし報告がその形式に従ってなされるところの、発話のジャンル（Gattung）にもまた留意しなければならない。叙述の主観的な方向と目的とに従って、韻文とか散文とかの異なった語り方が存するが、報告・伝承されている内容をこのジャンルという側面から解釈することを、彼は「種類的解釈」と名づける。彼によれば、客観的側面に力点の置かれた歴史的解釈が文法的解釈に結びつくように、主観的側面に重きを置く種類的解釈は個人的解釈に結びつく。かくして、ベークの考えでは、解釈学は以下の四種類の解釈に大別される。

（1）報告されたものの客観的な諸条件からの理解

（a）語義そのものから——文法的解釈

（b）現実の状況との関係における語義から——歴史的解釈

（2）報告されたものの主観的な諸条件からの理解

（a）主体それ自体から——個人的解釈

（b）目的と方向のうちに存している主観的状況との関係における主体から——種類的解釈[44]

このように、ベークはシュライアーマッハーから多くのことを学びながらも、少なくとも形式的には、彼の解釈学は師のそれとは趣を異にしている。なぜなら、シュライアーマッハーは解釈学を「文法的解釈」と「技術的解釈」に大別し、前者を「歴史的」、「予見的」、「客観的」、「主観的」という二組のアスペクトからなる四つの側面から考察し、後者を「予見的方法」と「比較的方法」に分けて捉えていたからである。

二　解釈学の意義とその課題

ベークは文献学者の本領を発揮して、解釈学についての語源的説明を試みている。彼によれば、解釈学の語源ヘルメーネイアとオリュンポスの十二神の一人ヘルメースとは、語源学的に関連しているという。曰く、

> 解釈学（Hermeneutik）という名称は、ヘルメーネイア（ἑρμηνεία）に由来している。この言葉は明らかに神ヘルメース（ヘルメアス）（Ἑρμῆς [Ἑρμέας]）の名前と関連があるが、しかしここから導き出せるものではなく、むしろ両者は同じ語源を有しているのである。これがいかなるものであるかは確かではない。神ヘルメースはおそらく冥府の神々に属しているが、もしひとが神ヘルメースの原義を度外視するとすれば、この神々の使者はデーモンと同様、神々と人間との間の仲保者として現れる。彼は神的な思想を明示し、無限的なものを有限的なものへと翻訳し、神的な精神を感覚的現象へともたらす。ここから彼は区別、尺度、特殊化の原理を意味する。かくしていまや、意志の疎通（Verständigung）に属するすべての事柄（τὰ περὶ τὴν ἑρμηνείαν）、とりわけ言語と文字、の発明もまた彼に帰せられる。なぜなら、これらによって人間のいろいろな思想は形成され、そうした思想のなかにある神的なもの、無限的なものは、有限的な形式へともたらされるからである。つまり内的なものが理解可能にされるのである。ヘルメーネイアの本質はこの点に存している。それはローマ人がelocutio〔言表、表現〕と名づけたところのものである。すなわち思想の表現ということ、したがって理解すること（Verstehen）ではなく、理解できるようにすること

（Verständlichmachen）である。この言葉の非常に古い意味はこれに結びついており、それによればこの言葉は、他者の会話を理解できるようにすること、通訳することである。ホ・ヘルメーネウス（ὁ ἑρμηνεύς）、つまり通訳は、すでにピンダロスの『オリュンピア祝勝歌集』オリュンピア第二歌に見出される。通訳することとしては、ヘルメーネイア（ἑρμηνεία）は本質的にエクセーゲーシス（ἐξήγησις）〔説明、解釈〕と異なるものではない。そしてわれわれはたしかにエクセゲーゼ（Exegese）〔釈義〕を解釈学と同義のものとして用いる。古代のエクセーゲータイ（ἐξηγηταί）〔解釈者、説明者〕におけるエクセゲーゼの最も古い用法は、聖遺物の解釈であった……。しかし解釈学においては解釈だけでなく、解釈によってただ説明されるだけの、理解そのものが問題である。この理解は、もしこれが表現として把握されるとすれば、ヘルメーネイアの再構成である。[45]

ここに示されているように、ヘルメースが、神々の世界と人間界を仲介する仲保者――神々の使者、布告使、霊魂の案内者――として、神的な精神を感覚的現象へともたらし、それを人間的な言語へと翻訳するように[46]、解釈学の本質はVerständlichmachen あるいは Verständlichmachung、つまり他者の会話や言述を「理解できるようにすること」に存している。ベークはここでよりわかり易く、「通訳すること」（Dolmetschung）という用語を用いて補足説明している。

ベークによれば、「理解の諸機能はいたるところで同一」であり、したがって「解釈の対象によって解釈学の特殊な相違が生じることはあり得ない」[47]。その限りでは、聖書を聖なる書物として他の世俗的書物の解釈から峻別し、一般の「俗なる解釈学」（hermeneutica profana）に対して「聖なる解釈学」（hermeneutica sacra）を対峙させる、従来のようなやり方は許されない。この点について、ベークは次のように主張している。

聖書が人間的な書物であるとすれば、それはまた人間的な法則に従って、すなわち通常の仕方で理解されなければならない。しかし聖書が神的な書物であるとすれば、それはあらゆる解釈学を超えており、理解の技法によってではなく、神的な霊感によってのみ把握され得る。しかしながら、すべての真に聖なる書物は、あらゆる天才的な霊感から成立した作品と同様、おそらくひたすら二つの源泉から同時に理解されるのが好ましい。人間の精神は、あらゆる理念をみずからの法則に従って形成するのであるから、たしかに神的な起源を有している。これに対して、対象の特殊性に応じて、一般的な解釈学的原則の特殊的な適用が存在する。それゆえ、ローマ法の解釈学やホメロスの解釈学などと同じように、新約聖書の特殊的な解釈学ということは、もちろん考えることができる。しかしこれは素材に従ってさまざまに変化するものの、根本的には同一の理論である。[48]

つまり、解釈の対象に応じてもちろん特殊解釈学は存在するが、しかしその根本は同一の理論に基づいているのであり、したがってシュライアーマッハーが主張したように、「一般解釈学」が存在しなければならないのである。ベークはここで、聖書が神の霊感によって記された神的な書物である可能性を否定しないが、それを「あらゆる天才的な霊感から成立した作品」と同列において理解すべきである、と主張する。聖書に限らず、神的・超越的契機によって成立した書物や作品は、そのようなものとして解釈されなければならないが、しかも一般的な解釈学的原則に従って解釈されるべきなのである。

ところで、第一章において見たように、シュライアーマッハーは解釈学を「裏返しの文法学」（umgekehrte Grammatik）、「裏返しの文章構成」（umgekehrte Composition）として捉え、ある語りないし陳述を解釈するということは、それを構成し産出するプロセスの裏返しの作業であると考えた。彼の解釈学が「追構成」という基本的性格を有しているのはそのためであるが、ベークもこの点ではシュライアーマッハーを踏襲している。ベークによれば、

> 著作家は文法学と文体論の原則に従って文章を作るが、大抵はもっぱら無意識的に作る。これに対して解釈者は、その原則を意識することなしには、完全には解釈することができない。なぜなら、理解する人はなにしろ反省するからである。著者は生み出すのであり、彼自身がそれについてさながら解釈者として立っているときにのみ、自分の作品について反省するのである。ここから帰結してくることは、解釈者は著者自身がみずからを理解するのとまさに同じくらいだけでなく、さらにより良く理解することさえしなければならない、ということである。なぜなら、解釈者は著者が無意識的に作ったものを、明瞭な意識へともたらさなければならないからである。そしてそのときにまた、著者自身には無縁であった幾つもの事柄が、あるいは幾つもの見込みが、解釈者に開けてくる。[49]

ここにシュライアーマッハー以来見受けられ、ディルタイによって流布されたあの有名な解釈学的命題が、ベーク自身の言葉による説明を伴って主張されている。解釈者は原作者において無意識的にとどまっていたものをも意識へともたらすことを任務としているのであって、その意味で「解釈者は著者自身がみずからを理解する

のとまさに同じくらいだけでなく、さらにより良く理解することさえしなければならない」(der Ausleger [muß] den Autor nicht nur eben so gut, sondern sogar besser noch verstehen als er sich selbst) のである。だが、そこにまた「量的な誤解」と「質的な誤解」が生ずる可能性もあり、これを避けるためにも解釈学の技法が必要となる。[50]

そこで具体的な解釈の技法であるが、まず「文法的解釈」(die grammatische Interpretation) は、あらゆる解釈の「基礎を形づくる」。解釈学が対象とする会話や陳述、あるいは碑文や多くの記念碑は、言語によって記されているが、言語とは「有意義な諸要素から構成されたもの」であり、具体的には、「言葉そのもの、言葉の変化形式と構造、そして語順の形式」によって成り立っている。文法的解釈は、一方では「個々の言語的諸要素それ自体の意義」を確定することによって、他方ではそれらの「諸要素の連関」を明らかにすることによって、言語の「客観的な語義」を規定しようとする。[51] 言語的解釈の主たる困難は、いろいろな言葉や言語的形式の多義性に存する。「同音異義語」(Homonymen) や「同義語」(Synonymen) の問題がそこにある。[52] それと並んで、一つの根本的意義を他の対象へと転用することによって生じる、「換喩」(Metonymie)、「隠喩」(Metapher)、「提喩」(Synekdoche) なども、文法的解釈において熟練を要する事項である。[53] 言語的要素の連関から語義を規定しなければならない場合には、さらに別のテクニックが必要となり、しばしば個人的解釈や歴史的解釈、さらには種類的解釈によって補完されなければならない。そこに後述するような「解釈学的循環」の問題も成立する。

つぎに、「歴史的解釈」(die historische Interpretation) は、語義そのものからは必ずしも知り得ない言語的記念物の客観的意義を、「現実的状況との関係によって」理解することを任務としている。解釈学の対象は一般的には「言語的記念物」(Sprachdenkmal) であるが、これを理解するためには、文法的解釈だけでは不十分である。なぜなら、言語的記念物そのものの意義の一部は、現実的事態への関係によってその客観的意味に結びついているところの、いろいろな表象に存しているからである。語り手や書き手が言語的に表現した内容は、歴史的に与えられた事態との現実的結合のうちにあり、こうした歴史的所与は語り手や書き手の暗黙の前提となっている。したがって、解釈者が言語的記念物の客観的側面を理解するためには、歴史的状況についての知識もまた必要となる[54]。ベークはその一つの事例として、タキトゥスの『年代記』第一章を挙げ、ローマの政治状況についての知識をもたない人には、それは理解できないとしている。そのほかにも、例えばホラティウスの詩行（『諷刺詩』第一巻、1、一〇五）――「タナイスと、舅のウィセッリウスとの間には誰か〔中間〕がいる」（Est inter Tanain quiddam socerumque Viselli）――は、文法的に正しく解釈できるとしても、もしひとがローマの私生活の特殊な歴史から、タナイスがまったくの宦官であり、舅のウィセッリウスが恐ろしい陰嚢ヘルニアを患っていたことを知らなければ、そこに含まれている当てこすりはわからない、と述べている[55]。さらに悲劇作家や喜劇作家の作品を理解する場合にも、あるいはプラトンのような哲学者の思想を理解する場合にも、さまざまな歴史的関係が存在しており、しばしばそれについての知識があるかないかで、解釈に決定的な差異が生じるものだという。

「個人的解釈」（die individuelle Interpretation）は、語りのなかに反映されている話し手の「主観性」（Subjectivität）、すなわち「個性」（Individualität）に着目し、「言葉の意義をこの側面から理解すること」を任務とする。多くの場合、話し手は語りのなかで他者に物語らせるので、そのことによってこの課題は二重化される。このことはとりわけ演劇的表現において見られる。演劇においては、行為する人物の背後に、作家自身の個性が潜んでおり、ときには強く、ときには弱く浮かび上がってくる[56]。個人的解釈は、解釈者が話し手の個性を知悉しているときに、完全なものとなるであろうが、しかし話し手の個性は彼の語りからしか知り得ないので、ここには「解釈学的技術によって回避すべき、明白な課題の循環が存在している」[57]。個性はまず「個人的な文体」（der individuelle Stil）として、つぎに全体の連関（筋書き）のなかに、つまり「構成の仕方」（Compositionsweise）のなかに、表現されているので、これら二つの側面から個性を規定することがここでの課題となる。(58)

　最後に「種類的解釈」（die generische Interpretation）であるが、これは話し手の思想がそのなかに実現している発話のジャンル（Gattung）に着目して、そこから言語の主観的な意味を理解しようとするものである。発話のジャンルとは、作者あるいは話し手が眼前に浮かんでいるみずからの理想ないし思想を表現するのに適した、文芸作品の様式上の種類のことであり、韻文、散文、歴史的叙述、叙情詩的叙述、叙事詩的叙述、哲学的叙述、演劇的叙述、修辞学的叙述など、さまざまな発話・叙述の種類が存在する。発話をその主観的な諸関係にしたがって認識しようとする場合、かかる発話の種類たるジャンルを踏まえないと、発話の意味を正確に捉えることができない。しかしジャンルの性格と個人的な様式、さらには歴史的状況の間には、相互に依存しつつ規定し合う関係があり、ここでも「解釈学的循環」は免れ得ない。

三　解釈学的循環の問題

　以上の四種類の解釈技法の間には、相互に他のものを前提しつつ、また補完し合うという循環関係があり、ベークはそれを「解釈学的循環」（der hermeneutische Cirkel）として特定している。(59) いまやすっかり人口に膾炙した「解釈学的循環」というこの用語は、予想に反して、実はシュライアーマッハーの著作のなかには見出されないものである。彼は「一八一九年の綱領的叙述」において、「20　著者の語彙とその時代の歴史とは、〔個別と〕全体の関係にあり、個別としての著者の書物は全体から、そして全体はふたたび個別から理解されなければならない」と述べているし、また「23　個々の書物の内部においても、個別は全体からのみ理解されることができる。それゆえ、全体の概観を得るための走り読みは、より厳密な解釈に先行しなければならない」と主張し、「このことはふたたび循環（Cirkel）のように思われる」と述べている[60]。また「一八二九年のアカデミー講演」では、「もちろん全体が部分から理解されるように、部分も全体からのみ理解され得るという、アスト氏によって具申され、多方面からかなり仕上げられた、解釈学的原則（der hermeneutische Grundsatz）」についても言及している[61]。それゆえ、今日われわれが用いる意味での「解釈学的循環」の観念は、実質的にはシュライアーマッハーのなかにすでに存在していると見なすことができる。しかし用語そのものとしては、彼の著作のなかに見出すことはできず、それはベークの『文献学的諸学問のエンチクロペディーならびに方法論』のなかにはじめて現れる[62]。

ベークはこの概念を、もちろん個別と全体の循環関係を念頭に置きつつ、四種類の解釈技法の間の相互補完的な循環関係の意味で用いることが多い[63]。例えば、彼が次のように語るとき、そこでは解釈学的循環のことが暗示されている。

> たしかに、われわれは概念に従ってそれら〔四種類の解釈〕を明確に区別したが、しかし解釈そのものを実行する際には、それらはつねに混ざり合う。ひとは個人的解釈を利用することなしには、語義そのものを理解することができない。なぜなら、誰かによって話される言葉は、いかなる言葉であろうとも、すでにその人が一般的な語彙から取り出したものであり、ある個人的な付加物をもっている。この付加物を抽出しようとすれば、ひとは話し手の個性を知らなければならない。同じように、一般的な語義は、現実の状況と発話

のジャンルによって変更を加えられている。例えば、βασιλεύς〔一般的には「王」の意〕という語は、ホメロスの用語法においてとアッティカ共和国においてでは、全く異なった意味をもっている。Χρόνος〔時、時間〕やσημεῖον〔しるし〕といった語は、哲学と数学と歴史学の叙述においては異なった意味をもっている。ひとは語義のこのような制約を歴史的解釈と種類的解釈によって確定しなければならないが、しかしながらそれらの要素はふたたび文法的な解釈によってのみ見出され得る。なぜなら、すべての解釈は文法的解釈から出発するからである。[64]

ここで述べられているように、文法的解釈、歴史的解釈、個人的解釈、種類的解釈の間には明らかな「循環」関係がある。それぞれの解釈技法の間の関係そのものは、個別と全体の関係ではないが、しかしそれぞれの方法は、解釈対象とそれが置かれている全体的連関との循環関係を前提しており、個別を全体から、また全体を個別から理解することに奉仕している。いずれにせよ、文学的作品やその他の言語的記念物を解釈する際に、そこには避けることのできない循環関係があり、ベークはそれを「解釈学的循環」と名づけている。[65]ベークによれば、かかる循環は「事柄そのもののなかに存している円環」(der Kreis, der in der Sache selbst liegt)に由来するものである。彼はこの円環を「原理の請求」(petitio principii)とも呼んでいる。[66]通常この概念は、これからはじめて証明されるべき未証明の命題を、証明の根拠として前提する誤り、すなわち不当前提を意味しているが、ベークはこれを解釈学に応用して次のように述べている。

……つまり個性は言語作品そのものから突きとめられているが、しかし言語作品は個性からはじめて解釈され得るということである。にもかかわらず、客観的な語彙は個人的解釈なしでは完全に不明瞭である。ひとはそこから全体の連関を、著作の統一性が明らかとなり、そしてそこから構成の仕方が若干の関係にしたがって明らかとなる限りにおいて、把握することができる。そのときそれによって個々の箇所の個人的意義がふたたび解明され、そしてそのようにして個々の箇所における理解の間隙を補填することによって、ひとはそこからふたたび作品の新しい側面を理解するのである。そのようにして全体と個々の部分はあとからあとから相互に規定し合うのである。原理の請求（petitio principii）は、ひとが個人的解釈からはじめて文法的に明瞭になる一つの箇所から、個性を規定しようと欲するときにのみ、入り込んでくる。なぜなら、ひとはそのときに、そこから見出そうと欲するところのものを、その箇所のなかへと含ませて解釈するからである。例えば、タキトゥスの皮肉っぽく感傷的な性格は、多くの箇所から認識され得るが、ひとは他の作品においては即自的には異なった解釈を許すような他の箇所を、次にそこから解釈するのである。だがしかし、もしひとがそこから文法的には即自的に不明確な箇所を解明するために――だがその箇所はまた別様にも解釈され得るであろうが――、他の作品や他の著作家において、同一の性格やあるいは同一の雰囲気を前提しようと欲するのであれば、このことは実際には原理の請求ということになるであろう。G・ヘルマンによるピンダロスの解釈のなかには、そのようなものが幾重にも見出される。[67]

「原理の請求」は、即自的には、不当なものであり、したがって避けられなければならないが、にもかかわらず、そこに見出される循環関係が「事柄そのもののなかに存している円環」に由来している場合には、それを回避することはできない。「解釈学的循環」が問題となる所以である。別の言い方をすれば、「解釈学的循環」は文献学の形式的機能とその実質的結果との関係に存する困難に遡るものである。ベークは次のように述べている。

ここから成立する課題の循環は、すでに上で言及された困難に立ち戻るよう命ずる。それは文献学の形式的機能とその実質的諸結果との関係に存する困難である。すなわち、文法的解釈は文法学の歴史的発展についての知識を必要とする。歴史的解釈は歴史一般についての特別な知識なしには不可能である。個人的解釈のためには個人についての知識が必要であり、そして種類的解釈は様式のジャンルについての歴史的知識に、したがって文学史に基づいている。そのようにこれらの異なった種類の解釈は、実際のいろいろな知識を前提としているが、これらの知識はすべての資料の解釈によってはじめて獲得され得るものである。しかしここから同時に判明するのは、この循環がいかにして解決されることができるかということである。すなわち文法的解釈は、それをさまざまな個人的ならびに現実的な諸条件のなかで考察することによって、ある表現の語義を突きとめる。そしてこれを言語全体へと拡大することによって、言語の歴史が作り出され、文法学と辞書が作り上げられる。ところでこの文法学と辞書は、その後ふたたび文法的解釈に奉仕し、同時に進展する解釈学的活動によって完成させられる。これによってひとは爾余の種類の解釈に対する、同時にまた実質的学問分野一般の構築に対する、基礎を手にする。こうした学問分野がより広範に発展すればするほど、解釈はより完全に成功する。(68)

「解釈学的循環」の問題の悩ましさは、それを回避すべきであるが、しかも完全には回避できないところにある。ベークはあるところでは、このような循環は「特別な技法を用いて回避されなければならない(69)」と述べているが、しかし別のところでは、「解釈学の課題が含んでいるこの循環は、必ずしもすべての場合に回避できるものではないし、また一般には決して完全には回避できるものではない[70]」とも語っている。しかし二つの相矛盾する命題は、解釈者が同時に見据えておかなければならないものであり、解釈作業はそこに不可避的に生じる緊張のなかで営まれなければならない。個と全体、特殊と普遍はつねに相補い合う関係にある。また一切の類比を欠いた唯一無比なるものは、その意義を確定することがそもそも不可能である。それゆえ、同一の対象が同時に文法的解釈と個人的解釈の、あるいは個人的解釈と種類的解釈の、あるいは歴史的解釈と種類的解釈の、唯一の基礎であるとすれば、畢竟、解釈の循環は免れ得ない。したがって、「解釈学の課題はただ無限の近似（Approximation）によってのみ、つまり一項一項前進するが決して完結することのない漸進的な接近によってのみ、解決され得る[71]」のである。

四　「天分の同質性」と「予見」

われわれは、通常の解釈の技法（Kunst）を用いて解釈学的循環を回避することは不可能であり、ただ解釈実践の鍛錬を積みながら一歩一歩前進して、問題解決に漸進的に接近するしかないことを見た。すなわち、ベークによれば、解釈学の課題はただ無限の近似（Approximation）によってのみ解決され得るのである。にもかかわらず、ベークは他方では、「完全な理解が達成される」稀有な事例についても言及している。それは「有為なる感情」（[ein] fähiges Gefühl）を所有する「真正の解釈学的芸術家」（[der] ächte hermeneutische Künstler）のケースである。曰く、しかしながら、感情（das Gefühl）にとっては、ある場合には完全な理解が達成される。そして解釈学的な芸術家は、そのような理解を所有することで、難題を解決すればするほど、ますます完全になるであろう。しかしもちろん有為なる感情をさらに踏み込んで解釈することはできない。この感情とは、それのおかげで他者が認識したところのものが、いっぺんに（mit einem Schlage）再認識される当のものである。そしてそれがなければ、実際にいかなる伝達能力も存在しないであろう。[72]

つまり、ひとは感情のなかに与えられている「生き生きとした直観」（lebendige Anschauung）[73]によって、他人の個性を完全に把握することができるという。ベークはこの種の能力として、「正しい勘」（der richtige Takt）[74]や「精神の予見的な力」（die divinatorische Kraft des Geistes）[75]に言及している。

それではこのような能力はいかにして陶冶されるのであろうか？ それはいかにすれば身につくのであろうか？ それとも、それは生まれつきの能力で、後天的に習得できないものなのだろうか？ この点についてのベークの見解は一考に値する。彼によれば、「正しい理解は、論理的思考と同様、一つの技術（Kunst）であり、それゆえ部分的には半ば無意識的な熟達に基づいている」が、しかし他の技術と同様、「理解するには特別な才能《タレント》と特別な修練《ユーブンク》が必要である」[76]。より詳しい説明によれば、

……修練を別にすれば、必ずしも誰でもがすべてに対して同じほど優れた解釈者ではあり得ず、一般的に、解釈するためにはもともとの才能が必要である、ということになる。ルーンケンが批判について述べた、「批評家はなるものではなく、生まれるものである」（Criticus non fit, sed nascitur）ということは、解釈

にもまた当てはまる。すなわち、「解釈者はなるものではなく、生まれるものである」（Interpres non fit, sed nascitur）。しかしこのことが意味しているのは、ひとは学問を速成で習得することは決してできず、ただ発展させ鍛錬することができるだけだということである。本性は鍛錬によって形づくられ、眼識は理論によって鋭くなるが、しかし本性そのものがまず存在しなければならないことは、明らかである。生まれつき理解するための眼識をもった人たちが存在する。これに対して、人間は誤解するためにも理解するためにも生まれついているので、少なからぬ解釈者は基礎からして間違っている。解釈学的な諸規定を機械的に適用することによって、才能は発展するものではない。むしろひとが解釈する際にみずから生き生きと自覚している諸規則は、鍛錬によって無意識的に考察できるほどによどみないものにならなければならない。しかしそれは同時に、それのみが具体的な解釈の確実性を保証する、自覚的な理論へと結合されなければならない。真正の解釈学的芸術家においては、かかる理論そのものは感情のなかへ受け入れられ、そしてそのようにして、屁理屈をこねる詭弁から守られた、正しい勘が成立する(77)。

要するに、一定の鍛練を積むことによって、ひとは解釈者としての眼識を鋭くし、その才能を発展させることができるが、にもかかわらず、生まれつき並外れた理解能力を持った人が存在する。つまり、解釈者としての素質をもって生まれた人である。彼らは解釈するための「もともとの才能」（ein ursprüngliches Talent）を持ち合わせている。

このことに関連して、ベークは「どちらも相手と同じことを考えない」（οὐδεὶς ἕτερος ἑτέρῳ ταὐτὸ ἐννοεῖ）という他者認識の不可能性を暗示するゴルギアスの命題に対して、「似たものは似たものを知る」（ὅμοιος ὅμοιον γιγνώσκει）という別の命題を対置し、「これこそ、それによって理解が可能となる、唯一のものである。つまり天分の同質性が必要なのである。このような仕方で解釈する人のみが、天才的な解釈者と名づけられ得る」[78]と述べている。

われわれはここで《Congenialität》（=Kongenialität）を「天分の同質性」と訳出したが、もとになっている《kongenial》という形容詞は、《genial》（ラテン語の genius［才、天分］が語源。「天才的な」の意）に接頭辞の《con-》（ともに）がくっついたもので、そこから「精神的に同じ高さをもつ」とか「同程度の才能のある」という意味を表す。*Duden* を繙けば、《kongenial》には《hinsichtlich der Interpretation eines genialen Werkes von entsprechendem [gleichem] Rang »という説明が施されている。つまりこの言葉は、「ある天才的な作品が同等の才能をもった評者によって解釈される」事例に用いられる語であることがわかる。したがって、《Kongenialität》は《Gleichrangigkeit hinsichtlich der Interpretation eines genialen Werks》（天才的な作品の解釈に関する同等性）のことであるが、これではいささか説明的すぎるので、以下便宜的に「天分の同質性」と訳すことにする。[79]《Kongenialität》は、一般化して言えば、性格や趣味の「一致」とか「相性」をも意味しうるが、とりわけ歴史認識や解釈学の場面では、それは認識者（解釈者）と認識対象（解釈対象）との間の、天分や気質の同質性・同等性を表す。まさに「似たものは似たものを知る」（ὅμοιος ὅμοιον γιγνώσκει）という命題が示す通りである。ベークは別の箇所で、「天分の同質性」の重要性について、次のようにも述べている。

> 一般に歴史的解釈を適用できるかどうかについて、そしてとくに仮説的説明が許容できるかどうかについて、最終的な決定を下すものは、しばしば感情のなかに存在している。ここではとくに解釈者の天分の同質性が

肝要である。すなわち、著者の個性に身をおいて理解する人のみが、特定の場合の著者の念頭に特別な関係が浮かんでいたかどうかを、知るのである。(80)

つまり、解釈される対象との精神的同質性ないし同等性を有し、「生まれつき理解するための眼識をもった人たち」は、みずからの「もともとの才能」によって、解釈学的循環を突破して「いっぺんに」事柄の本質を直観し理解するのである。ベークはそのような天才的な解釈者を、「精神的に同じ高さをもつ解釈者」（der congeniale Ausleger）(81)とも呼んでいる。いずれにせよ、ベークの解釈学にとって「天分の同質性」の概念がもっている重要性は、以上の考察から明らかであろう。

つぎに、「天分の同質性」と並んで重要だと思えるのが、「予見」（Divination）ないし「予見的」（divinatorisch）の概念である。ベークは「批判の理論」に関連しながら、次のように述べている。少し長いが、その重要性に鑑み、全文引用してみよう。

> それゆえ、批判においても最終的決断は、歴史的真理に対する揺るぎない感覚から生じる、直接的感情に存している。この感情を最大限の内的な強さと明瞭性へともたらすことは、批評家の最高の努力でなければならない。やがてそれは反省することなしに確実に正解を捉える芸術的衝動へと発展する。これは古代人たちが手練（εὐστοχία）と呼ぶところのものである。しかしこれは解釈学的修練を沢山積むなかから生じてくるものである。それゆえ真の批評家はつねにまた優れた解釈者である。当然のことながら、逆のことは必ずしも起こらない。個人的解釈をひとつも理解しない文法的解釈者が沢山存在するように、多くの解釈者は批

判についてひとつも理解しない。とくに事実説明に関わる人たちのなかにこの手の人がいる。彼らは資料に圧倒されて、それについての判断を、つまり資料を検討して整理することを、忘れてしまうのである。この種の代表例がサルマシウスである。批判的でない解釈者は、優れた批評家が彼のために道を切り拓いてくれたときに、はじめて文筆作業において何某かのことを成し遂げることができる。しかし非常に優れた解釈学的才能は通常また批判的でもある。解釈学的感情との密接な結合のうちにのみ批判の本当の神性（Divinität）は存している。それは生産的な想像力（productive Einbildungskraft）によって伝承の欠如を補完し、それによって予見的（divinatorisch）になる。これは羊皮紙に書かれた古文書からではなく、みずからの力から湧き出る、天才的批判である。それはさまざまな形式で現れる。……しかし予見（Divination）はつねに理知的な思慮深さと結びついていなければならない。猜疑の念が直観の客観性によって制限されない場合には、それは批評家を容易に間違った道に導く。[82]

さらにもう一箇所引用すれば、

しかし非常に多くの場合、この課題は法外に困難である。所与の連関のなかに不適切な言語要素が見出される場合には、解釈を成し遂げることができないという解釈学的欠陥がまず明らかになる。するとひとは満足のいく意味を見出すために、間違った要素の代わりに正しい要素を設定しようとする。周囲の諸要素がすでにしっかり規定されている場合には、このことは容易いが、しかしより重要な課題の場合には、欠如しているものが見つかるまでは、周囲の諸要素自体が完全には理解可能とならない。それゆえ、欠如しているも

> のはまだ把握されていないものから見出されなければならないが、しかもこのまだ把握されていないものは、欠如しているものから把握されるべきである。このような矛盾は悟性を混乱させ、批評家をして途方に暮れた状態にもたらす。ここでひとはご託宣に問い合わせたくなる。だがわれわれは実際にはそのようなご託宣を精神の予見的な力のうちに（in der divinatorischen Kraft des Geistes）有している。批判的な芸術家は、著作家の精神に完全に滲透され、その著作家のやり方と目的に完全に満たされ、そして周囲の状況についての知識を装備して、一瞬にして正しいものを作り出す。彼は精神の制約を突破して、著者自身が不正確な表現に責任がある場合ですら、著者が何を意図していたかを知る。そのようにしてひとは単に一つの言葉だけでなく、しばしば多くのことを見出す。反省を伴う批判に対しては、並行記事〔類例〕が役立つ。しかし本当の芸術家は、みずからの精神のうちで生き生きとしている、ことば遣い全体によっても満たされていなければならない。並行記事〔類例〕を探す骨の折れる作業は、おそらくあとではじめてなされるものである。ことば遣い全体は、精神が無意識的に正しいものを把握できるために、生産の瞬間という一瞬のうちに現臨していなければならない[83]。

以上の二例のうちに、「予見」（Divination）についてのベークの考えがよく示されている。そこでは主に批判のことが話題になっているとしても、それはほぼそのまま解釈学にも当てはまるものである。本物の批評家や解釈者は、ある神的な直観力をみずからのうちに蔵しており、具体的な分析的作業に先立って、事柄の本質を一瞬にして察知できるということである。この種の天分とか天才を引き合いに出すのは、一般的にロマン主義の特徴であるので、この点ではベークはたしかにロマン主義者である。しかしこのことをもって、ベークの解釈学を

「ロマン主義解釈学」として断罪することは正しくない。[84] ベークが単なるロマン主義者であったとしたら、『アテナイ人の国家財政』のような作品は誕生しなかったであろうから。[85] とはいえ、少なくとも解釈学理論に関する限り、彼はシュライアーマッハーやヴィルヘルム・フォン・フンボルトなどと共通のドイツ・イデアリスムスに深く棹さしている。そこに彼の理論の偉大さと同時に、ガダマーなどから批判される問題点があることも否定できない。

五　解釈学と歴史主義の絡み合い

そこで、最後に考察しなければならないのは、ベークの解釈学における歴史主義の契機である。われわれは最初に、シュライアーマッハーから始まる一般的解釈学の系譜において、歴史主義との結びつきはベークをもって嚆矢とするという作業仮説を立てたが、歴史主義との絡み合いは、実際のところ、いかなる様相を呈しているのであろうか。この点を明らかにするための予備作業として、われわれは同じロマン主義的ないしドイツ・イデアリスムス的背景をもっている、ベークとシュライアーマッハーの解釈学の微妙な相違点に、まず簡単に言及しておきたい。

シュライアーマッハーの解釈学は、もともとは「文法的解釈」（grammatische Interpretation）と「技術的解釈」（technische Interpretation）の二区分をもって構想されたが、やがてそこに「心理学的解釈」（psychologische Interpretation）なるものが立ち現れ、次第にその新しい用語により大きな比重が置かれるようになった。しかし「技術的解釈」が、はたして「心理主義的解釈」に完全に置き換えられるかというと、実は単純にそうとは言えないところに、シュライアーマッハー解釈学の問題点がある。ところで、ベークはシュライアーマッハーの解釈学について、『文献学的諸学問のエンチクロペディーならびに方法論』において、非常に興味深いコメントをしている。[86] まず「心理学的解釈」に関しては、人間の個性というものは「徹底的に生き生きしたもの、具体的なもの、積極的なもの[87]」であり、一般的な法則や分類項目によって作業する心理学によって把捉できるものではない、というのが師に対するベークの批判点である。

> そこからわたしは個人的解釈を——シュライアーマッハーが行なっているように——心理学的解釈（die psychologische [Auslegung]）と名づけることを避けるのであるが、それはこの名称があまりにも広範だからである。いろいろな言葉の根本的意義が定義づけて捉えることのできない直観であるように、個人的な文体もまた概念によっては完全に特徴づけることはできない。そうではなく、それは解釈学によって直観の仕方そのものとして具象的に再生され得るものである。[88]

シュライアーマッハーの「技術的解釈」についても、ベークは次のような仕方で、彼ならではの苦言を呈している。

> ……種類的解釈をいたるところで同じ程度に適用することはできない。なぜなら、個性はしばしばその作用において、そのなかに具わっている方向性に従うが、その際眼前に浮かんでいる理想への特別な関係は、ま

だ可視的にならないからである。個性のそのような自由な演技は、例えば軽い会話のなかで生起する。これに対して、思想的な関係は完結した発話において最も強烈に現れる。そこではすべてのことは一定の目的に関係しており、そしてその結果はあらかじめ考えられ、方法的に達成しようとされたものである。言語的作品の技術（Technik）はそのような厳格な関係のなかに存しているので、シュライアーマッハーはこの側面からの発話の理解を技術的解釈（technische Auslegung）と名づけた（『解釈学と批判』、一四八頁以下）。しかしながら、この表現は種類的解釈全体を表示するためにはあまりにも狭すぎる。[89]

以上のことから明らかになることは、ベークが提唱する「個人的解釈」と「種類的解釈」は、それぞれシュライアーマッハーの「心理学的解釈」と「技術的解釈」の欠陥と見なされた点を、彼なりの仕方で修正する意図をもっていることである。それに加えて、両者を比較して明らかになることは、シュライアーマッハーの解釈学では重要性を見出さない「歴史的解釈」が、ベークにおいてはしっかりとその位置を占めていることである。[90] もちろん、「歴史的解釈」（historische Interpretation）は、シュライアーマッハー以前にすでに見出されるものであって、例えばG・L・バウアー（Georg Lorenz Bauer, 1755-1806）は十八世紀末に、「歴史的解釈が詳しく調べるのは、著者がその著書で何をどの程度考えていたかということ、さらに著者がどのような概念をかの意味に結びつけていたかということ、別の著者たちも同じ概念をかの意味に結びつけることを要求されているということである」[91]、と述べている。だが、まさにこの引用文が端的に示しているように、このような意味での「歴史的解釈」こそは、むしろシュライアーマッハーの「心理学的解釈」に取って代わられるものである。ベークのいう「歴史的解釈」は、これとは明確に区別されなければならない。

すでに述べたように、ベークの「歴史的解釈」は言語的記念物の客観的意義を、現実の状況との諸関係に留意しつつ確定しようとするもので、そこでは歴史学的知識と手法がシュライアーマッハーよりもはるかに大きな役割を演じている。それを実証しているのが、ベークの不朽の名著といわれる『アテナイ人の国家財政』*Die Staatshaushaltung der Athener* (1817, ^{2}1851, ^{3}1886) である。この書物は貴金属、土地、鉱山、家屋、奴隷、家畜、衣服、食物などの価格や、各種の税金や国民の収入などを示す大量の資料に基づいて、アテナイ国家の財政機構を実証的に明らかにしようとしたパイオニア的研究で、それまでの「古典文献学を歴史科学に変化させた」ものである。実際、ベーク自身が十分にそのような自覚をもってみずからの研究に従事していたことは、ゴットフリート・ヘルマンとの論争の中で表明された、次のような見解のなかに遺憾なく示されている。

> ……わたしは次のことを前提している。すなわち、文献学は、比較的完結した時代のある一定の民族に関しては、その活動の総体、つまりその民族の全生活と全働きを、歴史的・学問的に認識するものである、ということである。この生活と働きは、当然それによって生み出されたものも含めて、文献学によって考察されるべき事柄である。だがそれは、家族関係や国家関係がそれによって作り出される実際的なものであるか、あるいは宗教、芸術、知識などの理論的なものである。思考形式としての言語が、わたしがここで簡潔に知識と呼んだ領域に属しているということは、容易に示されることができる。したがって、それはまた……文献学が考察しなければならない事柄にもともに属しており、文献学者が追構成すべき事柄として認識されなければならない。そのことによって、文法学は文献学の一連の実質的部分の中に入って来る。解釈学と批判は、単なる形式的部分としてのみ、かかる実質的部分と対立しているにすぎない。しかし古代的な民族の活

動の表現が、大部分は言語的な記念物において伝承されている限り、たとえそうした記念物が非言語的な事実や思考をも含んでおり、文献学者はそれを再認識すべきであるとしても、言語は文献学にとって、同時に、古代の爾余のほとんどすべての産物を再認識するための手段であり、そして文献学は言語的な記念物から、言語自体の理解にとどまり続けることなく、事実と思考の全領域を叙述しなければならない[92]。

ここに明確に語られているように、ベークが提唱・実践した文献学は、言語的作品や文化財を、それらが成立した歴史的コンテクストを顧慮しつつ、解釈し理解することを目指していた。最初にも述べたように、ベークは文献学の課題を「認識されたものの認識」として規定したが、文献学的認識の対象となる「認識されたもの」とは、彼の考えによれば、一つの民族の歴史的な生の全体である。「一つの民族の認識は単にその言語や文学のなかに保管されているのではなく、一つの民族の身体的ではなく人倫的および精神的な全活動が、一定の認識の一つの表現なのである。それは表象あるいは理念として、あらゆるもののなかにはっきりと現れている[93]」。かくして、「全認識の歴史的構成」(die historische Construction des ganzen Erkennens)[94]が文献学の目標となるが、それは裏返して言えば、歴史的な生の諸相を人間的精神の産物として認識する作業である。「認識されたものの認識」はそれゆえ、ドイツ・イデアリスムスのような観念論的世界観を背景にしてはじめて可能だとも言えるが、いずれにしても、次章で見るドロイゼン同様、ベークにおいても歴史学と倫理学の相互連関は顕著である。実際、ベークは「倫理学が普遍性において行為の法則として叙述するところのものを、その実現において、つまり歴史において、叙述するものにほかならない[95]」、と述べている。

以上のような考え方のなかに、ゴットフリート・ヘルマンの「言語の文献学」とベークの「事柄の文献学」の基本的な相違が端的に示されている。しかしそれだけでなく、ベークとシュライアーマッハーの解釈学についての考え方の相違も、同時にここに暗示されている。シュライアーマッハーは、発話モデルに基づいて解釈学を構想したため、そこでは言語学と心理学とが重要な役割を果たすことになったが、ベークにおいては古典文献学と歴史学が基礎になっており、単なる発話モデルを脱却した歴史的地平で、独自の解釈学が構想されている。つまり解釈学に関して、言語学的モデルから歴史学的モデルへの転換が強力に遂行されている。それゆえ、「文法的解釈」に並んで「歴史的解釈」が主張され、解釈学の四本柱の一つになっていることは、重要であると同時に実に意味深長である。われわれはここに、のちに「歴史主義」として特徴づけられる精神的態度ないし思潮の端緒を、端的に読み取ることができる[96]。実際、ヘンチュケとムーラックによる古典文献学史の概説書は、「文献学と歴史主義」という見出しのもとにベークを扱い、ベークが文献学の「歴史化と知性化」（die Historisierung und die Intellektualisierung）を強力に推進したことを論述しているが[97]、このことはベークにおける解釈学と歴史主義の絡み合いが、専門の文献学者によって裏書きされているということにほかならない。

むすびに

以上、われわれはベークの解釈学を、彼の文献学についての考え方を洗い直す仕方で考察してきた。われわれの考察から、ベークがシュライアーマッハーの解釈学を踏襲しつつも、解釈学の基本モデルを言語学から歴史学へと大きく転換し、その結果、彼の古典文献学が——したがってまた彼の解釈学が——非言語的な事実や表象にも開かれたものとなり、歴史主義に馴染む性格をもつに至ったことが確認された。ベークの解釈学については、今後さらなる研究が必要であるが、シュライアーマッハーの解釈学においては表面に現れなかった歴史主義の基調が、彼と精神的共闘を組んでいた弟子のベークによって、前面に押し出されたことの意義は大きい。ベークにおいて表面化したこのモティーフが、その系譜に連なるドロイゼンとディルタイにおいてどのように継承され、いかなるメタモルフォーゼを被るかを、つぎにわれわれは見なければならない。

第四章　ドロイゼンの《探究的理解》について

はじめに

一八五七年の夏学期、当時まだイェーナ大学にいたドロイゼンは、「歴史学のエンチクロペディーおよび方法論」（Historische Encyklopädie und Methodologie）と題する講義をはじめて行なった。これは歴史学の理論・課題・方法などについて包括的に論じたものであって、彼はその後、母校ベルリン大学で教鞭を執るようになってからも同様に、一八八二／八三年の冬学期に至るまで、同じ主題に関する講義を都合十七回行なっている。[1] 題目は「歴史学のエンチクロペディーおよび方法論」（Historische Encyklopädie und Methodologie）（一八五七年夏学期、一八八一年夏学期）、「歴史学のエンチクロペディー」（Historische Encyklopädie）（一八五八年夏学期、一八五九年夏学期、一八五九／六〇年冬学期）、「歴史学の方法論およびエンチクロペディー」（Historische Methodologie und Encyklopädie）（一八六〇／六一年冬学期、一八六三／六四年冬学期、一八六五年夏学期、一八六八年夏学期、一八七〇年夏学期、一八七二年夏学期、一八七九年夏学期）、「史学論あるいは歴史学的諸学問の方法論およびエンチクロペディー」（Historik oder Methodologie und Encyklopädie der historischen Wissenschaften）（一八六二／六三年冬学期）、「歴史研究の方法論およびエンチクロペディー」（Methodologie und Encyklopädie der

Geschichtsstudien)（一八七五年夏学期）、「歴史学的諸学問の方法論およびエンチクロペディー」（Methodologie und Encyklopädie der historischen Wissenschaften)（一八七六年夏学期）、「歴史の方法論およびエンチクロペディー」（Methodologie und Encyklopädie der Geschichte）（一八七八年夏学期、一八八二／八三年冬学期）と、学期によって微妙に異なっており、また講義の中身にもその都度新たに手が加えられたということである。しかし全体としての構想に大きな変化はなく、一連の講義は今日では「史学論」（Historik）講義として一括して扱われている。学生時代にドロイゼンのこの講義に列席した経験をもつ偉大な学者としては、ヴィルヘルム・ディルタイ（Wilhelm Dilthey, 1833-1911）、ベルンハルト・エルトマンスデルファー（Bernhard Erdmannsdörffer, 1833-1901）、ハリー・ブレスラウ（Harry Bresslau, 1848-1926）、ゲオルク・ジンメル（Georg Simmel, 1858-1918）、フリードリヒ・マイネッケ（Friedrich Meinecke, 1862-1954）などがいる。[2]

ドロイゼンはみずからの手で『史学論』を世に出すことはしなかったが、その代わりに受講者の便宜をはかるために、講義の概要ないし骨子を簡潔に綴った『史学綱要』*Grundriß der Historik*を、一八五七年（あるいは一八五八年）と一八六二年の二回にわたって、手書きの草稿の簡易印刷版のかたちで公にした。この小冊子はのちに組版に回され、一八六八年にはその第一版が、一八七二年にはほぼそのままのかたちの第二版が、そして一八八二年には大幅に加筆修正された第三版が出版されている。[3]講義録そのものの方は、一九三七年に彼の孫にあたる歴史学者ルードルフ・ヒューブナー（Rudolf Hübner, 1864-1945）によって、遺された各回の講義ノートに基づいて一冊の書物に編集され、『史学論――歴史のエンチクロペディーおよび方法論に関する講義』*Historik. Vorlesungen über Enzyklopädie und Methodologie der Geschichte*（München: R. Oldenbourg, 1937）として刊行された。[4]これは『史学綱要』の第三版をもその一部に含んでおり、ドロイゼンの歴史学理論の概要を知る上できわめて重要な書物と見なされてきたが、そこに大きな問題が潜んでいたこともまた否めない。というのは、当然のことながらこのような編集作業によって、ドロイゼンの歴史学理論における思想発展や構想の深まりといった点が、遺憾ながら曖昧にならざるを得なかったからである。そこで彼の「史学論」構想の「発展史」（Entwicklungsgeschichte）を精確に跡づけるために、ペーター・ライとホルスト・ヴァルター・ブランケによって研究プロジェクトが立ち上げられ、目下三巻五分冊プラス補巻のかたちで『史学論』の「歴史＝批判版」（historisch-kritische Ausgabe）が刊行されつつある（現時点では、第一巻、第二巻（二分冊）、補巻がすでに刊行されており、第三巻（二分冊）もほどなく刊行される予定である）[5]。この「歴史＝批判版」は、十七回の各講義を完全な仕方で再現することを目指しているわけではなく、またそれは実際上不可能でもあるが、しかしその第一巻は一八五七年の最初の講義を完全な仕方で再現してみせ、また未刊行の第三巻は、著者自身による最終的な直しを反映した、「最後の手になる史学論」（die Historik letzter Hand）の再構成を企図している[6]。

こういう事情にあるとすれば、資料面からして現時点ではまだ確定的な研究はなし得ないが、それを承知の上で、われわれはドロイゼンの『史学論』について、とくに彼の《探究的理解》と称されるものについて、以下に考察してみたい。

一　歴史家ドロイゼンと彼の『史学論』

ヨーハン・グスタフ・ドロイゼン（Johann Gustav Droysen, 1808-1884）は、一八〇八年七月六日に、ポンメルンの小都市トレープトー（Treptow、今日の Trzebiatów）に従軍牧師の息子として生まれた。一八二六年に、シュテッティンのギムナジウムを卒業した後、彼はベルリン大学に進学し、古典文献学の分野で博士の学位と教授資格を取得した。在学中の彼に最も大きな影響を与えたのは、古典文献学者のアウグスト・ベーク（August Boeckh, 1785-1867）と哲学者のヘーゲル（Georg Wilhelm Friedrich Hegel, 1770-1831）であった(7)。実際、ドロイゼンは、一八二六年の夏学期から一八二七／二八年の冬学期にかけて、ベークの六種類の講義を受講し、一八二七年夏学期には彼の文献学のゼミナールを履修しているが(8)、他方で一八二七年の夏学期から一八二八／二九年の冬学期にかけて、ヘーゲルの授業を六つ受講している事実が、いかにこの若き学徒が高名な哲学者に魅了されたかを物語っている(9)。それゆえ、一八三一年一一月にヘーゲルが急逝したときには、ドロイゼンが心に激しい動揺を覚えたこともよく理解できる(10)。学生時代のドロイゼンに関して特記すべきもう一つのことは、彼がベークの口利きで一歳年下のフェリックス・メンデルスゾーン（Felix Mendelssohn, 1809-1847）の家庭教師に就任し、この天才的作曲家と肝胆相照らして終生の友人となったことである(11)。

研究に関していえば、ドロイゼンはその第一段階として、古典期以後の古代ギリシアに的を絞って研究し、ヘレニズム文化の世界史的意義をまさに見出した。『アレクサンドロス大王の歴史』*Geschichte Alexanders des Großen*（一八三三年）と『ヘレニズムの歴史』*Geschichte des Hellenismus* 二巻（一八三六年と一八四三年）は、いまでは三巻セットの古典的名著と見なされている(12)。「ヘレニズム」（Hellenismus）という用語に明確な概念規定を与え、これを歴史学的術語として確立したのは、ほかならぬドロイゼンであった。古典文献学者としては、彼はアイスキュロスやアリストファネスの翻訳も行なっており――『アイスキュロス著作集』全二巻（一八三二年）と『アリストファネス著作集』全三巻（一八三五―三八年）――、いずれも今日なおその価値を失わぬ名訳とされている(13)。

ところで、ドロイゼンに関する信頼できる伝記記事を書いたオットー・ヒンツェによれば、ドロイゼンの生涯は「大きく三つの時期」に区分される。第一期は生まれてから一八四〇年まで、第二期は一八四〇年から一八五〇年まで、第三期は一八五〇／五一年から亡くなる一八八四年までである[14]。というのも、ドロイゼンは一八四〇年にキール大学からの招聘を受け容れて、住み慣れたベルリンを後にしたが、これによって彼の研究の重心は古代（ヘレニズム研究）から近代（政治史）へと大きく移行したからである。それのみならずキール時代のドロイゼンは、シュレスヴィヒ・ホルシュタイン両公国に対するデンマークの政策に反対する政治活動に挺身し、フランクフルトの連邦議会でドイツ人側の臨時政府を代表したりもした。キール時代の代表作『自由のための戦争の時代に関する講義』*Vorlesungen über das Zeitalter der Freiheitskriege*（一八四六年）は、一八四二―四三年に講義された内容が活字になったものであるが、いずれにせよ、彼はとくに一八四八の革命以降、プロイセンを中心としたドイツの国民国家的統一（小ドイツ的構想）を擁護する立場をとるようになった。「国民の大義はいまやプロイセンの側にある。……ドイツの権力であることが、プロイセンの歴史的課題なのである」（Die Sache der Nation ist jetzt bei Preußen . . . . Die deutsche Macht zu sein ist seine geschichtliche Aufgabe[15]）という言葉は、これ以後のドロイゼンの政治的態度を直截に示している。

一八五一年、デンマークの報復措置に身の危険を感じたドロイゼンは、イェーナ大学からの招聘を受け容れて、その地に移り住むことになったが、そこでかねてより着手していた『陸軍元帥ヨルク・フォン・ヴァルテンブルク伯爵の生涯』*Das Leben des Feldmarschalls Grafen York v. Wartenburg*（一八五一―五二年）を完成させた。ヨルクをプロイセン精神の鑑として称賛したこの本は、専門家筋の間では手厳しい批判が多かったが、巷間ではかなりの好評を博した。彼の歴史叙述における主著『プロイセン政治の歴史』*Geschichte der preußischen Politik*

（一八五五―八六年）もこの時代に着手されたが、ベルリン大学からの招聘を受け容れて、一八五九年以降再びベルリンに住み着いてからは、専らプロイセンの公文書をフルに活用して、この書物を完成するために力を注いだ。未完に終わったとはいえ、五部全十四冊に及ぶ大著となったこのプロイセン政治史は、ドロイゼンの歴史家としての真骨頂をよく示しているといわれる。彼が歴史学における「プロイセン・小ドイツ学派の真の創設者にして創造者」[16]と呼ばれる所以でもある。

歴史家としてのドロイゼンの来歴は、ざっと以上のごとくであるが、ここでは考察の対象を『史学論』に限定し、そのなかでもとくに《探究的理解》（forschendes Verstehen）と称されているものについて、その意味内容と学問的意義を解析してみたい。《探究的理解》と呼ばれるドロイゼンの歴史的理解の教説は、十九世紀の理解理論の歴史におけるまさに「頂点」[17]を極めるものだからである。上述したように、『史学論』の最終版は現時点では未刊行なので、われわれは『史学綱要』の第三版を主たる資料として用い、それ以前の版との異同にも注意を払いつつ、また『史学論』のテクスト（一八五八年の講義、ヒュープナー版等）も必要に応じて参照して、彼の《探究的理解》の特質を剔抉してみたい。

ギリシア語の ἱστορική あるいはラテン語の historice に由来する「史学論」（Historik）という術語は、ドロイゼンがはじめて鋳造したものではない。それは ars historica や Geschichtskunst（historische Kunst）といった、より古くから存在する類語の長い歴史を背景として、科学としての歴史、つまり《歴史学》が出現する十九世紀前半に登場してくるもので、[18]例えば文学史家・文化史家のG・G・ゲルヴィヌス（Georg Gottfried Gervinus, 1805-1871）は一八三七年に、『史学論の概要』*Grundzüge der Historik* なる書物をすでに刊行している。[19]ドロイゼンの師にあたるアウグスト・ベークも『文献学的諸学問のエンチクロペディーならびに方法論』のなかで、「歴史研究の理論あるいは史学論（Historik）は、歴史の理念と目的ならびに歴史学的技法の本質を、方法および叙述との関連において、論究しなければならない[20]」、と述べている。ここからもわかるように、Historikは「歴史研究の理論」を表すものとして、十九世紀の中葉には学術用語としての市民権を獲得している。それが意味しているのは、「専門の歴史学によるみずからの学問性の諸原理についての体系的な自己省察[21]」とでもいえるものである。ドロイゼンが「史学論」の講義を実際に行なったのは一八五七年が最初であるが、実はその五年前の一八五二年に、彼は盟友のハインリヒ・フォン・ジーベル（Heinrich von Sybel, 1817-1895）に宛てた書簡のなかで、すでにその構想を打ち明けている。

……もはや誰も理想の力を信じないし、ナポレオン的な理工学《ポリテクニーク》なるものがドイツの諸学問に巣くっている。理工学《ポリテクニーク》について言えば、当地で蔓延しているこのような傾向――イェーナにおける最も賢明な同国人たちが、顕微鏡と秤だけが学問であり、自分たちの唯物論的方法が方法一般である、とすでに教えているが、これはかつてヘーゲルの弟子たちが、哲学をこねくり回して同様のことを行ない、遂にはそのせいで哲学が窮地に陥ったのと同じである――これに立ち向かうために、わたしはこの夏〔学期〕に「歴史学の方法論およびエンチクロペディー」について講義するであろう[22]。

実際にはこの計画は一八五七年まで延期されたが、ドロイゼンの「史学論」は、当時蔓延しつつあった実証主義的・唯物論的風潮に対抗して、歴史学の学問的理想と方法について批判的考察を加えようとしたものであったことが、ここから窺い知ることができる[23]。いずれにせよ、『史学綱要』の第三版によれば、「史学論」は「歴史的思考ならびに研究のオルガノン」(ein Organon des historischen Denkens und Forschens)[24]という役割を担っている。「オルガノン」(Ὄργανον)とは、一般的には、「機関」ないし「道具」を意味するが、ここに込められた特別な意味を理解するためには、この用語にまつわる哲学史的背景を考慮に入れなければならない。周知のように、アリストテレスの後継者たちは、彼の論理学の諸著作を「オルガノン」と呼んできたが、それは彼らが論理学を哲学の一部門ではなく、哲学のための特別な道具であると考えたからである。例えば、大工が用いる道具には鋸や鉋や錐のほかに物差しや墨糸などもあるが、鋸や鉋や錐が木材を直接に切ったり削ったり穴を空けたりする道具であるのに対して、物差しや墨糸は鋸や鉋や錐を有効に使うための、線引き作業の道具である。彼らによれば、哲学における論理学はいわば後者の部類に属する道具であって、それは学問的探究や哲学的議論のための道具の、そのまた道具のようなものだというのである。ドロイゼンのここでの用語法もこれに準拠しており、「史学論」が「歴史的思考ならびに研究のオルガノン」であるということは、それが歴史的思考と研究についての〈反省の反省〉、〈理解の理解〉という、メタレベルの議論を含むものだということである。換言すれば、「史学論」は一種のメタ歴史学だということである。[25]「史学論」の課題は、歴史学的研究において適用されるすべての方法を「それらに共通する思想で総括し、それらの体系、それらの理念を展開し、かくして歴史の法則ではないが、しかし歴史的研究ならびに知識の法則を確定すること[26]」である。

ちなみに、『史学綱要』の第三版の実際の構成を示せば、以下の通りである。

緒論(Einführung)

序論(Einleitung)

1　歴史（Die Geschichte）　§1—§7
2　歴史的方法（Die Historische Methode）　§8—§15
3　史学論の課題（Die Aufgabe der Historik）　§16—§18

方法論（Die Methodik）　§19

1　発見法（Die Heuristik）　§20—§27
2　批判（Die Kritik）　§28—§36
3　解釈（Die Interpretation）　§37—§44

体系論（Die Systematik）　§45—§49

1　素材より見た歴史的著作（Die Geschichtliche Arbeit nach Ihren Stoffen）　§50—§54
2　形式より見た歴史的著作（Die Geschichtliche Arbeit nach Ihren Formen）　§55—§71
3　作者より見た歴史的著作（Die Geschichtliche Arbeit nach Ihren Arbeitern）　§72—§79
4　目的より見た歴史的著作（Die Geschichtliche Arbeit nach Ihren Zwecken）　§80—§86

トポス論（Die Topik）　§87—§95

以上の全体構成に明確に見てとれるように、「史学論」は（1）「歴史的研究の方法論」（die Methodik des historischen Forschens）、（2）「歴史的に探究し得るものの体系論」（die Systematik des historischen Erforschbaren）、（3）「歴史的に探究されたものの詳述のトポス論」（die Topik der Darlegungen des historisch

Erforschten）を包含する。[27]『史学綱要』のこのような構成から、「史学論」のおおよその構造は摑めるが、しかし実際にドロイゼンの史学思想を把握することは、実はそう簡単な作業ではない。とりわけわが国では、ドロイゼン研究は大きく立ち後れているので、「史学論」の全体像をここで問題とすることは、歴史学の専門家でもない筆者の能力を超えている。そこで以下では、《探究的理解》の解明という目的に限定して、「史学論」を考察することにする。[28]

二　ドロイゼンにおける《探究的理解》の諸前提

まず「緒言」において、ドロイゼンは次のように述べて、みずからの旗幟を鮮明にする。「今日政治であるところのものが、明日は歴史に属する。今日一つの業務（Geschäft）であるところのものが、もしそれが十分重要であったとすれば、一世代後には歴史の一部分と見なされる。いかにして諸々の業務から歴史が生じるのであろうか（Wie wird aus den Geschäften Geschichte?）。諸々の業務が歴史になることに対する基準はどこにあるのであろうか。[29]」また明らかにランケを意識しながら、「資料批判というものは昔日の諸見解を再建することよりも先へと導かれるであろうか。資料批判は《純粋なる事実》へと導かれるであろうか。[30]」とも述べている。これら二例の引用からも容易にわかるように、ドロイゼンにおいては政治史が重要な意味をもち、しかも彼の歴史の考え方は明らかにランケのそれとは異なっている。

ドロイゼンによれば、歴史とは「変化しつつある現象の休みなき運動」を、存在するものの「前後関係」（das Nacheinander）において、「絶えざる生成のうちにあるものとして把握」する、われわれ人間精神の働きによっている（§1—§2）。ドロイゼンはここでアリストテレスの De Anima, II. 5. 7. から、ἐπίδοσις εἰς αὑτό（自己自身への発展）なる用語を引証して、歴史の発展をもって人間の自己の完成態への発展と見なしている。それはともあれ、人間の眼に絶えず進歩するこの「休みなき上昇の総計」が「人倫的世界」（die sittliche Welt）であって、この世界に対してのみ「歴史」（Geschichte）という表現はその完全な適用を見出すのである（§3）。そしてこの歴史を対象とするのが「歴史の科学」（die Wissenschaft der Geschichte）であるが、彼の定式化に従えば、これは「経験的知覚、経験、および探究（ἱστορία）の成果である」[31]（§4）。あらゆる経験的探究は、それが向けられている所与によって規定されるが、「歴史的探究」（die historische Forschung）もその所与の対象によって根本的に規定されている。それでは歴史的探究にとっての所与とは何であるか。ドロイゼンによれば、

> §5　……歴史的探究にとっての所与は諸々の過去（die Vergangenheiten）ではない。なぜなら、これらのものは過ぎ去ってしまっているからである。そうではなく、歴史的探究にとっての所与は、かつてありかつ起こったものについての想起であろうと、あるいはかつてあったものや、かつて起こったものの遺物であろうと、諸々の過去のうちでいまここになお過ぎ去らぬもの（das . . . im dem Jetzt und Hier noch Unvergangene）である[32]。
>
> §6　この現在におけるいずれの点も、成ったところのもの（ein gewordener）である。それが何であったか、そしてそれがいかにして成ったかは、過ぎ去ってしまっている。しかしその過去性は理念的にそのうちにある。

> しかし〔それらは〕ただ理念的〔にあり〕、消え失せた特質〔としてあり〕、潜在せる微光〔としてあるに過ぎない〕。
> 探究する眼（der forschende Blick）、探究の眼（der Blick der Forschung）は、これらのものを呼び醒まし、再び生き返らせ、過去の空虚な闇のうちに反照せしめることができる。[33]……

つまり現在を生きる有限的精神は、記憶と希望・意欲をもって、過去と未来を理念的に自己のうちに結合することによって、自己の現在のまわりを照らすのである。かくして人間精神は歴史的世界を所有するに至る。そこからドロイゼンは、次のように宣言する。

> §7　人間精神と人間の手が作り上げたもの、刻印したもの、触れたもの、すなわち人間の足跡のみが、ふたたびわれわれに輝きを放つ。
> 刻印し、形作り、秩序づけつつ、あらゆる表出において人間は、みずからの個人的本質の、すなわちみずからの自我の、表現を与える。そのような諸々の表現や印象のうちで、われわれになお何らかの仕方で、どこかに存しているところのものが、われわれに話しかけ、われわれに理解できるのである。[34]

以上のような概括的規定を踏まえて、つぎにわれわれが集中的に論究しようとしている《探究的理解》について語られるわけである。

ドロイゼンは「歴史的方法」について、「歴史的探究の方法はその材料の形態学的性格によって規定されている。歴史的方法の本質は探究しつつ理解すること（forschend zu verstehen）である。[35]」（§8）、と述べている。しかし「材料の形態学的性格」とは何であろうか？　また歴史的探究の方法はなぜそれによって規定されているのであろうか？　さらに「探究しつつ理解する」とはどういうことであろうか？　これらの問いについては、『史学綱要』からは明確な答えが得られないので、われわれは『史学論』におけるより詳しい説明に耳を傾けなければならない。

　ドロイゼンによれば、数学的・物理学的方法に立脚する自然科学の場合には、考察対象となっている物質（材料・素材）そのものが重要であって、それの個別的な形態には関心がない。ところが歴史学の場合はまったく逆で、歴史学は人間精神が生み出す産物、あるいは織りなす事象に関心を抱いているが、これらはいずれも徹頭徹尾個別的な造形物であって、それぞれに異なった形式・形態を有している。「人間的なものが自己を表現する形式、あるいは人間存在の形態学的エネルギーがそこにおいて特徴づけられる形式は、無数である」が、歴史学はまさにそうした無数の個別的造形物を扱うのであり、つまりは「形態学的な性質をもった材料に関係している」のである。それゆえ、「歴史的方法は材料の形態学的性格によって規定されている[36]」ということになる。敷衍すれば、「歴史的な世界においては、類似性（Analogien）ではなく、異常性（Anomalien）こそが推進する力である、と言ってよかろう。[37]」

　それでは、このような材料の形態学的性格によって規定されている歴史的探究の方法は、なぜ「探究しつつ理解すること」をその本質とするのであろうか。この点に関するドロイゼンの説明もなかなか興味深いものがある。ドロイゼンは一八五七年の講義では、「歴史的方法の本質は探究しつつ理解すること、つまり解釈である」(das Wesen der geschichtlichen Methode ist forschend zu verstehen, ist die Interpretation) と述べている。まず注目すべきは、この用例でもわかるように、後代の一般的慣行とは異なり、ドロイゼンにおいては historisch と geschichtlich の明確な区別がまだ存在しないことである。つぎに、「探究しつつ理解すること」が「解釈」と同定されていることである。この同定に含蓄されている意義深い内容を理解する上で、これに引き続く以下の言説はきわめて啓発的である。

> ここには、目下わたしの同業者たちの間に広まっている方法から、わたしが自分自身を意識的に分離している点がある。彼らはそれをおそらく批判的方法と呼ぶであろうが、これに対してわたしは解釈ということを前面に据える。〔だが〕もちろん、われわれの歴史学的研究の実践においては、われわれは同じ歩みをする。[38]

この言説はその時代の主流をなすランケ史学に対して、明確な距離を置く発言と捉えることができ、それゆえドロイゼン史学の方法論の肯綮に関わっているといえる。すなわち、歴史的資料の学問的批判を通じて、客観的な史実を突き止めようとするランケ史学に対して、むしろ歴史学における解釈学的な次元の重要性の指摘である。それでは、なぜ「解釈」は「探究しつつ理解すること」と等しいのであろうか。

ドロイゼンが言うには、「理解の可能性は、われわれ観察者のうちに、理解されるべきもののなかにその表現を有しているところの、同一の倫理的・知的な範疇が見出される、ということを前提とする」のであり、そして「同一の範疇がここに表現されている場合に限って、われわれは理解することができる」[39]のである。動物や植物は、よしんばそれに物体に対応する心魂のようなものがあったとしても、それはわれわれには近づき得ないので、その形態学的要素はわれわれの学問的理解をすり抜ける。[40] ところが人間や人間的事象に関しては、認識する者と認識されるものとの間に、ある「同等性」（Gleichsein）が成り立つ。『史学綱要』の第九節が言わんとしているのは、まさにこのことである。

> §9　理解の可能性は、歴史的材料として存在している諸表出が有する、われわれと同質的な性質のうちに（in der uns kongenialen Art）存する。
>
> 理解の可能性は、人間の感性的・精神的本質があらゆる内的経過を感性的に知覚可能な仕方で表出し、あらゆる表出のうちに内的経過を反映していることによって、制約されている。表出というものは知覚されると、知覚する者の内面に投影されながら、同様の内的経過を惹き起こす。不安の叫び声を聞くと、われわれは叫ぶ人の不安を感じ取る、といったように。……
>
> 人間、人間の諸表出、また人間が形成したものに対して、われわれは本質的な同質性と相互性のうち（in wesentlicher Gleichartigkeit und Gegenseitigkeit）にあり、またそうであることを感ずる。——各々の自我は自己自身のうちに閉じ込められつつ、各々の他者に対してその諸表出において、自己自身を開示するからである。[41]

ここで重要なのは、「同質的な」（kongenial）という用語である。これについては、第三章の四で詳しく説明したが、ドロイゼンは『史学論』の別の箇所で、「天分の同質性」（Kongenialität）について、次のように語っている。

> 思想家や演説家であるためには、研究と修練とが同じだけ必要であるが、しかしひとがみずからに与えることのできないもののみが、すなわちまさにこの種の活動のための天分（Begabung）が、両方のものを強化し発展させる。そして歴史家の天分は、なかんずく現実的なものに対する感覚である。すなわち、現象化する事物のうちに、生き生きとして作用している力を、それによってそれらの事物が存在し生成しているところのものを、その真理を、直観する天分の同質性（Kongenialität）である。[42]

これと関連して、われわれにとってとくに意義深いのは、次の言説である。

> これらの諸真理を見出し把握することを理解という。なるほど方法というものは、いかにしてわれわれが探究しつつ理解したり、また理解されたものを詳述したりするかを学ぶ、そのメカニズムを示すことができるであろうが、しかし理解の本来的な作用、つまり現実の諸形式のなかに表現されている精神と、われわれの精神とが響き合うこの同質的な共鳴（dies kongeniale Zusammenklingen）を、方法というものは教えることができないであろう。
>
> このような作用の奥義は、人間の、そしてより詳しく言えば、それへと召命された人間の、倫理的・知的な本性に存している。彼は諸々の精神のささやきを聴き取らなければならず、そして認識された現実によっ

て、ある形態の真理が彼の心に触れたときには、直ちに振動して鳴り響く琴線を、魂の奥深くにもっていなければならない。彼はまた、みずからのうちで鳴り響いているものは、真理のなかの真理のかすかなる反響であることを予見《アーネン》しなければならない[43]。

以上の引用からわかることは、ドロイゼンのいう「理解」は、最も一般的には、人間精神の内面的表出を「それらのうちで表現しようと意図されたことへと引き戻すこと[44]」であるが、なかんずく同質的な存在者間に成り立つ共感的な理解を意味している。それではなぜ「探究的」という名辞がそれに付け加えられるのであろうか。この点を明らかにするためには、ドロイゼンにとってforschen/Forschungといった言葉がそもそもいかなる意味を有していたかを、あらためて再検討する必要がある[45]。

三　ドロイゼンとフンボルト的探究の理想

「歴史家」（Historiker）を表示する際に、ランケの場合にはGeschichtsschreiberという用語が圧倒的に多く用いられるが[46]、ドロイゼンの場合にはしばしばForscherという用語が充てられている。例えば、ここに引用する事例がそうである。

> ランケやニーブールやすべての類似の研究者たち、彼らがそのようにして探究しつつ獲得し詳述したことを、もちろんひとは本来的な意味では第一次資料ないし原資料とは呼ばないが、しかしましてや派生的資料とは

呼ばない。彼らは第一次的な直接的把握を提供しているわけではないが、しかし彼らが提供する把握は、非常に確実な方法的方策によって獲得されているので、多くの点で第一次資料よりも高い価値をもっている。[47]

ここに見られるように、歴史家はとりわけ《研究者》（Forscher）であり、彼らの活動は過去の事実・真相・真理を「探究しつつ獲得し詳述すること」（forschend zu gewinnen und darzulegen）に存している。W・ハルトヴィヒによれば、「徹底的に粘り強く探し求める」（gründlich, beharrlich suchen）というのが、forschen という語の原義だそうだが、ドロイゼンの語法には本来の意味がまだよくとどめられているという。[48] 実際、ドロイゼンにとって歴史学は、「歴史として伝承されていることを単に反復すればよいのではなく」、むしろ「より深く突き進まなければならない」。それは「いやしくも過去からふたたび見つけ出されるべきものを、およそ可能な限り、精神においてふたたび生き生きと甦らせ、それを理解しようとする」[49]ことである。なるほど、史料批判を通して過去の客観的事実を突き止めようとすることは、学問的には重要なことである。しかし「客観的事実などというものは、われわれの研究の現実においてはまったく存在しない」[50]。かくして史料批判とは異なる解釈という課題がここに成立する。

ところで、ここに引証した「より深く突き進む」（tiefer dringen）という表現と酷似の表現を、ドロイゼンは『史学綱要』の緒言の末尾でも用いている。それはヴィルヘルム・フォン・フンボルトの哲学的思想にひとしきり触れた後、「このような思想からしてわれわれの学問の問題により深く突き進み、それの方法と諸課題とを基礎づけ、かつその認識された本性からその形態を全般的に展開することが、可能であるとわたしには思われた」[51]と述べているくだりである。ここでは tiefer einzudringen となっているが、『史学論』における tiefer dringen との対応は明白である。こういうことから考えても、ドロイゼンの探究ないし研究の概念に対して、ヴィルヘルム・フォン・フンボルトの影響を読み取ることは、あながち牽強付会なことではないであろう。[52] ドロイゼンが「歴史的諸科学にとってのベーコンのような人」(ein Bacon für die Geschichtswissenschaften) として賞讃するフンボルトは、周知のように、学問研究の理想を無限の真理探究として捉えた。例えば、以下に引用する三つの言述は彼の学問理想を直截に表現している。

> さらにいうと、学校というものは出来上がった既成の知識にのみ関係しており、またそれを学ぶところであるのに対して、高等の学問的施設の特色は、学問をつねにいまだ完全に解決されていない問題として扱い、それゆえつねに研究のうちにとどまることである。[53]

> 一つの目標を達成しようと努めること、そして物理的ならびに道徳的な力をつぎ込んで、この目標を戦い取ること、このことに壮健で力に溢れた人間の幸福は基づいている。張り詰めた力を平静に引き渡す所有は、ひとを欺く幻想においてのみ心をそそるものである。[54]

> 学問的要求というものは、その現れは種々様々であるが、もしひとがこれを単純な本質に還元すれば、つねに、見えるもののなかに見えないものを認識することである。それを超えては何も考えられない。しかし——少なくとも学問にとっては——いかなる静止も存在しない。そしてこのことが学問の真の本質をなすことは、次の事実によって最もよく示される。すなわち、ただこの見地からのみ学問に連関をもたらし、また

学問はこの見地に立ってのみ内部から発する絶えざる拡張を行なうことができるという事実である。またこうしてのみ、学問は人間の要求に応じるのである。人間にとって学問も究極目標ではないが、しかし究極のものや最高のものに達する段階ではある。[55]

ドロイゼンのいう《探究的理解》、つまり forschend zu verstehen の背景には、このようなフンボルト的な学問研究の理想[56]が潜んでいると見てほぼ差し支えないであろう。そこでいったん脇道に逸れて、フンボルトの史学思想について一瞥してみたい（但し、あくまでドロイゼンと関係すると思われる範囲に限定しての話しである）。

フンボルトの諸著作のなかで、ドロイゼンの史学思想に最も直接的に大きな影響を与えたと思われるのは、「歴史家の課題について」（Ueber die Aufgabe des Geschichtsschreibers）という一八二一年の論文（もともとはベルリン科学アカデミーでなされた講義）である[57]。このなかでフンボルトは、「歴史家の課題は出来事の叙述である」[58]と明言する。しかし歴史家が出来事を叙述して真理に達するためには、現実の出来事を批判的に検証することと、ばらばらな事実を想像力ないし構想力を用いて一つの全体へとつくりあげることが必要である。歴史的真理に近づくためには、同時に二つの道をとって進まなければならない。一つは「出来事を正確に、党派に偏さずに、かつ批判的に究明する道」であり、もう一つは「かくして探究されたものを結合し、あの手段〔＝批判的方法〕によっては到達しがたいものを予見《アーンデン》する道[59]」である。第一の方法のみでは歴史的真理の本質を誤るであろうし、第二の方法のためにこちらを蔑ろにすると、個々の点で真理を偽造しかねない。部分部分の列挙や叙述だけでは不十分で、全体の上に溌剌たる息吹が通う必要があるのである。「精神は、すべての生起しつつある事柄の形式を自分のものとすることによってのみ、実際に探究し得る素材をよりよく理解し、単なる悟性の操作がなし得る以上のものをこの素材のなかに認識することを学ぶべきである」。いずれにせよ、すべてのことは「探究する力と探究されるべき対象とのこの同化」（diese Assimilation der forschender Kraft und des zu erforschenden Gegenstandes[60]）に懸かっている。

歴史が人間に役立つのは、それが「現実に対する勘」（der Sinn für die Wirklichkeit[61]）を喚起し、「現実の取り扱いに対する勘」（der Sinn für die Behandlung der Wirklichkeit[62]）を鼓舞し純化するからである。しかしそのためには、歴史家は世界史をそのあらゆる部分にわたって完全に支配している理念を見出さなければならない。ところで、「理念というものは精神的個性的な力にしかみずからを打ち明けることができない[63]」。裏返して言えば、「各々の人間的個性は、現象のうちに根を下ろしている理念である。そして若干の個性からこの理念は燦然と輝き出るので、理念がそのなかでみずからを顕現するために、個人という形式をとったとしか思われないほどである[64]」。このような理念を剔抉しようと努める歴史家にとっては、「一切の歴史は一つの理念の実現にすぎず、理念のうちに同時に力と目標とが横たわっているのである[65]」。かくしてフンボルトは、歴史家の究極の仕事は、「現実のなかに存在を得ようとする理念の努力を叙述すること」（Darstellung des Strebens einer Idee, Daseyn in der Wirklichkeit zu gewinnen[66]）であると述べる。

以上がフンボルトの論文の骨子であるが、ここに前面に押し出されているのは、「史的理念説」（historische Ideenlehre）といわれる学説である[67]。これまでのわれわれの考察から、ドロイゼンの史学思想の背景にあるものもこれに近いと考えて間違いなかろう。フンボルトのこの論文が「歴史主義の綱領書」（Programmschrift des Historismus[68]）と呼ばれるものであることを考えると、フンボルトとドロイゼンの親近性はきわめて興味深い。しかしこの点については最後に触れることにして、われわれはもう一度ドロイゼンの『史学綱要』に立ち戻って、

《探究的理解》が具体的にいかにして成立するかを見なければならない。

四　ドロイゼンにおける《探究的理解》の実相

われわれがすでに見たように、ドロイゼンは理解の可能性を認識（解釈）主体と認識（解釈）対象との間の「同質性と相互性」とのうちに見出すが（§9）、彼はそれに引き続いて次のように述べる。

> §10　個々の表出は、内面の一つの表出として、この内面を逆推論するという仕方で理解される。このような内面はこの表出の事例においては、一つの中心的な力として理解される。その力は、それ自身においては同一のものであり、あらゆる周辺的な作用や表出においてと同様、こうした表出においても現れる。
>
> 個々のものは全体において理解され、また全体は個々のものから理解される。
>
> 理解する者は、彼が理解しなければならないものと同じく、一つの自我であり、それ自身一つの総体であるがゆえに、その総体性を個々の表出から、かつ個々の表出をその総体から補完する。
>
> 理解は総合的であると同時に分析的であり、帰納であると同時に演繹である。[69]

このように、ここでは理解する側と理解される側の同質性と同時に、個と全体との間のいわゆる「解釈学的循環」について語られ、総合的判断と分析的判断、帰納と演繹が相互に補完し合って、一つの理解が成立することが語られている。[70] しかし理解はそのようなプロセスによって漸進的に深まるものとは限らない。否、むしろドロイゼンはそれとは正反対の、突如として生起する、いわば電撃的な理解についても語っている。

> §11　理解（Verstehen）の論理的メカニズムから理解（Verständnis）の作用は区別される。理解の作用は、既述の諸条件のもとで、あたかも魂が魂のなかに沈潜するときのように、直接的直観（unmittelbare Intuition）として、交接における受胎のように、創造的に生じる。[71]

一八五七／五八年の手書きの草稿には、次のように記されている。

> §8　……理解というのは、概念、判断、推論を別々に展開したり、それらを統合したりすることではない。そうではなく、それは接近する起電盤の間に発する閃光のごとく、交接における受胎のごとく、創造的な作用である。[72]

一八六八年の第一版では、この部分は次のように微妙に改訂されている。

> §11　理解の論理的メカニズムから理解の作用は区別される。理解の作用は、既述の諸条件のもとで、直接的直観として、接近する起電盤の間に発する閃光のごとく、交接における受胎のごとく、創造的作用とし

て生じる。[73]

また、ヒュープナー編集の『史学論』においては、より詳しく次のように語られている。

> 理解は、われわれにとって人間的な仕方で可能な、最も完全な認識である。それゆえ理解は、そこで働く論理的メカニズムが意識されることなく、直接的かつ突発的に行なわれる。それゆえ理解の作用は、直接的直観のような、創造的作用のような、さながら二つの起電盤の間に発する閃光のような、受胎の作用のようなものである。理解においては、人間の精神的・感性的本性の全体が完全に協働し、与えると同時に受け取り、つくると同時に身ごもる。理解は人間的本質が最も人間的なかたちで表れる行為であり、真に人間的な振舞いはすべて、理解のうちで安らぎ、理解を求め、理解を見出す。理解は人間とあらゆる倫理的存在の基礎とをつなぐ最も緊密な絆である。[74]

ここに「突発的に」と訳出したplötzlichというドイツ語が端的に示しているように、理解は思いがけない仕方で、突如として生じる。しかも何かの媒介を通じてというよりは、むしろ「直接的」（unmittelbar）に生起する。それは「閃光」（Lichtfunken）が示唆するように、衝撃的ないし電撃的であり、また「受胎」（Empfängnis）が示唆するように、まさに創造的なプロセスである。ここに示されているのが、ドロイゼン的意味での「理解」の極致であることは間違いなかろう。ともあれ、このようにして「理解」をめぐるドロイゼンの議論は、つぎに人倫的世界の思想へと導かれる。

ドロイゼンはまず「序論」の§12―§15において、その後「体系論」の§45―§49、§72―§86などでも、「人倫的世界」(die sittliche Welt) について語っている。ここではそのなかの幾つかを列挙することで、ドロイゼンの倫理思想の特質を浮き彫りにしてみたい。

§12　人間は他者を理解することによって、また他者に理解されることによって、すなわち人倫的共同体（家族、民族、国家、宗教等々）のうちではじめて、その素質にしたがってあるところのもの、すなわちそれ自身における総体となる。

個人はただ相対的にのみ総体となる。理解しつつ、また理解されつつ、個人は彼がその肢体であり、かつその本質と生成とに関与するところの、諸共同体の一つの範例にして表現のようなものにすぎない……。[75]

§14　人間の思惟の対象ならびに性質に従って、（哲学的ないしは神学的）思弁的方法、物理的方法、歴史的方法という三つの可能なる学問の方法がある。

これらの方法の本質は、認識すること、説明すること、理解することである。

それゆえ、論理学、物理学、倫理学という古代の学問の法規は、一つの目的への三つの道ではなくて、むしろ人間の眼がその輝きに耐え得ぬような永遠の光を、色彩反射において推察しようと欲する場合の一つのプリズムの三つの面なのである。[76]

§15　人倫的世界は絶えず多くの目的によって、そして最後には目的の目的によって動かされていて、休みなく成長しつつ、かつ自己のうちに自己を高めつつある世界であると、われわれは予見《アーネン》しまた信じるものである……。

§19　歴史学研究は、われわれの自我の内容もまた、媒介されたもの、生成したもの、歴史的な帰結であるという反省を前提とする（§12）。認識された媒介という事実が想起（ἀνάμνησις）である……。[77]

§45　歴史学の方法論の領域は、人倫的世界という宇宙（der Kosmos der sittlichen Welt）である……。[78]

§48　諸個人のなかで構築、形成しながら、またその作品のなかで生成しながら、人類は人倫的世界という宇宙を創造する……。[79]

§72　有機的自然においてあらゆるものが細胞から形成されるように、人倫的世界におけるすべての形成と変化は、意志行為を通じて生じる。国家、民族、教会、芸術等がこれこれしかじかのことを行なうと言われる場合にも、それは意志行為を通じてである。[80]

§75　歴史的運動に脈打つ生の鼓動とは自由である……。[81]

以上の引用からだけでも、ドロイゼンがドイツ・イデアリスムスに深く棹さしていることが、容易に読み取れる。[82] そこであらためて問題となるのが、学生時代に感化を受けたヘーゲルとの関係である。ドロイゼンは後年、「忘れがたい恩師ヘーゲル」（mein alter unvergeßlicher Hegel）はわたしを酒神《ディオニュソス》の杖によって先導される信奉者の群れ（θυρσοφόροι）の一人としか見なかったし、わたしもヘーゲル学派の一員であったことはない、と語っている。[83] 経験的事実を重んじる歴史家にとって、ヘーゲルの思弁的な汎論理主義は、詰まるところ承服できないものであった。[84] それゆえ、ドロイゼンの歴史思想をヘーゲルに過度に引きつけて理解してはならず、むしろカントやフンボルトやシュライアーマッハーに通底する、より広いイデアリスムス的世界観のなかで捉えるべきである。それではわれわれは、より広いイデアリスムス的世界観のなかで、ドロイゼンのいう人倫的世界をどのように捉えるべきであろうか。われわれは「歴史の休みなき上昇の総計が人倫的世界である」(§3)という彼の考えを一瞥したが、彼は『史学論』本体のなかでこれを敷衍して次のように述べている。

> ここで〔歴史的世界〕、動かし作用しているのは、原子のメカニズムではなく、自我存在から発しそれに規定されている意志であり、また一丸となって作用する多くの人々の意志である。つまりこの共同社会のなかに、あるいは家族精神や共通精神や民族精神といったもののなかに、いわば共通の自我存在をもち、それに類似的な仕方で振る舞う多くの人々の意志である。
>
> これこそが人間的世界を人倫的世界たらしめているところのものである。人倫的世界の本質は、次のような意志であり意欲である。すなわち、個別的に、したがってあるがままに自由に、つねに完全なるものを得ようと努め、つねに進展せんとする意欲である。
>
> それゆえ、われわれはこのような人倫的世界の運動を総括して、歴史というのである。そしてわれわれの経験的知覚がこの領域から供給してくれる諸現象に対して、われわれはこれを理解しながら、自然に対するのと異なった態度をとるのである。[85]

ここに見て取れるように、ドロイゼンのいう「人倫的世界」は、個人のみならず家族・民族・社会・国家という共同性を形づくりつつ、これを規定する理性的意志の働きと、その目的論的構造に深く関わるものである。もちろんそこにヘーゲルの強い影響も窺えるが、しかし彼はヘーゲル特有の思弁には与しない。彼の歴史観の背後にあるのは、あくまでもフンボルトやシュライアーマッハーなどに通底する、より広義のドイツ・イデアリスムスの世界観にほかならない。

それに従えば、個人は人倫的共同体のなかに生み落とされ、そのなかでみずからの自由と意志を行使しながら自己を形成し、やがて倫理性を身につけた人格へと成長する。人倫的世界はこうして人間を介して生成と成長を遂げていくが、このプロセスを時間的継起において考察したものが、人間にとっての歴史にほかならない。「歴史の理解、すなわち歴史が理解されることと歴史が理解することとは、このような生成と生長とにおいて、一歩進むごとに広まりかつ深まる。歴史についての知識は歴史そのものである。歴史はたえず先に進みながら、その研究を深め、その視界を広くしなければならない」。かくして、「歴史的事物はその真理を人倫的威力のうちに有している。歴史的事物は人倫的威力のその時々の実現である[86]」、と宣言されるのである。

ここに明確に示されているように、歴史学と倫理学は相互に密接に関わり合うことになる[87]。両者の関係に関しては、§82でより踏み込んで次のように語られる。「倫理学と史学論はいわば同格のものである。なぜなら、歴史は《純粋理性》には見つけることができずにとどまっていたところの、《実践理性の要請》の起源を与えるからである[88]」。ここからわかるように、ドロイゼンにとって、歴史とは「永遠なるものおよび神的なるものに関与するために」(ἵνα τοῦ ἀεὶ καὶ τοῦ θείου μετέχωσιν)あるのであって、「歴史とは人類が自己自身について意識するようになることであり、また意識していることである[89]」。

五　歴史解釈と歴史叙述との諸形式

われわれはこれまで、便宜的に『史学綱要』の最終稿（第三版）を主要資料とし、しかも極力それに即しながら、ドロイゼンの史学思想の特質を叙述してきた。それによれば、序論に続く「方法論」（Methodik）は、上に概要を示したように、「発見法」、「批判」、「解釈」の三要素から成り立っている。しかし一八五七年ないし一八五八年の『史学綱要』と、同じく一八五七年の『史学論』講義のテクストでは、四番目のものが付け加わっている。『史学綱要』では「叙述」（die Darstellung）となっているが、『史学論』では「論証」（die Apodeixis）となっている。このように名称は異なるが、そこで言及されているものはほぼ同じで、「探究的叙述」（die untersuchende Darstellung）、「物語的叙述」（die erzählende Darstellung）、「教訓的叙述」（die didaktische Darstellung）、「論究的叙述」（die erörternde Darstellung）の四種類である[90]。『史学綱要』の最終稿（第三版）では、この部分は「方法論」からは削られているが、その代わりに「体系論」のあとに新たに「トポス論」（die Topik）がつけ加わり、そこでこれらの叙述の諸形式が語られている[91]。これはもともと「方法論」のなかに第四要素として組み入れられていた部分が独立して、「方法論」と「体系論」と並ぶ地位に格上げされ、「トポス論」なる第三部を構成するに至ったことを意味している。そこでの主題は「叙述」ということであるが、ドロイゼンはこれに関して、一八五七／五八年の『史学綱要』では、次のように述べている。

> §37　精神はおのが対象とするもののみを思いのままにできるし、またそれのみを確信できるので、研究において獲得されたものは、それに対応する叙述（ἱστορίης ἀπόδειξις）を要求する。
> 叙述の諸形式は、探究された過去に従って規定されるのではなく、研究ないし研究者のモティーフに基づいて規定される。(92)

ところが、一八八二年の『史学綱要』では、「トポス論」のリード文に相当する箇所は、次のようになっている。

> §87　われわれの精神が動かすすべてのものが、そこにおいて精神がみずからのためにそれを形成するところの、それに対応する表現を要求するように、歴史的に探究されたものもまた叙述の諸形式（ἱστορίης ἀπόδειξις、ヘロドトス）を必要とするが、それはこれらの形式において研究が、意図しかつ到達したものについて、いわば弁明するためである。(93)

いずれにせよ、歴史的研究はその対象に対応した固有の叙述形式を要求するものであり、それらは上記の四種類の形式に大別できるというのが、彼が一貫して持ち続けている考えである。

ところで、歴史解釈の形式に関しても、ドロイゼンは同じように四種類の形式を区別している。それらは（a）「実際的解釈」（die pragmatische Interpretation）、（b）「諸条件の解釈」（die Interpretation der Bedingungen）、（c）

「心理学的解釈」（die psychologische Interpretation）、（d）「理念の解釈」（die Interpretation der Ideen）の四つである[94]。第一のものは、「かつて現実的であった事実的経過の進行を再構成するために、批判的事実を、すなわち批判において証明され整序された、かつて現実的であった事実的経過の遺物や諸説を、この経過の本性のうちにある因果の連鎖に従って、把握するものである[95]」。第二のものは、「諸条件はかつて現実的であった実情のうちに、すなわちそれによって可能となり、またそうなったところの実情のうちに、理念上は含まれていたし、またたとえ断片的とはいえ、諸説や遺物のうちになおあるであろう[96]」、ということに基づいている。第三のものは、「実情のうちにそれをもたらした意志作用を追求するものである[97]」。第四のものは、「心理学的解釈が放置した空隙のなかに入る[98]」ことによって、「人倫的威力」の実現に対する個人の関与の度合いを見極めようとするものである。ヘイドン・ホワイトに従えば、これらは順に「因果的解釈」、「目的論的解釈」、「心理学的解釈」、「倫理的解釈」と言い換えることができるが[99]、いずれにせよ、歴史解釈が彼の言うところの「理念の解釈」において、すなわちいわゆる倫理的解釈において極まるところに、ドロイゼン史学の顕著な特徴がある。われわれはまたそこにフンボルト史学との大いなる親近性を見ることもできる。

ドロイゼン史学において倫理的色彩がいかに濃厚であるかは、次の引用に明白である。

> §43　人間生活が根ざしておりまた動いているところの、人倫的諸領域の多様性のうちにこそ、研究は問題の系列を有しており、これをもって研究は、その倫理的内容に従って解釈するために、現存する歴史的素材に近寄るのである[100]。

ドロイゼンによれば、「解釈がある事実的経過のうちに示すところの思想（思想の複合体）は、われわれにとってこの事実的経過の真理である。この事実的経過はわれわれにとってこの思想の現実性であり、その現象形式である」[101]。このように、歴史のうちで生起する出来事を倫理的思想の現象形式と見なし、歴史と理念を、あるいは存在と思想を、循環的ないし相互媒介的に理解しようとする点に、われわれはドロイゼンの史学の真骨頂を見るのである。

六　『史学論』における歴史主義の契機

ところで、本書第三章でも述べたように、アネッテ・ヴィットカウによれば、歴史主義の問題史の発端は「人間とその文化が歴史的に成ったものであること」の発見と、「人文科学における歴史学的認識方法の確立」であるという。この二つの現象は「十八世紀末以降、とりわけ十九世紀において遂行された、西洋的思惟の歴史化という同一の包括的な精神史的現象の異なったアスペクト」[102]であって、相互に関連しているのであるが、とくにこの両面において顕著な貢献を成し遂げたのが、ほかならぬドロイゼンである。彼の重要な歴史学的創見は、歴史への関心が人間存在そのものの歴史性に基づくという見解である。人間文化が歴史的発展の所産であるだけでなく、人間の生そのものが「歴史的に成ったもの」（die geschichtliche Gewordenheit）だというのである。人間は認識者として歴史に対向しているだけでなく、人間自身の生が歴史と織り合わされているのである。ドロイゼンはこのことを、次のように表現している。

人間の誕生の瞬間から、否、受胎の瞬間から、測り知れない歴史的諸要因が……〔人間に〕作用し、いまだ無意識のうちに人間は両親のさまざまな影響を受け、両親の身体的ならびに精神的な性向などを受けつぐ……。人間は固有の民族、固有の言語、固有の宗教、固有の国家といったあらゆる歴史的所与のなかに生まれ落ちる。そしてそのようにしてあらかじめ見いだされたものを、……みずから知ることもなしに、自分自身のうちに受けいれ、内面化することによって、かくすることによってはじめて、動物的生以上のものを、つまり人間的な生を手に入れるのである[103]。

われわれがすでに§6で見たように、現在は過去から「生成した現在」（die gewordene Gegenwart）であって、過ぎ去った過去は理念として、余韻として、あるいは微光として、いまなお現在のなかに潜んでいる。歴史を探究する研究者の探究眼がそれを呼び醒まし、再び生き返らせ、新たな活力を注入する。歴史は人間にとって本質的な構成要素である。人間は歴史のなかにあり、また歴史は人間のなかにある。人間性は歴史によって陶冶されるので、それは「生成しつつある人間性」（die werdende humanitas）と呼ばれるのがふさわしい。それは「徹頭徹尾歴史的な性格を有する」人間形成、つまり「生成しつつある人間形成」（die werdende Bildung）を意味している[104]。このように、人間の生の根本的歴史性を捉えたところが、ドロイゼンのすぐれた功績の一つである。

歴史主義の誕生にあずかる第二の契機、すなわち歴史学的認識方法の確立に関しては、これまでの考察からして贅言を要するには及ばない。ドロイゼンの『史学論』は、まさに「歴史の知識学」（die Wissenschaftslehre der Geschichte）[105]として、今日に至るまで名声を誇ってきている。イェルン・リューゼンが言うように、そこにおいて「歴史学が固有の対象領域と固有の方法をもった学科として、その専門的な位置を基礎づけ正当化する、自己反省の発展が完成される」[106]ことは、疑問の余地がない。

「歴史主義」という概念は多義性を内包しているが、[107]もしわれわれがこれをトレルチとともに「人間とその文化や諸価値に関するあらゆるわれわれの思惟の根本的歴史化」[108]という意味に解するならば、この意味においてもドロイゼンはまさに歴史主義者の典型である。彼の思惟は徹底的に歴史化されており、すべての事象を歴史的な生成と発展の相において捉えている。「《休みない》（Rastlos）は彼の講義のお気に入りの言葉であった」[109]とかつての学生マイネッケが述懐しているように、彼の『史学論』には rastlos という言葉が頻出する。例えば、

> 歴史的真理は……絶対的真理ではない。歴史的に真実なるものは、相対的なものにすぎず、これまで実現され認識されているような真理、あるいはその生成と運動が今日ここでもって終わっていないところの、現実性における真理である。われわれが歴史的真理を深く理解すればするほど、われわれはますます次のことを認識する。すなわち、われわれにとって表現することのできる真理の最高の形態は、真理の探究（das Suchen nach der Wahrheit）、休みなき探究（das rastlose Suchen）、ますます深い理解（ein immer tieferes Verstehen）ということである。そのようにしてわれわれは、あらゆる理解の根源、つまり真理のなかの真理へとますます接近するのである。[110]

ここではレッシングの思想的遺産と解釈学のモティーフとが、歴史主義の世界観を背景にして見事に結合されている。[111]このように、われわれはドロイゼンの『史学論』の随所に醇乎たる歴史主義の表明を見ることができる。

　このように、ドロイゼンにおける歴史主義の特性はきわめて顕著であるが、そのことは近代史学の創設者ランケと比較したときに、より一層明瞭なものとなる。すなわち、ランケが「事実は本来どうであったのか」（wie es eigentlich gewesen）を示すことを歴史学の本務と見なし、厳格な史料批判の手続きを通して、「ありのままの真実」を獲得しようと努めたのに対して[112]、ドロイゼンにとって「客観的な不偏不党（die objektive Unparteilichkeit）は、……非人間的なことである。人間的とはむしろ党派的であることである」[113]。彼は「わたしの祖国、わたしの政治的確信、わたしの宗教的確信、わたしの真摯な研究がわたしに達成することを許してくれたような、わたしの立場が有する相対的な真理」の方が、いかなる立場にもコミットせず、不毛な一般性しか達成しない、「去勢された客観性」（eunuchische Objektivität）よりも好ましいと考える[114]。ドロイゼンによれば、たとえ自分の立場がどんなに一面的で限られたものであろうとも、「ひとはこの限定されたあり方を告白する勇気をもたねばならない。そして限定された特殊的なものの方が、普遍的なものや最高度に普遍的なものよりも豊かでまさっていると考えて、みずからを慰めなければならない[115]」のである。

　ドロイゼンは、師のアウグスト・ベークに倣って、現在のわれわれにまで伝わる歴史伝承を解釈することを通して、そのなかに保存されている過去の精神を再構成することを、歴史学の重要な課題と見なす。古典文献学者のベークは、「人間精神によって生み出されたもの、すなわち、認識されたものを認識すること[116]」をもって、文献学の本来の任務と見なしたが、彼はこのような「認識されたものの認識」（Erkenntnis des Erkannten）を、術語的には、「理解」（Verstehen）として言い表した。そこから「認識されたものの再認識」という解釈学的モデルが生じたのであるが、ドロイゼンは師の精神を継承しつつ、その解釈学的モデルを歴史学全体の基礎に据えようとしたのである。われわれが先に見たように、ドロイゼンが目指す歴史学は、「歴史として伝承されているものを反復しなければならないだけでなく、より深く突き進まなければならない。それは、いやしくも過去からふたたび見つけ出されるべきものを、およそ可能な限り、精神においてふたたび生き生きと甦らせ、それを理解しようとする」[117]。このような理解の努力こそ、実は《探究的理解》と呼ばれているものにほかならない。《探究的理解》（forschendes Verstehen）という表現は、「探究しつつ理解すること」（forschend zu verstehen）という言い回しから派生したものであるが、この場合の「探究的」（forschend）という言葉にいかなる意味が込められているかは、つぎの引用から明らかになる。

　そこから二つのことがとくに明瞭に浮かび上がってくる。一つは、われわれは自然科学のように実験という手段をもっているわけではないということ、つまりわれわれは探究することができるだけであり、また探究することと以外は何一つできないということである。つぎに、最も徹底的な探究といえども過去の断片的な仮象しか得ることができないということ、また歴史と歴史についてのわれわれの知識とでは、天と地ほどの違いがあるということである[118]。

　つまり、「探究的」（forschend）という言葉には、フンボルトの「不断の研究」のみならず、有名なLessingwort に示された真理探求の理想が込められている。すなわち、究極的な真理には到達しないが、それを目指して無限に繰り返される探究（探求）の努力が、それによって言い表されている。現在到達されたものはあくまでも暫定的な成果であり、だからこそ新たな、より深い理解を目指しての試みが不断になされなければならないのである。「有限なる眼には端緒と終末は蔽われている。しかしそれは流れる運動の方向を探究しながら認識することができる[119]」という言葉にも、このような《探究的理解》の精神が垣間見られる。

七　『史学論』の思想史的意義

われわれの考察からも明らかなように、ドロイゼンの『史学論』にはさまざまな思想や精神史的潮流が流れ込んでおり、それを十全な仕方で理解するためには、それぞれの要素をその源泉にまで立ち返って検証する作業が不可欠となる。クリスティアン・ハッケルによれば、『史学論』に対して最も大きな影響を与えているのは、「図　ドロイゼンの『史学論』の精神史的コンテクスト」に図解されているように、①哲学的伝統、②文献学的伝統、③歴史学的伝統の三つと、それらに加えて、生家によって刻印されたキリスト教的精神性であるが、より直接的にはヘーゲルの思弁的歴史哲学、ベークの文献学と解釈学、ヴィルヘルム・フォン・フンボルトの史的理念説、そしてランケの批判的歴史学であるといってよい。

ところで、われわれは『史学論』ならびに『史学綱要』を主要なテクストとして、ドロイゼンの《探究的理解》の内実を解明しようとしてきたのであるが、最後に問わなければならないのは、彼の歴史理論が内包している政治性の問題についてである。「プロイセン・小ドイツ学派の創始者」という呼称に端的に示されているように、彼はプロイセン国家への忠誠を公然と表明したのみならず、歴史家としてその歴史的使命を正当化する作業に挺身した。実際、われわれが一で概観したように、ドロイゼンは現実の政治に深くコミットした歴史家であり、彼の歴史叙述――『陸軍元帥ヨルク・フォン・ヴァルテンブルク伯爵の生涯』『プロイセン政治の歴史』など――はプロイセン主導のドイツ国民国家の統一を擁護する立場で執筆されている。マイネッケの言を引くまでもなく、「学問と政治との共生」(120)は歴史家ドロイゼンの根本特徴であり、政治色濃厚な彼の歴史叙述に対して絶えず浴びせかけられてきた非難も、かかる共生に根本原因を有している。しかし政治史家としての彼の実践がそのようなものであったとすれば、そのことは『史学論』で展開されている彼の歴史理論といかなる関係に立っているのであろうか？ 換言すれば、理論的著作としての『史学論』は、政治史家の実践との相関関係において捉えられるべきであろうか、それともそれと切り離して捉えられるべきであろうか？ この問いに対して正確な答えを与えることは、現段階ではかなり困難である。なるほど多くの批評家たちは、ドロイゼンが歴史認識の指導的理念のなかに政治的目標設定を忍び込ませることによって、学問的な歴史認識を歪めてしまったと非難してきた。プロイセンの権力政治を是認する彼の歴史叙述からすれば、このような非難もそれなりの根拠を有しているといえようが、しかしそれが事実だったとすれば今日ますます高まる『史学論』の名声は説明がつかない。われわれが見るところでは、ここには《エートスとクラトス》という問題性が潜んでいる。ドイツ観念論の流れを汲むドロイゼンは、国家権力が高度の倫理性を帯びるべきことを当然視しているが、現実の政治過程は彼の理想主義的期待を裏切らざるを得なかった。そこに理論と現実の由々しき乖離が生じたことは否定できないが、国民国家の形成のなかで市民の自由という理想を実現しようとした彼の意図は、それはそれとして承認されるべきではなかろうか。「もし、ドロイゼンが歴史学に与える政治的性格が、プロイセン主導のもとでのドイツ国民国家の形成に対する彼の賛同ということにのみ還元されるなら、彼が解放と伝統との間を媒介するという課題によって、歴史学に与えたこの政治的性格は、誤解されることになるであろう」(121)、とイェルン・リューゼンは述べているが、ドロイゼンの意図に従えば、市民的自由の実現はドイツ国民国家という枠を超えて、人類全体にまで及ぶ射程を有している。歴史的認識が、認識する主体の現在と過去を媒介することによって、自由化の過程としての歴史

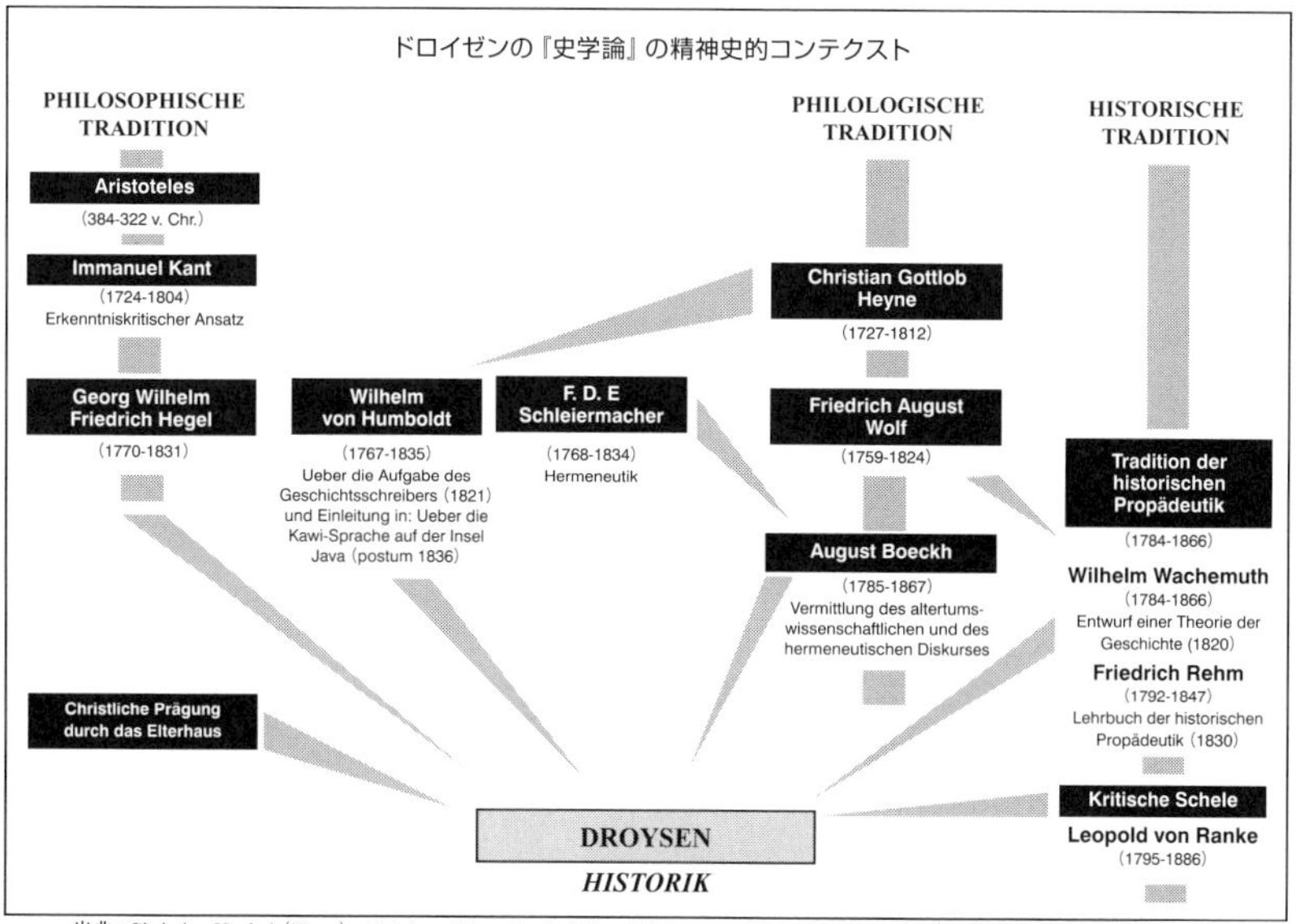

ドロイゼンの『史学論』の精神史的コンテクスト

出典：Christian Hackel (Hrsg.), *Philologe-Historiker-Politiker. Johann Gustav Droysen 1808-1884* (Berlin : G+H Verlag, 2008), 61.

の統一性を追求するものであるとすれば、歴史学は自由の原理を時代の意識へと高め、それによって歴史的自己理解の地平を時代に対して切り開かなければならないのである。ランケ的な客観的歴史認識や歴史的事実の批判的確定に甘んずることのできなかったドロイゼンの歴史理論の政治性は、畢竟、個人のみならず市民、ひいては人類をも政治的行為の主体へと教化するという崇高な倫理的目標を、歴史学に負わせたところに由来していると思われる。ヘイドン・ホワイトがドロイゼンの『史学論』を「ブルジョア的科学」(a Bourgeois Science)として規定するとき、彼は誤解を招きやすいこの表現によって、おそらくこの事態を指し示している[122]。かかる特徴づけの是非は別途に検証されなければならないが、いずれにせよ、ドロイゼンが『史学論』で展開した歴史理論は、間違いなく彼の歴史的ならびに政治的著作を貫通している。そうであるとすれば、彼の歴史理論は実際の政治史叙述からひとまず切り離して、それ自体としてまず検証されなければならないとしても、同時に、前者は後者との相関関係においても把捉される必要がある。しかしその課題は明らかに筆者の手に余るものである。

むすびに

最後に、ドロイゼンの《探究的理解》について敷衍すれば、ガダマーはそれが畢竟「良心の探究」(Gewissensforschung) の概念に行き着くことを示唆している[123]。しかしそこまで追跡することもわれわれの能力を超えているし、目下のわれわれの関心でもない。とはいえ、史学思想をめぐるドロイゼンの議論が、自由と人格にまつわる究めがたい秘密の領域に関わっており、単なる歴史学の枠内には収まりきらない形而上学的次元をも含んでいることはたしかである。歴史主義の問題も解釈学の問題も、いずれも人間存在の究極的次元の問題に逢着せざるを得ないが、ドロイゼンの『史学論』は、この両方の問題を考える上で、きわめて貴重な材料を提供している。より十全なる解明は他日に期すこととして、いまのわれわれとしては、その事実を確認したことでよしとしなければならないであろう。

第五章　ディルタイにおける解釈学と歴史主義

はじめに

　われわれの最大の関心は、シュライアーマッハー、ベーク、ドロイゼンと継承されてきた解釈学のモティーフが、後代に歴史主義として問題化してくる思潮と、いかに合流し絡み合ってくるかということである。ブルクハルトとドロイゼン以後、のちに歴史主義の問題として表面化する事柄は、まず国民経済学と法学の分野でシュモラー（Gustav Schmoller, 1838-1917）、メンガー（Karl Menger, 1840-1921）、ベッカー（Ernst Immanuel Bekker, 1827-1916）、シュタムラー（Rudolf Stammler, 1856-1938）などによって議論されたが[1]、哲学の分野でこの問題に先鞭をつけたのはヴィルヘルム・ディルタイ（Wilhelm Dilthey, 1833-1911）である。歴史主義と解釈学の合流と絡み合いは、事実上すでにドロイゼンで生じているが、それが哲学的な問題として自覚的になってくるのは、ディルタイからである。ここにわれわれがディルタイに注目する一番の理由がある。

　解釈学の水流は、われわれがすでに見たように、シュライアーマッハーの一般解釈学の構想に出発点をもっており、ベークの古典文献学の体系や、ドロイゼンの史学論のなかで、次第に強いうねりとなっていき、ついにディルタイにおいて哲学的議論の表舞台に登場してくる[2]。一般的に言えば、「解釈学の成立」という一九〇〇年の論文がその記念碑となっているが、[3] ディルタイ自身としてはすでに最初期から解釈学の問題に取り組んでいる。シュライアーマッハー協会の懸賞論文に応募して、ディルタイが一八六〇年に書き上げた「より古い時代のプロテスタント解釈学との対決におけるシュライアーマッハーの解釈学的体系」[4] という論文こそは、その動かぬ証拠とでもいうべき貴重なドキュメントであり、そこにおいて解釈学に対する彼の関心の高さが如実に読み取れる。この懸賞論文の執筆を通してディルタイが獲得したシュライアーマッハー解釈学への知見は、「生をそれ自身から理解しようと欲する」(das Leben aus ihm selber verstehen zu wollen)[5] という彼の中心的関心事を早期から規定し、最晩年に至るまで彼の哲学的営為を駆り立てたのであった。このように、シュライアーマッハーが切り拓いた一般解釈学の道が、ベークとドロイゼンを通じてディルタイへと続いていることには疑問の余地がないが、[6] 問題はこのような解釈学の系譜のなかに歴史主義のモティーフがどのように流入してくるかということである。

一　「歴史的理性批判」の試み

ディルタイの哲学をトータルに問うことは、専門家にとってすらいまだに困難な仕事であるという。その理由の一つは、彼の全集は「統一的な計画なしにでき上がったために、全体の展望のむずかしい不恰好な集塊になってしまった」[7] からである。もう一つの理由は、彼の全集のなかのかなりのものが、生前に刊行されたものではなく、未完の草稿に基づいて編集されたものであり、没後百年が経った今もなお、いまだに完結していないからである。[8] その他さまざまな理由によって、ディルタイについて確定的な研究と呼べるものは今なお存在しない、と言っても過言ではない。こういう次第であるとすれば、われわれはその全体像を明らかにするという無謀な企ては最初から断念して、既存の優れた研究書によって解明された知見を参照しつつ、われわれの関心事である「解釈学と歴史主義」という主題に絞って、独自の視点から考察を進めていく以外にないであろう。

ディルタイは一八八三年に[9]『精神科学序説』を公刊して、自然科学とは異なる「精神科学」（Geisteswissenschaft）の学問的基礎づけに着手したが、その書の扉部分にパウル・ヨルク・フォン・ヴァルテンブルク伯爵に宛てて、次のように記している。すなわち、「われわれが交わした最初の談話において、わたしは本書の計画をあなたに詳しく述べましたが、当時わたしはなおその計画を歴史的理性批判と名づけるつもりでいました[10]」、と。この言葉からもわかるように、その著作は本来「歴史的理性批判」（Kritik der historischen Vernunft）の書たらんとしたものである。結果的にはそのようにならず、この書は「精神科学序説――社会および歴史の研究に対する基礎づけの試み。第一巻」として公刊されることになったのであるが、「歴史的理性批判」という表現は、当然ながらカントの三大理性批判を念頭に置き、敢えてそれに第四の理性批判を付け加えようとする、きわめて野心的な試みを表明したものである。同様の表現は、例えば全集第七巻『歴史的世界の構成』のなかにも見出せる。そこで彼は次のように述べている。

> さてわたしは、このような学問的な動きの内部にあって、精神科学における歴史的世界の構成についての本研究が定めた課題を規定しようと試みる。この研究はわたしの精神諸科学序論の第一巻（一八八三年）に接続する。この著作は歴史的理性批判（Kritik der historischen Vernunft）の課題から出発した。それは、精神科学の事実、とくに歴史学派によって造り出されたこれら諸科学の連関のうちに認められるような精神科学の事実に立脚して、その認識論的基礎づけを求めた。このような基礎づけにおいて、その著作は当時支配的

だった認識論における主知主義に反対した[11]。

ところで、このような「歴史的理性批判」の企ては、実際、それよりも十四年くらい昔の二十代半ばの青年時代にまで遡るものである。というのは、一八五九年三月二十六日、弱冠二十五歳の若きディルタイは、みずからの日記に次のように書き記しているからである。

> 新たな理性批判（eine neue Kritik der Vernunft）は、（1）芸術、宗教、そして科学が一様にそこから発源する、心理学的な法則と衝動から出発しなければならない。（2）それは自然の産物のような体系を、いろいろな図式がそれの原形であるような、結晶化として分析しなければならない。つまり、（1）におけるあの特質から帰結するような図式のことである。（3）新しい理性批判はそこから懐疑へと到達するものではなく、むしろあらゆる感覚的知覚が学問的に取り扱われるべきであるような、人間的精神のあの必然的かつ普遍的な作用方法のうちに、基礎をもっている[12]。

彼はここに引用した箇所のすぐ後で、「われわれの時代を特徴づけるところの特質は、経験的科学と哲学との融合ということをおいてほかにはない[13]」、と述べている。かくして、一方では近代自然科学の精密な経験的実証的精神を重んじつつ、他方で歴史的精神的諸科学の学問的自立性を哲学的に基礎づけることが、若きディルタイにとっての喫緊の課題となったのである。その課題は、歴史的理性の能力、権能、妥当範囲、限界などを批判的に調査し、かかる仕方でそれを確立するということであった。ディルタイはこの作業をまた、「われわれの歴史的哲学的世界観を基礎とする新たな純粋理性批判」（eine neue Kritik der reinen Vernunft auf Grund unserer historisch=philosophischen Weltanschauung）[14] とも呼んでいる。この引用が端的に示しているように、ディルタイは自分の仕事がカントの先験哲学を継承するものであるとの強い自覚をもっていた。実際、彼は「わたしには、カントの哲学の基本問題は、すべての時代に妥当するものと思われる」[15]とか、あるいは「われわれはこの先験哲学の仕事を継承しなければならない」[16]、などと語っている。

いずれにせよ、ディルタイが標榜する「歴史的理性批判」は、カントが行なった理性批判を継承しつつ、しかし歴史意識の全般的発展という時代的動向を背景にして、歴史的哲学的世界観の基礎の上に、「新たな理性批判」を遂行しようと意図したものであった。だがそれは同時に、理性のアプリオリな性格を当然視していたカントに対して、「理性の歴史化」（Historisierung der Vernunft）を主張することでもあった。[17] ディルタイは、われわれの心的体験の全体構造を具体的に分析記述して、真に確実なる事実としての意識の世界を心理学的に究明し、そこから社会および歴史の世界を本質的に解き明かそうとした。これはすなわち、精神および歴史の世界を、人間の心的体験の全体性に基礎づけて詳述しようとするもので、社会と歴史の心理学的解明と称すべきものであった。しかし心理学的方法にはおのずから限界があった。というのは、ディルタイが企図した心理学は、自然科学的前提に立脚する通常の説明的心理学ではなく、われわれの意識体験をその全体性において記述し分析せんとする「記述的分析的心理学」（die beschreibende und zergliedernde Psychologie）ではあったが、にもかかわらず、いやしくも心理学的立場に立つ以上、人間心理の全体性からの理解とはいっても、詰まるところは、理解者の特定の心的体験に訴えざるを得ず、主観的な解釈の域を脱却し得ない憾みがあったからである。いかにすればその理解が客観性を獲得して、一定の学問的妥当性を要求できるのか。ここに心理学的方法に加えて解釈学的方法を検討する必要性があったのである。心理学的方法と解釈学的方法の関係については、従来、研究者の間では、この二つを時間の前後に位置づけ、後者が前者を徐々に駆逐するに至ったかのような解釈があったが、(18) おそらくそのような見方は正しくないであろう。なぜなら、解釈学に対する関心は、彼のシュライアーマッハー研究が雄弁に物語っているように、二十歳台後半にまで遡るものであるし、彼の解釈学理論のなかでも心理学的なものは、依然しっかりとその位置を占めているからである。したがって、前期は心理学的な要素が前面に出ており、後期は解釈学的な要素が支配的になるとはいえ、この二つの要素ないし方法は相互滲透的で補完的である、と考えるべきであろう。いずれにせよ、このように心理学によって精神諸科学を根拠づけようとする当初の目論見は、やがて大きな壁にぶつかって足踏み状態を余儀なくされるが、他方で解釈学的理論によってそれを補完するという新たな模索が始まる。だが、精神諸科学の基礎づけというプログラム自体は、ディルタイにとって終生変わらぬ中心的課題であり続けた。

二　精神諸科学の基礎づけ

このように、精神諸科学を「基礎づける」という計画は、ディルタイの青年期以来の宿願であり続けたが、彼は晩年に自分の仕事を振り返って、次のように述懐している。

> わたしは、歴史的世界のなかにこの生そのものの表現をその多様さと深さのままに捉えようと、飽くことのない努力を重ねながら成長した。……このような状況から、生を生それ自身から理解しようとする（das

Leben aus ihm selber verstehen zu wollen)、わたしの哲学的思惟を支配する衝動が生じてきた。わたしは歴史的世界にますます深く入りこみ、いわばその世界の魂を知りたいと思ったのである。さらにその上に、哲学的にこの世界の実在性を捉える端緒を見いだし、この世界の妥当性を基礎づけ、この世界を客観的に認識する方法を確立しようとする志向がやみがたく生じてきた。しかしこの衝動は、わたしにとってはほかでもなく歴史的世界により深く入りこみたいという欲求のもう一つの面であった。いわばそれらは〔さきに述べた状況から〕かくのごとく生じたわたしの生涯の仕事の二つの異なった側面なのであった。[19]

ディルタイは『精神科学序説』の序文で、純経験的な考察方法に終始していた歴史学に対して、その哲学的・認識論的基礎を与えるという意図を明らかにしつつ、次のように述べている。

歴史的・社会的な現実を対象とする諸学問は、これまで以上に、まずその相互の連関を求め、その基礎づけを求めている。個々の実証的な諸学問が現下の状態に置かれている原因が、フランス革命以来の社会の激動から生ずる相当強烈な刺激と相俟って、このような方向に作用しているのである。社会を動かしている力や社会の激動を惹き起している原因を認識し、社会のなかにすでに存在している健全な進歩を促進する手段を認識することが、われわれの文明にとって死活問題となっている。ここから自然の諸科学に対する社会の諸科学の重要性が生じてくる。[20]

ここに示されているように、ディルタイは自然科学に対して「歴史的・社会的な現実を対象とする諸学問」の基礎づけが不備な状態にあることを痛感し、このような「社会の諸科学」（Wissenschaften der Gesellschaft）に、独自の哲学的立場から、確固たる学問的基礎づけを与えようとしたのである。ディルタイのこのような試みをわれわれの問題史的文脈に位置づけてみれば、彼は歴史的・社会的現実についての学問的認識は経験に関係づけられた認識であるという点では、シュモラーやベッカーなどと基本的に一致している。それと同時に、人間の生活世界が歴史学的関心の前提をなしているという認識においては、ブルクハルトやドロイゼンとも一脈通じている。人間存在のみならず人間を取り巻く現実も歴史的に成り立ったものであるという認識が、彼の精神諸科学の基礎づけの出発点をなしているからである。「すべての科学は経験科学であるが、経験はすべてその根源的な連関とそれによって規定された妥当性とをわれわれの意識の諸制約のうちに、われわれの本性の全体のうちにもつものであって、このなかに経験が現れるのである」[21]。ところで、歴史的・社会的現実の認識は、それがすべて人間に関わるものである以上、本質的に人間理解という解釈学的性格をもたざるを得ない。ディルタイによれば、この「理解」（verstehen）ということが、「説明」（erklären）を旨とする自然科学と「歴史的・社会的な現実を対象とする諸学問」を本質的に区別するものなのである。

社会における諸事情は、われわれには内面から理解することができる（von innen verständlich）。……そしてわれわれは、愛情と憎しみをもって、情熱的喜びをもって、われわれの情緒のすべての働きをもって、直観しながら歴史的世界を表象する。自然はわれわれには沈黙している。われわれの想像力（Imagination）のみが、自然に生命と内面性のかすかな光を注ぐにすぎない。……自然はわれわれにはよそよそしい。……社会はわれわれの世界である。社会における相互作用の働きを、われわれはわれわれのもてるすべての力を動員してともに体験する[22]。

ディルタイは、自然現象を因果法則によって説明する自然科学に対して、人間の行為の所産としての歴史的現実を内面的・共感的に理解しようとする学問を区別し、後者を「精神諸科学」（Geisteswissenschaften）と名づける。その名称を正当化する根拠としては、歴史的・社会的現実の形成には、「意志の主権、行為の責任、一切のものを思想に従属させ、その人格の自由の砦の内部において、一切のものに抵抗する能力[23]」を備えた自由な人間精神が関与している事実が挙げられる。ディルタイはこのような精神諸科学の基礎づけに生涯を傾けたが、その際の彼の認識論的な出発点は、いうまでもなくわれわれの生（Leben）であった。「生は一次的のもの、いつも現在的なものであり、認識作用の抽象したものは二次的のもので、ただ生に関係するだけである[24]」。「歴史的生は生一般の一部である。ところで、生とは体験と理解を通じて与えられるものである。この意味において生は、体験によって近づきうる限りの客観的精神の全範囲に及ぶのである[25]」。

三　体験・表現・理解

このようにして、「生」（Leben）がディルタイ哲学の中心となり、それを解明することが彼のライフワークとなった。ディルタイは、畏友ヨルク伯に宛てた一八九七年の晩夏の書簡において、次のようにしたためている。「ひとは生から出発しなければなりません。このことは、ひとが生を分析しなければならないということを意味するものではありません。それはひとが生を諸々の形態において追体験し、生のなかに潜んでいる諸々の帰結を、内面的に引き出さねばならないことを意味します。哲学とは生を、すなわち主体を、その生動としての諸関係において明らかに意識し、徹底的に考え抜く活動であります[26]」。裏返していえば、「思考〔認識〕は生の背後に遡ることができない[27]」ということである。それゆえ、われわれは「生を生それ自身から理解しようとする」ほかはないのである。ディルタイによれば、生の「理解」（Verstehen）という課題に取り組む際の有力な手がかりは「体験」（Erleben; Erlebnis）と「表現」（Ausdruck）である。ディルタイは次のように述べている。

> ところで体験が、基本的な思考の能力において、注意深い意識へと高められるとしても、この能力は体験に含まれている諸関係に気づくにすぎない。論証的思考は体験に含まれているものを表す。ところで理解は何よりもまず、いかなる体験——これは理解として特徴づけられている——にも含まれている、表現とそこに表現されているものとの関係に基づいている。この関係は、あらゆる他のものからも区別された独自性において体験しうるものである。そしてわれわれは、体験の狭い領域を生の表出の解釈によってのみ踏み越えるのであるから、精神諸科学の構成にとって理解が中心的な能力を発揮するということが判明する。しかしまた、理解は単純に思考の能力として把握されるべきではないということも、示されたところである。すなわち転換、追構成、追体験——これらの事実は、この〔理解の〕経過において作用している、精神生活の全体を示していた。この点において、理解は体験そのものと連関しているが、かかる体験はまさに、ある与えられた状況におけるあらゆる精神的現実を知覚することにすぎない。したがって、あらゆる理解にはある非合理的なものが含まれるが、それは生そのものが非合理的なものだからである。生は論理的な能力のいかなる定式によっても表され得ない。またこのような追体験のなかに存している、全く主観的ではあるが究極的な

確実性は、理解の経過がそこにおいて提示されうるところの、推理の認識価値をいくら吟味しても、それによっては代替されることができない。このことは、理解を論理的に扱うことに対して、理解の本性によって設定されている限界である[28]。

このように、生について体験—表現—理解というトリアーデが明らかになるが、体験は究明しがたいものであり、しかも体験の背後に遡ることはできない。また認識そのものが現れるのもほかならぬ体験においてであり、また体験そのものに関する意識も体験そのものに伴って、ますます深まっていくとすれば、「生を生それ自身から理解しようとする」という課題は、際限ないものとなり、これを解決するには次々と学問的な研究が必要になる。それのみならず、その本性上この課題は解決不可能であると言わざるを得ないところに、生の理解をめぐる問題の難しさがある。つまり、生の理解は方法として体験を前提とするとはいえ、理解それ自体も体験と同じく果てしないものなので、体験と理解は相即しながら深まっていく。

そこから、ディルタイは理解についてのいろいろな方法を、自問自答しながら検討する。いま生きている人には、過ぎ去ったことは遠い昔のことであればあるほど、それだけ関係の疎い、どうでもいいものになる。われわれとの連関が全く断ち切られたものは、そもそも理解の対象となり得ない。それゆえ、理解の手続きが価値をもつようになるのは、研究者が人生そのもののなかで理解の手続きを絶えず行使してきたからにほかならない。ところで、われわれ自身についての経験はあるが、われわれはわれわれ自身を理解はしない。それどころか、われわれ自身についてはすべては自明である反面、われわれはわれわれ自身を測定するいかなる尺度も有していない。われわれがみずから自身の尺度で量ったものに特定の次元と限界があるのは避けられない。かといって、自己は他者によって量られることができるであろうか。われわれは異他なるものをいかにして理解するのであろうか。

ディルタイがこのような自問自答のなかで想到するのが、「理解の天才」（Genie des Verstehens）ということである。天賦の才に恵まれていればいるほど、その人には可能性も多い。その可能性は人生の歩みのなかで効果をあげるし、その人の記憶になおまざまざと残っている。人生が長ければ長いほど、その可能性は広汎である。老人が万事を心得ているといわれるのは、かかる理由による。「理解の形式」に関しては、ディルタイは部分と全体の連関ということを挙げている。すなわち、われわれは個々の事物から一つの連関を導き出すが、この連関が全体を規定し、またこの全体から個々の部分を規定するという循環関係が成り立つ。理解はこのように、いわゆる「解釈学的循環」という仕方で進展するものなのである。

四　生と解釈学

精神諸科学を基礎づけるために、生の理解をみずからの課題として立てたディルタイが、やがて初期の頃の心理学的立場から、徐々に解釈学的方法へと重心を移したことは当然であろう。心理学的方法では主観的な解釈の域を脱することができず、理解の客観性が保証される別の道を求めたからである。そのときディルタイの眼前には、シュライアーマッハーからベークを経てドロイゼンへと至る解釈学的伝統が、さらなる洗練と深化を施されるべく横たわっていた。ディルタイは、「ドロイゼンがはじめてシュライアーマッハーとベークの解釈学的理論を方法論に活用した[29]」、と述べているが、彼はこの系譜に連なっている自分であることを深く自覚している[30]。彼によれば、解釈学の諸規則が見出された時期は、ちょうど「歴史意識が現れ出した偉大な時期」にあたっており、フリードリヒ・シュレーゲル、シュライアーマッハー、ベークなどが大きな役割を果たした。そのことによって、「フィヒテがきっかけをつくり、シュレーゲルが批判学を自分で企てて樹立しようと考えた、精神的創作とは何かという見解に基づいて、さらに深い、新たな理解が得られたのである。著者が自分自身を理解していたよりもさらによりよく著者を理解することが重要であるという、シュライアーマッハーの大胆な命題は、このような創作についての新たな見解に基づいている[31]」。歴史学的批判という新たな補助手段も加わって、「シュライアーマッハーはその解釈学において、著者が創作をし、〔読者が〕理解する過程を取り扱ったし、またベークは彼の『エンチクロペディー』において、それをさらに形あるものに仕上げた」が、「これは方法論の発達にとってきわめて大きな意義をもった出来事なのである[32]」。そしてシュライアーマッハーとベークによって開拓された、もともとは文献学上の一つの理論であったこの解釈学的理論は、やがて歴史学の理論にまで高められる。すなわち、歴史意識の深まりのなかで、歴史家のドロイゼンが歴史学の方法論として確立するのである。

> 　ついで、ランケに意識的に対立しながらも、その時代の観念論を共有していることによって、彼に内面的に類似しているものとして、一八八六年にドロイゼンの史学論が現れた。ドロイゼンは当時の思弁的思想、歴史に働く理念という概念、また歴史的連関には外的目的論があり、それが道徳的理念の宇宙をもたらすという考えに、フンボルトよりもはるかに深く染まっていた。ドロイゼンは歴史を事物の道徳的秩序の下に置くが、そのことは実際の世界のなりゆきについてのとらわれない見方と矛盾していた。それは、事物は神のうちに絶対的な理念的連関を有するとの信仰を表現したものであった。
> ……ドロイゼンがはじめてシュライアーマッハーとベークの解釈学的理論を方法論に活用した[33]。

ディルタイは、ドロイゼンによって歴史学の方法論に仕上げられた解釈学的理論を、いまや精神諸科学全体の方法論に据えようとする。人間の生の歴史的・社会的現実を認識しようとする精神諸科学は、生を理解する技術ないし方法としての解釈学に、特別な重要性を付与することになる。ディルタイ曰く、

> 理解が特殊な人格的な独創性に基づくということは、他者や過去のことの追構成や追体験においては、いかにも明確に示されるところである。だが理解は歴史学の基礎として、重要にして永続的な課題であるので、人格的な独創性は一つの技術になるし、この技術は歴史意識の発展とともに発展する。その技術の発展は、永続的に固定された生のさまざまな表出が理解の対象となるという事態と結びついており、したがって、理解は繰り返しその生の諸表出に立ち返ることができなければならない。永続的に固定された生の諸表出を技術的に理解することを、われわれは解釈（Auslegung）と呼ぶ。ところで精神生活は、言語のうちにのみその完全で、委曲を尽くし、それゆえ客観的な把握を可能にする表現を見出すので、解釈が完全なものになるのは、文書に書き残された人間存在の遺物を解釈する場合である。この技術こそが文献学の基礎である。そしてこの技術に関する学問が解釈学なのである。[34]

かくして、「今日では解釈学は、精神諸科学に、新しくて重要な課題を課す一連のものになった」のであるが、ディルタイの時代の解釈学には、従来とは違った課題と役割が求められている。ディルタイの言葉をそのまま引けば、

> 解釈学はつねに歴史的懐疑や主観的な勝手気ままから理解の確実性を守ってきた。まずはそれがアレゴリカルな解釈に打ち勝ったときであり、ついでトリエント宗教会議の懐疑主義に対して、偉大なプロテスタントの教説である、聖書はそれ自体から理解できるという説を正当化したときであり、さらにまたシュレーゲル、シュライアーマッハー、ベークにおける文献学や歴史学の、将来を保証された進歩が、あらゆる懐疑に対抗して理論的に基礎づけられたときであった。現在、解釈学は、歴史的世界の連関を知る可能性を示し、それを実現するための手段を見出すという、一般的な認識論的課題との関係を求めなければならない。理解の根本的な意義は、解明されたものとなっている。それゆえ、理解の論理的な形式から上に向かって、理解における普遍妥当性の到達可能な程度を定めることが肝要である[35]。

ここからもわかるように、精神諸科学の方法論の役目を担うことになった解釈学にとって、最終的には、この引用文の末尾に出てくる「普遍妥当性」（Allgemeingültigkeit）ということが、大きな認識論的な問題となってくる。しかも中世や宗教改革の時代と違い、現代においては歴史意識が長足の進歩を遂げたために、歴史的世界の諸関連を解明せんとする現代の解釈学は、人間の歴史性および生活世界の歴史化を、正面から受け止めなければならない。

五　人間存在の歴史性

われわれの自我がいかに形成されてくるかを見てみると、われわれは一定の歴史的文化のなかに産み落とされ、家庭や共同社会のしきたりや秩序のなかで、人々の生活表現を学びかつ理解し、また社会の習俗、慣習、規則を教えられ、さらに学問や芸術や道徳を学びながら、徐々により高い精神性をもった人間として成長してくる。このように、われわれの自我は個人の生活体験を通して成長発展するものであり、その過程はあくまでも個人的なものであるが、しかもそれはつねにわれわれがそのうちにある、現実社会の共同意識に媒介されている。つまり個人の主観的意識はつねに現実社会の普遍的共同意識に関与しながら成長発展を遂げるものである。ディルタイはこの普遍的共同意識を「客観的精神」（der objektive Geist）と名づける。この精神はいわば諸々の個人の間に存立する共同性の意識であり、具体的には、言語、教育制度、慣習、法律、経済、国家、道徳、宗教、芸術、科学などとして、一つの共同社会を構成すると同時にそれを規定している。人間の生活世界としての現実社会は、このような文化の諸体系と、家庭、自治団体、教会、国家などの外的組織とが融合したもので、ディルタイはこれを「歴史的・社会的現実」（die geschichtlich-gesellschaftliche Wirklichkeit）とか「人間的・社会的・歴史的現実」（die menschlich-gesellschaftlich-geschichtliche Wirklichkeit）などと呼んでいる。

　ディルタイによれば、このような歴史的・社会的現実こそ、個々人がそこに生まれ、育成され、その普遍的な文化価値を自己の人格形成の糧として吸収していくところの、文化的ならびに社会的な舞台なのであるが、このような現実世界は、時代とともに変化したり発展したりしながら、その内実を多様な仕方で過去から受け継ぎ、また後世へと伝承していく。つまり、人間がそのうちで生を営む現実世界は、根源的に見れば、まさに歴史的世界であり、生の現実そのものが歴史だということである。かくして、「人間は歴史的なもの（ein geschichtliches Wesen）であり」[36]、そして「個人は自分自身が歴史的存在（ein historisches Wesen）であるがゆえに、歴史を理解する」[37]。以下に引用するディルタイの言葉は、このあたりの消息をよく示している。

> 生の客観化（die Objektivation des Lebens）という理念によって、われわれははじめて歴史的なるものの本質への洞察を得る。あらゆるものはここでは精神的行為によって成立し、それゆえ歴史性（Historizität）の性格を帯びている。あらゆるものは歴史の産物として感覚世界そのもののなかに織り込まれている。公園のなかの木々の配分や、街路における家々の配置や、職人の合目的な工具から、裁判所における刑罰の判決に至るまで、歴史的に生成したものがわれわれの周囲に刻々と存在する。精神が今日みずからの性格から生の表出へと移し入れたものは、もしそれが現存するとすれば、明日には歴史となる。時代が先に進むと、われわれはローマの遺跡や大聖堂や独裁者の離宮に取り囲まれている。歴史は決して生から分離されたものではなく、またその時間的隔たりによって現在から遠ざけられたものではない。[38]

ここに万有の「歴史性」（Historizität）という表現が見出されるが、あらゆるものは歴史の産物であり、歴史的に生成したものであることが、ここで明確に主張されている。これはわれわれがドロイゼンにおいて確認した要点と、完全に軌を一にした言説である。ところで、人間の精神的生にはもともと目的性と価値性が内在しており、生はそれに即して統一的な連関を形成しつつ発展する。現在の生は長い過去からの発展的生成物であると同時に、未来への連続的発足点でもある。現在におけるわれわれの体験は、過去におけるわれわれの歩みによって必然的に規定されていながら、しかもわれわれが掲げる未来の目的に従って自由に実現されていく、その発展の途上にあるものである。ここに体験の歴史性、生の歴史性ということが言われる所以がある。

ディルタイは「歴史性」を表現する場合に、より一般的にはGeschichtlichkeitという用語を用いている。例えば、人間の「歴史性」（Geschichtlichkeit）について、一八八七年の「科学アカデミー就任講演」において次のように語っている。

われわれの世紀〔十九世紀〕は歴史学派において人間とあらゆる社会的秩序の歴史性（Geschichtlichkeit）を認識した。しかし歴史的発展理論の偉大な直観を、十八世紀の諸真理によって限局された、明確な、かつ生にとって実り多い諸概念へと継続形成することは、なされるべき課題としてわれわれの前にある。このためには、歴史的生に堪えることのできるより洗練された文献学的方法と概念が必要である。しかしとくに、人間の成し遂げるあらゆる仕事において、また知性の成し遂げる仕事においてすら、心的生活の全体性、つまり意欲・感情・表象の働きをする全体的な人間の活動が、指し示されなければならない。詩歌は、それがもたらした心的経過を、さまざまな歴史的産物において、わかりやすく指し示すという方法的な利点をもっているので、わたしは近時は歴史的な心的生活のこうした問題を、詩歌によって扱ったのである。[39]

これ以外に、われわれが調べた限りでの用例を列挙してみると、「国家の歴史性」（die Geschichtlichkeit des Staates）[40]、「個々の宗教、とくにキリスト教の歴史性」（die Geschichtlichkeit der einzelnen Religion, insbesondere des Christentums）[41]、「美的理想の歴史性」（die Geschichtlichkeit des ästhetischen Ideals）[42]、「あらゆる教育的理想の歴史性」（die Geschichtlichkeit jedes Erziehungsideals）[43]、「詩的技法の歴史性」（die Geschichtlichkeit der poetischen Technik）[44]、「人間の歴史性」（seine [i.e., des Menschen] Geschichtlichkeit）[45]、「あらゆる歴史性の根拠」（Grund aller Geschichtlichkeit）[46]、「ドイツ的思惟の歴史性」（die Geschichtlichkeit des deutschen Denkens）[47]、「ドイツ的思惟の固有の特質としての内的歴史性と哲学的深遠さ」（die innere Geschichtlichkeit und philosophische Tiefe als eigene Vorzüge deutschen Denkens）[48]、「意識の歴史性」（die Geschichtlichkeit des Bewußtseins）[49]、「人間的意識の歴史性」（die Geschichtlichkeit des menschlichen Bewußtseins）[50]、「心的生活の歴史性」（die Geschichtlichkeit des Seelenlebens）[51]など、実に多岐にわたっている[52]。いずれにせよさまざまなものの「歴史性」が主張され、しかもそれが「精神」の働きに起因、あるいは関係するものと考えられている。そしてそのことに関連づけて、「精神諸科学」が成立する根拠と、歴史的世界が精神諸科学の対象となることとが、次のような仕方で力強く主張される。

> わたしがそれによって思考するところの言語は、時間のうちで成立したものであり、わたしが用いる諸概念は時間のうちで成長したものである。わたしはこのように、わたしの自我のもはやこれ以上探究しえない深みにおいて、歴史的存在（ein historisches Wesen）である。かくしていまや、歴史の認識問題を解決するための第一の重要な契機が浮上する。すなわち、歴史学の可能性の第一の条件は、わたし自身が歴史的存在（ein geschichtliches Wesen）であり、歴史を探究する当人が歴史をつくる人と同一である、という点に存する[53]。

ところで、ここにおいて精神諸科学の概念が完成される。精神諸科学の範囲は、理解が及ぶ限りの範囲であり、そして理解はその統一的対象を生の客観化のうちに有する。かくして精神科学の概念は、それに帰属するさまざまな現象の範囲に従って、外的世界における生の客観化によって規定されている。精神が創造したものをのみ、精神は理解する（Nur was der Geist geschaffen hat, versteht er）。自然科学の対象である自然は、精神の働きに依存しないでもたらされた現実性を包括する。人間が働きかけてみずからの明確な特徴を表現したところのあらゆるものは、精神諸科学の対象を形づくる[54]。

以上のことから、人間が本質的に歴史的存在であるということと、われわれがそのうちで生を営んでいるこの歴史的世界が、精神の働きによって生み出されたものであり、理解を旨とする精神諸科学はこれを対象とするということが、明らかになった。言い換えるならば、人間と社会的現実の歴史性こそが解釈学が取り扱うべき主題だということである。本書でわれわれが問題としてきた、歴史主義と解釈学の絡み合いは、このようにディルタイの哲学において、きわめて顕著な哲学的問題として表面化してきたのである。

六　歴史主義のアポリア

しかし「歴史的知識として人間の意識のうちに保持されてきた限の、また社会的な、現在の状態に及んでいる知識として学問の近づきうるものにされてきた限りの歴史的・社会的現実[55]」をその資料として扱い、「精神世界のあらゆる現象を歴史的発展の成果[56]」と見なす精神諸科学は、やがて抜き差しならない困難な状態に逢着することになる。なぜなら、人間と社会的現実の歴史性というテーゼをとことん推し進めると、歴史主義に運命的につきまとう価値相対主義の問題が浮上してくるからである。少なくともわれわれが調べた範囲では、ディルタイは「歴史的相対主義」（der historische Relativismus）には言及していても[57]、「歴史主義」（Historismus）という用語を一度も用いていない。また彼を歴史主義者と見なすことには異議も申し立てられている[58]。にもかかわらず、ディルタイが歴史主義の問題に決定的な一撃を与えたことには疑問の余地がない。そこで、なぜディルタイの解釈学が歴史主義の難問に逢着せざるを得ないのかを、最後に考察してみたい。

　ガダマーは『真理と方法』のなかで、彼なりの視点から「ディルタイの陥った歴史主義のアポリア」(Diltheys Verstrickung in die Aporien des Historismus) について語っているが[59]、われわれの見るところでは、ディルタイが逢着した歴史主義のアポリアは、「歴史的な生の哲学」(eine geschichtliche Lebensphilosophie) という彼の哲学の根本性格に深く起因している。ボルノーによれば、ディルタイの功績は二重の方向から規定される。すなわち、「第一に、ディルタイが永遠の流れとしての生の概念を、歴史的過程として規定したこと」、「第二に、……彼はこの歴史的生を規定する新しい把握方法を模索したことである」。かくして、「この歴史の問題と生の哲学の結合こそが、ディルタイ独自の決定的な功績なのである」[60]、と言われる。しかしこの結合によって、歴史的な生をその生動性において把捉するには、いかなる概念が必要になるかという問題が生じてくる。つねにただ流動し、絶え間なく運動し続ける生の現実を、その性質上超時間的で普遍的な概念で捉えるとなると、そこには克服しがたい困難な問題が立ちふさがる。ディルタイは、この課題の困難さを次のように表現している。

> それは、あたかも絶えず流れている流れのなかに、静止した線を引くか、静止した像を描かねばならないかのようである。この現実と悟性の間には、把捉できるような関係はまったくないように見える。なぜなら、概念は生の流れのなかで結びつけられているものを分離し、頭にひらめいた考えを表明した当人から独立して、つまり普遍的かつ永遠に妥当するものを表すからである。しかし、生の流れは、つねにただ一回的なもので、そのなかのすべての波も、発生しては消滅するものだからである[61]。

このように、歴史的な生の哲学は、それが自己自身の生と他者の生を、その歴史的現実の相において、あるがままに理解しようとすればするほど、生と概念との抜き差しならぬ対立と緊張のうちに引き込まれることは必定である。われわれがすでに見たように、ディルタイは後期になると、もともとは精神諸科学の方法論として位置づけられていた解釈学を、哲学そのものの方法として拡大的に捉え直し、それに倍旧の重要性を付与するようになった。それはこのような解釈学としての哲学が、歴史的存在としての人間の自己表出を解釈することを通して、人間の歴史的生の本質を把捉しようとするからである。かくして、体験―表現―理解というトリアーデは、無限の循環において深まり、歴史的相対化の勢いは強まらざるを得なくなる。この事態を解釈学の課題と重ね合わせて捉えると、以下のような光景が見えてくる。

ディルタイは「解釈学の成立」において、「解釈学的方法の究極の目標は、著者が自分自身を理解したよりもよく著者を理解することである」[62]（Das letzte Ziel des hermeneutischen Verfahrens ist, den Autor besser zu verstehen, als er sich selber verstanden hat）という命題を掲げた。周知の通り、この命題は少なくともカントの『純粋理性批判』のなかの言説にまで遡るものであるが[63]、これを解釈学の文脈で一つの命題に仕立てたのは、言うまでもなくシュライアーマッハーであった。彼は「一般解釈学」の草稿において、「著者を、著者自身よりも、よく理解するということについて」（Vom den Schriftsteller besser verstehen als er selbst）という命題を、解釈学の課題の一つとして立てている[64]。ここではアウグスト・トヴェステンが筆記した一八〇九／一〇年の「一般解釈学」講義のテクストから引用することにするが、そこでシュライアーマッハーは次のように述べている。

第二部、第四十四項。その頂点において把握された完全な理解は、語り手〔著者〕を語り手自身よりもよく理解することである。

なぜなら、完全な理解とは、一部は語り手自身においては意識されていなかったものを、意識へともたらすような語り手の方法の分析であり、また一部には語り手自身そこにおいて区別していないような必然的二重性において、言語に対する語り手の関係を把握することだからである。同様に語り手はまた、自分の個性あるいは教育段階の本質から生じるものを、異常性から偶然に現れるものから区別しない。そしてもしそれを区別したとすれば、生み出さなかったであろうようなものも区別しない。

真理は次のことから生じる。すなわち、著者が自分自身の読者になり、彼が他の人々と一つの列に連なり、他者が著者自身よりもよくなることができる場合である。いずれにせよ、少なくとも、著者の仕事の無意識的な部分から、その困難と不明瞭さも生じる(65)。

ディルタイは「著者を著者自身よりもよく理解する」という命題に関する限り、シュライアーマッハーを完全に継承している(66)。しかしディルタイはこの偉大な師に対して、一つの根本的な批判を抱いていた。それはM・エアマースが指摘しているように、シュライアーマッハーは過度にプラトン主義的であって――「プラトン的に満たされたシュライアーマッハー」(der plato-erfüllte Schleiermacher)(67)――、「究極的には人間の具体的な歴史性の真の本質を把握できなかった(68)」という批判である。ディルタイが「解釈学の成立」の結語として述べていることは、このようなシュライアーマッハー批判を背景にして、はじめてその真意が理解できるものであろう。

ここで締めくくりをしておきたい。理解は、言語で伝えられた文化遺産に向き合うときにのみ、普遍妥当性をもつ解釈となる。文献学における解釈は、解釈学において、その方法やその正当性の根拠を自覚するようになる。ただし、解釈学という学問のそのような実用的な効用は、ヴォルフがいみじくも述べているように、生き生きとした実践に比べれば、高く評価されないだろう。しかし、この学問が解釈という仕事そのものに実際に役立つかどうかということの彼方に、第二の、しかも重要な課題があると思われる。つまり解釈学の課題は、ロマン主義的な恣意や懐疑的な主観性が歴史の領域へたえず侵入してくるのに対して、歴史のあらゆる確実性の基礎になる解釈の普遍妥当性を理論的に根拠づけねばならないということである。解釈の理論は、精神諸科学の認識論・論理学・方法論の連関のなかへ取り入れられて、哲学と歴史的な学問とを結びつける重要な結び目になるのであり、精神諸科学の基礎づけの中心的な構成要素になるのである。(69)

ここでディルタイは、シュライアーマッハーと自分との歴史的境位の違いを、明確に自覚している。歴史化の進展に伴って、「ロマン主義的な恣意や懐疑的な主観性」という脅威が、歴史の領域にたえず押し寄せてくる現実に身を晒しながら、ディルタイは「歴史のあらゆる確実性の基礎になる解釈の普遍妥当性を理論的に根拠づけねばならない」という使命感を強く覚えている。彼の自己認識によれば、いまや解釈学は、かつてのシュライアーマッハーの時代のように、文献学の一分肢にすぎないものであってはならず、「精神諸科学の認識論・論理学・方法論」として、「哲学と歴史的な学問とを結びつける重要な結び目」とならなければならないのである。すなわち、文献学の一部としてスタートした解釈学理論は、いまや精神諸科学全般を基礎づける自立した学科にまで発展し、歴史相対主義の荒波に立ち向かって、「解釈の普遍妥当性」（die Allgemeingültigkeit der Interpretation）を根拠づけなければならなくなった。しかもあくまでも「歴史的思考」（das geschichtliche

Denken）[70]に即した仕方によってである。

ここにトレルチがディルタイを「純粋な歴史主義の代表者、それもきわめて才気あふれ、この上なく鋭敏で生き生きした代表者」[71]と見なす根拠があるといえるが、それと同時に、「歴史主義のアポリア」がディルタイにおいて極まる所以もある。実際、歴史主義として表示される一連の問題群は、ディルタイが全生涯を通じて取り組んだ問題と、ほぼ完全に重なり合っている。老ディルタイが一九〇三年一一月一九日、みずからの古稀に際して語った次の言葉が、このあたりの消息を最も明白に物語っている。

> わたしは歴史的意識の本質と制約条件を研究しようとした――つまり歴史的理性の批判（eine Kritik des historischen Vernunft）である。だがわたしはこの課題を通して、最終的に、最も普遍的な課題へと押し立てられた。歴史的意識を究極までとことん追いつめると、見るからに和解できない対立が生じる。宗教であれ、理想であれ、あるいは哲学的体系であれ、歴史的現象の有限性こそは、それゆえ事物の連関についてのあらゆる種類の人間的把握の相対性こそは、歴史的世界観の究極の言葉である。いっさいは生成のプロセスのうちに流動し、何一つとして永続するものはない。思惟の要求と普遍妥当的認識を求める哲学の努力とが、これに反抗して立ち上がる。歴史的世界観は、自然科学と哲学がまだ断ち切っていなかった最終的な鎖から解き放つ、人間的精神の解放者である――だが、いまにも襲来しようとしている確信のアナーキー（Anarchie der Überzeigungen）を克服する手だてはどこにあるのだろうか？　長い連鎖をなしてこの問題に結びつく諸問題を解決するために、わたしは人生の長きにわたって取り組んできた。わたしには目標は見えている。たとえわたしが道半ばにして倒れたにしても――、わたしの若い仲間たち、わたしの弟子たちが、最後までこ

の道を歩んでくれることを心から望んでいる[72]。

すなわち、ここに語られているように、歴史的世界観が必然的に歴史的相対主義を生み出し、やがてそれが価値相対主義となって、最終的には「あらゆる深い確信におけるアナーキー」（Anarchie in allen tieferen Überzeigungen）[73]を招来する結果となったことを悟って、老ディルタイは茫然となったのである。しかしここに引用した言葉に示されているように、ディルタイはみずからが追求してきた「歴史的理性批判」のこの道が間違っていたとは考えていない。むしろ彼は、より若い世代の哲学者が自分の志を引き継いで、最後までこの道を踏破してくれることを切に願っている。そしてこの期待に応えて、ディルタイが高く掲げた松明を果敢に引き継いだのが、一世代若い組織神学者のエルンスト・トレルチだったのである[74]。

むすびに

以上、われわれはディルタイにおける解釈学と歴史主義の絡み合いの実情を、われわれなりの視点から考察してみた。ディルタイの思想発展や体系構想については、「ディルタイ問題」（the Dilthey problem）[75]と称されるような複雑かつ微妙な問題があり、門外漢には近寄りがたいところがあるが、解釈学と歴史主義との関連性という点では、ほぼわれわれが明らかにした点に尽きるであろう。われわれが前章で見たように、「解釈学と歴史学との合流」[76]は、すでにドロイゼンの『史学論』によって先駆的に用意されていたが、ディルタイはそれを単なる歴史学内部の議論から、より一般的な哲学的議論にまで深め、しかもかかる議論に基づいて精神諸科学全般の基礎づけを企図した。彼の不屈の試行錯誤によって、この課題を遂行することの困難さが明らかになると同時に、またその重要性が広く認識されるに至った。いずれにせよ、「歴史的理性批判」という壮大な企てに取り組んだディルタイの哲学は、「認識の根本的歴史化」（die grundsätzliche Historisierung des Erkennens）(77)を明確に承認したものとして、二十世紀哲学に決定的な影響を及ぼすことになったのである。

第六章　トレルチと《歴史主義》の問題

はじめに

われわれは前章で、晩年のディルタイが抜き差しならぬアポリアに陥ったことを見たが、このようなディルタイ的窮境を、神学・哲学・歴史学・社会学などの総力を結集して打開しようと、まさに死闘を演じたのが、エルンスト・トレルチ（Ernst Troeltsch, 1865-1923）である。二十年間にわたってハイデルベルク大学の組織神学者を務めたトレルチが、晩年にベルリン大学の哲学部教授に転身したことは、従来、神学者たちの間では彼の神学の破綻の証左のごとく捉えられてきたが[1]、われわれの視点から見ると、むしろ避けがたい運命だったように思われる。というのも、ディルタイが座っていたベルリン大学の歴史哲学教授の椅子――それは古くはあのヘーゲルに由来する――を引き継ぐ人物として、多士済々といえども当時のドイツには、おそらくトレルチ以上の適任者は見つからなかったからである[2]。いずれにせよ、彼は帝都ベルリンの栄えある哲学部教授に招聘され[3]、「一九〇〇年以来のベルリン大学における歴史主義問題」[4]をみずからの身に引き受けることになった。ルートヴィヒ・マルクーゼ（Ludwig Marcuse, 1894-1971）によれば、トレルチはベルリン大学の就任講義において、「わたしは価値のアナーキーに終止符を打つためにこちらに来ました」（ich bin hergekommen, um der Anarchie der Werte ein Ende zu machen）[5]、と語ったという。この言葉からも彼がディルタイの後継者との自覚を強くもっていたことが窺えるが、それよりもさらに直截な表現は、一九一四年に刊行されたディルタイの『全集』第二巻に対して、ベルリン大学移籍後のトレルチが書いた書評のなかに見出せる。すなわち、『神学評論』*Theologische Literaturzeitung* の一九一六年一月八日号に掲載された書評の末尾で、トレルチは「わたしはここベルリンにおける自分の課題を本質的にディルタイの仕事の継続と見なしているが、これはまたディルタイ自身が生時にわたしに述べていた願いでもあった」[6]、と明言している。ここにわれわれがディルタイに続けてトレルチに目を向ける一番の理由がある。

一　トレルチの学問体系論

トレルチの「認識意志は、ディルタイの場合と全く同様に、若いときから歴史的世界に向けられていた」[7]。彼が述懐するところによれば、「当時神学には、形而上学へ至るほとんど唯一の道ときわめて緊張した歴史学的問題とが同時にあった」[8]し、「そして形而上学と歴史学、これらはもともと同時にかつ関連し合ってわたしを魅了した、なんといっても二つの緊張に富んだ問題であった」[9]という。彼が学んだゲッティンゲン大学神学部には、当代随一との呼び声の高い神学者のアルブレヒト・リッチュル（Albrecht Ritschl, 1822-1889）がいたが、トレルチはこの大神学者が伝統的な教義学的方法と近代的な歴史学的方法を不徹底な仕方で媒介させているのを見抜き、歴史的・批判的方法を貫徹する方向で新しい神学を構想した。それが「宗教史の神学」（eine religionsgeschichtliche Theologie）の構想である[10]。それでは歴史的・批判的方法の徹底――トレルチは歴史的・

批判的方法を「わたしの《神学的方法》」（meine »theologische Methode«）と明言している――が、なぜ宗教史に定位した神学の提唱へと行き着くのであろうか。

トレルチによれば、近代歴史学の方法は「批判」（Kritik）、「類比」（Analogie）、「相関」（Korrelation）という三大原則に立脚している(11)。すなわち、歴史の分野においては、すべての判断は蓋然的であらざるを得ないが、歴史学的批判の原則を宗教的伝統に適用するということは、その蓋然性の度合いを測るために、宗教的伝統も世俗的伝統とまったく同じ仕方で批判的に取り扱われなければならない、ということを含意している。ところで、歴史学的批判は類比によってはじめて可能となる。なぜなら、われわれの通常の経験や何らかの仕方で立証されている事象との一致が、出来事の蓋然性と信憑性を測るときの基準となるからである。つまりわれわれの通常の経験との類比が批判の鍵となるのである。さらに、歴史学的批判が立脚する批判の原則は、あらゆる歴史的出来事の「根本的同質性」（prinzipielle Gleichartigkeit）ないし「共通性」（Gemeinsamkeit）を前提している。かくして第三の原則としての「相関」ということが言われる。それが意味するところは、「精神的・歴史的生のあらゆる現象の相互作用(12)」ということ、つまりあらゆる出来事は連続する相互連関のうちにあり、各々の事象は互いに関係し合った一つの大きな流れを形づくっている、ということである。このように理解されるとき、他のものから絶縁・孤立した仕方で取り扱うことのできる歴史的事象は存在しないことになり、キリスト教の啓示的出来事といえども歴史の全体的文脈のなかで論じられなければならなくなる。かくして、「宗教史の神学」が歴史的認識の必然的帰結として提唱されることになったのである。

だが、伝統的な教会や教義の枠を破った「宗教史の神学」の構想は、やがて単なる宗教史を超えて、ついには歴史哲学をもうちに含む普遍史的なものとなる。第一次世界大戦の勃発がそれに拍車をかけたが、一九一四

／一五年、トレルチは二十年間の長きにわたって勤めてきたハイデルベルク大学神学部教授を辞して、帝都のベルリン大学哲学部教授に就任した。トレルチのために用意された講座は、「文化哲学、歴史哲学、社会哲学、宗教哲学、ならびにキリスト教宗教史」（Religions-, Sozial- und Geschichts-Philosophie und die christliche Religionsgeschichte）というものであった。このポストは彼のそれまでの経歴と業績をよく反映していたと同時に、かつてディルタイが占めていた椅子を継ぐという側面をも有していた。[13]

トレルチのベルリン大学哲学部への移籍は、彼の神学的挫折や破綻の然らしめたところではなく、むしろ当時の時代状況がトレルチを必要としたと同時に、彼の並外れた《外向き》の神学[14]が首尾一貫性を追求した結果であった。トレルチによれば、神学の焦眉の課題は「伝統をさらに伝承することや護教論といった単純な課題」ではなく、「現代の精神的ならびに宗教的な生に定位するという課題」（Aufgabe der Orientierung im geistigen und religiösen Leben der Gegenwart）[15]にほかならなかった。そのような神学の捉え方が問題だという議論はもちろん成り立つが、しかしこのように捉えたからこそ、彼の学問的営為は神学、宗教哲学、宗教社会学、精神史・文化史、倫理学、歴史哲学をカバーするものとなり、遂には狭い「神学的思惟」から解放されて、「普遍史的思惟方法」へとその「視野」を拡大していったのである。[16]実際、ハイデルベルクの組織神学者であった時分から、トレルチの思惟はすでに通常の神学の枠を大きくはみ出す広がりを見せており、神学と哲学と歴史学は最初から彼のうちで密接な連関を有していた。[17]彼が鍬を入れた学問的領野は、神学、宗教哲学、宗教社会学、精神史・文化史、倫理学、歴史哲学、さらには政治学や時局分析にまで及んでいるが、これらはバラバラに存在しているのではなく、一定の学問体系論に基づいて整序されている。そこで、最初にこの点を押さえておく必要があるが、これを捉える手掛かりとして、われわれは《信仰と歴史》という主題に着目したい。トレルチは《信仰と歴史》を「今日の宗教思想のとりわけ困難な問題[18]」として理解しているが、実際それは十九世紀・二十世紀のプロテスタント神学史を貫く最も根本的な主題であった。トレルチはこの主題に関して、本質的かつ決定的な問題提起を行なったので、今でも《信仰と歴史》が問題となるとき、「エルンスト・トレルチの影」[19]が必ず見え隠れせざるを得ない。

トレルチは「神学的学問の半世紀の回顧」という論文において、十九世紀の学問的神学において信仰と歴史という問題は、《歴史学と教義学の分離》（Trennung von Historie und Dogmatik）として現象化したと述べている。彼によれば、このような状況下にあって歴史学的思惟の権利を承認しつつ、しかも神学（教義学）を実践的・調停的性格をもつものとして原理的に再建したところに、シュライアーマッハーとリッチュルの意義が存する[20]。しかしトレルチの時代には、両者によってなし遂げられた歴史学的思惟と教義学的思惟の調停が再び解消し、シュライアーマッハーにおいて保ち得ていた歴史学と教義学の均衡は、大きく崩れて歴史学の一方的優位という状況が現出した。かくして、トレルチの時代の学問的神学の真の主要問題は、純学問的な歴史神学と実践的・調停的な教義学の不確かな並存という事態のうちに包含されており、これこそが学問的神学の根本的問題であった[21]。

この問題に対するトレルチの解決策は、シュライアーマッハーの神学体系論[22]に準拠している。すなわち、歴史神学と実践神学という区分の根底に哲学的神学という共通の基礎を据えることによって、理論的・歴史学的思惟と実践的・教義学的思惟の対立・分離を調停しつつ、神学の学としての普遍性を確立しようというのが、『神学通論』におけるシュライアーマッハーの考えであったが、トレルチがいかにこの偉大な先駆者の線に沿ってみずからの神学を構想していたかは、以下の引用に明らかである[23]。

彼〔シュライアーマッハー〕は、この学科〔宗教哲学〕をスケッチ風にのみ、そして『信仰論』においては間接的にのみ、論述している。しかし、宗教哲学を基礎に据え、この共通の幹から二大主要部門を分枝させる、大規模の彼の思想は、根本のところ、神学者たちによって一度も真剣に実行されたことがない。……そのプログラムはシュライアーマッハー固有の意味においては一度も実行されていない。それは今こそはじめて実現されなければならない。そしてそれに全き自由と最高度に広い学問的教養をもって着手するのは、今日の学問的神学の課題である……。シュライアーマッハー自身の教えのなかのひとつの石ころとて、そっくりそのまま他の石ころの上に残り続けることはまずあり得ないけれども、彼のプログラムは全学問的神学の偉大なプログラムであり続ける。したがってそれは、完成されることをのみ必要としているのであって、新しい案出によって取って替られることを必要としているのではない[24]。

このようにトレルチは、シュライアーマッハーの神学綱領を範として、神学を宗教哲学と倫理学の上に基礎づけようとする。彼は幾つかの点で必ずしも「近代神学の父」に従っていないが[25]、しかしわれわれにとって重要なことは、トレルチのシュライアーマッハー解釈の一面性ということではない。大事な点は、トレルチの宗教哲学、倫理学、歴史哲学への漸進的傾斜が、基本的には、神学を現在の苦境から救い出し、それに学問的明晰性を付与することによって、神学を精神科学ないし文化科学として再建しようと意図していた事実を確認することである。トレルチは大著『キリスト教会と諸集団の社会教説』を出版した直後に、フォン・ヒューゲル（Friedrich von Hügel, 1852-1925）宛ての書簡に次のように記している。「勿論、全体的に見た場合、これ〔『社会教説』〕もまたひとつの予備的研究であって、わたしの本質的な仕事ではありません。わたしの本質的な仕事は宗教哲学と倫理学でなければなりません。そしてこれに信仰論とキリスト教倫理が続くべきなのです。これがわたしの計画です[26]」、と。同様に、『著作集第二巻』の「序言」では、次のように述べている。

> ここでわたしの頭に思い浮かんでいるものは、この巻から完全に明確になるであろう。それは批判的先験論の基礎の上に、われわれの宗教的諸力を保持し集合させるという比較的保守的な体系である。その際この批判的先験論は、特殊的・宗教的なものに、学問的思惟への編入と同時に、自立的な運動の自由を保証するものである。将来にとって大事なことは、そのためにこうして基礎づけがなされている、宗教哲学と倫理学を仕上げることと、そのような宗教哲学と倫理学から発展させられなければならない、信仰論とキリスト教道徳哲学をその後それに後続させることである[27]。

さらにこの巻の別の箇所では、みずからの学問計画について次のように語っている。

> われわれは、もっぱら、キリスト教の生命世界を新たに根拠づけ、新しく表現するように努めなければならない。しかし、その場合には、われわれにとって中心をなす学問は、キリスト教の本質と意義を歴史哲学の立場から規定する宗教哲学へと移行し、さらにまた、宗教的にのみ把握されうる人間の究極的目的の規定を剔抉する普遍的な倫理学へと移行する。その場合、教義学と道徳神学は狭義の実践神学の一部門となる。いずれにしても、わたしの研究の全計画はこのように理解されなければならない[28]。

20 世紀初頭の学問的神学の主要問題・・・「歴史と信仰の乖離」（GS II, 199）

神学 Theologie

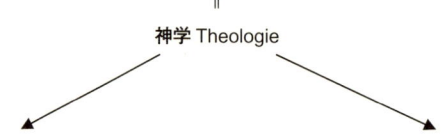

歴史神学 Historische Theologie

(1) 釈義神学

旧約学

新約学

(2) 教会史

教会史

教理史

（文化史的方法）

実践神学　Praktische Theologie

(1) 教義学（＝信仰論）

①キリスト教の絶対性

②キリスト教の本質

③キリスト教的・宗教的体系の講解

1．歴史的・宗教的命題

2．形而上学的・宗教的命題

(2) キリスト教倫理学

宗教哲学 Religionsphilosophie

（１）宗教心理学　（２）宗教認識論　（３）宗教の歴史哲学　（４）宗教形而上学

・「批判的観念論」を前提（GS II, 488）　・神学の「共通の根幹」の提供（GS II, 235）

・「神学のための学問的基礎」（GS II, 462）・「原理神学」の役目（*Glaubenslehre*, 1; GS II, 504）

一般倫理学 Allgemeine Ethik

(1) 人格性と良心の道徳　(2) 文化価値の倫理学

歴史哲学 Geschichtsphilosophie

(1) 形式的歴史論理学　(2) 実質的歴史哲学

「歴史からの規範の獲得」（Gewinnung von Normen aus der Geschichte）(KGA2, 593)

図：トレルチの学問体系論

以上の考察から明らかになることは、トレルチがシュライアーマッハーの神学体系論に準拠して、みずからの学問体系論を構想していたということである。詳細な議論はここでは省かざるを得ないが、トレルチの学問体系論を図解すると、右に示した図のようになる。

二　歴史と規範

トレルチの学問的営為の背後にあって、それを方向づけたり規制したりしていた、このような彼の学問体系論を考慮に入れると、ハイデルベルクの組織神学教授からベルリンの歴史哲学教授への転身は、トレルチ神学の破綻や挫折の証左などと見なすことができなくなる。[29]実際、トレルチ自身が、その多岐にわたる全著作の根底に「体系的な統一思想」(ein systematischer Einheitsgedanke)が存している、と明言している。それゆえわれわれは、彼が縦横に鍬を入れた神学から歴史哲学に至るまでのあらゆる領野を貫くところの、トレルチの終始一貫した問題意識と、それに基づく根本的な問いについて語ることが許されているし、またそのような視点からのみトレルチの思想を公正に扱うことができる。

筆者が四半世紀前にヴァンダービルト大学に提出して受理された博士論文は、まさにトレルチのこの「体系的な統一思想」を解明しようとしたものであった。筆者はトレルチの全著作に基づいて、彼を「徹底的歴史性の組織神学者」として特徴づけたが、「徹底的歴史性」(radical historicality)とは、トレルチ的な意味での“Historismus”を自分なりにパラフレーズしたものであった。それゆえ、トレルチは歴史主義の組織神学者であり、彼の全著作はかかる視点の下で有機的連関をもった全体として解釈され得る、というのが筆者の根本テーゼであった[30]。筆者のテーゼはその後のトレルチ研究によっても完全に裏打ちされている。いずれにせよ、一見「拡散態」のごとく見えるにもかかわらず[31]、トレルチの広範囲な学問活動には相互連関があり、彼の根本的な問題意識には一貫性があったことは、もはや疑い得ないところである[32]。

それではトレルチの畢生の根本問題とは何であったかといえば、それは「歴史的に思惟すること」と「真理や価値を規範として定立すること」の二律背反から生じた、近代特有の深刻な原理的矛盾を克服して、歴史的思惟によって規範を確立することであった。最晩年の『歴史主義とその克服』において、トレルチはみずからの畢生の中心的テーマについて明確に述べている。

> この中心的なテーマとは、歴史的な生の流れのはてしなき流動性と、確固たる規範によってこの生の流れを限界づけ、それに形態を与えようとする人間精神の要求、この両者の関係に関するものである。それは早い時期にわたしが宗教哲学や神学の事柄についてあれこれと考えていたときに起こってきた問題であるが、そこでは歴史学的な批判や哲学的な批判によってだけでなく、とりわけキリスト教が歴史的に錯綜し変化を遂げているために、現代において確固たる立場をとることが、甚だ困難になっている。しかしこの問題はもっとずっと普遍的なものであることがすぐにわかってきた。とくに宗教的な生の規範にとってだけでなく、一般にあらゆる規範の全部にとって、これと同様の問題がある。国家、社会、経済について、さらにまた、学問や芸術についても、同様の問題が繰り返し起こってくる[33]。

一方には、洪水のように押し寄せては消えてゆく歴史的な流れの多様性があり、また因習的な諸伝承に対する批判的・懐疑的な態度があって、この伝承のなかから実際に生起した過去の事象についての認識を、つねに新たな研究によって、それもつねにただ近似的な仕方でのみ、獲得することができる。他方には、一定の実践的な立場への集中があり、神の啓示と要求に心を開いて随順する献身的・信頼的な生活態度がある。頭のなかで考え出されたのではなく、実際に身をもって体験したこの衝突から、結局のところ、わたしの学問上の問題設定全体が起こってきた。

　しかしこの衝突は、決して純粋に個人的な、偶然的な体験だったのではない。むしろそれは、時代と発展とのうちに潜んでいた近代世界の普遍的な死活問題が、わたしの意識に立ち上ってきた個人的な形式だったのである[34]。

　この引用からすれば、《認識と実践》、あるいは《学問と生》が、トレルチの生涯を貫く中心的テーマだったと言うこともできよう。しかしこれが焦眉の課題となったのは、「歴史的な生の流れのはてしなき流動性」によって、生の規範とみなされたものの普遍的妥当性が揺らぎだしたからである。したがって、より正確かつ具体的には、歴史主義によって引き起こされた《歴史と規範》という問題が、トレルチの畢生の中心テーマであった。ここで大事なことは、トレルチが歴史と規範のこの衝突を「時代と発展とのうちに潜んでいた近代世界の普遍的な死活問題」として捉えていることである。つまり「この問題全体は決して単なる個人的な問題設定などではなく、一般的な時代情勢からきた問題[35]」なのだということである。トレルチは近代特有のこの問題に対して、「歴史から規範を獲得すること」（Gewinnung von Normen aus der Geschichte）[36]によってしか、それに対処する方法はないと考えた。彼の感銘的な比喩的表現を用いるならば、「歴史的な生の流れに堤防を築き一定の形を与えること」（Dämmung und Gestaltung des historischen Lebensstromes）[37]が、歴史主義の問題に対する「唯一の解決可能性」（die einzige Lösungsmöglichkeit）[38]だというのである。これは歴史の外側から、「歴史を超えるもの」によって、歴史主義を乗り越えようとするものではなく、歴史に徹することによって、歴史の内側から、歴史主義の負の側面を克服しようとするものである。

三　トレルチと歴史主義の概念

それでは、トレルチはいつからこの歴史主義の問題に関心をもつようになったのであろうか。神学者としての歩みを始めた時点で、彼はすでに歴史主義の問題群に深い関心を払っている。例えば、「歴史主義」という用語こそ用いないものの、一八九五年の『十九世紀の神学の歴史的基礎』において、すでに発展を重視する新しい「歴史化する考察」（historisierende Betrachtung）[39]について言及しているし、一八九六年の学界展望「宗教哲学と神学的原理論」では、「今日の思考の歴史化する発展理論的方向」（die historisierende und entwickelungstheoretische Richtung des gegenwärtigen Denkens）によって、あらゆる理想的確信や諸宗教に対して突きつけられている「焦眉の問題」として、「われわれの発展史的思考から帰結する相対主義と絶対的価値との対立の問題」（Problem absoluter Werthe im Gegensatz zu dem aus unserem entwickelungsgeschichtlichen Denken folgenden Relativismus）を挙げている[40]。一八九六年の「宗教の自立性」という論文には、「あらゆるものを相対性へと変える歴史主義の漫々たる水」（die Wasser des alles in Relativitäten verwandelnden Historismus）[41]という表現が見出されるが、おそらくこれがトレルチにおける「歴史主義」Historismus という用語の最初の用例だと思われる。さらに一八九七年の「キリスト教と宗教史」では、「近代的思考の歴史化する精神」（der historisierende Geist des modernen Denkens）[42]にも言及しつつ、以下のように述べている。

> 十八世紀が依然として躊躇しながら、そしてすべてにおいて不変の理性的真理を探求しながら、あらゆる宗教において、しかしとくにキリスト教において、「自然宗教」をあがめながら開始したものを、十九世紀はますます成功裡に、そしてまったく計り知れない広がり方で継続した。この世紀は、われわれが手にし得るこの歴史的生成の断片を、その内的運動において指し示し、そしてこの断片の前方と後方に横たわっているわれわれの知らない部分に対しては、想像力を掻き立てて滔々と無限に流れる変化というイメージを描き出すことによって、人々の生活を歴史的生成のせわしない流れ、つまり絶え間ない変化のうちへと解消した[43]。

その翌年の一八九八年には、ベーロの『新しい歴史学的方法』とリッカートの『文化科学と自然科学』を論評した書評において、「宗教的規範真理の獲得に対して歴史化的な把握から生ずる困難」[44]について語っているし、リッチュル学派の重鎮ユーリウス・カフタンを論駁した同年の論文「歴史と形而上学」では、いまや歴史主義についてより明示的な仕方で、次のように語られている。

> 歴史主義は再び追い払うことはできないし、超自然主義は再び呼び戻すことができない。現下の状況の危機は、歴史的発展の単純なもの、永続的なもの、真なるものをその中核として際立たせ、人間の歴史のうちで働く理性に対する信仰に基づいて、それらを信仰に提示することができる、歴史の形而上学によってのみ

克服されうる。

このような一般的状況は神学においても再び反映されている。神学研究の全強調は、全般的状況の影響をうけて、その歴史学的研究のうちに存している。重要かつ独創的で、真に認識を広げる仕事は、ほとんど歴史研究からのみ生まれており、こうした仕事のみが非神学的な読者にとって理解することができ、味わうことができる。最も優れた才能の持ち主は歴史研究に向かい、そして教義学者たち自身の最も優れた業績は歴史学的に構想されたものである。教義学は数十年来洪水のように押し寄せるこうした歴史学ないし自然科学の諸成果に対する避難所にすぎない。多くの神学者たちが抱いている本来の教義学的な根本的見解とは、歴史を理解せしめ、歴史的に理解された理想の影響を身に受けることが肝要である、というものである。ひとはまさしく歴史主義の潜在的な神学（eine latente Theologie des Historismus）について語ることができる。(45)

さらに一九〇〇年の「神学の歴史学的方法と教義学的方法について」では、現在分詞から派生した形容詞としてではなく名詞の形で用いて、「われわれの全思考の歴史化(46)」という表現を使っている。またこの年以降の書評には、歴史主義の語は頻繁に登場しているので(47)、こうしたことからもハイデルベルク時代の神学者トレルチが、きわめて早い時期から歴史主義の問題に敏感であったことが窺われる。

いずれにせよ、ベルリン大学に移籍後、とりわけ第一次世界大戦以後、トレルチは全身全霊を込めて歴史主義の問題と本格的に取り組むことになるが、いまや歴史主義は明確に定義される。一九二二年の「歴史主義の危機」という論文で、トレルチは歴史主義を次のように規定している。

それは十九世紀が進行するなかで生起したような、精神世界についてのわれわれのすべての知識と感覚の歴史化を意味する。われわれはここではすべてのものを生成の流れにおいて、すなわち、無限にそしてつねに新たに個性化し、過去のものによって規定されつつ、知られざる将来的なものへと方向づけられたものとして見るのである。国家、法、道徳、宗教、芸術は歴史的生成の流れのなかに解消されており、われわれにはいたるところでただ歴史的発展の構成要素としてのみ理解され得る。このことは一方では、あらゆる偶然的なものと人格的なものが個を超えた広大なる連関に根差しているとの感覚を強め、過去の諸力をそのときどきの現在に引き渡す。しかしそれは他方では、それが教会的・超自然的な、それゆえに最高の権威を有するものであれ、永遠の理性的真理ないし国家、法、社会、宗教、倫理に関する理性的構成物であれ、世俗的権威とその支配形式に関係づけられた国家的教育の強制であれ、あらゆる永遠的真理を動揺させる。かかる意味での歴史主義は、事物を比較して発展史的に関係づける思考が精神世界の隅々にはじめて滲透した結果であり、これは古代や中世の思惟方式、いやそれどころか、啓蒙主義的・合理的な思惟方式からも根本的に区別される、精神世界に対する近代特有の思惟形式なのである[48]。

このように、歴史主義を「精神世界についてのわれわれのすべての知識と感覚の歴史化」（die Historisierung unseres ganzen Wissens und Empfindens der geistigen Welt）として捉えるこの定義は、『歴史主義とその諸問題』のなかにもそれに対応する定義を見出す。ここではそれは「われわれの知識と思考の根本的な歴史化」（die grundsätzliche Historisierung unseres Wissens und Denkens）[49]、「人間とその文化や諸価値に関するあらゆるわれわれの思惟の根本的歴史化」（die grundsätzliche Historisierung alles unseres Denkens über den Menschen, seine Kultur und seine Werte）[50]として規定されている。多少の表現上の相違はあるものの、その意味に大差はないといってよい。意味されているのは、事物や真理を永遠的・不変的な相において捉える静止的な思考から、すべてのものを生成の流れにおいて捉える動態的な思考への、人間の思惟ないし認識における根本的変化ないし転換であり、端的に表現すると、トレルチが最初期から問題にしてきた、人間の思惟のあのラディカルな「歴史化」（Historisierung）ということである。したがって、トレルチにとっての「歴史主義」とは、F・W・グラーフが言うように、「単にプロの歴史家の理解のテクニックや、古いテクストの意味内容を文献学的批判によって解明しようとする解釈学的努力」にすぎないものではなく、むしろそれをはるかに超えた、「人間の自己解釈と生活態度を根本的に変革した思惟の革命[51]」なのである。しかも彼がそれを「近代特有の思惟形式」（die eigentümlich moderne Denkform）として捉えていることも、再度ここで強調しておかなければならない。この点はマイネッケの歴史主義理解と比較した場合にきわめて重要だからである[52]。

　それはともあれ、本章におけるわれわれの関心は、単にトレルチが歴史主義の問題をどのように捉えていたかを究明することではない。そうではなく、トレルチのなかで歴史主義と解釈学がいかに収斂しているのか、またこの二つの水流を結合させたトレルチの思想が、最終的にいかなるアポリアに直面するのかを、シュライアーマッハーからディルタイに至るまでの解釈学の系譜も念頭に置きながら、彼のテクストに即して究明することである。そこで歴史主義の主題をさらに論述する前に、トレルチにおける解釈学のモティーフに分析のメスを入れてみよう。この課題を遂行するためには、まず彼の歴史思想の方法がどのようなものかを知る必要がある。

四　トレルチの歴史研究の方法

トレルチがみずからの歴史研究方法について述べたものとしては、「神学における教義学的方法と歴史学的方法について」という論文や、「《キリスト教の本質》とは何か?」という論文が重要であるが、それと同時に、『近代世界の成立に対するプロテスタンティズムの意義』の序論に相当する部分も見逃せない[53]。そこでトレルチは次のように述べている。

すべての学問は、これをうみ出す思惟する精神の諸前提に拘束されている。歴史ですら、正確性、客観性、精密な研究を追求するあらゆる努力にもかかわらず、このような諸前提に拘束されている。これらの諸前提とは、われわれがいつでも現在の体験に立ち返らざるを得ないという事実のうちに存する。過去を振り返って考察するとき、現在の体験がその考察のなかに浮かび出るものである。それというのは、われわれは過ぎ去った出来事の因果的理解を、今日の——たとえまだそれほどはっきり意識されていないにせよ——生活との類推から得るからである。しかしもっと重要なことは、われわれが物事のなりゆきを、みずから進んでするにせよ、心ならずもするにせよ、現在のなかにある作用全体につねに関係づけるということ、そしてわれわれがつねに特殊もしくは一般的な結論を、過ぎ去ったものから引き出して、未来にむかって現在のものを形成することである。現在とのこうした関係を認めない題目は、好古家のものであり、このような関係をまったく、そして原則的に無視するような研究は、単なる愛好家にとっての価値か、あるいは研究のための研究としての価値しかもたない。……このように現在の理解こそはつねにあらゆる歴史の究極目標である。歴史とは、まさに、われわれが想起できるかぎりでの、またわれわれ自身の現存在に関係づけることができるかぎりでの、その範囲での人類の全生活経験にほかならない。いかなる歴史研究でも、暗黙のうちにこの係数を用いて作業しているのであって、歴史がわれわれの認識の全体に対して明確な意義をもつ統一ある学問であることを自覚するとき、明らかにそれが歴史の最高目標なのである。(54)

このように、トレルチは「現在の理解」(das Verständnis der Gegenwart)を歴史の究極目標と見なしており、過去の事象を現在との関係なしに、あるいは「われわれ自身の現存在」(unser eigenes Dasein)との関係なしに、あくまでもそれ自体として研究するような態度を、好古家(Antiquar)のそれとして斥けている。歴史研究においては、「現在のなかにある作用全体」(das in der Gegenwart vorliegende Wirkungsganze)に関連づけることが大事であり、そこにおいては「現在の体験」(das gegenwärtige Erleben)が鍵を握っているというのである。

このような歴史理解は、当然のことながら、歴史学のなかに「構成的な企図」(ein konstruktives Unternehmen)(55)の要素を持ち込むことになる。すなわち、現在の本質を特徴づけているひとつの普遍概念(ein allgemeiner Begriff)に現在を総括すること、またこの全体を歴史的な諸要素や諸傾向の集まりとしての過去へ関連づけることは、歴史学にとって不可避な課題となる。トレルチのこのような「断固たる構成主義的な歴史理解」(ein dezidiert konstruktivistisches Geschichtsverständnis)(56)に従えば、ある種の普遍概念なしには、たとえそれがどんなに個別的な特殊研究であったとしても、いかなる歴史研究もあり得ない。そこに実証的研究の次元を超えた、ある種のメタヒストリカルな要素が入ってくることは避けがたいのである。

ここに示されたトレルチの歴史理解は、「《キリスト教の本質》とは何か?」という論文のなかでも明確に打ち出されている。トレルチはキリスト教の本質規定の根底に潜んでいる「本質概念」(Wesensbegriff) の諸前提を精査して、歴史学的な本質概念は①「批判」(Kritik)、②「発展概念」(Entwicklungsbegriff)、③「理想概念」(Idealbegriff) という三つの側面ないし次元をあわせもつ、との見方を前面に打ち出す。第一に、「本質概念は単に現象からの抽象にすぎないのではなく、同時に諸々の現象に対する批判なのである。そしてこの批判は単に未だ完成しないものを、そのなかにあってそれを駆り立てる理想に則して測ることではなく、むしろ本質に合致するものと本質に反するものとを分離することなのである」[57]。だが、このような批判はいかなる基準に従って遂行されるのであろうか。トレルチは歴史学的批判を「歴史的形成物をその主要な衝動に内在している理想に基づいて批判すること」、つまりは「内在的批判」(eine immanente Kritik) だと言いながら、その実それは、個々の形成物を「直観的かつ予見的に把握された全体の精神によって」(an dem intuitive und divinatorisch erfaßten Geiste des Ganzen)[58] 測ることにほかならない。かくして歴史学的批判が要請する抽象化の作業のなかに、個人的・主観的な要素がともに働いてこざるを得ない。だからこそ、抽象化は卓越した学問的な力とともに、「厳密に歴史的に形成され、宗教的・倫理的に仕上げられた人格性」を不可欠とする。したがって、それは「歴史学的な巨匠の業に属する事柄」(eine Sache historischer Meisterschaft)[59] なのである。

第二に、本質概念は「発展概念」でもある。本質は内的かつ活発な可動性と、継続的な生産力と自己化の力をみずからのうちに含んでいなければならない。つまり、「自己発展的な精神的原理」(ein sich entwickelndes geistiges Prinzip)[60] でなければならない。しかしこの発展のダイナミズムのなかに、いかなる「連続性」(Kontinuum) を認めるかということは、これまた大いに問題であり、この課題は「感情のきわめて細やかな歴史学的技芸」（die feinfühligste historische Kunst）[61]の持ち主にしてはじめて可能なことである。ここでも本質規定は歴史学的・経験的学問に根ざしていても、それを踏み越える課題を内包していることがわかる。

第三に、本質概念はまた「理想概念」でもなければならない。本質規定を行なう際に、「絶対的に先入観にとらわれない、局外中立的なありかた」は不可能であり、究極的には、その対象に対する個人的な立場ないし態度決定が関与せざるを得ない。すなわち、対象となっている事象の将来的推移をどう見るかで、本質規定に大きな差が生じてくる。ここに抽象化の「予見的想像力」（divinatorische Phantasie）だけではなく、根本思想の一層の展開を見込むところの、「先を見通す想像力」（vorausschauende Phantasie）[62]が要求される。ここに至ると、「歴史の広さと深さへの献身」に加えて、将来を形成しようとする意志、過ぎ去ったものと将来的なものを結び合わせる果断な行為、ひいては将来への理想が問題となる。このようにして、抽象概念から理想概念へと移行することは避けがたいものとなるが、その点に本質規定の最も困難な問題がある。というのも、「過去、現在、未来についての長い入念な熟慮ののち、できるだけ多くの詳細にわたって視野を広げたのち、あらゆる到達可能な、理解を促進する比較対象を引き合いに出したのち、結局最後に残るのは、行為のみであり、かかる行為において、過去の純粋に歴史的なものと、未来の規範的なものとが、現在の判断のなかで結合されている」[63]からである。

以上のような理由に基づいて、「本質規定は本質形成である」（Wesensbestimmung ist Wesensgestaltung）[64]と言われるのであるが、すでに明らかなように、このような本質規定の捉え方のうちには、多分に主観的な要素が入り込んでおり、しかもきわめて決定的な役割を演じている。そこで、トレルチのこの論文における一番長い議論は、「6　本質規定における主観性と客観性」という部分に割かれている。この節のかなりの部分は、一九〇三年の雑誌論文にはなく、『著作集』第二巻に組み入れられる際に加筆されたものである。その多くは、『社会教説』によって得られたキリスト教史についての洞察を、キリスト教の本質規定に関係づけて論述したもので、目下のわれわれの関心には直接関係はしない。したがって、ここではそうした内容的な点には一切触れないで、あくまでも方法論的な問題に絞って、トレルチの所論を跡づけてみたい。

トレルチによれば、キリスト教の本質規定のうちに含まれている問題は、煎じ詰めれば、「歴史と規範との関係一般という、大きくかつ普遍的な問題」[65]にほかならないのであり、この問題に関しては、「これまでの考察の基礎になっている解決、すなわち、必然的かつ真実として認識されたものと、歴史的な伝承および経験との、つねに新たな、純粋に実際的で、非合理的な結合の理論以外には、いかなる解決も残っていない」[66]。この理論こそ、近藤勝彦が「形成理論」（Gestaltungslehre）と名づけ、彼の優れたトレルチ解釈の中心に据えた当のものである[67]。いずれにせよ、遅くとも一九〇三年の時点で、トレルチはこのような「形成理論」へと辿り着いており、それ以後の彼の歴史思想の捉え方はすべてこのような理論に立脚している。その立場からすれば、「客観的なものは、その都度単純に受け容れられるために、そこに用意されているのではない。そうではなく、客観的なものはその都度新たに創られるのであり、そして歴史的な所有に帰されているものと、個人の良心に適った継続形成と改造との、相互滲透においてその拘束力を発揮するものである」[68]。したがって、「どんな偉大な思想形成や価値形成も、それ以前になされた行為を所有し獲得することから生じる、ひとつの個別的な創造的行為（eine individuelle schöpferische Tat）である」[69]。

このような理論に対して、ひとは危険な主観主義であるとの非難をするかもしれないが、それは正しくない。なるほど、「このような理論によって、主観主義に原則的に門戸が開かれていることは否定されるべきではない。しかしその点に損害を見出すことはおそらく難しいだろう。なぜなら、本質のさまざまな個人的把握、すなわち主観的確信に基づく根拠づけは、主観主義を理論上は見事に排除したところにおいてすら、実際には支配的だからである」[70]。

歴史研究に関するこのような態度表明は、トレルチにおいては最後まで一貫しており、それは最晩年の『歴史主義とその諸問題』においても、彼の歴史論理学の議論を特徴づけるものとなっている。そこでも彼は、「純粋に観照的な歴史考察」[71]を批判して、「現在と未来との理解へと注ぎ込まないような、純粋に観照的な歴史学は存在しない。ここでもまた、現在と未来とを理解することは、歴史学の動機であるとともにその成果でもある」[72]、と明言している。

それと同時に、歴史学が心理学にも社会学にも還元され得ないことを、トレルチは一貫して主張している。歴史は自然と違って、決して因果的に説明し尽くせるものではない。歴史の生成統一を把握するのは、歴史家に特有の「歴史学的感覚」(der historische Sinn)と呼ばれるものである。

> ……個々の事件は、それらの事件を貫きそれらを相互に解消し、そうすることでそれらを連続させている生成統一の中で、溶け合っているということである。この生成統一は、それらを記述することは論理的にきわめて困難であるが、しかしこれを見、かつ感じることこそ歴史学的感覚の本質である。この歴史学的感覚について、それがほとんど一つの特殊な認識器官であるように語るとすれば、この感覚こそまさに、さまざまな事件を個々の事件が因果的に生じたという意味で組み合わせて理解するのではなく、一つの生成統一へと融合し溶け込んでいるという意味で総括的に見ながら理解する能力である[73]。

ここで「歴史学的感覚」は、「さまざまな事件を総括的に見ながら理解する能力」（[die] Fähigkeit, zusammenschauend ... die Vorgänge zu verstehen）と言い換えられているが、次にわれわれはこのような理解ならびに理解力について、視点を変えて考察してみよう。

五　トレルチにおける《追感的理解》

そこでわれわれは、今度はトレルチの解釈学理論に光を当ててみたい。もちろんトレルチの著作のどこにも、解釈学をそれ自体として正面から論じた箇所はない。しかし歴史家としても一流だったトレルチが、みずからの解釈学理論をもっていなかったはずはない。実際、歴史叙述や歴史学的認識について述べた箇所では、随所に彼の解釈学理論と見なし得るものが散見する。われわれはそれを《追感的理解》（nachfühlendes Verstehen）と名づけ得ると思う[74]。実際、トレルチの著作の重要箇所において、«nachfühlend verstehen»という表現や、それに関連するないしは類する表現は、少なからず出てくる。われわれはまずその代表的な用例を洗い出し、それらを分析することを通して、彼の解釈学理論の中身に迫ってみたい。

トレルチは『歴史主義とその諸問題』において、「形式的歴史論理学」（die formale Geschichtslogik）について詳しく論じている。そこに歴史学についての彼の基本的見解が凝縮的に示されているが、そのなかに彼の解釈学理論の核心部分も見え隠れする。トレルチによれば、「本来の歴史学《ヒストーリエ》は実際一般に行なわれているところに従えば、歴史《ゲシヒテ》のそのつど個性的な造形物の具体的、具象的《アンシャウリッヒ》記述であり、「そしていかなる記述家といえどもこのことから完全に離れることはできない[75]」。その場合、「個性的」（individuell）とは何かということであるが、「個性的」とは「一般法則の抽象性に対する反対語である。それは歴史的対象の一回性、反復不可能性、特殊性を意味する」[76]、とトレルチは言う。歴史には自然科学的原素に類比的な単純な基本的原素は存在せず、歴史ははじめから豊富な心的な基本的経過が、ある自然的諸条件と一緒になって、その都度一つの生命的統一ないし総体へと結晶している。彼はそれを「個性的総体」と名づける。そこから彼は、「個性的総体というカテゴリー」（*Kategorie der individuellen Totalität*）を「歴史学にとっての基礎的カテゴリー」と見なす。そしてそれに関連して、次のように述べる。

> この個性的総体という概念のなかには、さらに起源性（*Ursprünglichkeit*）と一回性（*Einmaligkeit*）という概念が含まれている。この特別な原理が、それ以上もはや起源を求めたり説明したりできず、ただ追感しながら理解することができるだけで、それ以上導出されることのできないもののなかに横たわっている。歴史学のなかで導出とか説明とか呼んでいるものは、実はただ生成経過のなかへの感情移入にほかならない[77]。

ここに出てくる「追感しながら理解する」（nachfühlend verstehen）という表現と、「感情移入」（Einfühlen）という用語が、トレルチとディルタイの親近性を示唆していることは想像するに難くない。それはともあれ、この引用文の少しあとでも同じ表現が用いられ、「われわれは、地理学や歴史学上のさまざまな前提やその他の前提を受け取って、まるでその状況の中であらゆる造形物をみずから生み出したかのごとく、すべてのものを追感しながら理解する（nachfühlend verstehen）ことができる」[78]、と語られている。同様の表現は、この書物のなかでもう一度用いられ、そこでは「断固として固有な新しい認識原理によって、直観によって、あるいは根底的な気転《アペルシュー》によって……ひとは一種の強力な力の緊張により、生成の内的な進行や流れのなかに連れ込まれ、この生成をいわば内側から追感しながら、独創的かつ原理的にそれを理解する（nachfühlend, genial und prinzipiell versteht）」[79]、と述べられている。それ以外にも、「ヘブライ預言者の信仰とエートス」という論文では、「ヘブライ預言者思想を、きわめて多様な諸事情の交互作用から追感しながら理解し、とくに、単に起源的諸要素にすぎぬものからそれ自身が分離して行くことを注視する理解は、あの二つの支配的理論〔実証主義的＝経験主義的宗教学と観念論的＝超越論的宗教学〕によって説明しようとするいかなる試みよりも、もっと生き生きとまた深くそれを洞察することであろう」[80]、と言われている。

このように、《nachfühlend verstehen》という表現は何度か出てくるが、トレルチにおける《追感的理解》を解明するためには、この表現そのものだけではなく、nachfühlen、Nachfühlen、Nachfühlung についても、さらにはそれと親近関係にある nachempfinden、Nachempfinden、Nachempfindung についても、分析してみる必要があるだろう。

まず nachfühlen、Nachfühlen、Nachfühlung から見ていくと、トレルチは『キリスト教の絶対性と宗教史』第二版（一九一二年）において、「無際限の相対主義」（der unbegrenzte Relativismus）が歴史的思惟一般の結果であるように誤解されるようになった原因の一つとして、「異質的な形成物とその内的および外的前提を仮説として感得するという、歴史認識にとって基本的な技術は、価値判定の立場を変化させる無際限の名人芸をもたらした、との考え」を挙げ、これによって「歴史はあらゆる異質的な性格の追感（Nachfühlung）、自己の特徴の放棄、懐疑と才気あふれた遊戯、あるいは、倦怠と不信仰と同じものになった」[81]、と述べている。ここでの Nachfühlung はむしろネガティヴなニュアンスが強い。しかし人格的な確信の事柄において「決断を下すものは、内的な生の大いなる高揚に倣った生とその追感（Nachleben und Nachfühlen）に基づく信仰告白にほかならない[82]」という用例においては、Nachfühlen によりポジティヴな意味合いが込められている。「諸々の現象の追感から生じてきて、その内的連関をはじめて解き明かす解釈」（eine aus dem Nachfühlen der Erscheinungen entsprungene und ihren inneren Zusammenhang erst erleuchtende Deutung）[83]という用例の場合にも、Nachfühlen にかなりの重要性が付与されている。『歴史主義とその諸問題』のなかには、「追感しながら研究する研究者（der nachfühlende Erforscher）は、因果的経過全体をみずから自分のなかに追体験することができる。しかしこれは、自然科学の因果関係とは根本的に相違している[84]」という用例も見出される。

nachempfinden、Nachempfinden、Nachempfindung に関しては、『キリスト教の絶対性と宗教史』第一版（一九〇二年）の序のなかに、まず注目すべき用例が見出される。すなわち、「歴史学の本質は、実際まさしく仮説的な追体験と追感受（das hypothetische Nacherleben und Nachempfinden）である。それによって、ひとは異質な制約をもつ宗教生活を実際に体験することができる。また自分自身の従来の宗教生活を仮説的に客観化することができる[85]」という用例である。この「仮説的な追感受」（das hypothetische Nachempfinden）という表現は、同一の書物の後半部分で、理念相互の自由な戦いのなかから、規範性ないし価値基準を獲得することに関連して再度用いられている[86]。次に、「神学における歴史学的方法と教義学的方法について」という論文のなかには、以下のような用例が見出せる。

> しかしもしあらゆるものを水平化する類比のこの意義が、人間精神ならびにその歴史的活動一般の共通性と同質性に基づいてのみ可能であるとすれば、そのことによって精神的・歴史的生のあらゆる現象の相互作

> 用という、第三の歴史学的根本概念が与えられている……。しかしそのことによって歴史学的な説明と把握の原理が与えられている。どの点にも特有のものや自立的なものが現れるが、それはわれわれの追感受の能力（unsere Fähigkeit der Nachempfindung）そのものによって、たしかに人間に共通なものの一部をなすものとして感じ取られる。しかしこの特有の諸力は、さらにすべての出来事を包括する、相関的な流れと連関のうちに立っている。かかる流れと連関は、われわれにあらゆるものを相互に制約し合っているものとして示し、また相互に影響し絡まり合うことを免れるいかなる点も認めない。歴史学的説明のあらゆる原理がこの上に組み立てられていることは、証明を要しない。独創的な内容を追感受する技術（die Kunst der Nachempfindung）と、相関的な、相互に制約し合った変化を突きとめることは、歴史家の技術である(87)。

ここでトレルチは、「追感受の能力」がわれわれ人間に一般的に具わっていることを匂わせながら、しかも「追感受する技術」（die Kunst der Nachempfindung）を、すぐれて「歴史家の技術」（die Kunst des Historikers）と見なしている。

さらに nachempfinden に関して興味深い用例を拾えば、トレルチは「ヘブライ預言者の信仰とエートス」という論文において、宗教発展の捉え方に関連して、以下のように述べている。

> しかしこれらすべてのことは、十分に明らかな伝承の場合には、ひとは非常によく理解しつつ追感受する（verstehend nachempfinden）ことができる。というのも、われわれの間では今日もなおそのようなことが起きているし、したがってわれわれは、われわれ自身が体験することを、われわれがそれを体験する限りにお

いて、理解しもするからである。ところでしかし、この理解することが演繹的に説明することでないように、ここで全体にわたって生じている連続性も、既存のものの単なる継続ないし貫徹という意味での発展ではない[88]。

とても興味深いのは、《nachfühlend verstehen》とパラレルな形の《nachempfindend verstehen》という用例は見出せない代わりに、語順を逆転させた形の《verstehend nachempfinden》という用法がここに出てくることと、「われわれは、われわれ自身が体験することを、われわれがそれを体験する限りにおいて、理解しもする」（wir, was wir selbst erleben, insofern als wir es erleben, auch verstehen）という言説である。ここに「体験」（erleben）―「追感受」（nachempfinden）―「理解」（verstehen）という図式が示唆されている。

以上の文献学的な作業によって、トレルチにおける《追感的理解》の基本的特徴の幾つかが浮き彫りになった。さて、それでは《追感的理解》とは、具体的にはいかなるものであり、またどのような仕方で生起するのだろうか。トレルチに即してより深く解析する前に、まずnachfühlenとnachempfindenの基本的語彙を押さえておく必要がある。ドイツ語の大きな辞書で調べてみると、両語に大差はなく、《sich so in einem anderen Menschen hineinversetzen, daß man das gleiche empfindet wie er; etw., was ein anderer empfindet, in gleicher Weise empfinden (u. darum verstehen)》という意味だと記されている[89]。すなわち、「他者と同じものを感受するために、他者の身になって考える。他者が感受していることを、同じ仕方で感受する（そしてそれに関して理解する）」というほどの意味である。それゆえ、《追感的理解》は広義の他者認識の問題性を内包している、ということが容易にわかる。

トレルチにおける《追感的理解》に関連しており、何らかの仕方でその一面を言い表す概念に、先に指摘した「体験」（Erleben; Erlebnis）に加えて、「直観的」（intuitiv; anschaulich）、「根源的」（ursprünglich）、「創造的」（schöpferisch）、「天才的、独創的」（genial）、「予見的」（divinatorisch）、「勘」（Takt）、「本能」（Instinkt）、「直観」（Intuition; Schauen; Anschauung）、「予見」（Divination）、「才能」（Begabung）、「天才」（Genie）などがある。具体例を示せば、「直観的かつ予見的」（intuitiv und divinatorisch）[90]、「予見的な想像力」（die divinatorische Phantasie）[91]、「言い当てる予見」（die erratende Divination）[92]、「全体を概観する予見の技術」（das Ganze zusammenschauenden Divination）[93]、「予見的な勘」（ein divinatorischer Takt）[94]、「天才的に理解する直観」（die genial verstehende Anschauung）[95]、「理解の天才」（das Genie des Verstehens）[96]など、枚挙にいとまがないが、ここでは『歴史主義とその諸問題』における「歴史学と認識論」に関する議論のなかから、以下の用例を引いておこう。少し長いが、トレルチの解釈学理論の要諦を含んでいるので、多少端折りつつも、そのまま引用することにする。

> われわれがさらに先へ進むことができるのは、もっぱらこの後の方の道に従ってである。しかしそうだとするとこの道は、まさしくライプニッツのモナド論やマールブランシュの参与論の命題にきわめて近い命題に導いていく。魂を異にするものをわれわれが認識し得るのは、ただわれわれがそれを、万有意識とわれわれとの同一性によって直観的（anschaulich）にわれわれ自身のうちに担っており、われわれ自身の生を理解し感受することができるからである。それは、われわれが異なる魂のものを、異質であると同時にわれわれ自身のモナドに所属するものとして感受することによる。ただこのような仕方ではじめて、とくに詩人の本来の才能（Begabung）が理解される。また、例えばいわゆるオカルト主義的な現象の大部分も、実験的に確

認されるはずである限りにおいて、このような仕方で理解され得る。また、このような仕方ではじめて歴史家のやり方も理解され得る。歴史家のやり方もこの点では、歴史家が勘（Takt）とか本能（Instinkt）とか予見（Divination）とか称している彼独自の才能の問題があって、それはちょうど逆に自然研究家の場合に、自然を一貫して支配している独特な法則性に対する参与のなかでいつでもこの目標を目指している考察の鋭さが現れ出て、それが自然研究家の本来の才能を形づくっているのと同様である。……それはいつまでも、こうした直観的（intuitiv）な認識と、単純な、ないし派生的な感覚的諸媒介との結合のもとにとどまりつづける。ただ異質な個体からの働きかけと身体的な知覚を通してはじめて、この直観（Intuition）は現実化される。最も頻繁なこの現実化（Aktualisierung）の事例は、表情や言語である。しかしまたあらゆる種類の文書や記念碑や廃墟といったものもそうした媒介物として役立つことができる。それらはまさに機会因であって、それなしにはあの直観は存在しない。……無媒介な直観というものは存在しない。さらに進んで、その直観する人の才能や性格によって、したがって心理学的なさまざまな偶然性によってその結果が非常に異なってくるという事実が存在する。理解する才能（die Talente des Verstehens）は、訓練や比較によって高められることができる。しかしそれでもなお、魂を異にするものに対する献身と洞察の能力は、その密度や関心方向に非常な相違が残り続ける。補完（Ergänzung）、総覧（Zusammenschau）、洞察（Durchschau）といったことを行なう能力は、鋭い個別的な観察をしたり、厳しい精密さを持ったりする能力とは異なっている。いかなる学問的教育もこの相違を完全に平均化することはできない。意味の耕地をたがやす人と素材の耕地をたがやす人との別はいつまでも存在し続けるであろう。この問題は、解明することのできない個性化（Individuation）の深みに導いていく。この個性化の深みによって万有意識の内容と法則とは、個々の個人のなかに異なった緊密度や広がりにおいて、また異なった質において含まれているのである。また当然のことながら、欺瞞や誤謬も閉め出されているわけではなく、感覚的な表徴や象徴をどう解釈するかといったことのなかに、またそれらの表徴や象徴の背後に横たわっている連関を、どう解釈するかといったことのなかに、欺瞞や誤謬も含まれることになる。……しかし結局のところ、本来の確信や確かさは、依然として感情（Gefühl）のなかに、つまり個別的な場合においても、全体的な連関においても、実在を直観的に把握したという感情のなかに存在する。それは直観（Schauen）であって熟慮（Erdenken）ではない。しかし直観されるもののなかにはさまざまな論理的連関、連続、構造があわせ含まれており、それらが合わせ直観される。[97]

　ここに長々と引用した文章のなかに、トレルチの歴史認識論あるいは解釈学理論の中核部分が含まれている。トレルチの表現を用いるならば、歴史の認識論あるいは解釈学の中心に位置しているのは、「異なった魂のものに対する認識をめぐる問い」（die Frage nach der Erkenntnis des *Fremdseelischen*）[98]にほかならない。この問いを解くためにトレルチが持ち出すのが、一つはライプニッツのモナド論とマールブランシュの参与論という形而上学的思想であり、もう一つは、歴史家はただ自分と同質的な人物たちや事態を理解するという「天分の同質性」（Kongenialität）の理論である。[99]後者に関しては、トレルチは間違いなくベークやドロイゼンの解釈学的伝統の上に立っているが、ベークやドロイゼンと違うのは、恩師グスタフ・クラース（Gustav Claß, 1836-1908）やヘルマン・ロッツェ（Hermann Lotze, 1817-1881）から学んだ形而上学的思想に深く棹さしていることである。

　トレルチの解釈学理論に関して敷衍すれば、彼はいわゆる「解釈学的循環」（der hermeneutische Zirkel）という用語こそ用いないが、人間的思惟の避けがたい循環については熟知しているし[100]、ディルタイとも触れ合うような「影響連関」（Wirkungszusammenhang）という概念も用いている。[101]いずれにせよ、トレルチの歴史思想のなかに解釈学の水流が注ぎ込んでおり、歴史主義に立脚した彼の形式的歴史哲学のなかで重要な機能を果たしていることは、以上の考察から明らかになったことと思う。

六　歴史主義の危機

われわれはここで再び歴史主義の議論に立ち戻るが、歴史主義が、トレルチの言うように、「人間とその文化や諸価値に関するあらゆるわれわれの思惟の根本的歴史化」であるとすれば、それでは一体なぜ「歴史主義の危機」が問題となるのであろうか。また「歴史主義の危機」とは具体的にはいかなる事態を指しているのであろうか。トレルチは「歴史主義の危機」には大きく三つの要因ないし次元が関係していると見ている。

第一に、「歴史学《ヒストーリエ》の認識論的・論理的問題の展開[102]」ということである。つまり、「思惟する精神がその法則に従ってもたらした秩序は、事物そのものの実際の本質と連関といかなる関係にあるか。あるいはとくに歴史学に適用して表現すれば、歴史学は現実の出来事を一般にどの程度把握し、再現することができるのか[103]」という問題である。それは資料批判とか事実確認という次元での話ではない。そうではなく「直観的・理解的にのみ」把握できる、普遍的傾向や運動の「意味統一」の認識に関してである。実際、「大きな連関のみが普遍人間的な意義を有しており、教養や生の方向づけに対する統一的な影響力を歴史学に付与する」のであるが、このような大きな意味連関を理解することには大きな困難が伴う。一方では、精確な事実確認が要求されるために、些事に拘泥する「専門主義」が助長され、ついには「歴史学の訓詁学化」といった事態が招来される。だが他方で、歴史学が本来取り組むべき「大きな発展連関の総合」の課題となると、歴史的認識の《客観性》がたちまち疑わしくなり、「厳密な学」たらんと欲する歴史学は尻込みしてしまう。そこでこの総合の課題は「ディレッタントの手」に委ねられ、「懐疑」、「幻想」、「創作」などが幅をきかせることになる。こうして、「狭い意味での歴史学自体の危機」と「非学問的精神の一般的危機」とが合流して、現下のような「歴史主義の危機」が訪れたのである[104]。

次に、「歴史主義の危機」をもたらした第二の要因は、「歴史学的な研究、因果の解明、そして直観的統一の中に社会学的要素が導入されたこと」[105]である。「あらゆる精神的・文化的ならびに国家的・組織的形成物は、そのときどきの社会的生活基盤に依存している」という事実が明らかになったが、そちらはそちらで社会の経済的・技術的状態に強く制約されているので、従来のような「一面的な精神史、国家史、法制史」は困難となった[106]。とりわけ「十九世紀の産業上、技術上、社会上の大変革と、それがマルクス主義的学問ないし経済的歴史理論となって頂点に達したことは、ここで革命的な影響を及ぼした」。マルクス主義についてはいろいろな評価はあろうが、その学問的意義は「社会学的な諸問題や、そうした問題がきわめて現実的な生活の必要性と関連していることへの感覚を途轍もなく鋭敏にし、また深めたこと」[107]である。こうして歴史学のなかに、「新しいものの見方と問い方」としての社会学を導入することが要請されたが、歴史学的な問題はこれによってますます複雑なものとなった。「経済的・社会的要因、精神的・文化的要因、そして政治的・法的要因の相互の交錯は、ひとつの大きな文化連関の個々の場合ごとに、そのつど特殊な仕方で解決されるべき課題となる」[108]からである。いずれにせよ、従来の歴史学では手に負えない課題が続出してくる。

第三の要因は、「これらすべての結果として生じ、さらに固有の理由をもって起こったことであるが、倫理的価値体系が根拠づけならびに実質的内容において動揺したこと[109]」である。「従来の価値体系」は、近代の開始以降、なかんずく十九世紀の経過とともに崩壊し、そこからマックス・ヴェーバーが『職業としての学問』で説いたような、「価値の多神教」という状況も現出してきている。だが、トレルチによれば、ヴェーバー的な価値問題の解決は「非常に異教的」であるばかりか「不可能」でもある。その帰結は「価値のアナーキーと純粋に個人的な、非学問的態度決定の必然性」にほかならない[110]。つまり「あらゆるものがあらゆるものに対して闘争する[111]」事態である。そこに世界大戦が勃発し、「自明のものとされてきた沢山の古き価値とそれに対応した歴史的構成物を粉々に破壊したが、新しい価値を創始はしなかった」。こうした事態は文化全般の危機であるが、同時にすぐれて「その最内奥の構造における歴史学自体の危機[112]」を意味している。なぜなら、歴史学はその方法的前提からして相対主義を回避できず、それによって価値の動揺への道を開いたからである。以上の要因が相俟って「現実の歴史主義の危機」が招来したのである。

トレルチによれば、「歴史主義の危機」は「歴史学が最も豊かに最も広範に展開された近代歴史学の母国」たるドイツにおいて、最も深刻な危険水域にまで高まっている。なぜなら、「とくに世界大戦はあらゆる歴史的思惟をまったくの混乱状態に放り投げ、過去の構成物と尺度の価値を引き下げ、まったく新たな諸問題を提起し、もちろん同時にまた、あらゆる歴史学に対して二重にも三重にも懐疑的な気分にさせた[113]」からである。かくして「今日の歴史主義の危機」は、「この時代一般の深刻な内的危機」を意味しているのであり、それは「けっして単なる学問的な問題ではなく、実践的な死活問題なのである[114]」。

それでは、このような危機状態を脱する「逃げ道」（Ausweg）はあるのだろうか。歴史主義の危機を克服するために、どのような方策が考えられるだろうか。論文「歴史主義の危機」には、具体的な処方箋までは記されておらず、それについては少し後に出版された大著『歴史主義とその諸問題』を繙く必要があるが、トレルチ自身の解決方向はこの論文にも明確に示されている。彼はニーチェによって提起された問題[115]を真剣に受けとめつつも、彼が処方した「学問に対する過激な嫌悪と根本的な反歴史主義」に逃げ道を求めることを断固退け、あくまでも「文化と歴史についての真摯な知識との接続[116]」、すなわち歴史学を媒介にした学問的解決の道を求めている[117]。トレルチの考えでは、民族主義的解決法も、教会的権威への回帰も、分派的キリスト教の行き方も、神智学に訴えることも、問題の本質的解決にはなり得ない。「究極的な逃げ道は、学問的に考える人間にとってのみ考慮の対象になるもの」である。それは「歴史学と哲学の新たな接触[118]」という、新しい歴史哲学の構築に至る道である。肝要なことは、「歴史学的専門研究に哲学的理念を注入すること[119]」である。「歴史主義の危機」を克服するという課題は、歴史学自体のものではなく、「歴史学へと関連づけられた哲学」の課題である。この課題遂行のためには、歴史家と哲学者の「共同研究」が大切である。「歴史主義は理念を欲し、哲学は生を欲する[120]」。そこからトレルチが前面に押し出してくるのが、「ヨーロッパ主義の普遍史」の理念とあの有名な「現代的文化総合」のプログラムである。

七　「ヨーロッパ主義の普遍史」の理念

『歴史主義とその諸問題』におけるトレルチの議論は、歴史哲学をまず「形式的歴史論理学」と「実質的歴史哲学」とに区別することから始まっている。それは「経験的歴史学からの論理学的基礎づけ」を行なわず、極端な思弁に走ってしまったヘーゲル流の歴史哲学の轍を踏まないためである[121]。われわれが『歴史主義とその諸問題』として知っているこの書物は、実は本来二巻本として構想された書物の第一巻で、これには「歴史哲学の論理学的問題」という副題がついている。第一巻を上梓して間もなくトレルチが急逝したために、「実質的歴史哲学」、すなわち「歴史のプロセスの内容的な構成」を扱うはずの第二巻は永遠の幻に終わってしまったが、歴史認識についての論理学的問題を扱ったこの第一巻のなかにも、すでにトレルチの実質的歴史哲学の主要な輪郭は仄めかされている。いずれにせよ、形式的論理学におけるトレルチの議論は、「個体性」と「発展」という二つの中心的概念についての多方面からの批判的考察を軸にして、やがて「普遍史」（Universalgeschichte）と「現代的文化総合」（die gegenwärtige Kultursynthese）という二つの理念の論究において頂点に達する。

　普遍史は「歴史学の本来の完成であり冠であって、発展概念の包括的な成果である」[122]が、トレルチの時代には普遍史への衝動は枯渇しきっていた。その一般的な原因は、（1）「資料批判の基礎づけや徹底的研究に対する要求が法外に強調されるようになったこと」、（2）「普遍的、人類的精神一般が疲弊していること」、（3）「有機体論の古い精神とそれがヘーゲルの思弁に対立してきたことに由来する影響」、（4）「価値の理念が動揺し、宗教的ないし倫理的な全体的目標が動揺し、ランケ、ギゾー、アクトンといった人々にとってはまだ自明であり、座標系として役立っていたヨーロッパ的な人間性の理念が完全に解消してしまったこと」[123]である。しかしより特殊的かつ本質的な原因は、トレルチによれば、個体性思想の破壊的影響である。「この個体性思想は長い間には普遍史的考察一般を解消し、寸断し、相対化し、方法的に確実な専門主義へ、もしくは単に国民的な自覚へ変えてしまった」[124]のである。かかる相対主義的傾向に対して、トレルチは「普遍史的な思考と生活感情へと帰ってゆく必要性」を力説する。

普遍史を志すならば、そのなかでのみ人間の歴史を統一することができるような、一つの将来＝目標思想を持たなくてはならない。それが果たしてどの程度まで、そしてどういう意味で可能であるかは、まさに現代の焦眉の問題の一つである。歴史に対するたんに専門的な、あるいはたんに観照的な態度は克服されねばならない。歴史像は偉大な世界的な将来の課題とふたたび結合されなければならない。厳密、博識、過去の探究への専心は、行動的な、将来形成的な意志と結合されなくてはならない[125]。

だが、トレルチ自身も実際に普遍史を書くことに困難を覚えた。第一に、カント的認識論からすれば、人類の全体的な意味を認識することは不可能である。第二に、「普遍史的な発展には意味統一（Sinneinheit）や意味関係（Sinnbeziehung）が不可欠である[126]」が、トレルチの時代にはまだ人類は「精神的な統一」も「統一的な発展」も有しておらず、したがって歴史学的考察の対象とはなり得なかった[127]。第三に、歴史は未だ完結しておらず、将来に対して開かれているため、あらゆる決定的な普遍史の構成は疑わしいということ。このように、一方では普遍史的な思考と生活感情へ立ち返ってゆく必要を感じながら、他方では実際的な普遍史記述の不可能性に直面する、というディレンマにトレルチは陥る。だが、普遍史を断念することは、結局、歴史的相対主義に屈服することになりはしないか。かかる窮地を脱却する道としてトレルチが提案するのが、「ヨーロッパ主義の普遍史」（Universalgeschichte des Europäismus）という奇妙な観念である。これは普遍史の概念の意義を保持しつつ、運用範囲を処理可能な規模に縮小しようとする戦略的概念である。その際、トレルチはライプニッツのモナド論、マールブランシュの参与論、ランケの時代論などを援用して、一種の「歴史形而上学的モナド論」を構想し、それによってこの戦略的概念を擁護しようとする[128]。この「歴史学的に修正されたモナド論」によれば、モナドとして理解された個々の歴史的実体は、万有生命ないし万有精神に参与しており、この参与によりその特殊な歴史的状況のただなかにおいて共通の生命の根拠を具現化している。したがってあらゆる歴史的な個性的総体は、その個体性、歴史的特殊性、時間的・空間的制約性にもかかわらず、それ自体のうちに普遍性と歴史の目標の形而上学的完成とを担っている、というのである。このように理解されるならば、ひとつの個性的総体としてのヨーロッパ文化・文明の歴史は、その歴史的・地理的特殊性にもかかわらず普遍史的意義を有することになる。もちろんこの立場に立てば、イスラム世界の普遍史とか中国文明の普遍史ということも、原理的には可能とならざるを得ない。けれどもトレルチによれば、ヨーロッパ文化圏――ちなみに、トレルチはアメリカとロシアの文化をこれに含める――は、「高度に独特でそれ自体としてすでに甚だしく独一的な二つの文化段階、すなわち北ヨーロッパ的文化と地中海的・古代的文化を統合していること[129]」と、その統合を達成し維持していく上でキリスト教が決定的な役割を果たしたことによって、唯一無比であると同時に、卓越した意味での普遍性を要求できるという。

かくして、普遍史的考察の対象をヨーロッパ文化圏に限定したとしても、普遍史という概念に託されている普遍性はかなりの程度まで保持される、とトレルチは考える。そこに「ヨーロッパ主義の普遍史」という概念が成り立つ根拠があるが、それはまた彼にとって実践可能な唯一の実質的歴史哲学のあり方なのである。かかる一連の議論の結論として、トレルチはいまや次のように言う。

> われわれは本当のところただわれわれ自身のみを知るのであり、ただわれわれ自身の存在と、したがってまたわれわれ自身の発展のみを理解する。ただわれわれを認識することだけが、われわれにとって実践的な欲

求であり、必要性であり、文化を形成する自己の行為と未来に対する意欲との前提である。世界中を巡る旅行は、自己自身に至るための最も短い道程かもしれない。その途上でしかしいずれにせよ、われわれは常にひたすら比較しつつ、また学びつつ、まさにわれわれ自身へとやってくる。……ひとは自己自身の歴史的な全体的運命に対する信仰を告白する勇気を持たなければならない。なぜなら、われわれはなんとしてもわれわれ自身の歴史的な皮膚から抜け出すことはできないからである。[130]

このように、以後の考察の対象をヨーロッパ文化圏に限定しつつ、しかもその考察の普遍史的意義を擁護しつつ、トレルチはみずからの「実質的歴史哲学」が緊急に取り組む課題として、「現代的文化総合」のプログラムを高く掲げる。

八　「現代的文化総合」の構想とその意図

「現代的文化総合」の試みは、一言でいえば、トレルチ自身が身を置くヨーロッパ文化の生命力を現代において再生せしめようとする企てである。それは歴史的想起作業を通じて、危機に瀕しているヨーロッパ共同体のために、汎ヨーロッパ的な同意が可能な歴史像と規範とをつくり出し、よってもって活気ある現在および未来形成のために資することである。この課題の火急性は、直接的には第一次大戦ならびにロシア革命によって引き起こされた「最近の巨大な文化的破局[131]」から、いかにヨーロッパ文化を救い出すかという問題意識に由来しているが、より深いところでは、十八世紀以来のキリスト教的・教会的文化の解体という歴史的事態についての、彼の社会学的・文化史的な認識と深く結びついている。それでは、実質的歴史哲学の課題とは具体的にいかなるものであろうか。トレルチによれば、「その課題としては第一には、その時その時の現在から創造されなければならない新しい文化統一のための基準や、その理想や、理念を獲得することである[132]」。第二巻で提示されるべき彼の実質的歴史哲学は、「過去に対する歴史学的な解明から現在と将来とを作り出すべき文化総合を目指している[133]」。絶筆となった『歴史主義とその克服[134]』から引用すれば、「しかし断念してしまうわけにゆかぬ課題は、一定の大きな文化圏の内部においてこれらの文化価値を現在と将来のために一つの統一的な全体へと融合させることである。まさにこのことこそがわれわれの現前に置かれている問題に対する、すなわち歴史的生の流れを堰き止めてそれに形態を与える（Dämmung und Gestaltung des historischen Lebensstromes）という課題に対する唯一の解決可能性である[135]」。

それでは、この「現代的文化総合」は、より具体的には、どのような相貌を呈しているのだろうか。またなぜそれが「歴史主義の危機」を克服する方策となるのだろうか。トレルチは倫理学を形式的自律的な「人格性と良心の道徳」（die Persönlichkeits- und Gewissensmoral）と客観的目的論的な「文化価値の倫理」（die Ethik der Kulturwerte）とに分けるが[136]、「現代的文化総合」の理念は倫理学、とりわけ文化価値の倫理学に直結していくものである。「人格性と良心の道徳」は「時間と歴史の範囲を越えて規範の領域へとわれわれを導く唯一の糸[137]」であり、その「純粋に形式的な特質[138]」ゆえに「無時間的かつ非歴史的」であり、「無時間的に妥当する包括的な道徳的命令の体系へと展開されうる」が、これに対して家族、国家、法律、経済機構、科学、芸術、宗教といった倫理的な文化価値は、「徹頭徹尾歴史的な形成物」であり、これらはいずれも「一定の時代的状況に即した個性的な創造物」である。それゆえ「文化価値の倫理」は zeitgebunden なものであり、時代的制約をもっている[139]。

「現代的文化総合」とは、いわば「人格性と良心の道徳」と「文化価値の倫理」とを新たな仕方で再統合することであり、その場合、前者が文化総合のアプリオリな要素を、後者がアポステリオリな要素を表している。それゆえ「現代的文化総合」は、その意図に従えば、普遍妥当的なものと歴史的個性的なものとの新たな統合であり、それこそ現代の――すなわちトレルチの時代の――ヨーロッパが緊急に必要としているものだという。トレルチによれば、このような二つの要素の創造的な結合としての文化総合は、一方で歴史的現実に深く根ざしながら、他方で永遠的・超越的な生命と存在の根拠に棹さしているために、歴史的相対主義の荒波にも洗い流されないものなのである。

それでは、文化総合はいかにして成し遂げられるかといえば、「無意識的に作り出された、基礎的、運命的な総合」と「意識的に構成される総合」とがある。[140]「現代的文化総合」において問題となるのは後者の方である。この意識的に構成される文化総合は、「理性や本質や世界過程の法則を手掛かりにして着手されるようなアプリオリな構成ではなく、何よりもまず自分自身の属する文化圏の諸前提や歴史や運命についての知識を本質的に要求するようなアポステリオリな構成[141]」である。それは自文化の地理的・生物学的条件、その発展の論理的必然性、必然と偶然の相互作用、等々についての概念的な把握に基づかなければならないが、それらについての知識がひとたび獲得されれば、次に、そこからおのずと生ずる価値の体系に対して精練、集中化、解放、方向づけといった作業が施されなければならない。その場合、肝心なことは中心的な価値を剔抉することによってその体系の方向性を決定することである。しかしトレルチによれば、この中心的な価値の規定は究極的には「人格的な生命行為」であり、事後的にのみ一つの体系として表現され、またその結果によって正当化されうるものである。まさにこの理由によって、「創造的な行為」と「責任を負う覚悟のある良心」とが文化総合にとって決定的に重要な要因となる。[142] 現代的文化総合にとっては、いかなるアプリオリな体系も存在しない。あるのはただ「行動的形成的な精神の勘と決断力」だけなのである。

トレルチはこのような現代的文化総合の課題を、普遍史（実際には、「ヨーロッパ主義の普遍史」）との密接な「循環関係」（Zirkelverhältnis）[143] において、具体的には「ヨーロッパ文化史の建設」（Aufbau der europäischen Kulturgeschichte）として遂行することを企図する。彼はヨーロッパ文化圏を構成している巨大な成層を、「巨大で基本的な根本勢力」（die großen elementalen *Grundgewalten*）[144] と呼んでいるが、そのようなものとして、（1）「ヘブライの預言者思想」（der hebräische Prophetismus）、（2）「古典ギリシア文化」（das klassische Griechentum）、（3）「古代の帝国主義」（der antike Imperialismus）、（4）「われわれの西洋中世」（unser abendländisches Mittelalter）を挙げている。[145] トレルチによれば、「これら四つの根本勢力は、根本的な支柱として、また継続的に生産する力として近代世界を担い、一貫してそれに働きかけ、近代世界固有のものと見渡しきれないほどに交差し混合している。将来の魂の力は、これらすべてを合わせたものと新しい力の投入とから作り出されなければならない[146]」。そしてこれが、トレルチが思い描いていたヨーロッパ文化史の「建設の像[147]」なのである。

以上、トレルチの「現代的文化総合」の構想を素描してみたが、最後にわれわれの問題意識の出発点に立ち返って、このプログラムを歴史主義の議論の文脈に押し戻して、その意義と問題点を考察してみよう。

九　歴史主義の内在的超越

『歴史主義とその克服』*Der Historismus und seine Überwindung* という書名は、トレルチ自身に由来するものではないが、だからといって彼が歴史主義の克服を意図していなかったということではない。実際、トレルチは『歴史主義とその諸問題』のなかで、少なくとも三度明確に「歴史主義の克服」（Überwindung des Historismus）に言及している。[148] トレルチにおけるÜberwindungの用法を詳しく調べてみると、克服される対象としては、罪、悪、罪責感情、我欲、エゴイズム、肉、貧困、この世、不正、争いごと、アナーキー、失業、困難、苦難、対立、障碍、生存競争、カトリシズム、グノーシス主義など実にさまざまであるが、歴史主義もその一つである。なお、「歴史主義の克服」に関して、トレルチはBewältigungという用語も用いている。例えば、「現代的文化総合」のプログラムを指して、これこそが「歴史主義の唯一可能な哲学的克服」（die einzig mögliche philosophische Bewältigung des Historismus）[149] である、と述べる場合がそうである。ÜberwindungとBewältigungという語の間には、今日では一般的に、ほとんど意味の相違はないといってよい。[150] いずれにせよ、トレルチが「歴史主義の克服」について語っていることは、疑い得ない事実であるといってよい。

しかしその際に注意すべきことは、トレルチが歴史主義そのものを克服しようと意図していた、というふうに捉えてはならないということである。トレルチの用法が明確に表しているように、彼が克服しようとしたのは歴史主義に付随する懐疑主義、相対主義、専門主義などであって、歴史主義そのものではないということである。そもそも、彼の定義に従えば、歴史主義とは「われわれの知識と思考の根本的な歴史化」のことであり、このような「思惟の革命」がひとたび生起した以上、以前の静止的な思考に逆戻りすることは不可能なのである。[151] 成熟した近・現代のヨーロッパ文化にとって、歴史主義はいわば「不可避の運命」（das unausweichliche Schicksal）なのである。それゆえ、われわれは「われわれの思惟の根本的歴史化」を全面的に承認して、それに対応した思惟形式と研究方法を採用しなければならない。にもかかわらず、歴史的な思惟形式と方法には、懐疑主義、相対主義、専門主義などが不可避的に随伴するので、そのような意味での「懐疑的ならびに技術的な歴史主義」は克服されなければならない。しかも「それ自身の内側から」克服されなければならない[152]。したがって、トレルチが意図しているのは、「歴史主義による歴史主義の克服であり、総合的な像による専門主義の克服であり、……歴史から取り出された規範による相対主義の克服である[153]」。有名な「歴史によって歴史を克服する」（Geschichte durch Geschichte überwinden）という言葉は、まさにこのような歴史主義の内在的超越を意味しており、それは「歴史から規範を獲得すること」によってなされる。トレルチはこれを「歴史的生の流れを堰き止めてそれに形態を与えること」（Dämmung und Gestaltung des historischen Lebensstromes）[154]という印象的な心象で表現している。しかしこの課題を遂行するためには、「いよいよ急激に、いよいよ広汎になりつつあり、巨大な歴史的生の流れを統御し制限すること」（Bewältigung und Begrenzung des ungeheuren, immer reißender und breiter werdenden historischen Lebensstromes）、あるいは「それ自体は果てしない歴史的運動を統御し制限すること」（Bewältigung und Begrenzung der an sich grenzenlosen historischen Bewegung）[155]が必要となる。トレルチにおける「歴史主義の克服」は、このような仕方で歴史的生の流れを堰き止めて、歴史のプロセスそのものから規範を獲得し、それを現在と将来の生の理想や目標として据えるというやり方になる。これがトレルチの考える「歴史主義の克服」であるが、われわれはそれを「歴史主義の内在的超越」の試みと呼びたいと思う[156]。

　トレルチはすでに神学者として、歴史主義の問題をいち早く察知していたが、第一次世界大戦という未曾有の出来事を通して、この歴史主義の問題が現実的な危機となって迫ってきているのを実感した。「もし人が教会のドグマやその後裔である合理主義的ドグマの中に生活形成の規範を認識することをもはやなし得ないとするならば、その時にはただ、源泉として歴史だけが残り、解決としてはただ歴史哲学だけが残ることになる[157]」。歴史哲学はそれゆえ、トレルチにとって生活形成の規範の再確立という使命を担ったものであり、「歴史主義の危機」に対処する唯一の手だてであった。しかしヘーゲルによる壮大な思弁的体系が砂上の楼閣として消失してしまった後で、歴史哲学を再興することは哲学的に容易なことではなかった。トレルチの試みは、例えば友人のヴェーバーには、ロマン主義的な「無意味な企て[158]」としか写らなかったが、実際その計画を遂行しようとしたときに、彼は歴史と規範の問題について「クァドリレンマ〔＝自乗化されたディレンマ〕」(Quadrilemma)[159]、に陥っている自分を見出した。

> もし人々が理念や基準から出発するならば、歴史なき合理主義に落ち込み、経験的歴史とその実践に対する関連を喪失する。しかしまた、もし歴史的・個性的なものから出発し、それによって歴史研究に同調しつづけるならば、際限なき相対主義や懐疑主義に脅かされることになる。この両方の道を巧妙な発展概念によって相互に接近させようと試みると、この二つの構成部分は繰り返し互いに分裂し合う。そこで思いきって現在の決断と形成のなかに立場を取ると、今度はあまりにも簡単に歴史と理念の両方を一度に喪失するはめに陥る。この問題の大変な困難さを十分に受け取ると、今度はそれがいよいよ苦しいものになり、教会の権威や啓示に是非とも逆戻りしたくなる。それはちょうど昔も今もロマン主義者がきわめてもっともな理由から行なってきたことであり、また再び行なうであろうことである。あるいはまた、歴史的に考える西洋そのものから身をそむけて、歴史なきオリエントと、その神秘主義や涅槃に向かっていく行き方がある。これはショーペンハウアーが企てたことであり、またそれ以来しばしば、オリエントは西洋よりはるかに深みを持っており、西洋に対して相違と優位とを持っているとしてたたえられている通りである[160]。

トレルチの『歴史主義とその諸問題』という書物はそれゆえ、同時代人を含む夥しい数の近代の思想家たちとの哲学的・思想的対決という、右顧左眄のジグザグの航路を辿りながら「歴史主義の危機」を克服する道を模索したもので、現代に至るまでまったく類書のない思想的ドキュメントである。トレルチはそこで、「われわれは自分たちを歴史から解放し、歴史に対する主権的支配を獲得するために、歴史批判と歴史的再構成の大海のなかに身を投じていく[161]」と述べているが、この言葉のなかに歴史主義に対するトレルチの基本姿勢がよく示されている。「建設の理念とはすなわち、歴史によって歴史を克服することであり、新しい創造の広場を平らかにすることである[162]」という有名な言葉は、歴史主義によって惹き起こされた諸問題を、とりわけ規範と価値の相対化の問題を、現実の歴史のプロセスの内側から克服しようとする、トレルチによる「歴史主義の内在的超越」の姿勢を示すものである。

だが、われわれが忘れてならないのは、「そして形而上学と歴史学、これらはもともと同時にかつ関連し合ってわたしを魅了した、なんといっても二つの緊張に富んだ問題であった[163]」、という冒頭に引用した彼の言葉である。トレルチは「歴史主義の神学」についてはじめて言及した一八九八年に、すでに「歴史の形而上学」（eine Metaphysik der Geschichte）[164]の必要性を説いていた。そして「現代的文化総合」のプログラムを遂行する際にも、彼は「一つの形而上学的な信仰[165]」を前提している。それは「決して概念的に汲み尽くすことのできない神的な意志の創造的生命活動[166]」を信じる信仰である。トレルチがここで暗示しているのは、彼の宗教哲学の基礎にある「エネルギッシュな有神論」（ein energischer Theismus）[167]にほかならない。先に言及したトレルチの「歴史形而上学的モナド論」——ライプニッツやマールブランシュの思想を歴史学的に加工したもの——は、彼が恩師のグスタフ・クラースや、ヘルマン・ロッツェ、さらにルードルフ・オイケンなどから受け継いだものであるが、このような形而上学的思想が「歴史によって歴史を克服する」唯一の道として打ち出された「現代的文化総合」のプログラムの背後にある。実際、トレルチは『歴史主義とその諸問題』のなかではっきりこう述べている。「思惟と存在、ないし自然と精神のスピノザ主義的な同一性ではなく、有限精神と無限精神との本質的で個性的な同一性が、まさにそれゆえこの無限精神の具体的な内実と動的な生の統一性に対する直観的な参与が、われわれの問題を解決するための鍵である」(168)、と。それゆえ、「歴史によって歴史を克服する」というトレルチの立場も、詰まるところは、歴史を超えたところに支えをもっている。『社会教説』の末尾における「彼岸は此岸の力である」(Das Jenseits ist die Kraft des Diesseits)(169)という有名な言葉も、この関連において想起されるべきである。しかし歴史を超えたところからいきなり歴史の問題を解決するのではなく、あくまでも歴史から出発しながら、歴史の経過のただなかに、超歴史的な作用連関を見出し、それによって歴史主義のアポリアを乗り越えようというのが、トレルチに終始一貫している基本姿勢である。歴史主義の「内在的超越」の試みと見なされる所以であるが、トレルチの歴史主義をどう評価するかは、結局は、彼の歴史形而上学をどう評価するかにかかっている、といっても過言ではない。

むすびに

以上、われわれはトレルチの多面的・学際的な思想のなかで、歴史主義の水流と解釈学の水流が完全に収斂し、一つのピークに達していることを確認した。それは二つの水流の結びつきが、最晩年のディルタイが嘆いたような「価値のアナーキー」に帰着することを食い止め、むしろ歴史的英知と手段を総動員して、「新しい創造の広場を平らかにすること」を目指す、「現代的文化総合」のプログラムへと結晶した。「歴史によって歴史を克服すること」という有名なフレーズは、明確な「建設の理念」を示したものであって、歴史的相対主義とは正反対の積極的・行動的な意志の表明である。しかし神学者たちのなかには、これを神学の「野蛮」（Barbarei）への転落、あるいは端的に、神学の「零点」（Nullpunkt）などと揶揄したが、それはむしろ彼らのパロキアルな問題意識を逆証していないだろうか。トレルチの死後約九十年が経過しようとしているが、バルトやブルトマンによる神学の一時的な復興・隆盛にもかかわらず、彼らがもたらした「ケリュグマティックな夢想[170]」から覚めた後の、一九六〇年代中頃以降の現代世界は、すっかり世俗化した相対主義的・多元主義的な相貌を露わにし、キリスト教からの離反はますます顕著なものとなっている。どんなに微少な揺れをも感知する「地震計」（Seismograph）[171]に譬えられたトレルチは、現代のこの状況をいち早く察知し、単に神学者としてだけでなく、キリスト教的伝統に立脚する知識人としても、近・現代世界が突きつけてきた重大な「挑戦《チャレンジ》」に対して、身を賭して「応戦《レスポンス》」しようとしたのである。トレルチはその奮闘の途上で斃死したが、彼がトルソーのかたちで遺した『歴史主義とその諸問題』や他の遺稿には、無限に啓発的な学知が多く詰っている。だが、それを取り出して活用するためには、われわれの側にそれに見合うだけの深い問題意識と地道な研究が必須である。

第七章　トレルチの《歴史主義》議論の波紋とその周辺

はじめに

われわれは前章で、「歴史主義」の問題と生涯をかけて格闘したトレルチの思想について論述したが、この章ではトレルチの同時代人やそれ以後の思想家たちが、彼の問題提起と精神的遺産に対していかなる態度を取ったかを考察してみたい。すなわち、トレルチの周辺における「歴史主義」議論の行方を追跡し、願わくはそのような問題史的考察を通じて、「歴史主義」の現代的アクチュアリティを再検証してみたい。ここではヴェーバーを皮切りに、プロテスタント神学者（バルト、ブルトマン、ゴーガルテン、ティリッヒ）、哲学者・社会学者（フッサール、ハイデガー、シェーラー、マンハイム）、歴史学者（ヒンツェ、ホイシ、マイネッケ）を順次取り上げて、トレルチの「歴史主義」議論に対する、あるいは「歴史主義」の問題一般に対する、彼らの議論に耳を傾けることにする。それによってトレルチの『歴史主義とその諸問題』が投げかけた波紋の大きさと、彼がそこで提起した問題の重要性があらためて確認されるであろう。

一　《歴史主義》をめぐるトレルチとヴェーバーの学問的対立

（1）　ヴェーバーと《歴史主義》

マックス・ヴェーバー（Max Weber, 1864-1920）は、トレルチにとって、「現代ドイツの少数の偉人のひとり、わたしが生涯に出会ったまったく少数の真に天才的な人物のひとりであった」[1]。トレルチはこの稀代の天才的思想家と「専門家どうしの友情」[2]を結び、一九〇四年には五週間にわたってアメリカ旅行をともにし、また一九一〇年からトレルチがハイデルベルクを離れるまでの五年間、ネッカー河沿いにあるヴェーバーの祖父の家に、二階と三階にわかれて夫婦でともに暮らした。彼らは日常的な学問的交流を通じて相互に刺激し合い、さまざまな局面で知的「共同戦線」を張ったが、そのもって生まれた気質と根本的な思想的性向においては異なっていた[3]。マリアンネ・ヴェーバー（マックス・ヴェーバー夫人）の証言によれば、トレルチは「ヴェーバーの追求した多くのものを信じてはいなかった。労働者階級の精神的さらに政治的発展も、また女性の精神的発展も。気質もまた違っていた。トレルチのほうは、神学の枠のなかで精神の自由と寛容のために闘わねばならぬというだけで充分だった――その他の点では彼は闘士ではなく、宥和と調停、人間の弱点との妥協という態度を取っていた」[4]。これに対してヴェーバーは――トレルチの追悼の辞によれば――、「懐疑と英雄気質と道徳的厳格」を我が身において結合し、豊富で力強い思想を人格の中心から「魔術のように遠くに放射する人」であった。彼は「近代の主観性、打算性、超人性を軽蔑し、宗教への傾向にもかかわらなかった」。彼には「偉大な強い人間の欠点」があったが、その身辺にはつねに「ストア的な偉大さと厳格さ」が厳粛かつ英雄的に漂っていたという[5]。これは身近に接した友人にしてはじめて語りうる貴重な人物評であるが、いずれにせよトレルチにとって、ヴェーバーが体現していた「英雄的な懐疑主義」（heroischer Skeptizismus）[6]は、畢竟、「無縁なる」精神世界であった。

トレルチが晩年に全精力を傾けた歴史主義の問題に対しても、ヴェーバーの態度は全く異なるものであった。ヴェーバーはみずから言っているように、「歴史学派の子」[7]であり、歴史学派経済学において主唱された歴史主義について熟知していたが、その問題点もよくわかっていた。例えば、新歴史学派の泰斗シュモラー（Gustav von Schmoller, 1838-1917）の経済学は、ヴェーバーの見るところ、倫理的進化論と歴史的相対主義が結合することによって成立していたが、彼はこの発展思想には同意できなかった。その理由は、のちほど述べることにするが、いずれにせよヴェーバーは、歴史主義の構成要素となっている発展概念を断固退けた。トレルチもそのことを次のように証言している。

> この立場〔自己の責任ある理想形成に向かっていく意志だけが主観主義をはじめて克服することができるとする立場〕はまた、主意主義やきわめて厳格な歴史科学的方向づけと結合したマックス・ヴェーバーを想起させる。相違しているのはただ、わたしがこの立場と結合させる発展思想を、ヴェーバーが断固として退ける点である。彼はときおりこのテーマについて議論した際に、この発展思想を「ロマン主義的迷妄」（romantischen Schwindel）と呼んだ[8]。

そこから、ヴェーバーにとって、発展思想を重要契機とする歴史主義そのものも、畢竟、「ロマン主義的迷妄」以外の何物でもなかったのではないか、という疑念が生じてくる。実際、マイネッケが伝えるところによれば、ヴェーバーはトレルチの「ドイツ・イデアリスムス的および歴史主義的な傾向によって影響されることを拒絶した[9]」という。

そこでわれわれは、ヴェーバーが歴史主義をどのように捉え、それに対してどのような批判を展開しているかを、より詳しく考察してみたい。その際、われわれの関心を引くのは、彼の学問論である。われわれの見るところ、ヴェーバーの学問論は、間接的ながら、トレルチの歴史主義に対する最も鋭い批判を含んでいる。そこで「社会科学と社会政策にかかわる認識の『客観性』」（一九〇四年）と『職業としての学問』（一九一九年）を取り上げて、ヴェーバーとトレルチの学問的対立を明らかにしつつ、《歴史主義》の問題をめぐる両者の相違を剔抉してみたい[10]。

（2）　ヴェーバーの学問論

トレルチが『歴史主義とその諸問題』を上梓したほぼ同じ時期に、二年前に逝去したヴェーバーの『科学論文集』*Gesammelte Aufsätze zur Wissenschaftslehre*（1922）も、同じテュービンゲンのモール社から刊行されたことは、実に興味深い偶然の一致であるが、トレルチの歴史主義理解の真価を問うためには、ヴェーバーの学問論は格好の試金石となるように思われる。ヴェーバーのこの論文集は、「ロッシャーとクニース」、「社会科学と社会政策にかかわる認識の『客観性』」、「社会学および経済学の『価値自由』の意味」、「職業としての学問」など十二篇の論文を収録したもので、トレルチも『歴史主義とその諸問題』のなかで、この書がまもなく出版される旨を記している[11]。この『科学論文集』のなかでも、ヴェーバーの学問論（科学論）が最も明晰に示されているのは、「社会科学と社会政策にかかわる認識の『客観性』」である。この論文は、一九〇四年の初頭に、『社会科学および社会政策アルヒーフ』の創刊号が刊行されたとき、その巻頭を飾った記念すべきもので、社会科学と社会政策を認識論的および方法論的に基礎づけた最重要論文であるといってよい。

ヴェーバーは、論文の表題に付した脚注において、彼の論述が、本質的な点で、すべて「現代の論理学者――著者は、ヴィンデルバント、ジンメル、および、われわれの目的に照らしてとくにハインリヒ・リッカートの名を挙げるにとどめる――の労作」[12]に結びついていることを明記しているが、本論の後半部では「カントに帰りつつある現代認識論の根本思想」[13]を引き合いに出している。これらの言葉からわかるように、ヴェーバーの根本的立場は、リッカートを介してカントの認識論ならびに科学論に立ち返ろうとするものと見ることができる。カントは『純粋理性批判』において、「何が現に存在するか」（was da ist）の認識と「何が現に存在すべきか」（was dasein soll）の認識とを峻別し、理論的理性の対象となりうるのは前者のみで、後者はもっぱら実践的理性に属すると説いた[14]。すなわち、カントによれば、理論的理性は経験的に直観可能な存在するものの認識に限られており、この限界を超越するとき、経験科学という手段をもってしては解決できない「純粋理性のアンチノミー」に陥らざるを得ない。同様に、ヴェーバーの議論全体の出発点にあるのも、「『あるもの』（das Seiende）の認識と『あるべきもの』（das Seinsollende）の認識についての原理的区別」[15]である。

ヴェーバーが厳しく誡めるのは、事実の科学的論及と価値評価をともなう論断とを混同することである。「価値の妥当を評価することは、信仰の問題であり、それとならんではおそらく、生活と世界の意味を索《もと》める思弁的な考察と解釈の課題であって」、彼が育成を目指している意味での「経験科学の対象ではけっしてない」[16]。経験科学が追究するのは科学的「客観性」であって、価値判断をともなった解釈ではない。だが、このことは経験科学がいかなる意味でも価値関係を排除するということを意味するものではない。経験科学としての社会科学は、ひとつの「現実科学」(Wirklichkeitswissenschaft)であるが、それは「われわれが編入され、われわれを取り囲んでいる生活の現実を、その特性において」、すなわち、「一方では、そうした現実をなす個々の現象の連関と文化意義とを、その今日の形態において、他方では、そうした現実が、歴史的にかくなって他とはならなかった根拠に遡って」理解しようと努める。[17] つまり、その認識的目標は、「実在をその文化意義と因果連関において認識する」[18] ことである。

ところで、人間生活の諸事象を、その文化意義という観点から考察する諸科学を、「文化科学」(Kulturwissenschaft)と呼ぶとすれば、ヴェーバーの言う意味における社会科学は、この文化科学の範疇に属している。それでは、この文化科学の特質はどこにあるのであろうか。ヴェーバーによれば、

> われわれは、生活現象をその文化意義において認識しようとする学科を、「文化科学」と名付けた。ある文化現象の形成の意義、およびこの意義の根拠は、法則概念の体系がいかに完全となっても、そこから取り出したり、基礎づけたり、理解させたりすることはできない。というのは、そうした意義や根拠は、文化現象を価値理念に関係づけることを、前提としているからである。文化の概念は、ひとつの価値概念である。経験的実在は、われわれがそれを価値理念に関係づけるがゆえに、またそのかぎりで、われわれにとって、「文化」であり、文化とは、実在のうち、価値理念への関係づけによってわれわれに意義あるものとなる、その構成部分を、しかもそれのみを、包摂するのである。[19]

つまり、社会科学も含めて文化科学においては、実在の価値理念への関係づけが、その実在に意義を付与する

のであり、この点が自然科学と異なるところである。ヴェーバーはこのことをまた次のようにも表現している。「いかなる文化科学の先験的前提も、われわれが特定の、あるいはおよそ何らかの《文化》を価値があるものと見ることにではなく、われわれが世界に対して意識的に態度をとり、そしてこれに意味を与える能力と意志を備えた文化人である、ということにある[20]」。したがって、文化科学は普遍的な文化価値への関係づけを前提しつつ、われわれの文化生活を一定の観点から認識することに努める。

> 文化的実在の認識はすべて、……つねに特殊化された固有の観点のもとになされる認識である。われわれが、歴史家や社会の研究者に、基本的前提として、重要なものと重要でないものとを区別することができ、そうした区別に必要な「観点」を所持していることを要請するのも、ただ、かれが、実在の事象を——意識してか無意識裡にか——普遍的な「文化価値」に関係づけ、これを規準として、われわれにとって意義をもつような、そうした連関を取り出すすべを心得ていなければならない、という意味である。そうした観点を「素材そのものから取り出」せるといった臆見が、たえず現れるとすれば、それは、専門学者の浅はかな自己欺瞞による。すなわち、かれが素材と取り組むさいには、すでに無意識に価値理念を抱いており、かれは、これにより、絶対に無限な実在のなかから、僅少な一構成部分をまえもって取り出してしまった上で、もっぱらその考察だけを、自分にとって問題であるとしているのである[21]。

したがって、文化生活についての、「特定の『一面的』観点をぬきにした、端的に『客観的な』科学的分析といったものは、およそありえない[22]」。実在は、つねに一定の観点のもとに光を当てられ、この観点に関係づけられるのである。だが、われわれが忘れてならないのは、その「当の観点はしかし、実在が余すところなく組み入れられるような図式には適していない」ということである。なぜなら、「われわれがそのときどきに意義をもつ実在の構成部分を把握するために欠くことのできない思想体系は、いずれも、実在の無限の豊かさを汲み尽くすことはできないからである」[23]。それゆえ、「あらゆる経験的知識の客観的妥当性は、与えられた実在が、ある特定の意味で主観的な、ということはつまり、われわれの認識の前提をなし、経験的知識のみがわれわれに与えることのできる真理の価値〔への信仰〕と結びついた諸範疇〔カテゴリー〕に準拠して、秩序づけられるということ」[24]のみを基礎としている。このような「科学的真理の価値への信仰」は、それ自体が「特定の文化の所産」であって、こうした「真理の価値を認めない人」には、「われわれは、われわれの科学の手段をもってしては、なにものも提供することができない」[25]。

（3）ヴェーバーのトレルチ批判

われわれは、ヴェーバーの学問論のうち、当面の議論に関係する箇所だけを取り出してみたが、そこでヴェーバーが説いていることは、向井守の表現を借りるなら、「価値自由の名の下に、科学から人生の処方箋を導き出すことができるとする幻想を破壊し、科学において価値判断を克己・禁欲し、一切の幻想をもつことなく事実を凝視すること」[26]である。このような峻厳なカント的二元論に立脚したとき、事実認識と価値判断とを、あるいは経験科学と「生活と世界の意味を索《もと》める思弁的な考察と解釈」とを架橋することは、当然のことながら、不可能とならざるを得ない。だが、トレルチの「現代的文化総合」のプログラムは、経験科学的な事実研究を文化価値の体系へと統合しようとする、そのような架橋の試みにほかならなかったのではなかろうか。ヴェーバーは、トレルチが「現代的文化総合」の構想を打ち出す十八年も前に、すでにその種の試みに断固たる「否」を突きつけている。ヴェーバーの言葉を引用すれば、

ところで、以上のことからは、ひとつの帰結が導かれる。すなわち、実在がなんらかの意味で最終的に編入され、総括されるような、ひとつの完結した概念体系を構築して、その上で、そこから実在をふたたび演繹できるようにする、というのが、いかに遠い将来のことであれ、文化科学の目標である、とする考えがあって、これが、われわれの専門学科に属する歴史家をさえ、いまだにときとして捕らえているのであるが、そうした思想には、まったく意味がないということ、これである。計りがたい生起の流れは、永遠に、かぎりなく転変を遂げていく。人間を動かす文化問題は、つねに新たに、異なった色彩を帯びて構成される。したがって、個性的なものの、つねに変わりなく無限な流れのなかから、われわれにとって意味と意義とを獲得するもの、すなわち「歴史的個体」となるもの、の範囲は、永遠に流動的である。歴史的個体が考察され、科学的に把握されるさいの思想連関が、変化するのである。したがって、人類が、つねに変わることなく汲み尽くしえない生活について、精神生活のシナ人流の化石化により、新しい問題を提起することを止めないかぎりは、文化科学の出発点は、はてしない未来にまで転変を遂げていくのである。諸文化科学についてひとつの体系を構想することは、それが、取り扱うべき問題と領域とを、確定的な、客観的に妥当する一体系に固定化する、という意味のものにすぎないとしても、それ自体、無意味な企てであろう。そうしたことを企てても、そこからはつねに、互いに異質で、ひとつの体系には統合されようもない、数多の特殊な諸観点が、つぎつぎに取り出されてくるだけであろう。そうした諸観点のもとに、実在がそのつど、われわれに

とっての「文化」、すなわちその特性において意義あるもの、となったし、また、現にそうなっているわけである。[27]——

トレルチの大著『歴史主義とその諸問題』が上梓されたとき、ヴェーバーはすでに幽明界を異にしていたので、われわれはヴェーバーがこの著作をどのように評価したかを問えないが、彼がトレルチの歴史哲学的企てに対してどのような態度をとるかは、われわれが考察したこの「『客観性』」論文からして、想像するに難くない。トレルチの場合には、歴史主義は「思惟の歴史化」の意味で捉えられており、その限りでは価値中立的であるが、しかしヒンツェが危惧したように[28]、「世界観としての歴史主義」へと接近する傾向も否定できなかった。事実、トレルチの問題提起を真剣に受けとめたマンハイムは、早くもそれを「世界観」として展開しようとするし[29]、マイネッケにいたっては、歴史主義はドイツのロマン主義的世界観を反映した「新しい生の原理そのもの」に祭り上げられている。[30]トレルチにおいては、そのような一面的な世界観的解釈は予防されているが、しかしおそらくヴェーバーからみて問題的なのは、トレルチが歴史主義の危機を克服するために仄めかす形而上学的思想であろう。峻厳なカント的認識論に立脚するヴェーバーではあるが、必ずしも彼は形而上学を全面的に否定しているわけではない。実際、彼は形而上学に関連して次のように述べている。

文化生活にかんするもろもろの考察のうち、経験的所与の思考による秩序づけの域を越え、世界を形而上学的に解釈しようとする試みが、まさにそうした〔形而上学的な〕性格をそなえているというだけの理由で、認識に役立ついかなる任務も果たすことができない、と決めてかかるとすれば、それはひとつの偏見であって、われわれの雑誌（『社会科学および社会政策アルヒーフ』）は、そうした偏見に与《くみ》するものではない[31]。

そうはいうものの、ヴェーバーの立場からすれば、トレルチの「現代的文化総合」の企ては、やはり「科学的な妥当性をそなえた実践的規範を獲得することができる、という重大な自己欺瞞[32]」の類と言わざるを得ないであろう。なぜなら、ヴェーバーによれば、「われわれを拘束する規範や理想をつきとめ、それから実践のための処方箋を導き出すようなことは、断じて、経験科学の課題ではないからである[33]」。それゆえ、上記のような特徴をもつヴェーバーの学問論は、トレルチの歴史主義に対する最も手厳しい批判という意味合いをもっている、と言えるのである。

（４）　トレルチのヴェーバー批判

さて、われわれはこれまで、ヴェーバーの学問論に注目し、トレルチとヴェーバーの知的「共同戦線」の背後に潜む学問的対立に、ヴェーバーの側から光を当ててみたが、今度は同じ問題をトレルチの側から照射してみよう。

トレルチは、『歴史主義とその諸問題』のなかで、かなりの頁数を費やしてヴェーバーに言及しているが、彼のヴェーバー論の精髄は、以下の引用の中に最もよく表明されている。少し長いがそのまま引用してみよう。

リッカートの同志のうちでも最も偉大な人物であるマックス・ヴェーバーが、この非合理的なものを完全に排除していることは明らかである。もちろんそのため彼にあっては、あの現実的歴史と価値体系の関係もまた恐ろしく峻厳な形をとって表現されている。一方の歴史学の領域には、われわれの状況、未来の可能性、またそれをもってわれわれが未来を建設し得る活動空間と手段の様式といったものを明らかにするために、氷のように冷たく全く理論的に制御された、しかも強烈な社会学的才気にあふれた事実研究（Seinsforschung）がある。そしてそれと並んで他方に、それとは全く異質で何ものによっても媒介されないものとして一つの価値の選抜（Auswahl eines Wertes）、諸価値の和解なき多神教（der unversöhnliche Polytheismus der Werte）から一つの価値を選び出す選抜がある。人々はみなこの価値の多神教から力を借りており、この多神教の実現のためにすべての人が歴史的・社会学的な知識を残りくまなく利用している。ギリシア人とあらゆる多神教とは、まだ多くの価値を並べて素朴に崇拝することができた。ユダヤ教とキリスト教とを通過してきたヨーロッパ人は、ただ一つの価値神（Wertgott）しか崇拝できず、それだけしかもろもろの価値の救い難い緊張から取り出すことができない。そしてその唯一の価値神とは、ヴェーバーにとっては民族の力と偉大さである。この価値は、唯一にして証明不可能な価値であり、ただ決断と意志によってはじめて創出され得る価値であるが、この価値に仕えるものとしてきわめて包括的かつ綿密な歴史認識が登場してくる。そしてこの歴史認識は、皇帝独裁的な指導者体制を持ちつつ巨大な国家運営の技術を民主化し機械化していくことが、現代にとっては決定的な意味を持っていることを明示している。これは彼の歴史哲学であり、歴史哲学と、倫理学や価値論との結合である。それ以上のことはすべて、つまりあらゆる非合理的なことや一切の背後にある発展理念といったものはみな、鋭くかつ実証的な明確さをもって拒絶される。それゆえ人々は、彼を現代のマキャヴェリと呼んだが、この呼び方は、その際彼が内政と外交における道徳や正義に対する感覚を鋭く強調したこと、肯定された理想に対してはどこまでも妥協なく自己を投入していくことを鋭く強調したことを含めて考えるならば、正しい呼び方である。それ以外の点では、この道徳は、ヴェーバーにとってはもちろん永遠の生存競争の内部にあってそれを貫徹していく可能性に限界のあることであった。そこでなし得ることは、可能な限り正義と真理によってこの生存のための闘いを人間化し、倫理化することであった。それは、人間として類いまれな偉大さと重みを持った人物によってなされたわれわれの問題の一つの解決であり、この問題の性格や本質にとってきわめて教訓的な意味を持った解決である。しかしそれは、根本においてリッカートの歴史論理学によって整理された英雄的実証主義による絶望の解決である。ロマン主義的な熱狂に駆り立てられた若者や理性を確信するユートピア主義者、あるいは情緒を求めて古典的な人間性の理論や昔のドイツの国家理論におもむく学徒が、そこからある種の嫌悪を感じ取るのはわからないことではない[34]。

トレルチがここで批判の俎上に載せているのは、「社会科学と社会政策にかかわる認識の『客観性』」のなかでもすでに語られていたが、いまや『職業としての学問』においてきわめて先鋭的に打ち出されたヴェーバーの根本テーゼである。その根本テーゼとは、事実認識と価値判断の峻別という、われわれがすでに見たあの原理的な区別である。ヴェーバーは次のように主張する。

ところで、大学教師としての義務は何かということは、学問的にはなんぴとにも明示しえない。彼に求めうるものはただ知的誠実性ということだけである。すなわち、一方では事実の確定、つまり数学的あるいは論理的な事態や、もろもろの文化財の内的構造に関する確定と、他方では文化一般および個々の文化的内容の価値に関する問い、および文化共同社会や政治的団体の内部でひとはいかに行為すべきか、という問いに答えること、――この両者は全然異質的な問題であるということ、このことをよくわきまえることである。[35]

このようにヴェーバーは、事実の確定を本務とする科学と、実践的・政策的に一定の立場をとることとを明確に区別し、学問研究の分野から世界観についての議論を排除する。そして彼は、価値の選択に関する問題を、究極的には、個々人の主体的決断に委ねる。しかしトレルチは、価値をめぐる「神々の永遠の争い」（der ewige Kampf jener Götter miteinander）[36]――トレルチはそれを「価値のアナーキー」とも言い換えている――に帰着せざるを得ないヴェーバーのこの立場を、「リッカートの歴史論理学によって整理された英雄的実証主義による絶望の解決」（die Verzweiflungslösung eines heroischen, aus der Rickertschen Geschichtslogik berichtigten Positivismus）であるとして断固退ける。つまり、『職業としての学問』におけるヴェーバーの帰結は、トレルチには「まったく不可能」（ganz unmöglich）[37]に思われたのである。それゆえ、ヴェーバーから「ロマン主義的迷妄」と言われようと、「重大な自己欺瞞」と批判されようと、トレルチはいまや現実の脅威となった歴史主義の危機を克服するために、「現代的文化総合」のプログラムを策定せざるを得なかった。その意味では、トレルチが提唱した「ヨーロッパ主義の文化総合」は、ヴェーバーの「価値の多神教」に対する彼なりの返答と見なすこともできる。[38]

（5）トレルチとヴェーバーを分かつもの

以上の考察から、両者の間の究極的な相違は、生と学問、科学と規範の関係をどう捉えるかということに帰着する。ヴェーバーは科学と世界観、事実と価値とを峻別し、科学から世界観や価値を追放することを要求する。

ヴェーバーの有名な「価値自由」（Wertfreiheit）の思想は、カント＝リッカート的認識論に立脚する彼の科学論の醇乎たる表明にほかならない。すなわち彼は、科学的認識の次元においては「価値から自由」であることを要求すると同時に、実践的な生の次元においては、闘争し合っているさまざまな世界観や価値のうちから、そのひとつを主体的に決断し選択することを要求する。言い換えれば、それは生の次元における「価値への自由」ということにほかならない。このように、ヴェーバーの「価値自由」の思想においては、理論的次元における「価値からの自由」と、実践的次元における「価値への自由」が、表裏の関係として一体化して主張されている。いうまでもなく、これは理論的理性の領域と実践的理性の領域を原理的に区別したカントの科学論の現代版にほかならない。ヴェーバーの科学論は、「概念はむしろ、経験的に与えられたものを精神的に支配する目的のための思想的手段であり、また、もっぱらそうしたものでありうるにすぎない」という「カントに帰りつつある現代認識論の根本思想」を、「徹底して考え抜いた」結果にほかならない[39]。このようなヴェーバーの新カント学派的認識論への忠実ぶりは、トレルチに「しばしば不審の念を抱かせ[40]」たが、このようなカント＝リッカート的認識論からの必然的要請とでもいえるのが、「理念型」（Idealtypus）の構成というヴェーバー特有の学問方法であり、この方法についてはトレルチも高く評価し、またみずからも取り入れている[41]。

ところで、ヴェーバーがそれによって価値自由の思想を表明した「知的誠実性」（die intellektuelle Rechtschaffenheit）という用語は、ニーチェからの借用である[42]。それだけでなく、ヴェーバーが講演の重要局面で繰り返し持ち出す「神々の永遠の争い」という表象も、明らかにニーチェ的ニヒリズムを背景にして語られたものである。翻って考えてみれば、最晩年の『職業としての学問』においてだけでなく、一九〇四年の「社会科学と社会政策にかかわる認識の『客観性』」論文においても、トレルチが「諸価値の和解なき多神教」として批判する「神々の永遠の争い」という思想は、すでにその姿をしっかりと現している。すなわち、ヴェーバーによれば、「統制的価値基準は、今日好んで信じられているように、たんに《階級的利益》の間で争われるばかりでなく、むしろ、世界観の間でも争われる」[43]。その場合、「《世界観》とは、けっして経験的知識の進歩の産物ではないのであり、したがって、われわれをもっとも強く揺り動かす最高の理想は、どの時代にも、もっぱら他の理想との闘争をとおして実現されるほかはない」[44]のである。そしてヴェーバーは、このような複数の世界観や価値の闘争を「認識の木の実を喰った一文化期の宿命」[45]として甘受すべきだと見なすのである。

しかし、このことをもってヴェーバーを価値相対主義の信奉者と見なすのは間違いであろう[46]。たしかにトレルチもヴェーバーについて、「彼はすべての政治的社会的問題においては完全な相対主義者で、ふたつの絶対的な教義しか知らなかった。国民にたいする信仰と、人間尊厳および正義という至上命令しか。[47]」と述べているが、ヴェーバーが相対主義者であるのは、あくまでも実践的・政策的な問題に関してだけのことである。トレルチは同時に、ヴェーバーが「内政と外交における道徳や正義に対する感覚を鋭く強調したこと」、「肯定された理想に対してはどこまでも妥協なく自己を投入していくことを鋭く強調したこと」を知悉している。ヴェーバーは、理論的認識の面では価値や世界観の相対性と主観性を承認したが、実践的な生の面では自己の選択した価値の絶対性を信じ、「価値としての妥当を要求する、まさにそうした関心事のために《生き抜くこと》[48]」を断固主張したのである。それゆえ、ヴェーバーは「科学においては『価値からの自由』を説く相対主義者であったのに対して、実践的生においては『価値への自由』を説く絶対主義者であったのである[49]」。

だが、認識面での相対主義と実践面での絶対主義とのこのような逆説的な結合は、上で指摘したように、新カント主義的認識論にニーチェの「反時代的な」決断主義が接ぎ木されてはじめて可能となったものである[50]。トレルチはそこにヴェーバーの本質的な問題点を看取する。神学から出発し、歴史哲学によって規範を樹立しようとしたトレルチから見ると、「近代世界の普遍的な死活問題[51]」である《歴史と規範》についての、ヴェーバー的な問題解決の仕方は、あまりにも俗人離れした英雄的・絶望的なものであった。トレルチがヴェーバーの解決法を称して、「英雄的実証主義による絶望の解決」と見なす所以である。トレルチからすれば、第一次世界大戦で疲弊し混乱した祖国の再建を含め、寸断され解体の危機に瀕しているヨーロッパを、いかに宗教的・倫理的に立て直すかということが、緊急を要する最重要課題とならざるを得ない。「現代的文化総合」の課題は、トレルチにとって、たんに理論的な歴史哲学的課題であったのではなく、すぐれて実践的・倫理的な現代的生の課題だったのである。

　歴史主義の問題に対して、トレルチとヴェーバーの解決法はまったく異なっているが、われわれは両方に学ぶべき点と問題点を見出す。ちなみに、トレルチとヴェーバーを比較考察したクラカウアーは、トレルチとヴェーバーの双方に真理契機を見出しつつも、それぞれの誤りを指摘するに吝かではない。彼によれば、意味連関の構築を価値づけに結びつけた点で、ヴェーバーに対してトレルチは正しいといえるが、学問的考察の枠内で相対的なものから絶対的なものへと超越突破できると考えたところに、トレルチの間違いがある。逆に、トレルチに対してヴェーバーは、科学の見地からあらゆる価値決断の相対性を正当にも主張したが、自分は相対性を免れていると考えたときに、はじめてヴェーバーは誤ったのだという。そこからクラカウアーが導き出す結論は、「精神的な経験世界の理解を目指す限り、科学は必然的に相対主義の手中に落ちてしまう[52]」、ということである。クラカウアーの見方の是非はともあれ、トレルチとヴェーバーの相違は、一方が神学という規範的学問の出身であったのに対して、他方が現実の政治・経済・社会に関する実証的科学の専門家であったことだけではない。それは両者の思想家としての気質や世界観、さらに深くは、彼らの信仰にまで遡るものであろう。トレルチとヴェーバーを分かつものは、ヴェーバーの表現を用いるなら、まさに「われわれの行為を規定し、われわれの生活に意味と意義を与える、あの『人格』内奥の要素、すなわち最高かつ究極の価値判断」[53]に関わるものである。われわれはこの点について、ここではこれ以上深入りできないが、トレルチとヴェーバーの間に横たわっている問題は、今日でもその重要性を失っていないどころか、むしろますます重要性を増している、といっても過言ではなかろう。

二　プロテスタント神学者

次に、われわれはプロテスタント神学者たちの反応を瞥見してみたい。晩年のトレルチが死闘を演じた《歴史主義》の問題は、プロテスタント神学においてこそ最も緊急の課題とならざるを得ないはずである。なぜなら、プロテスタント神学は教会教義を墨守するカトリシズムと違い、「信仰によるのみ」（sola fide）と「聖書のみ」（sola scriptura）という二つの原理に立脚しているので、その立場は畢竟「聖書はそれ自身の解釈者である」（Scriptura sui ipsius interpres）[54]というものである。しかしこのような聖書解釈学の大前提、ならびにその前提の上に構築された神学的解釈学は、歴史主義の台頭によっていまや根本の土台を危うくさせられたからである。すなわち、聖書も歴史的資料あるいは著作物として、文法的解釈のみならず、歴史学的解釈に服さねばならないとの歴史主義の要求は、従来のプロテスタント神学のあり方に重大な反省を迫るからである。[55]トレルチのように歴史主義の要求を真摯に受けとめ、歴史学的思惟の首尾一貫性に忠実であろうとすれば、彼が『歴史主義とその諸問題』で繰り広げたような、神学以外の人文諸科学および社会諸科学との血みどろの対決を余儀なくされるのは必定である。それではトレルチが陥った苦境を目の当たりにした、彼より若い世代のプロテスタント神学者たちは、歴史主義の問題を一体どのように受けとめ、いかなる仕方で対処したのであろうか。

（1）カール・バルト

シュライアーマッハーから始まる十九世紀の自由主義神学は、新プロテスタンティズムの「最後の偉大な体系的代表者[56]」たるトレルチをもって終わり、二十世紀神学はカール・バルト（Karl Barth, 1886-1968）に先導された弁証法神学の台頭をもって始まるというのは、今日ではすでに神学史的常識となっている。だがトレルチからバルトへの主役の移行は、トレルチが表舞台にもたらした歴史主義の問題が、プロテスタント神学の議場から全面的に閉め出されることを意味していた。すなわち、近・現代神学史においては、「歴史主義はトレルチとともに終わりに達した[57]」が、神学への歴史主義の侵入を遮断し、神学が取り組むべき主題の大転換を遂行したのは、ほかならぬ弁証法神学の泰斗バルトであった。

一九一九年、スイスの小邑ザーフェンヴィルの牧師をしていたバルトは、『ローマ書講解』と題された書物を世に送り出したが、未だ無名も同然のスイス人の著者は、人間は自分の力では神を発見することも、神を概念化して捉えることもできず、それゆえ人間の文化が神を反映することは不可能であるということを、その書のなかで預言者的な口調で語っていた。その二年半後、いまや新しい神学運動の急先鋒となったバルトは、その書の第二版において、かつては自分もその影響下に立っていた近代自由主義神学の《人間中心主義》への傾斜を痛切に批判し、キルケゴールの顰みに倣って、神と人間との間の「無限の質的差異」（der unendliche qualitative

Unterschied）を全面的に主張した。

もしわたしが「体系」をもっているとすれば、それはキルケゴールが時と永遠の「無限の質的差異」といったことを、その否定的、肯定的意味においてできるだけしっかりと見つめることである。「神は天にあり、汝は地上にいる」。この神のこの人間に対する関係、この人間のこの神に対する関係が、わたしにとっては、聖書の主題であると同時に哲学の全体である。哲学者たちは、この人間の認識の危機を根源と名づけ、聖書はこの十字路にイエス・キリストを見る(58)。

この画期的な書物の主題は、キリストの復活の光のもとで死から生へと転換された世界と人間の現実であるといわれているが、裏返して言えば、この書のねらいは信仰にとって破壊的な作用を及ぼす近代的な歴史的＝批判的方法を、神学の世界から一掃することであった。キルケゴールの影響がそのことを端的に物語っているが、それだけでなくかつてのバーゼルの教会史家でニーチェの友人のフランツ・オーファベック（Franz Camille Overbeck, 1837-1905）の影響も、それに劣らず重要である。とくにオーファベックの「原歴史」（Urgeschichte）の概念は、これ以後のバルトにとって、歴史主義の猛威から身を護る上での強力な武器となった(59)。この書におけるバルトの言述は、弁証法的な矛盾概念の並列による逆説的表現に終始しているが、われわれの視点から見ると、そのような弁証法的・逆説的な言述は、トレルチが急先鋒となっていた歴史主義に対する幾重にも張り巡らされた予防線の役割を果たしている。例えば、そこでは次のような言述がなされる。「われわれの主イエス・キリスト」は、「歴史的規定としては、われわれにとって既知の世界と未知の世界との間にある断絶点を意味する」。彼は人間と神との「切断線上の一点」であり、「われわれにとって既知の平面を、上から垂直に切断するわれわれにとって未知の平面である」[60]。またイエスは復活によって神の子と定められたのであり、キリストとしてのイエスは、ただ「逆説」として、「原歴史」として、「勝利者」としてのみ理解されるべきである[61]。神の世界は、イエス・キリストの復活において、われわれの世界と接するが、その接触の仕方は、あたかも「接線が円に接するように、接触することなしに接する」[62]。

このように、当時隆盛を極めていた歴史学的なキリスト教理解を迂回するために、バルトが採った戦略は実に巧妙かつ精緻なものであった。彼は最終的な論敵の名前をおくびにも出さず、神学の表舞台から歴史的方法ならびに歴史主義の議論を閉め出す方策に打って出たのである。トレルチの最大の論敵ヴィルヘルム・ヘルマン(Wilhelm Herrmann, 1846-1922)[63]のもとで学んだバルトは、師の影響もあってか最初からトレルチに共感を抱かなかったが、実際的にもトレルチとバルトとの間には、ごく限られた接触しか確認されていない。そのひとつは、一九一一年アーラウで開催された第一五回キリスト教学生会議で、トレルチが「信仰に対するイエスの歴史性の意義」という題目で講演した際、バルトがその講演に臨席していたという事実である。しかしトレルチに違和感を覚えたことを、後にバルトは次のような言い方で表現している。「われわれは当時（一九一〇年アーラウで）、暗澹たる気持で彼の話に耳を傾けたが、それはわれわれが比較的安心して歩んでいた袋小路においても、いまやわれわれはもはや先には進めないという気持であった」[64]。もうひとつは、その前年にバルトが信仰と歴史に関する研究報告をトレルチに送ったところ、それに対する素っ気ない返礼の葉書がトレルチから届いたという事実である[65]。

以上のような次第であるとすれば、トレルチに関してはバルトから多くは期待できないが、しかし『教会教義学』の傍注における次のような言評は、少なからずわれわれの目を引くものである。すなわち、「トレルチは、才能豊かな人であったし、それなりの仕方で敬虔な人でもあった」が、「しかし、彼の『信仰論』が、際限もなく続く拘束力をもたない無駄話に終わりかねないということは、明白である。彼においては、新プロテスタンティズムの神学一般が……暗礁に乗り上げ、或いは泥沼に陥るものだということは、明白である。そのような運命を共にすることが出来ないために、われわれは、今世紀の十年代の終りに、この船から脱出したのであった[66]」、と語られている。さらに『十九世紀のプロテスタント神学』においては、バルトはシュライアーマッハーの信仰論を批判して、「まさにこの教義学によって神学の普遍的精神科学の一部への転釈が遂行され、そしてそのようにして神学のかの歴史化が、最も根本的に準備されたのではなかったか」との疑念を提起しているが、しかし「百年後にトレルチが神学者であった、その根本的な拡散状態[67]」と比較すれば、シュライアーマッハーははるかにましだったとの辛辣な寸評を加えている。それと並んで、「ロマン主義は自らの計画を成し遂げることによってではなく、それを策定する限りにおいてのみ純粋なロマン主義なのである。……神学における最後の偉大なロマン主義者であったエルンスト・トレルチのライフワークが、やはり主として計画の予告に存していたこと、そしてつねに新たな予告に存していたことは、決して偶然なことであるとはいえないであろう[68]」という言評も、バルトのトレルチ批判の一端をよく示している。

　以上のことから推測できることは、バルトはトレルチの歴史主義に完全に背を向けることによって、それに関する議論を神学から全面的に閉め出そうとしたのではないかということである。いずれにせよ、バルトの神学はトレルチ的な歴史主義に対する全面否定ないし拒絶によって特徴づけられている。

（２）　ルードルフ・ブルトマン

バルトはトレルチに対して生涯背を向け続けたが、同じくヘルマンの学窓を巣立ったルードルフ・ブルトマン（Rudolf Bultmann, 1884-1976）も、トレルチに対しては敵対的とはいえないまでも、少なくとも好意的ではなかった。例えば「自由主義神学と最近の神学運動」（一九二四年）において、ブルトマンはトレルチを「自由主義神学の偉大な懐疑家《アポレティカー》」[69]として捉え、次のような批判的な言評を加えている。

> 神学の対象は神であるのに、自由主義神学は、神ならぬ人間を扱うといって非難される。神の意味は、人間を根底的に否定し廃棄することにあるから、神を対象とする神学の内容としては、「十字架の言葉」（λόγος τοῦ σταυροῦ）しかありえない。しかし、これは人間にとっては「つまずき」（σκάνδαλον）である。自由主義神学は、この「つまずき《スカンダロン》」を避けようとした、もしくは、和らげようとしたとして非難されるのである。[70]
>
> 史的・批判的神学の道はどこへ帰着していったのか。最初の段階では、批判が教義学の重荷を取り除き、信仰の根拠となりうるような真のイエス像の把握へと導くという期待があったが、間もなく、そうした考えは妄想であることが明らかになった。およそ歴史学というものは、信仰の基礎となりうるような成果に立ちいたることはできない。歴史学の成果は、すべて相対的妥当性しかもたないからである。自由主義神学のイエス像はなんと雑多であり、史的イエスの像はなんと不確実であることか。そもそもわれわれには、史的イエスを認識しうるであろうか。大きな疑問を残したまま、研究はここで終わる――いな、終わらざるをえない！　人がこのような研究を行ない、多かれ少なかれ急進的な成果に立ちいたった点では誤りはないので

あるが、作業の意味、問いの意味をとらえそこなった点に誤りがある。その問いは、「信仰にとってのイエスの歴史性がもっている意義」（一九一一年）という著作の中でトレルチがなしているように鋭い形で提起された場合ですら、回避されてしまったのである。どのような意味においてであれ――歴史的イエスの像は、トレルチによれば、教会の信仰にとって必要であり、「実際には学者や教授に依存していると言いたければ言ってもよいが、一層適切な言い方をすれば、学問的研究の感銘から生じる史的信憑性という一般的感覚に依存している」（S. 34f.）。好意的に言えば、確かにそうではあるが、果たして本当に「一層適切」であろうか[71]。

これはトレルチに代表される自由主義神学が、神学本来の主題と目的を見失って、信仰を歴史的相対主義に引き渡したとの批判であるが、同様の批判は、またもやトレルチを引き合いに出して、彼が推し進めた「文化科学としての神学」構想に対しても向けられる。自由主義神学は、学問性を追求する過程で、「信じられる信仰」（fides quae creditur）としての客観的信仰を喪失し、「それによって信じられる信仰」（fides qua creditur）としての主観的信仰に堕したというのである。

われわれが見てきたところでは、古い神学は、「信じられる信仰《フィデス・クアエ・クレディトゥール》」による、「それによって信じられる信仰《フィデス・クア・クレディトゥール》」のための、学問であった。新しい神学は、「それによって信じられる信仰《フィデス・クア・クレディトゥール》」による学問であり、「信じられる信仰《フィデス・クアエ・クレディトゥール》」を失った。だが、それは同時に、自らの「目的」（Wofür）も失うことになった。今やそれは、文化科学の中に組みこまれ（トレルチ）、だれとも関係のないものになるという代償を払って、自らの「普遍妥当性」を獲得したからである。[72]

以上のような批判にもかかわらず、広い意味での宗教史学派の流れを汲むブルトマンは、自由主義神学の伝統を深く継承しており、トレルチと共通する一面も有している。例えば、歴史の意味に関するブルトマンの以下の言説は、トレルチによってなされたものと見なしてもよいくらいである。

> 歴史の意味への問いは、全体史の意味への問いとしては答えることができない。われわれは歴史の外に立って、歴史を全体として見渡すことはできないからである。歴史の意味はむしろつねに現在にある。人間は現在そのつど問われている責任を受けとめることにおいて、歴史の意味を受けとめる。これは歴史の歩みをいわば原子化することを意味しない。現在の責任は、根本的にはつねに、将来に臨み過去の遺産に対して応答することなのである。かくして歴史の統一は、そのつど責任を引きうけるからこそ生ずることとなる。[73]

にもかかわらず、両者の違いは歴然としている。トレルチが普遍史的な広がりをもつ歴史の地平で思考しているのに対して、ブルトマンは歴史の問題を実存の「歴史性」（Geschichtlichkeit）へと還元する。例えば、有名なギフォード講演に基づく『歴史と終末論』の末尾の言葉は、そのことを端的に示している。

> しかし、われわれは今はこう言うことができる。歴史の意味は常に現在にある。そして、現在がキリスト教信仰によって終末論的現在として理解されるとき、歴史の意味が実現されるのである、と。……あなたのま

わりを見まわして普遍史をのぞきこんではならない。あなたは自分自身の個人的な歴史（your own personal history）を見つめなければならない。歴史の意味は常にあなたの現在にあるのであって、あなたはそれを見物人のように見ることはできないので、ただあなたの責任ある決断においてのみ見なければならない。終末論的な瞬間である可能性が凡ゆる瞬間にねむっている。あなたはそれを目ざまさなければならない[74]。

ここに示されているように、ブルトマンは「全体としての歴史」（history in totality）あるいは「普遍史」（universal history）の意味を問うことはしない。そのような企ては不可能であるばかりか、キリスト教信仰の終末論的立場からはナンセンスだと考えるからである。イエス・キリストの出来事において歴史が終末に到達したことを信ずるキリスト教信仰の立場に立てば、あらゆる瞬間は終末論的になり得るのであり、われわれはそれを覚醒させなければならないというのである[75]。このような考え方は、新約聖書の釈義を背景としていることは言うまでもないが、マールブルク時代の同僚ハイデガーの影響も見のがせない。そもそもブルトマンが提唱した新約聖書の「非神話化」（Entmythologisierung）のプログラムと、それと表裏一体の関係にある新約聖書の「実存論的解釈」（eine existentiale Interpretation）は、ハイデガー哲学からの影響を考慮に入れてはじめて理解できるものである[76]。

いずれにせよブルトマンにおいては、歴史の問題は「個人的な歴史」（personal history）の意味性、つまり個的実存の歴史性（Geschichtlichkeit）という一点に、先鋭化され凝縮されている。これについては、ハイデガーのところであらためて指摘しなければならないが、このような先鋭化は魅力的ではあっても、歴史学的次元と普遍史的地平の喪失という高い代価を払って得られたものであり、「反歴史主義」（Antihistorismus）の凝《こ》った戦略以外の何物でもない。それゆえ、ブルトマンは歴史主義の問題を回避しただけで、本質的解決を提示していない、との批判は当然成り立つ。

（３）フリードリヒ・ゴーガルテン

バルトが完全にそっぽを向き、ブルトマンも冷ややかな態度に終始したとすれば、トレルチの直弟子であったフリードリヒ・ゴーガルテン（Friedrich Gogarten, 1887-1967）は、情熱的な仕方で師と袂を分かった。「ロマン主義的神学に抗して」（Wider die romantische Theologie）という論文がトレルチ批判の第一弾とすれば、トレルチの死の翌年に書かれた「歴史主義」という論文は、追悼の意も含むトレルチ批判の第二弾ということができよう[77]。第一弾では、みずからを含む反歴史主義的な方向を目指す若者の思想動向を「新ロマン主義的」と形容して批判した師の立場を、逆に「ロマン主義的神学」であるとして痛罵したのに対して、第二弾ではそのような辛辣な皮肉は姿を消して、むしろ恩師の業績を冷静かつ批判的に評価しようとする真摯な態度が目立つ。しかしそれだけにゴーガルテンのこの論攷は、トレルチの歴史主義理解の本質と問題点をよく突いている。

ゴーガルテンは、「われわれのあらゆる思惟の歴史化」というトレルチのテーゼには、一定の賛意を示す。人間的生のあらゆる形成物が歴史の生成の流れのなかにあり、最高の規範的価値を有するものであっても、歴史的相対性を免れるものでないこと。近代の歴史的方法は超自然主義的な例外を認めず、あらゆる事象を厳密な批判的精査に服せしめること。このことを比類なき明快さで指し示したことは、トレルチの偉大な功績であった。そこからゴーガルテンは、「彼〔トレルチ〕と根本的に対決していない神学は、なにか意義のあることを成し遂げようと望むことがけっして許されない。トレルチが彼の研究を成し遂げた後は、いかなる神学といえども、歴史主義の問題をトレルチが提起したあらゆる広がりにおいて取り上げなければ、最初から不毛である[78]」、とすら言い切っている。

にもかかわらず、ゴーガルテンはトレルチのテーゼに対して根本的な疑問を提起する。彼によれば、トレルチの問題提起に対しては「ただ二つの可能性しか存在しない[79]」。ひとつの可能性は、「トレルチ的な問題提起を、とりわけわれわれの思惟の徹底的な歴史化に関する彼の断固たるテーゼを、正当なものとして承認する」ことである。しかしこの場合には、トレルチが実際そうしたように、「あらゆる神学から本当の規範を基礎づける学問としての歴史哲学へと歩を進めざるを得ない[80]」。すなわち、神学から歴史哲学的な文化哲学へ、あるいはキリスト教からヨーロッパ主義への移行は、必然であると同時に不可避である。もうひとつの可能性は、「われわれのあらゆる思惟の徹底的な歴史化を主張するトレルチの断固たるテーゼを疑問に付す[81]」ことである。それはトレルチのいうような歴史化が「実際に」（tatsächlich）生起したかどうかを争うのではなく、果たしてそのような歴史化は「正当に」（zu Recht）生起したかを問い直すことである。つまり、歴史化の事実問題（*quaestio facti*）ではなく権利問題（*quaestio iuris*）を問うことである[82]。ゴーガルテンの言葉を引用すれば、

……むしろ問われるべきは、歴史的な思惟は非現実的な、最初からそれによっては実現できない圏域のなかを動いているのであるから、あらゆる出来事は歴史的な思惟には隠され、またそれから免れたままであってはならないのか、ということである。もちろん、そのことによって神学は途轍もなく大きな課題の前に立たされるであろうが、しかし結局はほかならぬ自己本来の課題、つまり本来的かつ究極的な仕方で規範を基礎づける学問である、という課題の前に立たされるのである。トレルチが言うこと、つまり「神思想なしには

いかなる規範形成も存在しない」ということ——そして神学はこれに反対のことをよく主張することはできないであろう——が真実であれば、まさにこの最初の断固たる規範形成こそは神学の課題であるだろう。[83]

以上のような本質的な疑問の提示に続けて、ゴーガルテンはトレルチの「歴史主義」問題の解決策に内包されている形而上学的な問題性を鋭く指弾する。ゴーガルテンが指摘するのは、トレルチが歴史主義の問題を解決するための鍵として持ち出す形而上学的思想の問題性である。われわれがすでに見たように、トレルチは歴史主義の問題を解決するための鍵として、ライプニッツのモナド論やマールブランシュの参与論を引き合いに出している。すなわち、トレルチによれば、「有限精神と無限精神との本質的で個性的な同一性が、まさにそれゆえこの無限精神の具体的な内実と動的な生の統一性に対する直観的な参与が、われわれの問題を解決するための鍵である」（GS III, 677）。いかにしてわれわれが他者の魂を認識できるかといえば、それは「ただわれわれがそれを、万有意識とわれわれとの同一性によって直観的にわれわれ自身の中に担っており、われわれ自身の生を理解し感じ取るのと同じように理解し感じ取ることができるからである」（GS III, 684）。

しかしゴーガルテンは、このような「有限精神と無限精神との本質的同一性」という形而上学的思想には、ある重大な問題があるという。彼によれば、歴史が「行為」（Handlung）であり得るためには、「神と汝と我という三つのものがそれに関与していなければならない」[84]。換言すれば、歴史が歴史としての内実を有するためには、自我と他者と神という三つの主体の間に「出会い」（Begegnung）[85]が生起しなければならない。ところが、現実の歴史を構成するこの「三次元性」（Dreidimensionalität）[86]は、トレルチの歴史主義においては維持されていないばかりか、最初から絶対的な一者へと還元されているという。この点におけるゴーガルテンの批判は、トレルチの歴史主義理解における本質的な問題性を突いていると思われるので、彼の批判をそのまま引用してみよう。

そうではなく、現実の歴史は、二重の、あるいは二義的な出会いからなるひとつの行為である。つまり、他の人間との出会いと、神との出会いである。そして他方がなければ一方は実際には不可能であるかぎり、一方の出会いは他方の出会いに等しい。なぜなら、同時に神との出会いではないような、それゆえ自然《フュシス》の法則と必然性から生ずる、自然的な事象にすぎないような、人間との出会いは、けっして人間との真の出会いではなかろうから。歴史はそれゆえ、つねに神、汝、そして我という三者がそれに関与していなければならない、ひとつの行為である。これらすべてのことは、トレルチもまた述べていることにほかならない。しかしトレルチはこの二重的な意義を有する出会いと、そしてそれによって歴史を、次のような仕方で理解し、それを通して「歴史的な行為」への道を切り拓こうとする。すなわち、彼はこの三者を最終的には一者へと還元し、そして彼らの間で生起する行為をかかる一者の内的な生の運動に、つまり「絶対者の生のプロセス」にしてしまう。なぜなら、有限精神と無限精神との本質的で個性的な同一性についての彼の理論は、この還元化を意味しているからである。このような仕方で、トレルチにとって歴史は「絶対者の生のプロセス」、あるいは「神的精神の生成」（GS III, 212）となるのである。[87]

ゴーガルテンはこのような洞察に基づいて、トレルチの歴史理解が現実の《行為》から歴史の《観照》へと反転してしまう傾向を有していることを指摘し、そこに彼の批判の最後の矛先を向けている。この点については詳しく論ずる余裕はないが、彼の批判のなかには大いに傾聴すべき問題点の指摘がある。われわれにとって興味いのは、トレルチが「自然主義」とともに「歴史主義」の出発点をデカルトの「意識哲学」に見出した点に、そもそもトレルチの歴史主義理解の問題点が存するとの指摘である。この点もトレルチ研究者によって再検証されるべきであろう。

（４）パウル・ティリッヒ

ゴーガルテンがトレルチに反旗を翻した正出の弟子であったとすれば、パウル・ティリッヒ（Paul Tillich, 1886-1965）は、少なくともその初期に限っていえば、トレルチの衣鉢を継ぐ志をもった庶出の弟子であった。一九二三年二月一日、トレルチが流行性感冒に罹って急逝したとき、ティリッヒは「エルンスト・トレルチの記念に」捧げられることになった著作『対象と方法に従った諸学問の体系』*Das System der Wissenschaften nach Gegenständen und Methoden*（1923）の校正作業を行なっていた。ティリッヒはこの書の前書きに次のように記している。「印刷中に、エルンスト・トレルチの急死の知らせがわたしを襲った。彼の情熱的な努力は、体系へと至ることであった。彼の仕事は本書の精神的基礎に対しても影響を及ぼしたが、かかる影響についても彼に負っている感謝の念を、わたしは本書を彼の記念に捧げることによって表したい。ベルリン—フリデナウ、一九二三年復活節」[88]。

ティリッヒはトレルチの死の翌々日、「フォス紙」（Vossische Zeitung）に追悼文を寄せて、「彼〔トレルチ〕は、以前わたしが神学における彼の立場に関する問いにしばしば答えたように、あらゆる将来の建設に対する否定的な前提である」[89]、と述べているが、この言葉のなかには、われわれがすでに見たゴーガルテンの態度にも一脈通じる、肯定と否定の両契機が見てとれる。しかしゴーガルテンとの違いは、ティリッヒはトレルチをより積極的に評価しており、しかもゴーガルテンが厳しく指弾するトレルチの形而上学的思想をむしろ不徹底として批判し、それを歴史象徴論へと深化発展させようとするところに、独自の創見といえるものが窺われる。われわれが注目するのは、ティリッヒがトレルチの『歴史主義とその諸問題』について書いた書評である。ティリッヒは各章の概要を略述した後、トレルチの歴史論理学における中心的概念である個性的総体に考察の対象を絞り、そこからさらに現代的文化総合の理念の背後にある、トレルチの形而上学的思想へと論及していく。曰く、

トレルチが、合理主義と現象学とに対立させてうちだした動的真理思想を、論敵たちが相対主義として、またそれに必然的に伴う真理思想の自己廃棄としてとらえ、非難するのは理解するにかたくない。この点は事実、トレルチの防備が十分でないところである。しかも十分でなかったということは、プロテスタント的義認論を拠りどころとすることによって導かれるはずの地点、つまり絶対的なものに向けられた本来の歴史形而上学にまで超え出るという冒険を、結局のところ、トレルチはなしえなかったからである。トレルチが、何か形而上学というものに対して恐れを抱いていたというわけではない。彼は、ライプニッツとマールブランシュによって教示された無限なる精神と有限なる精神との同一性を信ずるとあからさまに告白しているのである。しかし彼の揚合は、それは結局のところ単なる認識論的帰結であって、けっして形而上学的態度ではない。歴史過程において「神的理念への信仰が付加さるべき必然性」について彼が語るとき、そのような定式において明らかになることは、形而上学的なるものは、彼においては二義的なものでしかないということである。しかし形而上学的なるものは、けっして「付加」ではなく、基底であるか、しからずんば無であるかのいずれかである。しかも、それが欠けるなら、建物全体が空中楼閣となってしまうのである。(90)

ここに明確に読み取れるように、ティリッヒはトレルチにおける形而上学的掘り下げの不徹底を批判する。すなわちトレルチの場合には、形而上学は認識論的帰結として要請される「付加」（Zuschuß）にすぎず、その限りでは二義的な意義しかもっていない。しかし形而上学的なものは体系を支える「基底」（Fundament）であって、そうでなければ意味をなさないというのである。トレルチにおける「歴史形而上学」（Geschichtsmetaphysik）が、結局単なる仄めかしの域を出なかったことは、彼の議論を中途半端なものにしているのであり、本来は魅力的な構想である現代的文化総合の提唱も、深みと鋭さを欠いたものとなっている。このような批判に基づいてティリッヒが提唱するのは、トレルチ的な歴史主義の議論を「歴史象徴論」（Geschichtssymbolik）にまで深めることである。ティリッヒは次のように言う。

> トレルチが、われわれはただ、われわれ自身のみを理解しうるのであると語るとき、またわれわれの歴史解釈は、われわれの創造的力がおよぶ範囲内でのみ妥当すると語るとき、彼のいっていることは正しい。したがってまた、彼が歴史解釈を、われわれの現代的課題が、そこからのみ生じうるヨーロッパ文化圏に極限するとき、たしかに彼は正しい。しかし彼がどこまでも、ヨーロッパ主義の経験的現実にとどまり、ヨーロッパ文化とわれわれの現在の文化の課題との具体的現実が、そこにおいてはじめて究極的意味を見出しうるような真正なる形而上学的な歴史観を断念していることは、正しくない。そのような形而上学的歴史理解は、普遍史とは何のかかわりもない。むしろそれは、トレルチもその歴史論理学で示唆している思想の完成なのである。その思想というのは、歴史的諸概念は象徴であるということである。真正なる意味での歴史形而上学は、歴史象徴論である。それは、顕著なそして象徴にみちた歴史の現実のうちに、あらゆる生起の意味を

看取する。この意味は、相対主義的でしかない積み荷から解放されており、それ自身無制約的なもののうちに根差しているエートスと直接的に一体化している。現代的文化総合が、歴史形而上学の倫理的目標であり、基準でありうるのは、この総合のうちに、あらゆる文化総合の意味、行為および創造一般の――相対的ではあるが、しかも正当化されたものとしての――無制約的意味が満たされる限りにおいてなのである[91]。

このようなトレルチ批判を背景にして、その後のティリッヒの思想形成を考察すれば、トレルチとティリッヒの思想上の意義深い非連続的連続性が浮き彫りになってくるが[92]、その際ティリッヒが否定的に突破しなければならなかったのは、トレルチにおける「歴史内在主義」といってよかろう。ティリッヒはトレルチの『歴史主義とその克服』についても短い書評を書いているが、そこではこう述べている。「トレルチにとって自明の前提である内在的考察は、いかなる点においても突破されず、そしてそれゆえに、歴史主義がそこから克服されるいかなる見地も到達されない[93]」、と。このような批判は、ティリッヒがトレルチの思想と正面から格闘したからこそ獲得されたものであり、彼のトレルチとの真摯な学問的対決は、最も優れたトレルチ批評のひとつとしての「エルンスト・トレルチ――精神史的見地からする評価の試み」（一九二四年）として結晶している。そこにおいて、ティリッヒは次のような言葉でトレルチの学問的業績を評価している。

> 制約されたもののうちに、無制約的なるものを見出そうとする最後のすさまじいまでの奮闘においても、トレルチが念願を達しえなかったということは、彼の終生の研究課題のもつ悲劇である。たしかにそれは、彼の世代の最も偉大なる人びととの悲劇であるといえよう。いずれにせよ、これが彼の戦いであり、彼の結局の

挫折は、ずたずたに破れた誤れる絶対性のうちに、あるいは相対性のぬるま湯にぬくぬくとしている人たちすべての著作以上に、われわれにとって、また将来にとっても、はるかにより重要な意味をもつ。彼がそのうちにあった、生と思惟との絶対的緊張、無制約的なるものと制約されたものとの緊張によって、彼は、かの人たちのはるかにおよばぬ高みにあげられ、彼の失敗は、かの人たちの成功より偉大であり、実り豊かなのである[94]。

以上、われわれは次代を担う神学者たちがトレルチに対してとった、四通りの異なった態度について概観した。バルト、ブルトマン、ゴーガルテン、そしてティリッヒは、それぞれ濃淡のある批判的姿勢をもってトレルチの歴史主義に対処しているが、そこにはすでに彼らの将来の成熟した立場の片鱗が窺われると同時に、ある共通性を指摘することができる。彼らはいずれも一八八〇年代生まれであり、最も多感な青春時代に第一次世界大戦を経験している。そこから彼らは、近代文化全般を肯定的に受けとめていた古い世代に対して背を向け、総じて近代性そのものに対して批判的姿勢を、あるいはあからさまな反感を示すに至っている。F・W・グラーフはユダヤ人哲学者のフランツ・ローゼンツヴァイクなども含め、一八八〇年代生まれの彼らを「神のフロント世代[95]」と名づけているが、彼らは世界大戦の衝撃的経験に基づいて「消滅」（annihilatio）という概念を終末論的に再解釈し、世界と歴史を新しい終末論的な光の下で捉え直そうとしている[96]。彼らが用いた「時の間」、「原歴史」、「カイロス」などといった用語は、いずれもトレルチ的な歴史主義を回避するために持ち出された神学的な概念装置である。その限りでは、彼らを一括りにして「新たな、歴史主義と闘う神学」（die neue, gegen den Historismus ankämpfende Theologie[97]）と呼ぶことも不可能ではない。いずれにせよ、二十世紀のプロテスタント神学においては、彼らの共闘と並々ならぬ尽力によって、「歴史主義はトレルチとともにその終焉に達してしまった」[98]。たしかに、歴史主義の問題と格闘したトレルチのアポリアを目の当たりにして、若い世代の神学者たちが根本的な軌道修正を図ろうとしたことはよく理解できるが、しかし彼らが企図したことは、結局のところ、必須問題からの逃避だったのではないか。なぜなら、歴史主義の問題は神学本来の主要課題ではないとしても、現代において神学がおのが主要課題と取り組むためには、まさに避けて通れない関門だからである。トレルチはシュライアーマッハーに倣った壮大な学問体系論に基づいて、すべての揺らぎ——「すべては揺らぎ倒れつつある！」（Es wackelt alles!）[99]というトレルチの有名な言葉がここで想い起こされる——の原因である歴史主義の問題を、歴史哲学の構築によって解決しようと企てたが、かかる歴史哲学的な「建設の理念」は、一般倫理学と宗教哲学とを介して、やがて神学へとフィードバックされるべきであった。神学再建のためのこのような建設的意図を見落として、トレルチ神学の挫折や失敗を安易に語ることは、批判者の側の視野狭窄を逆に浮き彫りにする。いずれにせよ、トレルチと「神のフロント世代」との間に横たわっている深い溝は、今日あらためて再検証されるべきである。

　ところで、歴史主義の問題は単に神学者にとってだけでなく、哲学者や人文＝社会科学者たちにとっても避けて通れない問題であった。なぜなら、「歴史主義という苦境」（die Not des Historismus）[100]は、歴史相対主義や価値のアナーキーという随伴現象を伴って、彼らの専門分野にも重くのしかかってきたからである。そこで、同時代の哲学者や人文＝社会科学者たちが、歴史主義の問題にどのように対処しようとしたかを、次に考察してみたいと思う。

三　哲学者・人文＝社会科学者

（1）　エドムント・フッサール

エドムント・フッサール（Edmund Husserl, 1859-1938）は、同時代人ではあっても六歳年長であり、トレルチの歴史主義議論そのものに対する直接的な言及は見られない。しかしハイデガーやマックス・シェーラーとの関係を考えると、フッサールが《歴史主義》をどのように捉えていたかは興味深い。そこでトレルチと直接関係しているわけではないが、フッサールの歴史主義理解についてまず一瞥しておこう。

歴史主義とはおよそ無関係と思われるフッサールではあるが、彼も《歴史主義》についてまったく語っていないわけではない。しかし彼の場合には、Historismus ではなく Historizismus という用語が用いられている。この用語はすでに一八九二年にマルティン・ケーラー（Martin Kähler, 1835-1912）によって用いられており[101]、なにもフッサールの独自性がそこに見られるというわけではない。むしろこのことは、フッサールがそれに言及した一九一一年の時点では、Historismus と Historizismus の両方が同じ意味で通用していたことの証左というべきであろう。なぜなら、フッサールの批判の対象となっているのは、Historismus の問題と取り組んだディルタイの哲学だからである。

フッサールは、新しく創刊された雑誌『ロゴス』第一巻第三輯に寄稿した論文「厳密な学としての哲学」（一九一一年）において、「歴史主義と世界観哲学」（Historizismus und Weltanschauungsphilosophie）についてかなり掘り下げて論じている[102]。彼はそこで、哲学者としてのディルタイの力量を高く評価しつつも、歴史上のいっさいの生の形式は相対的であるとする彼の歴史主義的な世界観哲学が、歴史的発展の流れのなかで普遍妥当性を失い、遂には「相対主義」と「懐疑主義」に帰着することは、無理からぬことであると見なしている[103]。だが、ディルタイの歴史主義によって、哲学一般が行き詰まったわけではなく、むしろ哲学はいまこそ「厳密な学」（strenge Wissenschaft）として再興されなければならない、というのが彼の主張である。フッサールによれば、「文化現象としての学問」（Wissenschaft als Kulturerscheinung）と「妥当な理論体系としての学問」（Wissenschaft als System gültiger Theorie）[104]は明確に区別されるべきであって、後者については歴史家が嘴を挟む余地はない。すなわち、「歴史学は、絶対的な妥当性一般の可能性に対して反対理由をあげることができないのであり、同様に絶対的な、すなわち学的な形而上学、およびその他の哲学の個々の可能性に対してもいかなる有効適切な反対理由もあげることができないのである[105]」。これまでに学的な哲学が存在しなかったという事実も、「厳密な学」としての体系哲学の理想的な可能性の反証とはなりえない。なぜなら、

> 厳密な学としての哲学が内的に不可能であるということは数千年の空しい試みによって示されている、という論証によって学的な哲学がすべて幻想にすぎないと無制限に主張することは、わずか二、三千年の文化の発展から無限の未来を推測することが決してじゅうぶんな帰納的方法であるとはいえないからまちがいである、というだけではない。そもそもこのような主張は、２×２＝５というのと同じように絶対的な背理であるから、まちがいなのである。このことは、さきに示唆しておいた理由からいえるのである。すなわち、哲学の批判が或るものを客観的、妥当的に論駁しうるならば、そのときそこには或るものを客観的、妥当的に論証しうる領域もまた存在する[106]。

フッサールによれば、数学的なものの規範は数学のうちに、論理的なものの規範は論理学のうちに、倫理的なものの規範は倫理学のうちにあるのであり、歴史家が真に学的に評価することを欲するのであれば、それぞれの学科の根拠と論証の方法をその学科自体のうちに求めなければならない。それゆえ、哲学はみずからの学問的根拠と方法を、みずからのうちに探究しなければならない。かくしてフッサールにとって、「歴史主義」は「きびしく斥けられねばならない認識論的錯誤[107]」にほかならない。

そこからフッサールは、ディルタイ的な歴史主義と世界観哲学を退けて、超越論的現象学の確立に向けてたゆまぬ努力を続けたのであるが、彼は最晩年の『ヨーロッパ諸学の危機と超越論的現象学』の付録において、再度「歴史主義」の無効性を説いている。フッサールはそこで「幾何学の起源について」論じながら、幾何学の真理が無条件な普遍性において妥当するのは、絶対的なアプリオリによっていることを力説する。人間と文化的世界との相関的な存在様式の普遍的歴史性のうちには、アプリオリな構造が存しているのであって、あらゆる歴史的事実性を越え出るまったく無条件な明証は、この「歴史的アプリオリ」に基づいている。普通の意味でのすべての歴史学的な問題設定や呈示は、すでに普遍的な問題地平として、「潜在的ではあるが、その本質構造に則して体系的に顕在化されうる〈地平としての「知」〔Horizont-„Wissen“〕〉[108]」を、暗黙裏に前提としているのである。「したがって、われわれは、歴史主義が妥当させている諸事実をあらためてなんらかの批判的吟味にかける必要などはない。その事実性の主張そのものからしてすでに、もしそれが意味をもつべきだとしたら、歴史的アプリオリを前提としている、と言うだけで十分なのである[109]」。いずれにせよ、一般の歴史学や普遍史的考察に意味があるとすれば、「その意味は、われわれがここで内的歴史学と呼ぶことのできるもののうちにしか根をもちえないであろうし、そのようなものとして、普遍的歴史的アプリオリを基礎としてのみ可能であろう[110]」。

以上のようなフッサールの超越論的な考え方と歴史主義批判とは、多少のニュアンスの相違はあるものの、ハイデガーやシェーラーにも通じるものである。しかしわれわれにとって興味深いのは、トレルチがこうしたフッサールの超越論的現象学に対して、必ずしも否定的ではなく、むしろ好意的ともとれる言動を示していることである(111)。

(2) マルティン・ハイデガー

マルティン・ハイデガー(Martin Heidegger, 1889-1976)の哲学は、トレルチの歴史主義とは無関係と思われるかもしれないが、問題史的に見た場合には、けっしてそうではない。チャールズ・R・バンバックの『ハイデガー、ディルタイ、そして歴史主義の危機』が実証してみせたように、若きハイデガーの哲学的形成とその思想発展は、「歴史主義の危機」という意識によって大きく規定されている(112)。しかし歴史主義の問題に対するハイデガーの取り組み方は、ディルタイ=トレルチ的な歴史主義の方向性を根底から寸断する、きわめてラディカルな転轍作業によって特徴づけられる。「若きハイデガーによる歴史主義の解体作業」(The Young Heidegger's *Destruktion* of Historicism)(113)が問題となる所以である。

トレルチとハイデガーとの間には、かすかな個人的接触はもちろん存在したが(114)、両者の関係はけっして密接なものではない。ハイデガーは、一九二〇／二一年冬学期の「宗教の現象学入門」ならびに一九二一年夏学期の「アウグスティヌスと新プラトン主義」と題された講義において、トレルチの宗教哲学について比較的詳細な論評を加えているが(115)、それ以外には彼の浩瀚な書物にトレルチの名前が登場することはほとんどないといってよい。「宗教の現象学入門」では、「われわれはトレルチの態度を批判するのではなく、彼の根本的立場をよりいっそう鋭く理解したい」[116]と述べられており、これだけを見るとハイデガーのトレルチに対する態度はけっして批判的とはいえない。しかしこのことから、ハイデガーがトレルチの歴史主義に対して肯定的であったと推測することは早計である。バンバックの優れた研究から推論することが許されるとすれば、ハイデガーは歴史主義の問題に対するトレルチ的なアプローチの仕方を、所詮は受け入れることができないはずである。トレルチは歴史主義の問題を、究極的には、「歴史学の実践から」（aus der Praxis der Historie）は解決できないことを承知しつつも（GS III, 162）、可能な限り「問題を歴史家の実践から解決すること」（das Problem aus der Praxis der Historiker heraus zu lösen）を目指したが（GS III, 31）、ハイデガーからすれば、そのような仕方ではもとより問題の本質的解決は望み得ない。すでに一九二四年の「時間の概念」に関する講義において、ハイデガーはトレルチとはまったく異なった歴史へのアプローチを示唆している。

> 歴史への接近可能性は、将来的であることの可能性に基づいているが、それぞれの現在はこの可能性にしたがって理解される。これこそがあらゆる解釈学の第一の命題である。この命題は現存在の存在について何某かのことを語っているが、それは歴史性そのもののことである。哲学は、歴史を方法にとっての考察対象として分析するかぎり、歴史とは何かということをけっして把握するに至らないであろう。歴史の謎は、歴史的に存在するとは何を意味するか、ということに存している[117]。

一九二五年四月に行なわれた「カッセル講演」は、「ヴィルヘルム・ディルタイの研究活動と歴史学的世界観をもとめる現代の争い」という主題をめぐる十回連続の講演で、一般の聴衆にもわかるような平易な言い回しで語られているが、ディルタイ哲学の要諦をしっかり押さえながら、歴史的世界観、フッサール現象学、相対性理論などについて、実に啓発的な議論を展開している。それは三年後に出版される『存在と時間』*Sein und Zeit*（1927）の中心的思想を、いわば先取りした仕方で簡約に述べたもので、研究史的にきわめて価値の高いドキュメントである[118]。そこにはディルタイに対するハイデガーの批判的対峙の主眼点が端的に示されているが、われわれにとって不思議でならないのは、かかる主題を取り上げながら、トレルチへの言及がほとんど見られないことである。シュペングラーの通俗的な書物（『西洋の没落』）に言及しながらも、トレルチの『歴史主義とその諸問題』を黙殺する彼のこの態度は、われわれに一体何を示唆しているのだろうか。ハイデガーがトレルチを真剣に読んでいなかった証拠であろうか？　それともある意図を含んだ意味深長な黙殺であろうか？　ここに「トレルチとハイデガー」という重要な研究テーマが存在する[119]。

それはともあれ、一九二七年に出版された『存在と時間』において、ハイデガーは自己の立場を揺るぎなきものとして明確に打ち出す。すなわち、もはやリッカートにも、フッサールにも、あるいはディルタイにも依拠せず、それぞれに批判的に対峙しながら、独自の解釈学的存在論が提示されるのである。その書で到達された地平からすれば、歴史主義をめぐるトレルチの学問的苦闘も、すでに克服された過去に属することとなる。なぜなら、「歴史学が――いっそう正確に言えば、歴史学的態度が――問いを立てる現存在の存在様相として可能であるのも、実は現存在がそれの存在の根底において歴史性によって規定されているからにほかならない[120]」、と宣告されるからである。ハイデガーによれば、

> あらゆる研究は、現存在の存在的可能性のひとつであって、中心的な存在問題をめぐっておこなわれる研

> 究も、この例にもれるものではない。その現存在の存在は、みずからの意味を時間性のうちに見いだす。ところが、時間性は同時に、現存在自身の時間的様式としての歴史性を可能にする条件なのである。……歴史性という規定は、ふつうに歴史（世界歴史的経歴）と呼ばれているものに先立つ規定である。
> 　歴史性（Geschichtlichkeit）というのは、現存在たるかぎりの現存在の「経歴」（Geschehen）の存在構成をさして言うのであって、この「経歴」にもとづいてこそ、「世界歴史」とか「世界歴史に歴史的に属する」とかいうようなことも可能になるのである。[121]

　この引用にも示唆されているが、ハイデガーがこの書で試みようとしているひとつのことは、「《世界歴史》という通俗的歴史概念」[122]——彼によれば、これは「第二義的な意味での歴史的なるもの」である——の根底において、それに先立ってある事態に立ち返り、そこから思惟し直すということである。ハイデガーが主張するのは、「第一義的に歴史的なるものは、現存在である」[123]ということである。それでは、彼はこのテーゼで一体何を主張しようとしているのであろうか。ハイデガーによれば、

> 　しかしながら、《現存在は歴史的である》というテーゼが言おうとしているのは、人間は世界歴史の浮沈のなかでもてあそばれている多少とも重要な《アトム》であって、どこまでも事情や事件の成りゆきに委ねられているものであるという存在的事実だけではないのである。むしろそれは、《歴史的》主体の主体性にその本質的構成として歴史性が属しているのはいかなる意味においてであるのか、いかなる存在論的条件にもとづいてなのであるか、という問題を提示するものなのである。[124]

ハイデガー研究の碩学辻村公一は、この引用箇所の原文中の「前者のみならず、後者を」（... nicht nur... sondern...）という表現に注意を促し、ここでは「『現有は歴史的に有る』というテーゼの意味をオンティシュな事実として『しか』理解し得ない『理解の仕方』すなわち『現有の歴史性』に関する通常の理解を破る如き仕方で、有論的な問題定立が現われて来ることが語られている」[125]と述べているが、いずれにせよハイデガーの眼目が、辻村のいう「有論的な問題定立」、つまり存在論的問題設定にあることは間違いない。

ここからもわかるように、ハイデガーは「歴史」（Geschichte）を現存在の時間的様式としての「歴史性」（Geschichtlichkeit）に押し戻して捉え、歴史議論における至上権を「歴史学」（Historie）から簒奪する。かくして、歴史の問題は「存在の意味への問い」に転換され、「現存在の存在論的分析論」へと委ねられる。こうした彼の考えが最も明確に述べられているのは、第七十六節「現存在の歴史性からの歴史学の実存論的起源」であろう。そこでハイデガーは、「歴史を歴史学的に開示することは、それが事実的に遂行されるかどうかにかかわりなく、それ自体において、その存在論的構造上、現存在の歴史性のうちに根ざしている」[126]と述べて、歴史学が現存在の歴史性に実存論的に根ざしていることを力説する。ハイデガーによれば、今日事実上行なわれているような、歴史学研究の現状から歴史学の概念を「抽出し」たり、あるいはその概念をこの現状に適合させたりすることは、まったく問題にならない。歴史学研究の実際のやり方が、歴史学のもつ根源的かつ本来的な諸可能性を代表している保証はどこにもないからである。ハイデガーは手順を逆転させて、現存在の歴史性を実存論的に闡明することから歴史学の理念を明らかにしようとする。歴史学と現存在の歴史性の連関を闡明することは、「方法的にみれば、現存在の歴史性にもとづいて歴史学の理念を存在論的に投企することを意味する」[127]、というのである。

さて、歴史学が歴史性に根を下ろしているとすれば、何が歴史学の本来の対象であるかということも、そこから規定されなければならないはずである。歴史学の根源的主題は、「かつて現存していた現存在をそれに固有な実存可能性にそくして投企する[128]」ことである。それゆえ歴史学の課題は、それ自身本来的歴史性から生い立ってきて、かつて現存していた現存在を、それのもつ可能性に関して反復しつつ露わにすることである。歴史のなかで一回的に生起したことも、あるいはその出来事の上に浮遊している「普遍的なるもの」も、歴史学の主題ではあり得ない。そうではなく、「事実的にかつて実存していた可能性」（die faktisch existent gewesene Möglichkeit）、あるいは「かつて現存していたそれぞれの実存の可能性」（die Möglichkeit der dagewesenen Existenz[129]）こそが歴史学の主題なのである。実際に行なわれている探究は、道具の歴史、作品の歴史、文化の歴史、精神の歴史、思想の歴史など、多種多様に分岐しているが、その対象はいずれも世界の内に事実的に実存するものである。歴史学はこれら諸々の事実に定位しつつ、伝承の歴史を通り抜けて、現にすでに有ったものそれ自身へと突き進むのである。

このように、「歴史をその各々の歴史性において見る」（die Geschichte in ihrer Geschichtlichkeit je zu sehen[130]）視点に立てば、トレルチが代表したような「歴史主義」のアプローチは疑わしいものにならざるを得ない。なぜなら、新カント学派とは異なった認識論に立脚する歴史主義者たちも、ハイデガーの見るところでは、所詮はデカルト以来の主観―客観という二元論的な認識の図式を前提しており、歴史を「一定の学問的尋問によって覆い隠される以前の、原初的な諸経験[131]」へと立ち返って捉えることができないからである。つまり、トレルチを含めて歴史主義者が提供するのは、バンバックの表現を借りるならば、「真正ならざる歴史の説明」（inauthentic accounts of history[132]）ということになる。実際、ハイデガーは、「おそらくは、《歴史主義》の問題というようなものの台頭こそ、現代の歴史学に、現存在をその本来的歴史性から疎外させる傾向があるということの、最も明瞭な兆候なのである。本来的歴史性は、必ずしも歴史学を必要としない。非歴史学的時代というものは、ただちに非歴史的時代ではないのである。[133]」、と手厳しい判断を下している。ここには Historie/historisch と Geschichte/geschichtlich との峻別と、さらに歴史学レベルで問題となる「歴史」（Geschichte）と実存の本来的「歴史性」（Geschichtlichkeit）との差別化という、《歴史》に関する二重の分離を用いた、ハイデガーの実に巧みな策略が垣間見える。

いずれにせよハイデガーの中心的思想は、以下の引用に端的に表明されている。

> 歴史的実存の本来的開示態（「真理性」）をもとにして、歴史学的真理の可能性と構造とを展開すべきである。そして、歴史科学の基礎概念は、その客観にかかわるものにせよ、その取り扱い方にかかわるものにせよ、すべて実存概念なのであるから、精神諸科学の理論は、現存在の歴史性についての主題的に実存論的な解釈を前提にしているわけである。かような解釈こそ、ヴィルヘルム・ディルタイの研究活動が接近しようと努めていた不断の目標であり、そしてヨルク・フォン・ヴァルテンブルク伯の思想によっていっそう鮮やかに照明されるものなのである。[134]

このように、トレルチ的な歴史主義の議論は、ハイデガーにおいては非本来的なものとして打ち切られ、歴史の問題は実存の歴史性の問題へと完全に転換される。かくして歴史に関する議論は、個的実存の意味性へと先鋭的に凝縮され、その先鋭化の代償として、普遍史的ないし世界史的広がりを喪失してしまうのである。[135]

（３）　マックス・シェーラー

マックス・シェーラー（Max Scheler, 1874-1928）は、トレルチの死後間もなく、「社会学者としてのエルンスト・トレルチ」（一九二三年）という随筆を著し、そこでは急逝したこの学者を「マックス・ヴェーバーと同様、精神諸科学の統一性と普遍主義をまさしく体現した人物[136]」として非常に高く評価している。表題に明示されているように、この随筆は思想家としてのトレルチの全体を扱ったものではなく、あくまでも社会学者としてのトレルチに照準が合わせられているが、後半部分には彼の歴史哲学についての言及も含まれている。そこではトレルチが『歴史主義とその諸問題』の第四章で提示したヨーロッパ文化史の見方に対して、同意できない個々の点が列記されている。例えば、トレルチは人類を包括するような普遍史を断念しつつ、その理念を運用可能なヨーロッパ文化圏に限定して適用したが、これに対してシェーラーは、「普遍的な歴史哲学」は可能であり、そのような歴史哲学は「他の文化圏をもともに包括しなければならない[137]」、と主張している。それ以外にも、第一次世界大戦以後、相対的に閉じられた文化圏の相互間の調整の動きが始まっていることの指摘や、歴史哲学と社会学はトレルチの場合のように分離されるべきではない、といった自説も吐露されている。だが、現代的文化総合のプログラムそのものに関しては肯定的であり、このような難しい課題に取り組んだトレルチ自身を「自己解放というドイツの課題にとっての模範[138]」と見なしている。

しかし、トレルチに対するこのような高い評価は、必ずしも歴史主義そのものに対する高い評価を意味するものではない。というのは、『知識形態と社会』*Die Wissensformen und die Gesellschaft*（1926）において、シェーラーは「歴史主義」が「すべての『絶対的な』歴史的権威（とくに絶対的・実定的・具体的な救済のための財世界に基礎をもったあらゆる『教会』という権威）を正当な理由をもってゆるがせた」ことを評価しながらも、他方でそれが「自立的な形而上学」（selbständige Metaphysik）の成立を妨げてきたことを糾弾しているからである。[139] シェーラーによれば、歴史主義は形而上学にとって実証主義に次ぐ「二番目に大きな対立物」[140]であったが、現在ではそれが相対化され形而上学の台頭の兆し――裏返せば、「歴史主義の相対化の兆候」――が見られるという。すなわち、歴史主義は歴史認識と価値評価の相対性を主張してきたが、シェーラー自身が唱える「絶対的な価値序列の体系という理論」と「歴史的存在そのものを歴史的な本質遠近法主義でとらえるという理論」からすれば、すべての歴史的「存在」そのものは本質必然的に相対的なのであり、かくして「世界観としての歴史主義」は自己自身によって克服されてしまった。したがって「形而上学への道」（der Weg zur Metaphysik）はこの非常に興味深い知識の発展過程を通じて再び開かれることになる。[141]

シェーラーはすでに『人間における永遠なるもの』*Vom Ewigen im Menschen*（1923）において、「歴史的事態は完成したものでなく、いわば救済可能なものである。……要するに人類の歴史がもつ意味組織の内において意味統一・作用統一たるものは、未完成な存在であり、世界歴史の終局において初めて完成される存在なのである」[142]と述べて、「歴史的事態やそれに付随した価値の確実性そのもの」に関する「一種の相対性原理」[143]を説いていたが、『知識形態と社会』においては、自説のオリジナリティをより前面に押し出して、次のように豪語して憚らない。

> 歴史的な観察者が生きられた歴史の中で変化していく場所におかれているので歴史的事態と存在そのものの本質存在、意味、価値は相対性――ここでは歴史認識やその可能性の相対性のみに限定されない――をもたざるをえない、という思想にはじめて明確な表現を与えたのは私であるが、エルンスト・トレルチの「歴史

主義とその諸問題』の中でこの思想は最初にとりあげられ論じられている。もちろん彼はその思想の意義を把握しつくしたわけではないので、それだけに私が次のことを嬉しく思っているのを表明する理由が強められるというものである。それは、この思想が急に多数の研究者によって――彼らが主観的には私から独立しているつもりなのかそうではないかは知らないが――非常に鋭利なしかも確固たる仕方で表明されている、ということなのである。(144)

シェーラーは、E・シュプランガー、Th・リット、K・マンハイム、W・シュテルン、さらにはN・ハルトマンをも引き合いに出しつつ、「『歴史的事態』に関するわれわれの認識（それ自身固有の相対性の段階を有している）のみならず、この事態そのものが観察者の存在と本質存在に対して――観察者の『意識』に対してばかりでなく――相対的なのだ、ということになる(145)」、との結論を導き出す。しかしこの結論は、あくまでもシェーラーが言わんとしていることの前半分にすぎない。彼が本当に主張したいことは、むしろかかる洞察から導き出される哲学的命題、すなわち「形而上学的な「物自体」だけが存在し、歴史的な「物自体」なるものは存在しない(146)」ということである。歴史主義についてのシェーラーの考え方は、以下の引用に最もよく示されている。

ともかくも――ここでもう一度最初の地点に戻ったわけだが――世界観としての歴史主義、すなわち真正の形而上学的問題を一人占めにしてきた悪しき潜在的《クリュプト》形而上学でしかなかったいわゆる歴史主義は、以上の洞察によって根本から覆されてしまう。「歴史主義によってこそ形而上学の全認識は相対化されうる」（ディルタイ）とか「実証的自然科学、数学、最終的には歴史主義固有の認識をも相対化できる」（シュペングラー）

といった主張がなされてきたけれども、この歴史主義が本当に相対化されるのはまさにこうしたわれわれの洞察そのものによってなのである。歴史主義は歴史というものを一つの「物自体」に作りあげたかったのかもしれない——もしそうなら歴史主義とは、歴史的現実に形而上学的意味を付与しこの認識にもやはり形而上学的意義を与えること以外の何を意味するであろうか？ 歴史的な本質存在、価値存在それ自身が相対的になるのは、すべての歴史的・実定的な財世界が相対的になった、……実質的価値の絶対的序列体系から見て相対的になった場合に限られるのである(147)。

このように、シェーラーにとって歴史主義は、畢竟、自立的な形而上学に至るための露払いの役割を果たしているにすぎず、歴史主義それ自体により積極的な意義は認められない。結局のところ、シェーラーはフッサールの本質直観という現象学の立場に立って、歴史主義とは異なる方向へむけて独自の思想展開を遂げたのである(148)。

（4） カール・マンハイム

社会学者のカール・マンハイム（Karl Mannheim, 1893-1947）は、一九二四年、『社会科学および社会政策アルヒーフ』（*Archiv für Sozialwissenschaft und Sozialpolitik*）に「歴史主義」と題する論文を発表したが、この論文は「歴史によって歴史を克服する」というトレルチの問題意識を継承し、とくにリッカートの歴史主義克服論を批判しようとしたものと見なされている。

マンハイムは第一章の冒頭で、歴史主義を「われわれが否応なしに対決を迫られているある精神的力」、「見渡しがたいほどの影響力を持つ精神的力」、「われわれの世界観の真の担い手(149)」、「そこからわれわれが社会的文化的現実を観察する根底[150]」と特徴づけながら、次のように述べている。

歴史記述がわれわれに歴史主義をもたらしたのではない。歴史過程がわれわれを歴史主義者に仕立てたのである。この意味で歴史主義は世界観である。そしてわれわれの意識の今日の段階においては、世界観といえば次のような意味を持つ。つまりわれわれの現世的、非現世的な生活が、この中心によって貫徹されるだけでなく、またこの中心が、われわれの思考を支配し、更に科学や科学論、論理学、認識論、存在論をも貫流する、そういう意味を持っている。新しい生の態度とともに発生していて、歴史記述の中におそらくいちばんはっきりとした形で発現しただけの諸問題が、自己意識の段階に到達した時に、はじめて歴史主義が成立する[151]。

マンハイムがみずから議論の出発点に据えているのは、「静的な思考」（statisches Denken）と「動的な思考」（dynamisches Denken）の二者択一である。それは「静的な理性哲学」[152]（statische Vernunftphilosophie）と「動的―歴史主義的な生の哲学」（dynamisch-historistische Lebensphilosophie）との、あるいは「超時代的に構成された理性哲学」と「動的に構想された全体過程の歴史主義的な見方[153]」との対立とも言い換えられる。トレルチが『歴史主義とその諸問題』を「ヴィルヘルム・ディルタイとヴィルヘルム・ヴィンデルバントの思い出に」捧げていたことを思い起こせば、歴史主義の問題群をめぐるトレルチの思想的格闘は、畢竟、新カント学派（とくにヴィンデルバントとリッカート）の理性哲学と、ディルタイの歴史主義的な生の哲学との対立の調停・克服にあったことがわかるが、マンハイムはトレルチのような「あれも―これも」の総合の立場はとらない。彼は最初から

「あれか―これか」の二者択一を掲げ、みずからは明確に「動的―歴史主義的な生の哲学」の方向性を選び取る。その際、彼は「同一の事態についての認識にも、真か偽かどちらかというのではなく、原理的には遠近法的な（perspektivisch）、異なった立場に拘束されている（standortsgebunden）というだけで、相互に共存できるような認識というものがある[154]」と述べて、後半で打ち出す遠近法主義ならびに立場拘束性をあらかじめ仄めかしている。

マンハイムは第二章で、「歴史主義理論の出発点」としてトレルチを集中的に論じているが、その章における彼の結論は、「トレルチは、われわれの見るところでは、歴史主義の理論への正しい出発点を発見した人[155]」というものである。もちろんそこには、細かい点でいろいろな批判や疑問がないではない。例えば、トレルチには歴史発展を説明する確固たる「弁証法」が欠けているとか[156]、「あれだけ膨大な資料の山を渉猟しながら、原理的な最終的解決という点では、比較的わずかの成果しか明確化できなかった[157]」、という批判も述べられている。しかし全体としては、マンハイムはトレルチの基本的な立場にほぼ満腔の賛意を表明している。その際、彼がトレルチの中心的主張と見なして継承し、みずからの歴史主義理論の出発点に据えたのは、次のような洞察である。

> すなわち、歴史認識は、ひとつの特定しうる精神的立場（[GS III] 116, 169）、未来を意欲し未来へ積極的に働きかける主体からして、はじめて可能になる。未来形成を旨としつつ現時点で行動する主体の関心からのみ、過去の観察ははじめて可能になる。現在の行動性の方向からのみ、歴史的選択の方向、客観化と叙述の形式は、はじめて理解することができる。これこそ、トレルチが「現代的文化総合」（die gegenwärtige Kultursynthese）なる概念の下に理解したものの究極の意味であり、またその首尾一貫した帰結なのである（[GS III] 164-179）[158]。

次に、第三章「歴史的なものの運動の諸形式」では、トレルチの歴史主義理論を踏まえつつ、そこにおいて難点と感じられる点、あるいは不明確なまま残されている点などについて、独自の視点から意欲的な理論展開の試みがなされている。そこには、後の「イデオロギーとユートピア」の萌芽ともいうべき、「ユートピア」についての軽い言及も見られるが、やはり最も注目すべき点は、第一章でも仄めかされていた独自の「遠近法主義」と「立場制約性」(Standortsgebundenheit) の理論であろう。マンハイムによれば、いかなる体系化といえども立場に制約されていないものはないが、このことは相対主義を意味しないどころか、むしろ真理概念の拡大を意味する。なぜなら、「この拡大によってわれわれは、認識する主体とその対象の特質上、遠近法的真理しかありえないような諸領域への目を開かれる[159]」からである。少し長いが、マンハイムの主張に耳を傾けてみよう。

> われわれが空間的な物体を、もっぱらいつも遠近法的に、立場に拘束されて、いわば「縮尺」された形でしか見ることができない、ということだけで、空間的な事物の把握可能性に関して、相対主義や不可知論の立場を固執するとすれば、それは馬鹿げたことであろう。同じように、哲学的ないし、歴史的認識においても本質的な意味を持つ立場制約的、遠近法的なものを、握りつぶしてはならない。むしろ逆に認識構造の中心に据えられなければならない。「立場に制約された」とか「遠近法的」といった表現は、言うまでもなく空間的物体の視覚による形態把握について言われていたものを、類比的に歴史認識や哲学的認識に転用したものにすぎない。それが正当化されうるのは、両方とも、原理的に対象を一つの認識像のうちに把握することはできない、という本質的な共通性を持つかぎりにおいてである。しかし歴史認識の「遠近法的性格」と空間的物体の知覚の持つ立場制約性との間には、いくつかの本質的区別がある。その一つは、歴史認識の場合

の「立場」とは、もちろん空間的なものと考えられてはならないし、対象の主体に対する関係も、不動の固定したものと考えられてはならない、ということである。歴史を観察する場合には、立場に制約されているとは、精神的流動のある「場」に「立つ」という意味であって、その流動は、われわれの観察が向けられる部分も、それを観察するにあたってわれわれが依って立つ部分も、ともに生成を遂げてきて、さらに生成していくものであり、不断に動いてやむことがない[160]。

このようにマンハイムは、トレルチの歴史主義理論を独自の「遠近法主義」と「立場制約性」の理論へと深め、そこから「歴史社会学」（Soziologie der Geschichte）[161]を構築する道を探り（第四章）、さらに「体系と生とにおける動的な基準」と題された第五章では、「哲学の全体系に対して、究極的には生そのものに対して歴史主義がいかなる意義を有するか[162]」、という問題を自問自答している。マンハイムによれば、「真の歴史主義」は「自然主義」と並列的に考えられるべきものではなく、「少なくともその意図からすれば、原理的に認識論的諸前提のさらに背後にさかのぼって、それをはじめて基礎づける哲学なのであり、体系的位置からすれば、従来の形而上学に代わるものなのである[163]」。静的理性哲学の陣営からは、歴史主義に対して相対主義との批判が投げかけられる。しかし時代を超えた真理や倫理的基準を想定する静的な思考は、歴史化のプロセスが進行するにつれて、超越的真理の絶対性をますます形式だけに局限せざるを得ず、実は真理内容はそれだけますます相対化され抽象化されている。それゆえ、相対主義克服の唯一の道は「具体性」（Konkretheit）であり、それは「ただ実質的素材からのみ生じる[164]」。つまり、「基準そのもの、形式そのものを動化し、絶対的―相対的という相関関係を、新しい動的認識に相応しく形成することによってのみ、解決と総合に到達することができる[165]」。マンハイムの結論は、それゆえ以下の通りである。

> あらゆる時代にひとしなみに妥当するような公準があるわけではなく、絶対者は各時代ごとに異なった形で具体化される。……ただ真理は、われわれの立場にまで辿りつくその成熟の過程のうちで、われわれから見て、われわれの意欲にもとづいて、遠近法的に認識されうるものである。われわれの予見、本能的意欲から、歴史の断想面は把握されうるのだが、逆にまたわれわれは、歴史のうちから生み出され、われわれの立場にまで発展してくる具体的な諸価値のうちに、はじめは曖昧模糊としていたわれわれの意欲に対する、充分な内容的解明を受けとる。こうして、人は歴史から、具体的—内容的に充実した基準を獲得するが、それは、人が（全体的精神に担われているがゆえに）すでにそれを本能的に備えているからであり、その限りで言われることである。これこそ、歴史によって歴史を克服する（[GS III] 772）、しかも克服のために必要な諸価値を歴史そのものから獲得する、というトレルチの要求の究極の意味ではなかろうか。[166]

「歴史主義」論文における以上のような主張が、のちの『イデオロギーとユートピア』において、どのように保持されているか、あるいはどのように変化しているかは、それ自体として問われるべきであるが、マンハイムこそは、トレルチの歴史主義理論を最も真摯に受けとめ、それを積極的に展開した思想家であるといえるであろう。

四　歴史学者

次に歴史学者たちがトレルチの問題提起をどう受けとめたかを、三人の歴史学者に即して考察してみよう。

(1) オットー・ヒンツェ

ベルリン時代のトレルチと親しかった法制史家オットー・ヒンツェ（Otto Hintze, 1861-1940）は、トレルチが身罷ってから四年後に、「トレルチと歴史主義の諸問題」と題された、質量ともに重厚な論文を発表し、友人の最晩年の学問的業績を冷静な目で批判的に検証してみせた。これは大著『歴史主義とその諸問題』の「根本思想との個人的対決の試み[167]」という性格を有しており、数ある書評のなかでも特筆に値するものである。

ヒンツェによれば、「比較的新しく、完全には一義的でない標語」である「歴史主義」には、ニーチェに由来する「悪しき副次的意味」がまとわりついている。すなわち、一面的に偏した歴史的な見方は、懐疑主義、相対主義、あるいは審美的観照へと導かれ、ついには意志の薄弱化や行動力の麻痺に落着する、という非難である。だが、それを削ぎ落とせば、この語は「精神の論理的な範疇構造という意味での方法的思惟方向」と、「おそらく形而上学の代用物とも見なされる一般的な世界観・人生観[168]」という二つの意味がある。簡潔に表現すれば、「範疇構造としての歴史主義」（Historismus als Kategorialstruktur）と「世界観としての歴史主義」（Historismus als Weltanschauung）[169]である。しかし「トレルチはこの二つの意味をそれほど鋭く区別はしなかった[170]」。「トレルチの場合、行く手に立ちはだかってこの区別を妨げているのは、ヴィンデルバント＝リッカート学派から彼にくっついている、価値関係と論理学的範疇との根本的な、密接かつ不可分離的な結びつきである[171]」。そのため、「歴史主義」を《人間の思惟の根本的歴史化》と規定することで、悪しき副次的意味からこの語を解放しようとした彼の意図は、「完全に首尾一貫した仕方で完璧には遂行されなかった」。かくして「悪しき歴史主義という恐ろしい妖怪[172]」が繰り返し出現することになるという。

ヒンツェの考えでは、「世界観としての歴史主義」からは明確に区別して、「範疇構造としての歴史主義」に議論を集中することで、より実り豊かな成果が得られたであろうが、遺憾ながらトレルチにおいてはそうなっていないというのである。「世界観としての歴史主義」に関連して、ヒンツェが釘を刺しているのが、ドイツ的思惟と西欧的思惟を対立の図式で捉える一般的傾向である。この傾向はトレルチでも見られるが、マイネッケになるとさらに一層顕著になる。ヒンツェの念頭にあるのは、『近代史における国家理性の理念』のなかで示されたマイネッケの歴史主義理解である。だが、ヒンツェによれば、歴史主義を「ドイツ特有の思惟方式」(eine spezifisch deutsche Denkweise)と見なすのは問題である。そこには第一次世界大戦が生み出したプロパガンダの影響が多分にあり、実際のところ西欧的思惟といっても、フランスとアングロサクソン諸国ではかなりの相違がある。それにまた、西欧の側においても、功利主義ならびに実証主義の形式における自然法的・合理的思惟と合流している、歴史的・経験的思惟の意義は、けっして過小評価されてはならないし、他方のドイツの側でも、カントやフィヒテのような理性の法という考え方が、完全に根絶やしになったわけではないからである。双方の敵対的なプロパガンダにおいて、イタリアが一度も話題にならなかったことは注目すべきである。というのも、イタリアにはクローチェ(Benedetto Croce, 1866-1952)の歴史哲学のように、西欧的思考法とドイツ的思考法を調停しようとする糸口が見られるからである。そこからヒンツェは、「わたしはそれゆえ、ドイツ特有の観念論的な歴史主義の解釈はあまりにも狭すぎると思う。わたしの考えでは、今日ではおそらく完全に歴史主義の概念を拡大させて、マルクス主義や実証主義をもともに含むようにすることができる。もちろんその場合には、ひとは重点を個体性の範疇から発展のそれへと移動させなければならないであろう[173]」、との批判的コメントを述べているが、これはマイネッケの『歴史主義の成立』に対する事前の批判として、非常に重要である。

ヒンツェが指摘するもうひとつの点は、歴史主義を「自然主義」（Naturalismus）と対置して捉えるトレルチの問題性である。周知のように、トレルチは自然主義と歴史主義を「近代世界の二つの巨大な科学的創造」（GS III, 103）として捉え、その共通の根源をデカルトの「意識哲学」に求めた。これに対してヒンツェは、そのような対置の意義を認めつつも、歴史主義を「近代的な、特別な意味で《歴史的》と名づけられる精神が出現する以前に支配しており、またそれと並び、あるいはもしそう言いたければ、その枠内でも依然として廃れていない歴史編纂的原理[174]」と対置して捉える視点の重要性を主張する。ヒンツェはそのような「歴史編纂的原理」を「実用主義」（Pragmatismus）と名づけているが、それは「出来事の意味連関をとりわけ個々人の目的をもった行為から解釈しようと努める」もので、かつては政治史において争いがたい正当性を有していた。しかし近代の歴史的思惟が、このような「政治的な」歴史に背を向けて「文化史」へと向かうようになった結果、このような実用主義は影を潜めてしまった。だが、これこそは本来の歴史学の真骨頂なのである。ところが、トレルチが「歴史主義」として思い浮かべているものは、かかる実用主義と、したがって、「今日でもなお《本来の》歴史家たちを駆り立てているもののきわめて本質的部分と、明らかに対立している[175]」。そこからヒンツェは、次のようにトレルチを批判している。

歴史主義のなかには、自然主義と親和的なものが少なからず見いだされる。わたしが思い浮かべるのは有機体論的原理であるが、これは実証主義においてより厳格な生物学的形式をとっているにすぎない。まさにそれゆえに、自然科学と文化科学、とくに歴史との間の境界を新たにより鋭く定めることが、われわれの時代に必要であるように思われた。トレルチの場合にも、歴史主義の理論は、自然主義的教説に対する歴史主義の自立性と特質を保証するために、まったく本質的に役立っている。実用主義に対する前線は、そのためなおざりにされている。しかし実用主義と歴史主義を結び合わせることは、今日まったく特別な意義を有しているように思われるにもかかわらず、彼の討議においては掘り下げた考慮を受けていない[176]。

ヒンツェが次に掘り下げて考察しているのは、個体性概念と発展概念に関する議論のなかに見てとれる、「歴史論理学と価値関係」という問題群である。ヒンツェによれば、歴史論理学《ゲシヒツローギク》に関するトレルチの議論は「必要以上に形而上学問題と縺れ合っている[177]」。トレルチの歴史主義理解においては、個体性と発展という二つの範疇が圧倒的重要性を有しているが、この二つの概念は「それ自体としては必ずしも一定の高等文化価値との関係に規定されてはいない[178]」はずである。高等文化価値が歴史論理学に属するものではないことを、トレルチは正当にも繰り返し強調している。にもかかわらず、リッカート的な価値理論の残響ゆえに、トレルチの歴史論理学においては、色褪せた仕方ながらも高等文化価値が保持され続けている。そのため本来中立的なものとして理解されたはずの歴史主義が、一定の文化価値と結びついた世界観となる傾向は、トレルチにおいても否定し得ない。そこからヒンツェは、次のような重く受けとめられるべき提言をしている。

諸々の価値関係に原理的に基礎づけられると、歴史主義は一定の世界観に容易に結びつく。それに対して、歴史論理学において一定の文化価値との必然的関係を排除すると、歴史主義を範疇構造として理解することが可能となる。この範疇構造は、それ自身としては本来的な世界観を表すものではなく、たとえばイデアリスムスとか実証主義といった、さまざまな世界観と結びつくことができるものである[179]。

ヒンツェは、これ以外にもいろいろな点で、トレルチの歴史主義理解に注釈を施したり、注文をつけたりしているが、それらを逐一ここで取り上げるわけにはいかない。われわれとしては、トレルチの議論に対するヒンツェの最大の留保点ないし批判点に限って、ここで言及しておきたい。その点とは、リッカートの価値理論に対するトレルチのきわめて微妙な関わり方である。トレルチは、絶対的・超越的価値を説くリッカートの理論からは、普遍史的発展に基づく批判的文化総合も、創造的・倫理的な将来形成も不可能であることを知っており、それに代えて相対的かつ内在的な価値関係から出発しようとする。だが、「そのような絶対的価値を仮定することなしには、そもそも測定について語ることは、比喩的な意味においてであってもできない[180]」とすれば、歴史的事物に関する判断の《基準》を論議することはできないはずである。にもかかわらず、内在的に《基準》を獲得しようと執拗に試みるところに、ヒンツェによれば、トレルチの一番の矛盾がある。

なお、ヒンツェは歴史的相対性に関しては、「わたしはトレルチにおいては、歴史的相対主義に対する恐れがいささか過剰であると思う。彼は『相対主義』の危険に屈することなしに、あらゆる歴史的現象の例外なき無制限の相対性を、実際に行われたよりもはるかに腹蔵なく容認してもよかったであろうと、わたしには思われる[181]」、と述べているが、トレルチが解決策として持ち出した有限的精神と無限的精神の根本的同一性という形而上学的思想については、「わたしはこの道ではトレルチに従うことはできない[182]」として、明確な否を突きつけている。それに続けて、ヒンツェは彼自身の形而上学的思想を長々と綴っているが、これについてコメントすることはここでは差し控えたい。

（２）カール・ホイシ

カール・ホイシ（Karl Heussi, 1877-1961）は、長年イェーナ大学で教鞭を執ったプロテスタント教会史家であるが、彼の『歴史主義の危機』*Die Krisis des Historismus*（1932）は、ヒトラーが政権を掌握する前年に出版されたものであり、少なからず当時のドイツの精神的危機を背景として書かれている。著者が「まえがき」で述べているように、「歴史主義の危機」という表題は、「本質的にはわれわれの世紀の二十年代の状況」、つまり「この時代の精神的危機[183]」に由来している。実際の議論の中身は、著者も認めているように、むしろ「歴史的認識の批判」と名づけられてもよいようなもので、書名から連想されるような歴史主義の危機そのものの分析とは異なる。この書における著者の問題意識と目的は、「われわれが過去十年間に体験してきた大きな精神的危機は、一九〇〇年頃の歴史科学によって一般に理解されていた意味での歴史主義を、どの程度まで揺さぶったのか、あるいはそれとも決定的に変えることができたのか、という問い」を追求し、かかる仕方で「この歴史主義の決算」（die Bilanz dieses Historismus[184]）を行なうことであった。それゆえ、イッガースがホイシのこの書を「諸々の議論についての棚卸しを行なった[185]」ものと見なしたのも理由《ゆえ》なしとはしないが、はたしてホイシが所期の目的を達成したかどうかは疑問である。というのは、ホイシのこの書によって、歴史主義の概念に関して、ますますの混乱が生じることになったからである[186]。

ホイシによれば、「歴史主義」という言葉には、大きく三つの異なった意味があるという。第一の意味は、なかんずくニーチェに由来する理解であり、これは「度を超して一面的な、それゆえにさまざまな危険地帯に接触する歴史学《ヒストーリエ》の方向に存している。それによると《歴史主義》は、とりわけそれ自体のための歴史学《ヒストーリエ》の営みである」[187]。この種の歴史考察は、「唯美主義」、「懐疑」、「あらゆる価値の相対化という意味での相対主義」によって特徴づけられるが、ここでは「過去は現実的に実りあるあらゆる創造の可能性をもった生者を呑み込むモロク神となる」[188]のである。第二の意味は、哲学的および神学的体系をめぐる近代的闘争の広大な舞台で見うけられるものである。ここでは歴史主義の概念は、「歴史的思惟の諸要求に対抗して、自らの哲学的ないし神学的な全体的理解を保証するために用いられる。それゆえ、その概念は体系全体の内部に歴史の意義を封じ込めることに役立つ」[189]のである。第三は歴史概念のいわば価値中立的な用法で、「ここでは《歴史主義》の概念は非論争的に、つまり単に即事的かつ性格描写的な仕方で用いられる」[190]。ホイシはその代表として、とくにトレルチとマンハイムの用法を挙げている。

ホイシ自身は、第三の意味で歴史主義という言葉を使っていると明言しているが[191]、しかし「わたしがこの言葉で理解しているのは、一九〇〇年頃の時代の歴史記述である」[192]という言い方は、読者を惑わせないとも限らない。なぜなら、ホイシが第三のグループの代表として名を挙げたトレルチやマンハイムは狭義の歴史家ではなく[193]、例えば一九〇〇年頃の専門的な歴史家であるヒンツェやマイネッケは、トレルチの歴史主義に対して微妙ながらも異なった理解を示しているからである。なるほどホイシは、あれこれの特定の歴史家の歴史記述のことを考えているのではなく、彼らの歴史記述に一貫して見られる典型的な諸特色を統一的な像に仕上げての話であると述べており、その場合、以下の四つの要因が一九〇〇年頃の歴史記述の主要特質であるという。すなわち、①「主観主義―客観主義―問題に対する明確な立場」、②「あらゆる歴史的なものを包括的な諸連関のなかに徹底的に組み入れること」、③「一般的な発展という表象」、④「歴史を内在の世界に限局することである[194]」。したがって、ホイシが理解する歴史主義とは、この四つの構成的要因からなる歴史記述ということになるであろう。しかしトレルチにおける「歴史主義」の定義を思い起こしてみれば、そこでは歴史主義の概念は、「精神世界についてのわれわれのすべての知識と感覚の歴史化」、「われわれの知識と思考の根本的な歴史化」、あるいは「人間とその文化や諸価値に関するあらゆるわれわれの思惟の根本的歴史化」として定義されていた。いずれにせよ、「歴史記述」（Geschichtsschreibung）と「歴史化」（Historisierung）は明らかに別物で、両者をごちゃ混ぜにして議論しているところに、ホイシのこの書が歴史主義の概念に関する混乱に拍車をかけた、といわれる所以である[195]。

　ホイシの『歴史主義の危機』がそのようなものであるとすれば、われわれは彼の議論からあまり多くのことを期待できないが、われわれにとって参考になると思われるのは、「相対的、相対性、相対主義」（relativ, Relativität, Relativismus）という言葉についての彼の考察である。ホイシによれば、これらの言葉はいずれも「関係」（Relation［=Beziehung］）という語に由来しているのであり、したがって「『相対的』という言葉はさしあたり、『～に関係している』（in Relation stehend zu）ということを意味するにすぎない[196]」。その際、（A）歴史家と歴史的出来事との間の「関係」が問題となっている場合と、（B）ひとつの歴史的出来事と他の歴史的出来事との間の「関係」が問題となっている場合では、当然その意味合いは異なる。（A）の場合には、歴史的判断が相対的であるのに対して、（B）の場合には、歴史的出来事が相対的である、ということになる。したがって、「歴史的相対性」といっても、前者について言われる場合には、それはわれわれがマンハイムにおいてすでに見たような、歴史家の「立場制約性」（Standortsgebundenheit）ということ以外のことは意味されていない。「相対性」（Relativität）が問題となるのは、それゆえ後者の場合である。すなわち、ひとつの歴史的出来事と他の歴史的出来事との間の関係が問題となる場合であるが、歴史的出来事が相互連関的な関係性のうちにあることはむしろ当たり前のことである。その場合には、「相対主義」（Relativismus）は「歴史的関係についての学説、したがって歴史的関わりあるいは歴史的連関についての学説以外の何物でもない」（nichts anderes als die Lehre von den historischen Relationen, also den historischen Beziehungen oder historischen Zusammenhängen）[197]ということになる。ホイシはこれを「真の相対主義」（der echte Relativismus）と呼び、それこそを本来的意味での「歴史主義」と見なすのである。[198]

ホイシによれば、「実際、歴史的思考にとっては、諸々の関係をつくり出すことが不可欠である」[199]。もし古代の言語で書かれた大理石版を発見したとすれば、その断片は現代のわれわれにとってただちに歴史的なものとなり始める。われわれは考えうる限りの関係の網を張り巡らして、その石版を歴史的に解明ないし理解しようと努める。歴史的な出来事は、歴史的な諸連関のなかに幾重にも深く編み込まれており、歴史家はこうした歴史的諸連関のなかに位置づけて出来事を理解するのである。要するに、「ある出来事を歴史的に思考するということは、それをその歴史的連関において思考することである」[200]。しかしこのことが歴史学の実践に照らして正しいとすれば、次の二つのことが認められなければならない。①「歴史的相対主義は、このように理解されると、自明的かつ不可避的なものである」ということ、②「歴史的なものの領域においては、相対的なものという概念から、欠陥的なもの、あまり価値のないもの、粗悪なものという副次的意味は遠ざけられなければならない」[201]、ということである。

それでは、歴史的相対主義と価値や規範との関係については、どのように考えられるであろうか。ホイシの考えでは、「事物の歴史的考察は規範や価値を根絶しうる、という命題が正しいとすれば、歴史学は規範の妥当性を樹立しうる、という逆の命題もまた妥当しなければならないであろう。だが、現実的な規範形成、価値形成は、諸々の理論的な確定には依存しないで起こる」。それゆえ、「歴史的相対主義は、規範や価値に応用されても、その応用がほとんど避けがたいのと同じくらい、ほとんど有害ではない[202]」。

以上が、ホイシの歴史主義理解の骨子であり、彼の最終的な結論は、「あらゆる体系的思考から純粋に分離された歴史学は存在しないこと、歴史学と体系的思考とは、敵対的な二元論において、あるいは相互に無関心に対立しているのではなく、むしろ連関なくしては互いに考えられない[203]」、ということである。

(3)　フリードリヒ・マイネッケ

フリードリヒ・マイネッケ（Friedrich Meinecke, 1862-1954）は、ハイデルベルク時代以来のトレルチの親しい友人のひとりであり、とりわけベルリン大学移籍後のトレルチとは、日常的な知的交流関係にあった重要人物である。それゆえ、マックス・ヴェーバーがハイデルベルク時代のトレルチに占めていたのと類比的な位置を、マイネッケがベルリン時代のトレルチにおいて占めていた、と言ってもけっして過言ではなかろう[204]。しかしわれわれが宗教共同体の類型論を論ずる際に、ヴェーバーの『プロテスタンティズムの倫理と資本主義の精神』とトレルチの『キリスト教会ならびに諸集団の社会教説』を区別する必要があるのと同じように、歴史主義の問題について考える際に、われわれはトレルチの『歴史主義とその諸問題』とマイネッケの『歴史主義の成立』を明確に区別しなければならない。

マイネッケの『歴史主義の成立』*Die Entstehung des Historismus* は、トレルチの『歴史主義とその諸問題』

に遅れること十四年、一九三六年に二巻本（第一巻『前段階と啓蒙主義歴史研究』、第二巻『ドイツの運動』）として出版された。マイネッケは、ドイツ第三帝国のまっただ中、全体の空気が「歴史主義」の否定に傾きつつあるなかで、むしろこれを肯定する立場から、その成立史を書いたわけである。しかしこの有名な書物は、トレルチなど多くの同時代人の手垢がついた歴史主義の概念を、自らの視点から「新定義」ないし「再定義」することを通して、「ニーチェ以来、そしてトレルチとマックス・ヴェーバーによっても論究された歴史主義とその帰結としての重荷というテーマからの下車」(205)を遂行したものである。かくして、この書の出現によって、それまでの歴史主義議論（とりわけトレルチの議論）の流れは根本から覆され、その後の議論はまったく別の方向に誘導されることになる。トレルチの歴史主義理解との意義深い相違は、一九二三年に急逝した友人を記念して書かれた、『歴史主義とその諸問題』についての書評「エルンスト・トレルチと歴史主義の問題」（一九二三年）においても、すでにかなり強く仄めかされている。彼はそこで、トレルチの「歴史哲学の真の急所が何処にあるかということ」を知悉し、「彼の個性の最強の脈拍が彼の体系のどの箇所に鼓動しているかを知っている」(206)友人ならびに専門家として、畏友の畢生の学問的営為を次のように言い表わす。

そればかりか、本書の意味を二つの短い標語でもって描き出すことすら可能である。わたしが本書を読み終えた後に、彼に向って、「われわれはそれを六つのギリシア語の単語、すなわちヘラクレイトスの言葉とアルキメデスの言葉とに要約することができるであろう。つまり、πάντα ῥεῖ, δός μοι ποὺ στῶ（万物は流転する、わが立ち得る地点をわれに与えよ）ということである」と言った時、彼は力強く頷いて、「まさしくその通りだ」と言った。われわれが人間精神の最高の所得として評価する歴史的思惟――それは、ひとたび捉えられ獲得されるや、われわれのなかにある一切の他の思惟を、否応なしにまた強制的に支配し、そしてわれわれにはそれが人類理解のためになお可能な、ほとんど唯一の鍵であるように思われるのであるが――、畢竟するにそれは、一切のものを流動する生の中へ解消してしまうものであり、その結果、自己の生の確固たる拠りどころがそのため脅かされ、そしてただ懐疑的な相対主義だけが残るのである。かかる相対主義から逃れること、できるならば何とかして歴史的思惟そのものの媒介によって、歴史主義のなかに介在している潜在的な毒からその毒素を抜き取ること、歴史の積極的な意味に対する、また自己の生の確実な価値に対する、堅固かつ確実な信念をわれわれに取り戻すこと――これがトレルチの努力であった[207]。

マイネッケによれば、トレルチほど歴史主義の危険を強く感じた人はいなかったし、彼ほど歴史主義の手法を熟練巧妙に自分のものにした人もいなかった。トレルチが確固たる地点を探究する闘争を行なったということは、「彼のなかの神学者が歴史哲学者のなかに完全に沈没してしまったのではけっしてない[208]」という事実を物語っている。トレルチは、「近代の歴史哲学上の諸々の立場を総括的に精神史的に分析するという浄罪火を通って、かかる価値の無政府状態の地獄から逃れる道を求めた[209]」のである。トレルチは発展概念をめぐって、夥しい数の近・現代の思想家たちとの対決を試みているが、彼にとってはそれによって獲得された「一つの根本認識」が重要であった。世界戦争の精神的体験もそれの獲得に一役買っているが、その根本認識とはドイツ精神と西欧精神との根本的相違ということである。マイネッケによれば、「その相違は、ドイツ精神が十八世紀と十九世紀の転換期に経験したその変化と昂揚を通じて、さらに新しい成長を遂げ、そして古代以来ヨーロッパ精神を一貫する太い線から離脱したという点に存する[210]」。そこから、ドイツにおいて際立ってくるのは、

> ……最高の教養の圏域に成立して広まったひとつの新しい思惟方式である。それは、わたしの考えるところによれば――この場合、わたしは直接トレルチ自身の口から同意を受けることができたのを喜ぶものであるが――人間の思惟における最大の革命のひとつを意味している。実際、それもまた、ただもっぱらドイツの高度文化という小さな圏域の中にのみ限定されてはいなかった。それは、この圏域から自然法的・理性法的な平均思惟の中へ放射し、そしてここで多様にして首尾一貫しない思惟類型を喚起したのであった。さらにそれは、西欧へ向かっても放射し、そこにおいてもまた個々の精神を捉えたが、しかしドイツにおけるほど完全にそれを捉えることは稀であった。
>
> かくしてわれわれは、必要な留保と制限をもって、おそらくは次のように言うことができよう。すなわち、ドイツが近代歴史主義の祖国であり、そして少なくともその最強の放射根源地であると。なぜなら、歴史主義こそは、あの継起する四つの段階をもつヨーロッパ共通の思惟とは異なった世界像および生命像を創り出したものだからである。[211]

明らかにここでマイネッケは、もの言わぬトレルチを証人席に立て、故人においては共通ヨーロッパの枠内で捉えられていたドイツ精神と西欧的思惟の相違を、一面的な価値判断をもって先鋭化し、歴史主義をドイツ固有の世界観ないし精神性へと高める動きをみせている。

かくして、書評「エルンスト・トレルチと歴史主義の問題」の十三年後に刊行された『歴史主義の成立』において、マイネッケはトレルチとはかなり異質な、まったく独自の「歴史主義」を明確に打ち出す。マイネッケは、「歴史主義」は「ヨーロッパの思考が経験した最大の精神革命のひとつ」（eine der größten geistigen Revolutionen, die das abendländische Denken erlebt hat）[212]であると述べているが、彼はこれを全ヨーロッパ的運動ないし現象として受けとめるのではなく、すぐれて特殊ドイツ的な精神革命として捉えている。マイネッケによれば、歴史主義とは「ライプニッツからゲーテの死にいたる、大規模なドイツの運動の中で得られた新しい生の原理を、歴史的生の上に適用することである」[213]。十八世紀中葉から十九世紀前半にかけてドイツで起こった精神的運動は、なるほど「ヨーロッパ全体の運動を受け継ぐものであるが」、しかし「栄冠は結局ドイツ精神のものとなった。ドイツ精神はここで、宗教改革につぐ第二の偉業をなしとげた」[214]のである。この運動のなかで発見されたものは、「新しい生の原理そのもの」（neue Lebensprinzipien überhaupt）であり、かくして歴史主義は「単なる精神科学的方法以上のもの」となった。つまり「歴史主義の眼で世界と生を見るならば、これらは従来とは別様に見え、より深い背景があらわれる」[215]という。

　それでは、この「新しい生の原理」とはいかなるものであろうか。マイネッケは巻頭に、「個別ハ筆舌ニ尽クシ難シ」（Individuum est ineffabile）というゲーテの言葉を警句として掲げているが、その言葉が暗示しているように、それは「個体性の思想」（Individualitätsgedanke）と名づけられるものである。すなわち、神的なもの、神に近いもの、あるいは精神的なものは、歴史における個体性の高邁な衝動のなかに、その姿を現すのであり、それゆえ永遠的価値は、歴史的生成の流れのなかで、精神に満ちたそれぞれの瞬間や、精神に満ちたそれぞれの形成作用において具体化する、という思想である[216]。「各々の時代は神に直接する」（Jede Epoche ist unmittelbar zu Gott）というランケの有名な言葉は、かかる個体性の思想を歴史学的に表現したものだという。マイネッケによれば、「目覚めた個体性の思想こそ……歴史主義の母体であり、またつねにそうであり続ける」[217]。歴史主義はまさにこの歴史的個体性に定位した思惟であり、それは「個性化的な生の観察と形成」（individualisierende

Lebensschau und -gestaltung）[218] をその本質とする。「古代以来支配している自然法的思考法」は、「人間理性をはじめとする人間本性の固定性に対する信念を刻印し」、これによって人々は「これまでは歴史の最も深い底に働いていた諸力、つまり人間の魂と精神が、一般化的判断によって拘束されてきた」のであるが、「歴史主義が呼びおこしたのは、個別的なものに対するこの新しい感覚であった」。ロマン主義の民族たるドイツにおいては、歴史主義がいまやその新しい世界観となったのである。その場合、「歴史主義の核心」は、「歴史的＝人間的な諸力についての一般化的な考察を、個性化的な考察と取り替えることにある」[219]、といわれる。

マイネッケは以上のような基本的立場に立って、シャフツベリー、ライプニッツ、ヴィーコから始まり、メーザー、ヘルダー、ゲーテ、ドイツ・ロマン主義を経て、ランケへと注いでいく思想的系譜を描くかたちで、歴史主義の成立を論じているが、マイネッケがこの書で語っているのは、明らかに「世界観としての歴史主義」である。われわれはさきに、オットー・ヒンツェが「世界観としての歴史主義」と「範疇構造としての歴史主義」を明確に区別し、前者については危惧の念を示していたことを見たが、マイネッケはヒンツェが「あまりにも狭すぎる」と警告していた歴史主義解釈を、いまや全面的に展開したのである。すなわち、「ヒンツェとは逆に、歴史主義をなによりも世界観と考え、歴史主義の欠陥とその現在の危機にもかかわらず、否、まさしく歴史主義が欠陥を持ちかつ現在、危機におちいっているがゆえに、その成立を『肯定的な立場』から叙述しようとしたのであった」[220]。われわれはさきに、マイネッケの歴史主義理解とトレルチの歴史主義理解を明確に区別しなければならないと述べたが、それは以上のような理由からである。実際、上述したような全般的な特徴づけにおいても、トレルチの定義とは大幅に異なる意味内容が、歴史主義の概念のなかに持ち込まれていることは、トレルチの思想世界に精通した人にとっては疑問の余地がない。両者の相違は、単に一方が歴史哲学者で、他方が専門的な歴史家というだけのことではない。そこには人生観・学問観・政治観などに関わる意義深い相違が介在している。われわれの見るところでは、マイネッケの歴史主義理解をトレルチのそれと比較した場合、その特質は以下の四点にまとめられる。

第一に、マイネッケは、その前史的形態を十八世紀のイギリスやフランスにも見出すものの、歴史主義を本質的には「ドイツの運動」（die deutsche Bewegung）として捉えている[221]。これに対してトレルチは、はるかに広い全ヨーロッパ的な広がりで考えており、西欧の自然法的思考やアングロ・アメリカンの文化的伝統により共感的な理解を示している。マイネッケが「ドイツ的運動」として捉えているものは、トレルチにおいては「ドイツ・イデアリスムス」（der deutsche Idealismus）と多分に重なり合うものである。トレルチの定義にしたがえば、ドイツ・イデアリスムスとは「近代の学問と人生観のひとつの形であって、啓蒙主義運動とその上に建設された英米文化とから現われたが、そこから特殊ドイツ的状況下に、別方向の、多くの点で対照的な思考と感覚の形成をひき起こしたもの[222]」であり、しかも「啓蒙主義に比して、より狭い特殊化した原理にすぎない[223]」。トレルチはマイネッケのなかにドイツの「特殊な道」へと反動していく傾向を察知しており、『歴史主義とその諸問題』のなかでもそれを批判している[224]。

第二に、トレルチは歴史主義を「人間とその文化や諸価値に関するあらゆるわれわれの思惟の根本的歴史化」として規定している。彼によれば、かかる思惟の根本的歴史化は、「事物を比較して発展史的に関係づける思考が精神世界の隅々にはじめて滲透した結果」として生じたものであり、これは古代や中世の思惟方式のみならず啓蒙主義の合理的な思惟方式からも根本的に区別される、「精神世界に対する近代特有の思惟形式」（die eigentümlich moderne Denkform gegenüber der geistigen Welt）[225]である。これに対してマイネッケは、歴史主義をもっぱら「ドイツの運動」として捉える狭い見地に立っているために、歴史主義を「近代の構成的現象ならびに問題[226]」として捉える視点が欠けている。すでに見たように、ヒンツェは、マイネッケの「ドイツ特有の観念論的な歴史主義の解釈」を「狭すぎる」と批判し、歴史主義の概念はマルクス主義や実証主義をも含むものへと拡大可能であると述べているが、この批判は正鵠を射ている[227]。

第三に、トレルチの歴史主義議論においては、個体性の概念と発展の概念の両方が、いわば車の両輪のごとくその相関性において強調されていたが、マイネッケにおいては歴史主義の核心はもっぱら個体性の概念のうちに見出され、個体性の思想が一面的に前面に押し出されている。個体性の思想はトレルチにおいても重要ではあるが、しかし発展概念を捨象したかたちのそれは、トレルチの思想にはけっして馴染まないであろう。実際、『歴史主義とその諸問題』のかなりの部分は発展概念の分析に費やされており、少なくとも頁数からすれば個体性の概念を圧倒している。いずれにせよ、マイネッケ的なドイツ偏重の歴史主義解釈を避けるためには、ヒンツェが的確に指摘しているように、「重心をもっと個体性のカテゴリーから発展のそれへと移さなければならないであろう[228]」。

第四に、トレルチとマイネッケでは、歴史学と生との関係についての考え方に大きな違いがある。トレルチの歴史主義は倫理的色彩が強く、彼にとっては、「現在と未来との理解へと注ぎ込まないような、純粋に観照的な歴史学は存在しない[229]」。歴史的所与として自己の現在形成の途上にある個は、つねに同時に課題であり当為である。この当為においては、「純然たる記述的、調査的な歴史ないし歴史学は止んで、実行的歴史ないし常に自己自身の形成である歴史的生が始まる[230]」。経験的歴史学から歴史哲学への移行は、ここに権利を有している。歴史哲学の課題は、「歴史学的に理解された現在から歴史的な生のさらなる形成をなす[231]」ことであり、かくして「歴史哲学は倫理学へと注ぎ込んでいく」[232]。これに対してマイネッケは、純粋な観照へと引き籠もる傾向がきわめて濃厚で、トレルチはその点を批判しているが[233]、マイネッケはこれに対して、「観察することと創造することとを厳密かつ原理的に分離すること」は「学問的要請」であるとして、「もしトレルチが欲するように、実践的な文化プログラムを樹立すべき課題を歴史学に対して直接に課するならば、それは、その真理のための純粋な努力を曇らす危険のある実践的傾向の重荷を、時宜に先立って歴史学に負わせることになる」、と反論している。つまりマイネッケにとっては、「純粋な観照それ自体が、実際またすでに最高の文化価値の一つなのである[234]」。

このように、マイネッケの『歴史主義の成立』は、その著者がベルリン時代のトレルチと知的な「共同戦線」を張っていただけに、トレルチの歴史主義理解を微妙に歪め、かつ『歴史主義とその諸問題』を忘却の彼方へ押しやる上で、意図せざる、しかし決定的な役割を果たしたのである。しかし、マイネッケの『歴史主義の成立』によって、トレルチの問題提起が乗り越えられてしまったのではないことは、以上の考察からも明らかであろう。

むすびに

以上、われわれはトレルチが提起した《歴史主義》の問題を、彼の同時代の思想家や、より若い世代の人々がどのように受けとめ、いかなる仕方で転轍したかを考察した。「歴史主義」の定義に関してはさまざまあり、例えば、われわれがC・S・ルイスとともに、それを「人間がその自然的な力を用いて、歴史的プロセスの内的意味を発見できるという信条[235]」と解するならば、われわれの議論は最初からまったく異なったものとなったであろう。しかしわれわれがトレルチに従って、「精神世界についてのわれわれのすべての知識と感覚の歴史化」、あるいは「人間とその文化や諸価値に関するあらゆるわれわれの思惟の根本的歴史化」と解するならば、その用語のもとで問われている主要問題は、とりわけニーチェにおいて先鋭化した、「生と学問」の関係性に関する問題であろう。ニーチェは、「いったい生が認識を、学問を支配すべきか、それとも認識が生を支配すべきか?」という問いを立て、学問は生に奉仕するものでなければならない、という姿勢を強烈に打ち出した。マイネッケは、「観察することと創造することとを厳密かつ原理的に分離すること」は「学問的要請」であるばかりか、「純粋な観照それ自体が、実際またすでに最高の文化価値の一つなのである」として、学問と生との原理的区別を主張した[236]。ヴェーバーも学問と生を原理的に区別する点では、マイネッケと似かよっているが、同じ新カント学派的二元論とはいえ、その内実はかなり異なった様相を呈している。マイネッケの説く「純粋な観照」は、「あったがままに事物を見る」というランケ的理想に通じており、また彼が採用したカント的認識論の背後には、ドイツ・イデアリスムスのロマン主義的な形而上学が潜んでいた。しかしヴェーバーにはそのようなロマン主義的世界は無縁のものであり、彼は「あるもの」(存在)と「あるべきもの」(当為)を厳しく区別し、「氷のように冷たく全く理論的に制御された」実証的研究に身を捧げた。

　われわれが前章で見たように、トレルチはこれに対して、ディルタイが逢着した「価値のアナーキー」をみずからの思索の出発点としつつ、「生と学問」、「歴史と規範」の問題を、ニーチェのような《あれかこれか》によってでも、あるいはヴェーバーやマイネッケが依拠したようなカント的二分法によってでもなく、むしろ対立する両契機を媒介・結合しようとする《あれもこれも》という行き方を欲した。ヴェーバー的態度は、学問に対する生の至上権を要求するニーチェとは異なり、学問は学問、生は生というまさにカント的な厳格な二元論であるが、しかし実践的な生における価値の選択という点では、おそらくニーチェに接近している。カール・レーヴィットやヴォルフガング・モムゼンは、ヴェーバーの「指導者民主主義」へのニーチェの超人思想の影響を指摘し、その「決断主義」的非合理主義を糾弾しているが[237]、彼らの批判の当否は別にしても、ヴェーバーのニーチェへの接近には、少なからぬ危うさがあることは否定できない。トレルチは、ヴェーバーの実証的合理主義と英雄的決断主義を、「まったく不可能に思われる」として拒絶したが、さりとてもしマイネッケのように長生きをして一九三〇年代を生き抜いていたとしても、「妥協」を重んじるトレルチの立場[238]が、ナチズムのようなデモーニッシュな運動の台頭に、どこまで歯止めをかけることができたかは、これまた疑問であろう。

いずれにせよ、歴史主義の問題は、歴史と規範、科学と価値、学問と生、といった一連の問題を含んでおり、今日に至るまでその長い影はわれわれにつきまとっている。その意味で、トレルチが取り組んだ《歴史主義》の問題は、二十一世紀前半のわれわれ自身の問題でもあり続けている。

第八章　ニーバー兄弟と《エルンスト・トレルチの影》

はじめに

『歴史家と信仰者』という啓発的な書物の著者ヴァン・A・ハーヴィーは、「エルンスト・トレルチの影」（The Shadow of Ernst Troeltsch）[1] という見出しのもとに、次のような興味深い言葉でもって、「現代神学における信仰と歴史」の議論を開始している。

> 十九世紀の霧のなかから、どうしても追い払えない亡霊が繰り返し立ち現れる。このことはとくにプロテスタント神学にあてはまる。シュライアーマッハー、シュトラウス、フォイエルバッハ、キルケゴール、リッチュル――彼らはみな現在につきまとい続けているが、それは彼らがいまなおわれわれの心を迷わす諸問題をつきとめて、非常に深く分析したからである。にもかかわらず、彼らの存在はわれわれを当惑させるものである。なぜなら、彼らが提案したさまざまな解決策は、いまでは明らかに時代遅れになっており、またある場合には滑稽であるために、われわれは彼らの著作を放逐したり、彼らを全面的に無視したりするのを、正当なことと感じているからである。しかしわれわれ自身の知的企てのまさに最も重要な接合点におい

て、われわれが昔と同一の問題と格闘していること、また同一の問いがほんの少しだけ姿を変えて再び舞い戻っていることを発見して、われわれは当惑する。そのことに気づくと、かつて提案された答えは、われわれがかくもひとりよがりに想定していたほど奇想天外なものではないかもしれないという可能性が、われわれの頭の片隅をかすめる。われわれは、その結論を軽蔑して見下している人々の思想を、自分たちが再考しているのを見出す。このことはつねに痛ましいことである。

エルンスト・トレルチの著作は、とりわけこのような当惑を惹き起こす。彼が生涯の大部分を通じて格闘した問題は、伝統的なキリスト教信仰と神学にとって歴史的・批判的方法が有する意義であった。彼はこの方法の発展が人間の思想における偉大な前進の一つをなしていることを、実際、それが西洋人の意識における革命を前提していることを見抜いた。（2）

それでは、二十世紀の神学者たちにそのような当惑をもたらすトレルチの思想とは、一体どのようなものだろうか？　第六章でも述べたが、筆者のトレルチ解釈の根本テーゼは、処女作の副題に示されているように、トレルチは根本的に「徹底的歴史性の組織神学者」（a systematic theologian of radical historicality）として特徴づけられる、というものである。もう少し具体的に述べれば、トレルチは「歴史主義」という名の下に「人間とその文化や諸価値に関するあらゆるわれわれの思惟の根本的歴史化」（die grundsätzliche Historisierung alles unseres Denkens über den Menschen, seine Kultur und seine Werte）（3）を理解したが、「徹底的歴史性」（radical historicality）とは、かかるトレルチ的な意味での「歴史主義」を自分なりにパラフレーズしたもので、つまりは十九世紀に進行した人間の思惟の根本的歴史化を全面的に是認する立場を表している。トレルチはこのような「徹底的歴史性」の立場に立って、近代歴史学の諸原則を留保なしに受け入れ、歴史学的方法によって神学の再構成を企てた。彼が近代の歴史的・批判的方法を「わたしの《神学的方法》」（meine »theologische Methode«）[4]と呼ぶ所以である。しかしこのようなトレルチ的神学のあり方には大きな困難が伴う。というのは、歴史的・批判的方法は、①「批判」（Kritik）、②「類比」（Analogie）、③あらゆる歴史的現象の「相互作用」（Wechselwirkung）ないし「相関関係」（Korrelation）を根本原則としているが、これらの原則に従えば、キリスト教を宗教史や諸宗教から隔絶したかたちで扱うことが許されず、ひいては「キリスト教の絶対性」が主張できなくなるからである。『キリスト教の絶対性と宗教史』という著作がトレルチの神学的な代表作と見なされているのは、そこであらゆる神学的窮境が鋭く抉剔されていると同時に、彼の「学問上の仕事の中核でもあり出発点でもある問題」[5]をそこにハッキリと見てとれるからである。

　われわれは前章において、「神のフロント世代」の神学者たちが、トレルチの神学のあり方に対して、ほぼ異口同音にネガティブな評価を下したことを見た。とくに全盛期のトレルチの講演を聴いた若きカール・バルトは、「われわれが比較的安心しきって歩いてきた袋小路のなかでさえ、いまではもはや先に進めないという暗い気持ち」[6]を抱いたという。バルトの強い影響下で神学的自己形成を成し遂げ、のちにテュービンゲン大学の組織神学者として活躍したヘルマン・ディーム（Hermann Diem, 1900-1975）は、「歴史学的問題設定を神学のなかに受けいれることによる教義学の徹底的な解消」は、トレルチにおいていよいよ「神学史の終点」に到達し、「そこからはいかなる直接的続行も存在し得ない」[7]、との手厳しい判断を下している。このような批判的ないし否定的な言辞をリストアップすれば、それこそ枚挙に暇がないほどに、バルト神学が一世を風靡していた数十年間――いわゆる「バルト捕囚」（a Barthian captivity）[8]の期間――、トレルチの著作は「過ぎ去ったもの」（vorbei [passé]）

と見なされ、彼に関するあらゆることが実際上「禁止された」（verboten）状態になっていた。[9]

一九六〇年代に至るまで、トレルチはそれほどまでに忌避されていたのであるが、それもこれもすべて彼が神学の舞台に持ち込んだ《歴史主義》の問題群のせいであった。すなわち、トレルチと彼が取り組んだ《歴史主義》の問題は、バルトや彼の同世代の大半の神学者たちにとっては、まさに神学を邪路に導く元凶のように思われたのである。そうであればこそ、彼らは永遠、超歴史、原歴史、瞬間、時の間、カイロスなど、《歴史主義》の水平化作用の及ばぬ契機に活路を求め、それに訴えかけたのである。そういうなかにあって、トレルチが成し遂げた仕事に敬意を払い、そこから学ぼうとした少数の神学者がいる。われわれがここで取り上げるラインホールドとヘルムート・リチャードのニーバー兄弟は、まさしくその代表格である。ドイツ系移民の第二世であった彼らは、アメリカの地にあっても（第一次世界大戦が勃発する頃までは）、家庭や教会では日常的にドイツ語を用いており、したがって神学的徒弟時代の早期から、ドイツの神学書を容易に原書で読めたのである。[10]

それゆえ、われわれは本章ではこのニーバー兄弟を取り上げ、彼らが「エルンスト・トレルチの影」、すなわち彼がそれをめぐって奮闘しつつも、ついに解決し得ずして斃死したところの、「神学における《歴史主義》の問題」に、どのように対処したかを考察してみたい。《ベルリン精神》の系譜学からはみ出るものの、その影響作用史とアメリカにおける新たな展開を確認する意味で、敢えてここに含める次第である。

一　ニーバー兄弟の《タンデム》の軌跡

ラインホールド・ニーバー（Karl Paul Reinhold Niebuhr, 1892-1971）とヘルムート・リチャード・ニーバー

（Helmut Richard Niebuhr, 1894-1962）は、ミズーリ州ライト・シティにドイツ移民一世の父と二世の母のもとに生まれ、ラインホールドが十歳のときに、父グスタフ（Gustav Niebuhr, 1863-1913）の転勤に伴い、イリノイ州リンカーン市に移り住んだ。彼らは自分たちの教派が経営するシカゴのエルムハースト・カレッジとセントルイスのイーデン神学校を卒業したのち、東部の名門イェール大学の大学院で学び、のちに兄ラインホールドはニューヨークのユニオン神学校の、弟リチャードは母校イェール大学神学部の、ともにキリスト教倫理学の教授に就任し、二十世紀のアメリカ神学のみならず思想界に甚大な影響を及ぼした。

少年時代に家庭音楽会が催されると、ラインホールドはトロンボーンを、リチャードはフルートを演奏したというが[11]、この二つの楽器が象徴しているように、ラインホールドは外向的で力強く、リチャードは繊細で内向的な性格であった。彼らにはフルダ（Hulda Niebuhr, 1889-1959）[12]という姉とウォルター（Walter Niebuhr, 1890-1946）という兄がいたが（次兄は生後間もなく亡くなった）、ウォルターは少年時代から父に反抗的であり、他の兄弟とは異なって父の衣鉢は継がず、実業家としてこの世で一定の成功を収めた。「聡明」にして「非常に精力的で熱っぽいタイプの人物」[13]であったラインホールドは、幼いときから父のお気に入りだったという。父親似のラインホールドにとって、指導者タイプのグスタフは見習うべき人生の先達的存在であったが、母親に似て内気で控え目なリチャードにとって、父親は怖い専制君主のような存在であったという[14]。人生の選択に関しても、ラインホールドは迷わず父の衣鉢を継いで牧師になる決意をしたが、リチャードは迷った挙げ句にようやく神学の道に進んだ。リチャードはつねに偉大な兄ラインホールドの後塵を拝し、二歳年上の兄の背中を見ながら勉学に励んだ。ラインホールドは煩瑣な「認識論」的議論に嫌気がさして（実際には「家庭の事情」のほうが大きかったと思われるが）、イェール大学の修士課程で学業を終えたが[15]、リチャードは「アカデミックな放浪生活」（academic vagabondage）[16]を続けた末に、一九二四年イェール大学から博士号を取得した。

ラインホールドは、イェール大学で修士号を取得したのち、一九一五年から一九二八年まで工業都市デトロイトで牧会生活に従事するが、この十三年間の牧会経験がのちに「ニーバー神学」と称される独自の思想形成のまさに原点を形づくる。[17] ラインホールドは「わたしの世界に衝撃を与えた十年間」という回顧記事において、次のように述懐している。

> 結論として、わたしが付け加え得る唯一の伝記的覚え書きは、今日わたしが抱いているような神学的確信が、一大産業都市における牧師の職を務めている期間中に萌し始めたということである。それらがわたしに萌したのは、他の都市においてと同様、その都市において、わたし自身や他の人々によって説教された単純で取るに足りない道徳的説教が、一大産業中心地における生の残忍な事実にとって、完全に不適切であるように思われたからである。不適切であろうとなかろうと、それらはたしかに役に立たないものであった。それらは私的なここちよさを保ち、個人的な欲求不満を和らげるには当然役立ったのではあるが、集団的な振る舞いの問題における人間の行動ないし態度をこれっぽっちも変えはしなかった。
>
> わたしが牧師の職にあったとき萌したこれらの確信は、神学校における教授の立場でさらに推敲されてきた。余暇がふえたことが、キリスト教思想の古典的時代の主要な思潮や強調を発見し、長い間無視されてきたが現代人にとって、あるいは実際あらゆる時代の人間にとって、依然として必要欠くべからざる洞察をそこに見出す機会をわたしに与えたのである。[18]

この経験のなかから生み出された作品が、処女作『文明は宗教を必要とするか？』*Does Civilization Need Religion?*（1927）であり、またこの牧会経験を記したものが『飼いならされた冷笑家の筆記帳からの抜粋』*Leaves from the Notebook of a Tamed Cynic*（1929）である。[19] 前者は、トレルチの『キリスト教会と諸集団の社会教説』の影響を色濃く反映していると言われるが、[20] 実際、その書のなかで二度ほどトレルチについての言及が見られる。[21] そこからも推測されるように、ラインホールドはデトロイト時代に、トレルチのこの浩瀚な書物をドイツ語原典で熱心に読み、そこから多くの教訓を学びとったようである。後年ラインホールドは、「どんな書物があなたの職業上の態度と人生哲学との形成に最も影響を及ぼしましたか」という『クリスチャン・センチュリー』誌の質問に答えて、トレルチの『社会教説』を真っ先に挙げている。[22]

デトロイトでの社会活動家としての活躍と処女作が評価されたことによって、ラインホールドは一九二八年、ニューヨークのユニオン神学校からキリスト教倫理学の准教授に招聘された。実践的科目の担当とはいえ、この人事はユニオン神学校においても異例の抜擢であった。しかし学長ヘンリー・S・コフィンの強い指導力のもとに、この人事は教授会ならびに理事会の反対もなくスムーズに進んだ。ユニオンに着任した一年後にはイェール大学神学部からキリスト教倫理学正教授の話がもたらされたため、大学側はラインホールドを引き留めるために「ウィリアム・E・ダッジ応用キリスト教教授職」（William E. Dodge Professorship of Applied Christianity）の席をわざわざ空けて彼に提供した。[23] こうしてラインホールドは、一九六〇年に退職するまで三十年以上にわたって、ユニオン神学校のこの「応用キリスト教」のポストにとどまった。このように、実践的活動のなかからアカデミックな世界に足を踏み入れたラインホールドは、理論面での不足を補うために精力的に読書をし、単に実践家としてのみならず、キリスト教神学者としても稀に見る逸材であることを実証し始めた。彼が第四作目の単著として世に送った『道徳的人間と非道徳的社会』*Moral Man and Immoral Society*（1932）は、アメリカの神学ならびにキリスト教がそれまで浸かりきっていた十九世紀的な楽観主義を完膚なきまでに批判し、バルトに主導されたヨーロッパの弁証法神学に対応する、アメリカの「新正統主義」の立場を確立する画期的な役割を果たした。それはまた、ラインホールドがそれまで共闘してきた「平和主義的な――リベラルで社会主義的な――サークルからの意識的な独立宣言」[24]でもあった。

一方、弟のリチャードは、一九一五年イーデン神学校を卒業すると、一年間郷里リンカーン市で兄ウォルターが経営する新聞社で働いたのち、一九一六年にセントルイスの教会の牧師となり、そこでワシントン大学に通いながら三年間牧会に従事した。一九一九年には母校イーデン神学校のスタッフに加わったが、ここでも神学校で教鞭をとる傍ら、夏期講座などを利用してコロンビア大学、ユニオン神学校、ミシガン大学、シカゴ大学などで自分の勉強を続けた。そして一九二二年に、かつて兄ラインホールドが学んだイェール大学神学部に入学し、一九二四年には「エルンスト・トレルチの宗教哲学」[25]に関する博士論文を完成してPh.D.の学位を取得した。同年、弱冠三十歳の若さでエルムハースト・カレッジの学長に就任すると、多方面の教育改革に精力的に着手し、正式なカレッジとしての認可獲得のために尽力した。一九二七年にはイーデン神学校に返り咲き、アカデミック・ディーンとして教派合同問題に粉骨努力した。一九二九年には処女作『教派主義の社会的源泉』*The Social Sources of Denominationalism*（1929）を著して注目を浴び、これがきっかけとなって一九三一年の秋、母校イェール大学のキリスト教倫理学の准教授として招聘される僥倖に恵まれた。かくしてリチャードも東部アカデミズムの仲間入りを果たした。

ラインホールドとリチャードは、アメリカの神学界ならびにキリスト教世界全体の活性化と洗練化のために、強力な信頼と協力の関係を結びつつ、それぞれ独自の仕方で尽力した。人々は彼らのたぐい稀な美しい兄弟関係をしばしば「二頭立ての二輪馬車」（a tandem）に譬えて讃美した。[26] チャールズ・C・ブラウンは、二人のニーバーのもとで学んだ経験をもつ、ある尊敬されている学者の言葉として、次のような証言を紹介している。

> ヘルムート・リチャードは、必ず最も礼儀正しい融和的な仕方で彼の兄に言及したし、逆にラインホールドもヘルムート・リチャードに関してそうであった。相互的尊敬と正真正銘の兄弟愛（mutual respect and genuine brotherly love）は、公の場でも私的な場でも、彼らの関係の顕著な特徴《ホールマーク》であった。[27]

二人の薫陶を受けたこの学者が証言するように、たしかに彼らは終生深い信頼と愛情に結ばれていたが、しかし二人の間に緊張関係や葛藤がまったくなかったわけではない。ともに自分のことを多くは語らなかった兄弟なので、実際のところは正確に知り得ないが、公開された書簡などから推してみて、とくに弟リチャードの側に、偉大な兄に対する尊敬と嫉妬の入り混じった複雑な感情が潜んでいたことは否定できない。これは父グスタフによってリチャードの幼心に植えつけられたもので、自分はどんなに頑張っても兄ラインホールドにはかなわず、所詮は「セカンド・ベストであるという感情」（the feeling of being second-best）にほかならなかった。リチャードは生涯この感情に苛まれ、大学者としての名声を確立したのちも、最後までそれと「闘わざるを得なかった」[28]といわれている。

ラインホールドは、長男ウォルターが牧師館とは無縁な実業家の道を歩み始めたために、父グスタフが一九一三年に亡くなったのちは、いわば父親代わりとして母親や姉弟の面倒を見た。実際、弟リチャードがイェール大学で学ぶための学費を工面したのは彼であった。[29] それのみならず、ユニオン神学校に就職後、ラインホールドは当時パリにいて経済苦に喘いでいた兄ウォルターに、二年間にわたって年三〇〇〇ドルもの大金を送金している。そして一九三〇年、リチャードがイーデン神学校から八か月の研究休暇を得たときには二五〇ドルを弟のために工面して、リチャードのドイツでの神学研究を援助している。母リディアと姉フルダの生活も当然のごとく彼の肩に掛かっていた。[30] リチャードは在外研究の経済援助を受けた際に、この篤志家の兄に深く感謝して、次のような手紙をしたためている。

お送りくださった小切手は、何と二五〇ドルもの高額のものです。それはドイツ、自分の偏狭性を脱却するチャンス、教育、兄弟愛、あなたのお陰を受けた少年時代と青年時代の思い出、信頼と信用を意味しています。センチメンタルになりたくはありませんが、わたしがそれについてどう感じているか、おわかりいただかなければなりません。でも、あなたが他の者たちのためにつねにやっておられることを、これまで誰もあなたのためにやってきてはいないのですから、おわかりにはなれないと思います……。[31]

こういう事情だったとすれば、リチャードが終生ラインホールドに深い感謝と恩義を感じていたことは容易に想像できるが、それだけにみずからも名声を確立した後に、上記のようなアンビバレントな感情と闘わざるを得なかったことも頷ける。ラインホールドの妻アースラは、ニーバー一家の美しい親子関係・兄弟関係を紹介しながら、しかも彼女ならではの醒めた目で、美しい兄弟愛に潜んでいた問題点を鋭く指摘している。「しかし人々はあなた〔ラインホールド〕が彼〔リチャード〕を手助けしたほど手助けされることを好むでしょうか？　弟であり、あなたほど強健でもなく精力的でもなかった彼から、おそらくあなたは何かを取り去ったのではないでしょうか？[32]」。

それはともあれ、ユニオンとイェールという東部の名門校の教授職に就いてからの二人の活躍振りは、あらためて説明するまでもない。大都会ニューヨークを活動の舞台としたラインホールドは、『一時代の終焉についての省察』*Reflections on the End of an Era* (1934)、『キリスト教倫理の解釈』*An Interpretation of Christian Ethics* (1935)、『悲劇を超えて』*Beyond Tragedy* (1937)、『キリスト教と権力政治』*Christianity and Power Politics* (1940)、『人間の本性と運命』*The Nature and Destiny of Man* (1941-43)、『光の子と闇の子』*Children of Light and Children of Darkness* (1944)、『時の徴を見分けて』*Discerning the Signs of the Times* (1946)、『信仰と歴史』*Faith and History* (1949)、『アメリカ史のアイロニー』*The Irony of American History* (1952)、『キリスト教現実主義と政治的問題』*Christian Realism and Political Problems* (1953)、『自我と歴史の対話』*The Self and the Dramas of History* (1955)、『宗教的・世俗的アメリカ』*Pious and Secular America* (1958)、『国家と帝国の構造』*The Structure of Nations and Empires* (1959)、『人間の本性とその社会』*Man's Nature and His Communities* (1965)などを次々に出版して、アメリカの言論界に不動の地位を築いた。戦争の足音が近づく一九三九年には、英国エディンバラの有名なギフォード・レクチャーに講師として招かれ、一九四八年にはタイム誌の創刊二十五周年記念号の表紙を飾った。さらに一九六〇年には大統領メダルを受賞し、その名声は全世界に広まった。政治学者のハンス・モーゲンソーは、ラインホールド・ニーバーを「アメリカ現存の最大の政治哲学者、おそらくキャルフーン以来のただ一人の創造的政治哲学者[33]」と見なしたし、歴史家のアーサー・シュレージンジャーは、「歴史の曖昧性《アンビギュイティ》」を鋭く洞察する彼のキリスト教現実主義を高く評価した[34]。

一方、東部屈指の名門大学の一つの母校イェールにポストを得たリチャードは、キャルフーンやベイントンなどの錚々たるスタッフの仲間入りを果たし、充実した学究生活に打ち込んだ。その歩みは兄ラインホールドに比べればはるかに地味ではあったが、理論的な面では兄をはるかに凌ぐ業績を打ちたてた。イェール在職中に執筆された著作としては、『アメリカにおける神の国』*The Kingdom of God in America* (1937)、『啓示の意味』*The Meaning of Revelation* (1941)、『キリストと文化』*Christ and Culture* (1951)、『徹底的唯一神主義と西洋文化』*Radical Monotheism and Western Culture* (1960) だけであったが、いずれも珠玉の一品と呼べる作品である。遺作『責任を負う自己』*The Responsible Self* (1963) は、亡くなった時点でほぼ完全な形で仕上がっていた作品であり、ニーバー倫理学・人間学の到達点を示すものとなっている。三十年、四十年の時を経て世に送り出された『地上の信仰』*Faith on Earth* (1989) と『神学、歴史、文化』*Theology, History, and Culture* (1996) は、イェールでの講義やその他の教育機関で行なわれた各種講演を収録したもので、上記の著作を補完する重要な資料を含んでいる。

一九五二年、ラインホールドは長年の過労がたたって脳卒中に襲われ、それ以後左半身麻痺の状態に陥った。そういう状態にあっても彼は健筆を振るべく努力したが、明らかにこれ以後の彼の書いたものにはかつての精彩は見られなかった。それでも彼が生まれながらにして有していた生命力は、元来病弱であまり精力的でなかった弟リチャードのそれよりははるかに強靱なものであった。一九六二年七月五日、リチャードが心臓麻痺で突然この世を去ったとき、誰がその死を予測し得たであろうか。ラインホールドにとっても、弟の死はまったく青天の霹靂であった。しかもそれはラインホールドの愛娘エリザベスの挙式の二日前のことであった。ラインホールドは予期せぬ訃報にひどく狼狽したが、彼が胸の内に覚えた激しい動揺にさらに追い打ちをかけたのは、イェール大学神学部のチャペルで準備されていた葬儀が、エリザベスの結婚式と同じ日の同じ時間帯に設定されていたことである。エリザベスは挙式を一週間延期することを父に申し出たが、ラインホールドは娘の門出に水を差したくなかった。こうして七月七日、リチャードの家族は葬儀に、ラインホールドの家族は結婚式に参列するという皮肉な巡り合わせとなった[35]。事情を知らないニーバー兄弟の友人や知人たちは、ラインホールドが愛弟の葬儀に参列しなかったことを訝しんだ。ラインホールドはくずおれそうになりながらも、愛娘の挙式を無事終えることができたことを神に感謝する一方で、弟の葬儀を欠席したことをひどく気にして、友人たちに欠席のお詫びをしたためた。以下に紹介するのは、長年の友人ウィリアム・スカーレット宛の手紙の一部である。

> わたしの心は過去数日間ひどく動揺していました。それは最愛の兄弟を失ったからというだけではありません。彼はわたしの先達《ガイド》であり相談役《カウンセラー》でした。とくにわたしが病気になって以来そうでした。それは彼の葬儀に出席することによって、彼の生涯に対して公にわたしの感謝を述べることができなかったという事実によっています[36]。

リチャードよりも二歳年上のラインホールドは、リチャードがこの世を去ったのちもさらに九年生き続けた。六十年以上もタンデムを組んで支え合い、刺激し合ってきた最愛の弟を失ったのち、みずからも左半身麻痺の状態のラインホールドが、一体どのような気持ちで晩年の日々を過ごしたのか、いまのわれわれには知るよしもない。一九六九年の暮れから七〇年にかけて、ラインホールドの健康状態は悪化の一途を辿った。そして一九七一年六月一日、二十世紀のアメリカ思想界に聳え立つ存在であったラインホールドは、マサチューセッツ州ストックブリッジの自宅で、妻アースラ、息子クリストファー、娘エリザベスに看取られながら、七十八年の波乱に富んだ生涯を閉じた。

二　H・リチャード・ニーバーとトレルチおよび《歴史主義》の問題

さて、それでは次に、この二人のニーバーとトレルチの関係について、より掘り下げて考察してみよう。ここでわれわれはその関係がより明示的になっているリチャードから始めようと思う。ラインホールドに関しては、トレルチとの関係を裏づける文書が乏しく、またわれわれが推測するに、トレルチに対してラインホールドの目を向けさせたのは、なかんずくリチャードだったと思われるからである。

H・リチャード・ニーバーとトレルチの関わりは非常に深い。一九二四年にイェール大学に提出・受理された彼の学位論文は、“Ernst Troeltsch's Philosophy of Religion”と題されたもので、合計二八三頁からなる論文において、彼はトレルチの思想発展を跡づけた上で、その宗教哲学構想を入念に分析している。この学位論文それ自体は、今日のトレルチ研究者の目から見ると、とくに優れた洞察を含むものではないが、リチャードが論文執筆の作業を通してトレルチから深く学んだことは、その後の彼の著作が明確に示している。

処女作『教派主義の社会的源泉』は、「わが父の思い出に」捧げられているが、それはアメリカの教会史ないしキリスト教史理解に社会学的な方法を導入したもので、方法論的にもその中身においても、トレルチの『キリスト教会とその諸集団の社会教説』の影響を色濃く反映している。[37] リチャードはこの著作において、トレルチやヴェーバーの類型論を援用しながら、アメリカのプロテスタント・キリスト教の教派的多様性を宗教社会学的に分析し、合従連衡を繰り返すアメリカ型キリスト教のダイナミズムのなかに、一定のメカニズムとアメリカ宗教に共通なパターンを認識している。アメリカの諸教派の成立を人種、階級、地域的利害などの社会学的要因によって説明したこの書物は、かなりの好評を博したものの、著者には多くの点で不満が残ったという。リチャード自身の弁に従えば、彼が採用した社会学的アプローチは、アメリカのキリスト教が特殊的な教派《デノミネーション》という水路に流れ込む事実を説明したものの、アメリカ宗教の躍動的な力そのもの、その運動のまさに原動力を説明するものではなかったというのである。

そこで彼は数年後に、「アメリカのキリスト教についての新たな研究」に取り組み、その成果を『アメリカにおける神の国』に纏めた。この著作は「アメリカ宗教のまさしく古典的な解釈[38]」と見なされるもので、ラインホールドも最も影響を受けた書物のひとつとして挙げたほどの逸品である。この書はリチャード自身の神学形成を見る上でも決定的に重要な意義をもっている。というのは、やがて彼が確立する「徹底的唯一神主義」（radical monotheism）や「神学的相対主義」（theological relativism）の思想は、この書において剔抉された「神の主権性」（the sovereignty of God）という観念に基づいているからである。

『アメリカにおける神の国』におけるリチャードの根本テーゼは、「アメリカのキリスト教とアメリカ文化は、主権を有する、生ける、愛する神への信仰に基づくことなしには、全くもって理解され得ない[39]」ということである。しかし彼の見るところでは、「神の国」といっても決して一義的ではなく、アメリカ教会史における大別された三つの時期に応じて、それぞれ異なった意味合いを帯びているという。すなわち、初期の時代には、「神の国」の観念は「神の主権性」（the sovereignty of God）を意味した。その後大覚醒と福音主義的な信仰復興《リバイバル》の時期には、それはおもに「キリストの統治」（reign of Christ）を意味するようになった。そして近時になってはじめてそれは「地上における王国」（kingdom on earth）を表すようになった[40]。随所に啓発的な洞察をたたえた本書を解説する余裕はないが、いずれにせよリチャードは、「神の国」の観念の三つのヴァリエーションを主軸にして、アメリカのキリスト教を神学的な光のもとで実に見事に捉えている。この書において剔抉された「神の主権性」の観念は、こうして彼にとって根本的な神学的重要性を獲得することになる[41]。彼は『啓示の意味』、『キリストと文化』と研究を深めていき、やがて『徹底的唯一神主義と西洋文化』を上梓する。そこで彼はみずからの文化神学理念である「徹底的唯一神主義」を確立するのである。

まず、一九四一年に出版された『啓示の意味』であるが、周知の通り、これはトレルチの歴史主義とバルトの啓示神学を総合しようと試みる意義深い書物である。その書の「序言」において彼は、「神学学徒たちは、エルンスト・トレルチとカール・バルトとが、その著作を通してだが、わたしの教師であることに気づかれるであろう。二十世紀宗教思想のこれらふたりの指導者はしばしば正反対の位置に置かれている。わたしは彼らの主要な関心事を結合しようと試みた。わたしには前者の批判的思惟と後者の建設的作業とは一体のものであると思われる[42]」、と述べている。リチャードは、通常は現代神学において対蹠的な立場と見なされているトレルチとバルトをユニークな仕方で結合して、トレルチが代表した歴史主義の真理契機を活かしつつ、それをイエス・キリストにおける神の存在と行為とに神学全体を全面的に基礎づけようとするバルト的啓示神学の枠組みの内部に取り込もうとする。彼はトレルチによって否定しがたい明瞭さで示された歴史的相対主義に加えて、われわれは信仰の視点からする以外には神について有意義に語り得ないという宗教的相対主義を真剣に受け止めて、キリスト教神学は「その探究をキリスト者の生の物語を想起し、キリスト者がその歴史と信仰における限られた視点から見るものを分析することによってのみ道を進むことができる[43]」と主張する。しかしこのことは、「キリスト教神学は今日啓示から始めなければならない」、ということにほかならない。

リチャードによれば、「キリスト教の啓示の信仰は、ご自身を唯一の普遍的な主権者として、また、すべての人間――とくに信仰においてその前に立つ人々――をご自分の主権にまったくふさわしくない罪人として審く方として、啓示し給う神に向けられている」のであり、それゆえ「キリスト教信仰の神の主権をキリスト教的宗教の主権と置き換えることは、たとえそれが啓示の観念によってなされたとしても、新しい型の偶像崇拝に陥ることであり、イエス・キリストの神に向けられた信仰と啓示の立場を放棄することであり、宗教と啓示に向けられた信仰の立場をとることを意味する」(44)という。キリスト教信仰は人々の魂を支配する普遍的帝国などではなく、したがってそのような主張を補強するために用いられるとすれば、そのような啓示の観念はイエス・キリストの精神ならびに彼の神の啓示とは無縁のものである。このようにリチャードは、「啓示の観念の自己防衛的な用い方」ないし「啓示の護教的な用い方」(45)を厳しく諌め、むしろ啓示の問題を扱うあらゆる努力は「断固として告白的」（resolutely confessional）(46)でなければならない、と力説している。これが所謂「告白的神学」（confessional theology）の立場であり、それはのちに「神学的、神中心的相対主義」（theological and theo-centric relativism）(47)と言い表されるものである。

このような立場からリチャードは、「内的歴史」（inner history; internal history）と「外的歴史」（outer history; external history）の区別について語る。「内的歴史」と「外的歴史」の区別は、「体験された歴史」（history as lived）と「観察された歴史」（history as seen）の相違とも言い換えられているが、彼によれば、「キリスト者が啓示について語るときには外的観察者によって知られる歴史ではなく、参与する自己によって記憶された歴史をさし示す」(48)。リチャードは「かつては盲目であったが目が見えるようになった人」を例にとって、この「内的歴史」と「外的歴史」の違いを見事に説明している。すなわち、どのような薬を用いて治療し、どのような外科手術が施されたのか、その結果患者の視神経や水晶体レンズにどういう変化が生じたのか、また患者はどのような経過で全快したのか、等々を医師の立場から記述した医療記録と、かつては暗闇の世界に生きていたが、いまや木立や日の出、家族や友人の顔を見ることができるようになった患者が、失われていた光を徐々に回復するまでの経過をみずから綴った内面の記録とでは、同じ現象を扱っていても全く異なっているという[49]。

リチャードは、「キリスト教共同体においてしばしばなされ、歴史的信仰を理解し、広める上で多くの障害を引き起こした誤りは、啓示を外的歴史のなかないしは非参与者の視点からも認識できる歴史のなかに位置づけようとしたことであった[50]」と言い、「生きている自己の視点から生命の充溢として捉えられる内的歴史[51]」こそが信仰の対象であり、そこに啓示が求められるべきであると主張する。リチャードによれば、「啓示とはわれわれの内的歴史の一部であって、歴史の他の部分を照明し、かつそれ自身も知的な理解が可能なもの[52]」を意味しており、したがってそれは、「知的な理解が可能で、また知性的でもある人間世界の構成員として、われわれが考えかつ行動し始めることができる出発点[53]」を表している。啓示の契機《モーメント》が有する機能ないし特性は、リチャードに従えば、第一に、「われわれの過去を知解可能《インテリジブル》にする[54]」こと、第二に、「隠微された過去をよみがえらせる[55]」こと、第三に、「すべての人間集団の過去をみずからの過去として自己化する[56]」ことである。というのは、「共通の記憶が欠けているところ、ないしは人々が同一の過去を共有していないところには真の共同体はあり得ず、共同体が形成されるときには共通の記憶が創造されなければならない[57]」からである。リチャードによれば、われわれが啓示の契機《モーメント》に促されて、自分たちの過去をこのように解釈し把握することによって、それに参与する自己の魂は改造されてゆき、やがて人類の過去がわれわれの過去となり、人類との共同体が達成されるのである。したがって、

「イエス・キリストを通してキリスト者は繰り返し歴史に立ち戻り、父祖たちや兄弟たちの信仰と罪とを自分自身の信仰と罪にすることができるし、またそうしなければならない」[58]。それゆえ、「記憶のそのような変革《コンヴァージョン》は魂の回心《コンヴァージョン》の重要で不可欠な部分である」[59]。リチャードはこのように、啓示の概念を「人間の生の物語」（the story of our life）と連関づけて捉え直そうとするのである。

われわれは以上のような啓示に立脚した「神学的、神中心的相対主義」の主唱と、「内的歴史」と「外的歴史」の区別のなかに、トレルチが格闘した《歴史主義》の問題に対するリチャードの答えを読み取ることができる。これはバルトの啓示神学の主張を原則的に承認しつつ、しかも「啓示実証主義」と呼ばれるその一面性がもたらす弊害を避けて、近代歴史学の自由な探究にも開かれたあり方を模索したものとして、高く評価されるべきものである。リチャードが提示した「内的歴史」と「外的歴史」の区別は、その実質においては、「厭わしい広い濠」（der garstige breite Graben）を嘆いたレッシングによってすでに示唆されたものと見なして差し支えないが[60]、トレルチの影に悩まされた次世代の神学者たちのなかにあって、彼が見出した解決策は出色の出来映えといってよかろう。

次に、一九五一年に出版された代表作『キリストと文化』――ちなみにこの書は兄の「ライニー」に捧げられている――も、これまたトレルチぬきには存在し得なかった作品である。リチャードはその書のはしがきで、トレルチについて次のように述べている。

> わたしは、その生涯を通じて教会と文化の問題に専念した、あの神学者また歴史家――エルンスト・トレルチ――に対するわたしの恩義を最も強く意識するものである。本書は、ある意味では、彼の名著『キリスト

教会の社会教説』を補足し、かつ部分的に修正するということ以上のことをなそうと意図するものではない。トレルチはわたしに、キリスト教史上の多くの人々や運動の多様性と個別性とに敬意を払うことを、またその豊かな多様性をあらかじめ作り上げた概念的な鋳型に無理に流し込むことをきらうことを、しかもミュトスのなかにロゴスを、歴史のなかに理性を、実存のなかに本質を追究することを教えてくれた。彼はわたしに、単に歴史的対象の相対性ばかりではなく、それ以上に歴史的主体、観察者と解釈者のもつ相対性をも受けいれ、かつそれを受けいれることによって益を得るように助力してくれたのである。もしわたしがこの試論を、教会と世界の出会いに関するトレルチの分析を修正する努力と考えるとするならば、それは主としてわたしがこの歴史的相対主義を神学的、神中心的相対主義の光において理解しようと努力するからなのである。わたしは、有限的なものを絶対化することは、理性と同様信仰の錯誤でもあるが、しかし有限な人間や運動がかもし出すこの相対的な歴史は、すべて絶対的な神の支配の下にある、ということを信じている。(61)

このように、リチャードに対するトレルチの影響は深くかつ永続的であり、またリチャードもトレルチの知的遺産を自分なりの仕方で活用して、二十一世紀においても十分通用する堅実かつ有効な神学の方向性を切り開いたのである。それではラインホールドの方はどうだったであろうか。

三　ラインホールド・ニーバーとトレルチおよび《歴史主義》の問題

すでに指摘したように、ラインホールドとリチャードでは性格も異なり、また神学形成の過程も異なっているので、簡単な比較はできないが、リチャードが「教会の改革」（the reformation of the church）に使命感を感じていたとすれば、ラインホールドの方はむしろ直接的に「文化の改革」（the reform of culture）を志向していた[62]。産業都市デトロイトでの十三年間にわたる牧師ならびに社会活動家としての実践と経験のなかから、いわば自学自習で独自の思想形成をなし遂げたラインホールドは、『文明は宗教を必要とするか？』、『道徳的人間と非道徳的社会』、『一時代の終焉についての省察』といった書名が示しているように、当初は大向こうの読者を対象とした文明論的考察や社会倫理的分析に力を注いでいたが、『キリスト教倫理の解釈』や『悲劇を超えて』あたりの著作から、より本格的な神学的研究に裏づけられた発言が目立つようになる。英国のギフォード講演の内容を収録した主著『人間の本性と運命』や、その続編としての『信仰と歴史』になると、すでに「ニーバー神学」と呼ばれるに相応しい、独自の深みと趣を醸し出している。それは「歴史の神学」ないし「世界史の神学」と名づけてもよいような構造と特質を有しているが[63]、しかしその形成に与って力があったのは、特定の神学者やキリスト教思想家ではない。ラインホールドはどこまでもself-taughtの思想家であって、トレルチも彼の思想形成に対しては、それほど大きな役割は果たしていないように思われる（但し、弟のリチャードを通してトレルチについてかなり知っていたことは間違いない[64]）。

いずれにせよ、ラインホールドが新しい神学的歴史解釈へと開眼したのは、筆者の見るところでは、むしろ聖書的神話やキリスト教的象徴を真剣に捉え直すことを通してである。『悲劇を超えて』がこの捉え直しを見事に物語っているが、ここには時間と永遠、神と世界、自然と恩寵といった関係について、キリスト教の「弁証法的」（dialectical）な考え方が、現代的感覚をもって生き生きと描き出されている。「キリスト教的歴史解釈に関する随筆集」という副題が示す通り、この書では聖書的な世界観に対する「神話」（myth）の永続的意義や、キリスト教的象徴（Christian symbols）の現代的妥当性が、みずみずしい表現にもたらされている。(65) この随筆集が刊行された年に執筆された「神話における真理」（"The Truth in Myths," 1937）という論文も、神話や象徴についてのラインホールドの考えをよく示している。

この論文において、ラインホールドは「原始的神話」（primitive myth）と「永続的神話」（permanent myth）とをはっきり区別する。彼によれば、古代人の非科学的ないし前科学的な思惟を反映している「原始的神話」と違って、「永続的神話」は現実の超科学的な諸局面を扱うものであり、人間実存の垂直的次元ないし「深さの次元」（the dimension of depth）に関わるものである。(66) われわれはそれゆえ、「偉大な神話における原始的なものと永続的なもの、前科学的なものと超科学的なものを区別する(67)」ことが大切である。「偉大な神話は実際に深遠な経験から生まれたものであり、経験による検証に絶えず服している(68)」。かくしてラインホールドは、近代の合理主義的な哲学や科学理論の問題点を指摘したのちに、この論文を以下のような注目すべき言葉で結んでいる。

> 生の意味の超越的源泉は、このようにあらゆる時間的過程と非常に密接な関係にあるので、どの過程ないし実在であれ、それについてのある深遠な洞察は、それを超えた実在をちらっと見せてくれる。このような実在は神話的用語でのみ開示され表現されることができる。こうした神話的用語は最も適切な実在の象徴である。なぜならば、われわれが経験する実在は絶えず実在の中心と源泉を示唆しているが、このような実在の中心と源泉は直接的経験を超越するだけではなく、われわれがそれによって実在を理解し叙述しようとするところの、合理的形式と範疇をもまた、最終的には超越するからである。(69)

ブルトマンが『新約聖書と神話論』を発表して「非神話化論争」が起こるのは一九四一年のことであるが、ラインホールドはそれに先立つこと四年、独自の仕方で聖書的神話ならびにキリスト教的象徴の再解釈の問題に着手している。神話的用語で語られた聖書の使信は、科学的合理性の範疇にはまりきらないからといって、無碍に却けられるべきではないし、また現代人に理解可能な実存の概念へと安易に転釈されるべきではない。ラインホールドによれば、「聖書的象徴は真剣に（seriously）受け取られなければならないが、字義通りに（literally）捉えられてはならない[70]」。

聖書的神話やキリスト教的象徴を象徴的に解釈することの必要性は、それ以後繰り返し主張されることになるが、それと密接に関係しているのは、神と世界についての彼の弁証法的な捉え方である。『悲劇を超えて』の序言において、ラインホールドは次のように言う。

> 〔本書の〕主題は、時間と永遠、神と世界、自然と恩寵の関係についての、キリスト教の弁証法的な考え方である。聖書的な人生観は、一方で歴史と人間の自然的存在との意味を肯定し、他方で歴史の中心、源泉、そして成就が歴史を超えたところに存すると主張するので、弁証法的であるというのが本書のテーゼである。キリスト教はそれゆえ、自然主義的な諸々の哲学に対して、「イエス」と「ノー」の両方を語らなければならない[71]。

すなわち、超越的実在は合理的な尺度を超えており、ひとは弁証法的に「イエス」と「ノー」を同時に語るか、さもなければ象徴的言語を用いるしかない。ラインホールドの言葉を引けば、「キリスト教において真実であるところのものは、暫定的・外面的な惑わしをある程度含んでいるような象徴においてのみ表現されることができる」。それは「人を惑わしているようであるが、しかも真実である」（as deceivers, yet true）というのである。[72]

われわれはここで、これまで見てきたトレルチともリチャード・ニーバーとも異なる、まったく別種の思想世界にいることを感じる。シュライアーマッハーやトレルチの著作、あるいはバルトやブルトマンの著作と、ラインホールド・ニーバーの著作を読み比べた場合、一番の違いは後者における「生き生きとした素朴な聖書信仰」である。そこには煩瑣な認識論的議論や洗練された形而上学的思弁は微塵も見出されない。むしろ直截に聖書を読むなかで獲得された叡智と預言者的精神が、ラインホールドの神学の屋台骨を形づくっているように思われる。彼が深く尊敬したリンカーンの場合に似て、ラインホールドのキリスト教は東部の名門神学校で培養されたものではなく、中西部の貧しい移民の聖書信仰に深く根を張ったものである。[73] いずれにせよ、ラインホールドの神学は「歴史の神学」といっても、ヘーゲルやランケ、ブルクハルトやギゾーやドロイゼンなどとはおよそ無縁なものである。[74] そもそもトレルチが苦悩した《歴史主義》の問題は、おそらくラインホールドにとって実感のわかない海の向こうの出来事で、彼がこの問題を積極的に取り上げた形跡はない。実際、「歴史主義の危機」の問題は、文化・文明の爛熟したヨーロッパではじめて表面化したもので、『大草原の小さな家』（ローラ・インガルス・ワイルダー）に描かれているような状況がまだ余韻として残っているアメリカでは、《歴史主義》の問題といっても、所詮は一部の知識人階級の知的な戯れにすぎず、現実の問題としては存在しなかったに違いない。その限りでは、ラインホールドが「トレルチの影」に悩まされなかったとしてもそれほど不思議なことではない。ラインホールドがトレルチに共感を覚えていたことがたとえ事実だとしても、彼が関心を寄せていたのはおそらく『社会教説』の著者としてのトレルチであって、『歴史主義とその諸問題』の著者ではなかったと思われる。われわれはここで、ラインホールドがイェール大学神学部を修士課程で辞めた理由として、「煩瑣な《認識論》的議論に嫌気がさして」と述べていることを思い起こしてもよかろう。

　いずれにしても、ラインホールドの「歴史の神学」は、旧約聖書の預言者思想とそれの内在的超克・完成としてのイエスの贖罪思想について、徹底的に考え抜くことによって生み出されたものであり、トレルチ的な《歴史主義》の思想と触れ合う点はほとんどないといってよい。『人間の本性と運命』の第二巻に収録されている彼の歴史論は、まさに聖書的・神学的な歴史論であって、ヘーゲルの思弁的な「世界史の哲学」とも、トレルチの形式的歴史論理学とも、およそ性格を異にしている。なるほど、中世キリスト教や宗教改革などを扱っている部分に関して、トレルチの『社会教説』を下敷きにしていると感じられるところもあるが、人間の文化を「キリストが待望されないところ」と「キリストが待望されるところ」に二分して、歴史の意味をメシアニズムとの関係で考察するところからスタートする彼の基本構想は、完全に旧・新約聖書そのものから抽出されたものと断言して間違いない[75]。『アメリカ史のアイロニー』（一九五二年）において展開されている歴史の見方も、基本的には、預言者思想に深く淵源している。アメリカ歴史学会の会長を務めたこともあるヘンリー・F・メイは、この書に「深い感銘を覚え」、学生たちの必読書に指定して繰り返し読んだというが[76]、この書の魅力はアメリカ史を対象としていながら、旧約の預言者のような息づかいを読者に感じさせるところにある。ラインホールドの一連の著作と活動に関して、「アメリカ出身の預言者」（Prophet from America）、「政治家にとっての預言者」（Prophet to Politicians）、「われわれの時代の預言者的な声」（A Prophetic Voice in our Time）などというタイトルの書物が出ているのも、頷けるところである[77]。

　表題に含まれている「アイロニー」（irony）という鍵概念は、ソクラテスにも、ロマン主義にも、あるいはキルケゴールにも由来せず、まさに聖書起源のものである。彼は訳者のオーテス・ケーリに宛てた「日本語版へのまえがき」において、この鍵概念の趣旨は「神は高ぶるものを拒《ふせ》ぎ、へりくだる者に恩恵《めぐみ》を与え給う」という聖句（ペテロ前書五章五節、ヤコブ書四章六節）に最もよく表現されている、と述べている。ラインホールド自身の説明を引用すれば、

　或る意味で私が期待するのは……キリスト教信仰の枠組のなかでの理解への貢献なのである。聖書的信仰は、その面前ではもろもろの国びとといえども「桶のひとしずくのごとく」にすぎない神の威厳について、また「もろもろの君をなくならしめ、地の審士《さばきびと》をむなしくせしむ」る神の裁きについて知っている。この威厳を知ることによってのみ、私自身の国アメリカのように強大となった国々のプライドをへりくだらすことができるのだと私は考える。それ故私は、今見るような世俗的な諸傾向にもかかわらず、この宗教的明察力とでもいうべきものが、わが国の文化にみなぎりゆくことを望むのである。さもなければわれわれは見掛けの成功によって堪えがたいプライドにおちいり、かくてわれわれの究極的な敗北への基礎を置くであろうことを私は確信する。これこそまさに「皮肉的」なのです。別の言葉でいえば、われわれの聖書的信仰は個人のいのちと裁きにつながりを持つと同様、国家のいのちと裁きにもつながりを持つと私は信じる。[78]

　ラインホールドは、「アイロニー」を説明するにあたって、それを「悲哀」（pathos）と「悲劇」（tragedy）から区別している。悲哀は「歴史的な状況において哀れみをもよおさせる要素であるが、賞賛に値するものでも、悔改めに導く保証をもつものでもない」。それは「理由を与えることも、罪を帰せることもできないのに、人生

の偶然の食い違いや混乱から起こるものである」。悲劇とは、「善をなそうとして悪を意識的に選ぶことである」。例えば、「ある高い責任を果すために罪にまみれ、あるいは高い価値をより高いか、それと同等の価値のために犠牲にする場合、悲劇的な選択をすることになる」。これに対して、「アイロニーは見たところ人生における偶然の不調和《インコングルイティ》から起こるが、より深く調べれば、単なる偶然だけでないことがわかる。不調和そのものは喜劇的なものである。それは笑いをもよおさせる。この喜劇の要素をアイロニーから完全に取り除くことはできない。しかしアイロニーは喜劇以上のものである。もし不調和のなかに隠されているある関係が見つかれば、喜劇的な状況はアイロニックな状況になる」。徳が内在している欠陥によって悪徳になる場合、力のある人や国家がその力に駆られて虚栄に走り、強さが弱さになる場合、安全性に過度の信頼をおいてそれが不安全に転化する場合、知恵がみずからの限界を知らなかったために、愚かさへと変質する場合などは、すべてアイロニックな状況なのである。「アイロニックな状況が悲哀的なそれと異なるのは、そこに巻き込まれている人間が何らかの責任をもつからである。アイロニックな状況が悲劇から区別されるのは、その責任が意識的な決意よりはむしろ無意識的な弱さと関係しているからである[79]」。

このように規定した上で、ラインホールドは「アイロニー」という概念を用いて、歴史と現代におけるアメリカの状況を容赦なき批判の俎上に上らせる。

半世紀前まで、われわれは責任をもたなくてもよいところから来る無邪気さ《イノセンス》をもっていたが、われわれは単に無邪気《イノセント》であったわけではない。われわれはまたわが国の運命を宗教的に解釈して、わが国の存在意義を人類史に新しい始まりを切り開こうとする神の御業と理解してきた。いまやわれわれは世界的規模の責任のなかに身を沈めている。そしてわれわれは弱小のものから強大なものへと成長してきた。われわれの文化は権力の用い方、濫用についてはほとんど知ることがない。けれどもわれわれは権力を地球的な規模で用いざるを得ないのである。わが国の理想主義者たちは、われわれの魂の純潔を保持するために、権力に伴う責任を回避しようとする人々と、どんな手段であろうと良い目的のために行なうのであれば、紛れもなく有徳なものであるに違いないという血迷った主張をして、われわれの行為に含まれる善悪の曖昧さを覆い隠そうとしている人々に分裂している。われわれは、自分たちの文明を保持するために道徳的に危険な行動をとっているし、またとり続けなければならない。われわれは権力を行使しなければならない。しかしわれわれは一国家が権力を行使するのに完全に公平無私であり得ると信じてはならないし、また特定の度合の利害や情熱が、権力の行使がそれによって正当化されるところの、正義を腐敗させるということに無頓着であってはならない。[80]

一例として引いたこの抜粋のなかに、アメリカ史を解釈する際のラインホールドの基本的姿勢がよく見て取れる。第二次世界大戦後の冷戦構造のなかで、まさに朝鮮戦争が勃発したその前後の国際情勢を背景にして書かれているので、ラインホールドの判断にはアメリカへの肩入れがあり、アメリカ国家へのアイロニカルな批判に欠ける憾みがある、との手厳しい指摘もある。リチャード・ライニッツによれば、「ニーバーは神の見方がもっている優位さのようなものをキリスト教に帰しているように思われる。このことは大いに僭越なことであり、アメリカのアイロニカルな歴史家としてのニーバー自身の失敗の多くの源である」[81]という。『アメリカ史のアイロニー』は、アイロニーという非常に優れた視点をアメリカ史の叙述に導入しながらも、「深刻な欠点をもった書物」（a deeply flawed book）であり、その主因は「ニーバーが合衆国から十分批判的な距離をとれていないこと」（Niebuhr's failure to gain sufficient critical distance from the United States）[82]にあるというのである。しかしそのライニッツも認めているように、六〇年代中葉以降のラインホールドはアイロニーの視点をより透徹したものに深めて、まさにアメリカの使命感に潜む「傲慢《アロガンス》」と「自己満足《コムプレイセンシー》」の罪をより厳しく戒める。ベトナム戦争の激化とともに、アメリカはソ連との覇権争いにますます深く挺身せざるを得なくなるが、ラインホールドはそこに帝国主義という罪の萌芽を察知するのである。というのも、アメリカの世界的使命感は一種のメシアニズム――ラインホールドによれば、「アメリカの精神には、その初期から現在に至るまで、その深層にはメシア的な意識がある[83]」――にほかならず、これは必ず自己満足《コムプレイセンシー》と傲慢《アロガンス》を生み出すからである。彼はこれを緩和する一助として宗教的な「謙遜のセンス」（a sense of humility）の必要性を、以前にもまして主張してやまない。

以上、われわれはラインホールドの歴史観について考察してきたが、少なくともここではトレルチおよび彼が格闘した《歴史主義》の問題との接点は、ほとんど認めることができない。しかし彼が『人間の本性と運命』の第二巻で確立し、『アメリカ史のアイロニー』で実際のアメリカ史に適用してみせた預言者的歴史観は、ヨーロッパで展開されてきた歴史についての学識に富む議論を、「上から」垂直に問い返す深さと迫力を兼ね備えている。歴史はすぐれて神と人間との間での「ドラマ」であるということを、ラインホールドの一連の著作は説得力をもって示している。だがラインホールドが言うように、もし「歴史を特徴づけるのはドラマ的な自由である[84]」とすれば、「歴史のドラマ」の力動性をその「深さの次元」において捉えるためには、ヘーゲルやランケからマイネッケやトレルチへと至る歴史の問い方――おそらくこれが《歴史主義》と呼ばれているものである――は、ラインホールド的な「神学的な歴史解釈」（a theological interpretation of history）[85]によって大きく修正・補完されなければならないであろう。

四　ラインホールドとリチャードの思想的相違点

われわれはこれまで、トレルチの《歴史主義》の議論を略述した上で、ラインホールドとリチャードという兄弟に目を向け、それぞれの思想をトレルチとの関わりにも配慮しながら考察してきた。ニーバー兄弟の思想を、人間学、神学、倫理の分野にわたって広範囲に比較した研究には、例えばトーマス・R・マクファウルの博士論文がある。彼は両ニーバーの「共通性と相違」（commonalities and differences）を多角的に検証し、両者の思惟の最も基本的な相違は、ラインホールドが「特殊的なものから普遍的なものへと進む」のに対して、リチャードは「普遍的なものから特殊的なものへと進む」ことである、と述べている[86]。われわれはここではそれとは違う視点から、とくにトレルチとの関わりにも留意しながら、両者の相違と思われる点に光を当ててみたい。

まず、両者の間に論争のようなものがあったかといえば、かつて一度だけ二人は公の場で激しく論争し合った。それは一九三二年の『クリスチャン・センチュリー』誌においてのことであった。その前年の九月、日本軍は中国東北部の満州を侵略し、北京を本拠とする中国政府の脅威となった。いわゆる満州事変の勃発である。アメリカを含む西欧列強は、この地域全体の安定を脅かす危機的事態に直面して、軍事的介入をすべきか、経済制裁にとどめるべきか、それとも不介入を決め込むべきかの決断を迫られた。このような状況において、リチャードは「非行動の恵み」（The Grace of Doing Nothing）という論文を書いて、アメリカは太平洋を隔てた満州の事件に介入すべきではないと主張した。これに対して、ラインホールドは「われわれは非行動であるべきか？」

（Must We Do Nothing?）という論文で切り返し、アメリカはある強制力をもって日本の軍事侵略に制裁を加えるべきだと説いた。しかしリチャードは自説を譲らず、さらに「神の国へ至る唯一の道」（The Only Way into the Kingdom of God）という論文を寄稿して、ラインホールドとの対立点をより鮮明にした[87]。この論争は時局的な政治問題に関するものであり、またこれについては掘り下げた研究もすでに存在するので、われわれはここでこの論争に深入りはしないが、ここには二人の宗教性、倫理性、さらに歴史観に関わる微妙ながらも根本的な相違が表面化している[88]。

しかし『クリスチャン・センチュリー』誌でのこの論争を除けば、二人の間に大きな論争はなかったし、お互いの著作や思想を公に論評し合うこともほとんどなかった。唯一の例外は、リチャードがラインホールドの歴史解釈を論評したもので、これはリチャードの『神学、歴史、文化』のなかに収録されている[89]。これはもともとラインホールドの『信仰と歴史』の出版直後に、「神学的ディスカッション・グループ」（これはR・ベイントン、ジョン・C・ベネット、ロバート・L・キャルフーン、G・ハークネス、フランシス・P・ミラー、W・パウク、P・ティリッヒ、ヘンリー・P・ヴァン・デュッセン、ニーバー兄弟といった錚々たるメンバーを含む研究会であった）の会合で口頭発表されたものであるが、リチャードは「大いなる躊躇」をもってこの発表を行なっている。彼がラインホールドの思想を論評するのをためらった一番の理由は、幼年時代以来特別な関係に置かれてきた兄弟同士だからにほかならない。評者リチャードにとって、著者「ライニー」は「歴史的な、しかし部分的にしか覚えていない幼年時代以来、ヒーローであり、友であり、仕事仲間であり、兄弟関係にあるライバルであり、神学的な好対照であり、あらゆる危機に際して頼るべき人であり、そこから独立を勝ちとる必要があった人物であった[90]」。それに加えて、リチャードによれば、「ライニーの思想は四分の三かそれ以上が水面下に沈んでいる氷山のようなもので、そこでは明確に述べられていることは明確化されていないことに基づいている」[91]という。こうしたことが的確な批評を困難にするのだという。

このような理由から、「ためらいがちな冒険」（the hesitant venture）としてのこの論評は、しかしながらリチャードのラインホールドに対する留保点をよく表している。二人の考えが一番異なる点は、歴史における神の善性に関してである。リチャードがのちに確立する「徹底的唯一神主義」（radical monotheism）のモットーは、「わたしは主でありあなたの神である。あなたはわたしの前に何ものも神としてはならない」（I am the Lord thy God; thou shalt have no other gods before me）と「存在するものはすべて、善である」（Whatever is, is good）[92]というものであるが、リチャードのこの立場からすれば、ラインホールドの歴史観は神の善性をネガティブに捉えすぎる傾向がある。つまりラインホールドは、歴史のうちにはそれ自体において善なるものはひとつも存在しない、ということを強調しすぎる。例えばラインホールドは、「道徳的審判は歴史のうちで実行されるが、決して正確にではない」とか、「有徳的者たちや罪のない者たちは、人生と歴史の競争においては、まさしくその徳ゆえに、より少なくではなくむしろより多く苦しむかもしれないし、しばしば実際に苦しむ」とか、「歴史のうちには……道徳的意味の接線は存在するが、明確かつ精密なパターンは存在しない」[93]と主張する。しかしリチャードによれば、これは神が「隠れた神」（Deus Absconditus）である限りにおいては正しいが、神が「啓示された神」（Deus Revelatus）であるとすれば正しくない。歴史は神の審判であるだけでなく、神による赦しと変革の業をも反映したものである。ラインホールドはキリストの復活によって現実のものとなった、歴史のうちでの神の現在的な救済の働きに、十分な配慮を払っていない。自分としては、ラインホールドの歴史の神学のネガティブな言説の基礎にある「ポジティブな神学」を伺ってみたい[94]。以上がリチャードのラインホールドに対する根本的な批判である。

われわれが注目するもうひとつの資料は、リチャードの『キリストと文化』におけるラインホールドへの言及箇所である。リチャードの著作のなかでは最も有名なこの書は、「ライニー」に献げられているが、ここでリチャードは脚注で三度ラインホールドに言及している。最初の二回は、イエスの徳目を愛（love）として捉える宗教的自由主義、とくに『キリスト教の本質』におけるハルナックの見方に関連しており、そこでは「この徳目を拡大して見せるのは、自由主義者だけではない。例えば、ラインホールド・ニーバーは、愛をイエスの倫理の鍵と見ることにおいてハルナックと同調する」と述べられている。引き合いに出されているラインホールドの文献は、『キリスト教倫理の解釈』である。[95] もうひとつの言及箇所は、「矛盾におけるキリストと文化」（Christ and Culture in Paradox）の一例としてトレルチについて論じた直後に、「われわれの時代には、二元論的解決の多くの版《バージョン》が流布している」と述べ、それについての脚注として、「並列主義（parallelism）、あるいは道徳生活における小区画化（compartmentalization）、を避ける二元論のなかでは、ラインホールド・ニーバー『道徳的人間と非道徳的社会』（一九三二年）や、A・D・リンゼイ『二つの道徳――神に対するわれわれの義務と社会に対するわれわれの義務』（一九四〇年）が挙げられるであろう」と記されている。[96]

われわれの見るところでは、前者はラインホールドの自由主義神学的傾向を暗に批判しており、後者はラインホールドを「矛盾におけるキリストと文化」の類型に属する「二元論者」（dualist）とした上で、しかもトレルチに対してと同様、一定の肯定的な評価を表明した発言とひとまず受け取れるであろう。しかし神学的リベラリズムに対するニーバー兄弟の関係と、「キリストと文化」に関する五類型の問題は、実際にはそれほど単純ではない。そこでこの二点に関して、もう少し突っ込んで考察してみよう。

一般的には、ラインホールドの『道徳的人間と非道徳的社会』は、カール・バルトの『ローマ書講解』がヨーロッパの自由主義神学に対して果たしたのと類似した役割を、一九三〇年代のアメリカにおいて果たした、と言われている。しかしリチャードの目から見ると、ラインホールドは神学的リベラリズムをまだ十分には克服しておらず、この点が弟の目から見た兄の一番の問題点であった。リチャード・W・フォックスによって明るみにもたらされたリチャードの書簡は、例えば、次のような辛辣きわまりない批判を含むものである。

> あなたは宗教を力として考えておられます。——ときには危険であるが、ときには役に立つ力として。それはリベラルです。宗教そのものにとって、宗教は力ではなく、宗教が向けられているところのもの、つまり神こそが力なのです。……わたしはリベラルな宗教は徹底的に悪であると考えています。それは偽善を癒す応急手当てのようなものです。それは善意を高めたもの、つまり道徳的理想主義です。それが崇める神の特質は、「第n度にまで引き上げられた人間的特質」にほかならず、わたしはかかる宗教からはあなたのように多くを期待いたしません。それはセンチメンタルでありロマンティックなものです。[97]

ここでリチャードは、ラインホールドの宗教の捉え方はリベラルであるとして、これを厳しく糾弾しているわけであるが、伝記記者フォックスによれば、弟のこのような批判にもかかわらず、ラインホールドは「つねにリベラルな近代主義的クリスチャンであり、ハルナックやトレルチというドイツのリベラル神学者たちの真の相続人であった[98]」という。ところで、それではリチャードとリベラリズムとの関係はどうかといえば、同じくフォックスの見るところでは、「H・リチャード・ニーバーは、人間本性と人間の歴史の捉え方においては、確固として反リベラルであった」が、「しかしリチャードの社会的ならびに政治的保守主義は、徹底的な知的リベラリズムと奇妙な仕方で結びついていた」[99]。すなわち、ラインホールドとリチャードを比較した場合、政治的ならびに社会的問題に関する限り、ラインホールドの方がはるかにリベラルであり、リチャードは反リベラルないし保守的であるが、知的生活においてはリチャードの方がラインホールド以上にリベラルだという一面がある。

次に、「キリストと文化」に関する五類型の問題であるが、この類型論そのものは実に悩ましい問題を含んでいる。これについてはＪ・Ｈ・ヨーダー、Ｄ・Ｍ・イーガー、Ｇ・Ｈ・スタッセンによる本格的な研究があるので、詳細はそれに譲ることにしたい[100]。ここではリチャードの類型論にさまざまな問題や曖昧さがあることを承知の上で、あえてこの類型論を援用して、リチャードとラインホールドの関係を考察してみよう。上に記したように、『キリストと文化』においては、ラインホールドは婉曲的な仕方で第四類型「矛盾におけるキリストと文化」に位置づけられている、と考えることができる。それでは当のリチャードはといえば、明言されてはいないが、彼が第五類型「文化の変革者キリスト」（Christ the Transformer of Culture）、つまり「回心主義者」（conversionist）類型に属することは、いまではほとんど自明のごとく見なされている[101]。それゆえ、ラインホールドとリチャードの相違は、第四類型と第五類型の相違にほぼパラレルである。

こう考えると、『神学、歴史、文化』の編者ウィリアム・スティシー・ジョンソンの次の注釈はきわめて示唆に富むものであるといえよう。

> Ｈ・リチャード・ニーバーが「二元論」を批判したときはいつも、彼は通常ラインホールドのことを念頭に置いていた。リチャードの思考にとって、道徳的ならびに歴史的な「逆説《パラドックス》」に訴えるラインホールドの二元

論的アピールは、この世への黙従とこの世との妥協とを不可避的にもたらすものであった。ラインホールドは不完全な仕方でのみ実現される「理想」をもって歴史にアプローチしたが、これに対してリチャードは、責任倫理と神はいたるところで働いているという確信をもち続けた。リチャードは歴史のうちで働く神の活動を現在の瞬間に探し求めた。ラインホールドはむしろ歴史がその光のもとで裁かれる超越性の原理として神を考えた。彼らの間の相違にとって中心的であったのは、彼らのそれぞれの歴史観であった。[102]

かくして、われわれはキリスト教と文化、福音と世界という問題群に対する二人の取り組み方を規定している、彼らの歴史観における微妙にして根本的な相違へと再度立ち返らされることになる。二人の歴史観の相違は、『アメリカ史のアイロニー』と『アメリカにおける神の国』のそれと見なすことも可能である。ラインホールドの歴史観の究極的な基礎は聖書的信仰であり、神の絶対的な主権性への信仰である。「神の主権性」（the sovereignty of God）を歴史解釈の鍵概念とするリチャードと、それゆえこの点では共通している。しかしラインホールドの場合には、旧約聖書的・預言者的な「歴史を支配する神」という観念がより強烈で、人間の高ぶりとプライド、それに対する神の裁き、という側面が圧倒的に優勢を占めている。リチャードが兄の歴史観を評して、「キリスト教以前的な終末論的歴史観」（a pre-Christian eschatological view of history）[103]と呼ぶ所以である。

これとは対照的に、リチャードは「イエス・キリストを通して、神に対する勝利的な信仰（triumphant faith）がこの世にもたらされたという事実」に力点を置き、したがって「キリスト教的歴史観における復活の位置」を重視する。[104]『アメリカにおける神の国』の表現を使えば、単なる「神の主権性」の観念ではなく、「キリストの統治」（reign of Christ）と「地上における王国」（kingdom on earth）という他の二要素をも併せ持つ、「神の国」がリチャードの歴史観の中心を占めている。わけても、「キリストの王国の観念」、すなわち「イエス・キリストにおいて、隠れた王国が説得力のある仕方で啓示されただけでなく、人々の間で特別な新しい歩みを開始したという確信[105]」がリチャードにおいては決定的意義を有している、と言ってよかろう。ラインホールドが旧約の預言者アモスを愛好するのに対して、リチャードがジョナサン・エドワーズをしばしば引証するのは、二人の歴史観の相違を端的に象徴してはいないだろうか[106]。

このこととまんざら無関係でないのは、ラインホールドとリチャードにおける「変革」（transform; transformation）の概念の相違である。『キリストと文化』の類型論に依拠すると、「変革」のモティーフは第五類型の専売特許のように思われるが、第四類型の「矛盾におけるキリストと文化」にも、それとは違った形の「変革」のモティーフがあるのではなかろうか。例えば、この類型に属すると見なされているトレルチには、近藤勝彦の卓越した分析が明らかにしたように、独自の「形成」（Gestaltung）の理論があった[107]。ラインホールドの有名な「冷静を求める祈り[108]」にも、「変える勇気」（courage to change）[109]への言及が含まれている。それゆえ、ラインホールドにおいても――もちろん、リチャードとは違った意味で――「文化の変革者キリスト」ということが言えるのではなかろうか。ラインホールドは『文明は宗教を必要とするか？』において、「世界超越と世界変革」（Transcending and Transforming the World）[110]について語っている。彼の考えに従えば、「世界超越」の契機が逆説的《パラドクシカル》に「世界変革」を可能にするのである。だからこそ、ラインホールドは「矛盾におけるキリストと文化」（Christ and Culture in Paradox）の類型に属するとも言えるわけであるが、いずれにせよわれわれが強調したいのは、「回心主義者」ならざる「二元論者」にもそれなりの「変革」のモティーフとスタイルが存在するということである。

ついでながら、ラインホールドとの比較で興味深いのは、リチャードも、『教派主義の社会的源泉』の最終章において、キリスト教が社会ないし世界の分裂状態を「変革」（transform）し「超越」（transcend）すべきことを力説していることである。[111] しかしリチャードの用語法はラインホールドとは全く異なる。ラインホールドにおいては、世界超越とは「他界的」（other-worldly）な契機、つまり内在に対する対立概念としての超越を指している。これに対してリチャードのいう「超越」とは「超克」し「乗り越え」ること、つまり overcoming とほぼ同義である。だが、この超克を可能にする力はどこから来るのだろうか。ラインホールドならおそらく「彼岸から！」と答えるであろう。トレルチもかつて「彼岸は此岸の力である」（Das Jenseits ist die Kraft des Diesseits）[112]という有名な言葉を残した。しかしリチャードの場合には、内在と超越という二元論的図式はまさに超克されており、彼岸はイエス・キリストを通して此岸の力としてすでにアクチュアルなものとなっている。彼にとって、神は人間に内在するもろもろの限界を改変するために、いま現に働いているのであり、イエス・キリストは神と人間との間の仲保である。歴史はあらゆる存在の構造である神によって内部から変革されつつある。リチャードが「キリスト教信仰は生の全機構においてここでいま深甚な効果を生じなければならない[113]」と言うのは、彼のこのような徹底的唯一神主義信仰の立場からすれば当然であろう。

むすびにかえて

以上、われわれは「エルンスト・トレルチの影」を意識しながら、ニーバー兄弟について考察してきた。かつてハンス・モーゲンソーは、ラインホールド・ニーバーは「あたかも外から、つまり永遠ノ相ノ下ニ（sub specie aeternitatis）アメリカを眺めることのできる人間」であったと述べたが、[114] 同様のことはリチャードについてもある程度言えるであろう。マーティン・E・マーティーによれば、中西部出身のドイツ移民二世のリチャード・ニーバーは、アメリカの主流派《エスタブリッシュメント》の「稀少な種類のインサイダー」（rare kind of insider）であって、彼は「なかば内側《インサイド》に、なかば外側《アウトサイド》に立っていた。それゆえ彼はより大きな共同体に聴く耳をもっていたとともに、それに対して何かを語る見込みを有していた」[115] という。このようなインサイダー兼アウトサイダーとして、リチャードもアメリカの宗教文化を内側からだけでなく、外側からも理解することができた。彼は「神の絶対的な主権性」という視点のもとに、物事の本質を直観するというゲーテ的な意味で、歴史を「眺める」（schauen）ことができたのである。[116]

　翻ってトレルチについて考えてみると、果たして彼にそのような視点が欠けていたであろうか？　彼が代表する《歴史主義》の立場は、事物をただ水平の方向にのみ見るものなのだろうか？　「徹底的歴史性の組織神学者」には「超越の眼」が欠如していたのであろうか？　われわれには決してそうは思えない。ベルリン時代にトレルチと「知的共同戦線」を張っていたフリードリヒ・マイネッケは、『歴史主義の成立』の副産物として出来上がった『歴史的感覚と歴史の意味』*Vom geschichtlichen Sinn und vom Sinn der Geschichte* (1939) において、この点に関して熟考に値する発言をしている。彼は歴史研究の方法として、「ロマン的方法」、「進歩の楽観主義」、「歴史主義の方法」の三つを挙げた上で、次のように語っている。

　　……これらふたつの歴史視点〔過去への逃避をはかるロマン的方法と進歩の楽観主義〕は水平の方向に進行するものであり、それゆえにまた、水平に走る生成の流れに堕することになる。しかしわれわれは、ことがらを垂直にもまた眺めて、流れの上にしっかりした橋を建造しようと試みることはできないであろうか。その上で橋から流れを見すえ、変転のなかに確固たるもの・確実なものを見出すことはできないであろうか。

わたしの見るかぎり、これ以外に道はない。しかも、この道こそ、いままで深遠な思想家たちが歩んできた道にほかならないのである。まさしくゲーテにおいてこの道への最強の指示が見いだされるのであり、またランケは、ゲーテにとって可能であったよりもなおいっそう深く歴史的生へ沈潜してのちに、この道を発見したのであった。その後エルンスト・トレルチは、最近の哲学的認識手段をもって、ふたたびこの道を発見し、そして今日、同じ方向で多くの側面から研究が行われているのである[117]。

マイネッケはここで、トレルチの《歴史主義》の立場が歴史的事象を単に「水平に走る生成の流れ」のなかに相対化してしまうのではなく、同時に、「ことがらを垂直にもまた眺めて、流れの上にしっかりした橋を建造しようと試みる」ものであったことを証言している。トレルチとマイネッケでは《歴史主義》の捉え方の細部においては微妙な相違があるが[118]、しかし垂直方向からも歴史的事象を眺めようとする点では共通している。実際、トレルチは《歴史主義》の問題を意識し出した最初期から、「歴史の形而上学」（eine Metaphysik der Geschichte）[119]の必要性を説いており、『歴史主義とその諸問題』においても、「一つの形而上学的な信仰[120]」、あるいは「決して概念的に汲み尽くすことのできない神的な意志の創造的生命活動[121]」を信じる信仰について言及している。『信仰論』の言葉を引用すれば、「神はつねに創造的で生き生きと活動する方である。神の本質的な告知は、存在のうちにではなく、生成（Werden）のうちにあり、自然のうちにではなく、歴史（Geschichte）のうちにある[122]」。このような神観がトレルチの「エネルギッシュな有神論」（ein energischer Theismus）[123]を形づくっているが、この核心部分は彼の宗教哲学と歴史哲学においては隠れた背景にとどまっている。五十八歳の若さで急逝したトレルチなので、彼の宗教哲学も歴史哲学も永遠のトルソーにとどまっているが、公刊された数多の著作によって本質的な特質と方向性は十分示唆されている。とくに『信仰論』における神思想に着目すると、トレルチとニーバー兄弟の間に意義深い連関が見えてくる。トレルチとニーバー兄弟というテーマは、いまこそ検証されるべき二十世紀神学史の最重要トピックの一つだと言っても過言ではなかろう。

終章　《ベルリン精神》と思想史研究

われわれは、序章で「思想史」の概念と方法についての洗い直し作業を行ない、その後シュライアーマッハー（第一章）、アウグスト・ベーク（第二章、第三章）、ヨーハン・グスタフ・ドロイゼン（第四章）、ヴィルヘルム・ディルタイ（第五章）、エルンスト・トレルチ（第六章）、トレルチ以後の人文・社会科学者（第七章）、ニーバー兄弟（第八章）と辿りながら、「解釈学と歴史主義の絡み合い」について考察してきた。われわれの問題関心は、より具体的に述べれば、シュライアーマッハーを源流とする解釈学の伝統と、歴史主義と呼ばれる思潮はどのようにして合流したのか。そのようにして生起した解釈学モデルの歴史化によって、いかなる問題が生じてきたのか。解釈学理論と歴史主義の結合が、人文学とりわけ歴史学の豊かな発展を促した反面、歴史相対主義を不可避的にもたらしたとすれば、そのような窮境から脱却する手立てはあるのか、等々。

ところで、われわれが取り上げたシュライアーマッハー、ベーク、ドロイゼン、ディルタイ、トレルチというのは、一八一〇年、帝都ベルリンに設立されたフンボルト大学哲学部の系譜で、専門は神学、古典文献学、歴史学、哲学などと異なってはいるが、大局的に見れば一つの共通精神によって貫かれている。ディルタイの弟子の、同じくベルリン大学の教育哲学教授を務めた、エドゥアルト・シュプランガー（Eduard Spranger, 1882-1963）に倣えば、それは《ベルリン精神》（Berliner Geist）と名づけられ得るものであろう[1]。実際、フォルカー・ゲールハルトらは、ベルリン大学における哲学の歴史を克明に綴った書物に、『ベルリン精神』*Berliner Geist*[2]という表題をつけている。いずれにせよ、本書の副題――《ベルリン精神》の系譜学――はこれら二冊の書物に由来している。

シュライアーマッハーからディルタイまではある程度連続しているが、ディルタイとトレルチとの間には、いわば非連続の連続ともいうべき関係性が成立している。トレルチは一八八五／八六年の冬学期と一八八六年の夏学期にベルリン大学で履修しているが、そのときにはドロイゼンはすでに前年に逝去していた[3]。ディルタイは一八八二年にヘルマン・ロッツェ（Rudolf Hermann Lotze, 1817-1881）の後任として哲学の正教授に就任していたが、トレルチはディルタイの授業を履修していない。ゲオルク・ジンメル（Georg Simmel, 1858-1918）も一八八五年から私講師としてベルリン大学にいたが、少なくともトレルチが学生だったときにはまだ接点ができていない[4]。トレルチが履修したのは、一八八五／八六年の冬学期は、ユーリウス・カフタン（Julius Kaftan, 1848-1926）の「キリスト教倫理学」と「ヤコブ書講解」と「組織神学の会」、ハインリヒ・フォン・トライチュケ（Heinrich von Treitschke, 1834-1896）の「ヨーロッパ国家制度の歴史と政策」、エルンスト・クルツィウス（Ernst Curtius, 1814-1896）の「王立博物館を利用してのギリシア・ローマの造形芸術の歴史」、ドュ・ボワ＝レーモン（Emil Heinrich Du Bois-Reymond, 1818-1896）の「物理学的人間学」、一八八六年の夏学期はカフタンの「キリスト教教義学」と「教義史」と「組織神学の会」、ヨハンネス・ヴァイス（Johannes Weiß, 1863-1914）の「ローマ書講解」、トライチュケの「宗教改革の時代の歴史」である[5]。トレルチがいつからディルタイに関心を向けるようになったかは明らかではないが、トレルチは「わたしの認識意志は、ディルタイの場合と全く同様に、若いときから歴史的世界に向けられていた[6]」と述べているばかりか、別の箇所ではディルタイのことを「わが師」（meiner Lehrer）[7]と呼んでいる。それのみならず、彼の全著作にはディルタイへの言及が何十回と出てくるし、『歴史主義とその諸問題』は「ヴィルヘルム・ディルタイとヴィルヘルム・ヴィンデルバントの思い出に」献げられているので、トレルチがディルタイに特別な親近感を抱いていたことは疑い得ない。[8]ディルタイは七十歳の誕生日に「確信のアナーキー」（die Anarchie der Überzeugungen）に帰着したことを嘆いたが、[9]トレルチがベルリンに着任した最初の講義において、「わたしは価値のアナーキーに終止符を打つためにこちらに来ました」（ich bin hergekommen, um der Anarchie der Werte ein Ende zu machen）[10]、と語ったという事実は、彼がディルタイの衣鉢を継ぐ明確な意志をもっていたことの証拠である。

　さて、このようにシュライアーマッハー―ベーク―ドロイゼン―ディルタイ―トレルチという学統が、《ベルリン精神》の系譜学として叙述され得るとすれば、この系譜は一般的にどのようなものとして受け止められているであろうか。シュライアーマッハーからベークとドロイゼンを経てディルタイへと至る流れは、一般的には「解釈学」の系譜として知られている。ところが、トレルチからディルタイとドロイゼンを通ってベークへと遡る系譜は、「歴史主義」の概念史・問題史の主要な流れを形づくっている。このことは「解釈学」の水流と「歴史主義」の水流が、《ベルリン精神》のなかで輻湊していることを示している。しかしこの興味深い現象は、われわれに二重の疑問を投げかける。一つの問いは、一般的解釈学を構想したシュライアーマッハーのなかに、トレルチにおいて最大値に達する「歴史主義」の契機は存在するのか、もし存在するとすれば、それはいかなるものか、ということである。もう一つの問いは、「歴史主義」の問題をめぐって壮絶な死闘を展開したトレルチのなかに、シュライアーマッハーに源流を有する「解釈学」の契機が存在するのか、もし存在するとすれば、それはいかなる理論的形態をとっているか、ということである。それぞれの問いに対しては、すでに第一章と第六章で明確な答えを与えているので、ここではそれを繰り返さない。

いずれにせよ、「解釈学」と「歴史主義」という二つの水流が《ベルリン精神》のなかで糾合し、それによって特異な哲学的問題が発生してくる。人間存在とその文化の「歴史性」（Geschichtlichkeit）に立脚し、解釈学を方法論とする「精神諸科学」一般が、あるいはそれを基礎づける解釈学的哲学そのものが、歴史的相対主義へ、ひいてはニヒリズムへと転落していくことを、いかにして食い止めることができるのか。晩年のディルタイが逢着したこのアポリアこそ、「歴史主義」が突きつけた最も本質的な難問であった。トレルチの真骨頂は、このような歴史主義のアポリアを正面から受け止め、神学・哲学・歴史学・社会学などのあらゆる知識を結集して、難局の打開に取り組んだことである。トレルチは壮絶なるその闘いの途上で不帰の人となり、彼が提起した「現代的文化総合」のプログラムは、永遠のトルソーにとどまることになったが、彼が演じた死闘とその果ての斃死は、象牙の塔のなかで完成された思想体系よりも価値がある。バルトやティリッヒ、ハイデガーやマンハイムが、あるいはヒンツェやマイネッケ、さらには海の向こうのニーバー兄弟までもが、トレルチとは別の進路を選びながら、しかも何らかの仕方でトレルチ的問題と根源的に関わらざるを得なかった理由は、まさにそこにある。トレルチが急逝してから九十年近くが経過しても、いまなおトレルチの歴史哲学的思想が耳目を集めるのは、そこに本質的な問題提起が含まれていただけでなく、その問題が未だに解決されないまま継続しているからにほかならない。[11]

ところで、《ベルリン精神》について語る際に外すことができないのが、ヘーゲルの存在である。ヘーゲルは一八一八年に哲学正教授としてベルリン大学に着任し、一八三一年十一月に急逝するまで絶大な影響力を行使したが、シュライアーマッハーが書記をしていた「ベルリン科学アカデミー」（Königlich Preussische Akademie der Wissenschaften zu Berlin）の会員には、ついに迎え入れられなかったという事実が端的に物語っているように、シュライアーマッハーとの間には大きな確執が存在した[12]。確執の一番の理由は、両者の研究スタイルの相違であり、ヘーゲルのような思弁的・独断的な哲学は、シュライアーマッハーやベークが体現する経験的学問研究のスタイルとは相容れなかった。それに加えて、ヘーゲルの強烈な個性、自負心、党派性などが、円満な人間関係を築く上での大きな障碍となったといわれている[13]。さらには、学生を巻き込んだ偶発的な事件などもあり、ヘーゲルとシュライアーマッハーは相互に理解し合うことが最後までなかったが[14]、ヘーゲルの在職中に学部長を一回（一八一九―二〇年）、学長を二回（一八二五―二六年と一八三〇―三一年）務めたベークは、ヘーゲルとも表向きは対立することなく、無難に付き合っている[15]。一八二六年にベルリン大学に入学したドロイゼンは、古典文献学の分野で博士の学位と教授資格を取得しているので、ベークとの関係が一番密接であるが、しかし一八二七年の夏学期から一八二八／二九年の冬学期にかけて、ヘーゲルの授業を集中的に六つも受講している[16]。ヘーゲル逝去の報に接したときには、心に激しい動揺を覚えたことを友人に書き送っていることをみても、ドロイゼンに対するヘーゲルの影響は浅からぬものがある[17]。ディルタイがベルリン大学で学び始めたのは、一八五三年の秋以降なので、シュライアーマッハーもヘーゲルもとっくに他界していたが、ベークはいまなお健在で、一八六四年にディルタイが教授資格を獲得した際には、トレンデレンブルク（Friedrich August Trendelenburg, 1802-1872）と一緒にその審査に当たっている[18]。ディルタイは一八六〇年にシュライアーマッハー協会の懸賞論文に応募して、「より古い時代のプロテスタント解釈学との対決におけるシュライアーマッハーの解釈学的体系」という論文を書き上げているし[19]、晩年の一九〇六年には『ヘーゲルの青年時代[20]』を公刊しているので、彼はシュライアーマッハーとヘーゲルの両方に連なっていることがわかる。ドロイゼンは一八五九年に歴史学正教授として母校に着任して、一八八四年に亡くなるまでその地位にとどまったので、一八六七年に亡くなるまで生涯現役を貫いたベークや、一八六四年から六七年まで哲学私講師、一八八二年から一九〇五年まで哲学正教授だったディルタイとは、少なくとも重なり合う時期を過ごしている[21]。いずれにせよ、ヘーゲルはシュライアーマッハーからディルタイに至るすべての思想家と、何らかの仕方で関係している。

トレルチとヘーゲルの関係も一考に値する。アードルフ・フォン・ハルナックは弔辞において、盟友トレルチを「われわれの時代のドイツの歴史哲学者」、「ヘーゲル以後の最初の偉大な歴史哲学者」[22]として讃えたが、ヘーゲルのトレルチに対する影響は、決して小さいものではない。それは初期の雑誌論文『宗教の自立性』や『キリスト教の絶対性と宗教史』、そして最晩年の『歴史主義とその諸問題』のなかに、歴然として現れている。しかしトレルチは終始ヘーゲルの哲学に対して一定の批判と留保を表明している[23]。トレルチから見てヘーゲルの一番の難点は、そのアプリオリな思弁的形而上学である。カント主義者であると同時にシュライアーマッハー主義者であったトレルチは、ヘーゲル的な形而上学に反対してアポステリオリな「歴史の形而上学」を主唱するが、しかし形而上学に訴える限りにおいて、やはりヘーゲルの影響力からは最後まで免れることができなかった、と言っても間違いなかろう[24]。

それはともあれ、「思想史」の概念と方法にとって、《ベルリン精神》が果たした役割は限りなく大きい。そもそも「思想史」の概念にとって、ディルタイが開拓した「精神史」はきわめて本質的な結びつきをもっている。ベルリン大学でマイネッケやトレルチの薫陶を受けた学生たちが、一九三〇年代のユダヤ人迫害に伴ってアメリカ合衆国に渡り、新天地で思想史研究の基礎を築いたことも忘れてはならない[25]。シュライアーマッハーが礎石を据え、ベークとドロイゼンが磨きをかけ、ディルタイが精神諸科学の方法論にまで深めた解釈学が、思想史研究一般にとって構成的意義を有していることは、いまさら言うまでもない。シュライアーマッハーが鍬を入れた、所与の語りの追構成（Nachkonstruktion）としての解釈学は、やがてベークによって「認識されたものの認識」（das Erkennen des Erkannten）という定式を与えられる。その後ドロイゼンが《探究的理解》として継承し、それを歴史科学の解釈学モデルにまで高めるに至る。ドロイゼンによれば、「歴史的方法の本質は探究しつつ理解すること（forschend zu verstehen）である」。歴史学は、「歴史として伝承されているものを反復しなければならないだけでなく、より深く突き進まなければならない。それは、いやしくも過去から再たび見つけ出されるべきものを、およそ可能な限り、精神においてふたたび生き生きと甦らせ、それを理解しようとする[26]」ものである。ドロイゼンが固めたこの解釈学理論の足場の上に、みずからの解釈学的哲学を構築しようとしたのが、ディルタイであった。そしてディルタイの課題を引き継いだトレルチは、「現在の理解」をこそ歴史の究極目標と見なし、われわれが《追感的理解》（nachfühlends Verstehen）と名づけた独自の解釈学理論に基づいて、過去の純粋に歴史的なものと未来の規範的なものとを、現在の責任ある決断と行為において結合する。「現代的文化総合」のプログラムはその顕著な発現である。

　このように見てくると、シュライアーマッハーに水源をもつ解釈学理論が、思想史研究一般にいかに深く関わってくるかよくわかる。解釈学理論の歴史については、ヨアヒム・ワッハ（Joachim Wach, 1898-1955）の三巻本の『理解――十九世紀における解釈学理論の歴史の特質[27]』が最も包括的で、シュライアーマッハー、ベーク、ドロイゼンには、それぞれに一章が割り当てられているが、それ以外にも神学・哲学・歴史学における十九世紀の解釈学理論が、ほぼ網羅的に論じられている。ディルタイとトレルチの扱いは傍証的ではあるが、ほぼ全巻にわたってさまざまな箇所で言及されている。こうしたなかで目につくのが、やはりヘーゲルの存在である。ヘーゲルへの言及はディルタイへのそれよりも多く、また事柄の本質により関係している。このことからも、ヘーゲルの思弁的な哲学体系が、十九世紀の解釈学理論に対しても幾重にも影響を及ぼしていることがわかる。近時に解釈学に対するヘーゲルの重要性を力説したのは、二十世紀中葉に解釈学を哲学的議論の中心に据えることに成功したハンス - ゲオルク・ガダマー（Hans-Georg Gadamer, 1900-2002）その人である。しかしガダマーの主著『真理と方法』*Wahrheit und Methode* は、われわれが本書で追跡したシュライアーマッハーからディルタイへと至る系譜の意義を、真っ向から否定するようなテーゼを含んでいる。ガダマーはシュライアーマッハーからディルタイへと至る解釈学の流れに「ロマン主義解釈学」のレッテルを貼って全面否定し、それに代えてヘーゲルが『精神現象学』のなかで提示している「もうひとつの可能性」（eine andere Möglichkeit）[28]を追求しようとする。彼によれば、シュライアーマッハーの解釈学理論が伝承の歴史的再構成（historische Reconstruktion）を目指したのに対して、ヘーゲルは「過去に対して思惟する態度」（ein denkendes Verhalten zur Vergangenheit）[29]を力説した。再構成された生はそれが本来あったところの生と同一ではない。重要なことは、「思惟によって現在の生との媒介を行なうこと」（*die denkende Vermittlung mit dem gegenwärtigen Leben*）[30]だというのである。そこからガダマーは、第一章でも述べたように、ヘーゲルに与する方向でみずからの解釈学を構築しようとする。曰く、

> シュライアーマッハーよりもヘーゲルに従うのを解釈学の課題として認めるならば、解釈学の歴史の意味合いはまったく変化する。すなわち、解釈学の歴史は、もはや、歴史的理解が一切の教義的なとらわれから解放されることによって完成するのではない。解釈学の成立は、かつてディルタイがシュライアーマッハーを継いで叙述した際にとった観点から見ることはできなくなるであろう。むしろ重要なのは、ディルタイがシュライアーマッハーを敷

いた道を新たに歩み直し、歴史学的な自己意識をもつディルタイの念頭にあったのとは異なった目標を求めることである。[31]

ガダマーのこのテーゼは、たしかに真理の一班を鋭く突いている。解釈学の課題が「歴史学的な自己意識」をもって遂行されると、ディルタイからトレルチへと至る歩みによって実証されたような、「歴史主義」の問題への没頭ないし挺身が不可避となるからである。われわれが第七章の三の（2）で考察したような、ハイデガーの哲学から圧倒的な影響を受けたガダマーであれば、ディルタイ＝トレルチ的な方向線で解釈学を展開することを回避し、むしろまったく別の可能性を模索したことは十分理解できるところである。[32]このように、解釈学を歴史主義との同調において推し進めるのではなく、むしろ歴史主義からすっかり転轍して、ハイデガーの「現存在の存在論的分析論」を手がかりにして、哲学的解釈学の構築を目指したのが、ガダマーが選択した道である。[33]ヘーゲルはその過程でガダマーにとって構成的な意義を有している。歴史主義の猛威につねに晒されている歴史学的《ヒストーリッシュ》な地平を後にして、現存在の「歴史性」（Geschichtlichkeit）へと目先を切り換えるやり方は、筆者には『歴史哲学講義』におけるヘーゲルの議論を連想させる。すなわち、ヘーゲルは『歴史哲学講義』の序論において、「反省的歴史」（die reflektierende Geschichte）から「哲学的歴史」（die philosophische Geschichte）への移行の必然性を説いているが、そこでメルクリウス〔ヘルメース〕の役目になぞらえて、以下のような仕方で、民族と世界の指導精神たる世界史の理念を打ち出してくる。

ところが、反省的歴史が一般的観点を追求するようになるとき、ここに注意すべきは、このような一般的観点が本物であるかぎり、それは単に外的な導きの糸、すなわち外的な秩序であるにとどまらず、むしろ諸々の出来事と行為との内的な指導精神そのものであるということである。というのは、理念《イデー》は魂の指導者メルクリウスのように、真に民族と世界の指導者であって、この指導者の理性的で必然的な意志、すなわち精神こそ、これまで世界の諸々の出来事を導いて来たものであるとともに、また現に導いているものだからである。そこで、この指導精神を認識することが、いまやわれわれの目的である。こうしてここに歴史の第三類、すなわち哲学的歴史が登場する。[34]

ヘーゲルがここで主張している「反省的歴史」から「哲学的歴史」への移行と、ガダマーが企てる Historie から Geschichtlichkeit への転轍との間には、厳然たる位相の相違があるにもかかわらず、レトリックとしては、そこに通底するものがある。ヘーゲルの場合には、それによって世界史の哲学が可能となり、ガダマーにおいては、それによって世界史学が不可能となるとしても！

しかし少なくとも思想史研究との関連で言えば、ガダマーのテーゼにはやはり問題を感じざるを得ない。ガダマーやヘーゲルの立場では、哲学は可能ではあっても、はたして哲学史はどうなるのか？　たしかに不可能ではないし、実際に彼らも哲学史を講じてもいるが、それはきわめて癖のある、一面に偏したものとならざるを得ない。それとパラレルな問題が思想史研究にとっても生じる。思想史研究はあくまでも過去の思想の解釈と理解を目指しており、研究者（解釈者）の現在の地平が関与することが不可避であるとしても、思惟による現在の生との媒介それ自体が主目的ではないからである。哲学と哲学史とは互いに密接に連関しているとしても、相互に区別されなければならない。同様に、思想研究と思想史研究との間にも、おのずから一線が引かれなければならない。思想史の任務は、歴史的隔たりのある過去の思想を文献学的な手続きを踏んで解釈し理解することである。そこにおいて思惟による過去と現在の媒介が問題となるとしても、そのやり方はヘーゲルではなくシュライアーマッハーに近く、文献学的手続きと歴史的再構成とが重きをなしている。

　ところで、テクストとしての作品は、それを生み出した作者（著者）を前提するが、作品と作者を単純に同一視することはできない。作品はひとたび生み出されると、それを生み出した作者からは独立した、一つの独自の世界を形づくるから、というだけではない。作者が身を置いている時代や状況によっては、作者がみずからの意図を作品のなかに直截に表現できず、むしろ意図的に真意を隠蔽したり、粉飾したりせざるを得ないケースもあるからである。この場合には、作者と作品とを同一視できず、むしろ両者の間に一定のズレを想定することが不可欠となる。それと同時に、作品が向けられている読者にも留意する必要がある。作品を読んだ読者がそのなかにいかなる意味を読み取ったかは、作者がその作品に込めた意味や作者の意図に負けず劣らず重要だからである。作者も作品も読者も一定の時代や状況のなかに置かれており、これこそがテクストが成立する場ないし背景としてのコンテクストである。しかし実際のコンテクストは無機の抽象的空間ではなく、さまざまな利害やイデオロギーが複雑に作用する磁場のようなものである。それは一定のベクトルを有し、その場において成立する思想や思想表現に対して、見えざる仕方で圧力を加えている。それゆえ、われわれはある思想家のテクストを解釈する場合に、そのなかに隠然として働いているコンテクストの磁力を、鋭く見分けなければならない。

　このことは、コンテクストが歴史とか伝統、あるいは風土とか慣習などによって深く刻印されており、それが知の解釈学的基底を形づくっているというだけでなく、それ以上のことを意味している。一般的に時代精神とか文化圏といったような要因が、思想史研究において重要な役割を演ずる理由は、コンテクスチュアルな要因が、テクストをともに規定しているからであるが、しかし特定の思想家の場合には、より具体的な生の状況と、そこにおいて作用している宗教的・政治的・社会的な要因をも、同時に考慮に入れることが不可欠となる。一例を挙げれば、G・E・レッシングの神学的・宗教哲学的思想は、きわめて特異な解釈学的困難性を含んでいる。彼が生きた十八世紀のドイツには、いまだ十全な意味での信教の自由は存在せず、神学や宗教の事柄に関して、政治権力と表裏一体の関係にあったルター派正統主義を正面から批判することは、市民生活上の大きなリスクを伴っていた[35]。もちろん進歩的な立場（ネオロギー）も台頭してきており、近代の合理主義的な考え方が聖職者や神学者の間にも浸透し始めていた。しかしレッシングは啓示と理性の対立をネオロギー的な仕方で調停することをよしとせず、正統主義ともネオロギーとも異なる「第三の道」を模索した[36]。そのことは必然的に両方に対する「神学的な二正面闘争」を、あるいはライマールス的合理主義、ゲッツェ的正統主義、ゼムラー的ネオロギーの三者に対する「三面戦争」を意味した。しかし、政治的にも教会的にも後ろ盾をもたず、自分のペンだけを頼りに生きるレッシングにとって、その戦いが容易であろうはずはなかった。ときには敵の眼を欺くために、同盟者であるとの装いも必要になった。みずからに萌した真理の認識を直截に表現できず、謎めいた言い回しを用いてぼかしたり、それを秘匿したりせざるを得ないこともあった。彼はフリーメーソン的態度を弁護して、「黙っていたほうがよい真理」もあると言い、「賢者は黙っていたほうがよいことについては語ることができない[37]」と述べているが、これは真理に対する彼自身のスタンスを物語っている。いずれにせよ、その当時の政治力学的状況から、真理のための闘争においてはときに人間的誠実さを欠くこともやむを得なかった[38]。彼の言葉で言えば、「わたしは自分の武器を自分の敵に向けなければならない」のであり、それゆえ「わたしは自分が演習風に（γυμναστικῶς）書くすべてのことをまた教理的なものとして（δογματικῶς）も書くとは限らない[39]」のである。

そこから、レッシング解釈に特有の「公教的教説」（Exoterik）と「秘教的教説」（Esoterik）という問題性が生ずる。詳細は拙著『レッシングとドイツ啓蒙』に譲るが、解釈対象のテクストのなかにコンテクストのベクトルが暗黙裡に作用していることに留意しないと、レッシングのような思想家を正しく解釈することはできない。このことは、思想や表現の自由が保障されていない時代――ハンナ・アーレントの言葉を借りれば、「暗い時代」[40]――には、程度の差こそあれほぼすべての思想家について言えるであろう。

しかし宗教とか芸術などを対象とする場合には、さらに別の配慮も必要となる。そこでは作者の創作活動を起動・推進した超越的契機への配慮や洞察もまた、決定的に重要な意義を有している。およそ宗教や芸術の活動は、人間を超えた超越的次元ないし深さの次元と深く関わっており、内在的思考の枠組みだけでは捉えきれない。例えば、モーツァルトの音楽やフリードリヒの絵画を解釈する場合に、伝記的データをいくら詳しく調べても彼らの作品を理解できない。同様に、パウロの書簡やアウグスティヌスの著作は、イエス・キリストの父なる神（三位一体の超越的人格神）に対する彼らの信仰を顧慮することなしには、まったく理解できないであろう。だが、宗教や芸術に限らずとも、類似のことは文学についてもあてはまる。例えば、ギリシア的伝統におけるムーサイ（Μοῦσαι）の働きに象徴されるような、インスピレーションの要素は、内在的思考の枠組みをいわば垂直的に切断する超越の次元を指し示している。[41] 詩想とかアイディアといったものは、突如として上から降ってきたり、内なる泉から沸々と湧き出てきたりする。科学研究において、思いがけないものを発見したり、創造に出くわしたりすることを、「セレンディピティ」（serendipity）と呼ぶが、このような現象あるいは能力は、人間を超えたところから与えられるものである。[42] 革新的な発想とか奇抜なアイディアなどは、それを生み出す人がいてはじめて可能であり、また常日頃の地道な研究や活動のなかから、おのずと芽生えてくるものには違いがないが、しかしそこには間違いなく《ひらめき》的要素が含まれている。この《ひらめき》は、われわれの脳裏に瞬間的に閃光のごとく差し込んでくるもので、そこにはある種の超越的契機が作用している。芸術作品や宗教的著作においては言うまでもなく、科学理論においてすら、インスピレーションとか《ひらめき》が大きな意義を有していることは、各分野で偉大な業績を上げた人々が異口同音に証言するところである。

　そうであるとすれば、そうした作品を解釈し理解しようと努める場合に、単に実証的あるいは分析的な方法だけでは不十分である。作者ならびに作品の背後で作用している超越的契機を公正に扱うためには、解釈者の側にある種の「超越への開放性」（openness to transcendence）[43]、あるいは「超越のしるしへの開放性」（openness to the signals of transcendence）[44] がなければならない。そのことと密接に結びついているのが、歴史認識においてきわめて重要な役割を果たす Divination の働きである。これは事柄の本質を一挙に把握する能力、つまり一流の解釈者に固有のある根源的な直観（Intuition）を意味する[45]。シュライアーマッハーからベークを通ってドロイゼンへと至る系譜において、さらにはヨーロッパ主義の普遍史を構想するトレルチにおいて、Divination にはある決定的な重要性が付与されている。ところが、直観とか本能的な勘とか天賦の才能をいうことを持ち出すと、すぐにロマン主義だとの批判が起こる。しかしロマン主義の烙印を押して糾弾するのは、痩せ細った二十世紀的知性の悪癖である。二十世紀を代表する神学者のカール・バルトは、かつてロマン主義について——しかもそこに彼一流の辛辣なトレルチ批判を絡めて——次のような批判的言辞を展開した。

> ロマン主義は自らの計画を成し遂げることによってではなく、それを策定するかぎりにおいてのみ純粋なロマン主義なのである。……神学における最後の偉大なロマン主義者であったエルンスト・トレルチのライフ

ワークが、やはり主として計画の予告に存していたこと、そしてつねに新たな予告に存していたことは、決して偶然なことであるとは言えないであろう。純粋なロマン主義は学問や行為へと自らを広げることを欲してはならない。さもなければロマン主義は、学問や行為へと至りえない自らの無力さをさらけ出すか、あるいはそれが達成できる学問や行為は、自ら自身に対する不誠実さを意味することになるであろう。ロマン主義は憧憬（Sehnsucht）として純粋であり、そしてただ憧憬としてのみ純粋である。[46]

なるほど、ここには偉大な神学者の傾聴すべき賢察が示されている。ロマン主義が「無限への追迫」を基本的特質とし、「全一的なものと自我との合一をあこがれる」[47]性質をもつ以上、そこには間違いなく致命的な実践的弱点が潜んでいる。しかし、だからといってロマン主義をトータルに否定することは、実証主義やマルクス主義をトータルに否定するのに似て、間違いであると言わざるを得ない。私見によれば、ドイツ・イデアリスムスやロマン主義には否定しがたい真理契機も含まれている。「直観」（Anschauung; Intuition）とか「予見」（Divination）とかはその一つである。[48]われわれが「天分の同質性」と意訳した《Kongenialität》もそうである。思想史研究がみずからが身を置く地平とは異なる歴史的世界を対象として、時間や空間の隔たりを超えて、あるいは言語の壁を乗り越えて、これを理解にもたらそうとする限り、生産的な想像力の源泉としての Divination を否定することは許されないと思う。同様に、原作者あるいは作品と解釈者との間の同質的な精神的共鳴ということも、一笑に付されるべきではない。時空の隔たりや言語の壁を超えて解釈したり理解したりするという作業には、レッシングが「厭わしい広い壕」（der garstige breite Graben）という心象によって鋭く提起した解釈学的問題が存在する。[49]ガダマーは「地平の融合」（Horizontverschmelzung）という概念によって、この問題に一つの答えを与え

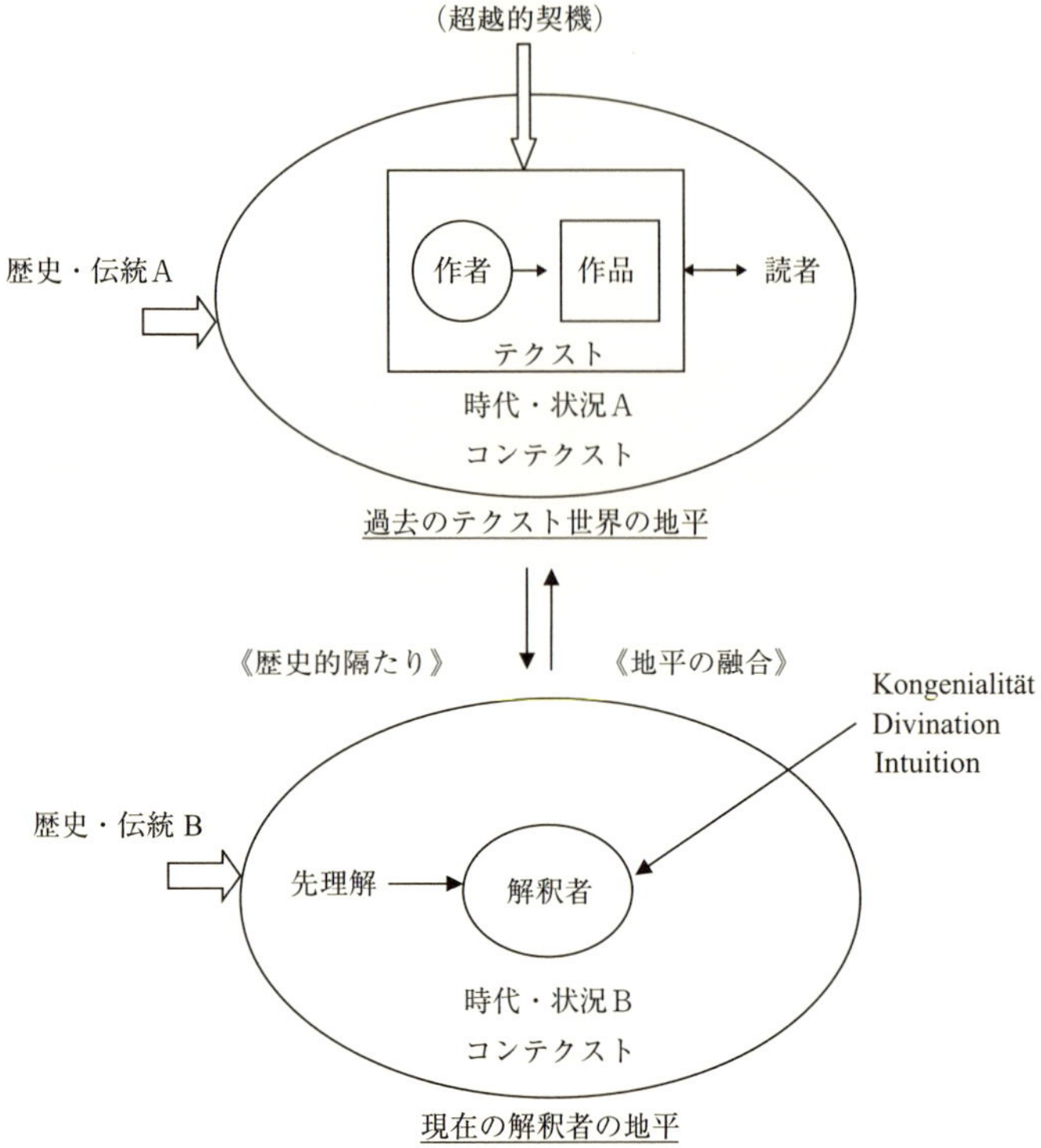

図：思想史研究のモデル

ようとしたが、この概念的道具立てそれ自体も、突き詰めて問えば、実証的レベルを超えたある形而上学的次元を含んでいる。それはともあれ、ガダマーの啓発的な概念を援用しつつ、その後の解釈学理論や文学理論も参照しながら図式化すれば、上図のような「思想史研究のモデル」が成立する。[50]

　われわれがここで念頭に置いている思想史研究は、昨今の文化史や社会史の研究と異なり、文化人類学的な意味での日常生活の文化、つまり習俗、慣習、価値、生活様式などではなく、通常、文字によって記された一定のテクスト、つまり文献資料を主要対象としており、そこから作者や作品の観念や思想を読解しようとするものである。それは「ミクロストリア」（小規模な微視的な歴史）を排除しない代わりに、「大きな物語」（grand narrative）の価値と可能性をも放棄はしない。思想史研究はあくまでも文献資料に基づいて作者や作品の思想を理解しようと努めるが、そこで追求されている学問的理解は、研究主体（研究者、解釈者）が、なかんずく時間的・歴史的隔たりを超えて、研究対象（作者、作品、テクスト）を自己のものとすることによって生起する。しかし過去のテクスト世界は固有の歴史や伝統（歴史・伝統A）によって規定されており、その意味での独自の地平を形成している。しかも作品やテクストは、通常、その読み手である読者を想定している。すなわち、作者は通常の場合、一定の読者を想定しながら、何某かのメッセージを伝達しようとの意図をもって作品やテクストを執筆する。他方では現在の解釈者の側にも、歴史や伝統や状況（歴史・伝統B）などによって規定された、暗黙裡の知の解釈学的基底が存在する。それが解釈者の「先理解」（Vorverständnis）を形づくっている。かかる先理解はしばしば解釈者自身には十分に自覚されずにいるが、関心や利害として、あるいは先入見や偏見として、実際の解釈のさまざまな局面において働いている。ラインホールド・ニーバーは、われわれの解釈に不可避的に伴う認識上の先入見を「イデオロギー的汚点」（ideological taint）[51]と呼んだが、それを形づくっているのは単に経済的・社会的な要因ではなく、人種、性差、生い立ち、教育、宗教、身分、時代環境、思想傾向など実に多様である。ニーバーによれば、「完全に公平無私な知性は歴史のうちには存在しない」[52]。われわれが歴史のうちにあり、歴史や伝統によって条件づけられている以上、解釈者はいかに不偏不党を心がけようとも、まったくニュートラルな立場に立つことはできない。そもそも解釈者は、普遍的な言語――およそそのようなものは実際には存在しないが――によってではなく、一般的には当人にとって母国語にあたるところの、歴史と伝統に規定された特殊的な言語によって、みずからの思考活動を営み、解釈作業を遂行する。解釈者はこのような特殊的言語に規定された認識装置と先理解をもって、解釈対象となっている作者・作品・テクストに向き合い、それの内容・趣旨・意図などを解釈して一定の理解へともたらそうとする。ガダマーも言うように、「偏見もなく先入観にもとらわれない状態という零点で始める人は誰もいない[53]」。それゆえ、公平無私や不偏不党を追求することは、一方ではきわめて尊いことであるが、他方では「去勢された客観性[54]」を装わずに、みずからの立場の特殊性・限定性を正直に認めることも大事なことである。

　ガダマーによれば、具体的な理解は相異なる二つの地平《ホリツォント》——解釈対象としてのテクスト世界の地平と解釈者が立っている歴史的地平——が融合することによって成り立つ。ガダマーはそれを「地平の融合」と呼んで、それを彼の解釈学の中心に据えたが、これは別の言い方をすれば、テクスト世界と解釈者との間の「歴史的な隔たり」が架橋されて、テクスト世界が伝達しようとする内容が、解釈者によって読解され、会得されるという出来事が生起することにほかならない。レッシングの「厭わしい広い壕」において「実存的な壕」（existential ditch）が問題となり、解釈学において「自己化」（Aneignung）という実存的次元が問題となる所以である[55]。その場合、とりわけ思想史研究においては、どこまでも研究対象をして語らせ、その語りに謙虚に傾聴するという姿勢が肝要である。現在の解釈者が身を置いている地平には、特有の先入見が隠然として働いており、それが先理解として理解をはじめて可能にするとしても、また解釈者がそのような先理解の構造から完全には自由になれないとしても、それにもかかわらず、解釈者はみずからが帰属する文化や伝統から極力自由になって、あるいはひとまずそれを括弧にくくって、解釈対象に可能な限り寄り添いながら、その語りに虚心坦懐に耳を傾けなければならない。テクストは、われわれが文献学的および解釈学的作業を尽くした上で、己を空しくしたときにはじめてその真意をわれわれに開示する。シュトゥールマッハーのいう「知覚の原理」（das Prinzip des Vernehmens）とそれに基づく「意思を通じ合う解釈学」（die Hermeneutik des Einverständnisses）は、この点でたしかに真理契機を有している。[56]すなわち、現在の研究者の投げかける問いによって、はじめて過去の歴史的テクストが語り出すという一面があるとしても、前者の側に主導権があるわけでは決してない。両者が同等だと考えるのも正しくない。歴史的所与としてのテクストが存在しないところでは、思想史研究に従事する研究者も無力だからである。したがって、主導権はあくまでも過去の歴史的テクストの側にある。歴史のなかで生きる個々の人間とその営みは、それ自身が固有の意味をもったものとして、すなわち「個性的なもの」として、われわれの歴史認識の対象となる。過去の時代はそのものとしての価値をもっており、現在のわれわれの価値基準によって一面的に裁断されてはならない。「各々の時代は神に直接する」（jede Epoche ist unmittelbar zu Gott）[57]というランケの有名な言葉は、おそらくこのことをも含意している。[58]

とはいえ、探究する人がいなければ、過去の人物も歴史的テクストも空虚な闇のうちにとどまり続けるほかはない。ドロイゼンが言うように、「探究する眼」ないし「探究の眼」こそが、過去の遺物を「呼び覚まし、再び生き返らせ、過去の空虚な闇のうちに反照せしめる」[59]のである。それゆえ、ここには一定の循環関係があることも否定できない。われわれが見たように、トレルチは「現在の理解」が歴史研究の主目的であると言ったが、思想史研究においては《純粋に観照的》な研究態度もまた不可欠である。トレルチに対するマイネッケの批判の真理契機はここにある（第七章四（３）参照）。しかし、再びランケの言葉を引けば、「自我をいわば滅却し、事実だけを語らしめ」[60]、「事実は一体どうであったのか」（wie es eigentlich gewesen）[61]を突き止めることが、歴史学の理想であるとするような考え方は、現代のわれわれにはもはや不可能である。[62]ディルタイやハイデガーが析出した人間存在の「歴史性」を、あるいはトレルチが力説した人間の思惟の「歴史化」を真剣に受けとめれば（第五章三、および第七章三（2））参照）、マンハイムが主唱するような「遠近法主義」（Perspektivismus）と「立場制約性」（Standortsgebundenheit）には、傾聴すべき重要な真理契機が含まれていると言わざるを得ない（第七章三（4））参照）。人間の視覚に関する限り、およそ見るということは、あらかじめ対象との距離が前提されているだけでなく、見る視点ないし観点をともに含んでおり、またそれに規定されてもいる。裏返して言えば、ある見地から、あるパースペクティヴのもとに、はじめてものは見えるのである。したがって、視点・観点・見地・パースペクティヴなどをすべて排除した、客観的な事実の認識は、人間にとって詮ずるところ不可能である。われわれの眼に映ずるすべての像は、観察者（認識者）の立場・見地に制約されており、一定のアングルと遠近法を内包している。精神の眼は肉眼とは異なっているとしても、神（絶対者）ならぬ人間の身である以上、やはり歴史についての眼差しは有限であり、各種の要因によって限定されている。普遍史のアプリオリな構成が不可能な所以である。

　管見によれば、トレルチ的な歴史主義の真理契機は、歴史的事象の相互連関性と歴史認識のパースペクティヴ性と立場制約性について、深い自己批判的な自覚を有していることである。それゆえ、彼がいう意味での「歴史主義」は、もはやこれを回避することは不可能である。すなわち、われわれは「精神世界についてのわれわれのすべての知識と感覚の歴史化」を、あるいは「人間とその文化や諸価値に関するあらゆるわれわれの思惟の根本的歴史化」を、留保なしに全面的に受け入れなければならない。思想史研究もかかる意味での「歴史主義」の前提のもとでなされる必要がある。思想史研究は、これを最も広い意味で捉えれば、ベークのいう「認識されたものの認識」という課題に関わっている。そこではドロイゼンのいう「探究しつつ理解すること」という歴史的探究の方法が鍵を握っている。解釈学が重要な研究方法になる理由もそこにある。ディルタイとトレルチは方法論の面でも思想史研究に大きな貢献をしているが、同時に、彼らが実際に行なったヨーロッパ精神史の研究は、この分野における古典的業績として、今なおその輝きを失っていない。彼らが体現した近代の歴史的・批判的な思惟方法は、彼らが成し遂げた研究成果によって、思想史研究においてもその有効性・妥当性をすでに実証済みである。

　しかしそこで再び問題とならざるを得ないのが、近代のプロテスタント神学において大問題となった「歴史と信仰」という問題である。とりわけ、啓示神学の学問的可能性という問題が、あらためて難題として重くのしかかってくる。「トレルチの影」が囁かれる所以である。だが、筆者自身としては、H・リチャード・ニーバーが指し示した方向に一つの有力な可能性を見出している。すなわち、彼が提唱した「徹底的唯一神主義」（radical monotheism）ないし「神学的、神中心的相対主義」（theological and theo-centric relativism）は、神学の「断固として告白的」な性格を保持しつつ、近代歴史学の学問的要請にも応えることが可能であると確信している。兄のラインホールドも基本的には同じスタンスを示している。彼らはそれによって「偽りの絶対」（false absolutes）[63]に陥ることなく、しかも「神の主権性」（the sovereignty of God）を貫き通すことができている。ラインホールドの『アメリカ史のアイロニー』とリチャードの『アメリカにおける神の国』は、近代歴史学の学問的要請に応えつつ、しかも啓示神学的な洞察を見事に展開している。神学や倫理学の領域における彼らの業績も、近代歴史学の専門家から難癖をつけられるような、ドグマティックな独断的前提には立脚していない。

　翻って考えてみると、そもそも《歴史主義》の一番の問題点は、一般にそれが歴史や伝統、時代や状況という、歴史内在的な次元でのみ、過去の思想世界を解釈しようとすることである。換言すれば、思想や作品をもっぱらそれが成立した文脈において捉えるコンテクスト主義の陥穽に嵌ってしまうことである。そうすると、不可避的に歴史相対主義に導かれ、遂にはトレルチが言うような、「価値のアナーキー」を招来せざるを得ない。ところが、ニーバー兄弟の神学思想は、相互に微妙な相違はあるものの、人間の経験的な地平を保持しつつ[64]、しかも「永遠ノ相ノ下ニ」(sub specie aeternitatis) あるいは「神ノ相ノ下ニ」(sub specie Dei) 歴史のドラマを眺め、神の絶対的な主権性において人間の歴史を解釈する構えを有している[65]。彼らがトレルチの思想と正面から向き合いながら、歴史的相対主義というトレルチ的窮境を抜け出す方途を見出せたのは、アメリカのキリスト教の聖書主義的信仰に深く根ざしていたからである。「歴史と解釈学」を主題とする本書に、この主題にも《ベルリン精神》にも必ずしも直接には関係しない、ニーバー兄弟に関する論攷を敢えて付け加えたのは、彼らの思想的遺産がトレルチ的問題意識を継承しつつ、それを乗り越えるポテンシャルを有していると考えるからにほかならない。現代のアメリカには、かつてのラインホールド・ニーバーのような、「十分な内的・道徳的な権威をそなえた指導者がどこにも見当たらない[66]」と嘆かれる状況であればこそ、ニーバー兄弟の神学的・倫理的思想は、今日の新しい光の下で再吟味されなければならない。

以上、《ベルリン精神》に関連させながら、思想史研究の概念と方法について卑見を開陳してみたが、思想史研究にとっては、「ベークとドロイゼンを越えてディルタイへと至るシュライアーマッハーの解釈学の道[67]」は、ガダマーの手厳しい批判にもかかわらず、いまなお啓発的な知の源泉であり続けている。シュライアーマッハーの解釈学、ベークの古典文献学、ドロイゼンの史学論、ディルタイの精神科学論、トレルチの歴史哲学、これらはいずれも近代ドイツが生み出した歴史的文化科学のベンチマークである。それらに貫流している《ベルリン精神》は、「ドイツの悲劇」によって久しく活動の中断ないし停滞を余儀なくされてきたが、近年その輝きを取り戻しつつある。ベルリン大学創立二百年[68]を過ぎたいま、《ベルリン精神》の知的遺産はあらためて見直されなければならない。温故知新が人文科学の本領であるとすれば、こうした古典的思想家たちの業績を、二十一世紀の新しい光の下で再検証・再評価することは、人文科学の本務というべきであろう。

あとがき

本書の大部分は、既存の論文に手を入れ直したもので、終章を除くすべての章は、大学・大学院の紀要ないし年報に発表したものがもとになっている。もちろん再録するにあたって、大幅な組み替え、加筆、あるいは削除を施したが、参考までに以下に初出一覧を記しておく。

初出一覧

序　章　『人文論集』第46号（二〇一〇年七月）
第一章　『人文論集』第50号（二〇一一年一二月）
第二章　『人文論集』第37号（二〇〇七年一〇月）
第三章　『年報　新人文学』第6号（二〇〇九年一二月）
第四章　『年報　新人文学』第7号（二〇一〇年一二月）
第五章　『人文論集』第49号（二〇一一年五月）
第六章　『年報　新人文学』第2号（二〇〇五年一二月）
第七章　『年報　新人文学』第3号（二〇〇六年一二月）
第八章　『聖学院大学総合研究所紀要』第48号（二〇一〇年九月）

こうしてあらためて振り返ってみると、二〇〇五年から二〇一一年にかけて、断続的に研究を行なってきたことが確認できる。この間苦しい出来事もあったが、自分を奮い立たせる意味でも、寸暇を惜しんで研究に打ち込んできた。とはいえ、所詮は忙しい授業や各種業務の合間を縫ってのことなので、完成度が高くない部分があることは、自分自身が一番よく承知している。にもかかわらず、このような状態のものを公刊しようと思ったのは、五十代の仕事にひとまずケリをつけ、還暦を機に少し身軽になりたいと思ったからである。

「ポストモダン」という言葉すら古びた感のある昨今、シュライアーマッハーからトレルチまでの、十九世紀ならびに二十世紀初頭の思想家たちを扱うことにいかなる意義があるのかと一蹴されそうだが、ここで扱った思想家たちが成し遂げた仕事は、二十一世紀の今日でもその輝きを失ってはいないと思う。二十世紀の流行《はやり》の思想家たちが、次々と現れては消えていったなかで、十九世紀ならびに二十世紀初頭の巨匠たちの古色蒼然たる原テクストからは、重厚なメッセージが今でも伝わってくる。ファストフードに飽きた胃袋にスローフードが有り難いように、斬新で奇抜な理論を追いかけ回す虚しさを実感すると、どっしりと構えたクラシックな思想の良さがわかってくる。デジタル文化について行けない老世代がアナログ文化に回帰するようなものかもしれないが、反時代的な研究にもそれなりの価値はあるだろう。

特定の思想家に的を絞って深く掘り下げるモノグラフィーと違って、何人もの思想家の思想史的関連を扱う研究は、ある部分では概説的にならざるを得ないが、それがまたモノグラフィーにはない良さかもしれない。《ベルリン精神》の精髄をどれほど汲み取ることができたかは、読者の方々の判断に委ねるしかないが、わが国においては類書が存在しないので、裨益するところも多少はあるだろう。

平成二十三年晩秋　研究室から夕映えの藻岩山を望みつつ

著　者

（付記）　なお、本書は日本学術振興会の平成二十四年度科学研究費補助金（研究成果公開促進費）の交付を受けて刊行されたものである。当会のご高配に深謝するとともに、出版を引き受けて下さった知泉書館社長の小山光夫さんにも、心から感謝申し上げたい。

HISTORY AND HERMENEUTICS

——A Genealogy of the *Berliner Geist*——

Toshimasa YASUKATA
Ph.D. & D.Litt.

CHISEN-SHOKAN, Tokyo
2012

TABLE OF CONTENTS

Summary and Prospect:
Reflection on Radical Historicality

This book contains a critical survey of the concept, method, and tasks of an intellectual history (Introduction), followed by chapters on some important facets of German intellectual history in the nineteenth and twentieth centuries with a focus on the merging of the tradition of hermeneutics with that of historicism (Chapters One through Eight), and ends up with a proposal for the praxis of intellectual-historical studies (Conclusion). As suggested by the title and subtitle, the central theme of the book is an interweaving of historicism and hermeneutics in the genealogy that started with the theologian Friedrich Daniel Ernst Schleiermacher (1768-1834) and reached--through the philologist August Boeckh (1785-1867), the historian Johann Gustav Droysen (1808-1884), and the philosopher Wilhelm Dilthey (1833-1911)--its climax as well as deadlock with the theologian and philosopher Ernst Troeltsch (1865-1923). My concern with these prominent thinkers goes back to my doctoral research on the anchor of this lineage, which I began to make at Kyoto University in the late 1970s and completed under Professors Peter C. Hodgson, H. Jackson Forstman, Eugene TeSelle, Dale A. Johnson, and Robert Williams at Vanderbilt University in 1985.

I

Ever since I completed my Ph.D. dissertation at Vanderbilt University, the fundamental thesis of my Troeltsch interpretation has remained unchanged. In spite of constant changes and developments, there was a continuous thread in Troeltsch's thought as a whole. As he himself affirms, "a systematic unified thought" (*ein systematischer Einheitsgedanke*)[1)] underlies the whole of his writings. His central concern, throughout his entire life, was with the question of how it is possible to establish solid normative values on the basis of an underlying acknowledgement of "the fundamental historicization of all our knowing and thinking."[2)] He sought to

---

1) *Ernst Troeltsch*, "*Meine Bücher*," in *Die Philosophie der Gegenwart in Selbstdarstellungen*, herausgegeben von Raymund Schmidt, zweite, verbesserte Aufl. (Leipzig: Verlag von Felix Meiner, 1923), 180; *Gesammelte Schriften*, Bd. 4, *Aufsätze zur Geistesgeschichte und Religionssoziologie*, herausgegeben von Hans Baron (Tübingen: J. C. B. Mohr [Paul Siebeck], 1925), 18.

2) Ernst Troeltsch, *Gesammelte Schriften*, Bd. 3, *Der Historismus und seine Probleme* (Tübingen: J. C. B Mohr [Paul Siebeck], 1922), 9; KGA 16, 177.

be a systematic thinker, while remaining true to the logical consistency of historical thinking.[3] Hence my assertion that Troeltsch was a "systematic theologian of radical historicality."[4] The term "radical historicality" was first suggested to me by my *Doktorvater* Peter C. Hodgson. The original title I intended for my dissertation was "Ernst Troeltsch as the Systematic Theologian of *Historismus*," but Professor Hodgson advised me not to use a German word in the title, if I wanted to have my dissertation published in the United States. He suggested to me that I use, instead, the term "radical historicality," remarking that what Troeltsch means by *Historismus* seems to have some similarity to Dilthey's and/or Heidegger's notion of *Geschichtlichkeit*. After some hesitation and reflection I followed his advice. This is the story behind the title of my book *Ernst Troeltsch*: *Systematic Theologian of Radical Historicality*.

Why did we hesitate to employ the English counterpart "historicism" in the title? The reason is that we were oversensitive to the negative connotations generated by Karl Popper's *The Poverty of Historicism*. "Historicism," as Popper understood it, is an "approach to the social sciences" aiming at "historical prediction" through the evolutionary and recurrent laws of history."[5] "Historicism" in Popper's sense is, in a word, an attempt to introduce law and prediction into history. This is diametrically opposed to what Troeltsch understands by *Historismus*. Therefore, both Hodgson and I thought it clearly misleading to use that Popperian term as it was. But are there any alternatives? One option for translating *Historismus* into English is "historism." J. E. Anderson translated Friedrich Meinecke's *Die Entstehung des Historismus* as "Historism: The Rise of a New Historical Outlook."[6] H. Richard Niebuhr and Wilhelm Pauck also rendered *Historismus* as historism.[7] Another option, "the historical standpoint," as Friedrich von Hügel translated the term, is admittedly "too

3) See my recent essay "Ernst Troeltsch und die Konsequenz des historischen Denkens," in *Frühes Christentum und Religionsgeschichtliche Schule*. Festschrift zum 65. Geburtstag von Gerd Lüdemann, herausgegeben von Martina Janßen, F. Stanley Jones und Jürgen Wehnert (Göttingen: Vandenhoeck & Ruprecht, 2011), 205-216.

4) For the details, see Toshimasa Yasukata, *Ernst Troeltsch*: *Systematic Theologian of Radical Historicality* (Atlanta: Scholars Press, 1986; New York & Oxford: Oxford University Press, 2000).

5) Karl Popper, *The Poverty of Historicism* (Boston: Beacon Press, 1957), 3, ix, xi.

6) Friedrich Meinecke, *Historism*: *The Rise of a New Historical Outlook*, trans. J. E. Anderson and rev. H. D. Schmidt (London: Routledge & Kegan Paul, 1972).

7) H. Richard Niebuhr, "Ernst Troeltsch's Philosophy of Religion" (Ph.D. dissertation, Yale University, 1924), 33n1; Wilhelm Pauck, *Harnack and Troeltsch* (New York: Oxford University Press, 1968), 86, 88.

neutral."[8] Also, "historical relativism," the term proposed by Benjamin A. Reist, who borrowed it from H. A. Hodges's study of Dilthey,[9] is a bit too paraphrastic.[10] "Historical relativism," in Troeltsch's opinion, is not *Historismus* as such but its inevitable concomitant. Thus, there seems to be no proper English equivalent for the German term. But in what follows, I shall use "historicism" for the Troeltschian *Historismus*, because David Reid and Garret E. Paul employ the term as an equivalent for *Historismus* in the forthcoming translation of *Der Historismus und seine Probleme*.[11]

II

As is well known, Troeltsch defines *Historismus* as "the fundamental historicization of all our thinking about human beings, including their culture and their values" (*die grundsätzliche Historisierung alles unseres Denkens über den Menschen, seine Kultur und seine Werte*).[12] It is, Troeltsch wrote, "the really modern form of thought with regard to the intellectual world,"[13] which has taken its rise as the outcome of a permeation of comparative and developmental thinking into all corners of the intellectual world. This definition of historicism by Troeltsch is significantly different from that of his friend Friedrich Meinecke, who regarded historicism essentially as a German movement and praised it as a superb achievement of the German Spirit. According to this famous historian, historicism is the "second greatest achievement ever accomplished by German thinkers, to be ranked along

8) Friedrich von Hügel, Introduction to *Christian Thought: Its History and Application*, by Ernst Troeltsch (London: University of London Press, 1923), xiii.

9) H. A. Hodges, *Wilhelm Dilthey: An Introduction* (London: Kegan Paul, Trench, Trubner & Co., 1944).

10) Benjamin A. Reist, *Toward a Theology of Involvement: The Thought of Ernst Troeltsch* (Philadelphia: Westminster Press, 1966), esp. 228n3.

11) *Ernst Troeltsch, Historicism and its Problems*. Book 1: *The Logical Problem of the Philosophy of History*, translated by David Reid and Garrett E. Paul (New York: Oxford University Press, forthcoming). David Reid has kindly provided me with a penultimate version of the unpublished manuscript of the translation. Quotations from Troeltsch's *Historismus und seine Probleme* are borrowed from their translation.

12) Ernst Troeltsch, *Gesammelte Schriften*, Bd. 3, 102; KGA 16, 281. He also defines *Historismus* as "the historicization of our entire knowing and feeling of the spiritual world" (*die Historisierung unseres ganzen Wissens und Empfindens der geistigen Welt*). Ernst Troeltsch, „Die Krisis des Historismus," *Die neue Rundschau* 33, I (1922), 573; KGA 15, 437.

13) Troeltsch, „Die Krisis des Historismus," 573; KGA 15, 438..

with the first, the Reformation."[14] It is characterized by the discovery of "a new life-governing principle," or "an idea of individuality." Its essence is "the substitution of a process of individualizing observation for a generalizing view of human forces in history."[15] Meinecke puts a one-sided emphasis on the notion of individuality, whereas Troeltsch gives weight not only to the notion of individuality but also to that of development. The comparison of Troeltsch and Meinecke implies that what is understood by historicism can vary. This is why inquiry into the history of the concept and/or problem of historicism is needed. We can learn a variety of historicisms in history from the works of Jörn Rüsen, Otto G. Oexle, Annette Wittkau, and others.[16]

For the past eight years I have engaged in research on the history of hermeneutics as well as of historicism, with a focus on Schleiermacher, August Boeckh, Johann Gustav Droysen, Wilhelm Dilthey, and Troeltsch. They are all professors who taught simultaneously or with a few intervals at the University of Berlin, and constitute a genealogy that can be named a genealogy of the "*Berliner Geist*".[17] Through this study I have come to realize that the main parts of the genealogy of hermeneutics overlap with the genealogy of historicism. Generally speaking, Schleiermacher is recognized as the starting point of a general hermeneutics, whereas Troeltsch is said to mark the peak of historicism in the twentieth century. How then did the genealogy of hermeneutics starting with Schleiermacher meet the genealogy of historicism tracing back from Troeltsch? Can Schleiermacher as the founder of general

---

14) Friedrich Meinecke, *Werke*, Bd, 3, *Die Entstehung des Historismus* (Stuttgart: K.F. Koehler Verlag, 1965), 1-2.

15) Ibid., 2.

16) See Friedrich Jaeger & Jörn Rüsen, *Geschichte des Historismus*: *Eine Einführung* (München: Verlag C.H. Beck, 1992); Annette Wittkau, *Historismus. Zur Geschichte des Begriffs und des Problems* (Göttingen: Vandenhoeck & Ruprecht, ^{2}1994); O. G. Oexle, *Geschichtswissenschaft im Zeichen des Historismus* (Göttingen: Vandenhoeck & Ruprecht, 1996); O. G. Oexle & J. Rüsen, hrsg., *Historismus in den Kulturwissenschaften* (Köln-Weimar-Wien: Böhlau Verlag, 1996); Wolfgang Bialas & Gerard Raulet, hrsg., *Die Historismusdebatte in der Weimarer Republik* (Frankfurt am Main: Peter Lang, 1996); G. Scholtz, hrsg., *Historismus am Ende des 20. Jahrhunderts* (Berlin: Akademie Verlag, 1997); Fulvio Tessitore, *Kritischer Historismus. Gesammelte Aufsätze* (Köln, Weimar, und Wien: Böhlau Verlag, 2005); Jens Nordalm, hrsg., *Historismus im 19. Jahrhundert*: *Geschichtsschreibung von Niebuhr bis Meinecke* (Stuttgart: Philipp Reclam, 2006); O. G. Oexle, hrsg., *Krise des Historismus—Krise der Wirklichkeit*: *Wissenschaft, Kunst und Literatur 1880-1932* (Göttingen: Vandenhoeck & Ruprecht, 2007).

17) Cf. Eduard Spranger, *Berliner Geist* (Tübingen: Rainer Wunderlich Verlag, 1966); Volker Gerhard, Reinhard Mehring, und Jana Rindert, hrsg., *Berliner Geist. Eine Geschichte der Berliner Universitätsphilosophie* (Berlin: Akademie Verlag, 1999).

hermeneutics be called a historicist? When did historicism in the proper sense take its rise within the genealogy of the Berlin thinkers? Does Troeltsch as the champion of historicism also have his own hermeneutical theory? If so, what is it like?

III

Schleiermacher conceived of hermeneutics as the art of understanding utterance, whether spoken or written. For him, interpretation or understanding as an art is the reverse of composition. The speaker or author constructs a sentence and expresses thereby his/her thought; the hearer or reader penetrates through the structure of the sentence into the thought of the speaker or author. Thus Schleiermacher's hermeneutics consists of two interacting moments: the "grammatical" and the "technical" or "psychological." Proper understanding can only be attained in the "interpenetration" (*Ineindandersein*) of the grammatical interpretation and the technical or psychological interpretation. August Boeckh, Schleiermacher's student at Halle and later his colleague at Berlin, developed his teacher's hermeneutical theory into an original philological hermeneutics. According to him, the genuine activity of philology is "*das Erkennen des von menschlichen Geist Producirten, d.h. des Erkannten*".[18] That is to say, philology is the knowledge of what is known, and thus re-cognition of knowledge already discovered. To re-cognize something already known is also to understand it. Based on this conception of philology, Boeckh classifies his hermeneutics into four categories: the grammatical, historical, individual, and generic interpretations. It is noteworthy that in Boeckh the historical interpretation attained an independent status, while it had remained subordinate to the grammatical interpretation in Schleiermacher. In fact, Boeckh extended philology to embrace archaeological research, so that one might know the ancient spirit in its all historical manifestations.[19] Perhaps we can say, therefore, that Boeckh transformed Schleiermacher's *linguistically*-oriented model of hermeneutics into a *historically*-oriented one. There is good reason to speak of the topic "Boeckh and the dawn of historical awareness"[20] in the history of hermeneutics.

18) August Boeckh, *Encyklopädie und Methodologie der philologischen Wissenschaften*, herausgegeben von Ernst Bratuscheck, zweite Auflage besorgt von Rudolf Klussmann (Leipzig: Druck und Verlag von B. G. Teubner, 1886), 10.

19) Cf. Gustav Droysen, *Johann Gustav Droysen. Erster Teil: Bis zum Beginn der Frankfurter Tätigkeit* (Leipzig und Berlin: Druck und Verlag von B. G. Teubner, 1910), 43.

20) Jean Grondin, *Einführung in die philosophische Hermeneutik* (Darmstadt: Wissenschaftliche Buchgesellschaft, 2001), 115-118.

Johann Gustav Droysen, Boeckh's philology student at Berlin, was the first to tackle the methodological problem of historicism on a large scale. Seventeen times from 1857 until 1883, Droysen regularly delivered a series of lectures on the encyclopedia and methodology of history. He was undoubtedly following his teacher's model when he titled his lectures "*Vorlesungen über Enzyklopädie und Methodologie der Geschichte*."[21] The relationship between Boeckh and Droysen is increasingly drawing attention lately.[22] Be that as it may, there is a significant continuity in methodology between Boeckh's "*das Erkenntnis des Erkannten*" and Droysen's "understanding through research" (*forschend zu verstehen*). According to Droysen, a historical science "not only has to repeat what has come down to us as history, but must also penetrate into a deeper stratum; it seeks to revitalize in spirit what is somehow to be discovered from the past and understand it as far as possible; it wants to create, as it were, new original sources."[23] For Droysen, as Annette Wittkau asserts, "not only a culture, in which a human being lives, is the result of historical development, but human life as such is what has historically become."[24] Thus awareness of the historicality of human existence and the interest in the historical development of the world belong together for him.

IV

The "confluence of hermeneutics and historiology"[25] in Droysen, which signifies the merging of hermeneutics and historicism, becomes more conspicuous with Dilthey's philosophical attempt to establish the human sciences in historical terms. Dilthey champions the historicality (*Geschichtlichkeit*) of human existence, stating that "the historical-social reality" in which human beings live is essentially a historical world, so that the reality of life itself is history, and human beings "historical beings"

21) Johann Gustav Droysen, *Historik*: *Vorlesungen über Enzyklopädie und Methodologie der Geschichte*, herausgegeben von Rudolf Hübner, 5., unveränderte Aufl. (München: R. Oldenbourg, 1967). A new critical edition has been being published in a five-volume set: Johann Gustav Droysen, *Historik*. Historisch-kritische Ausgabe von Peter Leyh und Horst Walter Blanke (Stuttgart-Bad Cannstatt: Frommann-Holzboog Verlag, 1977ff.).

22) See Christiane Hackel, *Die Bedeutung August Boeckhs für den Geschichtstheoretiker Johann Gustav Droysen. Die Enzyklopädie-Vorlesungen im Vergleich* (Würzburg: Königshausen & Neumann, 2006).

23) Droysen, *Historik*: *Vorlesungen über Enzyklopädie und Methodologie der Geschichte*, 83.

24) Annette Wittkau, *Historismus. Zur Geschichte des Begriffs und des Problems*, 2. durchgesehene Aufl. (Göttingen: Vandenhoeck & Ruprecht, 1994).

25) Herbert Schnädelbach, *Philosophie in Deutschland 1831-1933* (Frankfurt am Main: Suhrkamp, 1983), 149.

(*ein geschichtliches Wesen*).[26] We can find many examples of "historicality" in his works. He speaks, for instance, of the "historicality" of "the state and the right of the social dispositions that have emerged in history,"[27] of "individual religion, particularly Christianity,"[28] of "aesthetic ideals,"[29] of "educational ideals,"[30] of "literary and poetic techniques,"[31] of "German thinking,"[32] of "consciousness,"[33] of "human consciousness,"[34] of "psychic life,"[35] and so forth. For him, everything that human beings make and do is historically conditioned. Hence he refers to the "complete (*allseitig*) conditionedness of human beings, their dependence on the social order around them, their historicality."[36] Given this recognition of the historicality of human existence and all human endeavors, it is hardly unjustifiable to count Dilthey as a historicist, though he denied that he was one.[37] Whether

26) Wilhelm Dilthey, *Gesammelte Schriften*, Bd. 7, *Der Aufbau der geschichtlichen Welt in den Geisteswissenschaften*, 2. unveränderte Aufl. (Stuttgart: B.G. Teubner-Verlagsgesellschaft; Göttingen: Vandenhoeck & Ruprecht, 1958), 291.

27) Wilhelm Dilthey, *Gesammelte Schriften*, Bd. 14/1, *Leben Schleiermachers*, 2/1, *Schleiermachers System als Philosophie* (Göttingen: Vandenhoeck & Ruprecht, 1966), 375.

28) Wilhelm Dilthey, *Gesammelte Schriften*, Bd. 2, *Weltanschauung und Analyse des Menschen seit Renaissance und Reformation*, 5. unveränderte Aufl. (Stuttgart: B. G. Teubner-Verlagsgesellschaft; Göttingen: Vandenhoeck & Ruprecht, 1957), 77.

29) Wilhelm Dilthey, *Gesammelte Schriften*, Bd. 15, *Zur Geistesgeschichte des 19. Jahrhunderts* (Göttingen: Vandenhoeck & Ruprecht, 1966), 304.

30) Wilhelm Dilthey, *Gesammelte Schriften*, Bd. 9, *Pädagogik. Geschichte und Grundlinien des Systems*, 2. unveränderte Aufl. (Stuttgart: B. G. Teubner Verlagsgesellschaft; Göttingen: Vandenhoeck & Ruprecht, 1960), 10.

31) Wilhelm Dilthey, *Gesammelte Schriften*, Bd. 6, *Die geistige Welt. Einleitung in die Philosophie des Lebens. Zweite Hälfte Abhandlungen zur Poetik, Ethik und Pädagogik*, 3. unveränderte Aufl. (Stuttgart: B. G. Teubner Verlagsgesellschaft; Göttingen: Vandenhoeck & Ruprecht, 1958), 190, 196, 228, 229, 231.

32) Dilthey, *Gesammelte Schriften*, Bd. 2, 73.

33) Dilthey, *Gesammelte Schriften*, Bd. 5, *Die geistige Welt. Einleitung in die Philosophie des Lebens. Erste Hälfte Abhandlungen zur Grundlegung der Geisteswissenschaften*, 2. unveränderte Aufl. (Stuttgart: B. G. Teubner Verlagsgesellschaft; Göttingen: Vandenhoeck & Ruprecht, 1957), 380; cf. Ibid., 196.

34) Dilthey, *Gesammelte Schriften*, Bd. 8, 38.

35) Dilthey, *Gesammelte Schriften*, Bd. 6, 108.

36) Dilthey, *Gesammelte Schriften*, Bd. 5, 302.

37) In the correspondence between Dilthey and Husserl that Walter Biemel published in 1968, Dilthey denies that he is a historicist. Walter Biemel, "Einleitende Bemerkung zum Briefwechsel Dilthey-Husserl," in *Man and World: An International Philosophical Review* 1, no. 3 (1968), 436. Some Dilthey scholars also deny that Dilthey was a historicist. For example, both Michael Ermarth and Theodore Plantinga are opposed to regarding Dilthey as a historicist. Cf. Michael Ermarth, *Wilhelm Dilthey: The Critique of Historical Reason* (Chicago: University of Chicago Press, 1978), 352-353; Theodore Plantinga, *Historical Understanding in*

Dilthey is a historicist or not depends on what one understands by "historicism." If one understands by the term, as Michael Ermarth did, "an all-encompassing relativism, an interest in the past for its own sake, or the belief in some overarching meaning or direction in history," then Dilthey is certainly not a historicist. But if one understands the recognition of the radical historicality of human existence or the fundamental historicization of human thinking, then Dilthey can be numbered among the historicists. In any case, Troeltsch calls Dilthey "the philosopher of historicism."[38] Let us see what Troeltsch states in his *Historicism and its Problems*:

> Dilthey is the most ingenious, the most brilliant, and the most striking representative of pure historicism. For him it was not yet a general skepticism and relativism, since his entire philosophy made allowance at every point for the certainty of reality. But since he could not make historical values comply with a uniform idea, they turned into the richness and comprehensiveness of that which is infinitely diverse and brimming with vigorous life. For him, moreover, according to his own explanation, historicism was by no means a feeble, imitative activity, since the immediacy of experience was to draw all the energies and powers of history into a living cycle. Again, historicism was not antiquarian erudition and criticism, since by it the meaning and substance alive in history always stood in the foreground. Historicism was in fact the transformation of the Goethe-Hegelian epoch into that of the Bismarckian reality-oriented German Reich, and it combined the noblest powers of both. The relativistic skepticism, the disposition toward the tragic and unproductive that lay within historicism, was first sensed in the next generation. His students tell us, to be sure, that the aged Dilthey himself, in the end, was clearly not invulnerable to attacks of skepticism.[39]

Thus, Troeltsch counts Dilthey among the historicists.

---

the Thought of Wilhelm Dilthey (Toronto, Buffalo, and London: University of Toronto Press, 1980), 130-134. Gunter Scholtz is of a similar opinion. Cf. Gunter Scholtz, „Diltheys Philosophiebegriff," in *Dilthey und die hermeneutische Wende in der Philosophie. Wirkungsgeschichtliche Aspekte seines Werkes* (Göttingen: Vandenhoeck & Ruprecht, 2008), 30-31.

38) Ernst Troeltsch, „Adolf v. Harnack und Ferd. Christ. Baur," in *Festgabe von Fachgenossen und Freunden A. von Harnack zum siebzigsten Geburtstag dargebracht*, herausgegeben von Karl Holl (Tübingen: J. C. B. Mohr [Paul Siebeck], 1921), 288.

39) Ernst Troeltsch, *Gesammelte Schriften*, Bd. 3, 528-529; KGA 16, 802-803.

V

As intimated above, Dilthey, on his seventieth birthday, deplored the consequence that a historical worldview that he had championed would inevitably lead to the impending "anarchy of convictions" (*Anarchie der Überzeugungen*).[40) Can there be a means, he asked, by which to overcome historical relativism? It is to Troeltsch's credit that he ventured to tackle this difficult task. When he delivered his first lecture at the University of Berlin, Troeltsch declared: "I have come here in order to put an end to the anarchy of values" (*ich bin hergekommen, um der Anarchie der Werte ein Ende zu machen*).[41) In his review of Dilthey's *Collected Works*, volume 2, Troeltsch also made the following remarks: "I regard my task here in Berlin essentially as a continuation of Dilthey's work; this was also his own wish, expressed in his lifetime."[42) Therefore, we have good reason to consider Dilthey's historicality and Troeltsch's historicism in relationship to each other. At all events, it is possible to connect Schleiermacher, Boeckh, Droysen, Dilthey and Troeltsch in a line. Hence a genealogy of the "*Berliner Geist.*" With regard to this lineage of hermeneutics and historicism, my questions are directed to two points: first, whether Schleiermacher is a historicist; second, what Troeltsch's hermeneutical theory, if any, is like.

As to the first question, Heinz Kimmerle discerns "a note indicative of historicism" or a sign of "the historicist praxis of understanding"[43) in "the aphorisms of 1805 and 1809/10." The aphorism he pays attention to is the statement that "in interpretation it is essential that one be able to step out of one's own frame of mind into that of the author."[44) Whether this can be construed as prefiguring historicism or not, one has to bear in mind that Schleiermacher endeavored to historicize theology by

---

40) Dilthey, *Gesammelte Schriften*, Bd. 5, 9.

41) Ludwig Marcuse, *Mein zwanzigstes Jahrhundert. Auf dem Weg zu einer Autobiographie* (Zürich: Diogenes, 1975), 49.

42) Ernst Troeltsch, KGA 13, *Rezensionen und Kritiken* (*1915-1923*), herausgegeben von Friedrich Wilhelm Graf in Zusammenarbeit mit Diana Feßl, Harald Haury und Alexander Seelos (Berlin: Walter de Gruyter, 2010), 94.

43) Heinz Kimmerle, „Einleitung," in Fr. D. E. Schleiermacher, *Hermeneutik*. Nach den Handschriften neu herausgegeben und eingeleitet von Heinz Kimmerle, Zweite, verbesserte und erweiterte Aufl. (Heidelberg: Carl Winter Universitätsverlag, 1974), 16-17.

44) Schleiermacher, *Hermeneutik*, 32. The English translation is borrowed from *Hermeneutics*: *The Handwritten Manuscripts*, by Friedrich Schleiermacher, translated by James Duke and Jack Forstman (Missoula, Mont.: Scholars Press, 1977), 42.

employing a "radically new historical approach" to theology. *The Brief Outline of Theology* best exemplifies "Schleiermacher's historicization of theology."[45)] According to this theological encyclopedia, theology is freshly reconceived on the basis of general ethics as the fundamental science of history and divided into three parts: philosophical, historical, and practical theology. Along with exegetical theology and church history, dogmatics is incorporated into historical theology. Thus the historicization of theology was certainly driven forward by him. Karl Barth is right in asserting that "the historicization of theology was most thoroughly prepared for"[46)] by Schleiermacher's attempt to consign theology to a branch of the human sciences. Thus, as Barth sees it, "the primacy of historians in theology, or theological historicism, is obviously established firmly, solidly, and definitively."[47)] Nevertheless, all things considered, we have to be cautious in calling him a historicist. For Schleiermacher, like Hegel, was a thinker belonging to an age prior to "the disintegration of Idealism."[48)] The unification of the systematic and the historical, as demanded by absolute idealism, remained intact in him. Accordingly, his historicism, if any, must certainly still be in embryo. We can only speak of fully-fledged historicism in his student August Boeckh. His masterpiece *Die Staatshaushaltung der Athener* (1817; 2d ed 1851; 3d ed. 1886), translated into English under the title of *The Public Economy of Athens*, is a first-rate work permeated by the unconditionally historical spirit. It is well said that "it was Böckh's supreme achievement to transform classical philology into an historical science."[49)]

As to the second question, namely, Troeltsch's hermeneutics, I would like to direct my attention to his "understanding through empathy" (*nachfühlend verstehen*).[50)] I shall cite the most lucid example from his works:

---

45) Theodore Ziolkowski, *Clio the Romantic Muse*: *Historicizing the Faculties in Germany* (Ithaca and London: Cornell University Press, 2004), 93.

46) Karl Barth, *Die protestantische Theologie im 19. Jahrhundert. Ihre Vorgeschichte und ihre Geschichte*, 5. Aufl. (Zürich: Theologischer Verlag, 1981), 384.

47) Karl Barth, *Die Theologie Schleiermachers. Vorlesung Göttingen Wintersemester 1923/1924*, herausgegeben von Dietrich Ritschl (Zürich: Theologischer Verlag, 1978), 273.

48) Schnädelbach, *Philosophie in Deutschland 1831-1933*, 21.

49) G. P. Gooch, *History and Historians in the Nineteenth Century* (Boston: Beacon Press, 1959), 29.

50) To the best of my knowledge, the expression „*nachfühlend verstehen*" and its variants can be found in the following places: *Gesammelte Schriften*, Bd. 3, 38, 562, 564n307, 617, 680n360; Bd. 4, 662; *Deutscher Geist und Westeuropa*. Gesammelte kulturphilosophische Aufsätze und Reden, herausgegeben von Hans Baron (Tübingen: J. C. B. Mohr [Paul Siebeck], 1925), 200-201.

> Within this concept of individual totality . . . is included the concept of originality and singularity. This distinctive principle is located in something that cannot be derived or explained any further, something one cannot deduce but can only understand through empathy (*nachfühlend verstehen*). What we call deduction and explanation in historiography is simply empathetic penetration (*ein Einfühlen*) into a process of development. Through such penetration one can understand, once the original situation and circumstances are established, how to enter into this developmental whole in its interplay with surroundings and conditions. But in everything there inheres a given, original plane, a qualitative unity and particularity. . . . All particular processes of thought among these peoples—religious, scholarly, artistic, and other processes of thought—blend completely, moreover, into the general regularities of the psychic life or even the "parapsychological" processes established by analogy. But the matter itself is by no means to be explained on the basis of psychological laws. Everything assumed in the way of geographical, historical, and other kinds of presuppositions we can understand through empathy (*nachfühlend verstehen*) almost as if we had produced these constructs ourselves in this situation.[51)]

Here expressions such as "*nachfühlend verstehen*" or "*Einfühlen*" undoubtedly suggest Troeltsch's affinity with Dilthey. For him too, it is through "our capacity for empathy"[52)] that we experience something original and independent as belonging to common humanity. Though this capacity is inherent in all human beings, "the art of sympathetically sensing original contents" (*die Kunst der Nachempfindung der originellen Inhalte*) is par excellence "the historian's craft."[53)] Troeltsch has all these ideas in common with his predecessor Dilthey. However, he seeks to make a fresh start by combining the brilliant constructs of modern psychology and epistemology with metaphysics. According to him, "access to this metaphysics must admittedly be opened up through the intuition or the fundamental insight whereby, in a kind of intense travail, one transplants oneself into the inner movement and stream of becoming. Entering into the movement of becoming from within, so to speak, one grasps it productively and on principle (*nachfühlend, genial und prinzipiell versteht*)."[54)] Thus Troeltsch traces our ability to understand through empathy deep into the metaphysical construction of human nature. The cardinal question for

---

51) Troeltsch, *Gesammelte Schriften*, Bd. 3, 38; KGA 16, 210.

52) Troeltsch, *Gesammelte Schriften*, Bd. 2, 733.

53) Ibid.

54) Troeltsch, *Gesammelte Schriften*, Bd. 3, 617; KGA 16, 916.

historical epistemology as well as hermeneutics centers, in his opinion, upon "the question as to knowledge of the culturally alien" (*die Frage nach der Erkenntnis des Fremdseelischen*).[55] In this connection, the theory of "congeniality"[56] and that of "divination"[57] gain importance for Troeltsch. This is also true of Schleiermacher, Boeckh, Droysen, and Dilthey.

VI

Finally, I would like to touch on the triad of Dilthey-Troeltsch-Heidegger, which comes out of this investigation as an important topic and will be the central theme of my next research. As I mentioned earlier, there seems to be a very significant, though broken, continuity among the three thinkers. They all maintain the radical historicality of the human being from their respective viewpoints. For instance, Dilthey speaks of "historicality" very often, but never advocates "historicism." Troeltsch, advocating "historicism," seldom speaks of "historicality"; when he does, what he means by that is the "historical existence," as in the "*Geschichtlichkeit Jesu.*"[58] Heidegger speaks of "historicality" exclusively in the ontological sense; namely, he speaks of the historicality of *Dasein* in complete disregard of all the universal-historical problems tackled by the historian. For him, "historicality" (*Geschichtlichkeit*) is peculiarly set in contradistinction to "historicity" (*Historizität*).[59] This is true neither of Dilthey nor of Troeltsch. For them, "historicity" (*Historizität*) is interchangeable with "historicality" (*Geschichtlichkeit*).[60] Given this state of affairs, we have to be very cautious when we discuss the problem of "historicality" in Dilthey, Troeltsch, and Heidegger. In what relation do they stand to one another? To the best of my knowledge, no serious attempt has ever been made to probe into their relationship. Fritz Kaufmann's survey of the contemporary philosophy of history[61] is not without suggestions, but clearly out of date. Fortunately, we are in a better position to make a comparison

---

55) Troeltsch, *Gesammelte Schriften*, Bd. 3, 679; KGA 16, 991.

56) Troeltsch, *Gesammelte Schriften*, Bd. 3, 680, 681; KGA 16, 993, 995.

57) Troeltsch, *Gesammelte Schriften*, Bd. 2, 393; Bd. 3, 41, 684; KGA 16, 213, 531, 998.

58) So far as I know, the only exception is "das Bedürfnis der Befreiung von unsichern Geschichtlichkeiten." See Troeltsch, *Gesammelte Schriften*, Bd. 1, *Die Soziallehren der christlichen Kirchen und Gruppen* (Tübingen: J. C. B. Mohr [Paul Siebeck], 1912), 927.

59) Martin Heidegger, *Sein und Zeit* (Tübingen: Max Niemeyer Verlag, 1977), §6.

60) Dilthey, *Gesammelte Schriften*, Bd. 7, 147-148; Troeltsch, *Gesammelte Schriften*, Bd. 2, 399.

61) See Fritz Kaufmannm, *Geschichtsphilosophie der Gegenwart* (Berlin: Junker und Dünnhaupt Verlag, 1931). This book deserves our attention because the author is the student of Heidegger's.

between them. The publication of their critical editions has been underway. A number of biographical studies have even been made, so that, for instance, the existence of Troeltsch's two postcards to Heidegger is recognized.[62] Though I have no information about correspondence between Dilthey and Troeltsch, there must have been some, since Troeltsch refers to it.[63] Furthermore, Heidegger's "Kasseler Vorträge" in 1925, which had long been unknown even to experts and was first published in volume 8 of *Dilthey-Jahrbuch* in 1993, documents Heidegger's intensive engagement with Dilthey.[64] This is an invaluable document that gives hints as to the process by which his *Sein und Zeit* (1927) came into being.

Now allow me to make a bold assertion. I suppose that there are two possibilities for escaping that "aporia of historicism"[65] in which Dilthey was caught up his last years. One is the historicist way Troeltsch followed so adamantly. He was fully convinced that the plight caused by historicism could be overcome only through historicism itself. Hence the motto: the *immanent transcendence* of historicism. This is best epitomized by his famous dictum "*Geschichte durch Geschichte überwinden*." One may carry through with radical historicality in this manner. The second possibility is the *anti-historicist* way of hermeneutical philosophy. It was pioneered by Heidegger's "hermeneutics of facticity"[66] and completed by his student Hans-Georg Gadamer in his epoch-making book *Wahrheit und Methode*. This philosophy reduces all the problems of history to the ontological question of the historicality of *Dasein*.[67] Philosophers and theologians of this camp are no

62) See "Unveröffentlichte Briefe und Karten Ernst Troeltschs aus seiner Berliner Zeit," in *Mitteilungen der Ernst-Troeltsch-Gesellschaft*, Bd. 8 (Augsburg 1994), 279-281.

63) See Troeltsch, *Gesammelte Schriften*, Bd. 3, 528 Anm. 282; KGA 16, 802. To our great regret, however, no letter has been found to date.

64) See Martin Heidegger, „Wilhelm Dilthey's Forschungsarbeit und der gegenwärtige Kampf um eine historische Weltanschauung. 10 Vorträge (Gehalten in Kassel vom 16.IV.-21.IV.1925)," Nachschrift von Walter Bröcker, herausgegeben von Frithjof Rodi, in *Dilthey-Jahrbuch für Philosophie und Geschichte der Geisteswissenschaften*, Bd. 8 (1992-93) (Göttingen: Vandenhoeck & Ruprecht, 1993), 143-180. Cf. „Nachtrag," in *Dilthey-Jahrbuch*, Bd. 9 (1994-95), 330.

65) Hans-Georg Gadamer, *Gesammelte Werke*, Bd. 1, *Hermeneutik I*, *Wahrheit und Methode. Grundzüge einer philosophischen Hermeneutik* (Tübingen: J. C. B. Mohr [Paul Siebeck], 1990), 222.

66) Martin Heidegger, *Gesamtausgabe*, Bd. 65, *Ontologie* (*Hermeneutik der Fakitizität*) (Frankfurt am Main: Vittorio Klostermann, 1988).

67) Fulvio Tessitore characterizes this position as "the strictest ontologization of existence and history since Hegel." Fulvio Tessitore, *Kritischer Historismus*. Gesammelte Aufsätze (Köln, Weimar, Wien: Böhlau Verlag, 2005), 184.

longer tortured by the universal-historical problems, since these are declared to be of secondary importance.[68] But has historicism truly been overcome by this hermeneutical philosophy? Or is it merely a sophisticated escape from it? In any case, a crossroads in the German intellectual history of the twentieth century lies between Dilthey, Troeltsch, and Heidegger. They do not stand in a continuous line, but often contradict each other. Nevertheless, there seems to be some continuity—as it were a *dis-continuous* continuity—among them. Their elusive interrelationship certainly awaits fresh clarification. Now that the present work has, I hope, laid the solid foundations for this weighty task, I would next like to set about elucidating the triadic relationship of Dilthey-Troeltsch-Heidegger with regard to their common notion of the radical historicality of human existence.

68) See Hans-Georg Gadamer, "Emilio Betti und das idealistische Erbe," in *Zur Grundlegung einer allgemeinen Auslegungslehre*, von Emilio Betti (Tübingen: J. C. B. Mohr [Paul Siebeck], 1988), 93. Here Gadamer makes the following remark: „Auch die Problematik des historischen Relativismus, die Dilthey und Troeltsch in Atem hielt, hatte nichts Bedrohliches für jemanden, der an Heidegger die leibhaftige Überwindung des Historismus durch die Kraft des Gedankens erlebt hatte." [Even the uncertainties of historical relativism, which kept Dilthey and Troeltsch on tenterhook, held nothing threatening for someone who, in Heidegger, had experienced the personal overcoming of historicism by the power of thought.]

人 名 索 引

（注頁は除く）

ア　行

カ　行

サ　行

タ　行

ナ　行

ハ　行

マ・ヤ 行

マンハイム（Mannheim, Karl） xvi, 269, 278, 317, 318–323, 390, 406
ミヒャエーリス（Michaelis, Johann David） 89
三宅剛一 70
宮島 肇 viii
ミュラー（Müller, Karl Otfried） 91
ミラー（Miller, Francis P.） 375
ミラー（Miller, Perry） 6, 7, 13
ムーラック（Muhlack, Ulrich） 151
向井守 276
村岡典嗣 vii, xi, 3, 4, 29–33, 38–40, 79
メイ（May, Henry F.） 369
メーザー（Möser, Justus） 19, 338
メンガー（Menger, Karl） 193
メンデルスゾーン（Mendelssohn, Felix） 156
モーゲンソー（Morgenthau, Hans） 355, 382
本居宣長 4, 31, 38, 45, 80
モムゼン（Mommsen, Theodor） 91
モムゼン（Mommsen, Wolfgang） 343
モンテスキュー（Montesquieu, Charles Louis de Secondat） 19
山崎正一 29
ヨーダー（Yoder, John Howard） 379
ヨルク・フォン・ヴァルテンブルク（Yorck von Wartenburg, Ludwig） 157, 189
ヨルク・フォン・ヴァルテンブルク（Yorck von Wartenburg, Paul） 195, 201

ラ・ワ 行

ライ（Leyh, Peter） 155
ライツ（Reiz, Friedrich Wolfgang） 100
ライニッツ（Reinitz, Richard） 372
ライプニッツ（Leibniz, Gottfried Wilhelm） 90, 249, 251, 257, 266, 297, 300, 337, 338
ライマールス（Reimarus, Hermann Samuel） 398
ラヴジョイ（Lovejoy, Arthur O.） 9–11, 13
ラウマー（Raumer, Friedrich Ludwig Georg von） 94, 100
ラッハマン（Lachmann, Karl） 89
ラデュリ（Ladurie, Emmanuel Le Roy） 26
ランケ（Ranke, Leopold von） 17, 33, 45, 70, 87, 93, 99, 100, 120, 162, 166, 169, 187, 189, 191, 205, 256, 257, 337, 338, 368, 373, 384, 405
ランプレヒト（Lamprecht, Karl） 20
リクール（Ricoeur, Paul） 119
リッカート（Rickert, Heinrich） 32, 39–41, 233, 273, 279, 281–283, 310, 318, 319, 324, 327, 328
リッチュル（Ritschl, Albrecht） 222, 225, 233, 345
リット（Litt, Theodor） 317
リューゼン（Rüsen, Jörn） 185, 190
リュッケ（Lücke, Friedrich） 50
リンゼイ（Lindsay, Alexander Dunlop） 377
ルイス（Lewis, Clive Staples） 341
ルードルフィ（Rudolphi, Karl Asmund） 87
ルフェーブル（Lefebvre, Henri） 29
ルーンケン（Ruhnken, David） 140
レーヴィット（Löwith, Karl） 342f.
レッシング（Lessing, Gotthold Ephraim） vii–x, 186, 188, 363, 398, 399, 401, 404,
ローゼンツヴァイク（Rosenzweig, Franz） 303
ローディ（Rodi, Frithjof） 120
ロッシャー（Roscher, Wilhelm Georg Friedrich） 272
ロッツェ（Lotze, Hermann） 251, 266, 388
ロビンソン（Robinson, James Harvey） 5, 6
ワイルダー（Wilder, Laula, nee Ingals） 368
和辻哲郎 3, 29
ワッハ（Wach, Joachim） ix, 393

事 項 索 引

（注頁は除く。なお，欧文表記は現代的正書法に改めてある）

ア 行

アイディア　399

曖昧，曖昧性（ambiguity）　155, 355, 372, 379

アイロニー（Ironie; irony）　355, 369–373, 380, 407

アイロニック，アイロニカル　371, 372

悪（Übel; evil）　263, 371, 372, 378

アナーキー（Anarchie）　217, 218, 221, 254, 263, 267, 282, 304, 342, 389, 408（→無政府状態）

アナギグノースケイ（ἀναγιγνῶσκει）　34, 123（→再認識）

アプリオリ（apriori）　197, 261, 262, 307, 392, 406

アプローチ（approach）　10, 72, 309, 313, 359, 380

アポステリオリ（aposteriori）　261, 392

アポリア（Aporia）　xiv, 70, 212, 213, 217, 221, 236, 267, 303, 390

イェーナ大学　153, 157, 329

イェール大学　15, 16, 349, 350–352, 354, 356–358, 369

意義（Bedeutung; significance）　viii, 7, 24, 38, 41, 47, 55, 62, 73–76, 79, 82, 95, 102, 106, 119, 114, 122, 126, 128, 132, 133, 137, 139, 147, 149, 152, 156, 158, 166, 168, 189, 205, 207, 225, 227, 237, 238, 246, 252, 253, 257–259, 262, 274–278, 286, 289, 292, 295, 298, 300, 302, 317, 318, 322, 325–327, 330, 334, 339, 346, 359, 360, 365, 371, 381, 385, 393–395, 399, 400

意識（Bewußtsein）　viii, ix, 27–29, 31, 33, 36, 39, 63, 66, 69, 73, 131, 162, 176, 180, 191, 197, 202, 205–208, 211, 212, 215, 217, 229–231, 237, 249, 250, 259, 262, 268, 275, 297, 308, 317–319, 329, 346, 363, 373, 382, 384, 395, 408

——的（bewußt）　41, 166, 261, 275, 352, 371

——哲学（Bewußtseinsphilosophie）　298, 326

異常性（Anomalien）　165, 215

一般化（generalization）　23

——的（generalisierend）　40, 338

イデアリスムス（Idealismus）　37, 146, 150, 178–180, 272, 328, 339, 342, 401

イデオロギー（Ideologie; ideology）　18, 321, 323, 397

——的汚点（ideological taint）　403

厭わしい広い壕（der garstige breite Graben）　363, 401, 404

意味（Sinn; sense; meaning）　5, 6, 9, 10, 12, 14, 15, 17, 22–25, 28, 29, 31, 33, 34, 39–41, 44–46, 49, 56–58, 63, 65, 66, 68, 70, 72, 75, 80, 123, 126, 128, 129, 131, 132, 134–136, 141, 142, 144, 148, 151, 158–160, 162, 169, 170, 176, 181, 185, 186, 188, 201, 202, 223, 226, 229, 235, 236, 242, 244, 246, 248, 250, 252–254, 257, 258, 263, 264, 272–282, 285–289, 291–294, 298, 301, 302, 305, 307, 309–312, 314–316, 318–326, 328–332, 334–336, 338, 341, 343, 346, 348, 354, 356, 359–363, 366, 367, 369, 370, 381, 383, 394, 397, 398, 400–403, 405, 406

イメージ（image）　23, 25, 233（→心象）

意欲（Wollen）　17, 22, 60, 164, 179, 210, 259, 323

インスピレーション（Inspiration）　399, 400（→霊感）

隠喩（Metapher）　132

韻律論（Metrik）　88, 89, 118, 122

ヴァンダービルト大学　vii, 13, 229
ウプサラ大学　10
運命（Schicksal）　vii, 221, 259, 261, 263, 290, 355, 365, 369, 371, 373
英雄気質（Heroismus）　270
英雄的（heroisch）　270, 271, 281, 282, 285, 343
演繹（Deduktion）　37, 174, 248, 277
遠近法（Perspektive）　406（→パースペクティヴ）
――主義（Perspektivismus）　316, 320–322, 406
――的（perspektivisch）　320, 321, 323
エンチクロペディー（Enzyklopädie）　33, 79, 88f., 89, 106, 112, 121, 123, 135, 147, 153, 154, 158, 159
オルガノン（Organon）　124, 160
音楽（Musik）　24, 25, 111, 116, 399
恩寵（Gnade）　365, 367

カ　行

外延　19, 28
懐疑（Skepsis）　196, 207, 216, 230, 245, 253, 254, 330, 335
――家（Aporetiker）　291（→アポリア）
――主義（Skeptizismus）　207, 263, 265, 271, 306, 324
解釈（Interpretation; Auslegung）　x, 22, 33, 45, 52, 54–56, 58, 61, 62, 64, 66, 70, 72, 75, 111, 125–127, 129–133, 135–144, 150, 166, 170, 174, 181, 182, 184, 197, 198, 204, 206, 207, 216, 236, 241, 246, 251, 273, 276, 278, 295, 301, 303, 314, 326, 338, 340, 362, 365, 367, 371, 373, 375, 377, 380, 396, 397, 399–401, 403, 404, 407, 408
技術的――（die technische Interpretation）　xii, 56–61, 64, 67, 74, 146, 147, 148
個人的――（die individuelle Interpretation）　113, 126, 127, 132, 133, 135, 137, 138, 143, 147, 148
種類的――（die generische Interpretation）　113, 126, 127, 132, 134, 136, 138, 139, 147, 148
心理学的――（die psychologische Interpretation）　60, 61, 66, 67, 74–76, 146–148, 183
文法的――（die grammatische Interpretation）　xii, 56, 57, 59–61, 64, 67, 74–76, 112, 126, 127, 132, 136, 138, 139, 143, 146, 151, 286
歴史的――（die historische Interpretation）　75, 113, 126, 127, 132, 136, 138, 139, 142, 148, 149, 151, 286
解釈学（Hermeneutik; Auslegungskunst）　vii-ix, xi-xiv, 45–47, 49, 50–64, 68, 69, 73–80, 95, 112, 119–123, 125–130, 132–136, 139, 142, 144–147, 149, 151, 152, 189, 192–195, 197, 198, 200, 204, 205–207, 212–216, 218, 236, 243, 249, 251, 252, 267, 286, 310, 387, 389–395, 397, 398, 401, 402, 404, 405, 407, 408
解釈者（Interpret; Erklärer）　52, 63, 66, 129, 131, 133, 139–145, 286, 364, 396, 400–404
解釈論　89
回心（conversion）　363
解体（Destruktion）　259, 285, 308
外的歴史（outer history）　361–363
カイロス（kairos）　303, 348
科学（Wissenschaft; science）　16, 21, 25, 26, 39, 158, 196, 199, 200, 208, 260, 276, 282, 283, 285, 319, 366, 400（→学問）
経験――（Erfahrungswissenschaft）　39, 200, 273, 276
現実――（Wirklichkeitswissenschaft）　41, 274
事件――（Ereigniswissenschaft）　39
法則――（Gesetzeswissenschaft）　39
――革命（the Scientific Revolution）　27
――史（the history of science）　10
書き手（der Schreibende）　126, 133
学際的（interdisciplinary）　10, 29, 45
学問（Wissenschaft）　xiv, xv, 14, 30, 31,

36, 37, 40, 42, 45, 46, 59, 71, 79, 87, 93, 98, 99, 102, 106–108, 114, 122, 141, 159, 170–172, 199–201, 206, 208, 216, 222, 226–231, 237, 238, 240, 253–255, 272, 279, 282, 283, 285, 292, 296, 299, 302, 304, 305, 341–343, 391, 401, 403, 407（→科学）
——史（Wissenschaftsgeschichte）　31
——論（Wissenschaftslehre; Wissenschaftstheorie）　32, 42（→知識学）
過去（Vergangenheit）　x, 21–23, 68, 119, 121, 163, 164, 170, 182, 185, 188, 190, 206, 208–230, 235, 237, 238, 240, 257, 260, 293, 310, 320, 330, 362, 383, 393, 394, 396, 397, 402–405, 407
仮説（Hypothese）　146, 245
——的（hypothetisch）　246
語り（Rede）　59–63, 76, 133（→発話）
——手（derRedende）　126, 131, 133, 214, 215
価値（Werte; value）　18, 25, 27, 31, 40, 41, 71, 93, 111, 156, 170, 203, 208, 209, 221, 228, 230, 232, 235, 237, 238, 241, 245, 246, 252, 254, 256, 260, 261, 266, 273–276, 278–286, 295, 304, 316, 318, 323, 325, 327, 328, 330, 332, 333, 335–337, 339, 341–343, 346, 371, 389, 390, 403, 405, 406, 408
——自由（Wertfreiheit）　283
文化——（Kulturwerte）　14, 208, 228, 260, 261, 275, 276, 327, 328, 341, 342
カトリシズム（Katholizismus）　286
可能性（Möglichkeit）　28, 29, 41, 57, 63, 65, 66, 68, 130, 132, 166, 167, 174, 204, 207, 211, 231f., 260, 280, 281, 294, 296, 306, 309, 310, 312–314, 316, 321, 330, 346, 394, 395, 403, 407
不——（Unmöglichkeit）　141, 244, 257
神思想（Gottesgedanke）　296, 385
神中心的（theocentric）　361, 363, 364, 407
神の国（kingdom of God）　356, 359, 360, 375, 380, 407
神の主権性（sovereignty of God）　359, 360, 380, 407, 408
神のフロント世代（Gottes Frontgeneration）　303, 304, 347
下流化　43, 44
カルチュラル・スタディーズ（cultural studies）　25
勘（Takt）　140, 141, 173, 249, 250, 262, 400
感覚（Sinn; Empfinden; sense）　168, 234, 235, 242, 243, 253, 280, 284, 292, 331, 338, 339, 341, 383, 406
還元（Reduktion; reduction）　28, 171, 190, 242, 293, 297, 298
——主義（reductionism）　26
眼識（Blick）　141, 143
感受（Empfindung）　29, 248, 249
感情（Gefühl）　23, 139–144, 251, 257, 353, 354
——移入（Einfühlen; Einfühlung）　55, 66, 244
観照（Kontemplation）　18, 22, 298, 324, 341, 342
——的（kontemplativ）　242, 257, 340, 405
関心（Anliegen; concern; interest）　viii, ix, 10, 30, 43, 50, 69, 73, 77, 81, 83, 119, 165, 184, 192–195, 198, 200, 232, 236, 241, 250, 272, 284, 320, 333, 387, 388, 403
観点（Standpunkt; viewpoint）　4, 41, 69, 106, 274–277, 394, 395f., 406
観念論（Idealismus）　37, 76, 150, 205, 228, 245, 325, 340
換喩（Metonymie）　132
キール大学　157
記憶（Erinnerung; memory）　361, 362, 363
危機（Krise）　xv, 82, 233, 252–255, 260, 264–266, 278, 282, 285, 288, 307, 308, 329, 338, 374, 375
聴き手（der Vernehmende）　55
ギグノースケイ（γιγνῶσκει）　34, 123,

142（→認識）
技芸（Kunst）　25, 240（→技術，技法）
起源（Ursprung）　19, 130, 180, 244, 245, 307, 312, 370
技術（Kunst; Techinik）　21, 53, 54, 59, 108, 133, 140, 148, 206, 245, 247, 249, 264, 280（→技芸，技法）
——的理解（techinisches Verstehen）　56, 57, 59, 60
——論（Kunstlehre）　72
規準（Maßstab）　23, 239, 246, 260, 265, 275, 284, 301, 322, 323, 328, 405
帰納（Induktion）　174, 306
規範（Norm）　xiv, 228–231, 241, 246, 259, 260, 264–266, 279, 282, 285, 295, 296, 307, 332, 333, 342, 343
——的（normativ）　240, 393
技法（Kunst）　xii, 45, 54, 55, 57, 59, 61, 62, 73, 74, 130, 131, 134–136, 138, 139, 159, 210（→技芸，技術）
——的（kunstmäßig）　61
非——的（kunstlos）　61
——論（Kunstlehre）　76, 77
欺瞞（Täuschung）　251, 275, 279, 282
逆説（Paradoxie; paradox）　284, 288, 289, 379, 381
客観化（Objektivation）　209, 211, 246, 320
教育（Erziehung; education）　15, 50, 81, 86, 90, 95, 115, 122, 208, 210, 215, 235, 250, 352, 355, 356, 387, 403
教会（Kriche; church）　208, 259, 264, 265, 286, 290, 292, 315, 333, 358, 363–365
共感（Sympathie）　66, 169, 201, 289, 339, 368
教義（Dogma）　286, 394（→ドグマ）
——学（Dogmatik）　225, 227, 228, 234, 290, 291, 347, 388
——学的（dogmatisch）　222, 234, 237, 246
共通性（Gemeinsamkeit）　223, 246, 303, 321, 374
共通精神（Gemeingeist）　179, 387
共同性（Gemeinsamkeit）　14, 92, 180, 208
京都大学　12
京都帝国大学　30
教派（denomination）　358, 359
——主義（denominationalism）　352, 358, 382
教養（Bildung）　30, 36, 45, 108, 110, 226, 252, 336
巨視的（makroskopisch）　26, 27
巨匠（Meister）　x, 33, 239, 412
去勢された客観性（eunuchische Objektivität）　187, 404
キリスト（Christus）　356, 359, 360, 363, 369, 377, 379–381
キリスト教（Christentum; christianity）　11, 12, 27, 72, 210, 226–228, 230, 232, 233, 237, 239, 241, 245, 246, 255, 258, 259, 280, 289, 293, 294, 296, 333, 346, 347, 351, 352, 355, 358–367, 370, 377, 380, 382
——学　vii
近似（Approximation）　64, 71, 139, 231
近代（Neuzeit; modern）　viii, 45, 50, 71, 79, 157, 187, 196, 222, 223, 226, 230–232, 235–237, 254, 262, 266, 270, 285, 287, 288, 295, 303, 325, 326, 330, 336, 339, 340, 347, 363, 366, 398, 407, 408
——主義（modernism）　378
緊張（Spannung）　99, 139, 222, 245, 266, 280, 302, 353
吟味　106, 203, 307（→再吟味）
クァドリレンマ（Quadrilemma）　265
偶然（Zufall）　215, 231, 235, 250, 261, 272, 290, 371
苦境（Not）　226, 287, 304
クリオ（Clio）　71
訓詁　31
——学　111, 253
啓示（Offenbarung; revelation）　223, 231, 265, 356, 360–363, 376, 381, 398, 407
——実証主義（Offenbarungspositivismus）

363
形而上学（Metaphysik; metaphysisch）　192, 222, 228, 233, 251, 257, 266–278, 297, 299–301, 306, 316–318, 324, 327, 328, 342, 368, 384, 392, 402
芸術（Kunst; art）　15, 16, 21, 25, 35, 36, 104, 149, 196, 208, 230, 235, 260, 388, 399, 400
——家（Künstler）　139, 140, 141, 145
形態学　20, 23, 165
系譜　viii, ix, 32, 95, 120, 146, 152, 194, 204, 236, 338, 387, 389, 394, 400
——学　viii, 47, 348, 388, 389
啓蒙主義（Aufklärung）　19, 235, 339
ケーニヒスベルク大学　84
欠陥（Mangel; Schattenseite）　144, 148, 332, 338, 371
決断（Entscheidung）　143, 245, 262, 280, 282, 283, 285, 294, 374, 393
——主義（Dezisionismus）　285, 343
ゲッティンゲン大学　89, 90, 222
研究（Forschung）　vii-x, xv, xvii, 26, 30, 38, 41, 45, 69, 79, 80, 83, 87–93, 95, 97, 100, 101, 103–105, 107, 108, 110, 111, 123, 149, 152, 156–160, 168, 170–172, 182, 183, 217, 226, 231, 237, 238, 246, 256, 268, 276, 280, 291, 292, 310, 359, 374, 375, 383, 384, 391, 392f., 396, 399, 401–408, 412
——史　45, 310
欠点（Fehler; flaw）　38, 270, 372
言語（Sprache）　21, 23, 34–36, 45, 50, 54, 56–58, 60–63, 67, 75, 93, 95, 101–104, 107, 108, 110, 111, 117, 122, 123, 126, 128, 129, 132–134, 136, 138, 144, 148–151, 185, 206, 208, 211, 215, 250, 332, 367, 401, 403, 404
——学（Sprachwissenschaft）　76, 151
現在（Gegenwart）　x, 14, 43, 68, 94, 163, 164, 185, 190, 209, 237, 238, 240, 242, 260, 265, 293, 309, 338, 340, 345, 380, 393, 394, 396, 397, 402, 403, 405
原作者（Urheber）　63, 131, 401
現実主義（realism）　355
検証（prüfen）　ix, x, 78, 172, 191, 192, 324, 366, 374, 385（→再検証）
現象学（Phänomenologie）　300, 307, 308, 310, 318, 394
謙遜のセンス（sense of humility）　373
現代（Gegenwart）　15, 17, 24, 45, 79, 83, 88, 96, 103, 119, 207, 224, 230, 257, 259, 261, 263, 266, 268–270, 273, 280, 283, 285, 287, 301, 304, 309, 314, 332, 335, 345, 350, 360, 365–367, 371
現代的文化総合（die gegenwärtige Kultursynthese）　xv, 255, 256, 259–263, 266–268, 276, 277, 279, 282, 285, 300, 301, 315, 320, 390, 393
見地（Standpunkt; standpoint; viewpoint）　14, 126, 171, 172, 285, 302, 340, 406
検討　8, 28, 33, 144, 197, 203（→再検討）
原理（Prinzip）　37, 52, 54, 72, 76, 128, 159, 191, 239, 244, 247, 278, 326, 327, 337, 339, 405
原理の請求（petitio principii）　125, 136, 137
原歴史（Urgeschichte）　288, 289, 303, 348
個（das Einzelne）　125, 139, 174
語彙（Wortsinn）　63, 67, 134, 135, 137, 248
行為（Handeln; Tun; Tat; Akt）　22, 35, 67, 99, 124, 178, 191, 240, 241, 259, 261, 282, 286, 297, 298, 301, 326, 360, 372, 393, 401
公教的教説（Exoterik）　399
考証（Kritik）　101, 107
構成主義的（konstruktivistisch）　238
構成的（konstruktiv）　238, 393, 395
構想力（Phantasie）　172
合理主義（Rationalismus）　264, 265, 366, 398
誤解（Mißverstehen）　xii, 39, 61, 62, 63, 132, 141, 190, 191, 245
語義（Wortsinn）　38, 127, 132, 135, 136, 138

国学　4, 31, 38, 45
告白的（confessional）　361, 407
克服（überwinden, Überwindung）　18, 68, 213, 232, 233, 257, 262–264, 266–268, 271, 302, 310, 316, 318, 319, 322, 323, 378
個性（Individualität）　63, 126, 133–137, 140, 143, 147, 148, 173, 215, 334, 391
——化（Individuation）　235, 250
——化的（individualisierend）　40, 337, 338
——記述的（idiographisch）　39
——的（individuell）　39, 64, 243f., 244, 297, 298, 405
個体（Individuum）　41, 250
——思想（Individualitätsgedanke）　70
——性（Individualität）　256, 258, 326, 327, 337, 340
国家（Staat）　14, 20, 21, 82, 93, 94, 96, 97, 104, 178, 179, 185, 189, 190, 208, 210, 230, 235, 260, 280, 281, 355, 370, 372, 388
古典　101
——期　156
——ギリシア文化　262
——語（die klassischen Sprachen）　45, 81, 82, 100
——古代（Altertum）　36, 37, 102f., 107, 110, 122
——古代学（Altertumsstudium; Altertumslehre）　96, 107, 110, 122
——古代研究（Altertumsstudium）　123
——古代論（Altertumslehre）　37
——詩（die klassische Poesie）　101
——主義（Klassik）　76
——的（klassisch）　24, 111, 156
——的時代（classical ages）　350
——的な解釈　359
——的文化史（classic cultural history）　24, 25, 28, 42, 43
——的モデル（classic model）　28
——文化　101
——文献学（die klassische Philologie; classical philology）　xii, xiii, 34, 37, 40, 79, 80, 82–84, 86–88, 93, 100, 101, 106, 111, 112, 120, 123, 149, 151, 156, 187, 193
西洋——学　111
誤謬（Irrtum）　251
古物学（ἀρχαιολογία）　107
個別（das Einzelne; individuum）　134, 135, 136, 337, 338
個別性（individuality）　364
語法（Sprachgebrauch）　63, 170（→用語法）
コロンビア大学　352
コンテクスト（Kontext）　x, 150, 189, 397, 399, 402, 408

サ　行

差異（Unterschied）　133, 288
再吟味　408（→吟味）
再検証　269, 298, 304, 409（→検証）
再検討　4, 28, 38, 40, 42, 169（→検討）
再構成（rekonstrktieren, Rekonstruktion）　35, 68, 110, 123, 124, 129, 155, 183, 187, 266, 394, 397
再生産（Reproduktion）　35, 124
再認識（Wiedererkenntnis）　34, 104, 109, 123, 124, 140, 150, 187（→アナギグノースケイ）
才能（Talent; Begabung）　66, 84, 124, 140–144, 234, 249, 250, 290, 400
錯誤（error; aberration）　45, 219, 307, 364
作者　63, 134, 397, 400, 402, 403
作品　45, 89, 102, 109, 130, 131, 133, 134, 136, 137, 142, 146, 148, 150, 178, 313, 351, 356, 363, 397, 399–403, 407
挫折（Scheitern）　224, 229, 302, 304
裁き（judgment）　370, 380（→審判）
参与（Partizipation）　14, 249, 250, 251, 257, 258, 267, 297, 361, 362
思惟（Denken）　59, 68, 71, 77, 108, 119, 120, 177, 186, 210f., 224, 225, 227,

230, 235, 237, 245, 252, 254, 263, 267, 287, 295, 296, 303, 311, 324, 326, 330, 334–338, 342, 346, 360, 366, 374, 394, 396, 397, 406, 407
自我（Ich; self） 207, 208, 355, 405
シカゴ大学 352
此岸（Diesseits） 267, 382
思考（Denken） 55, 57–61, 104, 140, 149, 150, 160, 202, 211, 216, 232, 234–236, 256, 263, 293, 319, 322, 325, 331–333, 339, 379
自己化（Aneignung） 239, 362, 404
事象（Phänomen） 18, 27, 31, 33, 104, 165, 167, 186, 223, 230, 238, 274, 275, 295, 298, 406
地震計（Seismograph） 268
自然（Natur） 40, 83, 108, 178, 179, 196, 199, 200, 211, 242, 244, 250, 267, 298, 341, 365, 367, 384
——科学（Naturwissenschaft; natural sciences） 15, 39, 40, 42, 108, 111, 116, 122, 165, 188, 195–197, 199–201, 211, 217, 233, 234, 244, 246, 275, 317, 327
——現象 201
——宗教（die natürliche Religion） 233
——主義（Naturalismus） 298, 322, 326, 327, 367
——哲学（Naturphilosophie） 109
——法（Naturrecht） 325, 336, 338, 339
思想史 vii, ix-xi, xiv, xvii, 3–5, 8, 9, 12, 13, 17, 19, 28, 29, 31–33, 35, 38, 40, 42, 43, 46, 79, 189, 387, 392, 393, 396, 397, 401–408
——history of ideas xi, 5, 8–10, 15, 16, 42
——history of thought xi, 11–13, 42
——intellectual history xi, 3–8, 10, 13, 42
西洋—— vii, 4, 30, 38, 45, 46
日本—— xi, 3–5, 28–31, 38, 40, 44, 45, 80
時代精神（Zeitgeist） 44, 397
思潮 44, 69, 77, 151, 193
実在（Realität; reality） 41, 199, 251, 274–277, 366, 367
実証主義（Positivismus; positivism） 17, 159, 245, 281, 282, 285, 316, 325–328, 340, 401
実践（Praxis; practice） 25, 27, 36, 38, 46, 54, 61, 62, 70, 139, 150, 166, 190, 216, 225, 231, 254, 258, 265, 273, 279, 282–285, 309, 332, 341, 342, 351, 365, 401
——家（practician） 351
——神学（praktische Theologie） 72, 225, 228
——的理性（praktische Vernunft） 180, 273
実存（Existenz） 293, 294, 313, 314, 364, 366, 367, 404
——論的（existential） 294, 312, 314
実用主義（Pragmatismus） 326, 327
史的文化学 xi, 32, 33, 38f., 39
史的理念説（historische Ideenlehre） 17, 18, 38, 189
視点（Gesichtspunkt; viewpoint） ix, x, 26, 32, 71, 77, 94, 195, 213, 218, 221, 229, 243, 288, 313, 321, 326, 334, 340, 360, 362, 372–374, 383, 406
思弁（Spekulation） 37, 177, 178, 180, 255, 256, 273, 274, 276, 281, 368, 369, 391, 392, 394
視野（Gesichtskreis; range） 43, 224, 240
——狭窄 304
社会科学（Sozialwissenschaft） xvi, 41, 272, 274, 279, 283f., 287, 304, 305, 318, 387
社会学（Soziologie） 24, 29, 45, 221, 224, 242, 253, 315, 318, 322, 358, 359, 390
理解——（verstehende Soziologie） 42
社会史（social history） 26, 28, 29, 402
社会思想史（history of social thought） 4, 13
射程 4, 190

ジャンル（genre; Gattung）　vii, 3, 6, 7, 13, 15, 26, 28, 42, 127, 134, 136, 138
自由（Freiheit）　24, 108, 157, 178, 180, 190–192, 201, 226, 227, 270, 276, 283, 284, 373, 398, 399
宗教（Religion）　14–16, 20, 21, 50, 72, 104, 111, 115, 122, 149, 185, 196, 208, 210, 233, 235, 247, 260, 351, 359, 361, 365, 371, 373, 375, 378, 381, 383, 392, 398–400, 403
　——改革（Reformation）　27, 207, 327, 369, 388
　——史（Religionsgeschichte）　222–224, 232, 245, 246, 347, 392
宗教史学派（die religionsgeschichtliche Schule）　293
修辞学（Rhetorik）　59
習俗（Sitte; custom）　25, 43, 208
終末（Ende）　188, 294
　——論（Eschatologie）　293, 294, 303, 380
修練（Übung）　140, 168（→鍛錬）
主観主義（Subjektivismus）　241, 242, 271, 330f.
主観性（Subjektivität）　75, 126, 133, 240, 270, 284
熟達（Fertigkeit）　140
熟練（Fertigkeit）　108, 132
主体（Subjekt）　14, 127, 174, 190, 191, 202, 282, 283, 297, 311, 320–322, 364, 403
受胎（Empfängnis）　175, 176, 185
シュトラスブルク大学　39
手練（εὐστοχία）　143
瞬間（Augenblick）　22, 67, 145, 185, 294, 337, 348, 380, 400
循環（Zirkel）　64, 75, 126, 133–137, 139, 143, 204, 214, 252, 262, 405
　解釈学的——（der hermeneutische Zirkel）　xiii, 64, 75, 132, 134–139, 141, 174, 204, 251
状況（Lage; Situation）　27, 53, 63, 85, 88, 111, 127, 132–135, 145, 149, 198, 202, 224, 225, 233, 234, 244, 254, 258, 260, 268, 280, 329, 339, 368, 370, 371, 374, 397, 398, 402, 403, 407, 408
浄罪火（Purgatorio）　335
象徴（Symbol）　82, 250, 299, 301, 365–368, 381, 399（→シンボル）
承認（Anerkennung; recognition）　21, 27, 33, 73, 90, 190, 219, 225, 263, 284, 296, 363
消滅（annihilatio）　303
将来（Zukunft）　260, 277, 293, 299, 303, 328（→未来）
贖罪（atonement）　369
書誌学　111
ジョンズ・ホプキンス大学　9
自律（autonomy），自律的（autonom）　15, 260
神学（Theologie），神学的（theologisch）　viii, ix, xv, 50, 53, 54, 71, 72, 74–76, 221–230, 232, 234, 237, 246, 266, 268, 285–287, 290–292, 295, 296, 299, 303, 304, 330, 335, 345–352, 354, 356, 357, 359–361, 363–365, 368, 369, 373–376, 378, 383, 385, 387, 388, 390, 393, 398, 400, 407, 408
　自由主義——（die liberale Theologie）　287, 291–293, 377, 378
　弁証法——（die dialektische Theologie）　287, 352
人格性（Persönlichkeit）　239, 260, 261
親近性　66, 67, 173, 183, 244
信仰（Glaube）　25, 205, 233, 245–247, 259, 266, 276, 284–286, 288–294, 345, 346, 356, 359, 360, 362, 365, 368, 370, 375, 380, 382, 384, 385, 399, 408
信仰と歴史（歴史と信仰）　224, 225, 407
心象　264, 401（→イメージ）
新正統主義（neo-orthodoxy）　352
審判（judgment）　376（→裁き）
神秘主義（Mystik）　265
人文科学（Kulturwissenschaften; human sciences）　xvi, 15, 24, 119, 184, 287, 304, 305, 387, 409

人文学（humanities） 3, 69, 78, 108, 387
人文主義（Humanismus） 108, 110
進歩（progress） 6, 19, 26, 163, 207, 284
シンボル（Symbol） 23（→象徴）
真理（Wahrheit） ix, 125, 143, 168–172, 180, 184, 186–188, 210, 230, 233, 235, 276, 281, 300, 307, 314, 321–323, 360, 366, 394, 395, 398
——契機（Wahrheitsmoment） 401, 405, 406
心理学（Psychologie） 147, 151, 197, 198, 204, 228, 242
人倫（Sittlichkeit），人倫的（sittlich） 14, 34, 35, 123, 150, 163, 176–180, 183
人類（Menschengeschlecht） 19, 20, 22, 178, 190, 238, 256, 257, 277, 315, 362, 371
人類学（anthropology） 25, 26
——的転回（anthropological turn） 26
神話（Mythos; myth） 23, 43, 111, 116, 122, 365–367
生（Leben） xiv, 15, 18, 20, 21, 63, 68, 93, 124, 150, 184, 185, 194, 198, 201–204, 206, 209, 211, 213, 214, 223, 224, 230, 231, 245, 246, 248, 252, 255, 260, 264, 267, 282–285, 288, 295, 297, 298, 303, 319, 320, 322, 335, 337, 340, 342, 343, 363, 366, 382, 384, 394, 396
正義（Grechtigkeit） 280, 281, 284, 372
政治史（politische Geschichte） 31, 33, 111, 114, 122, 157, 158, 162, 326
聖書（Bibel） 49, 50, 52, 54, 73, 129, 130, 286, 288, 294, 365–370, 380, 408
精神（Geist; mind） 14–16, 22, 108, 130, 164, 165, 168, 170, 172, 182, 187, 188, 208–210, 212, 232, 237, 239, 252, 262, 267, 270, 297, 298, 300, 323, 326, 328, 335, 336–338, 341, 361, 368, 373, 393, 396
——科学（Geisteswissenschaften） xiv, 14, 17, 32, 39, 40, 42, 72, 108, 111, 116, 122, 195, 196, 198, 200–202, 204, 206, 207, 210–212, 214, 216, 218, 227, 290, 314, 315, 337, 390, 392, 408
——史（Geistesgeschichte） xi, 8, 13–15, 17, 23, 35, 42, 68, 224, 253, 335, 392, 407
客観的——（der objektive Geist） 14, 201, 208
主観的——（der subjektive Geist） 14
絶対的——（der absolute Geist） 14
日本——史 29
生成（Werden） 21, 162, 168, 177, 178, 180, 185, 186, 209, 217, 233, 235, 236, 242, 244, 245, 295, 298, 322, 383, 384
正統主義（Orthodoxie） 398
西南ドイツ学派（die südwestdeutsche Schule） 32, 39, 40
世界観（Weltanschauung） 278, 283, 284, 286, 305–307, 309, 310, 316–319, 324, 327, 328, 336, 338, 365
世界史（Weltgeschichte） 14, 20, 114, 122, 156, 314, 365, 369, 396
責任（Verantwortung; responsibility） 293, 294, 356, 371, 372, 380, 393
絶望（Verzweiflung） 281, 282, 285
説明（Erklärung; Erklären） 20, 25, 32, 42, 44, 53, 129, 142, 144, 165, 167, 190, 200, 201, 244, 247, 248, 313, 359, 370
ゼミナール（Seminar） 82, 89, 90, 156
セレンディピティ（serendipity） 399
閃光 175, 176, 400
全体（das Ganze） x, 15, 34, 35, 37, 64, 102, 106, 108, 121, 125, 134–136, 139, 148, 154, 162, 172, 174, 176, 187, 194, 197, 204, 226, 229, 231, 238, 239, 246, 248, 249, 251, 260, 273, 288, 293, 294, 315, 330, 352, 360
先入見，先入観（Vorurteil） 68, 240, 403, 404（→偏見）
専門主義（Spezialistentum） 253, 256, 263, 264
先理解（Vorverständnis） 403, 404
相関（Korrelation），相関的（korrelativ） 223, 307, 322, 347
想起（ἀνάμνησις; erinnern; recall） 163,

178, 238, 259, 267, 271, 360
総合的（synthetisch） 174
相互滲透（Ineinander） 65, 198, 241
想像力（Einbildungskraft; Imagination; Phantasie） 27, 144, 172, 200, 233, 240, 249, 401
総体（Totalität） 21, 41, 104, 149, 174, 177, 244, 258, 299
相対化（Relativierung） 256, 266, 316–318, 322, 330, 384
相対主義（Relativismus） 212, 216, 218, 232, 245, 254, 256, 257, 261, 263–265, 268, 270, 284, 285, 292, 300, 301, 304, 305, 321, 322, 324, 328, 330–333, 335, 359–361, 363, 364, 387, 390, 407, 408
相対性（Relativität） 217, 232, 284, 285, 295, 302, 310, 316, 317, 328, 331, 364
素質（Anlage） 141, 177
存在（Sein; Dasein; Wesen; being） xiv, 3, 10, 35, 37, 110, 173, 176, 179, 184, 192, 200, 206, 207, 208, 211, 212, 237, 258, 261, 267, 273, 309–314, 316, 345, 349, 357, 360, 371, 376, 382, 384, 390, 393, 395, 406
——論（Ontologie） 310, 312, 319, 395

タ　行

体系（System; system） xii, xiv, 16, 17, 24, 33, 50, 54, 59, 60, 74–76, 79, 99, 106, 110–112, 123, 159, 161, 177, 181, 193, 194, 196, 208, 217, 218, 222, 225, 227–229, 254, 260–262, 265, 274, 276, 277, 279, 287, 288, 299, 300, 304, 306, 307, 316, 318, 321, 322, 330, 334, 390, 391, 394
体験（Erleben; Erlebnis） xiv, 18, 197, 200–203, 208, 214, 231, 237, 238, 246–249, 329, 335
対話（Dialog） 59, 355
多義性（Vieldeutigkeit） 132, 186
妥協（Kompromiß） 270, 280, 284, 343, 380
多元主義（Pluralismus） 268
他者（der Andere） 64, 65, 129, 133, 140, 141, 167, 177, 204, 206, 214, 215, 248, 297
多神教（Polytheismus） 254, 280, 282, 284
立場制約性（Standortsgebundenheit） 320–322, 331, 406
妥当性（Gültigkeit） 21, 197, 199, 200, 207, 215, 216, 231, 276, 279, 291, 292, 306, 366, 407
多様性（Mannigfaltigkeit; multiformity） 26, 75, 82, 183, 230, 358, 364
探求（Suche） 28, 188, 233
探究（Untersuchung; Forschen; Forschung; Erforschen;） 10, 18, 19, 53, 74, 121, 124, 160, 161, 163–166, 169–173, 182, 185, 186, 188, 192, 257, 307, 313, 335, 360, 363, 393, 405, 406f.
——的理解（forschend verstehen） xiii, 79, 155, 158, 162, 164, 172, 174, 188, 189, 192, 393
タンデム（tandem） xvi, 348, 353, 357
鍛錬（Übung） 141（→修練）
知識（Wissen; Kunde） 25, 27, 34, 41, 45, 63, 96, 98, 101–104, 107–109, 116, 122, 123, 133, 138, 149, 160, 171, 180, 188, 212, 234, 235, 255, 261, 263, 276, 280, 284, 315, 316, 331, 341, 390, 406
——学（Wissenschaftslehre） 185（→学問論）
——人 29, 30, 268, 368
言語の——（Sprachekenntnis） 102, 103
事柄の——（Sachekenntnis） 102, 103
知的誠実性（die intellektuelle Rechtschaffenheit） 281, 283
地平（Horizont） 293, 294, 307, 310, 395, 396, 401–404, 408
——の融合（Horizontverschmelzung） 401, 402, 404
注釈（Kommentar） 31, 46, 54, 60, 77, 83, 94

中世（Mittelalter）　18, 22, 30, 107, 207, 235, 262, 369
仲保者（Vermittler）　128, 129
超越（Transzendenz, transzendent）　273, 366, 382
　世界——（transcending the world）　381, 382
　——性（transcendence）　380
　——的価値　328
　——的契機　130, 399, 400, 402
　——的源泉（transcendent source）　366
　——的実在（transcendent reality）　367
　——的真理（die transzendente Wahrheit）　322
　——突破　285
　——の次元　399
　——のしるしへの開放性（openness to the signals of transcendence）　400
　——の眼　383
　——への開放性（openness to transcendence）　400
　内在的——（immanente Transzendenz）　xv, 262, 264, 266, 267
超克（Überwindung; overcoming）　369, 382
超自然主義（Supranaturalismus）　233, 295
超自然的（übernatürlich）　235
調停（Vermittlung）　225, 270, 319, 325, 398
著作家（Schriftsteller）　89, 131
著者（Autor）　x, 45, 57, 66, 67, 70, 131, 134, 143, 145, 148, 155, 205, 214, 215, 329, 359, 397
直観（Anschauung; Intuition; Schauen）　21, 22, 35, 37, 67, 77, 140, 143–145, 147, 168, 175, 176, 200, 239, 244, 249–253, 267, 273, 297, 318, 383, 400–402
陳述（Aussage）　54, 57, 58, 62, 76, 131, 132
追感（nachfühlen, Nachfühlung）　243–246
追感受（nachempfinden, Nachempfindung）　246–248
追感的理解（nachfühlend verstehen）　xv, 243, 245, 248, 249, 393
追構成（nachkonstruieren, Nachkonstruktion）　35, 62, 63, 104, 124, 131, 149, 202, 206, 393
追体験（Nacherleben）　66, 201, 202, 206, 246
通訳（Dolmetschung; Dolmetscher）　129
罪（Sünde）　263, 370, 371, 373, 376
　——人（sinner）　361
出会い（Begegnung）　82, 297, 298, 364
堤喩（Synekdoche）　132
ディレンマ（Dilemma）　257, 265
テクスト（Text）　26, 34, 45, 51, 56, 64, 66, 69, 158, 189, 214, 236, 397–399, 402–405
哲学（Philosophie; philosophy）　xvi, 3, 14–16, 31, 34, 45, 50, 69, 71, 80, 92, 99, 108, 109, 111, 119, 123, 124, 136, 159, 160, 193, 196, 197, 199, 200, 202, 212–214, 216, 217, 219, 221, 224, 263, 266, 288, 305–309, 317, 319–322, 330, 366, 367, 369, 384, 387–390, 392–396
　意識——（Bewußtseinsphilosophie）　298, 326
　社会——（Sozialphilosophie）　224
　宗教——（Religionsphilosophie）　72, 224, 226–228, 230, 232, 266, 304, 308, 352, 358, 385, 398
　——史（Geschichte der Philosophie）　4, 10, 31, 43, 50, 89, 116, 122, 160, 396
　文化——（Kulturphilosophie）　224, 296
　歴史——（Geschichtsphilosophie）　20, 221, 224, 227, 229, 252, 255, 256, 258, 260, 264, 264f., 265, 278, 280, 285, 296, 304, 315, 325, 334, 335, 338, 340, 341, 385, 390, 392, 395
徹底的唯一神主義（radical monotheism）　356, 359, 360, 376, 382, 407
テュービンゲン大学　347
天才（Genie）　145, 204, 249

——的（genial） 66, 130, 142–144, 156, 249, 270
伝承（Überlieferung） 35, 68, 97, 104, 109, 121, 124, 126, 127, 144, 150, 170, 187, 208, 224, 230, 241, 247, 313, 393, 394
伝統（Tradition; tradition） 16, 21, 29, 30, 33, 111, 189, 190, 204, 222–224, 251, 268, 293, 339, 346, 387, 397, 399, 402–404, 407
天分（Begabung） 142, 145, 168
——の同質性（Kongenialität） xiii, 139, 142, 143, 168, 251, 401, 402
当為（Sollen） 340, 342
同一性（Identität） 249, 267, 297, 298, 300, 328
同音異義語（Homonymen） 132
同義語（Synonymen） 132
東京大学 29
同志社大学 12
同質性（Gleichartigkeit） 67, 143, 167, 174, 223, 246
同質的（kongenial; gleichartig） 66, 167–169, 251, 401
導出（ableiten） 244
道徳（Moral; morality） 14, 21, 25, 208, 227, 228, 235, 260, 261, 280, 281, 284, 350, 352, 365, 372, 376–379, 408
党派的（parteilich） 99, 187
東北帝国大学 3
読者（Leser） 57, 72, 205, 215, 234, 369, 397, 402, 403
特殊（das Besondere） 56, 75, 139, 237
——性（Besonderheit） 130, 244, 258, 404
——化（Besonderung） 128
ドグマ（Dogma） 264（→教義）
突破（durchbrechen, Durchbruch） 145, 285, 302
トポス論（Topik） 181
トリアーデ（Triade） 203, 214
度量衡学（Metrologie） 111, 114, 122

ナ 行

内在（Immanenz, immanent） 209, 239, 371, 382
相互——（Ineinandersein） 60, 61
——的考察 302
——的思考 399
——的超越 262, 264, 266, 267
——的超克 369
——的批判 239
——の世界 331
歴史——主義 302
——的 328
内的歴史（inner history） 361, 362, 363
二元論（Dualismus; dualism） 276, 313, 333, 342, 377, 379, 379f., 382
——者（dualist） 377, 381
ニヒリズム（Nihilismus） 283, 390
二分法（dichotomy） 342
二律背反（Antinomie） 230
人間性（Humanität; humanitas） 65, 108, 123, 185, 256, 281
認識（Erkenntnis） 19, 21, 23, 31, 34–36, 38, 41, 42, 80, 104, 108–110, 119, 120, 123, 124, 134, 137, 140–142, 149, 150, 167, 168, 170, 171, 173, 174, 176–178, 184–191, 195, 196, 199–204, 207, 210, 211, 216, 217, 219, 222, 223, 228, 230, 231, 234, 236, 238, 241–245, 248–252, 256, 257, 260, 264, 272–276, 278, 280, 281, 283–285, 288, 291, 297, 300, 307, 313, 316–323, 329, 335, 342, 349, 359, 362, 368, 369, 384, 388, 393, 396, 398, 400, 403–406（→ギグノースケイ）
——されたものの——（das Erkennen des Erkannten） 31, 33, 35, 80, 109, 110, 120, 121, 123, 150, 187, 393, 406
——論（Erkenntnistheorie; epistemology） 195, 196, 199, 201, 207, 216, 228, 249, 251, 252, 257, 273, 278, 283, 285, 300, 307, 313, 319, 322, 342, 349, 368, 369
ネオロギー（Neologie） 398

ハ　行

パースペクティヴ（Perspektive）　406（→遠近法）
媒介（Vermittlung）　68, 178, 190, 222, 250, 255, 280, 335, 342, 394, 396, 397
パイオニア　3f., 55, 71, 93, 149
ハイデルベルク大学　82–86, 106, 221, 224
背理（Widersinn）　306
博覧（Polyhistorie）　107, 110, 123
破綻（Bankrott）　221, 224, 229
発展（Entwicklung）　x, 9, 14, 19, 21, 22, 31, 34, 36, 38, 45, 51, 55, 60, 62, 63, 74, 77, 91, 111, 123, 138, 141, 143, 155, 163, 168, 184, 186, 197, 206, 208–210, 212, 216, 218, 227, 231–233, 235, 239, 247, 248, 253, 256–258, 261, 265, 270, 271, 306, 308, 320, 326–328, 331, 335, 339, 340, 346, 358
発話（Rede）　59, 127, 134, 135, 148, 151（→語り）
話し手（der Sprechende）　133–135（→話者）
パラダイム（paradigm）　27
バルト捕囚（a Barthian captivity）　347
ハレ大学　53, 73, 82, 89
反省（reflektieren, Reflexion）　31, 32, 36, 131, 143, 145, 160, 178, 186, 286, 395, 396
万有（All）　108, 209, 250
　——意識（Allbewußtsein）　249, 250, 297
　——精神（Allgeist）　258
　——生命（Alleben）　258
悲哀（pathos）　370
比較（Vergeich）　ix, xii, 65, 235, 240, 250, 259, 339, 374, 382
　——的（vergleichend; komparativ）　61, 64–67, 127
彼岸（Jenseits）　267, 382
秘教的教説（Esoterik）　399
悲劇（Tragik; tragedy）　302, 365, 367, 370, 371
微視的（mikroskopisch）　26, 27
美術（Kunst）　24, 26, 111, 114, 122
　——史（Kunstgeschichte）　27, 115, 122
非神話化（Entmythologisierung）　294, 367
必然（notwendig, Notwendigkeit）　108, 196, 209, 215, 218, 223, 241, 254, 261, 300, 316, 328, 395, 396, 398
皮肉　295
批判（Kritik; critique）　xiv, xv, 16, 27, 100, 107, 111, 113, 121–123, 125, 126, 140, 143–149, 155, 157, 159, 161, 162, 166, 170, 172, 181, 183, 187, 195–197, 205, 215, 223, 236, 239, 252, 256, 266, 272, 273, 276, 279, 284, 290–295, 297–299, 301, 302, 305, 308, 320, 322, 329, 339–341, 347, 352, 371, 372, 377, 378, 400
　個人的——（die individuelle Kritik）　113, 126
　種類的——（die generische Kritik）　113, 126
　文法的——（die grammatische Kritik）　113, 126
　歴史的——（die historische Kritik）　113, 126
　歴史的理性——　194–197, 217, 218, 219
批評家（Kritiker）　140, 143, 144, 145
表現（Ausdruck）　xiv, 8, 10, 15, 21, 24, 35, 36, 42, 61, 70, 75, 104, 124, 128, 129, 133, 134, 138, 145, 148, 150, 164, 166, 177, 195, 201–203, 205, 206, 208, 214, 227, 231, 232, 234, 235, 243–246, 251, 280, 286, 288, 289, 312, 366, 368, 370, 380, 397, 398
表出（Äußerung）　15, 22, 164, 167, 169, 174, 206, 209, 214
表象（Vorstellung）　35, 36, 110, 133, 150, 151, 200, 210, 331

ひらめき　400
非連続の連続　302, 388
フィロロギー（Philologie）　31, 33, 38, 102（→文献学）
風潮　44, 159
深さの次元（dimension of depth）　373, 399
復活（Auferstehung; resurrection）　288, 289, 376, 380
　——節（Ostern）　299
部分と全体　135, 204, cf.172
普遍（das Allgemeine）　56, 75, 139
普遍史（Universalgeschichte）　xv, 18, 255–258, 262, 293, 294, 301, 315, 400, 406
　——的（universalgeschichtlich; universalhistorisch）　18, 223, 224, 256–259, 293, 294, 307, 314, 328
普遍性（Allgemeinheit）　150, 225, 258, 307
不偏不党（Unparteilichkeit）　187, 403
プラトン主義（Platonismus）　308
プリンストン大学　5
プロテスタンティズム（Protestantismus）　237, 287, 290, 333
プロテスタント（protestantisch）　xv, 81, 85, 194, 207, 225, 269, 286, 290, 300, 303, 329, 345, 407
文化（Kultur; culture）　20, 21, 25, 41, 71, 74, 109, 110, 184, 186, 208, 235, 252–255, 258, 274, 278, 287, 356, 360, 363, 365, 368–370, 372, 375, 377, 379–381, 412
　アメリカ——　359
　エリート——　24
　ギリシア——　82, 91
　キリスト教的・教会的——　259
　高級——（Hochkultur; higher culture）　20, 24, 25, 43
　古典——　101
　宗教——（religious culture）　383
　西洋——（Western culture）　360
　大衆——（popular culture）　43（→ポップ・カルチャー）
　低級——（lower culture）　25, 43
　ヘレニズム——　156
　民衆——　24, 25
　ヨーロッパ——　258, 259, 263
　歴史的——　207
　——意義　41, 274
　——遺産　14, 21, 215
　——科学（Kulturwissenschaften; cultural sciences）　15, 16, 23, 32, 38–42, 111, 226, 233, 274, 277, 292, 327, 408
　——学　38
　——形態学　20
　——圏（Kulturkreis）　91, 258, 260, 261, 301, 315
　——現象　15
　——史（Kulturgeschichte）　xi, 19–25, 27, 28, 31, 33, 35, 42–44, 158, 224, 315, 326
　——史学　3
　——社会学　20
　——主義　31
　——神学　360
　——人類学（cultural anthropology）　20, 25, 28, 402
　——論的転回（cultural turn）　24, 28, 33, 44
文学（Literatur）　14–17, 24, 26, 34, 35, 45, 89, 110, 111, 123, 399, 402
　——史（Literaturgeschichte）　5, 10, 89, 96, 108, 116, 122, 123, 262, 402
文献学（Philologie）　xi-xiii, 4, 31–38, 40, 45, 52, 54, 56, 79, 80, 82, 83, 86–96, 98, 100–112, 120–125, 137, 138, 149–151, 156, 187, 189, 193, 205–207, 210, 216, 236, 387, 391, 397, 404, 408（→フィロロギー）
　言語の——（Wortphilologie）　101, 150
　事柄の——（Sachphilologie）　101, 102, 103, 150
文章構成（Komposition）　56, 60, 131
分析的（analytisch）　145, 174, 197, 400
文体（Stil）　66, 133, 147

——論（Stilistik） 122, 131
文法学（Grammatik） 56, 77, 131, 138, 149
文法的理解（grammatisches Verstehen） 56, 57, 59, 60
フンボルト大学 87, 387（→ベルリン大学）
文脈 15, 66, 200, 214, 223, 262, 408
隔たり〔時間的〕（Zeitenabstand; Zeitenferne） 66, 209, 397, 401–404
ヘルメース（メルクリウス） 128, 129, 395, 396
ヘルメーネイア（ἑρμηνεία） 128, 129
ベルリン科学アカデミー 50, 59, 74, 90–92, 95, 135, 172, 209, 390
ベルリン精神（Berliner Geist） viii, xvii, 32, 47, 120, 348, 387–390, 408, 408f., 409, 412
ベルリン大学 xii, 15, 16, 19, 32, 50, 52, 73, 85–87, 89, 90, 94, 95, 97, 99, 100, 106, 111, 120, 153, 156, 158, 221, 222, 224, 234, 333, 387, 388, 390–392, 409
ヘレニズム（Hellenismus） 156, 157
変革（transform; transformation） 381, 382
偏見（Vorurteil） ix, 278, 279, 403, 404（→先入見，先入観）
弁証法（Dialektik） ix, 37, 50, 51, 55, 59, 60, 74, 77, 320, 365, 367
法則定立的（nomothetisch） 39
方法（Methode; method） vii, ix, xv, 4, 19, 21, 28, 31, 38, 40, 42, 64, 75, 76, 79, 80, 100, 101, 105, 119, 127, 136, 159, 161, 165, 166, 168, 170, 172, 177, 184, 185, 199, 203, 206, 210, 213, 214, 216, 222–224, 228, 233, 234, 236, 237, 246, 254, 263, 283, 288, 289, 295, 299, 306, 307, 309, 337, 346, 347, 383, 393, 394, 407
——論（Methodologie; methodology） 3, 11, 13, 16, 30, 32, 40, 46, 79, 80, 106, 112, 121, 123, 135, 147, 153, 154, 158, 159, 161, 166, 178, 181, 204–207, 214, 216, 241, 273, 358, 407
補完（ergänzen, Ergänzung） 42, 66, 132, 134, 135, 144, 198, 250
ポップ・カルチャー（popculture） 43（→大衆文化）
ポテンツ（Potenz） 20, 21
本質（Wesen） 10, 18, 21, 36, 66, 72, 75, 77, 99, 101–103, 106, 110, 121, 126, 128, 129, 143, 145, 159, 164–167, 171, 172, 177, 179, 209, 214, 215, 217, 226–228, 237–242, 246, 252, 295, 364, 377, 383, 393, 394, 400
本性（Natur; nature） 55, 141, 168, 170, 176, 183, 200, 203, 338, 355, 365, 369, 373, 378
ボン大学 97
本能（Instinkt），本能的（instinktiv） 249, 250, 323

マ　行

マルクス主義（Marxismus） 253, 340, 401
ミクロストリア（microstoria; micro-history） 26, 27, 403
ミシガン大学 352
ミューズ（Muse） 71（→ムーサイ）
ミュトス（Mythos） 364（→神話）
ミュンヘン大学 viii
未来（Zukunft） 164, 209, 237, 240, 242, 259, 280, 306, 320, 340, 393（→将来）
民族（Volk） 19–23, 35–37, 95, 102, 104, 123, 124, 149, 150, 177–179, 185, 255, 280, 338, 395, 396
無意識（Unbewußtsein） 20, 21, 185, 215, 275
——的（unbewußt） 20, 41, 63, 131, 140, 141, 145, 261, 371
無意味（Nonsens; Unsinn） 56, 265, 277
ムーサイ（Muse） 399（→ミューズ）
無邪気（innocence） 371
矛盾（Widerspruch） 73, 139, 145, 377, 379, 381
無政府状態（Anarchie） 335（→アナー

キー）
迷妄（Schwindel）　271, 282
メシアニズム（messianism）　369, 373
メタヒストリカル（metahistorical）　238
メタモルフォーゼ（Metamorphose）　152
メタ歴史学（metahistory）　160
モティーフ（Motiv）　121, 152, 186, 193, 194, 236, 381
モデル（Modell; model）　26, 28, 76, 89, 121, 151, 187, 387, 393, 402
モナド（Monade），モナド論（Monadologie）　249, 251, 257, 266, 297
物語（narrative）　360, 363
　大きな――（grand narrative）　26, 27, 403

ヤ　行

野蛮（Barbarei）　268
有意義（bedeutsam）　6, 105, 132, 360
勇気（Mut）　187, 258, 381
有機体（Organismus）　36
　――論（Organologie）　256, 327
有機的（organisch）　37, 229
有神論（Theismus）　266
　エネルギッシュな――（ein energischer Theismus）　384
ユートピア（Utopia）　321, 323
用語法（Sprachgebrauch）　39, 136, 160, 382（→語法）
様式（pattern; style; mode）　23, 25, 26, 61, 134, 280, 307, 311, 312, 402
ヨーロッパ主義（Europäismus）　xv, 255, 257, 258, 262, 282, 296, 301, 400
予覚（Divination）　65, 66, 249（→予見）
予見（Divination）　xii, xiii, 65, 66, 139, 143–145, 249, 323, 400–402（→予覚）
　――する（ahnen, anhden）　169, 172, 177
　――的（divinatorisch）　61–67, 127, 143–145, 239, 240, 249
預言者（Prophet; prophet）　245, 287, 368, 369, 373, 380, 381
　――思想（Prophetismus; prophetism）　262, 369

ラ　行

ライデン大学　84
ライプツィヒ大学　86, 100
理解（Verstehen; Verständnis）　xiv, 22, 24, 26, 41–43, 53, 54, 56–60, 62, 63, 70, 79, 81, 84, 94, 101–106, 109, 110, 120, 121, 124–137, 139–145, 148, 150, 158, 160, 164, 166–169, 174–176, 180, 186, 188, 200–208, 211, 214, 215, 236, 238, 240, 242–245, 247, 248, 285, 289, 295, 297, 298, 301, 305, 312, 327, 328, 330, 332, 334, 338–341, 358, 362, 364, 370, 383, 393, 394, 396, 397, 399–401, 403–406
利害（Interresse; interests）　359, 372, 397, 403
理想（Ideal）　23, 125, 134, 147, 150, 159, 171, 172, 210, 234, 239, 240, 260, 271, 279, 280, 284, 342, 380, 405
　――主義（Idealismus）　190, 378
理念（Idee）　xv, 14, 17, 18, 20, 23, 35–37, 41, 108, 109, 124, 130, 159, 160, 163, 164, 173, 183, 184, 190, 205, 209, 246, 255, 256, 260, 265, 266, 268, 274, 275, 300, 304, 312, 325, 360, 395, 396
　――型（Idealtypus）　41, 283
　――史（Ideengeschichte）　xi, 8, 17–19, 42
リベラリズム（Liberalismus）　377–379
良心（Gewissen）　99, 192, 241, 260, 261
理論（Theorie; Lehre）　17, 18, 24, 27, 30, 32, 38, 41, 45–47, 51, 66, 68, 104, 112, 113, 120–126, 130, 141, 143, 146, 149, 153, 155, 158, 159, 190, 191, 198, 204–207, 210, 216, 225, 232, 241–245, 249, 251, 253, 280, 281, 283–285, 298, 306, 310, 314, 316, 320–323, 327, 328, 351, 352, 366, 381, 387, 389, 393, 394, 400, 402
倫理，倫理学（Ethik; ethics）　ix, 50, 51,

72, 108, 150, 177, 180, 224, 226–228, 235, 260, 261, 280, 304, 333, 340, 349, 351, 352, 355, 365, 374, 377, 388, 408
類型論（Typologie） 358, 379
類似性（Analogie） 165
類比（Analogie） 139, 223, 246, 347
——的（analogienhaft） 244, 321, 333
霊感（Inspiration） 130（→インスピレーション）
歴史化（Historisierung） 71–73, 75, 76, 119, 120, 184, 186, 197, 207, 216, 219, 232–235, 252, 263, 290, 295, 296, 322, 325, 331, 339, 341, 342, 346, 387, 406
歴史科学（a historical science） 40, 93, 111, 120, 149, 314, 393
歴史学（Historie; Geschichtswissenschaft; history） xvi, 19, 20, 24, 25, 30, 33, 34, 38, 39, 41, 42, 45, 50, 69, 71, 72, 75, 82, 92, 94, 120, 123f., 136, 146, 150, 151, 153–156, 158, 159, 165, 170, 178, 180, 184, 186, 187, 189–191, 199, 205–207, 211, 218, 221–225, 233, 234, 238–240, 242, 243, 246, 247, 249, 252–257, 266–269, 280, 287, 289, 291, 294, 306, 307, 309, 310, 312, 313, 314, 326, 330, 332, 333, 337, 340, 341, 347, 363, 369, 387, 390, 391, 393–395, 405, 407
——派（die historische Schule） 70, 195, 210, 271
歴史主義（Historismus; Historizismus） viii, ix, xii-xv, xvii, 32, 47, 68–71, 76, 77, 119–121, 146, 151, 173, 184–187, 192–195, 212, 213, 217, 218, 221, 229, 231–236, 242, 246, 252–255, 260, 262–272, 278, 279, 282, 285–290, 294, 295, 297–299, 301–310, 313–343, 346, 348, 358, 360, 363, 368, 369, 373, 374, 383, 384, 387, 389, 390, 392, 395, 406, 407
——者（Historizist） 212
反——（Antihistorismus） 255, 294, 295
歴史性（Geschichtlichkeit） xiv, 38, 74, 76, 184, 185, 207, 209–212, 215, 229, 289, 292–294, 302, 307, 308, 310–314, 346, 383, 390, 406
歴史性（Historizität） 209
歴史論理学（Geschichtslogik） 242, 243, 255, 281, 299, 301, 327, 328, 369
ロゴス（λόγος; Logos） 36, 305, 364
ロマン主義（Romantik） ix, 49, 50, 68, 69, 71, 145, 146, 216, 265, 271, 278, 281, 282, 290, 295, 338, 342, 369, 378, 383, 394, 400, 401
ロマン派（Romantiker） 83
論争（Streit; controversy） xii, 20, 26, 94, 100, 101, 103, 105, 149, 367, 374, 375
論理学（Logik） 160, 177, 216, 256

ワ 行

話者（der Sprechende） 61（→話し手）
ワシントン大学 352

文献一覧

和　書

麻生建『解釈学』世界書院，1985 年。

有賀鐵太郎・魚木忠一『基督教思想史』日獨書院，1934 年。

家永三郎『家永三郎集　第一巻　思想史論』岩波書店，1997 年。

池上隆史「村岡典嗣年譜——東北帝國大學文化史學第一講座着任から日本思想史學會成立まで（上）」『年報日本思想史』2 号（2003 年），14–24 頁。

———「村岡典嗣年譜——東北帝國大學文化史學第一講座着任から日本思想史學會成立まで（下）」『年報日本思想史』3 号（2004 年），11–25 頁。

石原謙編『哲學及び宗教と其歴史——波多野精一先生獻呈論文集』岩波書店，1938 年。

ゲオルク・G・イッガース，中村幹雄・末川清・鈴木利章・谷口健治訳『ヨーロッパ歴史学の新潮流』晃洋書房，1986 年。

———，早島瑛訳『二〇世紀の歴史学』晃洋書房，1996 年。

上村忠男『歴史家と母たち——カルロ・ギンズブルグ論』未来社，1994 年。

ヴィルヘルム・フォン・フンボルト，亀山健吉訳『言語と精神——カヴィ語研究序説』法政大学出版局，1984 年。

ヴィンデルバント，篠田英雄訳『歴史と自然科学・道徳の原理に就て・聖』岩波文庫，2002 年。

マックス・ウェーバー，尾高邦雄訳『職業としての学問』岩波文庫，2005 年。

マリアンネ・ウェーバー，大久保和郎訳『マックス・ウェーバー』みすず書房，1963 年。

H‐U・ヴェーラー編，ドイツ現代史研究会訳『ドイツの歴史家』全 5 巻，未来社，1982-1985。

ジョージア・ウォーンキー，佐々木一也訳『ガダマーの世界』紀伊國屋書店，2000 年。

大木英夫『終末論的考察』中央公論社，1970 年。

———『組織神学序説——プロレゴーメナとしての聖書論』教文館，2003 年。

岡林洋『シュライエルマッハーの美学と解釈学の研究』行路社，1998 年。

ハンス＝ゲオルク・ガーダマー，巻田悦郎訳『ガーダマーとの対話——解釈学・美学・実践哲学』未来社，1995 年。

鏑木政彦『ヴィルヘルム・ディルタイ——精神科学の生成と歴史的啓蒙の政治学』九州大学出版会，2002 年。

亀山健吉『フンボルト——文人・政治家・言語学者』中公新書，1978 年。

フランク・カーモード，岡本靖正訳『終りの意識』国文社，1991 年。

川島堅二『F・シュライアマハーにおける弁証法的思考の形成』本の風景社，2005 年。

樺俊雄『歴史哲学概論』理想社，1935 年。

季刊『日本思想史』第 63 号「日本思想史学の誕生——津田・村岡・和辻」ぺりかん社，2003 年。

季刊『日本思想史』第 74 号「村岡典嗣——新資料の紹介と展望」ぺりかん社，2009 年。

岸田達也『ドイツ史学思想史研究』ミネルヴァ書房，1976 年。

カルロ・ギンズブルグ，杉山光信訳『チーズとうじ虫——16 世紀の一粉挽屋の世界像』みすず書房，1984 年。

熊沢義宣『ブルトマン　増補版』日本基督教団出版局，1970 年。

フリードリヒ・ヴィルヘルム・グラーフ，深井智朗・安酸敏眞編訳『トレルチとドイツ文化プロテスタンティズム』聖学院大学出版会，2001 年。

高坂正顕・西谷啓治・高山岩男・鈴木成高『世界史的立場と日本』中央公論社，1943 年。

高山岩男『世界史の哲学』岩波書店，1942 年。

ルイス・A・コーザー，荒川幾男訳『亡命知識人とアメリカ——その影響とその経験』岩波書店，1988 年。

近藤勝彦『トレルチ研究』上・下巻，教文館，1996 年。

坂口昂『独逸史学史』岩波書店，1932 年。

佐藤真一『トレルチとその時代』創文社，1997 年。

————『ヨーロッパ史学史——探究の軌跡』知泉書館，2009 年。

下村寅太郎『下村寅太郎著作集 9　ブルクハルト研究』みすず書房，1994 年。

ヘルムート・シェルスキー，田中昭徳・阿部謹也・中川勇治訳『大学の孤独と自由——ドイツの大学ならびにその改革の理念と形態』未来社，1970 年。

フリッツ・シュトリヒ，石川錬次監訳『独逸大学の精神——アカデミーに於ける歴代碩学記念講演集』高山書院，1944 年。

シュライエルマッハー，久野昭・天野雅郎訳『解釈学の構想』以文社，1984 年。

新保祐司『批評の測鉛』構想社，1992 年。

————『日本思想史骨』構想社，1994 年。

吹田順助『旅人の夜の歌——自伝』講談社，1959 年。

鈴木成高『ランケと世界史学』弘文堂書房，1939 年。

曽田長人『人文主義と国民形成』知泉書館，2005 年。

高田珠樹『ハイデガー 存在の歴史』（現代思想の冒険者たち 08）講談社，1996 年。

高橋義文『ラインホールド・ニーバーの歴史神学』聖学院大学出版会，1993 年。

竹内洋『学問の下流化』中央公論新社，2008 年。

武田清子編『思想史の方法と対象』創文社，1961 年。

塚本正明『現代の解釈学的哲学——ディルタイおよびそれ以後の新展開』世界思想社，1995 年。

————『生きられる歴史的世界——ディルタイ哲学のヴィジョン』法政大学出版局，2008 年。

辻村公一『ハイデッガー論攷』創文社，1971 年。

手塚富雄・神品芳夫『増補　ドイツ文学案内』岩波文庫，1994 年。

ディルタイ，久野昭訳『解釈学の成立』以文社，1984 年。

『ディルタイ全集』法政大学出版局，2003 年より刊行中。

第 1 巻　牧野英二編集 / 校閲「精神科学序説 I」2006 年。

第 2 巻　塚本正明編集 / 校閲「精神科学序説 II」2003 年。

第 3 巻　大野篤一郎・村山高司編集 / 校閲「論理学・心理学論集」2003 年。

第 4 巻　長井和雄・竹田純郎・西谷敬編集 / 校閲「世界観と歴史理論」2010 年。

第 6 巻　小笠原道雄・大野篤一郎・山本幾生編集 / 校閲「倫理学・教育学論集」2008 年。

第 7 巻　宮下啓三・白崎嘉昭編集 / 校閲「精神科学成立史研究」2009 年。

第 8 巻　久野昭・水野建雄編集 / 校閲「近代ドイツ精神史研究」2010 年。

東方敬信『H・リチャード・ニーバーの神学』日本基督教団出版局，1980 年。

――――「歴史と霊性――ニーバー兄弟の論争をめぐって」『日本の神学』第 24 号 (1985 年)，18-34 頁。

――――「二人のニーバー」，キリスト教文化学会編『キリスト教と欧米文化』ヨルダン社，1997 年。

『トレルチ著作集』全 10 巻，ヨルダン社，1980-1988 年。

第 1 巻　森田雄三郎・髙野晃兆他訳「宗教哲学」1981 年。

第 2 巻　高森昭訳「神学の方法」1986 年。

第 3 巻　佐々木勝彦訳「キリスト教倫理学」1983 年。

第 4 巻　近藤勝彦訳「歴史主義とその諸問題（上)」1980 年。

第 5 巻　近藤勝彦訳「歴史主義とその諸問題（中)」1982 年。

第 6 巻　近藤勝彦訳「歴史主義とその諸問題（下)」1988 年。

第 7 巻　住谷一彦・佐藤敏夫他訳「キリスト教と社会思想」1981 年。

第 8 巻　堀孝彦・佐藤敏夫・半田恭雄訳「プロテスタンティズムと近代世界 I」1984 年。

第 9 巻　芳賀力・河島幸夫訳「プロテスタンティズムと近代世界 II」1985 年。

第 10 巻　小林謙一訳「近代精神の本質」1981 年。

トレルチ，髙野晃兆・帆刈猛訳『古代キリスト教の社会教説』教文館，1999 年。

中村雄二郎編『思想史の方法と課題』東京大学出版会，1973 年。

中村雄二郎・生松敬三・田島節夫・古田光『思想史』東京大学出版会，1961 年；第二版，1977 年。

西田直二郎『日本文化史序説（一)』講談社学術文庫，1978 年。

西村晧『ディルタイ』牧書店，1966 年。

――――・牧野英二・舟山俊明編『ディルタイと現代――歴史的理性批判の射程』法政大学出版局，2001 年。

西村貞二『現代ドイツの歴史学』未来社，1968 年。

――――『現代ヨーロッパの歴史家』創文社，1977 年。

――――『ヴェーバー・トレルチ・マイネッケ――ある知的交流』中公新書，1988 年。

――――『トレルチの文化哲学』南窓社，1991 年。

日本思想史学会「日本思想史の方法」『日本思想史学』第 6 号，1974 年。

マルティン・ハイデッガーほか，後藤嘉也訳『ハイデッガー カッセル講演』平凡社，2006 年。

E・バウムガルテン，生松敬三訳『マックス・ヴェーバー——人と業績』福村出版，1971 年。

芳賀矢一『日本文献学・文法論・歴史物語』冨山房，1928 年。

波多野精一『波多野精一全集』第 6 巻，岩波書店，1969 年。

フィヒテ他，梅根悟・勝田守一訳『大学の理念と構想』明治図書出版，1970 年。

フィリップ・フォルジェ編，J・デリダ，H - G・ガダマー他，轡田収・三島憲一他訳『テクストと解釈』産業図書，1990 年。

フッサール，小池稔訳「厳密な学としての哲学」，細谷恒夫編集『ブレンターノ・フッサール』（世界の名著 62）中央公論社，1980 年。

フムボルト，西村貞二訳『歴史哲学論文集』創元社，1948 年。

ブルクハルト，新井靖一訳『ギリシア文化史』第一巻，筑摩書房，1991 年。

————新井靖一訳『世界史的考察』ちくま学芸文庫，2009 年。

ブルトマン，土屋博訳『神学論文集 I』，（ブルトマン著作集 第 11 巻）新教出版社，1986 年。

————山形孝夫・一柳やすか訳『神学論文集 IV』，（ブルトマン著作集 第 14 巻）新教出版社，1983 年。

ヴォルフガング・H・プレーガー，増渕幸男監訳『シュライアーマッハーの哲学』玉川大学出版部，1998 年。

O・ペゲラー編，長谷正当・内山勝利他訳『解釈学の根本問題』晃洋書房，1978 年。

オットー・ペゲラー，伊藤徹監訳『ハイデガーと解釈学的哲学』法政大学出版局，2003 年。

R・N・ベラー他，中村圭志訳『善い社会——道徳的エコロジーの制度論』みすず書房，2000 年。

ヘンリエッテ・ヘルツ，野口薫・浜辺ゆり・長谷川弘子訳『ベルリン・サロン——ヘンリエッテ・ヘルツ回想録』中央大学出版部，2006 年。

ヨハン・ホイジンガ，里見元一郎訳『文化史の課題』東海大学出版会，1978 年。

北海道大学 CoSTEP『鈴木章　ノーベル化学賞への道』北海道大学出版会，2011 年。

マイネッケ，中山治一訳『国家と個性』筑摩書房，1944 年。

————中山治一・岸田達也訳『ランケとブルクハルト』創文社，1960 年。

————中山治一訳『歴史的感覚と歴史の意味』創文社，1972 年。

————矢田俊隆訳『ドイツの悲劇』中公文庫，1974 年。

前田勉編『新編　日本思想史研究——村岡典嗣論文選』平凡社，2004 年。

増渕幸男『シュライアーマッハーの思想と生涯——遠くて近いヘーゲルとの関係』玉川大学出版部，2000 年。

ルードルフ・A・マックリール，大野篤一郎・田中誠・小松洋一・伊東道生訳『ディルタイ——精神科学の哲学者』法政大学出版局，1993 年。

丸山高司『ガダマー――地平の融合』（現代思想の冒険者たち 12）講談社，1997 年。

水垣渉「宗教史学派の根本思想」『途上』第 8 号（1977 年），1–22 頁。

――――「宗教史学派の根本思想（承前）」『途上』第 9 号（1978 年），27–48 頁。

三宅剛一『十九世紀哲學史』弘文堂，1951 年。

宮島肇『歴史と解釈学――ディルタイ歴史哲学序説』成美堂，1936 年。

向井守『マックス・ウェーバーの科学論――ディルタイからウェーバーへの精神史的考察』ミネルヴァ書房，1997 年。

武藤一雄『神学と宗教哲学との間』創文社，1969 年。

――――『宗教哲学の新しい可能性』創文社，1974 年。

――――『神学的・宗教哲学的論集Ⅲ』創文社，1993 年。

村岡晢『レーオポルト・フォン・ランケ』創文社，1983 年。

――――『史想・随筆・回想』太陽出版，1988 年。

村岡典嗣『日本思想史研究』全 4 巻，岩波書店，1975 年。

――――『日本思想史概説　日本思想史研究 IV』創文社，1961 年。

――――『増補　本居宣長』全 2 巻，平凡社，2006 年。

本居宣長，村岡典嗣校訂『うひ山ふみ・鈴屋問問録』岩波文庫，2007 年。

ヴォルフガング・J・モムゼン，安世舟・五十嵐一郎他訳『マックス・ウェーバーとドイツの政治，一八九〇－一九二〇』I，II，未来社，1993-94 年。

柳父圀近『エートスとクラトス』創文社，1992 年。

安酸敏眞『レッシングとドイツ啓蒙』創文社，1998 年。

――――『歴史と探求――レッシング・トレルチ・ニーバー』聖学院大学出版会，2001 年。

――――「クリオとヘルメース」『人文論集』（北海学園大学）第 48 号（2011 年），43–95 頁。

エマニュエル・ル・ロワ・ラデュリ，井上幸治・渡邊昌美・波木居純一訳『モンタイユー――ピレネーの村　1294 ～ 1324』上・下巻，刀水書房，1990-1991 年。

ランケ，林健太郎訳『ランケ自伝』岩波文庫，1994 年。

レーオポルト・フォン・ランケ，村岡晢訳『世界史の流れ』ちくま学芸文庫，1998 年。

洋　書

Arendt, Hannah. *Von der Menschlichkeit in finsteren Zeiten. Rede über Lessing.* München: R. Piper & Co. Verlag, 1960.

―――― *Men in Dark Times.* New York: Harcourt, Brace & World, 1969.

Ascherson, Ferdinand. *August Boeckhs fünfzigjähriges Doctorjubiläum am 15. März 1857.* Leipzig: Druck und Verlag von B. G. Teubner, 1857.

August Boeckh (1785-1876). Forscher, Hochschullehrer, Zeitzeuge. Wissenschaftliche Zeitschrift der Humboldt-Universität zu Berlin 36 (1987) 1, 1-70.

August Boeckh. Altertumsforscher, Universitätslehrer und Wissenschaftsorganisator im Berlin

des 19. Jahrhunderts. Ausstellung zum 200. Geburtstag 22. November 1985-18. Januar 1986. Berlin: Staatsbibliothek Preußischer Kulturbesitz, 1985.

Baeck, Leo. „Theologie und Geschichte.“ In *Leo Baeck Werke. Bd. 4. Aus Drei Jahrtausenden. Das Evangelium als Urkunde der jüdischen Glaubensgeschichte,* herausgegeben von Albert H. Friedlandr, Bertold Klappert und Werner Licharz, 46-58. Gütersloh: Gütersloher Verlagshaus, 2006.

Bambach, Charles R. *Heidegger, Dilthey, and the Crisis of Historicism.* Ithaca and London: Cornell University Press, 1995.

Barbour, John D. “Niebuhr Versus Niebuhr: The Tragic Nature of History.” *The Christian Century* (November 21, 1984): 1096-1099.

Barrelmeyer, Uwe. *Geschichtliche Wirklichkeit als Problem. Untersuchungen zu geschichtstheoretischen Begründungen historischen Wissens bei Johann Gustav Droysen, Georg Simmel und Max Weber.* Münster: Lit Verlag, 1997.

Barth, Karl. *Der Römerbrief.* 2. Aufl. München: Chr. Kaiser Verlag, 1922（バルト，小川圭治・岩波哲男訳『ローマ書講解』（世界の大思想 II-13）河出書房，1968 年）.

——— *Die Theologie und die Kirche. Gesammelte Vorträge II.* Zürich: Evangelischer Verlag, 1928.

——— „Das Problem Lessings und das Problem des Petrus.“ In *Evangelische Theologie.* Sonderheft: Ernst Wolf zum 50. Geburtstag, 4-17. München: Chr. Kaiser Verlag, 1952.

——— *Die kirchliche Dogmatik.* Bd. IV/1. Zürich: Theologischer Verlag, 1954.

——— „Evangelicsche Theologie im 19. Jahrhundert.“ In *Die protestantische Theologie im 19. Jahrhundert,* 572-590. Hamburg: Siebenstern Taschenbuch Verlag, 1975.

——— *Die protestantische Theologie im 19. Jahrhundert. Ihre Vorgeschichte und ihre Geschichte.* 5. Aufl. Zürich: Theologischer Verlag, 1981（カール・バルト，佐藤敏夫・岩波哲男・高尾利数・小樋井滋訳『十九世紀のプロテスタント神学　上』新教出版社，1971 年；佐藤司郎・安酸敏眞・戸口日出夫・酒井修訳『十九世紀のプロテスタント神学　中』新教出版社，2006 年；安酸敏眞・佐藤貴史・濱崎雅孝訳『十九世紀のプロテスタント神学　下』新教出版社，2007 年）.

——— *Die Theologie Schleiermachers. Vorlesung Göttingen Wintersemester 1923/1924.* Herausgegeben von Dietrich Ritschl. Zürich: Theologischer Verlag, 1978.

Bauer, Gerhard. *»Geschichtlichkeit«. Wege und Irrwege eines Begriffs.* Berlin: Walter de Gruyter, 1963.

Baumer, Franklin Le Van. *Modern European Thought: Continuity and Change in Ideas, 1600-1950.* New York: Macmillan; London: Collier Macmillan Publishers, 1977（フランクリン・L・バウマー，鳥越輝昭訳『近現代ヨーロッパの思想——その全体像』大修館書店，1992 年）.

——— *Main Currents of Western Thought: Readings in Western European Intellectual History from the Middle Ages to the Present.* 4 th ed. New Haven and London: Yale

University Press, 1978.

Berger, Peter L. *A Rumor of Angels. Modern Society and the Rediscovery of the Supernatural.* New York: Doublesay & Co., 1969（ピーター・バーガー，荒井俊次訳『天使のうわさ——現代における神の再発見』ヨルダン社，1982 年）.

Betti, Emilio. *Die Hermeneutik als allgemeine Methodik der Geisteswissenschaften.* Tübingen: J. C. B. Mohr (Paul Siebeck), 1962.

——— *Zur Grundlegung einer allgemeinen Auslegungslehre.* Mit einem Nachwort von Hans-Georg Gadamer. Tübingen: J. C. B. Mohr (Paul Siebeck), 1988.

Bialas, Wolfgang & Gerard Raulet, hrsg. *Die Historismusdebatte in der Weimarer Republik.* Frankfurt am Main: Peter Lang, 1996.

Biemel, Walter, „Einleitende Bemerkung zum Briefwechsel Dilthey-Husserl." In *Man and World: An International Philosophical Review.* Vol. 1, no. 3 (1968): 438-446.

Bingham, June. *Courage to Change.* New York: Charles Scribner's Sons, 1961.

Birus, Hendrik, hrsg. *Hermeneutische Positionen. Schleiermacher-Dilthey- Heidegger-Gadamer.* Göttingen: Vandenhoeck & Ruprecht, 1982（ヘンドリック・ビールス編，竹田純郎・三国千秋・横山正美訳『解釈学とは何か』山本書店，1996 年）.

Blanke, Horst Walter „Droysen, Johann Gustav." In *Historikerlexikon. Von der Antike bis zur Gegenwart,* herausgegeben von Rüdiger vom Bruch und Rainer A. Müller, 163. München: Verlag C.H. Beck, 2002.

——— hrsg. *Historie und Historik. 200 Jahre Johann Gustav Droysen.* Festschrift für Jörn Rüsen zum 70. Geburtstag. Köln, Weimar, & Wien: Böhlau Verlag, 2009.

Bloom, Allan. *The Closing of the American Mind.* New York: Simon & Schuster, 1987（アラン・ブルーム，菅野盾樹訳『アメリカン・マインドの終焉』みすず書房，1988 年）.

Bodenstein, Walter. *Neige des Historismus. Ernst Troeltschs Entwicklungsgang.* Gütersloh: Gerd Mohn, 1959.

Boeckh, August. *Die Staatshaushaltung der Athener.* 3. Aufl. Berlin: Georg Reimer 1896.

——— *Encyklopädie und Methodologie der philologischen Wissenschaften.* 1. Aufl. Herausgegeben von Ernst Bratuscheck. Leipzig: Druck und Verlag von B. G. Teubner, 1877.

——— *Encyklopädie und Methodologie der philologischen Wissenschaften.* 2. Aufl. Herausgegeben von Ernst Bratuscheck und besorgt von Rudolf Klussmann. Leipzig: Druck und Verlag von B. G. Teubner, 1886.

——— *Enzyklopädie und Methodenlehre der philologischen Wissenschaften.* Herausgegeben von Ernst Bratuscheck. Darmstadt: Wissenschaftliche Buchgesellschaft, 1996.

———*Gesammelte kleine Schriften.*

Bd.1. *Orationes in universitate litteraria Frederica Guilelma Berolinensi habitae.* Edidit Ferdinandus Ascherson. Leipzig: B. G. Teubner, 1858.

Bd. 2. *Reden gehalten auf der Universität und in der Akademie der Wissenschaften zu*

Berlin. Herausgegeben von Ferdinand Ascherson. Leipzig: B. G. Teubner, 1859.
Bd. 3. *Reden gehalten auf der Universität und in der Akademie der Wissenschaften zu Berlin 1859-1862; und, Abhandlungen aus den Jahren 1807-1810 und 1863-1865.* Herausgegeben von Ferdinand Ascherson. Leipzig: B. G. Teubner, 1866.
Bd. 4. *Opuscula academica berolinensia.* Ediderund Ferdinandus Ascherson, Ernestus Bratuscheck, Paulus Eichholtz. Leipzig: B. G. Teubner, 1874.
Bd. 5. *Akademische Abhandlungen vorgetragen in den Jahren 1815-1834 in der Akademie der Wissenschaften zu Berlin.* Herausgegeben von Paul Eichholtz und Ernst Bratuscheck. Leipzig: B. G. Teubner, 1871.
Bd. 6. *Akademische Abhandlungen vorgetragen in den Jahren 1836-1858 in der Akademie der Wissenschaften zu Berlin; nebst einem Anhange epigraphische Abhandlungen aus Zeitschriften enthaltend.* Herausgegeben von Paul Eichholtz und Ernst Bratuscheck. Leipzig: B. G. Teubner, 1871.
Bd. 7. *Kritiken; nebst einem Anhange.* Herausgegeben von Ferdinand Ascherson und Paul Eichholtz. Leipzig: B. G. Teubner, 1872.

——— *On Interpretation and Criticism.* Translated, and with an Introduction by John Paul Pritchard. Norman. Oklahoma: University of Oklahoma Press, 1968.

Bollnow, Otto Friedrich. *Dilthey. Eine Einführung in seine Philosophie.* 2. Aufl. Stuttgart: W. Kohlhammer Verlag, 1955（O・F・ボルノー，麻生建訳『ディルタイ――その哲学への案内』未来社，1977 年）.

——— *Studien zur Hermeneutik. Band 1: Zur Philosophie der Geisteswissenschaften.* Freiburg & München: Verlag Karl Alber, 1982（オットー・フリードリヒ・ボルノー，西村皓・森田孝監訳『解釈学研究』玉川大学出版部，1991 年）.

Bornhausen, Karl. „Ernst Troeltsch und das Problem der wissenschaftlichen Theologie.“ *ZThK.* N.F. 4 (1923): 196-223.

Bowie, Andrew. “Introduction” to *Hermeneutics and Criticism and Other Writings,* by Friedrich Scheleiermacher. Translated and edited by Andrew Bowie. Cambridge: Cambridge University Press, 1998.

Braaten,. Carl E. *History and Hermeneutics.* Philadelphia: Westminster Press, 1966.

Briefwechsel zwischen Wilhelm Dilthey und dem Grafen Paul Yorck von Wartenburg 1877-1897. Herausgegeben von S. v. d. Schulenburg. Halle (Saale): Verlag Max Niemeyer. 1923.

Brown, Charles C. *Niebuhr and His Age: Reinhold Niebuhr's Prophetic Role in the Twentieth Century.* Philadelphia: Trinity Press International, 1992（チャールズ・C・ブラウン，高橋義文訳『ニーバーとその時代』聖学院大学出版会，2004 年）.

Bruford, W. H. *Germany in the XVIII Century: The Social Background of the Literary Revival.* Cambridge: Cambridge University Press, 1952（W・H・ブリュフォード，上西河原章訳『十八世紀のドイツ――ゲーテ時代の社会的背景』三修社，1980 年）.

Bultmann, Rudolf. “Die liberale Theologie und die jüngste theologische Bewegung.” In

Glauben und Verstehen. Bd. I, 1-25. 18. Aufl. Tübingen: J. C. B. Mohr (Paul Siebeck), 1980.

——— "Geschichtsverständnis im Griechentum und Christentum." In *Glauben und Verstehen.* Bd. IV, 91-103. 8. Aufl. Tübingen: J. C. B. Mohr (Paul Siebeck), 1980.

——— *History and Eschatology: The Presence of Eternity.* New York: Harper & Row, 1957（R・ブルトマン，中川秀恭訳『歴史と終末論』岩波書店，1969 年）.

Burckhardt, Jacob. *Jacob Burckhardt Werke.* Kritische Gesamtausgabe. Herausgegeben von Jacob Burckhardt-Stiftung, Basel. Bd. 10. *Aesthetik der bildenden Kunst, Über das Studium der Geschichte.* München: C. H. Beck, 2000.

Burke, Peter. *What is Cultural History?* 2d rev. ed. Cambridge: Polity Press, 2009（ピーター・バーク，長谷川貴彦訳『文化史とは何か　増補改訂版』，法政大学出版局，2010 年）.

Caldwell, Elizabeth F. *A Mysterious Mantle: The Biography of Hulda Niebuhr.* New York: Pilgrim Press, 1992.

Calhoun, Robert L. Review of *The Nature and Destiny of Man, Vol. II: Human Destiny,* by Reinhold Niebuhr. *The Journal of Religion* Vol. 24, No. 1 (1944): 59-64.

Clark, William. *Academic Charisma and the Origins of the Research University.* Chicago and London: University of Chicago Press, 2006.

Clayton, John Powell, ed. *Ernst Troeltsch and the Future of Theology.* Cambridge: Cambridge University Press, 1976.

Conford, F. M. *The Unwritten Philosophy and Other Essays.* Cambridge: Cambridge University Press, 1950.

Crouter, Richard. "Hegel and Schleiermacher: A Many-sided Debate." *In Papers of the Nineteenth Century Theology Working Group (AAR 1979 Annual Meeting).* Vol. 5,. edited by James O. Duke and Peter C. Hodgson, 67-80. Berkeley, Calif.: Graduate Theological Union, 1979.

——— *Friedrich Schleiermacher. Between Enlightenment and Romanticism.* Cambridge: Cambridge University Press, 2005.

Curtius, Ernst Robert. *Europäische Literatur und Lateinisches Mittelalter.* Bern & München: Francke Verlag, 1948; 4. Aufl., 1963（E・R・クルツィウス，南大路振一・中村善也訳『ヨーロッパ文学とラテン中世』，みすず書房，1971 年）.

Curtius, Ernst. „Zum Gedächtniss an Chr. A. Brandis und A. Boeckh." In *Alterthum und Gegenwart. Gesammelte Reden und Vorträge.* Zweiter Band. 2. Aufl., 261-277. Berlin: Verlag von Wilhelm Hertz, 1886.

——— *Unter drei Kaisern: Reden und Aufsätze.* 2. Aufl. Berlin: Verlag von Wilhelm Hertz, 1895.

Davies, David R. *Reinhold Niebuhr: Prophet from America.* New York: Macmillan, 1948.

Der junge Dilthey. Ein Lebensbild in Briefen und Tagebüchern 1852-1870. Zusammengestellt von Clara Misch geb. Dilthey. 2., unveränderte Aufl. Stuttgart: B. G. Teubner

Verlagsgesellschaft; Göttingen: Vandenhoeck & Ruprecht, 1960.

Dibble, F. Ernest. *Young Prophet Niebuhr. Reinhold Niebuhr's Early Search for Social Justice.* Washington D.C.: University Press of America, 1979.

Diem, Hermann. *Theologie als kirchliche Wissenschaft.* Bd. 2. *Dogmatik: Ihr Weg zwischen Historismus und Existentialismus.* München: Chr. Kaiser Verlag, 1955.

Dilthey, Wilhelm. *Gesammelte Schriften.* 26 Bde. 4., unveränderte Auflage. Stuttgart: B. G. Teubner Verlagsgesellschaft; Göttingen: Vandenhoeck & Ruprecht, 1959-2005.

Bd. 1. *Einleitung in die Geisteswissenschaften.* 4., unveränderte Aufl. 1959.

Bd. 2. *Weltanschauung und Analyse des Menschen seit Renaissance und Reformation.* 5., unveränderte Aufl. 1957.

Bd. 3. *Studien zur Geschichte des deutschen Geistes.* 2., unveränderte Aufl. 1959.

Bd. 4. *Die Jugendgeschichte Hegels und andere Abhandlungen zur Geschichte des deutschen Idealismus.* 2., unveränderte Aufl. 1959.

Bd. 5. *Die geistige Welt. Einleitung in die Philosophie des Lebens. Erste Hälfte. Abhandlungen zur Grundlegung der Geisteswissenschaften.* 2., unveränderte Aufl. 1957.

Bd. 6. *Die geistige Welt. Einleitung in die Philosophie des Lebens. Zweite Hälfte Abhandlungen zur Poetik, Ethik und Pädagogik.* 3., unveränderte Aufl. 1958.

Bd. 7. *Der Aufbau der geschichtlichen Welt in den Geisteswissenschaften.* 2., unveränderte Aufl.1958.

Bd. 8.*Weltanschauungslehre. Abhandlungen zur Philosophie der Philosophie*, 2., unveränderte Aufl. 1960.

Bd. 9. *Pädagogik. Geschichte und Grundlinien des Systems*, 2., unveränderte Aufl. 1960.

Bd. 10. *System der Ethik.* 1958.

Bd. 11. *Vom Aufgang des geschichtlichen Bewusstseins. Jugendaufsätze und Erinnerungen.* 2., unveränderte Aufl. 1960.

Bd. 12. *Schleiermachers politische Gesinnung und Wirksamkeit. Die Reorganisatoren des preussischen Staates. Das allgemeine Landrecht.* 2., unveränderte Aufl. 1960.

Bd. 13. *Leben Schleiermachers.* Erster Band. Auf Grund des Textes der 1. Auflage von 1870 und der Zusätze aus dem Nachlaß herausgegeben von Martin Redeker. 1970.

Bd. 14. *Leben Schleiermachers.* Zweiter Band: *Schleiermachers System als Philosophie und Theologie*. Aus dem Nachlaß von Wilhelm Dilthey mit einer Einleitung herausgegeben von Martin Redeker. 1966.

Bd. 15. *Zur Geistesgeschichte des 19. Jahrhunderts. Portraits und biographische Skizzen Quellenstudien und Literaturgeschichte zur Theologie und Philosophie im 19. Jahrhundert.* Herausgegeben von Ulrich Herrmann. 1970.

Bd. 16. *Zur Geistesgeschichte des 19. Jahrhunderts. Aufsätze und Rezensionen aus Zeitungen und Zeitschriften 1859-1874.* 1966. Herausgegeben von Ulrich Herrmann. 1972.

Bd. 17. *Zur Geistesgeschichte des 19. Jahrhunderts.* Aus „Westermanns Monatsheften":

Literaturbriefe. Berichte zur Kunstgeschichte. Verstreute Rezensionen 1867-1884. Herausgegeben von Ulrich Herrmann. 1974.

Bd. 18. *Die Wissenschaften vom Menschen, der Gesellschaft und der Geschichte. Vorarbeiten zur Einleitung in die Geisteswissenschaften (1865-1880)*. Herausgegeben von Helmut Johach und Frithjof Rodi. 1977.

Bd. 19. *Grundlegung der Wissenschaften vom Menschen, der Gesellschaft und der Geschichte. Ausarbeitungen und Entwürfe zum Zweiten Band der Einleitung in die Geisteswissenschaften (ca. 1870-1895).* 1982.

Bd. 20. *Logik und System der philosophischen Wissenschaften. Vorlesungen zur erkenntnistheorerischen Logik und Methodologie (1864-1903)*. Herausgegeben von Hans-Ulrich Lessing und Frithjof Rodi. 1990.

Bd. 21. *Psychologie als Erfahrungswissenschaft.* Erster Teil: *Vorlesungen zur Psychologie und Anthropologie (ca. 1875-1894)*. Herausgegeben von Guy van Kerckhoven und Hans-Ulrich Lessing. 1997.

Bd. 22. *Psychologie als Erfahrungswissenschaft.* Zweiter Teil: *Manuskripte zur Genese der deskriptiven Psychologie (ca. 1860-1895)*. Herausgegeben von Guy van Kerckhoven und Hans-Ulrich Lessing. 2005.

Bd. 23. *Allgemeine Geschichte der Philosophie. Vorlesungen 1900-1905*. Herausgegeben von Gabriel Gebhardt und Hans-Ulrich Lessing. 2000.

Bd. 24. *Logik und Wert. Späte Vorlesungen, Entwürfe und Fragmente zur Strukturpsychologie, Logik und Wertlehre (ca. 1904-1911)*. Herausgegeben von Gudrun Kühne-Bertram. 2004.

Bd. 25. „*Dichter als Seher der Menschheit.*“ Die geplante Sammelung literarhitorischer Aufsätze von 1895. Herausgegeben von Gabriel Malsch. 2006.

Bd. 26. *Das Erlebnis und die Dichtung. Lessing-Goethe-Novalis-Hölderlin.* Herausgegeben von Gabriel Malsch. 2005（ディルタイ，柴田治三郎訳『体験と創作』上・下巻，岩波文庫，1961 年）.

——— *Gesammelte Schriften*. Ergänzungsband 1. *Briefwechsel 1852-1911*.

Bd. 1. *1852-1882*. Herausgegeben von Gudrun Kühne-Bertram und Hans-Ulrich Lessing. Göttingen: Vandenhoeck & Ruprecht, 2011.

Dober, Hans Martin. „Die Verwindung des Historismus. Ernst Troeltschs und Walter Benjamins geschichtsphilosophische Reflexion im Vergleich.“ In *Mitteilungen der Ernst-Troeltsch-Gesellschaft* Bd. 17 (2004), 26-68.

Dostal, Robert J., ed. *The Cambridge Companion to Gadamer.* Cambridge: Cambridge University Press, 2002.

Droysen, Gustav. *Johann Gustav Droysen. Erster Teil: Bis zum Beginn der Frankfurter Tätigkeit*. Leipzig und Berlin: Druck und Verlag von B. G. Teubner, 1910.

Droysen, Johann Gustav. *Historik. Vorlesungen über Enzyklopädie und Methodologie der*

Geschichte. Herausgegeben von Rudolf Hüber. 5. unveränderte Aufl. München: R. Oldenbourg, 1967.

——— *Historik* (Historisch-kritische Ausgabe von Peter Leyh und Horst Walter Blanke).

Band 1: *Rekonstruktion der ersten vollständigen Fassung der Vorlesungen (1857) Grundriß der Historik in der ersten handschriftlichen (1857/58) und in der letzten gedruckten Fassung (1882).* Stuttgart-Bad Cannstatt: Friedrich Frommann Verlag Günther Holzboog, 1977.

Band 2: *Texte im Umkreis der Historik* unter Berücksichtung der Vorarbeiten von Peter Leyh nach den Erstdrucken und Handschriften herausgegeben von Horst Walter Blanke. Stuttgart-Bad Cannstatt: Friedrich Frommann Verlag Günther Holzboog, 2007.

Supplement: *Droysen-Bibliographie.* Herausgegeben von Horst Walter Blanke. Stuttgart-Bad Cannstatt: Friedrich Frommann Verlag Günther Holzboog, 2008.

——— *Grundriss der Historik.* Leipzig: Verlag von Veit & Comp., 1868（ヨハン・グスタフ・ドロイゼン，樺俊雄訳『史学綱要』刀江書院，1937年）.

——— *Geschichte des Hellenismus.* 3 Bde. Herausgegeben von Erich Bayer, eingeleitet von Hans-Joachim Gehrke. Darmstadt: Wissenschaftliche Buchgesellschaft, 2008.

——— *Politische Schriften.* Herausgegeben von Felix Gilbert. München & Berlin: Verlag von R. Oldenbourg, 1933.

dtv-Lexikon in 24 Bänden. München: Deutscher Taschenbuch Verlag, 2006.

Duden. Das große Wörterbuch der deutschen Sprache in acht Bänden. 2., völlig neu bearbeitet und stark erweiterte Auflage. Herausgegeben und bearbeitet vom Wissenschaftlichen Rat und den Mitarbeitern der Dudenredaktion unter der Leitung von Günther Drosdowski. Mannheim-Leipzig-Wien-Zürich: Dudenverlag, 1994.

Epstein, Cathrine. *A Past Renewed: A Catalog of German-Speaking Refugee Historians in the United States after 1933.* Publications of the German Historical Institute. Cambridge University Press, 2002.

Erbe, Michael, hrsg. *Berlinische Lebensbilder. Geisteswissenschaftler*. Berlin: Colloquium Verlag, 1989.

Ermarth, Michael. *Wilhelm Dilthey: The Critique of Historical Reason.* Chicago: University of Chicago Press, 1978.

Ernesti, Johann August. *Elements of Interpretation.* Translated and accompanied by Notes by Moses Stuart. Andover: Mark Newman, 1887.

Ernst Troeltsch. Briefe an Friedrich von Hügel 1901-1923. Mit einer Einleitung herausgegeben von Karl-Ernst-Apfelbacher und Peter Neuner. Paderborn: Verlag Bonifacius-Druckerei, 1974.

Ernst Troeltsch in Nachrufen. Herausgegeben von Friedrich Wilhelm Graf unter Mitarbeit von Christian Nees. Gütersloh: Gerd Mohn, 2002.

Etzold, Alfred. *Der Dorotheenstädtischer Friedhof. Die Begräbnisstätten an der Berliner*

Chausseestraße. Mit Fotos von Wolfgang Türk. Berlin: Ch. Links Verlag, 2002.

Falanga, Gianluga. *Die Humboldt-Universität*. Berlin: Berlin Story Verlag, 2005.

Fittbogen, Gottfried. *Die Religion Lessings*. Leipzig: Mayer & Müller, 1923. Reprint, New York: Johnson Reprint Corporation, 1967.

Flashar, H., K. Gründer & A. Horstmann (Hrsg.) *Philologie und Hermeneutik im 19. Jahrhundert. Zur Geschichte und Methodologie der Geisteswissenschften*. Göttingen: Vandenhoeck & Ruprecht, 1979.

Fox, Richard. *A Biography of Reinhold Niebuhr.* New York: Pantheon Books, 1985.

——— "The Niebuhr Brothers and the Liberal Protestant Heritage." In *Religion & Twentieth-Century American Intellectual Life*, ed. Michael J. Lacey, 94-115. Cambridge: Cambridge University Press, 1991.

Frank, Manfred. "Einleitung." In *Hermeneutik und Kritik,* von F. D. E. Schleiermacher. Mit einem Anhang sprachphilosophischer Texte Schleiermachers. Herausgegeben und eingeleitet von Manfred Frank. Frankfurt am Main: Suhrkamp, 1977.

Friedrich Meinecke Heute. Berichte über ein Gedenk-Colloqium zu seinem 25. Todestag am 5. Und 6. April 1979. Bearbeitet und herausgegeben von Michael Erbe. Berlin: Colloquium Verlag, 1981.

Friedrich Schleiermacher Schriften (Bibliothek Deutscher Klassiker 134). Herausgegeben von Andreas Arndt. Frankfurt am Main: Deutscher Klassiker, 1996.

Funk, Robert, ed. *History and Hermeneutic*. New York: Herder & Herder, 1967.

Gadamer, Hans-Georg. *Gesammelte Werke.* Bd. 1, *Hermeneutik I: Wahrheit und Methode.* Tübingen: J. C. B. Mohr (Paul Siebeck), 1990（ガダマー，轡田収・麻生建他訳『真理と方法 I』法政大学出版局，1986 年；ガダマー，轡田収・巻田悦郎訳『真理と方法 II』法政大学出版局，2008 年）.

Gerhardt, Volker, Reinhard Mehring, und Jana Rindert. *Berliner Geist. Eine Geschichte der Berliner Universitätsphilosophie.* Berlin: Akademie Verlag, 1999.

Gierke, Otto. *Natural Law and the Theory of Society 1500 to 1800.* Translated with an Introduction by Earnest Barker. Cambridge: Cambridge University Press, 1950.

Gilbert, Felix. *Johann Gustav Droysen und die preussische=deutsche Frage*. München und Berlin: Verlag von R. Oldenbourg, 1931.

——— "Intellectual History: Its Aims and Methods." *Daedalus* 100 (1971): 80-97.

——— *History: Politics or Culture? Reflections on Ranke and Burckhardt*. Princeton, N.J.: Princeton University Press, 1990.

Godsey, John D. *The Promise of H. Richard Niebuhr.* Philadelphia: J. B. Lippincott Company, 1970.

Goldfriedrich, Johann Adolf. *Die historische Ideenlehre in Deutschland.* Berlin: R. Gaertners Verlagsbuchhandlung, 1902.

Gooch, G. P. *History and Historians in the Nineteenth Century,* with a new introduction by the

author. Boston: Beacon Press, 1959（グーチ，林健太郎・林孝子訳『十九世紀の歴史と歴史家たち』筑摩書房，1971 年）.

Graf, Friedrich Wilhelm & Hartmut Ruddies, hrsg. *Ernst Troeltsch Bibliographie*. Tübingen: J. C. B. Mohr (Paul Siebeck), 1982.

——— „Ernst Troeltsch. Geschichtsphilosophie in praktischer Absicht.“ In *Grundprobleme der großen Philosophen. Philosophie der Neuzeit IV*, herausgegeben von Josef Seck, 128-164. Göttingen: Vandenhoeck & Ruprecht, 1986.

——— „Religiöser Historismus. Ernst Troeltsch (1865-1923).“ In *Profile des neuzeitlichen Protestantismus*, herausgegeben von Friedrich Wilhelm Graf, Bd. 2, Teil 2, 295-335. Gütersloh: Gütersloher Verlagshaus Gerd Mohn, 1993.

Graf, Friedrich Wilhelm. „Die ‚antihistoristische Revolution‘ in der protestantischen Theologie der zwanziger Jahre.“ In *Vernunft des Glaubens: Wissenschaftliche Theologie und kirchliche Lehre*. Festschrift zum 60. Geburtstag von Wolfhard Pannenberg, herausgegeben von Jan Rohls und Gunther Wenz, 377-405. Göttingen: Vandenhoeck & Ruprecht, 1988.

——— „Fachmenschenfreundschaft. Bemerkungen zu ›Max Weber und Ernst Troeltsch‹.“ In *Max Weber und seine Zeitgenossen,* herausgegeben von Wolfgang J. Mommsen und Wolfgang Schwentker, 313-336. Göttingen & Zürich: Vandenhoeck & Ruprecht, 1988（W・J・モムゼン，J・オースターハメル，W・シュベントカー編著，鈴木広・米沢和彦・嘉目克彦監訳『マックス・ヴェーバーとその同時代人群像』ミネルヴァ書房，1994 年，214–236 頁）.

——— „Geschichte durch Übergeschichte überwinden. Antihistoristisches Geschichtsdenken in der protestantischen Theologie der 1920er Jahre.“ In *Geschichtsdiskurs 4, Krisenbewußtsein, Katastrophenerfahrungen und Innovationen 1880-1945,* herausgegeben von W. Küttler, J. Rüsen, und E. Schulin, 217-244. Frankfurt am Main: Fischer Verlag, 1997.

——— hrsg. *Troeltsch-Studien*. Bd. 11, *Ernst Troeltschs »Historismus«*. Gütersloh: Gütersloher Verlagshaus, 2000.

——— hrsg. *Troeltsch-Studien.* Bd. 12, *Ernst Troeltsch in Nachruf.* Gütersloh: Gütersloher Verlagshaus, 2002.

——— „Ernst Troeltsch: Theologie als Kulturwissenschaft des Historismus.“ In *Theologen des 20. Jahrhunderts. Eine Einführung,* herausgegeben von Peter Neuner und Gunther Wenz, 53-69. Darmstadt: Wissenschaftliche Buchgesellschaft, 2002.

——— „Annhihilatio historiae? Theologische Geschichtsdiskurse in der Weimarer Republik.“ In *Jahrbuch des Historischen Kollegs 2004*, 49-81. München: R. Oldenbourg Verlag, 2004.

Groll, Wilfried. *Ernst Troeltsch und Karl Barth—Kontinuität im Widerspruch.* München: Chr. Kaiser Verlag, 1976（W・グロール，西谷幸介訳『トレルチとバルト——対立における連続』教文館，1991 年）.

Grondin, Jean. *Einführung in die philosophische Hermeneutik.* Darmstadt: Wissenschaftliche Buchgesellschaft, 2001.

——— *Hermeneutik*. Aus dem Französischen übersetzt von Ulrike Blech. Göttingen: Vandenhoeck & Ruprecht, 2009.

Guizot, François Pierre Guillaume. *Histoire généale de la civilization en Europe*. Paris: Didier, 1828（ギゾー，安士正夫訳『ヨーロッパ文明史——ローマ帝国の崩壊よりフランス革命にいたる』みすず書房，2006 年）.

Hackel, Christiane. *Die Bedeutung August Boeckhs für den Geschichtstheoretiker Johann Gustav Droysen. Die Enzyklopädie-Vorlesungen im Vergleich.* Würzburg: Königshausen & Neumann, 2006.

——— hrsg. *Philologe-Historiker-Politiker. Johann Gustav Droysen 1808-1884.* Berlin: G+H Verlag, 2008.

Hänel, Curt. *Skizzen und Vorarbeiten zu einer wissenschaftlichen Biographie Jakob Burckhardts*. Erste Folge: Auf Jakob Burckhardts Spuren durch die Weltgeschichte. Leipzig: Druck von Bruno Zechel, 1908.

Hamilton, Paul. *Historicism*. Second Edition. London and New York: Routledge, 2003.

Hammer, Klaus. *Friedhöfe in Berlin: Ein kunst- und kulturgeschichtlicher Führer*. Berlin: Jaron Verlag, 2011.

Hammerstein, N., hrsg. *Deutsche Geschichtswissenschaft um 1900.* Stuttgart: Franz Steiner Verlag Wiesbaden 1988.

Handy, Robert T. *A History of Union Theological Seminary in New York.* New York: Columbia University Press, 1987.

Hara, Katsuro. *An Introduction to the History of Japan.* New York & London: Putnam's Sons, 1920.

Harnack, Adolf von. *Geschichte der königlich Preußischen Akademie der Wissenschaften zu Berlin.* 3 Bde in 4 Teilen. Berlin: Akademie der Wissenschaften, 1900. Nachdruck, Hildesheim & New York: Georg Olms Verlag, 1970.

Hardwig, Wolfgang. „Konzeption und Begriff der Forschung in der deutschen Historie des 19. Jahrhunderts." In *Konzeption und Begriff der Forschung in den Wissenschaften des 19. Jahrhunderts*. Referate und Diskussionen des 10. wissenschaftstheoretischen Kolloquiums 1975, herausgegeben von Alwin Diemer, 11-26. Meisenheim am Glan: Verlag Anton Hain, 1978.

Hartwig, Wolfgang und Hans-Ulrich Wehler, hrsg. *Kulturgeschichte Heute.* Göttingen: Vandenhoeck & Ruprecht, 1996.

Harvey, Van A. *The Historian and the Believer: The Morality of Historical Knowledge and Christian Belief.* Philadelphia: Westminster Press, 1966.

Hegel, G. W. F. *Werke in zwanziger Bänden.* Bd. 12, *Vorlesungen über die Philosophie der Geschichte.* Frankfurt am Main: Suhrkamp Verlag, 1970.

Heidegger, Martin. *Sein und Zeit*, 14., durchgesehene Aufl. Tübingen: Max Niemeyer Verlag, 1977（マルティン・ハイデッガー，細谷貞雄訳『存在と時間』上・下巻，ちくま学芸文庫，2004年；ハイデッガー，辻村公一，ハルトムート・ブフナー訳『有と時』（ハイデッガー全集 第2巻）創文社，1997年）.

——— *Gesamtausgabe.* II. Abteilung: Vorlesungen 1923-1944. Bd. 20, *Prolegomena zur Geschichte des Zeitbegriffs.* Frankfurt am Main: Vittorio Klostermann, 1979.

——— *Gesamtausgabe* II. Abteilung: Vorlesungen 1919-1944. Bd. 60, *Phänomenologie des religiösen Lebens.* Frankfurt am Main: Vittorio Klostermann, 1995.

——— *Gesamtausgabe* II. Abteilung: Vorlesungen. Bd. 63, *Ontologie (Hermeneutik der Faktizität).* Frankfurt am Main: Vittorio Klostermann, 1988（ハイデッガー，篠憲二，エルマー＝ヴァインマイアー，エベリン・ラフナー訳『オントロギー（事実性の解釈学)』（ハイデッガー全集 第63巻）創文社，1992年）.

Hentschke, Ada und Ulrich Muhlack. *Einführung in die Geschichte der klassischen Philologie.* Darmstadt: Wissenschaftliche Buchgesellschaft, 1972.

Herberger, Kurt. *Historismus und Kairos. Die Überwindung des Historismus bei Ernst Troeltsch und Paul Tillich.* Inaugural Dissertation. Universität Leipzig, 1935.

Hermann, Gottfried. *Ueber Herrn Professor Böckhs Behandlung der Griechischen Inschriften.* Leipzig: Gerhard Fleischer, 1826.

Heussi, Karl. *Die Krisis des Historismus.* Tübingen: J. C. B. Mohr (Paul Siebeck), 1932（K・ホイシー，佐伯守訳『歴史主義の危機』イザラ書房，1974年）.

Hintze, Otto. *Soziologie und Geschichte. Gesammelte Abhandlungen zur Soziologie, Politik und Theorie der Geschichte.* Herausgegeben und eingeleitet von Gerhard Oestreich. 2., erweiterte Aufl. Göttingen: Vandenhoeck & Ruprecht, 1964.

Historisches Wörterbuch der Philosophie. 13 Bde. Herausgegeben von Joachim Ritter, Karlfried Gründer, und Gottfried Gabriel. Darmstadt: Wissenschaftliche Buchgesellschaft, 1971-2007.

Hoffmann, Max. *August Böckh. Lebensbeschreibung und Auswahl aus seinem wissenschaftlichen Briefwechsel.* Leipzig: Druck und Verlag von B. G. Teubner, 1901.

Hoffmeister, Johannes, hrsg. *Wörterbuch der philosophischen Begriffe.* 2. Aufl. Hamburg: Felix Meiner, 1955.

Hofmann, Hans. *The Theology of Reinhold Niebuhr.* New York: Charles Scribner's Sons, 1956.

Holborn, Hajo. "The History of Ideas." *The American Historical Review* 73 (1968): 683-695.

Howard, Thomas Albert. *Protestant Theology and the Making of the Modern German University.* Oxford & New York: Oxford University Press, 2006.

Hübner, Rudolf. *Johann Gustav Droysen Briefwechsel.* 2 Bde. Nachdruck der Ausgabe 1929, Osnabrück: Biblio-Verlag, 1967.

Huizinga, Johan. *Herfsttij der middeleeuwen. Studie over levens- en gegadachtenvormen der veertiende en vijftende eeuw in Frankrijk en de Nederlanden.* Haarel: Tjeenk Willink, 1919

（ホイジンガ，堀越孝一訳『中世の秋』中公文庫，1976年；中公クラシックス，2001年；ホイジンガ，兼岩正夫・里見元一郎訳『ホイジンガ選集』第6巻，河出書房新社，1972年；新装版，1989年；角川文庫，1984年）.

Humboldt, Wilhelm von. *Werke in Fünf Bänden.* 5 Bde. Herausgegeben von Andreas Flintner und Klaus Giel. Darmstadt: Wissenschaftliche Buchgesellschaft, 1980-1981.

——— *Wilhelm von Humboldt's Gesammelte Werke.* 6 Bde. Berlin: Verlag von Georg Reimer, 1841-1852. Nachdruck, Berlin und New York: Walter der Gruyter, 1988.

Husserl, Edmund. *Husserliana: Gesammelte Werke*. Bd. 25, *Aufsätze und Vorträge(1911-1921).* Mit ergänzenden Texten herausgegeben von Thomas Nenon und Hans Rainer Sepp. Dordrecht, Boston und Lancaster: Martinus Nijhoff, 1987.

——— *Husserliana: Gesammelte Werke.* Bd. 6, *Die Krisis der europäischen Wissenschaften und die transzendentale Phänomenologie.* Haag: Martinus Nijhoff, 1954（E・フッサール，細谷恒夫・木田元訳『ヨーロッパ諸学の危機と超越論的現象学』中公文庫，1995年）.

Iggers, Georg G. *Deutsche Geschichtswissenschaft. Eine Kritik der traditionellen Geschichtsauffassung von Herder bis zur Gegenwart.* Wien, Köln, und Weimar: Böhlau Verlag, 1997.

——— *The German Conception of History: The National Tradition of Historical Thought from Herder to the Present.* Revised edition. Middletown, Connectcut: Wesleyan University Press, 1983.

——— „Historismus − Geschichte und Bedeutung eines Begriffs. Eine kritische Übersicht der neuesten Literatur." In *Historismus am Ende des 20. Jahrhundert. Eine internationale Diskussion.* Herausgegeben von Gunther Scholtz. Berlin: Akademie Verlag, 1997.

Iggers, George G. *Historiography in the Twentieth Century: From Scientific Objectivity to the Postmodern Challenge*. With a new epilogue. Middletown, Conn.: Wesleyan University Press, 2005.

Jaeger, Friedrich & Jörn Rüsen. *Geschichte des Historismus. Eine Einführung.* München: Verlag C. H. Beck, 1992.

Jaspert, Bernd (Hrsg.). *Rudolf Bultmanns Werk und Wirkung.* Darmstadt: Wissenschaftliche Buchgesellschaft, 1984.

Johach, Helmut. „Wilhelm Dilthey: Die Struktur der geschichtlichen Erfarung." In *Grundprobleme der großen Philosophen. Philosophie der Newuzeit IV*, herausgegeben von Josef Seck, 52-90. Göttingen: Vandenhoeck & Ruprecht, 1986.

Kähler, Martin. *Der sogenannte historische Jesus und der geschichtliche, biblische Christus.* Leipzig: A. Deichert, 1892. Neu herausgegeben von E. Wolf. 4. Aufl. München: Chr. Kaiser Verlag, 1969.

Kant, Immanuel. *Kants Werke*. Akademie Textausgabe. Bd. III, *Kritik der reinen Vernunft*. 2. Auflage 1787. Berlin: Walter de Gruyter, 1968（カント，有福孝岳訳，『純粋理性批判

中』（カント全集５），岩波書店，2003 年）.

Kaufmann, Fritz. *Geschichtsphilosophie der Gegenwart*. Berlin: Junker und Dünnhaupt, 1931.

Kegly, Charles W. *The Theology of Rudolf Bultmann*. New York: Harper & Row, 1966.

——— ed. *Reinhold Niebuhr: His Religious, Social, and Political Thought.* 2d ed., rev. and enl. New York: Pilgrim Press, 1984.

Kerckhoven, Guy van, Hans U. Lessing, Axel Ossenkop, hrsg. *Wilhelm Dilthey: Leben und Werk in Bildern*. Freiburg & München: Verlag Karl Alber, 2008.

Kliever, Lonnie. *H. Richard Niebuhr.* Waco, Tex.: Word Books, 1977.

Köhler, Walther. *Ernst Troeltsch.* Tübingen: J. C. B. Mohr (Paul Siebeck), 1941.

Kohls, Ernst-Wilhelm. *Vorwärts zu den Tatsachen. Zur Überwindung der heutigen Hermeneutik seit Schleiermacher, Dilthy, Harnack und Troeltsch*. 3. Aufl. Basel: Friedrich Reinhardt Verlag, 1981.

Korff, Hermann August. *Geist der Goethezeit.* 4 Bde. Leipzig: Koehler & Amelang, 1956.

Kracauer, Siegfried. *Das Ornament der Masse.* Mit einem Nachwort von Karsten Witte. Frankfurt am Main: Suhrkamp Verlag, 1977.

Kühne-Bertram, Gudrun und Frithjof Rodi, hrsg. *Dilthey und die hermeneutische Wende in der Philosophie. Wirkungsgeschichtliche Aspekte seines Werkes*. Göttingen: Vandenhoeck & Ruprecht, 2008.

Laks, André et Ada Neschke,éds *La naissance du paradigme herméneutique. Schleiermacher, Humboldt, Boeckh, Droysen*. Lille: Presses Universitaires de Lille, 1990.

Landon, Harold R., ed. *Reinhold Niebuhr: A Prophetic Voice in our Time.* New York: Seabury Press, 1962.

Lehmann, Hartmut, ed. *Felix Gilbert as Scholar and Teacher*. With contributions by Mary Patterson McPherson, Barbara Miller Lane, and Gordon A. Craig. Washington, D.C.: German Historical Institute, 1992.

Lehmann, Hartmut & James J. Sheehan, eds. *An Interrupted Past: German-Speaking Refugee Historians in the United States after 1933.* Publications of the German Historical Institute. Cambridge University Press, 2002.

Lenz, Max. *Geschichte der königlichen Friedrich-Wilhelms-Universität zu Berlin.* Bd. 1, *Gründung und Ausbau.* Halle: Waisenhaus, 1910.

——— *Geschichte der königlichen Friedrich-Wilhelms-Universität zu Berlin.* Bd. 2, Erste Hälfte, *Ministerium Altenstein.* Halle: Waisenhaus, 1910.

——— *Geschichte der königlichen Friedrich-Wilhelms-Universität zu Berlin.* Bd. 2, Zweite Hälfte, *Auf dem Weg zur deutschen Einheit in neuen Reich.* Halle: Waisenhaus, 1918.

Lessing, Gotthold Ephraim. *Sämtliche Schriften*. Herausgegeben von Karl Lachmann und Franz Muncker. Dritte, auf's neue durchgesehene und vermehrte Auflage. 23 Bde. Stuttgart (Bd. 12ff.), Leipzig (Bd. 22f.), Berlin & Leipzig, 1886-1924. Nachdruck, Berlin: Walter de Gruyter, 1968.

———*Werke und Briefe in zwölf Bänden*. Herausgegeben von Wilfried Barner zusammen mit Klaus Bohnen, Gunter E. Grimm, Helmuth Kiesel, Arno Schilson, Jürgen Stenzel und Conrad Wiedemann. 12 Bde. Frankfurt am Main: Deutscher Klassiker Verlag, 1985-2001.

Lewis, C.S. “Historicism.” In *Christian Reflections,* edited by Walter Hooper, 100-113. Grand Rapids, Mich: William B. Eerdmans 1995.

Loofs, Friedrich. *Lessings Stellung zum Christentum*. Halle: Waisenhauser, 1910.

Löwith, Karl. “Max Weber und seine Nachfolger.” In *Sämtliche Schriften*. Bd. 5, 408-418. Stuttgart: J. B. Metzlersche Buchhandlung, 1981.

Lovejoy, Arthur O. *The Great Chain of Being*. Cambridge, Mass.: Harvard University Press, 1936（アーサー・O・ラヴジョイ，内藤健二訳『存在の大いなる連鎖』晶文社，1975年）.

——— *Essays in the History of Ideas*. New York: George Braziller, 1955（アーサー・O・ラヴジョイ，鈴木信雄他訳『観念の歴史』名古屋大学出版会，2003年）.

Lüdemann, Gerd und Martin Schröder, hrsg. *Die Religionsgeschichtliche Schule in Göttingen. Eine Dokumentation.* Göttingen: Vandenhoeck & Ruprecht, 1987.

McFaul, Thomas Ray. “A Comparison of the Ethics of H. Richard Niebuhr and Reinhold Niebuhr” (Ph.D. diss., Boston University, 1972).

McClelland, Charles E. *State, Society, and University in Germany: 1700-1914.* Cambridge: Cambridge University Press, 2008.

Mandelbaum, Maurice. “The History of Ideas, Intellectual History, and the History of Philosophy.” *History and Theory* 5 (1965): 33-66.

Mann, Otto. *Lessing: Sein und Leistung.* 2. Aufl. Berlin: Walter de Gruyter, 1965.

Mannheim, Karl. „Historismus.“ *Archiv für Sozialwissenschaft und Sozialpolitik.* 52. Bd. (1924), 1-60（マンハイム，徳永恂訳『歴史主義』未来社，1970年）.

Marcuse, Ludwig. *Mein zwanzigstes Jahrhundert. Auf dem Weg zu einer Autobiographie.* Zürich: Diogenes, 1975（ルードウィヒ・マルクーゼ，西義之訳『わが20世紀』ダイヤモンド社，1975年）.

Mariña, Jacqueline, ed. *The Cambridge Companion to Friedrich Schleiermacher*. Cambridge: Cambridge University Press, 2005.

May, Henry F. *The Divided Heart: Essays on Protestantism and the Enlightenment in America*. New York: Oxford University Press, 1991.

——— *Ideas, Faiths & Feelings: Essays on American Intellectual & Religious History 1952-1982.* New York and Oxford: Oxford University Press, 1983.

Meinecke, Friedrich. *Werke*. 9 Bde. Herausgegeben von Hans Herzfeld, Carl Hinrichs, Walther Hofer, Eberhard Kessel, und Georg Kotowski. Stuttgart: K. F. Koehler Verlag; München: R. Oldenbourg, 1965ff.

Bd. 1. *Die Idee des Staatsräson in der neueren Geschichte.* Herausgegeben von Walther Hofer. München: R. Oldenbourg, 1925; 4. Aufl. 1976（フリードリヒ・マイネッケ，菊

盛英夫・生松敬三訳『近代史における国家理性の理念』みすず書房，1976 年）.

Bd. 2. *Politische Schriften und Reden*. Herausgegeben von Georg Kotowski. 4. Aufl. 1979.

Bd. 3. *Die Entstehung des Historismus.* Herausgegeben von Carl Hinrichs. 1965（F・マイネッケ，菊盛英夫・麻生建訳『歴史主義の成立』上・下巻，筑摩書房 1967-68 年）.

Bd. 4. *Zur Theorie und Philosophie der Geschichte.* Herausgegeben und eingeleitet von Eberhard Kessel. 2. Aufl. 1965.

Bd. 5. *Weltbürgertum und Nationalstaat.* Herausgegeben und eingeleitet von Hans Herzfeld. 1969（フリードリッヒ・マイネッケ，矢田俊隆訳『世界市民主義と国民国家 I』岩波書店，1968 年；『世界市民主義と国民国家 II』岩波書店，1972 年）.

Bd. 6. *Ausgewähltet Briefwechsel.* Herausgegeben und eingeleitet von Ludwig Dehio und Peter Classen. 1962.

Bd. 7. *Zur Geschichte der Geschichtsschreibung*. Herausgegeben und eingeleitet von Eberhard Kessel. 1968.

Bd. 8. *Autobiographische Schriften*. Herausgegeben und eingeleitet von Eberhard Kessel. 1969.

Bd. 9. *Brandenburg—Preußen—Deutschland. Kleine Schriften zur Geschichte und Politik*. Herausgegeben und eingeleitet von Eberhard Kessel. 1979.

Meisner, Heinrich, hrsg. Schleiermachers Briefwechsel mit Böckh und Bekker, 1806-1820. In *Mitteilungen aus dem Literatur-Archiv Berlin* N.F. 11. Berlin, 1916.

Meister, Ernst. „Die geschichtsphilosophischen Voraussetzungen von Johann Gustav Droysens ‚Historik'." *Historische Vierteljahresschrift* 23, 1926, 25-63 u. 199-221.

Merriam-Webster's Biographical Dictionary. Springfield, Mass.: Merriam-Webster, 1972.

Michalson, Gordon E., Jr. *Lessing's "Ugly Ditch": A Study of Theology and History.* University Park and London: Pennsylvania State University Press, 1985.

Miller, Perry. *The New England Mind: The Seventeenth Century*. Cambridge, Mass.: Harvard University Press, 1939.

——— *The New England Mind: From Colony to Province*. Cambridge, Mass.: Harvard University Press, 1953.

Misch, Georg. *Lebensphilosophie und Phänomenologie. Eine Auseinandersetzung der Diltheyschen Richtung mit Heidegger und Husserl.* Mit einem Nachwort zur 3. Aufl. Stuttgart: B. G. Teubner, 1967.

Moltmann, Jürgen, hrsg. *Anfänge der dialektischen Theologie.* 2 Bde. München: Chr. Kaiser Verlag, 1977.

Morgenthau, Hans. "The Influence of Reinhold Niebuhr in American Political Life and Thought." In *Reinhold Niebuhr: A Prophetic Voice in Our Time*, Essays in Tribute by Paul Tillich, John C. Bennett and Hans Morgenthau, edited by Harold R. Landon, 97-116. Cambridge: Seabury Press, 1962.

Müller, Gotthold. „Die Selbstauflösung der Dogmatik bei Ernst Troeeltsch." *Theologische*

Zeitschrift 22 (Basel, 1966): 334-346.

Mueller-Vollmer, Kurt,ed *The Hermeneutics Reader: Texts of the German Tradition from the Enlightenment to the Present*. New York: Continuum, 2006.

Muller, Richard A. *Dictionary of Latin and Greek Theological Terms*. Drawn Principally from Protestant Scholastic Theology. Grand Rapids, Mich. Baker Books, 1985.

Nicolin, Günther, hrsg. *Hegel in Berichten seiner Zeitgenossen.* Hamburg: Felix Meiner Verlag, 1970.

Niebuhr, Reinhold. *Does Civilization Need Religion?: A Study of the Social Resources and Limitations of Religion in Modern Life.* New York: Macmillan, 1927（ニーブール，栗原基訳『近代文明と基督教』イデア書院，1928 年）.

——— *Leaves from the Notebook of a Tamed Cynic.* New York: Willett, Clark, and Company, 1929（ニーバー，古屋安雄訳『教会と社会の間で——牧会ノート』新教出版社，1971 年）.

——— *Moral Man and Immoral Society.* New York: Charles Scribner's Sons, 1932（ニーバー，大木英夫訳『道徳的人間と非道徳的社会』白水社，1998 年）

——— *Reflections on the End of an Era*. New York: Charles Scribner's Sons, 1934.

——— "Must We Do Nothing?" *The Christian Century* (March 30, 1932): 415-417.

——— *An Interpretation of Christian Ethics*. New York: Harper & Row, 1935; reprint ed., New York: Seabury Press, 1979（ニーバー，上興二郎訳『基督教倫理』新教出版社，1949 年）.

——— *Beyond Tragedy: Essays on the Christian Interpretation of History.* New York: Charles Scribner's Sons, 1937.

——— *The Nature and Destiny of Man.* 2 vols. New York: Charles Scribner's Sons, 1941-1943（ニーバー，武田清子訳『キリスト教人間観　第一部　人間の本性』新教出版社，1951 年。但し，第二部の部分は未翻訳）.

——— *The Children of Light and the Children of Darkness: A Vindication of Democracy and a Critique of its Traditional Defense.* New York: Charles Scribner's Sons, 1944（ニーバー，武田清子訳『光の子と闇の子』聖学院大学出版会，1994 年）.

——— "We are Men and Not God." *The Christian Century.* LXV (October 27), 1138-1140.

——— *Discerning the Signs of the Times*. New York: Charles Scribner's Sons, 1949.

——— *Faith and History.* New York: Charles Scribner's Sons, 1949（ニーバー，飯野紀元訳『信仰と歴史』新教出版社，1950 年）.

——— *The Irony of American History.* New York: Charles Scribner's Sons, 1952（ニーバー，オーテス・ケーリ訳『アメリカ史の皮肉』社会思想研究会出版部，1954 年）.

——— *The Self and the Dramas of History.* New York: Charles Scribner's Sons, 1955（ニーバー，オーテス・ケーリ訳『自我と歴史の対話』未来社，1964 年）.

——— *Applied Christianity.* Selected, edited, and introduced by D. B. Robertson. New York: Meridian Books, 1959.

——— “The Religion of Abraham Lincoln.” In *Lincoln and the Gettysburg Address,* edited by Allan Nevins, 72-87. Urbana, Ill.: University of Illinois Press, 1964.

——— “Ten Years That Shook My World.” In *The Christian Century* LVI (April 26, 1939), 542-546.

——— “The Truth in Myths.” In *Faith and Politics*, edited by Ronald H. Stone, 15-31. New York: George Braziller, 1968.

——— “Ex Libris.” *The Christian Century* LXXIX (May 9, 1962): 601.

——— *Man's Nature and His Communities: Essays on the Dynamics and Enigmas of Man's Personal and Social Existence*. New York: Charles Scribner's Sons, 1965（ランホルト・ニーバー，津田淳・坪井一訳『人間の本性とその社会』北望社，1969年）.

Niebuhr, H. Richard. “Ernst Troeltsch's Philosophy of Religion.” (Ph.D. diss., Yale University, 1924); available on University Microfilms, Ann Arbor, Mich.

——— *The Social Sources of Denominationalism.* New York: Henry Holt and Company, 1929（H・リチャード・ニーバー，柴田史子訳『アメリカ型キリスト教の社会的起源』ヨルダン社，1984年）.

——— “The Grace of Doing Nothing.” *The Christian Century* XLIX(March 23, 1932): 378-380.

——— “The Only Way into the Kingdom of God.” *The Christian Century* XLIX(April 6, 1932): 447.

——— *The Kingdom of God in America*. New York: Harper & Row, 1937. With a new Introduction by Martin E. Marty. Middletown, Conn.: Wesleyan University, 1988（H・リチャード・ニーバー，柴田史子訳『アメリカにおける神の国』聖学院大学出版会，2008年）.

——— *The Meaning of Revelation.* New York: Macmillan Publishing Co., 1941. Reprint, Macmillan, 1974（H・リチャード・ニーバー，佐柳文男訳『啓示の意味』教文館，1975年）.

——— *Christ and Culture.* New York: Harper & Brothers, 1951（H・リチャード・ニーバー，赤城泰訳『キリストと文化』日本基督教団出版局，1967年）.

——— *Radical Monotheism and Western Culture.* With supplementary essays. New York: Harper & Row, 1960（H・リチャード・ニーバー，東方敬信訳『近代文化の崩壊と唯一神信仰』ヨルダン社，1984年）.

——— “Ex Libris.” *The Christian Century* LXXIX (June 13, 1962): 754.

——— *The Responsible Self: An Essay in Christian Moral Philosophy.* New York: Harper & Row, 1963（H・リチャード・ニーバー，小原信訳『責任を負う自己』新教出版社，1967年）.

——— “Reformation: Continuing Imperative.” *The Christian Century* LXXVII(March 2, 1960), 248-251; reprinted in *How My Mind Has Changed,* edited with an introduction by Harold E. Fey, 69-80. New York: World Publishing Company, 1960.

——— *Faith on Earth: An Inquiry into the Structure of Human Faith*. Edited by Richard R. Niebuhr. New Haven and London: Yale University Press, 1989.

——— *Theology, History, and Culture: Major Unpublished Writings*. Edited by William Stacy Johnson. New Haven and London: Yale University Press, 1996.

Niebuhr, Richard R. *Schleiermacher on Christ and Religion: A New Introduction*. New York: Charles Scribner's Sons, 1964.

Niebuhr, Ursula M., ed. *Justice and Mercy*. New York: Harper & Row, 1974（ラインホールド・ニーバー，梶原寿訳『義と憐れみ——祈りと説教』新教出版社，1975 年）.

——— *Remembering Reinhold Niebuhr: Letters of Reinhold & Ursula M. Niebuhr.* San Francisco: Harper San Francisco, 1991.

Nietzsche, Friedrich. *Der Wille zur Macht. Versuch einer Umwertung aller Werte.* Ausgewählt und geordnet von Peter Gast unter Mitwirkung von Elisabeth Förster-Nietzsche. Stuttgart: Alfred Kröner Verlag, 1964.

Nippel, Wilfried. *Johann Gustav Droysen. Ein Leben zwischen Wissenschaft und Politik.* München: C. H. Beck, 2008.

Nohl, Hermann. "Die Deutsche Bewegung und die idealistische System." *Logos* 2 (1912): 350-359.

Nordalm, Jens, hrsg. *Historismus im 19. Jahrhundert: Geschichtsschreibung von Niebuhr bis Meinecke.* Stuttgart . Philipp Reclam, 2006.

Nowak, Kurt. *Schleiermacher. Leben, Werk und Wirkung*. 2. Aufl. Göttingen: Vandenhoeck & Ruprecht, 2002.

Oexle, Otto Gerhard & Jürn Rüsen, hrsg. *Historismus in den Kulturwissenschaften.* Köln-Weimar-Wien: Böhlau Verlag, 1996.

Oexle, Otto Gerhard. *Geschichtswissenschaft im Zeichen des Historismus.* Göttingen: Vandenhoeck & Ruprecht, 1996.

——— hrsg. *Naturwissenschaft, Geisteswissenschaft, Kulturwissenschaft: Einheit—Gegensatz—Komplementarität?* Mit Beiträgen von Lorraine Daston, Kurt Flasch, Alfred Gierer, Otto Gerhard Oexle und Dieter Simon. 2. Aufl. Göttingen: Wallstein Verlag, 2000.

——— „Troeltschs Dilemma. " In *Troeltsch-Studien*. Bd. 11. *Ernst Troeltschs »Historismus«,* herausgegeben von Friedrich Wilhelm Graf, 23-64. Gütersloh: Gerd Mohn, 2000.

——— hrsg. *Krise des Historismus—Krise der Wirklichkeit: Wissenschaft, Kunst und Literatur 1880-1932.* Göttingen: Vandenhoeck & Ruprecht, 2007.

Ogletree, Thomas W. *Christian Faith and History: A Critical Comparison of Ernst Troeltsch and Karl Barth.* New York and Nashville: Abingdon Press, 1965.

Otto, Rudolf. *Das Heilige. Über das Irrationale in der Idee des Göttlichen und sein Verhältnis zum Rationalen.* München: Verlag C. H. Beck, 1963（オットー，山谷省吾訳『聖なるもの』岩波文庫，1992 年）.

Palmer, Richard E. *Hermeneutics: Interpretation Theory in Schleiermacher, Dilthey, Heidegger,*

and Gadamer. Evanston: Northwestern University Press, 1969.

Pannenberg, Wolfhard. *Grundfragen systematischer Theologie*. 2 Aufl. Göttingen: Vandenhoeck & Ruprecht, 1971（W・パネンベルク，近藤勝彦・芳賀力訳『組織神学の根本問題』日本基督教団出版局，1984 年。但し，邦訳書は原著論文の約半数しか含んでいない）.

——— *Wissenschaftstheorie und Theologie*. Frankfurt am Main: Suhrkamp Verlag, 1977.

——— *Problemgeschichte der neueren evangelischen Theologie in Deutschland.* Göttingen: Vandenhoeck & Ruprecht, 1997.

Pauck, Marion Hausner. "Wilhelm Pauck: A Biographical Essay." In *Interpreters of Luther: Essays in Honor of Wilhelm Pauck,* edited by Jaroslav Pelikan, 335-361. Philadelphia: Fortress Press, 1968.

Pauck, Wilhelm. *Harnack and Troeltsch: Two Historical Theologians*. New York: Oxford University Press, 1968.

——— "Schleiermacher's Conception of History and Church History." In *Schleiermacher as Contemporary*, edited by Robert Funk, 41-56. New York: Herder & Herder, 1970.

Peuckert, Detlev J. K. „,Der Tag klingt ab, allen Dingen kommt nun der Abend... '— Max Webers ‚unzeitgemäße' Begründung der Kulturwissenschaften." In *Kultur und Kulturwissenschaften um 1900. Krise de Moderne und Glaube an die Wissenschaft,* herausgegeben von Rüdiger vom Bruch, Friedrich Wilhelm Graf und Gangolf Hübinger, 155-173. Stuttgart: Franz Steiner Verlag Wiesbaden, 1989.

Philip, Wiener P. and Aaron Noland, eds. *Ideas in Cultural Perspective*. New Brunswick, NJ.: Rutgers University Press, 1962.

Pinkard, Terry. *Hegel: A Biography*. Cambridge: Cambridge University Press, 2000.

Plantinga, Theodore. *Historical Understanding in the Thought of Wilhelm Dilthey.* Toronto, Buffalo, and London: University of Toronto Press, 1980.

Pope, Liston. "H. Richard Niebuhr: A Personal Appreciation." In *Faith and Ethics: The Theology of H. Richard Niebuhr,* edited by Paul Ramsey, 3-8. New York: Harper & Row, 1957; reprint, Gloucester, Mass.: Peter Smith, 1977.

Pretzel, U. „Ernst Troeltschs Berufung an die Berliner Universität." In *Studium Berolinense: Aufsätze und Beiträge zu Problemen der Wissenschaft und zur Geschichte der Friedrich-Wilhelms-Universität zu Berlin,* herausgegeben von H. Leussink, E. Neumann und E. Kotowski, 507-514. Berlin: Walter de Gruyter, 1960.

Ramsey, Paul, ed. *Faith and Ethics: The Theology of H. Richard Niebuhr*. New York: Harper & Row, 1957.

Ranke, Leopold von. *Sämtliche Werke.* Bd. 15. *Englische Geschichte vornehmlich um 17. und 18. Jahrhundert.* Leipzig: Duncker & Humblot, 1867.

——— *Sämtliche Werke.* Bd. 33-34. *Geschichten der romantischen und germanischen Völker von 1494 bis 1514*. Leipzig: Duncker & Humblot, 1867.

——— *Aus Werk und Nachlass* (Historisch-kritische Ausgabe). Bd. 2. *Über die Epochen der*

neueren Geschichte. Herausgegeben von Theodor Schieder und Helmut Berding. München & Wien: R. Oldenbourg, 1971.

Reimarus, Hermann Samuel. *Apologie oder Schutzschrift für die vernünftigen Verehrer Gottes.* Herausgegeben von Gerhard Alexander. Frankfurt am Main: Insel Verlag, 1972.

Reinitz, Richard. *Irony and Consciousness: American Historiography and Reinhold Niebuhr's Vision.* Lewsburg: Bucknell University Press, 1980.

Reist, Benjamin A. *Toward a Theology of Involvement: The Thought of Ernst Troeltsch.* Philadelphia: Westminster Press, 1966.

Renz, Horst und Friedrich Wilhelm Graf, hrsg. *Troeltsch-Studien.* Bd. 1, *Untersuchungen zur Biographie und Werkgeschichte.* Gütersloh: Gerd Mohn, 1982.

Rickert, Heinrich. *Kulturwissenschaft und Naturwissenschaft*, 6. Aufl. Tübingen: J. C. B. Mohr [Paul Siebeck], 1926（リッケルト，佐竹哲雄・豊川昇訳『文化科学と自然科学』岩波文庫，1936 年）.

Ritter, Gerhard A. "Meinecke's Protégés: German Émigré Historians between Two Worlds." *GHI (German Historical Institute) Bulletin* No. 36 (Fall 2006) 23-38.

——— *Friedrich Meinecke. Akademischer Lehrer und emigrierte Schüler: Briefe und Aufzeichnungen 1910-1977.* München: Oldenbourg, 2006.

Ritter, Joachim, hrsg. *Historisches Wörterbuch der Philosophie.* 13 Bde. Darmstadt: Wissenschaftliche Buchgesellschaft, 1974-2007.

Robertson, D. B. *Reinhold Niebuhr's Works: A Bibliography*. Lanham, New York, and London: University Press of America, 1983.

Robinson, James M., and John B. Cobb, Jr., eds. *New Frontiers in Theology.* Volume II, *The New Hermeneutic*. New York: Harper & Row, 1964.

Rodi, Frithjof. *Erkenntnis des Erkannten. Zur Hermeneutik des 19. und 20. Jahrhunderts.* Frankfurt am Main: Suhrkamp Verlag, 1990.

Rothacker, Erich. *Einleitung in die Geisteswissenschaften*. Darmstadt: Wissenschaftliche Buchgesellschaft, 1972.

Rubanowice, Robert J. *Crisis in Consciousness: The Thought of Ernst Troeltsch*. Tallahassee: University Press of Florida, 1982.

Ruddies, Hartmut. „»Geschichte durch Geschichte überwinden«. Historismuskonzept und Gegenwartsdeutung bei Ernst Troeltsch." In *Die Historismusdebatte in der Weimarer Republik,* herausgegeben von Gérard Raulet, 198-217. Frankfurt am Main: Peter Lang, 1996.

Rüdiger, vom Bruch, Friedrich Wilhelm Graf, und Gangolf Hübinger, hrsg. *Kultur und Kulturwissenschaften um 1900. Krise der Moderne und Glaube an die Wissenschaft.* Stuttgart: Franz Steiner Verlag Wiesbaden, 1989.

Rüsen, Jörn. „Johann Gustav Droysen." In *Deutsche Historiker II.* Herausgegeben von H.-U. Wehler. Göttingen: Vandenhoeck & Ruprecht, 1971（イェルン・リューゼン，三吉敏博

訳「ヨーハン・グスタフ・ドロイゼン」，H.-U. ヴェーラー編『ドイツの歴史家』第1巻，未来社，1982年，139–168頁）．

——— *Konfigurationen des Historismus. Studien zur deutschen Wissenschaftskultur.* Frankfurt am Main: Suhrkamp Verlag, 1993.

Scheler, Max. *Gesammelte Werke*. Bd. 5, *Vom Ewigen im Menschen.* Herausgegeben von Maria Scheler. 5. Aufl. Bern und München: FranckeVerlag, 1968（マックス・シェーラー，飯島宗享・小倉志祥・吉沢伝三郎訳『人間における永遠なるもの』上巻，（シェーラー著作集 第6巻，白水社，2002年）．

——— „Ernst Troeltsch als Soziologe.“ In *Gesammelte Werke.* Bd. 6, *Schriften zur Soziologie und Weltanschauungslehre.* Mit Zusätzen und kleineren Veröffentlichungen aus der Zeit der Schriften herausgegeben mit einem Anhang von Maria Scheler. 2. durchgesehehene Aufl. Bern und München: FranckeVerlag, 1963, 377-390.

——— *Gesammelte Werke.* Bd. 8, *Die Wissensformen und die Gesellschaft.* Mit Zusätzen herausgegeben von Maria Scheler. 2. durchgesehehene Aufl. Bern und München: FranckeVerlag, 1960（マックス・シェーラー，飯島宗享・小倉志祥・吉沢伝三郎訳『知識形態と社会』上巻，（シェーラー著作集 第11巻，白水社，2002年）．

Schelsky, Helmut. *Einsamkeit und Freiheit. Idee und Gestalt der deutschen Universität und ihrer Reformen*. Hamburg: Rowohlt Taschenbuch Verlag, 1963（ヘルムート・シェルスキー，田中昭徳・阿部謹也・中川勇治訳『大学の孤独と自由——独逸の大学ならびにその改革の理念と形態』未来社，1970年）．

Friedrich Schleiermacher. *Kritische Gesamtausgabe*. Herausgegeben von Hans-Joachim Birkner und Gerhard Ebeling, Hermann Fischer, Heinz Kimmerle, und Kurt-Victor Selge. 40 Bde. Berlin & New York: Walter der Gruyter, 1984ff.

KGA, I. Abt. 6. *Universitätsschriften/ Herakleitos/ Kurze Darstellung des theologischen Studiums.* Herausgegeben von Dirk Schmid. 1998.

KGA, I. Abt. 7,1, 7,2, 7,3. *Der christliche Glaube 1821/22.* Herausgegeben von Hermann Peiter. 1980.

KGA, I. Abt. 10. *Theologisch-dogmatische Abhandlungen und Gelegenheitsschriften.* Herausgegeben von Hans-Friedrich Traulsen unter Mitwirkung von Martin Ohst. 1990.

——— *Sämtliche Werke*, Bd. I, 7, *Hermeneutik und Kritik mit besonderer Beziehung auf das Neue Testament.* Aus Schleiermachers handschriftlichem Nachlasse und nachgeschriebenen Vorlesungen herausgegeben von Friedrich Lücke. Berlin: G. Reimer, 1838.

——— *Hermeneutik*. Nach den Handschriften neu herausgegeben und eingeleitet von Heinz Kimmerle. Heidelberg: Carl Winter Universitätsverlag, 1959.

——— *Hermeneutik*. Nach den Handschriften neu herausgegeben und eingeleitet von Heinz Kimmerle. Zweite, verbesserte und erweiterte Auflage. Heidelberg: Carl Winter Universitätsverlag, 1974.

——— *Hermeneutik und Kritik.* Mit einem Anhang sprachphilosophischer Texte Schleiermachers, herausgegeben und eingeleitet von Manfred Frank. Frankfurt am Main: Suhrkamp, 1977.

——— *Hermeneutics: The Handwritten Manuscripts.* Translated by James Duke and Jack Forstman. Missoula, Mont.: Scholars Press, 1977.

——— *Über die Religion. Reden an die Gebildeten unter ihren Verächtern.* Mit einem Nachwort von Carl Heinz Ratschow. Stuttgart: Philipp Reclam, 1969.

——— *Kurze Darstellung des theologischen Studiums zum Behuf einleitender Vorlesungen.* Herausgegeben von Heinrich Scholz. Darmstadt: Wissenschaftliche Buchgesellschaft, 1977.

——— *Das Leben Jesu.* Herausgegeben von K. A. Rütenik. Berlin: Georg Reimer, 1864; ET, *The Life of Jesus.* Edited and with an Introduction by Jack C. Verheyden, translated by S. Maclean Gilmour. Philadelphia: Fortress Press, 1975.

——— *Hermeneutics and Criticism and Other Writings.* Translated and edited by Andrew Bowie. Cambridge: Cambridge University Press, 1998.

„Schleiermachers Vorlesungen." In *Schleiermachers Briefwechsel (Verzeichnis) nebst einer Liste seiner Vorlesungen.* Bearbeitet von Andreas Arndt und Wolfgang Virmond. Berlin und New York: Walter de Gruyter, 1992.

Schlesinger, Arthur Jr. "Reinhold Niebuhr's Role in American Political Thought and Life." In *Reinhold Niebuhr: His Religious, Social, and Political Thought*, edited by Charles W. Kegley, 189-222. New York: Pilgrim Press, 1984.

Schnädelbach, Herbert. *Geschichtsphilosophie nach Hegel. Die Probleme des Historismus.* Freiburg & München: Verlag Karl Alber, 1974（ヘルベルト・シュネーデルバッハ，古東哲明訳『ヘーゲル以後の歴史哲学——歴史主義と歴史的理性批判』法政大学出版局，1994 年）.

——— *Philosophie in Deutschland 1831-1933* . Frankfurt am Main: Suhrkamp, 1984（ヘルベルト・シュネーデルバッハ，舟山俊明・朴順南・内藤貴・渡邊福太郎訳『ドイツ哲学史 1831-1933』法政大学出版局，2009 年）.

Schneider, Bernd. *August Boeckh. Altertumsforscher, Universitätslehrer und Wissenschaftsorganisator im Berlin des 19. Jahrhunderts. Ausstellung zum 200. Geburtstag 22. November 1985-18. Januar 1986.* Berlin: Staatsbibliothek Preußischer Kulturbesitz, 1985.

Schneider, Johannes. „Das Wirken August Boeckhs an der Berliner Universität und Akademie. " *Das Altertum* 15 (1969): 103-115.

Scholtz, Gunter., hrsg. *Historismus am Ende des 20. Jahrhunderts.* Berlin: Akademie Verlag, 1997.

Schubert, Erika Dinkler-von, hrsg. „Ernst Troeltsch. Briefe aus der Heidelberger Zeit an Wilhelm Bousset 1894-1914." In *Heidelberger Jahrbücher* Bd. 20, 19-52. Berlin,

Heidelberg, und New York: Springer Verlag, 1976.
Schulin, Ernst. „Friedrich Meinecke." In *Deutsche Historiker I,* herausgegeben von H.-U. Wehler, 39-57. Göttingen: Vandenhoeck & Ruprecht, 1971（エルンスト・シューリン，豊永泰子訳「フリードリヒ・マイネッケ」，H.-U. ヴェーラー編『ドイツの歴史家』第３巻，未来社，1983 年，173–209 頁）.
Schweitzer, Albert. *Geschichte der Leben-Jesu-Forschung,* 2 Bde. Hamburg: Siebenstern Taschenbuch Verlag, 1972（シュヴァイツァー，遠藤彰・森田雄三郎訳『イエス伝研究史』上・中・下巻，シュヴァイツァー著作集 第 17 ～ 19 巻，白水社，1960-61 年）.
Schwöbel, Christoph. „»Die Idee des Aufbau heißt Geschichte durch Geschichte überwinden«. Theologischer Wahrheitsanspruch und das Problem des sogenannten Historismus." In *Troeltsch-Studien.* Bd. 11, *Ernst Troeltschs »Historismus«*, herausgegeben von Friedrich Wilhelm Graf, 261-284. Gütersloh: Gütersloher Verlagshaus, 2000.
Scott, Nathan A., Jr. *Reinhold Niebuhr.* Minneapolis: University of Minnesota Press, 1963.
Siemers, Helge. „»Mein Lehrer Dilthey«? Über den Einfluß Diltheys auf den jungen Troeltsch." In *Troeltsch-Studien.* Bd. 1, *Untersuchungen zur Biographie und Werkgeschichte,* herausgegeben von Horst Renz und Friedrich Wilhelm Graf, 203-234. Gütersloh: Gerd Mohn, 1982.
Sifton, Elisabeth. *The Serenity Prayer: Faith and Politics in Times of Peace and War.* New York & London: W. W. Norton & Company, 2003.
Spranger, Eduard. *Berliner Geist.* Tübingen: Rainer Wunderlich Verlag, 1966.
Srbik, Heinrich Ritter von. *Geist und Geschichte vom deutschen Humanismus bis zur Gegenwart.* Bd. 1, München & Salzburg: Bruckmann und Otto Müller Verlag, 1950.
Stassen, Glen Harold. "The Sovereignty of God in the Theological Ethics of H. Richard Niebuhr" (Ph.D. diss., Duke University, 1967).
Stassen, Glen H., D. M. Yeager, and John Howard Yoder. *Authentic Transformation: A New Vision of Christ and Culture.* Nashville: Abingdon Press, 1996.
Steinthal, Heymann. *Kleine sprachtheoretische Schriften.* Neu zusammengestellt und mit einer Einleitung versehen von Waltraud Bumann. Hildesheim & New York: Georg Olms Verlag, 1970.
Stephan, Horst und Martin Schmidt. *Geschichte der evangelischen Theologie in Deutschland seit dem Idealismus.* 3., neubearbeitete Aufl. Berlin & New York: Walter de Gruyter, 1973.
Stone, Ronald H. *Reinhold Niebuhr: Prophet to Politicians.* Nashville and New York: Abingdon Press, 1972.
——— *Professor Reinhold Niebuhr: A Mentor to the Twentieth Century.* Louisville, Ky.: Westminster/ John Knox Press, 1992.
Stuhlmacher, Peter. *Schriftauslegung auf dem Wege zur biblischen Theologie.* Göttingen: Vandenhoeck & Ruprecht, 1975.
——— *Historical Criticism and Theological Interpretation of Scripture: Toward a*

Hermeneutics of Consent. Translated and with an introduction by Roy A. Harrisville. Philadelphia: Fortress Press, 1977.

——— *Vom Verstehen des Neuen Testaments. Eine Hermeneutik*. 2., neubearbeitete und erweiterte Aufl. Göttingen: Vandenhoeck & Ruprecht, 1986（Ｐ・シュトゥールマッハー，齋藤忠資訳『新約聖書解釈学』（ＮＴＤ補遺６）日本キリスト教団出版局，2009年。但し，邦訳書は初版を底本としている。).

Tessitore, Fulvio. *Kritischer Historismus. Gesammelte Aufsätze*. Köln, Weimar, & Wien: Böhlau Verlag, 2005.

The Chicago Manual of Style. The Essential Guide for Writers, Editors, and Publishers. 16th Edition. Chicago and London: University of Chicago Press, 2010.

The Christian Century Reader. Freeport, N. Y.: Books for Libraries Press, 1972.

Thielicke, Helmut. *Glauben und Denken in der Neuzeit. Die großen Systeme der Theologie und Religionsphilosophie.* Tübingen: J. C. B. Mohr (Paul Siebeck), 1983.

Thiselton, Anthony C. *Hermeneutics: An Introduction*. Grand Rapids, Mich. Cambridge, U.K.: William B. Eerdmans Publishing Co., 2009.

Thom, Ilka und Kirsten Weining, hrsg. *Mittendrin. Eine Universität macht Geschichte.* Eine Ausstellung anlässlich des 200-jährigen Jubiläums der Humboldt-Universität zu Berlin. Berlin: Akademie Verlag, 2010.

Tice, Terrence N. *Schleiermacher Bibliography*. With Brief Introductions, Annotations, and Index. Princeton, N.J.: Princeton Theological Seminary, 1966.

——— *Schleiermacher.* Nashville: Abingdon Press, 2006.

Tillich, Paul.„Das System der Wissenschaften nach Gegenständen und Methoden.“ In *Gesammelte Werke.* Bd. 1, *Frühe Hauptwerke,* herausgegeben von Renate Albrecht , 109-293. Stuttgart : Evangelisches Verlagswerk, 1959.

——— „Zum Tode von Ernst Troeltsch.“ In *Gesammelte Werke.* Bd. 12, *Begegnungen,* heraugegeben von Renate Albrecht, 175-178. Stuttgart: Evangelisches Verlagswerk, 1971.

——— „Der Historismus und seine Probleme. Zum Gleichnamigen Buch von Ernst Troeltsch“ In *Gesammelte Werke.* Bd. 12, *Begegnungen,* heraugegeben von Renate Albrecht, 204-211. Stuttgart: Evangelisches Verlagswerk, 1971.

——— Besprechung über *Der Historismus und seine Überwindung*, von Ernst Troeltsch. In *ThLZ* 49 (1924): 234-235.

——— „Ernst Troeltsch. Versuch einer geistesgeschichtlichen Würdigung.“ In *Gesammelte Werke.* Bd. 12, *Begegnungen,* heraugegeben von Renate Albrecht, 166-174. Stuttgart: Evangelisches Verlagswerk, 1971.

——— *Systematic Theology.* Three volumes in one. Chicago: University of Chicago Press, 1967.

——— *Perspectives on 19th and 20th Century Protestant Theology.* Edited and with an introduction by Carl E. Braaten. New York, Evanston, and London: Harper & Row, 1967.

Troeltsch, Ernst. *Kritische Gesamtausgabe*. Herausgegeben von Trutz Rendtorff und Friedrich Wilhelm Graf. 20 Bde. Berlin & New York: Walter de Gruyter, 1994ff.

KGA 1, *Schriften zur Theologie und Religionsphilosophie (1888-1902)*. Herausgegeben von Christian Albrecht in Zusammenarbeit mit Björn Biester, Lars Emersleben und Dirk Schmid. 2009.

KGA 2, *Rezensionen und Kritiken (1894-1900)*. Herausgegeben von Friedrich Wilhelm Graf in Zusammenarbeit mit Dina Brandt. 2007.

KGA 4, *Rezensionen und Kritiken (1901-1914)*. Herausgegeben von Friedrich Wilhelm Graf in Zusammenarbeit mit Gabriele von Bassermann-Jordan. 2004.

KGA 5, *Die Absolutheit des Christentums und die Religionsgeschichte (1902/1912)*. Herausgegeben von Trutz Rendtorff in Zusammenarbeit mit Stefan Pautler. 1998.

KGA 7, *Protestantisches Christentum und Kirche in der Neuzeit (1906/1909/1922)*. Herausgegeben von Volker Drehsen in Zusammenarbeit mit Christian Albrecht. 2004.

KGA 8, *Schriften zur Bedeutung des Protestantismus für die moderne Welt (1906-1913)*. Herausgegeben von Trutz Rendtorff in Zusammenarbeit mit Stefan Pautler. 2001.

KGA 13, *Rezension und Kritiken (1915-1923)*. Herausgegeben von Friedrich Wilhelm Graf in Zusammenarbeit mit Diana Feßl, harald Haurz und Alexander Seelos. 2010.

KGA 15, *Schriften zur Politik und Kulturphilosophie (1918-1923)*. Herausgegeben von Gangolf Hübinger in Zusammenarbeit mit Johannes Mikuteit. 2002.

KGA 16, *Der Historismus und seine Probleme (1922)*. Herausgegeben von Friedrich Wilhelm Graf in Zusammenarbeit mit Matthias Schloßberger. 2008.

KGA 17, *Fünf Vorträge zu Religion und Geschichtsphilosophie für England und Schottland*. Herausgegeben von Gangolf Hübinger in Zusammenarbeit mit Andreas Terwey. 2006.

——— *Gesammelte Schriften*. Tübingen: J. C. B. Mohr (Paul Siebeck), 1912-1925.

Bd. I, *Die Soziallehren der christlichen Kirchen und Gruppen*. 1912.

Bd. II, *Zur religiösen Lage, Religionsphilosophie und Ethik*. 1913.

Bd. III, *Der Historismus und seine Probleme*. 1922.

Bd. IV, *Aufsätze zur Geistesgeschichte und Religionssoziologie*. Herausgegeben von Hans Baron. 1925.

——— *Vernunft und Offenbarung bei Johann Gerhard und Melanchthon. Untersuchung zur Geschichte der altprotestantischen Theologie*. Göttingen: Vandenhoeck & Ruprecht, 1891.

——— „Die christliche Weltanschauung und die wissenscahftlichen Gegenströmungen.“ *ZThK* 3 (November/Dezember 1893): 493-528; 4 (Mai/Juni 1894): 167-231.

——— *Die historischen Grundlagen der Theolgie unseres Jahrhunderts*. Karlsruhe: Druck von Friedrich Gutsch, 1895.

——— „Die Selbständigkeit der Religion.“ *ZThK* 5 (September/Oktober 1895): 361-436; 6 (Januar/Februar 1896): 71-110; 6 (März/April 1896): 167-218.

——— „Christentum und Religionsgeschichte.“ *Preußische Jahrbücher* 87 (März 1897):

415-447.

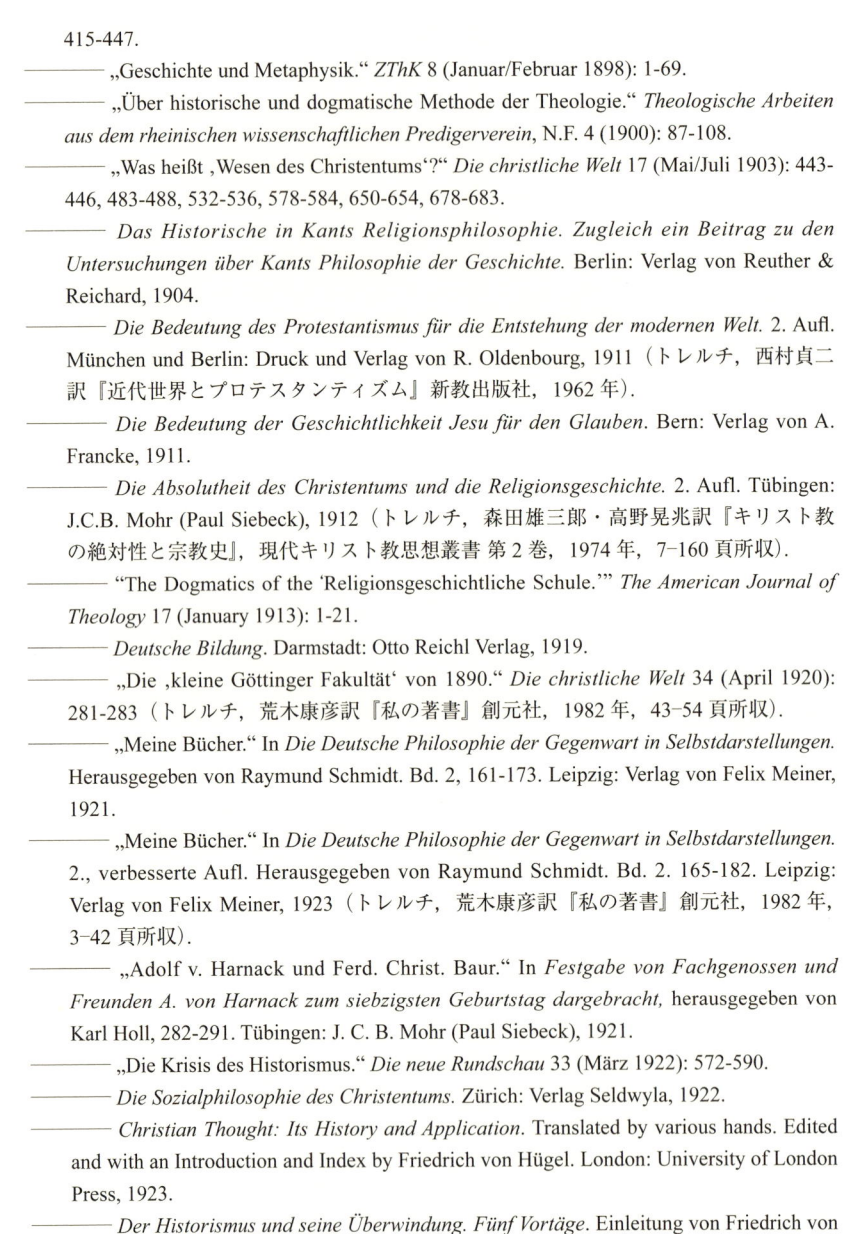

———— „Geschichte und Metaphysik.“ *ZThK* 8 (Januar/Februar 1898): 1-69.

———— „Über historische und dogmatische Methode der Theologie.“ *Theologische Arbeiten aus dem rheinischen wissenschaftlichen Predigerverein*, N.F. 4 (1900): 87-108.

———— „Was heißt ‚Wesen des Christentums‘?“ *Die christliche Welt* 17 (Mai/Juli 1903): 443-446, 483-488, 532-536, 578-584, 650-654, 678-683.

———— *Das Historische in Kants Religionsphilosophie. Zugleich ein Beitrag zu den Untersuchungen über Kants Philosophie der Geschichte.* Berlin: Verlag von Reuther & Reichard, 1904.

———— *Die Bedeutung des Protestantismus für die Entstehung der modernen Welt.* 2. Aufl. München und Berlin: Druck und Verlag von R. Oldenbourg, 1911（トレルチ，西村貞二訳『近代世界とプロテスタンティズム』新教出版社，1962年）.

———— *Die Bedeutung der Geschichtlichkeit Jesu für den Glauben*. Bern: Verlag von A. Francke, 1911.

———— *Die Absolutheit des Christentums und die Religionsgeschichte.* 2. Aufl. Tübingen: J.C.B. Mohr (Paul Siebeck), 1912（トレルチ，森田雄三郎・高野晃兆訳『キリスト教の絶対性と宗教史』，現代キリスト教思想叢書 第2巻，1974年，7–160頁所収）.

———— “The Dogmatics of the ‘Religionsgeschichtliche Schule.’” *The American Journal of Theology* 17 (January 1913): 1-21.

———— *Deutsche Bildung*. Darmstadt: Otto Reichl Verlag, 1919.

———— „Die ‚kleine Göttinger Fakultät‘ von 1890.“ *Die christliche Welt* 34 (April 1920): 281-283（トレルチ，荒木康彦訳『私の著書』創元社，1982年，43–54頁所収）.

———— „Meine Bücher.“ In *Die Deutsche Philosophie der Gegenwart in Selbstdarstellungen.* Herausgegeben von Raymund Schmidt. Bd. 2, 161-173. Leipzig: Verlag von Felix Meiner, 1921.

———— „Meine Bücher.“ In *Die Deutsche Philosophie der Gegenwart in Selbstdarstellungen.* 2., verbesserte Aufl. Herausgegeben von Raymund Schmidt. Bd. 2. 165-182. Leipzig: Verlag von Felix Meiner, 1923（トレルチ，荒木康彦訳『私の著書』創元社，1982年，3–42頁所収）.

———— „Adolf v. Harnack und Ferd. Christ. Baur.“ In *Festgabe von Fachgenossen und Freunden A. von Harnack zum siebzigsten Geburtstag dargebracht,* herausgegeben von Karl Holl, 282-291. Tübingen: J. C. B. Mohr (Paul Siebeck), 1921.

———— „Die Krisis des Historismus.“ *Die neue Rundschau* 33 (März 1922): 572-590.

———— *Die Sozialphilosophie des Christentums.* Zürich: Verlag Seldwyla, 1922.

———— *Christian Thought: Its History and Application.* Translated by various hands. Edited and with an Introduction and Index by Friedrich von Hügel. London: University of London Press, 1923.

———— *Der Historismus und seine Überwindung. Fünf Vortäge*. Einleitung von Friedrich von

Hügel. Berlin: Pan Verlag Rolf Heise, 1924（トレルチ，大坪重明訳『歴史主義とその克服』理想社，1972 年）.

——— *Deutscher Geist und Westeuropa. Gesammelte kulturphilosophische Aufsätze und Reden*. Herausgegeben von Hans Baron. Tübingen: J. C. B. Mohr (Paul Siebeck), 1925（トレルチ，西村貞二訳『ドイツ精神と西欧』筑摩書房，1970 年）.

——— *Glaubenslehr*. Nach Heidelberger Vorlesungen aus den Jahren 1911 und 1912. Mit einem Vorwor von Marta Troeltsch, herausgegeben von Gertrud von le Fort. München und Leipzig: Verlag von Duncker und Humblot, 1925. Nachdruck, mit einer Einleitung von Jacob Klapwijk. Aalen: Scientia Verlag, 1981（トレルチ，安酸敏眞訳『信仰論』教文館，1997 年）.

——— *Writings on Theology and Religion*. Edited by Robert Morgan and Michael Pye. London: Duckworth, 1977.

Uppsala Newsletter: History of Science. Number 38 (Fall 2006).

Virmond, Wolfgang. „Neue Textgrundlagen zu Schleiermachers früher Hermeneutik.“ In *Schleiermacher-Archiv*. Bd. 1, *Internationaler Schleiermacher-Kongreß Berlin 1984*, herausgegeben von Kurt-Victor Selge, 575-590. Berlin & New York: Walter de Gruyter, 1985.

——— ,hrsg. „Friedrich Schleiermachers ‚Allgemeine Hermeneutik‘ von 1809/10.“ In *Schleiermacher-Archiv*. Bd. 1, *Internationaler Schleiermacher-Kongreß Berlin 1984*, herausgegeben von Kurt-Victor Selge, 1269-1310. Berlin & New York: Walter de Gruyter, 1985.

Vogt, Ernst & Axel Horstmann. *August Boeckh (1785-1867). Leben und Werk*. Zwei Vorträge. Berlin: Humboldt-Universität zu Berlin, 1998.

Vogt, Ernst. „Der Methodenstreit zwischen Hermann und Böckh und seine Bedeutung für die Geschichte der Philologie.“ In *Philologie und Hermeneutik im 19. Jahrhundert*, herausgegeben von Helmut Flaschar, 103-121. Göttingen: Vandenhoeck & Ruprecht, 1979.

Wach, Joachim. *Das Verstehen. Grundzüge einer Geschichte der hermeneutischen Theorie im 19. Jahrhundert*, 3 Bände in einem Band. Tübingen: J. C. B. Mohr (Paul Siebeck), 1926-1933. Nachdruck, Hildesheim, Zürich, New York: Georg Olms Verlag, 1984.

Weber, Max. *Gesammelte Aufsätze zur Wissenschaftslehre*, 4. Aufl. Tübingen: J. C. B. Mohr (Paul Siebeck), 1973.

Wedemeyer, Christian K. & Wendy Doniger, eds. *Hermeneutics, Politics, and the History of Religions: The Contested Legacies of Joachim Wach & Mircea Eliade*. Oxford & New York: Oxford University Press, 2010.

Wehmer, Carl, hrsg. *Ein Tief Gegründet Herz. Der Briefwechsel Felix Mendelssohn-Bartholdys mit Johann Gustav Droysen*. Heidelberg: Lambert Schneider, 1959.

Welch, Claude. *Protestant Thought in the Nineteenth Century*. 2 vols. New Haven and London: Yale University Press, 1972-1985.

Werther, Romy, hrsg. *Alexander von Humboldt/ August Böckh Briefwechsel*. Berlin: Akademie Verlag, 2011.

White, Hayden. *Metahistory: The Historical Imagination in Nineteenth-Century Europe*. Baltimore & London: Johns Hopkins University Press, 1973.

——— *The Content of the Form: Narrative Discourse and Historical Representation*. Baltimore and London: Johns Hopkins University Press, 1987.

Wiener, Philip P. and Aaron Noland, eds. *Ideas in Cultural Perspective*. New Brunswick, N.J.: Rutgers University Press, 1962.

Wiener, Philip P., ed. *Dictionary of the History of Ideas: Studies of Selected Pivotal Ideas*, 5 vols. New York: Charles Scribner's Sons, 1968.

Wilamowitz-Moellendorff, U. von. *Geschichte der Philologie*. Nachdruck der 3. Aufl. (1927). Leipzig: B. G. Teubner Verlagsgesellschaft, 1959.

Windelband, Wilhelm. *Präludien: Aufsätze und Reden zur Einführung in die Philosophie*. 7. u. 8. Aufl. Tübingen: J. C. B. Mohr (Paul Siebeck), 1921.

Wittkau, Annette. *Historismus. Zur Geschichte des Begriffs und des Problems*. 2., durchgesehene Aufl. Göttingen: Vandenhoeck & Ruprecht, 1994.

Yamin, George J., Jr. *In the Absence of Fantasia. Troeltsch's Relation to Hegel*. Tallahassee: University Press of Florida, 1993.

Yasukata, Toshimasa. *Ernst Troeltsch: Systematic Theologian of Radical Historicality*. Atlanta: Scholars Press, 1986. Reprint, Oxford and New York: Oxford University Press, 2000.

——— *Lessing's Philosophy of Religion and the German Enlightenment*. New York: Oxford University Press, 2002.

——— „Ernst Troeltsch und die Konsequenz des historischen Denkens." In *Frühe Christentum und Religionsgeschichtliche Schule. Festschrift zum 65. Geburtstag von Gerd Lüdemann*. Herausgegeben von Martina Janßen, F. Stanley Jones und Jürgen Wehnert, 205-216. Göttingen: Vandenhoeck & Ruprecht, 2011.

Young Reinhold Niebuhr: His Early Writings. Edited by William G. Chrystal. New York: Pilgrim Press, 1977.

Ziolkowski, Theodore. *Clio the Romantic Muse: Historicizing the Faculties in Germany*. Ithaca and London: Cornell University Press, 2004.

注

序章 《思想史》の概念と方法について

1） 現在の「日本思想史学会」は 1968 年 1 月に設立されたが，それは 1934 年に東北帝国大学に成立した，村岡典嗣の主宰になる「日本思想史學會」にまで遡るものである。

2） 子安宣邦監修『日本思想史辞典』（ぺりかん社，2001 年）。

3） これについては，『季刊　日本思想史』No.63（2003 年 5 月）が「特集――日本思想史学の誕生：津田・村岡・和辻」というきわめて意義深い企画を収録しており，そこから多くのことを学ぶことができる。

4） 村岡典嗣については，新保祐司の「村岡典嗣――学問の永遠の相の下に」が特筆に値する。これぞまさに批評家の仕事と唸らせる見事な出来映えの論攷は，村岡典嗣の仕事を再評価する動きに決定的な刺激を与えた。新保祐司『日本思想史骨』（構想社，1994 年），11–48 頁参照。それ以外には，前田勉，池上隆史，畑中健二などの研究が参考になる。なお，『季刊　日本思想史』No.74（2009 年 6 月）は「特集――村岡典嗣：新資料の紹介と展望」に献げられており，村岡についての最新情報をいろいろと提供してくれる。

5） 家永三郎「日本思想史の過去と将来」『日本思想史の諸問題』（齋藤書店，1948 年），147–227 頁所収。この論文は現在では，『家永三郎集』第 1 巻『思想史論』（岩波書店，1997 年），215–263 頁に再録されている。

6） Franklin Le Van Baumer, *Modern European Thought: Continuity and Change in Ideas, 1600-1950* (New York: Macmillan; London: Collier Macmillan Publishers, 1977), 2-23; idem, *Main Currents of Western Thought: Readings in Western European Intellectual History from the Middle Ages to the Present*, 4th ed. (New Haven and London: Yale University Press, 1978), 3-14. 前者についてはすでに邦訳が出ている。フランクリン・L・バウマー，鳥越輝昭訳『近現代ヨーロッパの思想――その全体像』（大修館書店，1992 年）。

7） フェリックス・ギルバートは，作曲家フェリックス・メンデルスゾーンの曾孫にあたるドイツ生まれの歴史家で，ベルリン大学のマイネッケのもとで学位を取得した。学位論文は Felix Gilbert, *Johann Gustav Droysen und die preussisch=deutsche Frage* (München und Berlin: Verlag von R. Oldenbourg, 1931)。彼はドロイゼンに関して深い学識を有していただけでなく，マイネッケの理念史的方法を継承して，それをアメリカ合衆国に移植した点で，アメリカの歴史学に対して大きな貢献をした。彼の学風と業績については，*Felix Gilbert as Scholar and Teacher*, edited by Hartmut Lehmann, with contributions by Mary Patterson McPherson, Barbara Miller Lane, and Gordon A. Craig (Washington D.C.: German Historical Institute, 1992) が詳しい。

8） ジェームズ・ハーヴィー・ロビンソンは，チャールズ・ビァード，ヴァーノン・パー

リントン，カール・ベッカー，ペリー・ミラーなどと並ぶ，いわゆる「ニュー・ヒストリー」の歴史家の一人である。「ニュー・ヒストリー」を一言で表現するのは難しいと言われるが，一つの特徴づけとしては，合理性の増進による進歩を信じ，かつ社会史的・経済史的に定位した，社会的改革をめざす進歩主義的な立場といえるであろう。より詳細については George G. Iggers, *Historiography in the Twentieth Century: From Scientific Objectivity to the Postmodern Challenge*, with a new epilogue (Middletown, Conn.: Wesleyan University Press, 2005), 42-44 を参照されたい。

9） Rufus Wilmot Griswold, *The Prose Writers of America with a Survey of the Intellectual History, Condition and Prospects of the Country* (Philadelphia: Carey & Hart, 1849; 4th ed., Philadelphia: Parry & McMillan, 1854), the jacket flap copy.

10） Perry Miller, *The New England Mind: The Seventeenth Century* (Cambridge, Mass.: Harvard University Press, 1939). なお，ミラーは本書の続編として，*The New England Mind: From Colony to Province* (Cambridge, Mass.: Harvard University Press, 1953) も著しており，今日ではこの２巻で一つの作品 *The New England Mind* と見なされている。

11） Felix Gilbert, "Intellectual History: Its Aims and Methods," *Daedalus* 100 (1971): 80.

12） 上記の２巻の *The New England Mind* 以外に，ペリー・ミラーの一連の研究を挙げると以下の通りである。*Jonathan Edwards* (New York: William Sloane Associates, 1949); *Roger Williams* (Indianapolis: Bobbs Merrill, 1953); *The Raven and the Whale* (New York: Harcourt Brace & World, 1956); *Errand into the Wilderness* (Williamsburg: John Carter Brown Library, 1952; 2nd ed., Cambridge, Mass.: The Belknap Press of Harvard University Press, 1956); *The Life of the Mind in America from the Revolution to the Civil War* (New York: Harcourt Brace & World, 1965).

13） Perry Miller, *The New England Mind: The Seventeenth Century* (Cambridge, Mass.: Harvard University Press, 1982), vii.

14） Gilbert, "Intellectual History: Its Aims and Methods," 80-81.

15） 歴史家ヘンリー・F・メイの述懐によれば，1950 年代初めの米国では intellectual history は歴史学者の間でも必ずしも受けいれられておらず，それが歴史学科の中に市民権を獲得したのはようやく 50 年代の終わりであったという。Cf. Henry F. May, *The Divided Heart: Essays on Protestantism and the Enlightenment in America* (New York: Oxford University Press, 1991), 20-21.

16） Maurice Mandelbaum, "The History of Ideas, Intellectual History, and the History of Philosophy," *History and Theory* 5 (1965): 33.

17） Arthur O. Lovejoy, *The Great Chain of Being* (Cambridge, Mass.: Harvard University Press, 1936), 3. 邦訳はアーサー・O・ラヴジョイ，内藤健二訳『存在の大いなる連鎖』（晶文社，1975 年），12 頁。

18） Mandelbaum, "The History of Ideas, Intellectual History, and the History of Philosophy," 34-35.

19） 但し，彼はその科目名を英語で表現する場合は，国際的に通用することを考慮に

入れて，つねに history of science としたそうである。Cf. *Uppsala Newsletter: History of Science*, number 38 (Fall 2006), 2.

20） Arthur O. Lovejoy, *Essays in the History of Ideas* (New York: George Braziller, 1955). 邦訳はアーサー・O・ラヴジョイ，鈴木信雄他訳『観念の歴史』（名古屋大学出版会，2003 年）。

21） Philip P. Wiener and Aaron Noland, eds., *Ideas in Cultural Perspective* (New Brunswick, N.J.: Rutgers University Press, 1962).

22） Philip P. Wiener, ed., *Dictionary of the History of Ideas: Studies of Selected Pivotal Ideas*, 5 vols. (New York: Charles Scribner's Sons, 1968).

23） 最後に挙げたティリッヒの『キリスト教思想史』は，彼がニューヨークのユニオン神学校で行なった講義の録音テープから起こされたもので，そのドイツ語版は *Paul Tillich Gesammelte Werke*, Ergänzungs- und Nachlaßbände Bd. I-II, *Vorlesungen über die Geschichte des christlichen Denkens*, 2 Bde. (Stuttgart: Evangelisches Verlagswerk, 1971-72) として出版されている。

24） 有賀鐵太郎・魚木忠一『基督教思想史』（日獨書院，1934 年），1–2 頁。

25） Wilhelm Dilthey, *Gesammelte Schriften*, Bd. 7, *Der Aufbau der geschichtlichen Welt in den Geisteswissenschaften* (Stuttgart: B. G. Teubner Verlagsgesellschaft; Göttingen: Vandenhoeck & Ruprecht, 1957), 148.

26） Wilhelm Dilthey, *Gesammelte Schriften,* Bd. 5*, Die geistige Welt* (Stuttgart: B. G. Teubner Verlagsgesellschaft; Göttingen: Vandenhoeck & Ruprecht, 1957), 4.

27） Baumer, *Modern European Thought*, 4.

28） Ibid., 3-4.

29） Cf. Hajo Holborn, *A History of Modern Germany: The Reformation* (Princeton, N.J.: Princeton University Press, 1982), ix-x. ホールボーンはナチの迫害を恐れて 1933 年にアメリカ合衆国に亡命した，いわゆる「ドイツ系亡命歴史家たち」（German refugee historians; German émigré historians）の一人であるが，フェリックス・ギルバートの場合と違い，彼自身がユダヤ系だったわけではない。しかし彼の妻はユダヤ系の医学部教授の娘だったし，彼自身も断固たる民主主義者であり，かつまたワイマール共和国の熱烈な支持者だったので，ナチの台頭によってみずからの身に危険が迫っているのを察知して，アメリカ合衆国への亡命を決断したのである。Cf. Gerhard A. Ritter, "Meinecke's Protégés: German Émigré Historians between Two Worlds," *GHI (German Historical Institute) Bulletin* No. 36 (Fall 2006): 23-38.

30） Hajo Holborn, "The History of Ideas," *The American Historical Review* 73 (1968): 688.

31） Ibid., 690.

32） Ernst Robert Curtius, *Europäische Literatur und Lateinisches Mittelalter* (Bern & München: Francke Verlag, 1948; 4. Aufl., 1963). 邦訳は，E・R・クルツィウス，南大路振一・中村善也訳『ヨーロッパ文学とラテン中世』（みすず書房，1971 年）。

33） Friedrich Meinecke, *Werke*, Bd, 1, *Die Idee des Staatsräson in der neueren Geschichte*

(München: R. Oldenbourg, 1925; 4. Aufl., 1976). 邦訳はフリードリヒ・マイネッケ，菊盛英夫・生松敬三訳『近代史における国家理性の理念』（みすず書房，1976 年）。

34） Ibid., 24. 邦訳書 27 頁。

35） フェリックス・ギルバートやハーヨ・ホールボーンを含む弟子たちと，師である歴史家マイネッケとの関係については，近年注目すべき書物が何冊も出ている。代表的なものは，Hartmut Lehmann & James J. Sheehan, eds., *An Interrupted Past: German-Speaking Refugee Historians in the United States after 1933* (Publications of the German Historical Institute) (Cambridge: Cambridge University Press, 2002); Cathrine Epstein, *A Past Renewed: A Catalog of German-Speaking Refugee Historians in the United States after 1933* (Publications of the German Historical Institute) (Cambridge: Cambridge University Press, 2002); Gerhard A. Ritter, *Friedrich Meinecke. Akademischer Lehrer und emigrierte Schüler: Briefe und Aufzeichnungen 1910-1977* (München: Oldenbourg, 2006) である。日本語で読めるものとしては，ルイス・A・コーザー，荒川幾男訳『亡命知識人とアメリカ――その影響とその経験』（岩波書店，1988 年）が，ギルバートとホールボーンの両者についても比較的詳しい説明を含んでいる。

36） *dtv-Lexikon in 24 Bänden* (München: Deutscher Taschenbuch Verlag, 2006), s.v. “Kulturgeschichte.”

37） G.-M. Mojse, „Kulturgeschichte“, in *Historisches Wörtebuch der Philosophie,* herasugegeben von Joachim Ritter und Karlfried Gründer, Bd. 4 (Darmstadt: Wissenschaftliche Buchgesellschaft, 1976), 1333-1338.

38） これについては，西田直二郎『日本文化史序説（一）』（講談社学術文庫，1978 年），81–136 頁にかなり詳しい概要が記されている。ランプレヒトをめぐる「史学方法論争」については，佐藤真一『トレルチとその時代』（創文社，1997 年）の第 1 部第 3 章第 2 節（95–117 頁）にも手堅い考察が示されている。

39） François Pierre Guillaume Guizot, *Histoire généale de la civilization en Europe* (Paris: Didier, 1828); *Histoire de la civilization en France* (Paris: Didier, 1830). 邦訳はギゾー，安土正夫訳『ヨーロッパ文明史――ローマ帝国の崩壊よりフランス革命にいたる』（みすず書房，2006 年）。

40） Thomas Buckle, *History of Civilization in England*, 1st vol. (London: John W. Parker and Sons, 1857); 2d vol. (London: John W. Parker and Sons, 1861).

41） ブルクハルトの重要な著作の多くは，すでに日本語に翻訳されている。『イタリア・ルネサンスの文化』（柴田治三郎訳，中公文庫，1974 年；中公クラシックス，2002 年），『世界史的諸考察』（藤田健治訳，二玄社，1981 年），『ギリシア文化史』（全 5 巻，新井靖一訳，筑摩書房，1991–1993 年；全 8 巻，ちくま学芸文庫，1998–1999 年），『世界史的考察』（ちくま学芸文庫，2009 年），『ブルクハルト文化史講義』（新井靖一訳，筑摩書房，2000 年），『コンスタンティヌスの時代』（新井靖一訳，筑摩書房，2003 年），『美のチチェローネ――イタリア美術案内』（高木昌史訳，青土社，2005 年）などである。

42） ブルクハルト，新井靖一訳『ギリシア文化史』第 1 巻（筑摩書房，1991 年），8–9

頁。

43）原典はオランダ語で Johan Huizinga, *Herfsttij der middeleeuwen. Studie over levens- en gegadachtenvormen der veertiende en vijftende eeuw in Frankrijk en de Nederlanden* (Haarel: Tjeenk Willink, 1919)。英訳は久しく *The Waning of the Middle Ages* (New York: Doubleday AnchorBooks, 1954) というタイトルで流布していたが，近年新しい訳が *The Autumn of the Middle Ages* (Chicago: University of Chicago Press, 1997) として出ている。邦訳は２種類ある。いずれも『中世の秋』という表題の２巻本で，一つは堀越孝一訳（中公文庫，1976 年；中公クラシックス，2001 年），もう一つは兼岩正夫・里見元一郎訳（『ホイジンガ選集』第６巻〔河出書房新社，1972 年〕，新装版，1989 年；角川文庫，1984 年）である。

44）ヨハン・ホイジンガ，里見元一郎訳『文化史の課題』（東海大学出版会，1978 年），57 頁。

45）同 60 頁。

46）同 65 頁。

47）同 66–67 頁。

48）Wolfgang Hardtwig und Hans-Ulrich Wehler, hrsg., *Kulturgeschichte Heute* (Göttingen: Vandenhoeck & Ruprecht, 1996).

49）Peter Burke, *What is Cultural History?* (Cambridge: Polity Press, 2004; 2d rev. ed., 2009). 初版の邦訳はピーター・バーク，長谷川貴彦訳『文化史とは何か』（法政大学出版局，2008 年）であるが，その翌年に原書の増補版が出るに至って，それの翻訳が同一の訳者によって，『文化史とは何か　増補改訂版』（法政大学出版局，2010 年）として，ごく最近出版されている。

50）Burke, *What is Cultural History?*, 2d ed., 31. ピーター・バーク，長谷川貴彦訳『文化史とは何か　増補改訂版』（法政大学出版局，2010 年），47 頁。

51）なお，カルロ・ギンズブルグについては，上村忠男『歴史家と母たち――カルロ・ギンズブルグ論』（未来社，1994 年）から大きな教示を与えられた。

52）Burke, *What is Cultural History?*, 2d ed., 44-45. 邦訳書 66–67 頁。

53）Ibid., 103. 邦訳書 148–149 頁。

54）Ibid., 117. 邦訳書 168 頁。

55）ちなみに，『思想史の方法と対象』の編者の武田清子は，戦前のアメリカ合衆国に留学して，ラインホールド・ニーバーから甚大な影響を受けた人である。彼女はニーバーの著作を翻訳――『光の子と闇の子』（新教出版社，1948 年），『キリスト教人間観――第１部 人間の本性』（新教出版社，1951 年）――すると同時に，『人間・社会・歴史――ニーバーの人と思想』（創文社，1953 年）を著して，ニーバーの思想をいち早くわが国に紹介したが，その後は恩師から学んだ概念装置を応用して，ひたすら日本思想史の研究に打ち込んできた。『人間観の相剋――近代日本の思想とキリスト教』（弘文堂，1959 年），『土着と背教――伝統的エトスとプロテスタント』（新教出版社，1967 年），『背教者の系譜――日本人とキリスト教』（岩波新書，1973 年），『天皇観の相剋

——1945 年前後』（岩波書店，1978 年）などが代表作であるが，彼女の一連の思想史研究は，われわれが第 8 章で扱うラインホールド・ニーバーの思想の思想史的レリヴァンスを，間接的に証明していると言ってもよい。

56） Katsuro Hara, *An Introduction to the History of Japan* (New York & London: Putnam's Sons, 1920) 参照。

57） 西田直二郎『日本文化史序説』全 3 巻（講談社学術文庫，1978 年）の第一巻は，「第一編　文化史研究の性質および発達」と銘打たれており，具体的には，「第 1 講　文化史と歴史学」，「第二講　文化史研究の発達」，「第三講　日本における文化史研究の発達」から成り立っているが，そこにはドイツ歴史学との本格的対決が見られる。今日の日本思想史研究者のうちの誰が，このようなことをなし得ようか。

58） この論文は村岡典嗣『続　日本思想史』（岩波書店，1934 年），25–48 頁に収録されているが，近時は前田勉編『新編　日本思想史研究——村岡典嗣論文選』（平凡社，2004 年），8–29 頁に再録されている。ここでは後者にしたがって頁数を記す。

59） 前田勉編『新編　日本思想史研究——村岡典嗣論文選』（平凡社，2004 年），11 頁。

60） 同 12 頁。

61） 同 14 頁。

62） 同 17 頁。但し，村岡自身の用語は「文献学的階段」と「史学的階段」となっている。

63） シュライアーマッハーに発源し，ベークとドロイゼンを経由してディルタイへと至る解釈学の系譜——ローディはこれを「ベークとドロイゼンを越えてディルタイへと至るシュライアーマッハーの道」と名づけているが（Frithjof Rodi, *Erkenntnis des Erkannten. Zur Hermeneutik des 19. und 20. Jahrhunderts* [Frankfurt am Main: Suhrkamp Verlag, 1990], 7）——は，ディルタイ自身がこれをよく自覚しているところである。Cf. Wilhelm Dilthey, *Gesammelte Schriften*, Bd. 7, *Der Aufbau der geschichtlichen Welt in den Geisteswissenschaften* (Stuttgart: B. G. Teubner; Göttingen: Vandenhoeck & Ruprecht, 1958), 114.

64） 村岡典嗣は 1914 年に，西南ドイツ学派の哲学者ヴィンデルバントの *Die Geschichte der neueren Philosophie* (Leipzig: Breitkopf & Härtel, 1878) の前半部を，『ヴィンデルバント近世哲学史　第壱　近世初期の部』として，内田老鶴圃から刊行している。この訳書の改訂版はのちに子息の村岡晢との共訳の形で，角川文庫から『近世哲學史　上巻』（角川書店，1953 年）として刊行されている。村岡とディルタイの関係は，従来あまり議論されたことがないが，彼は 1924 年 8 月に，「抄ディルタイ・ヘルメノイティーク」なる草稿をものしている。池上隆史「村岡典嗣年譜——東北帝國大學文化史學第一講座着任から日本思想史學會成立まで（上）」『年報日本思想史』2 号（2003 年），14 頁参照。

以上の二つの事実から，村岡がドイツ西南学派にもディルタイの解釈学にも通じていたことが窺える。

65） Ernst Troeltsch, *Gesammelte Schriften,* Bd. 3, *Der Historismus und seine Probleme*

(Tübingen: J. C. B. Mohr [Paul Siebeck], 1922; 2. Neudruck, Aalen: Scientia Verlag, 1961), frontispiece; KGA 16, 161.

66） 村岡典嗣の生涯にわたる親友であった吹田順助も，1922 年 6 月 8 日にハレで，トレルチの歴史哲学についての講演と討論に出席している（吹田順助『旅人の夜の歌――自伝』〔講談社，1959 年〕130，155 頁）。ちなみに，吹田が聴講したトレルチの講演は，のちに „Die Logik des historischen Entwickelungsbegriffs“ として『カント研究』*Kantstudien* に掲載された論文の基になったものである。Cf. Friedrich Wilhelm Graf & Hartmut Ruddies, hrsg., *Ernst Troeltsch Bibliographie* (Tübingen: J. C. B. Mohr [Paul Siebeck], 1982), 203.

67） Troeltsch, GS Ⅲ , 163; KGA 16, 357.

68） 例えば，Felix Gilbert, *History: Politics or Culture? Reflections on Ranke and Burckhardt* (Princeton, N.J.: Princeton University Press, 1990) は，ランケとブルクハルトを，あるいは前者が代表した《政治史》と後者が代表した《文化史》を，二者択一的な対立の図式においてではなく，共通性に根ざした相違性として，相補的に捉えることの重要性を説いている。

69） 家永三郎は村岡典嗣の先駆的意義を高く評価しながらも，その限界と欠陥も指摘している。家永が一番の問題点だと考えている点は，村岡の研究が「国学および国学に連関する問題に集中」しすぎて，他の重要な問題を十分に扱っていないことである。第二の問題点は，村岡は「学問的に組織づけられた思想を対象とすること」を好み，また「ある完結した単位を取り上げて分析することに重きがおかれ，断片的な資料を綜合して思想の流れをとらへるといふ方法はほとんど用ゐられてゐない」ことである。第三に，村岡は「思想史の方法をフィロロギイとしての国学に求め」たため，「たとひ国学にかけた史的研究を補ひ得たとしても，やはり何処までも文献学的な立場を超出することができなかった」ことである。家永三郎「日本思想史の過去と将来」，『家永三郎集』第 1 巻『思想史論』（岩波書店，1997 年），236‒238 頁。

70） August Boeckh, *Encyklopädie und Methodologie der philologischen Wissenschaften*, herausgegeben von Ernst Bratuscheck, 2. Aufl. besorgt von Rudolf Klussmann (Leipzig: Druck und Verlag von B. G. Teubner, 1886), 10. 傍点箇所は原文ではゲシュペルト（隔字体）。

71） Ibid., 56.

72） Ibid., 10, 11, 16, 53.

73） Ibid., 16.

74） Ibid., 11.

75） Ibid., 16.

76） Ibid., 10-11.

77） Ibid., 56.

78） Ibid., 19.

79） Ibid., 14.

80） Ibid., 16.

81） Ibid., 12, 19, 54, 80.

82） Ibid., 16, 125.

83） Ibid., 14, 15, 17, 19, 20, 127.

84） Ibid., 55-56.

85） Ibid., 56-57.

86） これについては，Johann Adolf Goldfriedrich, *Die historische Ideenlehre in Deutschland* (Berlin: R. Gaertners Verlagsbuchhandlung, 1902) という研究書がある。彼はその書の第 2 章で「史的理念説の基礎づけ」（Die Begründung der historischen Ideenlehre）について論じているが，カント，シェリング，フィヒテ，ヘーゲルの順に簡単に触れた後，フンボルトに多くの頁を割いて，彼の「史的理念説」の特徴を詳細に叙述している（107–163 頁）。

87） 『新編　日本思想史研究――村岡典嗣論文選』，16 頁。

88） 同 15–16 頁。

89） Heinrich Rickert, *Kulturwissenschaft und Naturwissenschaft*, 6. Aufl. (Tübingen: J. C. B. Mohr [Paul Siebeck], 1926), 78-101. リッケルト，佐竹哲雄・豊川昇訳『文化科学と自然科学』（岩波書店，1939 年），137–171 頁参照。

90） Rickert, *Kulturwissenschaft und Naturwissenschaft*, 77.

91） Wilhelm Windelband, „Geschichte und Naturwissenschaft,“ in *Präludien: Aufsätze und Reden zur philosophie und ihrer Geschichte,* 7. u. 8. Aufl., Bd. 2 (Tübingen: J. C. B. Mohr [Paul Siebeck], 1921), 136-160. ヴィンデルバント，篠田英雄訳『歴史と自然科学・道徳の原理に就て・聖』（岩波文庫，1936 年）参照。

92） G. P. Gooch, *History and Historians in the Nineteenth Century*, with a new introduction by the author (Boston: Beacon Press, 1959), 29. グーチ，林健太郎・林孝子訳『十九世紀の歴史と歴史家たち　上』（筑摩書房，1971 年），32 頁。

93） Otto Gerhard Oexle, „Geschichte als Historische Kulturwissenschaft,“ in *Kulturgeschichte Heute,* herausgegeben von Wolfgang Hartwig und Hans-Ulrich Wehler (Göttingen: Vandenhoeck & Ruprecht, 1996), 14-40.

94） Uwe Barrelmeyer, *Geschichtliche Wirklichkeit als Problem. Untersuchungen zu geschichtstheoretischen Begründungen historischen Wissens bei Johann Gustav Droysen, Georg Simmel und Max Weber* (Münster: Lit Verlag, 1997) 84-158, 159-236.

95） Max Weber, *Gesammelte Aufsätze zur Wissenschaftslehre*, 4. Aufl. (Tübingen: J. C. B. Mohr [Paul Siebeck], 1973), 175. マックス・ヴェーバー，富永祐治・立野保男訳，折原浩補訳『社会科学と社会政策にかかわる認識の「客観性」』（岩波文庫，2003 年），83 頁。

96） Ibid., 165, 175. 邦訳書 63，82 頁。

97） Ibid., 180. 邦訳書 93 頁。

98） Ibid., 170-171. 邦訳書 73 頁。

99） ヴェーバーの学問論については，向井守『マックス・ウェーバーの科学論――ディルタイからウェーバーへの精神史的考察』（ミネルヴァ書房，1997 年）が優れた分析を行なっている。

100） Baumer, *Modern European Thought,* 5-6. 邦訳書 25–26 頁。ちなみに，この引用文中の「思想史」は history of ideas,「思想」は ideas か thought,「文化史」は cultural history である。

101） 竹内洋『学問の下流化』（中央公論社，2008 年）参照。

102） Cf. F. M. Conford, *The Unwritten Philosophy and Other Essays* (Cambridge: Cambridge University Press, 1950).

103） Baumer, *Main Currents of Western Thought*, 5.

104） Iggers, *Historiography in the Twentieth Century*, 25.

105） 本居宣長，村岡典嗣校訂『うひ山ふみ・鈴屋答問録』（岩波文庫，2007 年），18–20 頁。本居宣長は「初心のほどは，かたはしより文義を云々」に注釈を施して，次のように述べているが，これは至言と言うべきである。「文義の心得がたきところを，はじめより，一々に解せんとしては，とゞこほりて，すゝまぬことあれば，聞えぬところは，まずそのまゝにして過すぞよき。殊に世に難き事にしたるふしぶしを，まづしらんとするは，いといとわろし，たゞよく聞えたる所に，心をつけて，深く味ふべき也。こはよく聞えたる事也と思ひて，なほざりに見過せば，すべてこまかなる意味もしられず，又おほく心得たがひの有て，いつまでも其誤リをえさとらざる事有也。」（39–40 頁）

第 1 章　シュライアーマッハーにおける一般解釈学の構想

1） Anthony C. Thiselton, *Hermeneutics: An Introduction* (Grand Rapids, Mich./ Cambridge, U. K.: William B. Eerdmans 2009), 206.

2） Cf. Jean Grondin, *Einführung in die philosophische Hermeneutik* (Darmstadt: Wissenschaftliche Buchgesellschaft, 2001), 75-103; Joachim Wach, *Das Verstehen. Grundzüge einer Geschichte der hermeneutischen Theorie im 19. Jahrhundert*, 3 Bände in einem Band (Tübingen: J. C. B. Mohr [Paul Siebeck], 1926-1933; Nachdruck, Hildesheim, Zürich, und New York: Georg Olms Verlag, 1984), 31-82; 麻生建『解釈学』（世界書院，1985 年），5–109 頁。

3） Kurt Nowak, *Schleiermacher: Leben, Werk und Wirkung,* 2. Aufl. (Göttingen: Vandenhoeck & Ruprecht, 2002), 201.

4） *Friedrich Schleiermacher Schriften* (Bibliothek Deutscher Klassiker 134), herausgegeben von Andreas Arndt (Frankfurt am Main: Deutscher Klassiker, 1996), 1178. 翻訳版のプラトン全集のために執筆された「序論」（Einleitung）（Ibid., 295-333）は，研究者の間でいまでも通用する高い価値をもつものと評価されている。

5） シュライアーマッハーは 1810–11 年，1813–14 年，1817–18 年，1819–20 年の 4 期にわたって神学部長を務め，1815–16 年には学長に選ばれている。

6） Terrence N. Tice, *Schleiermacher* (Nashville: Abingdon Press, 2006), 15-16.

7）シュライエルマッヘル，長井和雄・西村皓訳『教育学講義』（玉川大学出版部，1969年）とシュライエルマッヘル，梅根悟・梅根栄一訳『国家権力と教育――大学論・教育学講義』（明治図書，1971年）が，シュライアーマッハーの教育学理論を示している。わが国では近年，教育学の分野でのシュライアーマッハー研究が盛んで，神学や哲学の分野の研究に大きく水をあけている。

8）Fr. D. E. Schleiermacher, *Sämtliche Werke*, Bd. I, 7, *Hermeneutik und Kritik mit besonderer Beziehung auf das Neue Testament*, aus Schleiermachers handschriftlichem Nachlasse und nachgeschriebenen Vorlesungen herausgegeben von Friedrich Lücke (Berlin: G. Reimer, 1838).

9）シュライアーマッハーの解釈学についての従来の議論のうち，圧倒的な重要性を有しているものは，ディルタイがシュライアーマッハー協会の懸賞論文に応募して，1860年に書き上げた「より古い時代のプロテスタント解釈学との対決におけるシュライアーマッハーの解釈学的体系」という論文である。Cf. Wilhelm Dilthey, „Das Hermeneutische System Schleiermachers in der Auseinandersetzung mit der älteren protestantischen Hermeneutik,“ in *Gesammelte Schriften*, Bd. 14, *Leben Schleiermachers. Zweiter Band: Schleiermachers System als Philosophie und Theologie*, aus dem Nachlaß von Wilhelm Dilthey mit einer Einleitung herausgegeben von Martin Redeker (Göttingen: Vandenhoeck & Ruprecht, 1966), 595-787.

それ以外には，J. Wach, *Das Verstehen*, Bd. I, 83-167所収の「シュライアーマッハーの解釈学理論」が重要である。

10）F. D. E. Schleiermacher, *Hermeneutik und Kritik,* mit einem Anhang sprachphilosophischer Texte Schleiermachers, herausgegeben und eingeleitet von Manfred Frank (Frankfurt am Main: Suhrkamp, 1977).

11）Fr. D. E. Schleiermacher, *Hermeneutik*, nach den Handschriften neu herausgegeben und eingeleitet von Heinz Kimmerle (Heidelberg: Carl Winter Universitätsverlag, 1959); zweite, verbesserte und erweiterte Auflage (Heidelberg: Carl Winter Universitätsverlag, 1974). 英訳 F. D. E. Schleiermacher, *Hermeneutics: The Handwritten Manuscripts*, trans. James Duke and Jack Forstman (Missoula, Mont.: Scholars Press, 1977).

12）Wolfgang Virmond, hrsg., „Friedrich Schleiermachers ‚Allgemeine Hermeneutik‘ von 1809/10,“in *Schleiermacher-Archiv*, herausgegeben von Hermann Fischer et al., Bd. 1, 2, 1269-1310. 1809/10年の冬学期に開講された「一般解釈学」のための草稿は，解釈学の教科書の下準備として構想されていたようである。しかしシュライアーマッハーはこれを書き記したノートを紛失するという不運に見舞われ，結局，彼の解釈学はついに書物にならずじまいであった。その意味でも，トヴェステンが筆記したこの講義ノートはきわめて貴重であり，また資料的価値も高い。Cf. Nowak, *Schleiermacher*, 203.

13）Schleiermacher, *Hermeneutik*, nach den Handschriften neu herausgegeben und eingeleitet von Heinz Kimmerle, 2. Aufl., 123.

14）キンマーレが編集したシュライアーマッハーの『解釈学』のなかに，「解釈学

に寄せて」（Zur Hermeneutik）と題して収録されている「箴言集」（Die Aphorismen von 1805 und 1809/10）が，ほぼそれに該当する。但し，1805年のメモと草稿は，1809/10年の講義の際に再度用いられ，その際に若干の加筆が施されている。Cf. Wolfgang Virmond, „Neue Textgrundlagen zu Schleiermachers früher Hermeneutik," in *Internationaler Schleiermacher-Kongreß Berlin 1984*, herausgegeben von Kurt-Victor Selge, *Schleiermacher-Archiv 1* (Berlin & New York: Walter de Gruyter, 1985), 575-590; Friedrich Daniel Ernst Schleiermacher, *Kritische Gesamtausgabe*, Erste Abteilung: Schriften und Entwürfe, Bd. 5, *Schriften aus der Hallenser Zeit 1804-1807* (Berlin & New York: Walter de Gruyter, 1995), XVI.

15） Schleiermacher, *Hermeneutik*, 31.

16） 残念ながら，エルネスティのラテン語原本は参照できなかったが，その英訳本によれば，subtilitas intelligendi と subtilitas explicandi は，それぞれ次のように記されている。「subtilitas intelligendi は二つの仕方で示される。第一に，われわれが本当にある文章を理解しているかどうかを見分け，そしてもし理解していないとすれば，正しく理解することを妨げているところの難点がどこにあり，またそうした難点の根拠がどこにあるかを発見することにおいて。第二に，しかるべき探究の方法によって，困難であるところの文章の意味を探し当てることにおいて。」これに対して，「subtilitas explicandi は，著者の意図する意味を，著者のものよりもより明快な同一言語の言葉を用いて表現するか，あるいは他の言語に翻訳し，そして議論と例証によって説明することで表現するか，そのいずれかによって示される。」Johann August Ernesti, *Elements of Interpretation*, translated and accompanied by notes by Moses Stuart (Andover: Mark Newman, 1887), 3, 5.

17） Fr. D. E. Schleiermacher, *Kurze Darstellung des theologischen Studiums*, herausgegeben von Heinrich Scholz (Darmstadt: Wissenschaftliche Buchgesellschaft, 1973), 54 (§28 der 1. Aufl.); idem, *Kritische Gesamtausgabe*, I. Abt., 6, *Universitätsschriften/ Herakleitos/ Kurze Darstellung des theologischen Studiums* (Berlin & New York: Walter de Gruyter, 1998), 276.

18） Ibid., 53 (§132) ; Schleiermacher, *Kritische Gesamtausgabe*, I. Abt., 6, 375.

19） Ibid . (§133) ; Schleiermacher, *Kritische Gesamtausgabe*, I. Abt., 6, 375.

20） Schleiermacher, *Sämtliche Werke*, Bd. I, 7, *Hermeneutik und Kritik mit besonderer Beziehung auf das Neue Testament*, 3.

21） Schleiermacher, *Hermeneutik*, 156.

22） Ibid., 75.

23） Ibid., 76.

24） Ibid., 32.

25） Cf. Wilhelm Dilthey, *Gesammelte Schriften*, Bd. 7. *Der Aufbau der geschichtlichen Welt in den Geisteswissenschaften*, 2., unveränderte Aufl. (Stuttgart: B.G. Teubner Verlagsgesellschaft; Göttingen: Vandenhoeck & Ruprecht, 1958), 213-214. ディルタイはここで Hineinversetzen という語で「感情移入」を言い表している。

26） Schleiermacher, *Hermeneutik*, 55.

27）Ibid., 56; cf. 31.

28）Ibid., 56.

29）Ibid., 56; cf. 38 (das Umgekehrte der Grammatik), 48.

30）Ibid., 50.

31）Ibid., 56.

32）Immanuel Kant, *Kants Werke*. Akademie Textausgabe, Bd. 3, *Kritik der reinen Vernunft*. Zweite, hin und wieder verbesserte Auflage (1787), 246; idem, *Kants Werke*. Akademie Textausgabe, Bd. 4, *Kritik der reinen Vernunft*, 1. Aufl. (1781), 200. カント，有福孝岳訳『純粋理性批判 中』（カント全集５）（岩波書店，2003年），28頁。

33）Schleiermacher, *Hermeneutik*, 57.

34）„Friedrich Schleiermachers ‚Allgemeine Hermeneutik‘ von 1809/10,“ herausgegeben von Wolfgang Virmond, in *Schleiermacher-Archiv*, herausgegeben von Hermann Fischer et al., Bd. 1, 2, 1269-1310.

35）Ibid., 1272.

36）Ibid.

37）Ibid., 1296.

38）Schleiermacher. *Hermeneutik und Kritik*, hrsg. von Manfred Frank, 412.

39）Schleiermacher, *Hermeneutik*, 76.

40）Ibid., 77.

41）Ibid., 163.

42）Ibid., 104.

43）Ibid., 114.

44）Ibid., 139.

45）Ibid., 77.

46）Ibid., 78.

47）Ibid., 81.

48）Ibid., 82.

49）Ibid.

50）Ibid., 83.

51）Ibid.

52）Hans-Georg Gadamer, *Gesammelte Werke,*Bd. 1, *Hermeneutik I: Wahrheit und Methode* (Tübingen: J. C. B. Mohr〔Paul Siebeck〕, 1990), 188; ハンス＝ゲオルグ・ガダマー，轡田収・巻田悦郎訳『真理と方法 II』（法政大学出版局，2008年），308頁。

53）Schleiermacher, *Hermeneutik*, 83.

54）Ibid.

55）Ibid., 83-84.

56）Ibid., 85.

57）Ibid., 104.

58） Ibid., 105.

59） Ibid. この引用文中に見られるように，シュライアーマッハーが「自分自身をさながら他者の姿に変えることによって，個性的なものを直接的に把握」しようする《予見的方法》を「女性的」（weiblich）と見なし，「まず普遍的なものとして措定し，……それらと比較することによって，それ特有のものを見出」そうとする《比較的方法》を「男性的」（männlich）として捉えている点は，きわめて興味深い。『キリスト降誕祭』（KGA I. Abt. 5, 94-98）の登場人物の会話を，この対比で解釈するのもなかなか面白い。Cf. Thiselton, *Hermeneutics*, 156.

60） Andrew Bowie, “Introduction” to Friedrich Scheleiermacher, *Hermeneutics and Criticism and Other Writings*, translated and edited by Andrew Bowie (Cambridge: Cambridge University Press, 1998), xi.

61） Manfred Frank, „Einleitung“ zu F. D. E. Schleiermacher, *Hermeneutik und Kritik*, 46-54, esp., 47.

62） われわれとは異なり，岡林洋はフランクの主張を全面的に受け入れている。しかし文体論に限定した見方では，「個性的なものを直接把握する」予見の本質は十分には捉えられない。筆者はむしろ「予見」概念のロマン主義的本質を積極的に評価したいと思う。岡林洋『シュライエルマッハーの美学と解釈学の研究』（行路社，1998 年），202-205 頁参照。

63） ドイツ語の Divination はラテン語の divinatio に由来するが，これには《1. The act or faculty of foreseeing the future, prophecy, prognostication》という意味のほかに，《2. A Judgement independent of the process of reasoning, intuition, guess; (w. gen.) instinctive feeling (for)》という意味がある。言うまでもなく，シュライアーマッハーは後者の意味でこの語を用いている。*Oxford Latin Dictionary* (2004), s. v. “divinatio.”

ちなみに，シュライアーマッハーの宗教的直観を批判的に継承したルードルフ・オットー（Rudolf Otto, 1869-1937）は，「予見」について次のように語っている。「われわれは聖なるものをその現象において純粋に認識し認知する何らかの能力を予見（Divination）と名づけよう。……真正な予見は，ある現象――それが事件であろうと人であろうと物であろうと――の発生は全然問題とせず，その意義，すなわち聖なるものの〈徴〉（Zeichen）であることを問題とする。予見の能力は，建徳的・教義的な言語によれば，〈聖霊ノ内ナル証明〉（testimonium spiritus sancti internum）という美わしい名称の下に身を隠している。」Rudolf Otto, *Das Heilige. Über das Irrationale in der Idee des Göttlichen und sein Verhältnis zum Rationalen* (München: Verlag C. H. Beck, 1963), 173-174.

64） Schleiermacher, *Hermeneutik*, 133, 136, 137.

65） Ibid., 108, 136.

66） Ibid., 138-139.

67） Gadamer, *Gesammelte Werke*, Bd. 1, 170; ガダマー，轡田収・麻生建・三島憲一・北川東子・我田広之・大石紀一郎訳『真理と方法 I』（法政大学出版局，1986 年）241-

242 頁。

68） Ibid., 172.『真理と方法 I』245 頁。

69） Ibid., 174.『真理と方法 I』248 頁。

70） Ibid., 174.『真理と方法 I』248 頁。

71） Ibid., 177.『真理と方法 II』293 頁。

72） ガダマーは，ドイツ観念論の遺産を継承して解釈学を構想する，イタリアのエミリオ・ベッティの著作に寄せた後書きにおいて，みずからのシュライアーマッハー批判の一面性を正直に認めている。要するに，『真理と方法』のなかで展開した批判は，シュライアーマッハーの学問体系のなかでの解釈学と弁証法との連関に十分な配慮を払っておらず，その点で不備だという自己批判である（Hans-Georg Gadamer, „Emilio Betti und das idealistische Erbe,“ in *Zur Grundlegung einer allgemeinen Auslegungslehre,* von Emilio Betti (Tübingen: J. C. B. Mohr [Paul Siebeck], 1988), 94-95）。しかしシュライアーマッハーの思弁哲学である弁証法については，従来はテクスト面での不整備などもあって研究の立ち後れと揺らぎが目立ち，それとの連関を十分に考慮し得なかったとしても，それはひとりガダマーの非とはいえない。研究史に関しては，川島堅二『F・シュライアマハーにおける弁証法的思考の形成』（本の風景社，2005 年），14–28 頁参照。

73） Heinz Kimmerle, “Einleitung” zu Schleiermachers *Hermeneutik*, 16-17.

74） 三宅剛一『十九世紀哲學史』（弘文堂，1951 年），28 頁。

75） Friedrich Meinecke, *Werke*, Bd. 4, *Zur Theorie und Philosophie der Geschichte*, herausgegeben und eingeleitet von Eberhard Kessel (Stuttgart: K. F. Koehler Verlag, 1965), 342-343.

76） Wilhelm Dilthey, *Gesammelte Schriften,* Bd. 13/2, *Leben Schleiermachers*, Erster Band, auf Grund des Textes der 1. Auflage von 1870 und der Zusätze aus dem Nachlaß herausgegeben von Martin Redeker (Göttingen: Vandenhoeck & Ruprecht, 1970), 155.

77） G. Scholtz, „Historismus, Historizismus,“ in *Historisches Wörtebuch der Philosophie*, herasugegeben von Joachim Ritter, Bd. 3 (Darmstadt: Wissenschaftliche Buchgesellschaft, 1974), 1141-1147.「歴史主義」（Historismus）の概念については，識者の間にもかなりの多義性が存在する。しばしば「世界観としての歴史主義」と「方法論としての歴史主義」に大別されるが，しかし両者はまったく異なったものではなく，根底では相互に関連し合っている（Georg G. Iggers, *Geschichtswissenschaft im 20. Jahrhundert. Ein kritischer Überblick im internationalen Zusammenhang*, 2., durchgesehene Aufl. [Göttingen: Vandenhoeck & Ruprecht, 1996], 18）。ここでは細かい議論は一切省略せざるを得ないが，本書ではトレルチが与えた定義――「われわれの知識と思考の根本的歴史化」――を念頭に置いている。だが，さしあたりはごく一般的に，「世界観的な問いを解明する際に，そこにおいて歴史が抜きん出た役割を演ずる思惟」，あるいは「歴史的諸学問にとって，もちろんとくに 19 世紀の歴史学にとって，決定的な思惟形式」という意味で理解して貰っても大過はない。Friedrich Jaeger & Jörn Rüsen, *Geschichte des Historismus. Eine Einführung* (München: Verlag C. H. Beck, 1992), 4, 8.

78） Ernst Troeltsch, GS Ⅲ, *Der Historismus und seine Probleme* (Tübingen: J. C. B. Mohr [Paul Siebeck], 1922; 2. Neudruck, Aalen: Scientia Verlag, 1961), 102; KGA 16, 281.

79） Friedrich Schleiermacher, *Über die Religion. Reden an die Gebildeten unter ihren Verächtern*, mit einem Nachwort von Carl Heinz Ratschow (Stuttgart: Philipp Reclam , 1969), 67.

80） Theodore Ziolkowski, *Clio the Romantic Muse: Historicizing the Faculties in Germany* (Ithaca and London: Cornell University Press, 2004), 93.

81） Schleiermacher, *Kurze Darstellung des theologischen Studiums zum Behuf einleitender Vorlesungen*, 12 (§ 29).

82） Ibid., 11-12 (§ 28).

83） Ibid., 10 (1. Aufl. § 31).

84） Karl Barth, *Die protestantische Theologie im 19. Jahrhundert. Ihre Vorgeschichte und ihre Geschichte,* 5. Aufl. (Zürich: Theologischer Verlag, 1981), 384.

85） Karl Barth, *Die Theologie Schleiermachers. Vorlesung Göttingen Wintersemester 1923/1924*, herausgegeben von Dietrich Ritschl (Zürich: Theologischer Verlag, 1978), 273.

86） Albert Schweitzer, *Geschichte der Leben-Jesu-Forschung*, Bd. 1 (Hamburg: Siebenstern Taschenbuch Verlag, 1972), 100.

87） Friedrich Schleiermacher, *Das Leben Jesu*, herausgegeben von K. A. Rütenik (Berlin: Georg Reimer, 1864); ET, *The Life of Jesus*, edited and with an Introduction by Jack C. Verheyden, translated by S. Maclean Gilmour (Philadelphia: Fortress Press, 1975).

88） Ziolkowski, *Clio the Romantic Muse*, 98.

89） „Schleiermachers Vorlesungen," in *Schleiermachers Briefwechsel (Verzeichnis) nebst einer Liste seiner Vorlesungen*, bearbeitet von Andreas Arndt und Wolfgang Virmond (Berlin und New York: Walter de Gruyter, 1992), 292-330.

90） Schleiermacher, *Hermeneutik*, 79.

91） Ibid., 36.

92） Ibid., 37.

93） Ernst Troeltsch, "The Dogmatics of the 'Religionsgeschichtliche Schule'," in *The American Jouranal of Theology* 17 (Jan. 1913), no. 1, 17.

94） Wilhelm Dilthey, „Die Entstehung der Hermeneutik," in *Gesammelte Schriften*, Bd. 5, *Die geistige Welt. Einleitung in die Philosophie des Lebens. Erste Hälfte, Abhandlungen zur Grundlegung der Geisteswissenschaften*, 2., unveränderte Aufl. (Stuttgart: B. G. Teubner Verlagsgesellschaft; Göttingen: Vandenhoeck & Ruprecht, 1957), 317-338. 邦訳はディルタイ，久野昭訳『解釈学の成立』（以文社，1984 年）。

95） 詳細は第 5 章の 5 を参照されたい。

96） Hermann August Korff, *Geist der Goethezeit*, 4 Bde. (Leipzig: Koehler & Amelang, 1956).

97） このあたりの消息については，Herbert Schnädelbach, *Philosophie in Deutschland*

1831-1933 (Frankfurt am Main: Suhrkamp, 1984); ヘルベルト・シュネーデルバッハ，舟山俊明・朴順南・内藤貴・渡邊福太郎訳『ドイツ哲学史 1831-1933』（法政大学出版局，2009 年）がとても参考になる。

98） Schleiermacher, *Sämtliche Werke*, 1. Abt., Bd. 7, *Hermeneutik und Kritik mit besonderer Beziehung auf das Neue Testament*, 260; idem, *Hermeneutik und Kritik*, hrsg. von Manfred Frank, 1977, 234.

99） Schleiermacher, *Hermeneutik*, 141; idem, *Hermeneutik und Kritik*, 328.

100） Schleiermacher, *Hermeneutik*, 140-141; idem, *Hermeneutik und Kritik*, 327-328.

第２章　アウグスト・ベークと古典文献学

1） August Boeckh をどうカタカナ表記すべきかについては，従来，幾つかの異なった表記が通用しているが，われわれが詳しく調べた結果，これは「アウグスト・ベーク」と表記するのが正しい。以下それについて，少し説明を加えておく。

「日本文献学」を提唱した国文学者の芳賀矢一は，わが国にベークを紹介した最初の人の一人と思われるが，遺著『日本文献学』――これは明治 40 年度東京帝国大学にてなされた講義を修整したものである――において，原語のまま，しかも oe ではなく ö の形で，「August Böckh」と表記している。したがって，芳賀がこれをどう発音していたかは，ここからは判別できない。ベークの《フィロロギー》から多くを学び，それをみずからの日本思想史研究の方法的基礎に据えた村岡典嗣も，しばしば原語表記（Boeckh）を用いたが，あえてカタカナ表記している場合には，「ベエク」と記している（村岡典嗣『増補　本居宣長１・２』平凡社，2006 年）。歴史認識に関連してベークの貢献を高く評価した樺俊雄は，「ベエク」ではなく「ベェク」という表記を用いている（樺俊雄『歴史哲学概論』理想社，1935 年）。ところが，村岡典嗣『増補　本居宣長１・２』の校訂者の前田勉は，その巻末の「解説」において，あえて表記を変更して「ベック」と記している。『岩波西洋人名辞典　増補版』（岩波書店，1981 年）を参照すれば「ベック」となっているので，おそらく前田はこの表記に倣ったものと思われる。より新しいところでは，刮目すべきディルタイ研究書『ヴィルヘルム・ディルタイ――精神科学の生成と歴史的啓蒙の政治学』（九州大学出版会, 2002 年）の著者鏑木政彦も，あるいは現在刊行中の『ディルタイ全集』（法政大学出版局，2002 年～）の翻訳者たちも，一様に「ベック」と記しているが，果たしてこれが正しいかどうかはあらためて問われなければならない。

まず英語の標準的な人名辞典である *Merriam-Webster's Biographical Dictionary* (Springfield, Mass.: Merriam-Webster, 1972) には，Böckh という見出しで出ており，その発音は〔bûk〕となっている。ちなみに〔û〕の発音は，schön〔shûn〕Goethe〔gû´té〕における ö ないし oe のそれと同じである（p. 163）。次にベークの本国ドイツで出版されているドゥーデンの発音辞典によれば，これまた見出し項目は Böckh となっているが，その発音は Öl〔ø:l〕の母音と同じ〔bø:k〕となっている（*Duden.* Band 6, *Ausspracheworterbuch. Wörterbuch der deutschen Standardaussprache*, 2., völlig neu

bearbeitete und erweiterte Auflage, bearbeitet von Max Mangold in Zusammenarbeit mit der Dudenredaktion [Mannheim: Duden Verlag, 1974], 184)。

以上の予備的考察からも，Boeckhの発音としては長音の「ベーク」が原語の発音に一番近いと思われるが，これだけではまだ納得しない方もあろうかと思われるし，そもそもBoeckhとBöckhのどちらが正しいのかという問題も残っている。そこでさらに踏み込んだ検証を試みてみたい。

まず，BoeckhかBöckhかという問題に関しては，これまでに出版された最も詳細な伝記的著作であるMax Hoffmann, *August Böckh. Lebensbeschreibung und Auswahl aus seinem wissenschaftlichen Briefwechsel* (Leipzig: Druck und Verlag von B. G. Teubner, 1901) が，これに明快な答えを与えている。ベーク本人は，自筆の書類や書簡では終始一貫してBöckhを用いており，ラテン語の著作でのみBoeckhiusと記したという（2n1)。この点に関しては，Ernst Vogt（„Der Methodenstreit zwischen Hermann und Böckh und seine Bedeutung für die Geschichte der Philologie,“ in *Philologie und Hermeneutik im 19. Jahrhundert. Zur Geschichte und Methodologie der Geisteswissenschften*, hrsg. von H. Flashar, K. Gründer, A. Horstmann [Göttingen: Vandenhoeck & Ruprecht, 1979], 109n14）も，Bernd Schneider（*August Boeckh. Altertumsforscher, Universitätslehrer und Wissenschaftsorganisator im Berlin des 19. Jahrhunderts. Ausstellung zum 200. Geburtstag 22. November 1985-18. Januar 1986* [Berlin: Staatsbibliothek Preußischer Kulturbesitz, 1985], 9）も，まったく一致した見解を示している。

次に，öないしoeの発音に関してであるが，Ursula Schaeferはこれを「長母音」（ein langer Vokal）であると明言している（„Vorwort,“ in *August Boeckh* (1785-1867). *Leben und Werk*. Zwei Vorträge,hrsg. von Ernst Vogt & Axel Horstmann [Berlin: Humboldt-Universität zu Berlin, 1998], 6n2)。

以上のような考察からして，われわれは「アウグスト・ベーク」という表記が最も適切であると判断し，以後はすべてこのように表記することにする。われわれの知る限りでは，われわれと同じような考察に基づいて「アウグスト・ベーク」と表記しているのは，曽田長人『人文主義と国民形成』（知泉書館，2005年）のみである。

ところで，ベークの名前がときにPhilipp Augustと記されていることに関して，ここで注意を促しておきたい。たとえば，ベークの伝記記者シュタルク（Karl Bernhard Stark, 1824-1879）は，“deren jüngstes Philipp August“ と記しているが（K.B. Stark, „August Böckh,“ in *Die Allgemeine Deutsche Biographie*, Bd. 3, 770)，これは明白な間違いである。これはベークがハイデルベルク大学に就職した際に，事務官がDr. phil. August Böckhと記したのを，誤読したために生じた間違いであるという。言うまでもなく，Dr. phil.はdoctor philosophiae〔lat.〕（Doktor der Philosophie）の略号であり，したがってphil.はPhilippの略ではない。Cf. Hoffmann, *August Böckh*, 2n1.

2）August Boeckh, *Encyklopädie und Methodologie der philologischen Wissenschaften*, herausgegeben von Ernst Bratuscheck, 2. Aufl. besorgt von Rudolf Klussmann (Leipzig: Druck und Verlag von B. G. Teubner, 1886).

3） Johann Gustav Droysen, *Historik. Vorlesungen über Enzyklopädie und Methodologie der Geschichte*, herausgegeben von Rudolf Hüber, 5. unveränderte Aufl. (München: R. Oldenbourg, 1967). 最新の校訂版テクストとしては，Johann Gustav Droysen, *Historik. Rekonstruktion der ersten vollständigen Fassung der Vorlesungen (1857) Grundriß der Historik in der ersten handschriftlichen (1857/1858) und in der letzten gedruckten Fassung (1882)*. Textausgabe von Peter Leyh (Stuttgart-Bad Cannstatt: Friedrich FrommannVerlag Günther Holzboog 1977).

4） Droysen, *Historik*, 22; idem, *Grundriss der Historik* (Leipzig: Verlag von Veit & Comp., 1868), 9.

5） Franklin L. Baumer, *Modern European Thought. Continuity and Change in Ideas, 1600-1950* (New York: Macmillan; London: Collier Macmillan Publishers, 1977), 4.

6） ベーク－ドロイゼン－ディルタイというこの系譜は，実はさらに掘り下げると，シュライアーマッハーへと遡るものである。ディルタイ自身が明確にこのことを自覚している。Cf. Wilhelm Dilthey, *Gesammelte Schriften*, Bd. 7, *Der Aufbau der geschichtlichen Welt in den Geisteswissenschaften* (Stuttgart: B. G. Teubner; Göttingen: Vandenhoeck & Ruprecht, 1958), 114.

7） 村岡典嗣は，竹柏園《なぎその》の創立者である国学者の佐々木弘綱（1828-1891）――万葉集の研究で知られる佐々木信綱（1872-1963）の父――の親戚筋（弘綱の妻と典嗣の母が姉妹の関係にあった）にあたり，少年時代に同翁の家に寄宿していたため，古事記や万葉集など日本古学の伝統に慣れ親しんでいた。『波多野精一全集』第 6 巻（岩波書店，1969 年），389 頁，および村岡哲「波多野精一博士のこと――村岡典嗣没後 30 年」『史想・随筆・回想』（太陽出版，1988 年），253–263 頁参照。波多野と村岡の師弟関係については，拙論「村岡典嗣と波多野精一――響応する二つの『学問的精神』」『人文論集』第 39 号（2008 年），199–238 頁を参照されたい。

8） 村岡典嗣『増補　本居宣長 2』（平凡社，2006 年），15–31 頁参照。

9） 村岡典嗣「日本思想史の研究方法について」『續　日本思想史研究』（岩波書店，1939 年），25–48 頁所収，あるいは村岡典嗣『日本思想史概説　日本思想史研究 IV』（創文社，1961 年），13–29 頁参照。

10） 筆者が村岡に関心を抱いたきっかけは，石原謙編『哲學及び宗教と其歴史――波多野精一先生獻呈論文集』（岩波書店，昭和 13 年）を通してであった。執筆者の大部分が京都大学関係者かキリスト教関係者で，西洋哲学やキリスト教について論じていたが，ひとり村岡は「明治維新の教化統制と平田神道」について書いていた。そのときは波多野精一との関係については知らなかったが，その後『村岡典嗣著作集』全 5 巻（創文社）を繙いてみて，思想史研究家としての村岡に興味を覚えた。その際，村岡が最晩年のトレルチの講義を聴講している事実が筆者には興味深かった。すなわち，村岡は大正 11（1922）年 4 月に東北帝国大学法文学部教授に任ぜられ，その年の 5 月から約 2 年間，文化史学研究のためにドイツ・フランス・イギリスで在外研究を行なった。彼はその間にマイヤー（Eduard Meyer, 1855-1930），チェンバレン（Basil Hall Chamberlain,

1850-1935），フローレンツ（Karl Florenz, 1865-1939）などのもとを訪れているが，ベルリン滞在中にトレルチの講義も聴講している。トレルチは村岡の在留期間中に急逝したので，彼は最晩年のトレルチに会った日本人学者の一人だということになる。

11） ベークはイェーナ大学に入学することを希望したが，彼に奨学金を支給しているバーデン州当局が，イェーナは合理主義が支配的であるとの理由で，それを認めなかったので，彼はハレに赴いたという。

12） ベークはのちにヴォルフへの書簡において，「あなたがいらっしゃらなければ，わたしは貧しい神学者になっていたことでしょう」と述べているが，このことからも判るように，ヴォルフのベークに対する影響は決定的であった。だが，ディルタイによれば，シュライアーマッハーのベークに対する影響も「ヴォルフのそれに劣らず決定的であった」。「倫理学ならびに解釈学と批判に関するシュライアーマッハーの講義は，文献学についてのベークの理解を決定的に規定したのであった。」Wilhelm Dilthey, *Gesammelte Schrifte*n, Bd. 13/2, *Leben Schleiermachers 1803-1807*, herausgegeben von Martin Redeker (Göttingen: Vandenhoeck & Ruprecht, 1970), 144.

13） 博士論文は『古代の調和について』*De harmonie veterum* と題するもので，これによってベークは1807年3月15日にハレ大学から博士号を取得した。

14） Cf. „Specimen editionis Timaei Platonis dialogi“（*Gesammelte kleine Schriften*, Bd. 3, 181-203 に収録）.

15） „Über die Bildung der Weltseele im Timaeos des Platon“（*Gesammelte kleine Schriften*, Bd. 3, 109-180 に収録）.

16） Cf. „De Platonis corporis mundane fabrica conflati ex elementis gemetrica ratione concinnatis“ (1809) (*Gesammelte kleine Schriften*, Bd. 3, 229-252 に収録) ; „De Platonico systemate caelestium globorum et de vera indole astronomiiae Philolaicae“ (1810) (*Gesammelte kleine Schriften*, Bd. 3, 226-293 に収録) .

17） August Boeckh, „Kritik der Uebersetzung des Platon von Schleiermacher,“ in *Gesammelte kleine Schriften*, Bd. 7, 1-38; hier 3.

18） Hoffmann, *August Böckh*, 17.

19） Ibid., 18.

20） ベルリン大学の創立に関しては，Helmut Schelsky, *Einsamkeit und Freiheit. Idee und Gestalt der deutschen Universität und ihrer Reformen* (Hamburg: Rowohlt Taschenbuch Verlag, 1963), 48-130; Volker Gerhardt, Reinhard Mehring, und Jana Rindert, *Berliner Geist. Eine Geschichte der Berliner Universitätsphilosophie* (Berlin: Akademie Verlag, 1999), 19-50; Thomas Albert Howard, *Protestant Theology and the Making of the Modern German University* (Oxford & New York: Oxford University Press, 2006), 130-211 を参照のこと。

21） 物価変動に伴う貨幣価値の大きな相違があるので，この提示額を現在の貨幣価値に換算するのは至難の業である。しかしW・H・ブリュフォードによれば，当時のプロイセンのラテン語学校教師の平均年収は600～1200ライヒスマルク，大学教授は1200～3600ライヒスマルクであり，ゲーテの大臣としての俸給は最初2400ライヒスマル

ク，後には3600ライヒスマルクを得ていたという。1ターラー（Thaler）はほぼ2ライヒスマルク（Reichsmark）に換算できるので，上の数字に½を掛けるとターラーの値になる。W. H. Bruford, *Germany in the XVIII Century: The Social Background of the Literary Revival* (Cambridge: Cambridge University Press, 1952), 329-332（W・H・ブリュフォード，上西川原章訳『18世紀のドイツ』三修社，1980年，357–361頁）。

別の研究によれば，当時のブルジョワ家族がそれ相当の社会的生活を営むためには，年間600～1000ターラー必要だったという。したがって，弱冠25歳のベークにとって，この条件はかなり好ましいものだったと思われる。ちなみに，その8年後にヘーゲルが48歳でベルリン大学に招聘された際の俸給は，2000ターラーであった。Charles E. McClelland, *State, Society, and University in Germany: 1700-1914* (Cambridge: Cambridge University Press, 1980), 211; Terry Pinkard, *Hegel: A Biography* (Cambridge: Cambridge University Press, 2000), 428, 432.

22）ベッカーはベークと同い年で，二人とも1806年のハレにおけるヴォルフのゼミの学生であるが，当時のヴォルフはベークよりもベッカーの方をより高く評価していた。ヴォルフは国王フリードリヒ・ヴィルヘルム3世への報告書のなかで，「現在の研究所のメンバーのなかでは，……ベッカーとベークが最も頭抜けていますが，前者がはるかに高い程度においてそうです」と述べている。しかし後年の両者の仕事ぶりを比較すれば，ヴォルフはおそらくこの評価を逆転させざるを得ないであろう。Cf. Bernd Schneider, *August Boeckh*, 32.

23）Johannes Schneider, „Das Wirken August Boeckhs an der Berliner Universität und Akademie,“ *Das Altertum* 15 (1969), 107; cf. Max Lenz, *Geschichte der königlichen Friedrich-Wilhelms-Universität zu Berlin*, Bd. 1, *Gründung und Ausbau* (Halle: Waisenhaus, 1910), 390, 431f.

24）ベークは1814–15年，1819–20年，1832–33年，1835–36年，1844–45年，1849–50年に学部長を，1825–26年，1830–31年，1837–38年，1846–47年，1859–60年に学長を務めた。Cf. Ilka Thom und Kirsten Weining, hrsg., *Mittendrin. Eine Universität macht Geschichte*. Eine Ausstellung anlässlich des 200-jährigen Jubiläums der Humboldt-Universität zu Berlin (Berlin: Akademie Verlag, 2010), 55-56.

25）ウィーン体制下のプロイセンの文相アルテンシュタイン（Karl Altenstein, 1770-1840）の推挽によって，ヘーゲルがベルリン大学教授に就任したのは，1818年のことである。国家公認の哲学として，ヘーゲル哲学は20年代中葉以降まさに隆盛を極め，ヘーゲル自身1829/30年に学長に選出されている。しかしその名声の絶頂で，ヘーゲルは1831年にコレラにかかって急逝した。ベルリン大学へのヘーゲルの招聘，ならびに同大学における彼の働きについては，Gerhardt, *Berliner Geist*, 53-73を参照のこと。

26）ランケは1825年に員外教授として着任し，1834年から正教授に就任した。彼は1871年までその職にとどまったので，これもかなりの長さであるが，ベルリン大学との関わりで言えば，ベークにははるかに及ばないものがある。

27）生前に出版された3巻本の『小著作集』*Gesammelte kleine Schriften* は，すべて

この種の言辞や講演を収録したものである。Bd.1, *Orationes in universitate litteraria Friderica Guilelma Berolinensi habitae*. Edidit Ferdinandus Ascherson. Leipzig: B. G. Teubner, 1858; Bd. 2, *Reden gehalten auf der Universität und in der Akademie der Wissenschaften zu Berlin*. Herausgegeben von Ferdinand Ascherson. Leipzig: B. G. Teubner, 1859; Bd. 3, *Reden gehalten auf der Universität und in der Akademie der Wissenschaften zu Berlin 1859-1862 und Abhandlungen aus den Jahren 1807-1810 und 1863-1865*. Herausgegeben von Ferdinand Ascherson. Leipzig: B. G. Teubner, 1866. なお，没後さらに4巻が付け加えられ，現在では『小著作集』*Gesammelte Kleine Schriften* は，7巻本となっており，2005年にヒルデスハイムのゲオルク・オルムズ社からリプリント版が出ている。参考までに残りの巻に関する書誌情報を記しておくと，以下の通りである。Bd. 4, *Opuscula Academica Berolinensia*. Ediderund Ferdinandus Ascherson, Ernestus Bratuscheck, Paulus Eichholtz. Leipzig: B. G. Teubner, 1874; Bd. 5, *Akademische Abhandlungen vorgetragen in den Jahren 1815-1834 in der Akademie der Wissenschaften zu Berlin*. Herausgegeben von Paul Eichholtz und Ernst Bratuscheck. Leipzig: B. G. Teubner, 1871; Bd. 6, *Akademische Abhandlungen vorgetragen in den Jahren 1836-1858 in der Akademie der Wissenschaften zu Berlin; nebst einem Anhange epigraphische Abhandlungen aus Zeitschriften enthaltend*. Herausgegeben von Ernst Bratuscheck und Paul Eichholtz. Leipzig: B. G. Teubner, 1871; Bd. 7, *Kritiken; nebst einem Anhange*. Herausgegeben von Ferdinand Ascherson und Paul Eichholtz. Leipzig: B. G. Teubner, 1872.

28） Hoffmann, *August Böckh*, 340.

29）ドイツの大学におけるゼミナールの歴史については，William Clark, *Academic Charisma and the Origins of the Research University* (Chicago and London: University of Chicago Press, 2006), 158-179, 485-494, 及び McClelland, *State, Society, and University in Germany: 1700-1914*, 174-181 を参照されたい。

30） Cf. Hoffmann, *August Böckh*, 101.

31） Thom und Weining, hrsg., *Mittendrin. Eine Universität macht Geschichte*, 158-159.

32） Hoffmann, *August Böckh*, 211.

33） 1759年にモーペルチュイ（Moreau de Maupertuis, 1698-1759）が亡くなって以後，ベルリン科学アカデミーには会長職は存在せず，プロイセン国王自身が保護者としてアカデミーの頂点に立っていたので，当時の書記職にはきわめて大きな意義と権限が付与されていた。Cf. Johannes Schneider, „Das Wirken August Boeckhs an der Berliner Universität und Akademie,“ *Das Altertum* 15 (1969), 109.

34） Akademiearchiv Berlin, Abt. IIIa/3/133; 118（筆者未見）. Cf. Schneider, „Das Wirken August Boeckhs an der Berliner Universität und Akademie,“ 109.

35） Adolf von Harnack, *Geschichte der königlich Preußischen Akademie der Wissenschaften zu Berlin*, Bd. 1, 2 (Berlin: Akademie der Wissenschaften, 1900), 854.

36） Ernst Curtius, *Unter drei Kaisern: Reden und Aufsätze*, 2. Aufl. (Berlin: Verlag von Wilhelm Hertz, 1895), 153-154. クルツィウスはベークの高弟の一人で，1835/36年の冬

学期のゼミに名を連ねているが，のちに文献学者として大いに名を挙げた（Cf. Thom und Weining, hrsg., *Mittendrin. Eine Universität macht Geschichte*, 140）。ちなみに，彼は『ヨーロッパ文学とラテン中世』*Europäische Literatur und lateinisches Mittelalter* (1948) の著者として名高いＥ・Ｒ・クルツィウス（Ernst Robert Curtius, 1886-1956）の祖父にあたる。なお，彼は記念講演において，師のベークを次のように評している。「ベークは，稀なる天賦を有した学問的天才である。厳密な方法で真理を明める事こそは，彼の生涯の悦びであった。彼はいかにも一個の歴史的探見者（Quellenfinder）たるにふさわしく，乾き果てた地上で底深く埋もれた宝をもとめて，吾人の知識を広めるすべを解した。精神的の多趣味は，彼をつねに清新ならしめた。彼は決して，博学の故に雑駁な物識とならなかった。彼の哲学的官能と，審美的感情とは，彼をしてこゝに至らしめなかったのである。彼は，極めて些細な事実から，よく全体を看取した。彼は，極めて冷静な理性の活きを，理想に対する感激と結付ける術を知った。彼をして希臘文化の本質を捕へしめ，古詩人や古哲学者の精神の裡に生かしめたのは，実にこの故であった。」引用は村岡典嗣著，前田勉校訂『増補 本居宣長２』（平凡社，2006 年），22-23 頁による。これは厳密な訳ではなく，むしろ抄訳に近い。原文は Ernst Curtius, „Zum Gedächtniss an Chr. A. Brandis und A. Boeckh,“ in *Alterthum und Gegenwart. Gesammelte Reden und Vorträge*, Zweiter Band (Berlin: Verlag von Wilhelm Hertz, 1886), 275-276 に収録されている。

37） G. P. Gooch, *History and Historians in the Nineteenth Century*, with a new introduction by the author (Boston: Beacon Press, 1959), 29; グーチ，林健太郎・林孝子訳『十九世紀の歴史と歴史家たち』（筑摩書房，1971 年），32 頁。

38） Ibid.

39） August Boeckh, *Die Staatshaushaltung der Athener*, 3. Aufl. (Berlin: Georg Reimer, 1896), XIX.

40） Hoffmann, *August Böckh*, 76.

41） アレクサンダー・フォン・フンボルトは，兄ヴィルヘルムの遺稿「ジャワ島におけるカヴィ語について」（Über die Kawi—Sprache auf der Insel Java）が，弟子のブッシュマンによって『人間の言語構造の相違性と，人類の精神的展開に及ぼすその影響について』*Über die Verschiedenheit des menschlichen Sprachbaues und ihren Einfluß auf die geistige Entwickelung des Menschengeschlechts* (1836) という表題で刊行されたとき，それに「序説」（Einleitung）を寄せたが，そこにおいてベークに触れ，次のように述べている。「古典的古代全般にわたる深い知識の持主であり，我々兄弟共通の友人でもあるアウグスト・ベック〔ベーク〕に兄がいかに負うところ多大であるか，また，同氏の韻律論についての業績や，ギリシアの民族相互の相違性の及ぼした多様な影響についての研究が兄をいかに啓発したか，については，本書の記述が明らかにするところである。」ヴィルヘルム・フォン・フンボルト，亀山健吉訳『言語と精神――カヴィ語研究序説』（法政大学出版局，1984 年），528 頁。

42） この追悼演説は，*Gesammelte kleine Schriften*, Bd. 2, 211-215 に収録されている。

43） Ibid., 213; cf. Hoffmann, *August Böckh*, 77.

44） ベークとフンボルトとの間の友情は，最近出版された書簡集でも確認できる。Romy Werther, hrsg., *Alexander von Humboldt/ August Böckh Briefwechsel* (Berlin: Akademie Verlag, 2011) 参照。

45） Schneider, *August Boeckh*, 54.

46） Gooch, *History and Historians in the Nineteenth Century*, 29; グーチ『十九世紀の歴史と歴史家たち』32 頁。

47） Thom & Weining, hrsg., *Mittendrin. Eine Universität macht Geschichte*, 116-117.

48） Hoffmann, *August Böckh*, 209-228 に収録。

49） Boeckh an K. O. Müller, quoted in *August Böckh*, von Hoffmann, 79.

50） G. W. F. Hegel, *Werke in zwanzig Bänden*, Bd. 8, *Enzyklopädie der philosophischen Wissenschaften in Grundrisse (1830)*, Erster Teil (Frankfurt am Main: Suhrkamp Verlag, 1970), 61; cf. Boeckh, *Encyklopädie und Methodologie der philologischen Wissenschaften*, 40.

51） Boeckh an M. H. E. Meier vom 20.8.1826, quoted in *August Böckh von Hoffmann*, 309; Günther Nicolin, hrsg., *Hegel in Berichten seiner Zeitgenossen* (Hamburg: Felix Meiner Verlag, 1970), 302-303.

52） Boeckh an K. O. Müller vom 22.10.1826, quoted in *Hegel in Berichten seiner Zeitgenossen*, hrsg. von Nicolin, 318.

53） ハルナックによれば，ヘーゲルはゲーテを除けば，地上のいかなる権威的存在も認めなかったという。Adolf von Harnack, *Geschichte der Königlich Preussischen Akademie der Wissenschaften zu Berlin*, Bd. I/2, *Vom Tode Friedrich's des Großen bis zur Gegenwart* (Nachdruck, Hildesheim & New York: Georg Olms Verlag, 1970), 734.

54） Boeckh an B. G. Niebuhr vom 24.10.1826, quoted in *August Böckh von Hoffmann*, 224; Nicolin, hrsg., *Hegel in Berichten seiner Zeitgenossen*, 319-320.

55） ヘーゲルとシュライアーマッハーの確執については，Richard Crouter, “Hegel and Schleiermacher: A Many-sided Debate,” in *Papers of the Nineteenth Century Theology Working Group* (*AAR 1979 Annual Meeting*), vol. 5, edited by James O. Duke and Peter C. Hodgson (Berkeley, Calif.: Graduate Theological Union, 1979), 57-80 参照。なお，増渕幸男『シュライアーマッハーの思想と生涯――遠くて近いヘーゲルとの関係』（玉川大学出版部，2000 年）も参考になる。ちなみに，この書ではベークは「ボエックー」と表記されている。

56） ランケは『自伝』のなかで，「私自身はできるだけニーブールに従い，つねに主要な問題を見失わない彼の研究の深さと多様性に敬服したのみならず，またおよそそれが試みられている所では叙述の偉大さにも敬服した。しかし問題となっている国制上の諸点に関する研究においては，私はギリシアの財政に関するオトフリート・ミュラーに比してわずかに多くしか彼に従う事ができなかった。アテネの財政に関するベック《（ママ）》はなおさら然りであった」と述べて，ベークの学問への違和感を表明している（ランケ，林健太

郎訳『ランケ自伝』岩波文庫，1994 年，59 頁）。ロートハカーによれば，ランケはベークを尊敬はしていたが，彼の古代学という歴史概念には違和感を覚えていたという。Cf. Erich Rothacker, *Einleitung in die Geisteswissenschaften* (Darmstadt: Wissenschaftliche Buchgesellschaft, 1972), 170.

57）『ランケ自伝』によれば，ランケが学んだ当時のライプツィヒ大学の教授陣のなかで，「もっとも有能な人はもっとも広範な学問，ことに歴史と文学に造詣の深い言語学者ダニエル・ベックと当時第一流の文法学者，詩学者，文法批評家ゴットフリート・ヘルマンであった。彼はギリシアの文法に関する優れた講義をした。とくに彼は私にピンダロスを教え，それに卓越した解釈を施した」（45 頁）。かくして若きランケは「確固たる決意をもってヘルマン学派の言語学的研鑽に身を捧げた」（50 頁）のであった。満 80 歳を間近に控えた老ランケは，「私はいまなお，当時彼が若いマギステルとして壇上に立ち，闘志満々いかなる反対者にも拮抗した姿，名誉刀をやや左に下げたやせた丈の高い姿を思い出す。彼はわれわれすべてに勝ってギリシア語をよくし，さらにそれを話しもした」（同），と述べている。

58） ヴィラモーヴィッツ＝メレンドルフはヘルマンを次のように評している。「彼は言葉のあらゆる意味において騎士であり，戦いを好んだ。そして彼は騎士のように戦った。言語と詩行とは彼のうちで生き生きとしており，彼が弟子たちのうちにこの生命を呼び覚ましたことは，彼の特別のカリスマであった。」U. von Willamowitz-Moellendorff, *Geschichte der Philologie* (Leipzig: B. G. Teubner Verlagsgesellschaft, 1959), 49.

59） この書評は，Gottfried Hermann, *Ueber Herrn Professor Böckhs Behandlung der Griechischen Inschriften* (Leipzig: Gerhard Fleischer, 1826), 17-65 に再録されており，以下における引用はこれを典拠としている。

この書評においてヘルマンは，『ギリシア碑文集成』というアカデミーの一大プロジェクトが，「たとえどんなに学識があり，また古典ギリシア文化のきわめて種々の部分に関する重大な功績によって有名であるとはいえ，ただ一人の人に委ねられているのを見ること」に，「いささか違和感」を覚えざるを得ないと言い（18），さらにそれに続けて，「もしこの作品がベッカー教授に，つまりギリシア語を真に理解し，大いなる思慮深さを有している人に，検査のために印刷前に提出されていたとすれば，この巻の少なくとも半分はより論拠の薄弱なものになったであろうが，しかしひとは半分ガ全部ヨリドレホド多イカ（ὅσῳ πλέον ἥμισυ παντός）を満足して知ったことであろう」（19）と，歯に衣を着せぬ批判を展開している。

60） August Boeckh, „Antikritik,“ in *Hallesche Allgemeine Literaturzeitung*, 1825, Nr. 245, 289-293. これは A. Boeckh, *Gesammelte kleine Schriften*, Bd. 7, 255-261 と，G. Hermann, *Ueber Herrn Professor Böckhs Behandlung der Griechischen Inschriften*, 66-73 の両方に再録されている。

61） Eduard Meier, „Analyse,“ in *Hallesche Allgemeine Literaturzeitung*, 1825, Nr. 238-241. これも G. Hermann, *Ueber Herrn Professor Böckhs Behandlung der Griechischen Inschriften*, 78-180 に再録されている。

62） August Boeckh, „Ueber die Logisten und Euthynen der Athener," in *Rheinisches Museum*, Bd. 1(1827), 39-107. これは A. Boeckh, *Gesammelte kleine Schriften*, Bd. 7, 262-328 に再録されている。

63）「ヘルマン―ベーク論争」については，専門家の曽田長人による優れた考察があることを，本稿をほぼ脱稿した段階で初めて知った。拙論を補う意味で参照されたい。曽田長人『人文主義と国民形成――19 世紀ドイツの古典教養』（知泉書館，2005 年），158-168 頁。

64） Hermann, *Ueber Herrn Professor Böckhs Behandlung der Griechischen Inschriften*, 4, 8.

65） Ibid., 9-10.

66） Boeckh, „Ueber die Logisten und Euthynen der Athener," in *Gesammelte kleine Schriften*, Bd. 7, 264-265（傍点筆者）.

67）「エンチクロペディー」といえば，ヘーゲルの *Enzyklopädie der philosophischen Wissenschaften* (1817) を思い浮かべる人も多いかもしれないが，この種の試みは何もヘーゲルに始まったものではない。すでに 18 世紀以来，F. V. Molter, *Kurze Encyklopädie oder allgemeiner Begriff der Wissenschaften* (1772), J. F. Hartmann, *Encyklopädie der elektrischen Wissenschaften* (1784), C. G. Rössig, *Entwurf einer Encyklopädie und Methodologie der gesammten Staatswissenschaften und ihrer Hülfsdisciplinen* (1797), J. P. Harl, *Encyklopädie der gesammten Geldwissenschaft* (1806) など，それぞれの学問分野において，その学科目の概念やそれが取り扱う対象や方法を，包括的・体系的に論述した書物が書かれ，また大学でもその種の講義がなされた。ベークの *Encyklopädie und Methodologie der philologischen Wissenschaften* も，当然のことながら，このような当時の慣行に従っており，それ自体としては決して独自的であるわけではない。しかし彼が文献学という体系に盛り込んだ豊かな内容と，それらを相互に秩序づけた透徹した方法は，やはり彼の天才的な洞察の賜物であるといってよかろう。なお,「エンチクロペディー」の概念については，Boeckh, *Enzyklopädie und Methodologie der philologischen Wissenschaften*, 34-37 に詳しい説明が施されている。ベークに倣って『史学論』*Historik. Vorlesungen über Encyklopädie und Methodologie der Geschichte* を著したドロイゼンも，この語について彼なりの定義を披露している。Droysen, *Historik* (Peter Leyh), 43-44.

68） なお，1966 年に Wissenschaftliche Buchgesellschaft から刊行されたリプリント版は，タイトルも若干変更されているが,「序論」と第 1 部の「文献学的学問の形式理論」しか含んでおらず，全体のほぼ 7 割にあたる第 2 部の「古代学の内容的諸学科」が完全に落とされているので，研究資料としてはいささか不十分である。Cf. August Boeckh, *Enzyklopädie und Methodenlehre der philologischen Wissenschaften*, herausgegeben von Ernst Bratuscheck (Darmstadt: Wissenschaftliche Buchgesellschaft, 1996).

69） ベークはここでヘラクレイトスの言葉として，このようなギリシア語の語句を引用しているが，一般的に知られているのは「博学は精神に教えず」（πολυμαθίη νόον οὐ διδάσκει）（Herakleitos—Diog. Laertios, IX, 1,2,1）という表現であろう。

70) Boeckh, *Encyklopädie und Methodologie der philologischen Wissenschaften*, 10.

71) われわれの目に触れたその代表例は，朱淵清，高木智見訳『中国出土文献の世界——新発見と学術の歴史』（創文社, 2006 年）であるが, それをめぐる『創文』（2006.11 No.492）の特集「中国出土文献の世界」は，興味深い内容を含んでいる。とくに小南一郎「伝統的な書誌学はもう無力なのか」と，坂上康俊「出土文献研究と出土文字資料研究」を，ベークが提唱した文献学の構想と関連づけて読むと，ベークの先見性があらためて見えてくる。

72) V. Gerhardt et al., *Berliner Geist*, 55.

第３章 アウグスト・ベークにおける解釈学と歴史主義

1) 筆者の見るところでは，わが国における「歴史主義」議論の中断は，京都学派の歴史哲学の挫折に大きく起因している。というのは，その中心的論客であった鈴木成高や高山岩男たちは，世界史の理論や世界史の哲学を標榜する際に，ランケやヘーゲルと並んで，トレルチの歴史主義をも引き合いに出していたが——鈴木成高『ランケと世界史學』（弘文堂書房，1939 年），高山岩男『世界史の哲学』（岩波書店，1942 年），高坂正顕・西谷啓治・高山岩男・鈴木成高『世界史的立場と日本』（中央公論社，1943 年）参照——，太平洋戦争の敗北という事態によって，戦後の知識人たちは——マルクス主義者たちを除いて——世界史について語ることをやめ，「歴史主義」も忌避の対象となったからである。しかしこれは「羹に懲りて膾を吹く」の故事に似て，あまり健全な状態とはいえない。われわれはいまこそ「普遍史的な思考と生活感情」へと立ち返る勇気を持たなければならない。それゆえ，「クリオの像はいま一度未来の偉大な普遍的な諸問題へと向けられなければならない。」Ernst Troeltsch, “The Idea of Natural Law and Humanity in World Politics,” in *Natural Law and the Theory of Society 1500 to 1800*, by Otto Gierke, translated with an Introduction by Earnest Barker (Cambridge: Cambridge University Press, 1950), 218.

2) N. Hammerstein, hrsg., *Deutsche Geschichtswissenschaft um 1900* (Stuttgart: Franz Steiner Verlag Wiesbaden 1988), Friedrich Jaeger & Jörn Rüsen, *Geschichte des Historismus: Eine Einführung* (München: Verlag C. H. Beck, 1992), O. G. Oexle, *Geschichtswissenschaft im Zeichen des Historismus* (Göttingen: Vandenhoeck & Ruprecht, 1996), O. G. Oexle & J. Rüsen, hrsg., *Historismus in den Kulturwissenschaften* (Köln-Weimar-Wien: Böhlau Verlag, 1996), Wolfgang Bialas & Gerard Raulet, hrsg., *Die Historismusdebatte in der Weimarer Republik* (Frankfurt am Main: Peter Lang, 1996), G. Scholtz, hrsg., *Historismus am Ende des 20. Jahrhunderts* (Berlin: Akademie Verlag, 1997), Fulvio Tessitore, *Kritischer Historismus. Gesammelte Aufsätze* (Köln, Weimar, und Wien: Böhlau Verlag, 2005), Jens Nordalm, hrsg., *Historismus im 19. Jahrhundert: Geschichtsschreibung von Niebuhr bis Meinecke* (Stuttgart : Philipp Reclam, 2006), Otto Gerhard Oexle, hrsg., *Krise des Historismus-Krise der Wirklichkeit: Wissenschaft, Kunst und Literatur 1880-1932* (Göttingen: Vandenhoeck & Ruprecht, 2007) などは，その消息をよく伝えている。

3) Annette Wittkau, *Historismus. Zur Geschichte des Begriffs und des Problems* (Göttingen: Vandenhoeck & Ruprecht, [2]1994), 25.

4) ドロイゼンは1826年の夏学期から1828/29年の冬学期までベルリン大学で学んだが，1826の夏学期にはベークの "Demosthenes Rede von der Krone" と "Geschichte der griechischen Literatur" を，1826/27年冬学期には "Tacitus Historien" と "Metrik" を，1826年夏学期には "Encyclopädie der philologischen Wissenschaften" を，1827/28年冬学期には "Griechische Alterthümer" を受講しているし，1827年夏学期にはすでに彼の "Philologisches Seminar" に受け入れられている。Cf. Christiane Hackel, hrsg., *Johann Gustav Droysen 1808-1884* (Berlin: G+H Verlag, 2008), 21; Max Hoffmann, *August Böckh. Lebensbeschreibung und Auswahl aus seinem wissenschaftlichen Briefwechsel* (Leipzig: Druck und Verlag von B. G. Teubner, 1901), 472.

5) ブルクハルトは1839年の秋から1843年の春まで（但し，1841夏はボン大学で学ぶ）ベルリン大学で学んだ。ベルリン大学在学中は，ランケのゼミに所属していたが，ベーク，ドロイゼン，ヤーコプ・グリム，フランツ・クーデラーなどの講義を受講している。『下村寅太郎著作集9　ブルクハルト研究』（みすず書房，1994年）29–34頁参照。 Cf. Curt Hänel, *Skizzen und Vorarbeiten zu einer wissenschaftlichen Biographie Jakob Burckhardts*. Erste Folge: Auf Jakob Burckhardts Spuren durch die Weltgeschichte (Leipzig: Druck von Bruno Zechel, 1908), 3.

6) Wilhelm Dilthey, *Gesammelte Schriften*, Bd. 7, *Aufbau der geschichtlichen Welt in den Geisteswissenschaften* (Stuttgart: B. G. Teubner; Göttingen: Vandenhoeck & Ruprecht, 1958), 114.

7) Frithjof Rodi, *Erkenntnis des Erkannten. Zur Hermeneutik des 19. und 20. Jahrhunderts* (Frankfurt am Main: Suhrkamp, 1990), 7.

8) ポール・ハミルトンも，歴史主義と解釈学的伝統との密接な関係に気づいているが，ベークには一言も触れず，またドロイゼンやトレルチにも素っ気ないので，われわれの研究とは本質的に異なっていると言わざるを得ない。Cf. Paul Hamilton, *Historicism*, Second Edition (London and New York: Routledge, 2003).

9) August Boeckh, *Encyklopädie und Methodologie der philologischen Wissenschaften*, herausgegeben von Ernst Bratuscheck, zweite Auflage besorgt von Rudolf Klussmann (Leipzig: Druck und Verlag von B. G. Teubner, 1886), 10. 傍点を伏した部分は原文ではゲシュペルト（隔字体）。

10) Volker Gerhard, Reinhard Mehring, und Jana Rindert, *Berliner Geist. Eine Geschichte der Berliner Universitätsphilosophie* (Berlin: Akademie Verlag, 1999), 55.

11) G. P. Gooch, *History and Historians in the Nineteenth Century* (Boston: Beacon Press, 1959), 29.

12) Heinrich Ritter von Srbik, *Geist und Geschichte vom deutschen Humanismus bis zur Gegenwart*, Bd. 1 (München & Salzburg: Bruckmann und Otto Müller Verlag, 1950), 367; 筆者未見につき，Jörn Rüsen, „Johann Gustav Droysen,“ in *Deutsche Historiker II,*

herausgegeben von H. –U. Wehler (Göttingen: Vandenhoeck & Ruprecht, 1971), 7 からの孫引き。

13）Johann Gustav Droysen, *Grundriss der Historik* (Leipzig: Verlag von Veit & Comp., 1868), 9.

14）Johann Gustav Droysen, *Historik* (München: R. Oldenbourg, ^{5}1967), 83.

15）ベークとドロイゼンの相互関係についてはCh・ハッケルの研究書があるが，解釈学と歴史主義の関係性に関しては，この書ではまったく触れられていない。この点に関しては，J・グロンディンが示唆に富む洞察を提示している。彼は『哲学的解釈学入門』という啓発的な書物において，第3章「ロマン主義的解釈学とシュライアーマッハー」に引き続き，第4章を「歴史主義の諸問題への参入」（Einstieg in die Probleme des Historismus）と銘打ち，そこで「1．ベークと歴史的意識の明け初め」，「2．ドロイゼンの普遍的史学論：人倫的世界の探究としての理解」，「3．解釈学へと至るディルタイの道」について論究している。しかしこれも所詮は概説の域を出るものではなく，したがって解釈学が歴史主義の問題へと歩を進めていく事態は，より本格的な学問的検証を必要としている。Cf. Jean Grondin, *Einführung in die philosophische Hermeneutik* (Darmstadt: Wissenschaftliche Buchgesellschaft, ^{2}2001), 115-132.

それ以外には，Joachim Wach, *Das Verstehen, Grundzüge einer Geschichte der hermeneutischen Theorie im 19. Jahrhundert*, 3 Bände in einem Band (Hildesheim, Zürich, & New York: Georg Olms Verlag, 1984), III 140-160，および Felix Gilbert, *Johann Gustav Droysen und die preussisch=deutsche Frage* (München und Berlin: R. Oldenbourg, 1931), 16-21 に，ベークとドロイゼンの共通性・類似・相違について興味深い指摘が見られる。

16）初版は824頁なのに対して，第二版は884頁と増補されているが，二つの版の間には，それほど大きな実質的相違はない。第二版を担当したルードルフ・クルースマンは，書誌情報を最新のものにし，巻末には詳細な正誤表も添付しているので，本研究においては第二版を底本とした。

17）Boeckh, *Encyklopädie und Methodologie der philologischen Wissenschaften*, 10, 11, 15, 18, 53.

18）ヨアヒム・ワッハは「認識されたものの認識」という定式に関して，ただちに二つの補足がなされるべきだという。一つは，認識されたもののなかに，概念的，あるいは学問的に究明されたもののみを認めようとしてはならないこと，二つ目は，かかる定式に従えば，文献学と歴史学との境界線が不明確になるように思われるが，にもかかわらず，ベークはその相違もちゃんと自覚しているということである。Cf. Wach, *Das Verstehen,* I 178-179.

19）Boeckh, *Encyklopädie und Methodologie der philologischen Wissenschaften*, 5-10.「人間精神によって」の部分の傍点は筆者によるもの。

20）Ibid., 56.

21）Ibid., 10, 11, 16, 53.

22）Ibid., 16.

23） Ibid., 11.

24） Ibid., 16.

25） Ibid., 10-11.

26） Ibid., 56.

27） Ibid., 19.

28） Ibid., 14.

29） Ibid., 16.

30） Ibid., 12, 19, 54, 80; cf. "reconstructiv," 17.

31） Ibid., 16, 125; cf. "neu construiren," 56.

32） Ibid., 14, 15, 17, 19, 20, 127.

33） Ibid., 14.

34） Ibid., 15.

35） Ibid., 53.

36） Ibid., 54.

37） Ibid., 102, 109, 142.

38） Ibid., 55.

39） Ibid.

40） Cf. Friedrich Schleiermacher, *Hermeneutik und Kritik mit besonderer Beziehung auf das Neue Testament*, aus Schleiermachers handschriftlichem Nachlasse und nachgeschriebenen Vorlesungen herausgegeben. von F. Lücke (Berlin: G. Reimer, 1838). なお，Fr・A・ヴォルフにおいては，Sprachlehre oder Grammatik，Hermeneutik，Kritik の 3 部構成になっているという。Cf. Wach, *Das Verstehen*, I 67.

41） Boeckh, *Encyklopädie und Methodologie der philologischen Wissenschaften*, 178.

42）「種類的」（generisch）という形容詞は，もともと「種属」を意味するラテン語 genus に由来するが，この形容詞と「批判」（Kritik）を掛け合わせたものに相当する部分が，Gattungskritik と呼ばれていることから明らかなように，「種類的解釈」とは，「発話のジャンル」（Redegattungen）に基づいた解釈のことである。すなわち，ここでいう種類とは「文芸作品の様式上の種類・種別」のことである。したがって，「種類的解釈」（generische Interpretation）は「ジャンル的解釈」と訳すこともできるであろう。

43） ベークは「個人的批判」には Individualkritik という用語を基本的に充てているが，individuelle Kritik という用語もまま見出される。同様に，「種類的批判」の場合は，Gattungskritik が一般的であるが，generische Kritik という用語も用いられないでもない。

44） Boeckh, *Encyklopädie und Methodologie der philologischen Wissenschaften*, 83.

45） Ibid., 79-80. ベークは ἑρμηνεύς を Dolmetscher というドイツ語で言い換えているので，われわれはここでそれを「通訳」と訳したが，ピンダロスの『オリュンピア祝勝歌集』オリュンピア第二歌の訳者は，以下に示すように，ἑρμηνεύς を「解釈者」と訳している。すなわち，「だがそれは智ある者だけに語りかけ，万人に向かっては解釈者を必要とする。」ピンダロス，内田次信訳『祝勝歌集／断片選』（西洋古典叢書）（京都大

学学術出版会，2001 年），23 頁。

46） ヘルメースについては，拙論「クリオとヘルメース」『人文論集』第 48 号（2011 年 3 月），43–95 頁を参照されたい。

47） Boeckh, *Encyklopädie und Methodologie der philologischen Wissenschaften*, 80.

48） Ibid., 80-81.

49） Ibid., 87.

50） Cf. ibid., 88-93. ベークはここでも，「誤解を避ける技法」としての解釈学というシュライアーマッハー的な考え方を継承している。ベークによれば，「量的な誤解」は，解釈者が「あまりにも多くを理解する」場合――そこでは解釈は Auslegung ではなく Hineinlegung となってしまう――と，「あまりにも少なく理解する」場合――つまり「量的な理解不足」（der quantative Mangel an Verständniss）――とに分けられるが，いずれにせよ，どちらも欠陥的なものである（Ibid., 88）。

51） Ibid., 93.

52） Ibid., 94-96. ここでベークは，ギリシア語の οὖϱος やドイツ語の Strauss などを挙げながら，「同音異義語」と「同意語」の問題を具体的に論じている。

53） Ibid., 96-106. ここではアリストファネスの『鳥』，クセノファネスの『アンティゴネー』，エウリピデスの『ヒッポリュトス』など，古典ギリシアのさまざまな文学作品から具体例を取りながら，こうした問題が縦横に論じられており，文献学者としてのベークの卓越した能力が存分に発揮されている。

54） Ibid., 111-112.

55） Ibid., 112.

56） Ibid., 125.

57） Ibid., 125.

58） Ibid., 126-127.

59）「解釈学的循環」（der hermeneutische Cirkel）という言葉は，102，109，142 頁に明確に出てくるが，それ以外にも端的に「循環」という形で，84（2 回），85（2 回），99，108，125，131，139，140，178，179 頁などに出てくる。

60） Fr. D. E. Schleiermacher, *Hermeneutik*, nach den Handschriften neu herausgegeben und eingeleitet von Heinz Kimmerle (Heidelberg: Carl Winter Universitätsverlag, 1959); zweite, verbesserte und erweiterte Auflage (Heidelberg: Carl Winter Universitätsverlag, 1974), 84-86.

61） Ibid., 141-142.

62） D. Teichert, „Zirkel, hermeneutischer," in *Historisches Wörtebuch der Philosophie,* herasugegeben von Joachim Ritter, Karlfried Gründer, & Gottfried Gabriel, Bd. 12 (Darmstadt: Wissenschaftliche Buchgesellschaft, 2004), 1339-1344.

63） それだけでなく，ベークはまた解釈学と批判との間の「循環」（ein Cirkel）についても語っている。Boeckh, *Encyklopädie und Methodologie der philologischen Wissenschaften*, 178-179.

64） Ibid., 83.

65） Ibid., 54.

66） Ibid., 54; cf. 178.

67） Ibid., 139.

68） Ibid., 84.

69） Ibid., 85.

70） Ibid.

71） Ibid., 86.

72） Ibid.

73） Ibid.

74） Ibid., 87.

75） Ibid., 184. Divination（予見，予覚）あるいは divinatorisch（予見的，予覚的）という概念は，シュライアーマッハーの解釈学においても頻出するが（Schleiermacher, *Hermeneutik*, 2. Aufl., 186, Sach- und Namenregister の “Divination” の項参照 ），それだけでなく，例えばドロイゼンの史学論やトレルチの歴史哲学などでも重要な意義を有している。Cf. Johann Gustav Droysen, *Historik*. Historisch-kritische Ausgabe von Peter Leyh, Band 1 (Stuttgart-Bad Cannstatt: Friedrich Frommann Verlag Günther Holzboog 1977), 401, 428; Ernst Troeltsch, GS III, 41, 205, 684; KGA16, 213, 531, 998.

76） Boeckh, *Encyklopädie und Methodologie der philologischen Wissenschaften*, 75.

77） Ibid., 87.

78） Ibid., 86.

79） *Duden: Das große Wörterbuch der deutschen Sprache in 8 Bänden*, 2., völlig neu bearb. und erw. Aufl. (Mannheim, Leipzig, Wien, & Zürich: Dudenverlag, 1994), s. v. „kongenial, Kongenialität.“

80） Ibid., 118-119. Kongenialität（ベークの原典テクストでは旧式表記の Congenialität）は，歴史の認識論においてはよく知られたものである。例えばドロイゼンは，次のように述べている。「思想家や演説家であるためには，研究と修練とが同じだけ必要であるが，しかしひとがみずからに与えることのできないもののみが，すなわちまさにこの種の活動のための天分（Begabung）が，両方のものを強化し発展させる。そして歴史家の天分は，なかんずく現実的なものに対する感覚である。すなわち，現象化する事物のうちに，生き生きとして作用している力を，それによってそれらの事物が存在し生成しているところのものを，その真理を，直観する天分の同質性（Kongenialität）である。」「理解の可能性は，歴史的材料として存在している諸表出が有する，われわれに同質的な性質のうちに存する。」Droysen, *Historik*. Historisch-kritische Ausgabe von Peter Leyh, Band 1, 64, 423. Cf. Troeltsch, GS III, 680; KGA 16, 993.

81） Boeckh, *Encyklopädie und Methodologie der philologischen Wissenschaften*, 122. ベークはその具体例として，ヴィーラントのホラティウス解釈とキケロ解釈，シュライアーマッハーのプラトン解釈を挙げている。Ibid., 168.

82） Ibid., 174-175.

83） Ibid., 183-184（傍点筆者）.

84） Cf. Hans-Georg Gadamer, *Gesammelte Werke, Bd. 1, Hermeneutik 1 : Wahrheit und Methode* (Tübingen: J. C. B. Mohr [Paul Siebeck], 1990), 177-222.

85） ベークのなかには，客観的データを重んじる実証的精神が同時に息づいており，彼が「近代的な古代経済史の創設者」でもあったことを，われわれはつねに忘れてはならない。Cf. *August Boeckh (1785-1876). Forscher, Hochschullehrer, Zeitzeuge*, Wissenschaftliche Zeitschrift der Humboldt-Universität zu Berlin 36 (1987) 1, 1-70.

86） ベークは本書の第一主要部の冒頭の文献リストに Schleiermacher, *Hermeneutik und Kritik mit besonderer Beziehung auf das Neue Testament* を挙げた上で，「わたしの叙述においては，シュライアーマッハーの理念はこの著作からではなく，より以前に報告された内容から利用されているが，こうした事情のため，わたしはもはや自他の区別〔＝自説とシュライアーマッハーの学説との区別〕をできる状態にない」，と述べている。Boeckh, *Encyklopädie und Methodologie der philologischen Wissenschaften*, 75.

87） Ibid., 127.

88） Ibid., 127.

89） Ibid., 141.

90） 但し，われわれが留意しなければならないのは，ベークが「歴史的」（historisch）という用語を「最も広い意味で」用いているということである。それと同時に，著者の個性や発話のジャンルに応じて歴史的解釈の適用可能性に幅があると見なしていることである。Ibid., 113. Cf. Wach, *Das Verstehen*, I 202.

91） Georg Lorenz Bauer, *Entwurf einer Hermeneutik des Alten und Neuen Testaments: Zu Vorlesungen* (Leipzig: Weygand, 1799), 96. 筆者未見につき，ヘンドリック・ビールス編，竹田純郎・三国千秋・横山正美訳『解釈学とは何か』（山本書店，1996 年），37 頁より借用。

92） August Boeckh, „Ueber die Logisten und Euthynen der Athener," in *Gesammelte kleine Schriften*, Bd. 7 (Leipzig: Druck und Verlag von B. G. Teubner, 1872; Nachdruck, Hildesheim, Zürich, & New York: Georg Olms Verlag, 2005), 264-265.

93） Boeckh, *Encyklopädie und Methodologie der philologischen Wissenschaften*, 56.

94） Ibid., 14.

95） Ibid., 58.

96） われわれと同様，J・グロンディンも「文法的解釈」，「個人的解釈」，「種類的解釈」に加えて，「歴史的解釈」がしっかりと位置を占めているところに，ベークの解釈学の歴史主義への傾斜を読み取っている。Cf. Grondin, *Einführung in die philosophische Hermeneutik*, 117.

97） Ada Hentschke und Ulrich Muhlack, *Einführung in die Geschichte der klassischen Philologie* (Darmstadt: Wissenschaftliche Buchgesellschaft, 1972), 88-96.

第４章　ドロイゼンの《探究的理解》について

1）ドロイゼンのこの講義は，ベルリン大学の恩師アウグスト・ベークが，1809年から1865にかけて（1809年はハイデルベルクで，1811年以後はベルリンで）合計26学期にわたって行ない，かつてドロイゼン自身も受講したことのある，「文献学的諸学問のエンチクロペディーならびに方法論」に関する講義に倣ったものであると言われている（August Boeckh, *Encyklopädie und Methodologie der philologischen Wissenschaften*, herausgegeben von Ernst Bratuscheck, zweite Auflage besorgt von Rudolf Klussmann (Leipzig: Druck und Verlag von B.G. Teubner, 1886) を参照のこと）。

ベークの講義とドロイゼンのそれとの比較については，Christiane Hackel, *Die Bedeutung August Boeckhs für den Geschichtstheoretiker Johann Gustav Droysen. Die Enzyklopädie-Vorlesungen im Vergleich* (Würzburg: Königshausen & Neumann, 2006) が詳細な研究を行なっている。

2）Cf. Christiane Hackel, hrsg., *Philologe-Historiker-Politiker. Johann Gustav Droysen 1808-1884* (Berlin: G+H Verlag, 2008), 57, 121-126; Horst Walter Blanke, „Johann Gustav Droysens *Historik*. Ein Etappenpunkt in der Geschichte der geschichtswissenschaftlichen Selbstreflexion," in *Historie und Historik. 200 Jahre Johann Gustav Droysen*. Festschrift für Jörn Rüsen zum 70. Geburtstag, hrsg. v. H. W. Blancke (Köln, Weimar, & Wien: Böhlau Verlag, 2009), 27-37.

3）Johann Gustav Droysen, *Grundriss der Historik* (Leipzig: Verlag von Veit & Comp., 1868). この小著はわが国でも樺俊雄氏によって的確な日本語に翻訳され，『史學綱要』（刀江書院，昭和12年）として世に送り出されたが，今日では入手がかなり困難な部類に属している。

4）Johann Gustav Droysen, *Historik. Vorlesungen über Enzyklopädie und Methodologie der Geschichte,* herausgegeben von Rudolf Hübner (München: R. Oldenbourg, 1937; Nachdruck, 5. Aufl., 1967)（以後，*Vorlesungen* と略記）.

5）Johann Gustav Droysen, *Historik* (Historisch-kritische Ausgabe von Peter Leyh und Horst Walter Blanke), Band 1, *Rekonstruktion der ersten vollständigen Fassung der Vorlesungen (1857); Grundriß der Historik in der ersten handschriftlichen (1857/58) und in der letzten gedruckten Fassung (1882)* (Stuttgart-Bad Cannstatt: Friedrich Frommann Verlag Günther Holzboog, 1977); Band 2, *Texte im Umkreis der Historik,* unter Berücksichtung der Vorarbeiten von Peter Leyh nach den Erstdrucken und Handschriften herausgegeben von Horst Walter Blanke (Stuttgart-Bad Cannstatt: Friedrich Frommann Verlag Günther Holzboog, 2007); *Supplement: Droysen-Bibliographie,* herausgegeben von Horst Walter Blanke (Stuttgart-Bad Cannstatt: Friedrich Frommann Verlag Günther Holzboog, 2008)（以後，*Historik* (Peter Leyh) と略記）.

6）Blanke, „Johann Gustav Droysens *Historik*," 30.

7）ドロイゼンは学生時代（1826-29年）に，ベークとヘーゲル以外に，ランゲ，ラッハマン，シュトゥール，C・リッター，H・リッター，ボップ，ガンスなどの授業を

複数回履修しているが，1827 年の夏学期にはランケ（Leopold von Ranke, 1795-1886）――彼は 1825 年にベルリン大学に着任した――の「18 世紀と 19 世紀の文学史」も履修している。しかし「若きランケが方法ならびに理解の上で提供できたことはといえば，彼〔ドロイゼン〕がすでにベークという最良の教師から直接にたっぷりと受け取っていなかったものは，何ひとつなかった」という。Gustav Droysen, *Johann Gustav Droysen. Erster Teil: Bis zum Beginn der Frankfurter Tätigkeit* (Leipzig und Berlin: Druck und Verlag von B. G. Teubner, 1910), 48. ランケとドロイゼンの相違と対立については，Joachim Wach, *Das Verstehen. Grundzüge einer Geschichte der hermeneutischen Theorie im 19. Jahrhundert*, 3 Bände in einem Band (Tübingen: J. C. B. Mohr [Paul Siebeck], 1926-1933; Nachdruck, Hildesheim, Zürich, New York: Georg Olms Verlag, 1984), III 141 参照。

8）具体的には，1826 年の夏学期に Demosthenes Rede von der Krone と Geschichte der griechischen Literatur と Encyclopädie der philologischen Wissenschaften を，1826/27 年冬学期に Tacitus Historien と Metrik を，そして 1827/28 年冬学期に Griechische Alterthümer を受講している。Cf. Christiane Hackel, hrsg., *Philologe-Historiker-Politiker Johann Gustav Droysen 1808-1884* (Berlin: G+H Verlag, 2008), 21.

9）具体的には，1827 年の夏学期に Logik und Metaphysik と Philosophie der Religion を，1827/28 年の冬学期に Geschichte der Philosophie と Philosophie des Geistes を，1828/29 年の冬学期に Aesthetik と Philosophie der Geschichte を受講している。Cf. Hackel, hrsg. *Philologe-Historiker-Politiker Johann Gustav Droysen 1808-1884*, 21; Günther Nicolin, hrsg., *Hegel in Berichten seiner Zeitgenossen* (Hamburg: Felix Meiner Verlag, 1970), 490.

10）Droysen an Ludwig Moser, Berlin, vom 10.-29. November, 1831, in *Johann Gustav Droysen Briefwechsel*, herausgegeben von Rudolf Hübner, *Erster Band 1829-1852* (Nachdruck der Ausgabe 1929, Osnabrück: Biblio-Verlag, 1967), Nr. 18, I 44.

11）二人の間の友情は，例えば両者の間で交わされた手紙のやりとりによっても，確認することができる。Cf. Carl Wehmer, hrsg., *Ein Tief Gegründet Herz. Der Briefwechsel Felix Mendelssohn-Bartholdys mit Johann Gustav Droysen* (Heidelberg: Lambert Schneider, 1959).

12）Johann Gustav Droysen, *Geschichte des Hellenismus*, 3 Bde., herausgegeben von Erich Bayer, eingeleitet von Hans-Joachim Gehrke (Darmstadt: Wissenschaftliche Buchgesellschaft, 2008).

13）但し，古典文献学の分野でドロイゼンが行なった仕事の一部は，必ずしもベークのお眼鏡にかなわなかったようで，1841 年にフリードリヒ・ゴットリープ・ヴェルカーに宛てた書簡において，彼は次のように述べている。「彼〔ドロイゼン〕が事柄を取り扱うやり方は，その軽率な方法ゆえに幾分わたしを不機嫌にする……」。Max Hoffmann, August *Böckh. Lebensbeschreibung und Auswahl aus seinem wissenschaftlichen Briefwechsel* (Leipzig: Druck und Verlag von B. G. Teubner, 1901), 189.

14）Otto Hintze, „Johann Gustav Droysen,“ in *Soziologie und Geschichte. Gesammelte Abhandlungen zur Soziologie, Politik und Theorie der Geschichte*, herausgegeben und

eingeleitet von Gerhard Oestreich, 2., erweiterte Aufl. (Göttingen: Vandenhoeck & Ruprecht, 1964), 453.

15） Johann Gustav Droysen, *Politische Schriften*, herausgegeben von Felix Gilbert (München & Berlin: Verlag von R. Oldenbourg, 1933), 227-229.

16） Heinrich Ritter von Srbik, *Geist und Geschichte vom deutschen Humanismus bis zur Gegenwart*, Bd. 1 (München & Salzburg: Bruckmann und Otto Müller Verlag, 1950), 367.

17） Wach, *Das Verstehen*, III 134.

18） H.-W. Heidinger, „Historik," in *Historisches Wörterbuch der Philosophie*, herausgegeben von Joachim Ritter, Bd. 3 (Darmstadt: Wissenschaftliche Buchgesellschaft, 1974), 1132-1137.

19） G. G. Gervinus, *Grundzüge der Historik* (Leipzig:Verlag von Wilhelm Engelmann, 1837), reprinted in *Schriften zur Literatur* (Berlin; Aufbau-Verlag, 1962), quoted in, „Georg Gottfried Gervinus," von Luther Gall, in *Deutsche Historiker*, Bd. 5, hrsg. H.-U. Wehler (Göttingen: Vandenhoeck & Ruprecht, 1972), 25n4. ドロイゼンも『史学論』のなかでこの書に言及している（*Historik* (Peter Leyh), 51, 217, u. a.)。なお，ドロイゼンは Wilhelm Wachsmuth, *Entwurf einer Theorie der Geschichte* (Halle: Hemmerde und Schwetschke, 1820) を「彼の Historik」と呼んでいる（*Historik* (Peter Leyh), 236)。

20） August Boeckh, *Encyklopädie und Methodologie der philologischen Wissenschaften*, herausgegeben von Ernst Bratuscheck (Leipzig: Druck und Verlag von B. G. Teubner, 1877), 338; zweite Auflage besorgt von Rudolf Klussmann (Leipzig: Druck und Verlag von B. G. Teubner, 1886), 344.

21） Blanke, „Johann Gustav Droysens *Historik*," 27.

22） Droysen an Heinrich von Sybel vom 13.2.1852, in *Johann Gustav Droysen Briefwechsel*, Nr. 573, II 54f.; Neudruck in *Historik* (Peter Leyh), 2,2, 352. ここに見て取れるように，ドロイゼンが「史学論」を構想した主要な背景として，「顕微鏡と秤」(Mikroskop und Wage）すなわち自然科学のみが学問であるとする当時の実証主義への根本的な批判がある。実際，ジーベル宛の書簡に先立つ同年二月一日付のテーオドル・フォン・シェーン宛の書簡において，彼は実証主義への嫌悪を次のように表明している。「極端な実証主義が，ドイツの学問自身の活動のなかに，残念ながら大きな支持を見出している。物理学的方法，秤と顕微鏡の方法，それなりに正当な唯物論的な方法が，それにふさわしい領域であげてきた輝かしい成果が，きわめて首尾よく他の部門を誘惑した。わたしはここ中部ドイツで，この帰納法的方法が，理工科学校の教育のみならず，すでに高等教育をも支配し，次代を担う世代が，古典語も，おそらく歴史さえも，この方法に従って，「つねにみずから探究しつつ観察しつつ」，学ばせられているのを見て，驚きかつ当惑している。」Droysen an Theodor von Schön vom 1.2.1852, in *Johann Gustav Droysen Briefwechsel*, Nr. 569, II 48.

23） ドロイゼンの「史学論」が，根本的には，実証主義批判に発していることを，最初に明確に認識したのは，フリードリヒ・マイネッケであった。すなわち，マイネッケに

よれば，「ドロイゼンの史学論の，学問的に影響力がある根本思想となったのは，ランケに対する戦線ではなく——ランケは理解の技法をドロイゼンよりももっと大々的にもっと純粋に行使した——，一八五二年に開かれた，西欧実証主義に対する主要戦線である。この主要戦線は，それ以来たえず緊張関係におかれてきた。——一方，ドロイゼンの史学論のそのほかの戦線，つまりヘーゲルの思弁哲学に対する戦線は，すでに衰えつつある傾向に向けられているものである。」（Friedrich Meinecke, „Johann Gustav Droysen: Sein Briefwechsel und seine Geschichtsschreibung (1929-30),“ in *Schaffender Spiegel* (Stuttgart: K. F. Koehler Verlag, 1948), 204）岸田達也『ドイツ史学思想史研究』（ミネルヴァ書房，1976 年），5 頁参照。

24） *Historik* (Peter Leyh), 418.

25） 史学論がメタ歴史学であるとしても，それは歴史哲学とは明確に区別されるべきものである。ドロイゼンはみずからの史学論が思弁的な歴史哲学と同一視されてはならないことを強調している。彼が構想するものは「歴史の研究と理解」（das Forschen und Verstehen der Geschichte）に関わるものであって，歴史における神の働きにも関係する限りにおいては，「神義論」（Theodizee）という一面ももつが，「歴史の哲学」（Philosophie der Geschichte）とはまったく違ったものである（Droysen an Karl Biedermann vom 30.9.1854, in *Johann Gustav Droysen Briefwechsel*, Nr. 748, II 282-283）。なぜなら，それはいわば「歴史学的研究のなかから生じてくる歴史の理論」だからである。Cf. Wach, *Das Verstehen*, III 158.

26） *Vorlesungen*, 424.

27） Ibid., 425.

28） こういうわが国の研究状況のなかで、筆者のドロイゼン研究を触発してくれたのは、岸田達也『ドイツ史学思想史研究』（ミネルヴァ書房、1976 年）である。そこには「第一編　ドロイゼンの『史学論』およびその影響」として、「第一章　ドロイゼンの『史学論』の構想とその背景」、「第二章　ドロイゼンとマイネッケ史学の形成」、「第三章　ドロイゼンとヒンツェ史学の形成」という、啓発的な三編のドロイゼン論が収録されている。これ以外には、ドロイゼンの「史学論」についての邦語文献は少なく、シュネーデルバッハの以下の二冊の翻訳書くらいしか有益なものは存在しない。ヘルベルト・シュネーデルバッハ、古東哲明訳『ヘーゲル以後の歴史哲学——歴史主義と歴史的理性批判』（法政大学出版局、1994 年）およびヘルベルト・シュネーデルバッハ、舟山俊明・朴順南・内藤貴・渡邊福太郎訳『ドイツ哲学史 1831-1933』（法政大学出版局、2009 年）参照。

29） *Historik* (Peter Leyh), 418（傍点筆者）.

30） Ibid., 419.

31） Ibid., 421.「歴史的＝批判版」であるにもかかわらず，ここでは ἰστοϱία となっている。これは明らかな誤植で，旧版のように ἱστοϱία とするのが正しい。

32） Ibid., 422. なお，この「過ぎ去らぬもの」は，『史学論』本体のなかでは，「残余，残存物」（Überreste）ならびに「記念碑，記念物」（Denkmale）と表記されている。

Historik (Peter Leyh), 71-87.

33） Ibid.

34） Ibid., 422

35） Ibid., 423.

36） Ibid., 20.

37） Ibid., 21.

38） Ibid., 22（傍点筆者）.

39） Ibid.

40） Ibid.

41） Ibid., 423.

42） Ibid., 64.

43） Ibid., 283.

44） *Vorlesungen*, 22.

45） ドロイゼンはforschen/Forschungと同時に，erforschen/Erforschungという語も用いているが，われわれの見る限り，両者の間に意味上の大きな相違はないように思われる。er-は自動詞を他動詞にする際に用いられる前綴りなので，forschenとerforschenの違いは，単に自動詞か他動詞かというだけであろう。したがって，引用に際してはいずれも「探究（する）」と翻訳することにする。

46） ドロイゼンが私淑したフンボルトも同様で，前者に大きな影響を与えたと考えられる「歴史家の課題について」という論文も，原題は „Ueber die Aufgabe des Geschichtsschreibers“ となっており，また論文中でももっぱら Geschichtsschreiber という語が用いられている。Cf. Wilhelm von Humboldt, „Ueber die Afugabe des Geschichtsschreibers,“ in *Werke in Fünf Bänden*, Bd. I, 585-606.

47） *Vorlesungen*, 83-84. なお，われわれはここでForscherを「研究者」，forschendを「探究しつつ」と訳したが，forschen/Forschungは本来的に「探究」と「研究」の両方の意味を持っている。どの場合に「探究」あるいは「研究」とするかは，ひとえに日本語の文脈によっており，原語においては違いがないことをお断りしておきたい。

48） Wolfgang Hardwig, „Konzeption und Begriff der Forschung in der deutschen Historie des 19. Jahrhunderts,“ in *Konzeption und Begriff der Forschung in den Wissenschaften des 19. Jahrhunderts*. Referate und Diskussionen des 10. wissenschaftstheoretischen Kolloquiums 1975, herausgegeben von Alwin Diemer (Meisenheim am Glan: Verlag Anton Hain, 1978), 11-26; hier 19.

49） *Vorlesungen*, 83.

50） Ibid., 133.

51） *Historik* (Peter Leyh), 420.

52） *Historik* (Peter Leyh), 419. ドロイゼンによれば，「もしわれわれドイツ人が——というのは，その課題はおそらくわれわれに課されているからであるが——史学論すなわち歴史の学問論を完成することに成功するとすれば，フンボルトがその創始者と呼ばれな

ければならない。カント哲学を続行した彼のうちには，同じカント哲学から思弁的学問のさらなる発展が成長したのと同様，われわれの学問の実り豊かな萌芽が潜んでいる」（Ibid., 53）。

53） Wilhelm von Humboldt, „Ueber die innere und äussere Organisation der höheren wissenschaftlichen Anstalten in Berlin (1810),“in *Werke in Fünf Bänden*, Bd. IV, 255-266; hier 256.

54） Wilhelm von Humboldt, „Ideen zu einem Versuch, die Gränzen der Wirksamkeit des Staats zu bestimmen,“ in *Werke in Fünf Bänden*, Bd. I, 56-233; hier 57. 指摘するまでもなく，フンボルトのこの言葉は有名な Lessingwort を彷彿させるものである。念のために以下に引用しておこう。

「人間の価値は，誰かある人が所有している真理，あるいは所有していると思っている真理にではなく，真理に到達するためにその人が払った誠実な努力にある。というのも，人間の力は，所有によってではなく，真理の探求によって増すからであり，人間の完全性が絶えず成長するのは，ひとえに真理のかかる探求によるからである。所有は沈滞させ，怠惰にし，傲慢にする――

もしも神が右手に一切の真理を，左手に真理を探求せんとするただ一つの常に生き生きとした衝動を握り給い，わたしに《選べ》と言われるとしたら，たとえ後者には不断にまた永久に迷わすであろうという仰せ言が付け加えられていようとも，わたしは慎ましく神の左手にすがり，《父よ，これを与えたまえ。純粋の真理はひとえにあなたのみのものなれば》と言うであろう。」Gotthold Ephraim Lessing, *Sämtliche Schriften*, herausgegeben von Karl Lachmann und Franz Muncker. Dritte, auf's neue durchgesehene und vermehrte Auflage, Bd. 13 (Nachdruck, Berlin: Walter de Gruyter, 1968), 23-24.

なお，Lessingwort に関しては，拙著『歴史と探求――レッシング・トレルチ・ニーバー』（聖学院大学出版会，2001 年），29–49 頁を参照されたい。

55） Wilhelm von Humboldt, „Ueber die Bedingungen, unter denen Wissenschaft und Kunst in einem Volke gedeihen,“ in *Werke in Fünf Bänden*, Bd. I, 553-561; hier 559-560.

56） フンボルトの学問観ならびに大学観については，ヘルムート・シェルスキー，田中昭徳・阿部謹也・中川勇治訳『大学の孤独と自由――ドイツの大学ならびにその改革の理念と形態』（未来社，1970 年），98–106 頁を参照のこと。

57） オットー・ヒンツェによれば，フンボルトのこの論文は「彼〔ドロイゼン〕において同質的な理解に出くわした」のである。Hintze, „Johann Gustav Droysen,“ 496.

58） Humboldt, „Ueber die Afugabe des Geschichtsschreibers,“ 585.

59） Ibid., 587.

60） Ibid., 588.

61） Ibid., 589.

62） Ibid., 590.

63） Ibid., 602.

64） Ibid., 603.

65） Ibid., 604.

66） Ibid., 605.

67） これについては，Johann Adolf Goldfriedrich, *Die historische Ideenlehre in Deutschland* (Berlin: R. Gaertners Verlagsbuchhandlung, 1902) を参照のこと。「史的理念説の基礎づけ」（Die Begründung der historischen Ideenlehre）と題された第 2 章では，とくにフンボルトに多くの頁が割かれている。

68） Horst Walter Blanke, „Droysen, Johann Gustav,“ in *Historikerlexikon. Von der Antike bis zur Gegenwart*, herausgegeben von Rüdiger vom Bruch und Rainer A. Müller (München: Verlag C. H. Beck, 2002), 163.

69） *Historik* (Peter Leyh), 423.

70） 意外に思われるかもしれないが，ドロイゼンは『史学論』のなかで Hermeneutik あるいは hermeneutisch というドイツ語を一度も用いていない。確認できる事例はギリシア語の ἡ δύναμις ἑρμηνευτική だけである。Cf. *Vorlesungen*, 324.

こういう次第であるので，当然のことながら，「解釈学的循環」（ein hermeneutischer Zirkel）という用語も彼の著作のなかには見出されない。われわれが調べた範囲では，わずかに一箇所で「循環」（Zirkel）について語られているだけである。*Historik* (Peter Leyh),162.

71） Ibid., 424.

72） Ibid., 398.

73） Johann Gustav Droysen, *Grundriss der Historik* (Leipzig: Verlag von Veit & Comp., 1868), 10（傍点原文）.

74） *Vorlesungen*, 26.

75） *Historik* (Peter Leyh), 424.

76） Ibid., 424.

77） Ibid., 425.

78） Ibid., 435.

79） Ibid., 436.

80） Ibid., 441.

81） Ibid., 442.

82） トレルチは，ドロイゼンによってその名が挙げられてはいないものの，とりわけ価値と共同体の体系に関しては，ドロイゼンの『史学綱要』がシュライアーマッハーから霊感を受けている，との判断を示している。Ernst Troeltsch, GS III, *Der Historismus und seine Probleme* (Tübingen: J. C. B. Mohr [Paul Siebeck], 1922), 305-307; KGA, 16, 525-528.

83） Droysen an Arendt vom etwa Ende Juli 1846, in *Johann Gustav Droysen Briefwechsel*, Nr. 204, I 335; cf. Nr. 16, I 38. なお，θυρσοφόροι とは θύρσος から派生した語であるが，テュルソスとは木蔦と葡萄の葉を巻きつけ，松ぼくりを頭につけた杖のことで，酒神ディオニュソスとその従者たちの持物として知られている。ドロイゼンは明らかにこ

の語によって，ヘーゲル哲学に酔い痴れている熱狂的な信奉者たちを揶揄すると同時に，当のヘーゲルをも皮肉っている。

84） Cf. Felix Gilbert, *Johann Gustav Droysen und die preussisch=deutsche Frage* (München und Berlin: Verlag von R. Oldenbourg, 1931), 21-25; Wach, *Das Verstehen*, III 141-151.

85） *Vorlesungen,* 12-13.

86） *Historik* (Peter Leyh), 424-425.

87） 同様の事態はトレルチにおいても起こっている。トレルチにおいては「歴史学から倫理学への前進」は，明確に「歴史哲学という中間項を通過して」生起するが（Cf. Troeltsch, GS III, 80; KGA 16, 255-256），他方のドロイゼンは，歴史哲学といえばヘーゲルの思弁的な歴史哲学のイメージが強いせいか，「歴史哲学」という用語をあまり積極的には用いていない。しかしドロイゼンの場合には，史学論（Historik）そのものが歴史学と倫理学を仲介する構造になっており，実質的にはそれが歴史哲学の機能を果たしていると言ってよい。Cf. *Wörterbuch der philosophischen Begriffe*, herausgegeben von Johannes Hoffmeister, 2. Aufl. (Hamburg: Felix Meiner, 1955), 301; *Historik* (Peter Leyh), 36, 44, 162, 233, 382.

88） *Historik* (Peter Leyh), 444.

89） Ibid., 444.

90） Ibid., 405-406. とはいえ，『史学論』講義のテクストにおいては，4 番目は「討論的叙述」（die diskussive [Darstellung]）と名づけられ，「歴史学的討論」（die historische Diskussion）という見出しの下で論じられているという相違がある。Cf. Ibid., 221, 265ff.

91） 「トポス論」（die Topik）はギリシア語のトポス（τόπος）を語源とするが，この語は元来「場所」を意味する。そこから転じて，やがてそれは弁証および弁論が注目し，そこから出発するところの《そこ》としての「論点」や「命題」を，さらにはその一般型としての「命題図式」を表すようになった。アリストテレスの『トピカ』がその理論的な基礎をなしているが，「トポス論」には古代から中世を経て近代へと至る長い歴史があり，ドロイゼンもそれを十分に自覚した上でこの用語を用いている。彼はこれを歴史学に適用して，とくに歴史叙述のトポス論を立案する。彼は研究ないし研究者のモティーフに従って，探究的，物語的，教訓的，論究的叙述の四種類を区別する。Cf. Primavesi, Ch. Kann, und S. Goldmann, „Topik; Topos," in *Historisches Wörterbuch der Philosophie*, herausgegeben von Joachim Ritter und Karlfried Gründer, Bd. 10 (Darmstadt: Wissenschaftliche Buchgesellschaft, 1998), 1263-1288.

92） Historik (Peter Leyh), 405.《ἱστορίης ἀπόδειξις》とは，ヘロドトスの『歴史』の冒頭に出てくる有名な表現で，ヒストリエー（調査・探究）のアポデイクシス（詳説・論証），つまり「研究調査したところを書き述べたもの」というほどの意味。ヘロドトス，松平千秋訳『歴史』上巻（岩波文庫，2007 年），9 頁参照。

93） Ibid., 445.

94） Ibid., 165-166; 431-433.

95） Ibid., 431-432.

96） Ibid., 432.

97） Ibid.

98） Ibid., 433.

99） これに関しては，ヘイドン・ホワイトの叙述はいささか正確さに欠けると言わざるを得ない。というのは，彼はドロイゼンが歴史的解釈の種類を，「伝記的」（Biographical），「実用的」（Pragmatic），「条件的」（Conditional）な解釈と，「理念の解釈」（the Interpretation of Ideas）の4種類に分類したと述べた上で，それぞれの解釈は今日流に呼べば，「心理学的」（Psychological），「因果的」（Causal），「目的論的」（Teleological），そして「倫理的」（Ethical）な解釈に相当すると記しているからである。Cf. Hayden White, *Metahistory: The Historical Imagination in Nineteenth-Century Europe* (Baltimore & London: Johns Hopkins University Press, 1973), 270.

100） *Historik* (Peter Leyh), 434.

101） Ibid., 535.

102） Annette Wittkau, *Historismus. Zur Geschichte des Begriffs und des Problems*, 2., durchgesehene Aufl. (Göttingen: Vandenhoeck & Ruprecht, 1994), 25.

103） *Historik* (Peter Leyh), 14.

104） Ibid.

105） Ibid., 44.

106） Jörn Rüsen, *Konfigurationen des Historismus. Studien zur deutschen Wissenschaftskultur* (Frankfurt am Main: Suhrkamp Verlag, 1993), 243-244.

107） Herbert Schnädelbach, *Geschichtsphilosophie nach Hegel. Die Probleme des Historismus* (Freiburg & München: Verlag Karl Alber, 1974), 19-30; ヘルベルト・シュネーデルバッハ，古東哲明訳『ヘーゲル以後の歴史哲学』（法政大学出版局，1994年）21-36頁参照。

108） Troeltsch, GS III, 102; KGA 16, 281.

109） Friedrich Meinecke, *Werke*, Bd. 7, *Zur Geschichte der Geschichtsschreibung*, herausgegeben und eingeleitet von Eberhard Kessel (München: R. Oldenbourg, 1968), 169.

110） *Historik* (Peter Leyh), 283. rastlosという語の用例を含むこの引用句には，歴史主義の歴史家たるドロイゼンの本質的特徴がよく示されている。すなわち，ここではレッシングを彷彿させるような，歴史のうちでの真理の漸進的実現と「不断の真理探求（探究）」という思想が，理解の深まりという解釈学のモティーフと結合されているが，この結合を可能にしているのは歴史主義の世界観である。

111） ドロイゼンは『史学論』において，レッシングを何度も引証しているが，とくに彼の「人類の教育」の思想を高く評価している。Cf. *Historik* (Peter Leyh), 253-257, esp., 256.

112） Leopold von Ranke, *Sämtliche Werke*, Bd.33/34, *Geschichten der romantischen und germanischen Völker von 1494 bis 1514* (Leipzig: Duncke & Humblot, 1867), VII.

113) *Historik* (Peter Leyh), 236.

114) Ibid.; *Vorlesungen*, 287.

115) *Vorlesungen*, 287.

116) Boeckh, *Encyklopädie und Methodologie der philologischen Wissenschaften*, 10. 傍点箇所は原文ではゲシュペルト（隔字体）。

117) *Vorlesungen*, 83.

118) *Vorlesungen*, 316.

119) *Historik* (Peter Leyh), 444.

120) Friedrich Meinecke, „J.G. Droysen, sein Briefwechsel und seine Geschichtsschreibung," in *Werke*, Bd. 7, 127.

121) イェルン・リューゼン，三吉敏博訳「ヨーハン・グスタフ・ドロイゼン」，H.-U. ヴェーラー編『ドイツの歴史家』第1巻（未来社，1982年），152頁。Jörn Rüsen, „Johann Gustav Droysen," in *Deutsche Historiker II*, herausgegeben von H.-U. Wehler (Göttingen: Vandenhoeck & Ruprecht, 1971), 14.

122) Hayden White, "Droysen's Historik: Historical Writing as a Bourgeois Science," in *The Content of the Form: Narrative Discourse and Historical Representation* (Baltimore and London: Johns Hopkins University Press, 1987), 83-103. ヘイドン・ホワイトは，ドロイゼンの『史学論』を「ブルジョア的イデオロギーの理論的原理を展開したものにほかならない」と見なしているが（86），このことは決して単にネガティヴな意味で言われているのではない。彼の「イデオロギー」という用語の語法は，フランスの構造主義哲学者ルイ・アルチュセール（Louis Althusser, 1918-1990）に倣っており，社会的現実のなかで表象が果たすある種の実践的機能が言い表されている（cf. 86-88）。しかし「ブルジョア的科学」という呼称は，アルチュセール的用語法に不案内な一般読者には，明らかに軽蔑的な意味合いを含んでいるので，この語の一人歩きには十分な警戒を要する。

123) Hans-Georg Gadamer, *Gesammelte Werke*, Bd. 1, *Hermeneutik I: Wahrheit und Methode* (Tübingen: J. C. B. Mohr, 1990), 220; H-G・ガダマー，轡田収・巻田悦郎訳『真理と方法 II』（法政大学出版局，2008年），351頁。

第5章　ディルタイにおける解釈学と歴史主義

1) これについては，Annette Wittkau, *Historismus. Zur Geschichte des Begriffs und des Problems*, 2., durchgesehene Aufl. (Göttingen: Vandenhoeck & Ruprecht, 1994), 59-95 が簡潔な説明を施しているが，邦語文献としては向井守『マックス・ウェーバーの科学論』（ミネルヴァ書房，1997年）が参考になる。

2) Herbert Schnädelbach, *Philosophie in Deutschland 1831-1933* (Frankfurt am Main: Suhrkamp, 1983), 144-160. ヘルベルト・シュネーデルバッハ，舟山俊明・朴順南・内藤貴・渡邊福太郎訳『ドイツ哲学史 1831-1933』（法政大学出版局，2009年），11–181頁。Cf. Gudrun Kühne-Bertram und Frithjof Rodi, hrsg., *Dilthey und die hermeneutische Wende in der Philosophie. Wirkungsgeschichtliche Aspekte seines Werkes* (Göttingen: Vandenhoeck

& Ruprecht, 2008), 180, 297, 300, 387.

3) Wilhelm Dilthey, „Die Entstehung der Hermeneutik, “ in *Gesammelte Schriften*, Bd. 5, *Die geistige Welt. Einleitung in die Philosophie des Lebens. Erste Hälfte, Abhandlungen zur Grundlegung der Geisteswissenschaften*, 2., unveränderte Aufl. (Stuttgart: B. G. Teubner Verlagsgesellschaft; Göttingen: Vandenhoeck & Ruprecht, 1957), 317-338.

4) Wilhelm Dilthey, „Das Hermeneutische System Schleiermachers in der Auseinandersetzung mit der älteren protestantischen Hermeneutik,“ in *Gesammelte Schriften*, Bd. 14/2, *Leben Schleiermachers. Zweiter Band: Schleiermachers System als Philosophie und Theologie*, aus dem Nachlaß von Wilhelm Dilthey mit einer Einleitung herausgegeben von Martin Redeker (Göttingen: Vandenhoeck & Ruprecht, 1966), 595-787.

5) Dilthey, *Gesammelte Schriften*, Bd. 5, 4.

6) Cf. Frithjof Rodi, *Erkenntnis des Erkannten. Zur Hermeneutik des 19. und 20. Jahrhunderts* (Frankfurt am Main: Suhrkamp Verlag, 1990), 7.

7) O・F・ボルノー，麻生建訳『ディルタイ――その哲学への案内』（未来社，1977年），5頁。なお，これは原著 Otto Friedrich Bollnow, *Dilthey. Eine Einführung in seine Philosophie*, 2. Aufl. (Stuttgart: W. Kohlhammer Verlag, 1955) にはない，「日本語版への序文」のなかに見出されるくだりである。

8) Wilhelm Dilthey, *Gesammelte Schriften* は，現時点で第26巻まで刊行されているが，これで完結なのか，それともこの先まだ続刊があるのか，筆者には分らない（2010年には全集の補巻として，1852年から82年までの書簡集が刊行されている）。いずれにせよ，重要なものはほぼ出揃った感があるので，ディルタイ哲学全体についての評価が，ようやくできるようになったと言えるであろう。

9) 1883年は，ドイツ語圏の人文＝社会科学にとって，記念すべき年であった。この年には，ディルタイが「歴史的理性批判」を意図した『精神科学序説』を公刊しただけでなく，ウィーン大学教授で，近代経済学の創始者といわれるカール・メンガーも，『社会科学，とくに政治経済学の方法に関する研究』を上梓して，歴史学派に棹さす国民経済学に痛烈な批判を浴びせた。これを受けて，ベルリン大学のディルタイの同僚で，経済学の新歴史学派の巨匠グスタフ・シュモラーは，この二書を対象として，『国家＝社会科学の方法論について』と題する書評を書いた。シュモラーはディルタイを好意的に扱ったが，メンガーにはきわめて厳しかったので，後者の率いるオーストリア学派の反発を招き，かくしてシュモラー率いる新歴史学派との間に，有名な「方法論争」が起こることとなった。

10) Wilhelm Dilthey, *Gesammelte Schriften*, Bd. 1, *Einleitung in die Geisteswissenschaften* (Stuttgart: B. G. Teubner Verlagsgesellschaft; Göttingen: Vandenhoeck & Ruprecht, 1959), IX.

11) Wilhelm Dilthey, *Gesammelte Schriften*, Bd. 7, *Der Aufbau der Geschichtlichen Welt in den Geisteswissenschaften* (Stuttgart: B. G. Teubner Verlagsgesellschaft; Göttingen: Vandenhoeck & Ruprecht, 1958), 117.

12） *Der junge Dilthey. Ein Lebensbild in Briefen und Tagebüchern 1852-1870*, zusammengestellt von Clara Misch geb. Dilthey, 2., unveränderte Aufl. (Stuttgart: B. G. Teubner Verlagsgesellschaft; Göttingen: Vandenhoeck & Ruprecht, 1960), 80.

13） Ibid., 81.

14） Ibid., 120.

15） Dilthey, *Gesammelte Schriften*, Bd. 5, 12.

16） Wilhelm Dilthey, *Gesammelte Schriften*, Bd. 8, *Weltanschauungslehre. Abhandlungen zur Philosophie der Philosophie*, 2., unveränderte Aufl. (Stuttgart: B. G. Teubner Verlagsgesellschaft; Göttingen: Vandenhoeck & Ruprecht, 1960), 14.

17） Helmut Johach, „Wilhelm Dilthey: Die Struktur der geschichtlichen Erfarung,“ in *Grundprobleme der großen Philosophen. Philosophie der Neuzeit IV*, herausgegeben von Josef Seck (Göttingen: Vandenhoeck & Ruprecht, 1986), 60-64.

18） 例えば，ゲオルク・ミッシュやオットー・フリードリヒ・ボルノーの古典的研究がそうした解釈を代表している。Georg Misch, *Lebensphilosophie und Phänomenologie. Eine Auseinandersetzung der Diltheyschen Richtung mit Heidegger und Husserl*, mit einem Nachwort zur 3. Aufl. (Stuttgart: B. G. Teubner, 1967); Otto Friedrich Bollnow, *Dilthey. Eine Einführung in seine Philosophie*, 2. Aufl. (Stuttgart: W. Kohlhammer Verlag, 1955), Cf. Jean Grondin, *Einführung in die philosophische Hermeneutik* (Darmstadt: Wissenschaftliche Buchgesellschaft, 2001), 128.

19） Dilthey, *Gesammelte Schriften*, Bd. 5, 4.

20） Dilthey, *Gesammelte Schriften*, Bd. 1, 4.

21） Dilthey, *Gesammelte Schriften*, Bd. 1, XVII.

22） Dilthey, *Gesammelte Schriften*, Bd. 1, 36f.

23） Dilthey, *Gesammelte Schriften*, Bd. 1, 6.

24） Dilthey, *Gesammelte Schriften*, Bd. 1, 148.

25） Wilhelm Dilthey, *Gesammelte Schriften*, Bd. 7, *Der Aufbau der Geschichtlichen Welt in den Geisteswissenschaften* (Stuttgart: B. G. Teubner Verlagsgesellschaft; Göttingen: Vandenhoeck & Ruprecht, 1958), 261

26） *Briefwechsel zwischen Wilhelm Dilthey und dem Grafen Paul Yorck von Wartenburg 1877-1897*, herausgegeben von Erich Rothacker (Halle (Saale): Verlag Max Niemeyer, 1923), 247.

27） Dilthey, *Gesammelte Schriften*, Bd. 5, 5; Bd. 8, 180; cf. Bd. 5, 83, 136, 194; Bd. 7, 224, 359; Bd, 8, 22, 23, 189. ディルタイは『全集』第 19 巻では，この点について次のように詳述している。「認識は生の働きであるがゆえに，生の背後に遡ることはできない。生はつねに認識の前提であり続け，生のなかに含まれた意識，あるいは知である。認識そのものの前提として，生は認識によっては分析不可能である。こうして，認識の諸前提を切り離しがたく含んでいる一切の認識の基礎は，生そのものであり，生の総体性と豊かさと力である。この生の性格は，すべての生あるものの構造のなかにありあ

りと見えている。生の意義はこの構造から明らかになる。生は究めがたい。」Wilhelm Dilthey, *Gesammelte Schriften*, Bd. 19, *Grundlegung der Wissenschaften vom Menschen, der Gesellschaft und der Geschichte. Ausarbeitungen und Entwürfe zum Zweiten Band der Einleitung in die Geisteswissenschaften (ca. 1870-1895)*, herausgegeben von Helmut Johach und Frithjof Rodi (Göttingen: Vandenhoeck & Ruprecht, 1982), 329.

28） Dilthey, *Gesammelte Schriften*, Bd. 7, 218.

29） Dilthey, *Gesammelte Schriften*, Bd. 7, 114.

30） シュライアーマッハーとの繋がりは，彼の著作，とりわけ『シュライアーマッハーの生涯』*Leben Schleiermachers* に納められている膨大な草稿を見れば一目瞭然であるが，ベークとの関わりも明確である。ディルタイはベークについて，例えば次のように語っている。「そしてわたしはいまなお彼の講義の影響を経験することが許されている。あらゆる彼の仕事はギリシア的生の全直観の視点のもとに立っていた。彼の人格は明晰な頭脳と熱狂主義との結合，数学的精神と芸術的精神との結合，そして計量，財政，天文学におけるあらゆる計測でき数えることのできるものへのきわめて強烈な感覚と理想的なものとの結合によって，まったく独自の印象を形づくっていた。」Dilthey, *Gesammelte Schriften*, Bd. 5, 8.

31） Dilthey, *Gesammelte Schriften*, Bd. 7, 216-217.

32） Dilthey, *Gesammelte Schriften*, Bd. 7, 95.

33） Dilthey, *Gesammelte Schriften*, Bd. 7, 114. ここでディルタイは，シュライアーマッハーからベークとドロイゼンを経由してみずからへと流れてきている解釈学的理論の系譜を，明確に自覚している。だが，ドロイゼンとディルタイとの間に，いかなる直接的な人格的交流があったのかについては，これまでほとんど知られていなかった。ドロイゼンは 1859 年から 1884 年まで歴史学正教授を務めたし，一方ディルタイは 1853 年にベルリン大学に転学してきて以来ベルリンに住み，1864 年から 1867 年まで哲学私講師として，1882 年から 1905 年まで哲学正教授として教えたので，たしかに二人は同じベルリン大学の同僚として一定期間を過ごしている。ディルタイはまた，1862 年のある書評において，「ドロイゼンが二年前に当地の大学で歴史的方法論についての一連の講義を行なった」ことを報告している（Dilthey, *Gesammelte Schriften*, Bd. 16, 105）。この報告だけからはディルタイがドロイゼンの史学論講義を実際に聴講したとは断定できないが，しかしドロイゼン研究者のクリスティアーネ・ハッケルは，文書館に保管されている詳細な資料に基づいて，ディルタイをドロイゼンの史学論講義を履修した著名人の一人に数えているので，ディルタイが学生としてドロイゼンの史学論講義を履修したことは間違いないと思われる。Cf. Christiane Hackel, hrsg., *Philologe-Historiker-Politiker. Johann Gustav Droysen 1808-1884* (Berlin: G+H Verlag, 2008), 57, 121-126.

しかし，ルードルフ・ヒューブナーが編集したドロイゼンの書簡集には，ディルタイとのやりとりは収録されていない。この浩瀚な書簡集によって確認できるのは，ディルタイの『精神科学序説』が二度話題に上っているということだけである。まず 1883 年 5 月 2 日付けの書簡において，ブレスラウ大学歴史学教授のアルフレート・ドーフェ

（Alfred Dove, 1844-1916）が，ドロイゼンに次のように書き送っている。「ディルタイがわたしに語ったところでは，彼は貴方に好感を抱いており，貴方の明晰な溌剌たる議論を楽しんでいるとのことです。彼の本はまさに出たばかりですが，きっと貴方は関心をお持ちになるでしょう。いわゆる歴史哲学に対する彼の拒絶と，また彼が歴史叙述そのものに与える自立的な評価は，独創的な仕方での固有の確信を貴方にもたらすことでしょう」。これを受けてかどうかわからないが，ドロイゼンは同年 9 月 24 日付けの息子グスタフ宛の書簡において，「精神科学に関するディルタイの本について，わたしはすでにお前に書き記したかな？ シュモラーはそれについてファンファーレを吹かずに済んだであろうに。わたしがこう言えるのも，わたしが美的でコケティッシュなその本を隅から隅まで精確に読んだからだ。」*Johann Gustav Droysen Briefwechsel*, Bd. 2, *1851-1884*, herausgegeben von Rudolf Hübner (Osnabrück: Biblio Verlag, 1967), 959, 970.

ところが，ごく最近刊行されたディルタイの書簡集のなかに，従来その存在が知られていなかったドロイゼンからディルタイに宛てた一通の書簡が含まれている。1870 年 5 月 29 日付けのドロイゼンのこの書簡――原本はゲッティンゲン大学図書館に保管されているとのこと――は，ディルタイから寄贈されたシュライアーマッハー研究書（*Leben Schleiermachers*, 1. Band）への返礼を述べたものであるが，それは Verehrter Freund という呼びかけで始まり，ディルタイのキールでの新生活――ディルタイは 1868 年に正教授としてキール大学に赴任した――に対する優しい気遣いを含むとともに，ベルリン大学哲学部の苦しい内情を打ち明ける内容となっている。これによって，ドロイゼンとディルタイの間に直接的な人格的交流があったことが，完全に裏づけられたことになる。Wilhelm Dilthey, *Gesammelte Schriften,* Erganzungsband 1: *Briefwechsel 1852-1911,* Bd. 1, *1852-1882*, herausgegeben von Gudrun Kühne-Bertram und Hans-Ulrich Lessing (Göttingen: Vandenhoeck & Ruprecht, 2011), 553-554.

34） Dilthey, *Gesammelte Schriften*, Bd. 7, 217.

35） Dilthey, *Gesammelte Schriften*, Bd. 7, 217-218.

36） Dilthey, *Gesammelte Schriften*, Bd. 7, 291.

37） Dilthey, *Gesammelte Schriften*, Bd. 7, 151.

38） Dilthey, *Gesammelte Schriften*, Bd. 7, 147-148.

39） Dilthey, *Gesammelte Schriften*, Bd. 5, 11.

40） Wilhelm Dilthey, *Gesammelte Schriften*, Bd. 14/1, *Leben Schleiermachers*, Zweiter Band/ Erster Halbband, *Schleiermachers System als Philosophie* (Göttingen: Vandenhoeck & Ruprecht, 1966), 375.

41） Wilhelm Dilthey, *Gesammelte Schriften*, Bd. 2, *Weltanschauung und Analyse des Menschen seit Renaissance und Reformation*, 5., unveränderte Aufl. (Stuttgart: B. G. Teubner Verlagsgesellschaft; Göttingen: Vandenhoeck & Ruprecht, 1957), 77.

42） Wilhelm Dilthey, *Gesammelte Schriften*, Bd. 15, *Zur Geistesgeschichte des 19. Jahrhunderts* (Göttingen: Vandenhoeck & Ruprecht, 1966), 304.

43） Wilhelm Dilthey, *Gesammelte Schriften*, Bd. 9, *Pädagogik. Geschichte und Grundlinien*

des Systems, 2., unveränderte Aufl. (Stuttgart: B. G. Teubner Verlagsgesellschaft; Göttingen: Vandenhoeck & Ruprecht, 1960), 10.

44） Wilhelm Dilthey, *Gesammelte Schriften*, Bd. 6, *Die geistige Welt. Einleitung in die Philosophie des Lebens. Zweite Hälfte Abhandlungen zur Poetik, Ethik und Pädagogik*, 3., unveränderte Aufl. (Stuttgart: B. G. Teubner Verlagsgesellschaft; Göttingen: Vandenhoeck & Ruprecht, 1958), 190, 196, 228, 229, 231.

45） Dilthey, *Gesammelte Schriften*, Bd. 5, 302.

46） Dilthey, *Gesammelte Schriften*, Bd. 8, 14.

47） Dilthey, *Gesammelte Schriften*, Bd. 2, 73.

48） Dilthey, *Gesammelte Schriften*, Bd. 15, 2.

49） Dilthey, *Gesammelte Schriften*, Bd. 5, 380; cf. Ibid., 196..

50） Dilthey, *Gesammelte Schriften*, Bd. 8, 38.

51） Dilthey, *Gesammelte Schriften*, Bd. 6, 108.

52） ここに列挙したものについては，Theodore Plantinga, *Historical Understanding in the Thought of Wilhelm Dilthey* (Toronto, Buffalo, and London: University of Toronto Press, 1980), 131-133 により詳しい分析が展開されている。ちなみに，プランティンガはドイツ語の Geschichtlichkeit を historicity ではなく，historicality という英語に翻訳している。

53） Dilthey, *Gesammelte Schriften*, Bd. 7, 278. この引用に端的に看取できるように，ディルタイの語法においては，historisch と geschichtlich は相互互換的である。このことはドロイゼンやトレルチにおいても言えることであり，それゆえハイデガーやブルトマン以後すっかり定着するようになった，Historie と Geschichte の峻別は，まさに特定の哲学的立場に基づく「創られた伝統」以外の何物でもない。したがって，このような 20 世紀的な区別をそれ以前の思想史解釈に無批判的に持ち込むことは，厳に慎まれなければならない。

54） Dilthey, *Gesammelte Schriften*, Bd. 7, 148.

55） Dilthey, *Gesammelte Schriften*, Bd. 1, 24.

56） Dilthey, *Gesammelte Schriften*, Bd. 7, 105.

57） ディルタイによれば，「歴史的相対主義というカミソリは，全ての形而上学と宗教をいわば切り刻んでしまったが，治癒をももたらすに違いない」という。Dilthey, *Gesammelte Schriften*, Bd. 8, 234.

58） Michael Ermarth, *Wilhelm Dilthey: The Critique of Historical Reason* (Chicago: University of Chicago Press, 1978), 352-353. 実際，ディルタイ自身はフッサールへの書簡のなかでみずからが「歴史主義者」（ein Historizist）であることを否定している。Walter Biemel, „Einleitende Bemerkung zum Briefwechsel Dilthey-Husserl,“ in *Man and World: An International Philosophical Review* 1, no. 3 (1968), 436.

59） Hans-Georg Gadamer, *Gesammelte Werke, Bd. 1, Hermeneutik 1* (Tübingen: J. C. B. Mohr [Paul Siebeck], 1990), 222-246. 紙幅の制約上，ここでガダマーのディルタイ解釈を詳しく紹介したり，それに対する反論を展開したりすることはできないが，筆者の見

るところでは，彼のディルタイ解釈にはかなりのバイアスがかかっている。それは明らかにハイデガーの影響によるものである。

60） Bollnow, *Dilthey. Eine Einführung in seine Philosophie*, 35.

61） Dilthey, *Gesammelte Schriften*, Bd. 7, 280.

62） Dilthey, *Gesammelte Schriften*, Bd. 5, 331; cf.335.

63） Immanuel Kant, *Kants Werke*. Akademie Textausgabe, Bd. 3, *Kritik der reinen Vernunft*. Zweite, hin und wieder verbesserte Auflage (1787), 246; idem, *Kants Werke*. Akademie Textausgabe, Bd. 4, *Kritik der reinen Vernunft*, 1. Aufl. (1781), 200. 念のためにその箇所を翻訳で引いておくと，「ただ私が述べているのは，普通の対話においても，書き物においても，著者が自らの対象について語り出す諸思考を比較することによって，著者が自分自身を理解した以上に理解するのは少しも異例なことではない，ということだけである。なぜなら，著者は自らの概念を十分に規定せず，このようにしてときおり自分自身の意図に反して論じたり考えたりもするからである。」カント，有福孝岳訳『純粋理性批判 中』（カント全集 5），岩波書店，2003 年，28 頁。

64） Friedrich Daniel Schleiermacher, *Hermeneutik*, nach den Handschriften neu herausgegeben und eingeleitet von Heinz Kimmerle, zweite, verbesserte und erweiterte Auflage, 50, 83.

65） „Friedrich Schleiermachers ‚Allgemeine Hermeneutik‘ von 1809/10,“ hrsg. v. Wolfgang Virmond, in *Schleiermacher-Archiv*, Bd. 1/2, Teilband 2 (New York: Walter de Gruyter, 1985), 1308.

66） この点で，ディルタイはシュライアーマッハーを継承しているだけでなく，アウグスト・ベークの遺産をも継承している。というのは，ベークも次のように述べているからである。「著作家は文法と文体論の原則に従って文章を作るが，大抵はもっぱら無意識的に作る。これに対して解釈者は，その原則を意識することなしには，完全には解釈することができない。なぜなら，理解する人はなにしろ反省するからである。著者は生み出すのであり，彼自身がそれについてさながら解釈者として立っているときにのみ，自分の作品について反省するのである。ここから帰結してくることは，解釈者は著者自身がみずからを理解するのとまさに同じくらいだけでなく，さらにより良く理解することさえしなければならない，ということである。なぜなら，解釈者は著者が無意識的に作ったものを，明瞭な意識へともたらさなければならないからである。そしてそのときにまた，著者自身には無縁であった幾つもの事柄が，あるいは幾つもの見込みが，解釈者に開けてくる。解釈者はそのなかに客観的に潜んでいる，かかるものをも知らなければならないが，しかし主観的なものとしての著者自身の意図からは，それを区別しなければならない。そうでないとすれば，解釈者は，プラトンについてのアレゴリカル解釈や，ホメロスについての古代の解釈や，新約聖書についての非常に多くの解釈のように，〔意味を〕読み取る代わりに読み込むことになる。そのときにはある量的な誤解が発生し，ひとはあまりにも多くを理解することになる。これはそれとは正反対の，ひとが著者の意図を完全には把握しないとき，したがってあまりにも少なく理解するときに

発生する，量的な理解不足と同じほど，欠陥的なものである。それ以外にも，ひとは質的に誤解することがある。このようなことは，著者が意図しているのとは違うものを理解するとき，したがって著者の表象を他のものと取り違えるときに起こる。これはまた，とくにアレゴリカル解釈においては，例えばある現存のアレゴリーを間違って解釈する際に，生起する。」August Boeckh, *Encyklopädie und Methodologie der philologischen Wissenschaften*, herausgegeben von Ernst Bratuscheck, zweite Auflage besorgt von Rudolf Klussmann (Leipzig: Druck und Verlag von B. G. Teubner, 1886), 87.

67） Dilthey, *Gesammelte Schriften*, Bd. 5, 81.

68） Ermarth, *Wilhelm Dilthey*, 46.

69） Dilthey, *Gesammelte Schriften*, Bd. 5, 331.

70） Dilthey, *Gesammelte Schriften*, Bd. 5, 338.

71） Ernst Troeltsch, GS Ⅲ, 528. トレルチは別のところでは，ディルタイを端的に「歴史主義の哲学者」（der Philosoph des Historismus）と呼んでいる。Ernst Troeltsch, „Adolf v. Harnack und Ferd. Christ. Baur," in *Festgabe von Fachgenossen und Freunden A. von Harnack zum siebzigsten Geburtstag dargebracht*, herausgegeben von Karl Holl (Tübingen: J. C. B. Mohr [Paul Siebeck], 1921), 288. 但し，こうした見方に対する異議申し立ても存在する。Cf. Gunter Scholtz, „Diltheys Philosophiebegriff," in *Dilthey und die hermeneutische Wende in der Philosophie*, 30-31.

72） Dilthey, *Gesammelte Schriften*, Bd. 5, 9.

73） Dilthey, *Gesammelte Schriften*, Bd. 8, 194. しかしこれをもって，ディルタイの歴史的生の哲学が際限なき歴史的相対主義に陥ったと見るのは，やはり間違いであろう。なぜなら，過去に実際に生起したことは歴史的経験のなかに受け入れられるし，歴史的諸事実はどこまで厳密に知られ得るかは別にして，客観的・学問的な手続きによって探究され得るからである。ディルタイは歴史的「相対性が普遍妥当性と関連しなければならない」，また「すべての過ぎ去ったものに共感しつつ，それを理解すること」が「未来を形成する力」にならなければならない，と明確に述べている（Ibid., 204）。

ヘルムート・ヨーアッハはディルタイの「アナーキー」発言の背後に，同時代の知識人たちが共有していた「ある世紀末的な悲観主義」（ein gewisser Fin-de-siècle-Pessimismus）を読み取っているが，この見方は案外正しいかもしれない。Johach, „Wilhelm Dilthey: Die Struktur der geschichtlichen Erfarung," 86.

74） 次章において詳述するように，トレルチの歴史主義がディルタイの歴史性の哲学を自覚的に継承していることは間違いないが，それとは全く違う仕方で，しかも正反対の方向に，後者の問題意識を深化・発展させる可能性も存在する。それこそがハイデガーが『存在と時間』において指し示そうとした道である。ハイデガーの「カッセル講演」は，ディルタイ的歴史意識の批判的継承を証拠づける貴重なドキュメントであるが，そこにおいてこの少壮の哲学者は，本書で跡づけられるディルタイからトレルチへという方向線を，ほぼ完全に黙殺している。マルティン・ハイデッガーほか，後藤嘉也訳『ハイデッガー カッセル講演』（平凡社，2006年）参照。

75） Ermarth, *Wilhelm Dilthey*, 3-12.

76） Schnädelbach, *Philosophie in Deutschland 1831-1933*, 149; 邦訳 167 頁。

77） Johach, „Wilhelm Dilthey: Die Struktur der geschichtlichen Erfarung,“ 87.

第６章　トレルチと《歴史主義》の問題

1） Cf. Karl Barth, *Die kirchliche Dogmatik*, Bd. IV/1 (Zürich: Theologischer Verlag, 1954), 427; idem, „Evangelische Theologie im 19. Jahrhundert,“ in *Die protestantische Theologie im 19. Jahrhundert* (Hamburg: Siebenstern Taschenbuch Verlag, 1975), 572-590, esp., 574; Walter Bodenstein, *Neige des Historismus. Ernst Troeltschs Entwicklungsgang* (Gütersloh: Gerd Mohn, 1959), 207, 209; Gotthold Müller, „Die Selbstauflösung der Dogmatik bei Ernst Troeeltsch,“ *Theologische Zeitschrift* 22 (Basel, 1966), 334-346; Benjamin A. Reist, *Toward a Theology of Involvement. A Study of Ernst Troeltsch* (Philadelphia: Westminster Press, 1966), 197-201.

2） トレルチをディルタイの後任と見なすことには，厳密には問題がないわけではない。組織論的に言えば，1905 年に退職したディルタイの後任は，リール（Alois Riehl, 1844-1924）だからである。しかしリールは，カントの批判主義に基づく反形而上学的な実在論を展開したので，ディルタイを継承する側面は持ち合わせていなかった。他方で，トレルチのベルリン大学就任講義を報じた「ベルリン日刊紙」（Berliner Tageblatt）の記事によれば，トレルチが就任したベルリン大学哲学講座の地位は，「かつてシュライアーマッハーが占めていた」ものだという（„Antrittsvorlesung von Professor Ernst Troeltsch,“ in *Berliner Tageblatt*, Morgen-Ausgabe, 2. Mai 1915, 4. Beiblatt; cf. F. W. Graf, „Einleitung,“ in KGA 16, 22）。たしかにシュライアーマッハーは哲学部でも講義をしたし（例えば，彼は 1811 年から 1831 年までの間に，哲学部で 7 回 Dialektik の講義をしている），注３で述べるような経緯もあったので，そのような見方も成り立つ。しかしシュライアーマッハーの正式な所属は神学部であり，彼はあくまでも兼担のかたちで哲学部で教えたにすぎない。これに対して，トレルチは正規の哲学教授としてベルリン大学に着任しており，哲学部の人事としては，実質的にはディルタイの退職後空白となっていた分野を埋めるかたちとなったのである。

3） トレルチのベルリン大学哲学部への招聘に関しては，U. Pretzel, „Ernst Troeltschs Berufung an die Berliner Universität,“ in *Studium Berolinense: Aufsätze und Beiträge zu Problemen der Wissenschaft und zur Geschichte der Friedrich-Wilhelms-Universität zu Berlin*, herausgegeben von H. Leussink, E. Neumann, und E. Kotowski (Berlin: Walter de Gruyter, 1960), 507-514. それによれば，トレルチをベルリン大学哲学部に招聘する計画は，まずフリードリヒ・パウルゼン（Friedrich Paulsen, 1846-1908）が亡くなった直後の，1908/09 年の冬学期に起こった。しかしこのときは，トレルチの神学的な根本態度が哲学の学問的要求に悪影響を及ぼしかねない，という反対派の主張が功を奏して――とはいえ，彼らもトレルチの思想は「とっくにもはやとりわけ神学的ではない」ということ，また彼の「高度の哲学的才能は自由な学問的環境においてより自由に，かつより

完全に発達するであろう」ということを認めていたが――，この招聘話は流れてしまった。ディルタイとリールは賛成票を投じたが，シュトゥムプフ（Carl Stumpf, 1848-1936）は反対派に回り，賛成 24 票に対して，反対票 17 票という投票結果で，招聘案は否決されてしまった。その結果，後任人事はベンノー・エルトマン（Bennno Erdmann, 1851-1921）で落着した。次の機会は 1914 年に訪れた。高等宗務局は当初，神学部のポストを一つ減らして，それを哲学部にすげ替える案を提案したという。当時のベルリン大学神学部では，アードルフ・ハルナックが自由主義神学の立場に立って孤独な戦いをしており，共通の神学的方向性をもったトレルチの加入を強く望んでいたが，ラインホルト・ゼーベルク（Reinhold Seeberg, 1859-1935）やアードルフ・ダイスマン（Adolf Deißmann, 1866-1937）は，それぞれ異なる理由からこれに反対し，教会の上層部もまたこれを拒んだため，トレルチの神学部への加入は実現に至らなかった（Cf. Walther Köhler, *Ernst Troeltsch* [Tübingen: J. C. B. Mohr, 1941], 5, 46）。こういう複雑な事情もあって，トレルチのベルリン大学への招聘計画は二転三転したが，最終的には，神学部と哲学部の両方に関わる「二重勤務」（Doppeltätigkeit）のようなかたちは取らずに，純粋に哲学部の教授として迎えられることになった。かくして 1915 年のイースター明けに，トレルチは 20 年間在職したハイデルベルク大学神学部教授を辞して，哲学部教授として移籍してきたのである。Cf. Volker Gerhard, Reinhard Mehring, und Jana Rindert, hrsg., *Berliner Geist. Eine Geschichte der Berliner Universitätsphilosophie bis 1946*, mit einem Ausblick auf die Gegenwart der Humboldt-Universität (Berlin: Akademie Verlag, 1999), 217-224.

4）Eduard Spranger, „Das Historismusproblem an der Universität Berlin seit 1900: Wilhelm Dilthey, Ernst Troeltsch, Friedrich Meinecke," in *Berliner Geist* (Tübingen: Rainer Wunderlich Verlag, 1966), 147-183.

5）Ludwig Marcuse, *Mein zwanzigstes Jahrhundert. Auf dem Weg zu einer Autobiographie* (Zürich: Diogenes, 1975), 49. ルートヴィヒ・マルクーゼは，ときおりフランクフルト学派のヘルベルト・マルクーゼ（Herbert Marcuse, 1898-1979）と混同されることがあるが，彼は 1917 年，トレルチのもとで博士論文「価値としての個性とフリードリヒ・ニーチェの哲学」を執筆し，1923 年 2 月 1 日，トレルチが 58 歳の若さで急逝するまで，彼のゼミナールの助手として身近に仕えていた人物である。マルクーゼは，自叙伝『わが 20 世紀』のなかで，トレルチのこの言葉を「偉大なる懐疑家ヴィルヘルム・ディルタイに対して一石を投じた言葉」（ein Seitenhieb gegen den großen Skeptiker Wilhelm Dilthey）として捉えているが，この引用句はもともと，トレルチの死の翌日，『ベルリン日刊新聞』*Berliner Tageblatt* に寄せた哀悼記事のなかに，印象的な仕方で見出せるものである。マルクーゼはそこではディルタイをトレルチの「論敵」（Gegner）として捉えている（Cf. *Ernst Troeltsch in Nachrufen*, herausgegeben von Friedrich Wilhelm Graf unter Mitarbeit von Christian Nees [Gütersloh: Gerd Mohn, 2002], 194）。しかしディルタイとトレルチの関係をこのような仕方で捉えるのは，諸々の事実に照らしてみて正しくない。実例を挙げれば，トレルチは論文「宗教的アプリオリの問題」において，「わた

しの恩師ディルタイ」（mein Lehrer Dilthey）と語っており（GS Ⅱ, 754），また『著作集』第3巻を「ヴィルヘルム・ディルタイとヴィルヘルム・ヴィンデルバントの思い出に捧ぐ」（Dem Gedächtnis Wilhelm Dilthey und Wilhelm Windelband gewidmet）としている。おそらくマルクーゼ自身，そのことに気づいたのか，約40年後に刊行した自叙伝では，「論敵」という表現を削除している。

それはともあれ，トレルチはすでに1904年の『カントの宗教哲学における歴史的なもの』において，「彼〔ディルタイ〕は完全な相対主義，つまり価値のアナーキーに終わっている」（Er endet im vollen Relativismus, in der Anarchie der Werte）との判断を下している（Ernst Troeltsch, *Das Historische in Kants Religionsphilosophie. Zugleich ein Beitrag zu den Untersuchungen über Kants Philosophie der Geschichte* [Berlin: Verlag von Reuther & Reichard, 1904], 99n1）。以上のことを考慮すれば，「わたしは価値のアナーキーに終止符を打つためにこちらに来ました」というトレルチの言葉は，ディルタイが果たそうとして果たし得なかった課題を，自分が継承して成し遂げようとする，彼の並々ならぬ意気込みを示したものと解すべきであろう。

6）Ernst Troeltsch, KGA 13, *Rezensionen und Kritiken (1915-1923)*, herausgegeben von Friedrich Wilhelm Graf in Zusammenarbeit mit Diana Feßl, Harald Haury und Alexander Seelos (Berlin: Walter de Gruyter, 2010), 94.

7）Ernst Troeltsch, „Meine Bücher,“ in *Die Deutsche Philosophie der Gegenwart in Selbstdarstellungen*, herausgegeben von Raymund Schmidt, Bd. 2 (Leipzig: Verlag von Felix Meiner, 1921), 161.

8）Ibid., 162.

9）Ernst Troeltsch, „Meine Bücher,“ in *Die Deutsche Philosophie der Gegenwart in Selbstdarstellungen*, herausgegeben von Raymund Schmidt, Bd. 2 (2. Aufl., Leipzig: Verlag von Felix Meiner, 1923), 166. この引用箇所は第2版における加筆部分である。

10）トレルチはしばしば「宗教史学派の体系家」と呼ばれている。彼は1890年当時，「ゲッティンゲン小教授団」（Die „kleine Göttinger Fakultät“）と綽名された，少壮の神学部私講師グループに属していたが，そのメンバーの大部分は旧約学者，新約学者，ないし古代オリエント学者であり，問題意識と研究方法の点で多くを共有していた彼らは，のちに「宗教史学派」と呼ばれるようになった。トレルチはこのなかでほとんど唯一の体系的思想家であり，1913年「アメリカ神学時報」の求めに応じて，「《宗教史学派》の教義学」（The Dogmatics of the „Religionsgeschichtlichen Schule“）と題する論文を寄稿した。そこから上記の「宗教史学派の体系家」の名称が発生した。Cf. Ernst Troeltsch, „Die ‚kleine Göttinger Fakultät‘ von 1890,“ *Die Christliche Welt* 34 (1920), 281-283; abgedruckt in *Die Religionsgeschichtliche Schule in Göttingen. Eine Dokumentation* von Gerd Lüdemann und Martin Schröder (Göttingen: Vandenhoeck & Ruprecht, 1987), 22-23.

11）P・シュトゥールマッハーは，「トレルチによれば，歴史的・批判的な方法は四つの原則を基準としている」と言い，四つめの原則として「人格性ないし主体性の原則」

（das Prinzip der Persönlichkeit oder Subjektivität）を挙げている。Peter Stuhlmacher, *Vom Verstehen des Neuen Testaments. Eine Hermeneutik*, 2., neubearbeitete und erweiterte Aufl. (Göttingen: Vandenhoeck & Ruprecht, 1986), 24, 243（Ｐ・シュトゥールマッハー，齋藤忠資訳『新約聖書解釈学』（ＮＴＤ補遺６）日本キリスト教団出版局，2009 年，32, 346 頁参照）。「神学における歴史学的方法と教義学的方法について」という論文に関する限り，トレルチは最初の三つの原則しか挙げていないが，しかし他の箇所では第 4 のものに言及していると見なせるからであろう。例えば，「《キリスト教の本質》とは何か？」という論文では，彼は次のように述べている。「本質規定は予見的な抽象作用だけでなく，それと同時に倫理的・人格的に基礎づけられた，現象を本質によって測る批判を必要とする。それゆえこれは，まさに次のような原則に基づいているプロテスタンティズムにとってのみ可能である。すなわち，キリスト教の本質的なものへの人格的な洞察が，実際の歴史的諸現象の塊を選りすぐりつつ評価する，という原則である」（GS II, 411）。そこから，「人格性ないし主体性の原則」を付け加えることも不可能ではない。シュトゥールマッハーと同じく，エルンスト＝ヴィルヘルム・コールズも「人格性と主体性の公理」の重要性を指摘している。Cf. Ernst-Wilhelm Kohls, *Vorwärts zu den Tatsachen. Zur Überwindung der heutigen Hermeneutik seit Schleiermacher, Dilthey, Harnack und Troeltsch*, 3. Aufl. (Basel: Friedrich Reinhardt Verlag, 1981), 11.

12）Ernst Troeltsch, „Ueber historische und dogmatische Methode der Theologie," *Rheinischer wissenschaftlicher Predigerverein*. N.F. 4 (1900), 90; GS II, 733.

13）マルクーゼは，トレルチが得たベルリン大学哲学講座の地位は，「シュライアーマッハー以来空席になっていた」ものだと述べている（Cf. Marcuse, *Mein zwanzigstes Jahrhundert*, 49）。しかし上で述べたように（注２と注３参照），実質的に見れば，トレルチはディルタイの仕事を継承したのである。

14）シュテファンとシュミットによれば，神学は教会性と学問性との間の「恒常的な二正面闘争」（in beständigem Zweifrontenkampf）のうちに立たされており，一方には「伝承された信仰の純粋性，真剣さ，完全性」を擁護する「内向き」（intensiv）の神学があり，他方には「その信仰の生命連関の全体性とその世界宣教の力」を主張する「外向き」（extensiv）の神学がある。ティリッヒのいう「ケリュグマティック神学」（kerygmatic theology）と「アポロジェティック神学」（apologetic theology）の相違もこれと類比的であるが，いずれにせよ，トレルチの神学は最初から「外向き」であり，それも異常なまでに広範囲な射程を睨んでいる。Cf. Horst Stephan und Martin Schmidt, *Geschichte der evangelischen Theologie in Deutschland seit dem Idealismus*, 3., neubearbeitete Aufl. (Berlin & New York: Walter de Gruyter, 1973), 1-5; Paul Tillich, *Systematic Theology*, Three volumes in one (Chicago: University of Chicago Press, 1967), 1-8.

15）Ernst Troeltsch, „Die christliche Weltanschauung und ihre Gegenströmungen," in GS II, 227n11.

16）Ernst Troeltsch, *Die Sozialphilosophie des Christentums* (Zürich: Verlag Seldwyla, 1922),

25n1.

17） トレルチは1909年以降，ハイデルベルク大学の神学部と哲学部の両方で講義している。哲学部での講義題目は，「宗教哲学」，「近世哲学史」，「一般倫理学」，「哲学入門」などであった。

18） Ernst Troeltsch, „Glaube: IV Glaube und Geschichte,” [1]*RGG*, II, col. 1448.

19） Van A. Harvey, *The Historian and the Believer: The Morality of Historical Knowledge and Christian Belief* (Philadelphia: Westminster Press, 1966), 3.

20） Ernst Troeltsch, „ Rückblick auf ein halbes Jahrhundert der theologischen Wissenschaft,“ in GS II, 200-209.

21） Ibid., 209-221.

22） Cf. Friedrich Schleiermacher, *Kurze Darstellung des theologischen Studiums zum Behuf einleitender Vorlesungen*, herausgegeben von Heinrich Scholz (Darmstadt: Wissenschaftliche Buchgesellschaft, 1977).

23） シュライアーマッハーの神学綱領についてのトレルチの高い評価は，「歴史と形而上学」の中にすでに見てとることができる。例えばトレルチは，神学と倫理学，すなわち歴史哲学と精神哲学の上に基礎づけようとしたシュライアーマッハーのプログラムに言及して，「これこそまさしく私の論文が意図しているものでもある」と述べている。Troeltsch, „Geschichte und Metaphysik,“ *ZThk* 8 (1898):27; cf. ibid., 55; KGA1, 641;cf. 669.
 トレルチは，1904年にフリードリヒ・フォン・ヒューゲルに宛てた書簡においても，「わたしがじつにまた欲しているのは，ヘングステンベルク，調停神学，リッチュルという暫定統治期間を排除しつつ，シュライアーマッハーとその類似者が歩んだより古い道を再び掘り起こし，その道の上で自立的な仕事をし続けることだけです」と記している。Troeltsch an Wilhelm Bousset, Heidelberg, March 8, 1902, in Ernst Troeltsch, *Briefe aus der Heidelberger Zeit an Wilhelm Bousset 1894-1914*, herausgegeben von Erika Dinkler-von Schubert, *Heidelberger Jahrbücher* XX (1976), 42.

24） Troeltsch, „Rückblick auf ein halbes Jahrhundert der theologischen Wissenschaft,“ in GS II, 225-226.

25） シュライアーマッハーは教義学を歴史神学の一部門に数えているが，トレルチはそれを実践神学に属するものと見なす。さらに，「シュライアーマッハーは学としての神学の可能性を，彼の教義学……を書くことによって証明しようとした」（バルト）ということが正しいとすれば，『信仰論』の「本論」におけるシュライアーマッハーを軽視するトレルチのシュライアーマッハー解釈は，一面的であるとの誹りを免れ得ない。

26） Troeltsch an Friedrich von Hügel, Heidelberg, Februar 25, 1912, in *Ernst Troeltsch. Briefe an Friedrich von Hügel 1902-1923*, eingeleitet und herausgegeben von Karl-Ernst Apfelbacher und Peter Neuner (Paderborn: Verlag Bonifacius-Druckerei, 1974), 93.

27） Ernst Troeltsch, „ Vorwort,“ in GS II, VII.

28） Ernst Troeltsch, „Zur Frage des religiösen Apriori,“ in GS II, 767.

29） Ernst Troeltsch, GS IV, 18.

30) Toshimasa Yasukata, *Ernst Troeltsch: Systematic Theologian of Radical Historicality* (Atlanta: Scholars Press, 1986; Oxford & New York: Oxford University Press, 2000) を参照されたい。

31) バルトはトレルチの神学を「原則的な拡散状態」(die gründliche Zerstreutheit) にあるものとして糾弾したが，筆者のトレルチ解釈の視点からすれば，このような批判的な論評は，むしろ彼の思考の枠組みの狭隘さを示すかたちになっている。Karl Barth, *Die protestantische Theologie im 19. Jahrhundert*, 5. Aufl. (Zürich: Theologischer Verlag, 1981), 384.

32) 筆者はみずからのトレルチ解釈のテーゼを以下の論文でも開陳しているので，それをも参照されたい。Cf. Toshimasa Yasukata, „Ernst Troeltsch und die Konsequenz des historischen Denkens," in *Frühes Christentum und Religionsgeschichtliche Schule*. Festschrift zum 65. Geburtstag von Gerd Lüdemann, herausgegeben von Martina Janßen, F. Stanley Jones und Jürgen Wehnert (Göttingen: Vandenhoeck & Ruprecht, 2011), 205-216.

33) Ernst Troeltsch, *Der Historismus und seine Überwindung* (Berlin: Pan Verlag Rolf Heise, 1924), 1-2; KGA 17, 68.

34) Ibid., 64; KGA 17, 106.

35) Ibid., 2; KGA 17, 68.

36) Ernst Troeltsch, „Religionsphilosophie und principielle Theologie," *Theologischer Jahresbericht* 18 (1899), 508; KGA 2, 593.

37) Troeltsch, *Der Historismus und seine Überwindung*, 37, 41, 44, 59, cf. 60; KGA 17, 89, 92, 94, 103, cf. 103.

38) Ibid., 37; KGA 17, 89.

39) Ernst Troeltsch, *Die historischen Grundlagen der Theolgie unseres Jahrhunderts* (Karlsruhe: Druck von Friedrich Gutsch, 1895), 11; KGA 1, 546.

40) Ernst Troeltsch, „Religionsphilosophie und theologische Principienlehre," *Theologischer Jahresbericht* 15 (1896), 394; KGA 2, 111.

41) Ernst Troeltsch, „Die Selbständigkeit der Religion," *ZThK* 6 (1896), 208; KGA 1, 524.

42) Ernst Troeltsch, „Christenthum und Religionsgeschichte," *Preußische Jahrbücher* 87 (1897), 423; GS II, 336.

43) Troeltsch, „Christenthum und Religionsgeschichte," 421; GS II, 335.

44) Ernst Troeltsch, Besprechung über *Die neue historische Methode*, von G. Below, und über *Kulturwissenschaft und Naturwissenschaft*, von H. Rickert, in *ThLZ* 24 (1899), 375; KGA 2, 529.

45) Ernst Troeltsch, „Geschichte und Metaphysik," *ZThK* 8 (1898): 69; KGA 1, 682.

46) Ernst Troeltsch, „Ueber historische und dogmatische Methode der Theologie," *Rheinischer wissenschaftlicher Predigerverein*. N.F. 4 (1900), 92; GS II, 735.

47) Ernst Troeltsch, Besprechung über *Glaube und Geschichte*, von Otto Kirn, in *Historische Zeitschrift* 51 (1901), 274; Besprechung über *Die empirische Geschichtsauffassung David*

Humes mit Berücksichtigung moderner methodologischer und erkenntnistheoretischer Probleme. Ein philosophische Studie, von Julius Goldstein, und über *Kants Philosophie der Geschichte*, von Fritz Medicus, in *Historische Zeitschrift* 56 (1904), 481; International Congress for the History of Religions (Hg.), *Verhandlungen des II. Internationalen Kongresses für Allgemeine Religionsgeschichte in Basel. 30. August bis 2. September 1904* (1905), 2760; Besprechung über *Joh. Salomo Semler in seiner Bedeutung für die Theologie mit besonderer Berücksichtigung seines Streites mit G. E. Lessing*, von Gastrow, Past. Lic. P., et al., in *Theologische Literaturzeitung* 31 (März 1906), 146, 147, 149; Besprechung über *Geschichte der deutschen Kulturgeschichtsschreibung von der Mitte des 18. Jahrhunderts bis zur Romantik im Zusammenhang mit der allgemeinen geistigen Entwicklung*, von Ernst Schaumkell, in *Historische Zeitschrift* 97 (1906), 563, 564; Besprechung über *Die Erneuerung des Hegelianismus und Über Sinn und Wert des Phänomenalismus*, von Wilhelm Windelband, in *Theologische Literaturzeitung* 38 (März 1913) 147, etc.

48）　Ernst Troeltsch, „Die Krisis des Historismus," *Die neue Rundschau* 33, I (1922), 573; KGA 15, 437-438.

49）　Troeltsch, GS III, 9; KGA 16, 177.

50）　Troeltsch, GS III, 102; KGA 16, 281.

51）　Friedrich Wilhelm Graf, „Ernst Troeltsch: Theologie als Kulturwissenschaft des Historismus," in *Theologen des 20. Jahrhunderts. Eine Einführung*, herausgegeben von Peter Neuner und Gunther Wenz (Darmstadt: Wissenschaftliche Buchgesellschaft, 2002), 62.

52）　第７章４．３）参照。

53）　Ｆ・Ｗ・グラーフはこの部分をトレルチの「小史学論」（eine kleine Historik）と呼んでいるが，あながち間違いではない。Cf. F. W. Graf, „Einleitung," in KGA 16, 11.

54）　Ernst Troeltsch, *Die Bedeutung des Protestantismus für die Entstehung der modernen Welt*, 2. Aufl. (München und Berlin: Druck und Verlag von R. Oldenbourg, 1911), 5-6; トレルチ，西村貞二訳『近代世界とプロテスタンティズム』（新教出版社，1962年），3-4頁参照。

55）　Ibid., 6.

56）　F. W. Graf, „Einleitung," in KGA 16, 11.

57）　Troeltsch, „Was heißt »Wesen des Christentums«?," in GS II, 407.

58）　Ibid.

59）　Ibid., 408.

60）　Ibid., 418.

61）　Ibid., 420.

62）　Ibid., 426.

63）　Ibid., 430.

64）　Ibid., 431.

65）　Ibid., 433-434.

66） Ibid., 435.

67） 近藤勝彦『トレルチ研究』上・下巻（教文館，1996 年）参照。

68） GS II, 435.

69） Ibid.

70） Ibid., 436.

71） GS III, 68; KGA 16, 242.

72） GS III, 70; KGA 16, 244.

73） GS III, 55; GA 16,1, 228（傍点筆者）.

74） 水垣渉は早くからトレルチにおける《追感的理解》に言及しており，筆者のここでの考察も 30 年以上昔の水垣の論文に触発されたものにほかならない。水垣渉「宗教史学派の根本思想」『途上』第 8 号（1977 年），1–22 頁，および「宗教史学派の根本思想（承前）」『途上』第 9 号（1978 年），27–48 頁参照。とくにトレルチの《追感的理解》への言及は，第 9 号，48 頁。なお，トレルチの著作のなかで “nachfühlend verstehen” という用例は，水垣が指摘している GS III, 38 と GS IV, 38 だけではなく，GS III, 617 にも出てくる。GS III, 562 には，nachfühlendes Verstehen という表現すら見出せる。それ以外にも，GS III, 564n307, 680n360, GS IV, 662, *Deutscher Geist und Westeuropa*, 200-201 などにも関連した用例が見られる。

75） GS III, 30; KGA 16, 202.

76） GS III, 120; KGA 16, 307.

77） GS III, 38; KGA16, 210.

78） GS III, 38; KGA16, 211.

79） GS III, 617; KGA 16, 916.

80） Ernst Troeltsch, „Glaube und Ethos der hebräischen Propheten,“ in *Gesammelte Schriften*, Bd. IV, *Aufsätze zur Geistesgeschichte und Religionssoziologie*, herausgegeben von Hans Baron (Tübingen: J. C. B. Mohr [Paul Siebeck], 1925), 38.

81） Ernst Troeltsch, *Die Absolutheit des Christentums und die Religionsgeschichte*, 2. Aufl. (Tübingen: J. C. B. Mohr [Paul Siebeck], 1912), 53-54; KGA 5, 167.

82） Ibid., 81.

83） Ernst Troeltsch, *Gesammelte Schriften*, Bd. 1, *Die Soziallehren der christlichen Kirchen und Gruppen* (Tübingen: J. C. B. Mohr [Paul Siebeck], 1912), 383.

84） GS III, 48; KGA 16, 221.

85） Troeltsch, *Die Absolutheit des Christentums und die Religionsgeschichte*, 2. Aufl., XX; KGA 5, 103.

86） Troeltsch, *Die Absolutheit des Christentums und die Religionsgeschichte*, 2. Aufl., 65; KGA 5, 175.

87） Troeltsch, „Ueber historische und dogmatische Methode in der Theologie,“ GS II, 733（1913 年の加筆を含む）; cf. „Ueber historische und dogmatische Methode der Theologie,“ *Rheinischer wissenschaftlicher Predigerverein*. N. F. 4 (1900), 90-91.

88） GS IV, 37.

89） *Duden. Das große Wörterbuch der deutschen Sprache in acht Bänden*, 2., völlig neu bearbeitet und stark erweiterte Auflage, herausgegeben und bearbeitet vom Wissenschaftlichen Rat und den Mitarbeitern der Dudenredaktion unter der Leitung von Günther Drosdowski, Bd. 5: Leg-Pow (Mannheim-Leipzig-Wien-Zürich: Dudenverlag, 1994), 2335-2336.

90） GS II, 407, 430.

91） GS II, 426.

92） GS III, 41; KGA 16, 213.

93） GS II, 393.

94） GS III, 76; KGA 16, 250.

95） GS III, 289; KGA16, 502.

96） GS III, 289; KGA 16, 502.

97） GS III, 684-685; KGA 16, 998-999.

98） GS III, 679; KGA 16, 991.

99） GS III, 680, 681; KGA 16, 993, 995.「天分の同質性」（Kongenialität）に関しては，第3章の4を参照のこと。

100） GS III, 78, 117, 407n207, 678, 731; cf. 699; KGA 16, 252, 304, 604, 990, 1051; cf. 1016.

101） GS III, 47, 121, 181; KGA 16, 218, 307, 373.

102） Troeltsch, „Die Krisis des Historismus," 577; KGA 15, 441.

103） Ibid.; KGA 15, 441.

104） Ibid., 578-579; KGA 15, 442-443.

105） Ibid., 579; KGA 15, 445.

106） Ibid., 579-580; KGA 15, 445.

107） Ibid., 580; KGA 15, 446.

108） Ibid., 581; KGA 15, 446.

109） Ibid., 582 ; KGA 15, 447.

110） Ibid., 583; KGA 15, 448. すでに指摘したように，「価値のアナーキー」（Anarchie der Werte）という用語は，ディルタイが古稀の祝いの席――トレルチもこの場に臨席していた可能性が高い（cf. F. W. Graf, „Einleitung," in KGA 16, 10）――で語った「確信のアナーキー」（Anarchie der Überzeugungen）という言葉を，トレルチが自分の著作のなかでパラフレーズして流布させたものであるが，トレルチはここでそれを，ヴェーバーが『職業としての学問』のなかで表明した「価値の多神教」（Polytheismus der Werte）という定式――この定式はヴェーバーの言説をコンパクトに言い表したものであって，「価値の多神教」という表現そのものが，ヴェーバー自身のテクストのなかに見出されるわけではない――と結びつけて理解している。Cf. Max Weber, *Gesammelte Aufsätze zur Wissenschaftslehre*, herausgegeben von Johannes Winckelmann, 4. Aufl. (Tübingen: J. C.

B. Mohr [Paul Siebeck], 1973), 603-608.

なお，トレルチはこの点に関連して，『歴史主義とその諸問題』のなかで，次のようなヴェーバー批判を展開している。「マックス・ヴェーバー……にあっては，あの現実的歴史と価値体系の関係もまた恐ろしく峻厳な形をとって表現されている。一方の歴史学の領域には，われわれの状況，未来の可能性，またそれをもってわれわれが未来を建設し得る活動空間と手段の様式といったものを明らかにするために，氷のように冷たく全く理論的に制御された，しかも強烈な社会学的才気にあふれた事実研究（Seinsforschung）がある。そしてそれと並んで他方に，それとは全く異質で何ものによっても媒介されないものとして一つの価値の選抜（Auswahl eines Wertes），諸価値の和解なき多神教（der unversöhnliche Polytheismus der Werte）から一つの価値を選び出す選抜がある。人々はみなこの価値の多神教から力を借りており，この多神教の実現のためにすべての人が歴史的・社会学的な知識を残りくまなく利用している。ギリシア人とあらゆる多神教とは，まだ多くの価値を並べて素朴に崇拝することができた。ユダヤ教とキリスト教とを通過してきたヨーロッパ人は，ただ一つの価値神（Wertgott）しか崇拝できず，それだけしかもろもろの価値の救い難い緊張から取り出すことができない。そしてその唯一の価値神とは，ヴェーバーにとっては民族の力と偉大さである。この価値は，唯一にして証明不可能な価値であり，ただ決断と意志によってはじめて創出され得る価値であるが，この価値に仕えるものとしてきわめて包括的かつ綿密な歴史認識が登場してくる。そしてこの歴史認識は，皇帝独裁的な指導者体制を持ちつつ巨大な国家運営の技術を民主化し機械化していくことが，現代にとっては決定的な意味を持っていることを明示している。これは彼の歴史哲学であり，歴史哲学と，倫理学や価値論との結合である。……それは，人間として類いまれな偉大さと重みを持った人物によってなされたわれわれの問題の一つの解決であり，この問題の性格や本質にとってきわめて教訓的な意味を持った解決である。しかしそれは，根本において……英雄的実証主義による絶望の解決である」（GS III, 160-161; KGA 16, 354-355）。これについては，次章における解析を参照されたい。

111） Troeltsch, „Die Krisis des Historismus," 583; KGA 15, 448.

112） Ibid., 584; KGA 15, 449.

113） Ibid., 585; KGA 15, 451.

114） Ibid., 586; KGA 15, 451.

115） ニーチェは『生に対する歴史の利害について』*Vom Nutzen und Nachteil der Historie für das Leben* (1874) において，客観的・学問的と称してもはや生には奉仕せず，いまや「歴史のための歴史」として自己目的化した歴史学のあり方を「歴史の過剰」として厳しく断罪する。彼は「歴史の過剰」によって引き起こされた病理を「歴史病」（historische Krankheit）と呼び，ひとびとがその蔓延を防ぎ，それに感染しないようにすべきだと忠告する。彼によれば，現代という時代は「病んでおり，したがって癒されなくてはならぬ。それは……歴史病に悩んでいる。歴史の過剰は生の造形力を衰弱させ，この生は過去を滋養に富んだ糧《かて》として利用することをもはや心得ていない。」彼の考えでは，歴

史病に対する解毒剤には二種類あって，一つは「非歴史的なもの」（das Unhistorische）であり，もう一つは「超歴史的なもの」（das Überhistorische）である。前者は歴史を忘却して狭い視野のうちでおのが生命の炎を燃やす生き方を，後者は永遠性に通じる芸術とか宗教へと目を向ける生き方を意味している。このように，ニーチェは生の立場に立って，客観的・学問的な歴史学に背を向けた反歴史主義的なあり方を推奨する。

116） Troeltsch, „Die Krisis des Historismus,“ 586; KGA 15, 452.

117） トレルチがここで歴史主義の問題に対するニーチェ的解決の方法を，「学問に対する過激な嫌悪と根本的な反歴史主義」（ein radikale[r] Wissenschaftshaß und grundsätzliche[r] Antihistorismus）（Ibid., 586; KGA 15, 451）として断固退けていることは，思想史的ならびに問題史的にきわめて重要である。なぜなら，われわれがのちに見るように，トレルチ以後の若い世代の神学者たち（たとえばバルトやゴーガルテンなど）やローゼンツヴァイクなどは，おしなべてこのような「反歴史主義的」な方向に「逃げ道」を求めるからである。1920 年代のプロテスタント神学内部における「反歴史主義的革命」については，Friedrich Wilhelm Graf, „Die ‚antihistoristische Revolution‘ in der protestantischen Theologie der zwanziger Jahre,“ in *Vernunft des Glaubens: Wissenschaftliche Theologie und kirchliche Lehre*. Festschrift zum 60. Geburtstag von Wolfhard Pannenberg, herausgegeben von Jan Rohls und Gunther Wenz (Göttingen: Vandenhoeck & Ruprecht, 1988), 377-405; idem, „Geschichte durch Übergeschichte überwinden. Antihistoristisches Geschichtsdenken in der protestantischen Theologie der 1920er Jahre,“ in *Geschichtsdiskurs 4, Krisenbewußtsein, Katastrophenerfahrungen und Innovationen 1880-1945*, herausgegeben von W. Küttler, J. Rüsen, und E. Schulin (Frankfurt am Main: Fischer Verlag, 1997), 217-244 を参照のこと .

118） Troeltsch, „Die Krisis des Historismus,“ 588; KGA 15, 454.

119） Ibid., 589; KGA 15, 454.

120） Ibid. ; KGA 15, 454

121） GS III, 26; KGA 16, 198.

122） Ibid., 689; KGA 16, 1002.

123） Ibid., 654; KGA 16, 961-962.

124） Ernst Troeltsch, *Deutscher Geist und Westeuropa. Gesammelte kulturphilosophische Aufsätze und Reden*, herausgegeben von Hans Baron (Tübingen: J. C. B. Mohr [Paul Siebeck], 1925), 22.

125） Ibid.

126） GS III, 692; KGA 16, 1006.

127） Ibid., 706; KGA 16, 1023-1024.

128） Cf. Ibid., 113-115, 121, 675-678, 684, etc.; KGA 16, 300-302, 308, 987-990, 998, etc.

129） Ibid., 721; KGA 16, 1039.

130） Ibid., 709-710; KGA 16, 1027.

131） Ibid., 193; KGA 16, 387.

132） Ibid., 112; KGA 16, 298.

133） Ibid., 221; KGA 16, 416.

134） 但し，この書名はトレルチ自身に由来するものではなく，トレルチの死後，夫人マルタの意向を受けて編者のフリードリヒ・フォン・ヒューゲルが決めたものである。トレルチは歴史主義そのものを克服すべきものとは考えておらず，ただそれに随伴する懐疑的・相対主義的な諸作用を克服しようとしたのである。トレルチにとって，「人間とその文化や諸価値に関するあらゆるわれわれの思惟の根本的歴史化」としての歴史主義は，近代人にとっては避けて通れないものであり，歴史的な教養や歴史的な思考そのものを放棄ないし破壊することは，「野蛮状態への逆行」（Rückkehr zur Barbarei）（GS III, 4）への決断以外の何物でもなかった。Cf. Hartmut Ruddies, „»Geschichte durch Geschichte überwinden«. Historismuskonzept und Gegenwartsdeutung bei Ernst Troeltsch," in *Die Historismusdebatte in der Weimarer Republik*, herausgegeben von Gérard Raulet (Frankfurt am Main: Peter Lang, 1996), 198-217, esp. 204n20.

135） Troeltsch, *Der Historismus und seine Überwindung*, 37.

136） Cf. Ernst Troeltsch, „Grundprobleme der Ethik," in GS II, 552-672; idem, „Ethik und Geschichtsphilosophie," in *Der Historismus und seine Überwindung*, 1-61.

137） Troeltsch, *Der Historismus und seine Überwindung*, 21; KGA 17, 80.

138） Ibid., 27; KGA 17, 84.

139） Ibid., 21-41; KGA 17,80-92.

140） Ibid., 38-39; KGA 17, 90.

141） Ibid., 39; KGA 17, 90.

142） Ibid., 39-40. ; KGA 17, 91

143） GS III, 694; KGA 16, 1011.

144） GS III, 765; KGA 16, 1090.

145） GS III, 765-767; KGA 16, 1091-1092. トレルチのこの分類の仕方は，以前の著作におけるものと若干異なる。例えば，『ドイツ的教養』においては，第一の要素は「古代，ヒューマニズムもしくは古典主義」（Antike, Humanismus oder Klassizismus），第2の要素は「キリスト教」（Christentum），第3の要素は「中世の北方的＝ゲルマン的世界」（die nordisch=germanische Welt des Mittelalters）となっている（Ernst Troeltsch, *Deutsche Bildung* [Darmstadt: Otto Reichl Verlag, 1919], 14-15）。

146） GS III, 767; KGA 16, 1093.

147） GS III, 767; KGA 16, 1093.

148） GS III, 309, 618, 649. これ以外にも，die Überwindung seiner [s.c., des Historismus] heutigen Problematik という表現も見出される（GS III, 109）。

149） GS III, 113; KGA 16, 299.

150） それぞれの動詞形の bewältigen と überwinden に押し戻して考えてみると，前者は古くは gewältigen や geweltigen という形で使われており，「権力，暴力」を意味する Gewalt に由来しているのに対して，後者は中高ドイツ語の winnen を語根としており，

gewinnen（勝つ，獲得する）とは類縁関係にある。このような語源的相違はあるものの，現在ではほぼ同義なものとして用いられており，両者とも「(困難などを）克服する」(mit etwas Schwierigem fertig werden; etw. meistern）という意味を表す。

151） GS III, 724; KGA 16, 1042.

152） GS III, 618; KGA 16, 916-917.

153） GS III, 649; KGA 16, 956.

154） Troeltsch, *Der Historismus und seine Überwindung*, 37, 41, 44, 59, cf. 60; KGA 17, 89, 92, 94, 103, cf. 103.

155） Troeltsch, *Der Historismus und seine Überwindung*, 3; KGA 17, 69.

156） ハンス・M・ドーバーは，Überwindungの代わりにVerwindungという語を用いて，ヴァルター・ベンヤミンとの比較において，トレルチにおける「歴史主義の克服」について論じている。彼はトレルチが歴史主義を《歴史化》することによって克服しようとしたとして，「トレルチによる歴史主義の歴史化」(Troeltschs Historisierung des Historismus）を主題化しているが，トレルチは歴史主義を人間の思惟の「根本的歴史化」として捉えたのであるから，そこでは歴史化の自乗が問題となっていると言えよう。われわれが「歴史主義の内在的超越」と呼ぶものをこの方向で捉え直してみるのも一興である。Hans Martin Dober, „Die Verwindung des Historismus. Ernst Troeltschs und Walter Benjamins geschichtsphilosophische Reflexion im Vergleich,“ in *Mitteilungen der Ernst-Troeltsch-Gesellschaft*, Bd. 17 (2004): 26-68.

157） GS III, 110; KGA 16, 291.

158） Max Weber, *Gesammelte Aufsätze zur Wissenschaftslehre,* herausgegeben von Johannes Winckelmann, 4. Aufl. (Tübingen: J. C. B. Mohr [Paul Siebeck], 1973), 184. マックス・ヴェーバー，富永祐治・立野保男訳，折原浩補訳『社会科学と社会政策にかかわる認識の「客観性」』(岩波文庫，1998年）101頁。ヴェーバーのこのような批判に対して，たとえばGS III, 565-570にはトレルチの鋭い反論が展開されている。ヴェーバーとトレルチの間に存在する深い思想的対立は，歴史主義の問題の考察にとってきわめて重要であると思われるので，われわれは第7章でこの問題をあらためて論じることにする。

159） Christoph Schwöbel, „»Die Idee des Aufbau heißt Geschichte durch Geschichte überwinden« Theologischer Wahrheitsanspruch und das Problem des sogenannten Historismus,“ in *Ernst Troeltschs »Historismus«*, 268.

160） GS III, 162; KGA 16, 356.

161） Ibid., 723; KGA 16, 1042.

162） Ibid., 772; KGA 16, 1098.

163） この引用箇所は1921年の第1版にはなく，1923年の第2版において加筆されたものである。『歴史主義とその諸問題』が出版されたのは，ちょうどその中間の1922年であるので，ここにトレルチの強調点を読み取ることも不可能ではなかろう。

164） Troeltsch, „Geschichte und Metaphysik,“ 69; KGA 1, 682.

165） GS III, 175; KGA 16, 368.

166） GS III, 184; KGA 16, 376.

167） GS II, 764.

168） GS III, 677; KGA 16, 989.

169） GS I, 979.

170） Wolfhard Pannenberg, *Grundfragen systematischer Theologie*, 2 Aufl. (Göttingen: Vandenhoeck & Ruprecht, 1971), 253.

171） Walther Köhler, *Ernst Troeltsch* (Tübingen: J. C. B. Mohr [Paul Siebeck], 1941), 2.

第７章　トレルチの《歴史主義》議論の波紋とその周辺

1） Ernst Troeltsch, *Deutscher Geist und Westeuropa. Gesammelte kulturphilosophische Aufsätze und Reden*, herausgegeben von Hans Baron (Tübingen: J. C. B. Mohr [Paul Siebeck], 1925), 247. E・トレルチ，西村貞二訳『ドイツ精神と西欧』（筑摩書房，1970年），259頁。ちなみに，マイネッケはヴェーバーのことを，「この世代の学者のなかでは，おそらく彼は，留保なしに天才的と呼ぶことのできる唯一の人であった」，と述べている。Friedrich Meinecke, *Werke*, Bd. 7, *Zur Geschichte der Geschichtsschreibung*, herausgegeben von Eberhard Kessel (München: R. Oldenbourg Verlag, 1968), 431.

2） トレルチとヴェーバーの「友情」関係に関しては，現時点ではグラーフの以下の論考が一番詳しくかつ信頼できるものである。Friedrich Wilhelm Graf, „Fachmenschenfreundschaft. Bemerkungen zu ›Max Weber und Ernst Troeltsch‹," in *Max Weber und seine Zeitgenossen*, herausgegeben von Wolfgang J. Mommsen und Wolfgang Schwentker (Göttingen & Zürich: Vandenhoeck & Ruprecht, 1988), 313-336. W・J・モムゼン，J・オースターハメル，W・シュベントカー編著，鈴木広・米沢和彦・嘉目克彦監訳『マックス・ヴェーバーとその同時代人群像』（ミネルヴァ書房，1994年），214–236頁。

3） 二人の友人関係の決裂も，たんに時局的な問題に対する見解の相違ということ以上に，両者の人間的性格と気質に起因していると思われる。なお，二人の友情の亀裂については，E・バウムガルテン，生松敬三訳『マックス・ヴェーバー――人と業績』（福村出版，1971年），95–96頁に述べられているが，これに関しては異論もある。

4） マリアンネ・ウェーバー，大久保和郎訳『マックス・ウェーバー』（みすず書房，1963年），182頁。

5） Troeltsch, *Deutscher Geist und Westeuropa*, 250, 252. 邦訳書262–263頁。

6） Ibid., 252. 邦訳書263頁。

7） Max Weber, *Gesammelte Aufsätze zur Wissenschaftslehre*, herausgegeben von Johannes Winckelmann, 4. Aufl. (Tübingen: J. C. B. Mohr [Paul Siebeck], 1973), 208. マックス・ヴェーバー，富永祐治・立野保男訳，折原浩補訳『社会科学と社会政策にかかわる認識の「客観性」』（岩波文庫，1998年），147頁（なお，以下引用に際しては，全体との整合性をとるために，訳文に若干の修正を施している場合がある）。

8） Ernst Troeltsch, *Gesammelte Schriften*, Bd. 3, *Der Historismus und seine Probleme*

(Tübingen: J. C. B. Mohr [Paul Siebeck], 1922), 189-190. 邦訳書，第 4 巻，284 頁。

9) Meinecke, Werke, Bd. 7, 433.

10) トレルチの『歴史主義とその諸問題』にヴェーバーの『科学論文集』（とくに『職業としての学問』）を対置して考察することの重要性は，ベルリン大学でゲオルク・ジンメルの指導を受け，1924 年以降『フランクフルト新聞』の文芸欄を担当していた，ジークフリート・クラカウアー（Siegfried Kracauer, 1889-1966）の次の論文から教えられた。Siegfried Kracauer, "Die Wissenschaftskrisis. Zu den grundsätzlichen Schriften Max Webers und Ernst Troeltschs," in *Das Ornament der Masse*, mit einem Nachwort von Karsten Witte (Frankfurt am Main: Suhrkamp Verlag, 1977), 197-208.

11) Troeltsch, GS III, 369.

12) Weber, *Gesammelte Aufsätze zur Wissenschaftslehre*, 146. 邦訳書 163 頁。

13) Ibid., 208. 邦訳書 149 頁。

14) Immanuel Kant, *Kritik der reinen Vernunft*. 2. Auflage 1787, in *Kants Werke*. Akademie Textausgabe, Bd. 3 (Berlin: Walter de Gruyter, 1968), 421. カント，有福孝岳訳『純粋理性批判　中』（カント全集５）（岩波書店，2003 年），316 頁。

15) Weber, *Gesammelte Aufsätze zur Wissenschaftslehre*, 148, 邦訳書 28 頁。ヴェーバーは論文のなかで，「あるもの」の認識と「あるべきもの」の認識との区別を，「認識と価値判断」(Ibid., 155, 邦訳書 43 頁),「事実の科学的論及と価値評価をともなう論断」(Ibid., 157, 邦訳書 48 頁),「『価値判断』と『経験的知識』」(Ibid., 160, 邦訳書 54 頁）などと，さまざまに言い換えているが，問題となっている区別は，要するに，存在と当為とに関する認識の原理的相違ということである。

16) Ibid., 152. 邦訳書 37 頁。

17) Ibid., 170-171. 邦訳書 73 頁。

18) Ibid., 174. 邦訳書 79 頁。

19) Ibid., 175. 邦訳書 82–83 頁。

20) Ibid., 180. 邦訳書 93 頁。傍点を付した箇所は，原文ではゲシュペルトになっている。

21) Ibid., 181. 邦訳書 94–95 頁。

22) Ibid., 170. 邦訳書 73 頁。

23) Ibid., 207. 邦訳書 145 頁。

24) Ibid., 213. 邦訳書 157–158 頁。

25) Ibid. 邦訳書 158 頁。

26) 向井守『マックス・ウェーバーの科学論――ディルタイからウェーバーへの精神史的考察』（ミネルヴァ書房，1997 年），223 頁。

27) Weber, *Gesammelte Aufsätze zur Wissenschaftslehre*, 184. 邦訳書 100–101 頁。われわれはここに，リッカートに対するヴェーバーの鋭い批判を読み取ることもできよう。すなわち，ヴェーバーはリッカートの認識論と論理学に倣いながらも，文化価値の整然とした統一的体系を打ち立てようという後者の構想は，「まったく意味がない」(ein Unsinn in sich）として拒絶しているのである。リッカートは，この点でのヴェーバー

の離反を遺憾に思い，次のように述べている。「〔ヴェーバーは〕本来『論理学』しか信じなかった。それゆえ，彼は価値の包括的な体系に基づいて普遍的・学問的な世界観理論を打ち立てようとするわたしの計画に対しても，……『懐疑的』な立場をとった。」Heinrich Rickert, *Die Grenzen der naturwissenschaftlichen Begriffsbildung. Eine logische Einleitung in die historischen Wissenschaften*, 3. u. 4. verb. und. erg. Aufl. (Tübingen: J. C. B. Mohr [Paul Siebeck], 1921). XX.

28） 本章の四（１）参照。

29） 本章の三（４）参照。

30） 本章の四（３）参照。

31） Weber, *Gesammelte Aufsätze zur Wissenschaftslehre*, 156. 邦訳書 45 頁。

32） Ibid., 155. 邦訳書 42 頁。

33） Ibid., 149. 邦訳書 29–30 頁。

34） Troeltsch, GS III, 160-161. 邦訳書，第 4 巻，241–243 頁。

35） Weber, *Gesammelte Aufsätze zur Wissenschaftslehre*, 601-602. Cf. 613. マックス・ウェーバー，尾高邦雄訳『職業としての学問』（岩波文庫，2005 年），49-50，73 頁参照。なお，同じ訳者の訳でも，この引用箇所に関して，旧訳と新訳では原文理解について重大な変更が見られる。筆者の見るところ，言葉遣いは新訳が平易になっているものの，原文理解については旧訳の方が正しいように思われる。しかし，いずれにしても筆者とは日本語についての感覚が異なるので，ここではドイツ語原文から自分で訳し直した。

36） Ibid., 608; cf. 605.

37） Troeltsch, GS III, 49. 邦訳書，第 4 巻，82 頁。

38） Cf. F. W. Graf, „Einleitung," in KGA 16, 34-35.

39） Weber, *Gesammelte Aufsätze zur Wissenschaftslehre*, 208. 邦訳書 149 頁。

40） Troeltsch, *Deutscher Geist und Westeuropa*, 249. 邦訳書 261 頁。

41） Cf. Troeltsch, GS III, 64-65.

42） 例えば，この用語は『権力への意志』のなかに数度出てくる。Cf. Friedrich Nietzsche, *Der Wille zur Macht. Versuch einer Umwertung aller Werte*, ausgewählt und geordnet von Peter Gast unter Mitwirkung von Elisabeth Förster-Nietzsche (Stuttgart: Alfred Kröner Verlag, 1964), §§172, 414, 428, 445, 460. なお，「知的誠実性」の他にも，§440 では「学問的誠実性」（die wissenschaftliche Rechtschaffenheit）という表現も見られる。ニーチェは "Rechtschaffenheit" の他に，より頻繁には "Redlichkeit" や "Wahrhaftigkeit" という用語を用いている。例えば，『善悪の彼岸』では，「誠実〔Redlichkeit〕――，もしこれがわれわれの，われわれ自由精神の人間のまぬがれえない徳であるならば――，さらば，われわれは，あらゆる悪意と愛とをかたむけてこれがためにはたらき，ただ一つわれわれに残されたこのわれわれの徳を〈完成〉すべく飽くまで努力しよう」，と語っている。ニーチェ，信太正三訳『善悪の彼岸　道徳の系譜』，ニーチェ全集 11（ちくま学芸文庫，1994 年），235 頁。

43） Weber, *Gesammelte Aufsätze zur Wissenschaftslehre*, 153. 邦訳書 39 頁。

44） Ibid., 154. 邦訳書 41 頁。

45） Ibid. 同上。

46） アラン・ブルームは，ベストセラーになった『アメリカン・マインドの終焉』のなかで，ヴェーバーを「独断的な無神論者」と見なし，現代アメリカに蔓延する価値相対主義に対して，ヴェーバーが果たした重要な役割に注意を喚起している。その役割とは，ヴェーバーがアメリカ人にニーチェの思想を媒介したことであるが，一見価値中立的で客観的なヴェーバーの学問論と，ニーチェの文化相対主義およびニヒリズムが結びつくとき，いかに憂慮すべき事態になるかを鋭く指摘している。ブルームの論述は多分に偏向しているが，そこには一抹の真実が含まれている。Cf. Allan Bloom, *The Closing of the American Mind* (New York: Simon & Schuster, 1987), 194-216. アラン・ブルーム，菅野盾樹訳『アメリカン・マインドの終焉』（みすず書房，1988 年），211-237 頁。

47） Troeltsch, *Deutscher Geist und Westeuropa*, 251. 邦訳書 263 頁。

48） Weber, *Gesammelte Aufsätze zur Wissenschaftslehre*, 152. 邦訳書 37 頁。

49） 向井守『マックス・ウェーバーの科学論』，224 頁。

50） デトレフ・ポイカートは，ニーチェの『反時代的考察』に示された文化診断を受容し，「みずからの時代へのラディカルな対立」を隠微しようとしないヴェーバーの科学論を，「反時代的」（unzeitgemäß）と特徴づけているが，ヴェーバーのニーチェ受容に関する彼の分析には学ぶべき点が多くある。Cf. Detlev J. K. Peuckert, „ , Der Tag klingt ab, allen Dingen kommt nun der Abend... '—Max Webers ‚unzeitgemäße' Begründung der Kulturwissenschaften," in *Kultur und Kulturwissenschaften um 1900. Krise der Moderne und Glaube an die Wissenschaft*, herausgegeben von Rüdiger vom Bruch, Friedrich Wilhelm Graf und Gangolf Hübinger (Stuttgart: Franz Steiner Verlag Wiesbaden, 1989), 155-173; esp., 163.

51） Ernst Troeltsch, *Der Historismus und seine Überwindung* (Berlin: Pan Verlag Rolf Heise, 1924), 64. トレルチ，大坪重明訳『歴史主義とその克服』（理想社，1968 年），111 頁。

52） Kracauer, „Die Wissenschaftskrisis," 207-208.

53） Weber, *Gesammelte Aufsätze zur Wissenschaftslehre*, 152. 邦訳書 36 頁。

54） これはルター派や改革派のプロテスタント神学者たちが，教会が聖書のテクストを解釈する絶対的権威を有するとするローマカトリック的主張に対して，聖書の規範的権威と自己認証的性格を言い表すために用いた定式の一つである。同様の趣旨を言い表す他の定式としては，《Scripturam ex Scriptura explicandam esse》，《Scriptura seipsam interpretatur》，《Scriptura Scripturam interpretatur》などがある。Cf. Richard A. Muller, *Dictionary of Latin and Greek Theological Terms*. Drawn Principally from Protestant Scholastic Theology (Grand Rapids, Mich. Baker Books, 1985), 277.

55） Ｐ・シュトゥールマッハーは『新約聖書解釈学』において，歴史学的方法に関するトレルチのテーゼの綱領的意義に言及し「事柄の本質に即した聖書解釈をめぐる現在の論争は相変わらず，トレルチュの影響の下に徹底的になされた」と述べている。Ｐ・シュトゥールマッハー，齋藤忠資訳『新約聖書解釈学』（ＮＴＤ補遺６）（日本キリスト教団出版局，2009 年），34 頁。

56） Karl Barth, *Die kirchliche Dogmatik*, Bd. IV/ 1 (Zürich: Theologischer Verlag, 1954), 423.

57） Helmut Thielicke, *Glauben und Denken in der Neuzeit. Die großen Systeme der Theologie und Religionsphilosophie* (Tübingen: J. C. B. Mohr [Paul Siebeck], 1983), 580. 同様に，レオ・ベックは，「歴史によって歴史を克服する」というトレルチの「建設の理念」を高く評価し，「歴史主義の時代，そして歴史主義によって規定された神学の一時代が，それによって完成し終結した。新しい神学のために道が切り拓かれた」との認識を示している。ベックは弁証法神学者たちとは違い，トレルチが果たした役割を肯定的に捉えている。Cf. Leo Baeck, „Theologie und Geschichte,“ in *Leo Baeck Werke*, Bd. 4, *Aus Drei Jahrtausenden. Das Evangelium als Urkunde der jüdischen Glaubensgeschichte*, herausgegeben von Albert H. Friedlandr, Bertold Klappert und Werner Licharz (Gütersloh: Gütersloher Verlagshaus, 2006), 49.

58） Karl Barth, *Der Römerbrief*, 2. Aufl. (München: Chr. Kaiser Verlag, 1922), XII.

59） バルトは第2版において，オーファベックの名前を挙げて，彼から受けた思想的影響を明言している。Ibid., VII. Cf. Wolfhard Pannenberg, *Problemgeschichte der neueren evangelischen Theologie in Deutschland* (Göttingen: Vandenhoeck & Ruprecht, 1997), 180. なお，歴史主義の問題をめぐってトレルチとバルトを比較対照し，その関連でオーファベックがバルトに対して果たした重要な役割を鋭く指摘したのは，筆者のアメリカ留学時代の恩師の一人トーマス・W・オーグルトリーである。とくに Thomas W. Ogletree, *Christian Faith and History: A Critical Comparison of Ernst Troeltsch and Karl Barth* (New York and Nashville: Abingdon Press, 1965), 83-87 を参照されたい。

60） Barth, *Der Römerbrief*, 2. Aufl., 5.

61） Ibid., 5-6.

62） Ibid., 6.

63） 20世紀初頭のドイツの組織神学界において，ヘルマンとトレルチは二大対蹠者と見なされていた。例えばカール・ボルンハウゼンは，次のような注目すべき証言をしている。「20世紀初頭のドイツで福音主義神学を学び始めた者は，勉強を進めるうちに必然的に二つの神学的立場に導かれたが，それらを結合することは必要ではあっても不可能に思われた。ヴィルヘルム・ヘルマンとエルンスト・トレルチは，生涯にわたってしばしば議論を応酬したが，上首尾には運ばなかった。実際，学生たちが総合を試みようとしたら，彼らはほとんど感情を害さんばかりであった。」Karl Bornhausen, „Ernst Troeltsch und das Problem der wissenschaftlichen Theologie,“ *ZThK*, N.F. 4 (1923), 196.

64） Karl Barth, *Die Theologie und die Kirche. Gesammelte Vorträge II* (Zürich: Evangelischer Verlag, 1928), 8. 1910年と記されているが，これはバルトの勘違いで，実際には1911年が正しい。

65） この葉書は，現在バーゼルのバルト・アルヒーフに保管されているというが，その写しは Wilfried Groll, *Ernst Troeltsch und Karl Barth—Kontinuität im Widerspruch* (München: Chr. Kaiser Verlag, 1976), 34に収録されている。ちなみに，グロールのこの

書は，数少ない資料に基づいてトレルチとバルトの接点を掘り下げて論じたもので，一考に値する神学的解釈を展開している。

66） Barth, *Die kirchliche Dogmatik*, Bd. IV/1, 427. かかる批判に続けてバルトは，ル・フォールが『信仰論』を編集した直後の 1926 年に，ローマにおいてプロテスタントからカトリックに改宗したことを，トレルチ神学の内部崩壊を暗示する意義深い出来事として引証している。しかしこのような解釈は，少なくともル・フォールに即していえば，正当ではあり得ない。

67） Karl Barth, *Die protestantische Theologie im 19. Jahrhundert* (Zürich: Theologischer Verlag, 1981), 384.

68） Barth, *Die protestantische Theologie im 19. Jahrhundert*, 308.

69） Rudolf Bultmann, „ Die liberale Theologie und die jüngste theologische Bewegung," in *Glauben und Verstehen* I, 18. Aufl. (Tübingen: J. C. B. Mohr [Paul Siebeck], 1980), 2. ブルトマン，土屋博訳『神学論文集 I』，ブルトマン著作集 11（新教出版社，1986 年），7 頁。

70） Ibid. 邦訳書 7–8 頁。

71） Ibid., 3. 邦訳書 9 頁。なお，ブルトマンは 1920 年 12 月 19 日付けのマルティン・ラーデ宛ての書簡のなかで，「わたしはその当時，トレルチが 1911 年にイエスの人格の歴史性の意義に関する小著のなかで主張したような，イエスの人格についての理解に反抗していました」，と語っている。それをみても，ブルトマンが学生時代からトレルチの神学に強い違和感を懐いていたことがわかる。Cf. Bernd Jaspert, „Rudolf Bultmanns Wende von der liberalen zur dialektischen Theologie," in *Rudolf Bultmanns Werk und Wirkung*, herausgegeben von Bernd Jaspert (Darmstadt: Wissenschaftliche Buchgesellschaft, 1984), 30.

72） Rudolf Bultmann, „Zur Frage der Christologie," in *Glauben und Verstehen* I, 87. 邦訳書 102–103 頁。

73） Rudolf Bultmann, „Geschichtsverständnis im Griechentum und Christentum," in *Glauben und Verstehen* IV, 8. Aufl. (Tübingen: J. C. B. Mohr[Paul Siebeck], 1980), 103. ブルトマン，山形孝夫・一柳やすか訳『神学論文集Ⅳ』ブルトマン著作集 14（新教出版社，1983 年），133–134 頁。

74） Rudolf Bultmann, *History and Eschatology: The Presence of Eternity* (New York: Harper & Row, 1957), 154-155. R・ブルトマン，中川秀恭訳『歴史と終末論』（岩波書店，1969 年），201 頁。

75） 『歴史と終末論』の副題「永遠の現臨」（The Presence of Eternity）は，このようなブルトマンの歴史理解の特徴をよく表している。実際，同じ英語版でもアメリカで出版されたものと違い，英国で出版されたものは，むしろ副題の方が書名となっている。

76） ブルトマンを幅広く論じたものとしては，古いところでは *The Theology of Rudolf Bultmann*, edited by Charles W. Kegley (New York: Harper & Row, 1966)，比較的新しいところでは *Rudolf Bultmann. Werk und Wirkung*, herausgegeben von Bernd Jaspert (Darmstadt:

Wissenschaftliche Buchgesellschaft, 1984) が，彼の神学の意義と問題点をよく炙り出している。

77） それぞれの初出を記すと，前者は „Wider die romantische Theologie: Ein Kapitel vom Glauben,“ *Christliche Welt*, 36. Jg. (1922), Nr. 27, Sp. 498-502; Nr. 28, Sp. 514-519，後者は “Historismus,” *Zwischen den Zeiten*, 2. Jg. (1924), Heft 8, 7-25 であるが，今日では両者とも *Anfänge der dialektischen Theologie*, herausgegeben von Jürgen Moltmann (München: Chr. Kaiser Verlag, 1977), Teil II に再録されている。引用に際しては，こちらの書物の頁数を記すことにする。

78） *Anfänge der dialektischen Theologie*, 181.

79） Ibid., 178.

80） Ibid.

81） Ibid., 179-180.

82） Ibid., 180, 186.

83） Ibid., 180.

84） Ibid., 188.

85） Ibid., 187, 188.

86） Ibid., 188, 189.

87） Ibid., 188.

88） Paul Tillich, „Das System der Wissenschaften nach Gegenständen und Methoden,“ in *Gesammelte Werke*, Bd. 1, *Frühe Hauptwerke*, herausgegeben von Renate Albrecht (Stuttgart : Evangelisches Verlagswerk, 1959), 112.

89） Paul Tillich, „Zum Tode von Ernst Troeltsch,“ *Gesammelte Werke*, herausgegeben von Renate Albrecht, Bd. 12, *Begegnungen* (Stuttgart: Evangelisches Verlagswerk, 1971), 175.

90） Paul Tillich, „Der Historismus und seine Probleme. Zum Gleichnamigen Buch von Ernst Troeltsch,“ *Gesammelte Werke*, Bd. 12, 209.

91） Ibid., 209-210.

92） トレルチとティリッヒの思想的関係を論じたものとしては，古くは Kurt Herberger, *Historismus und Kairos. Die Überwindung des Historismus bei Ernst Troeltsch und Paul Tillich*. Inaugural Dissertation (Universität Leipzig, 1935) などがあるが，最近のものとしては，今井尚生の京都大学文学博士論文「前期 P. ティリッヒの思想展開における歴史の問題」(1997 年) がある。ティリッヒの側にウェートが置かれすぎているきらいはあるが，トレルチからティリッヒへの思想発展を考える上で示唆に富む。

93） Paul Tillich, Besprechung über *Der Historismus und seine Überwindung*, von Ernst Troeltsch, in *ThLZ* 49 (1924), 234. ところで，晩年のティリッヒは，移住先のアメリカの学生たちに語った講義のなかで，トレルチの歴史主義について次のように述べている。「トレルチの歴史哲学は，彼が「歴史主義」(“historism”) と呼ぶところのもの，あるいはおそらく英語では “historicism” と呼ぶかもしれないところのもの，に対する否定的な態度に根差している。いずれにせよ，それは歴史に対する相対主義の態度である。歴史

主義にとって，歴史は過去の単なる観察である。それは歴史に参与し，歴史の経過に対して決定的な決断をするという態度ではない。19 世紀の末には，歴史主義の影響下で，歴史はせいぜい距離を置いた態度で観察される興味深い主題にすぎなかった。わたしはこの態度を 20 世紀にまで持ち込み，この点で歴史主義者であり続けた人々を知っている。さて，トレルチは興味深い構築によってこれを克服しようと試みた。」Paul Tillich, *Perspectives on 19th and 20th Century Protestant Theology*, edited and with an introduction by Carl E. Braaten (New York, Evanston, and London: Harper & Row, 1967), 232.

ティリッヒのこの発言は不正確なだけでなく，かなりの歪曲をも含んでいる。トレルチが克服しようとしたのは悪しき歴史主義であって，歴史主義そのものではなかった。トレルチは「過去の単なる観察」や，歴史主義の随伴現象としての「歴史に対する相対主義の態度」を批判したが，トレルチにとってはそれが歴史主義ではなかった。

94） Paul Tillich, „Ernst Troeltsch. Versuch einer geistesgeschichtlichen Würdigung,“ *Gesammelte Werke*, Bd. 12, 173.

95） Friedrich Wilhelm Graf, „Annihilatio historiae? Theologische Geschichtsdiskurse in der Weimarer Republik,“ *Jahrbuch des Historischen Kollegs* (2004): 54.

96） Ibid., 65-72.

97） Baeck, „Theologie und Geschichte,“ 54.

98） Helmut Thielicke, *Glauben und Denken in der Neuzeit. Die großen Systeme der Theologie und Religionsphilosophie* (Tübingen: J. C. B. Mohr [Paul Siebeck], 1983), 580.

99） Walther Köhker, *Ernst Troeltsch* (Tübingen: J. C. B. Mohr [Paul Siebeck], 1941), 1. 佐藤真一『トレルチとその時代』（創文社，1997 年），80 頁参照。

100） Ibid., 47.

101） Martin Kähler, *Der sogenannte historische Jesus und der geschichtliche, biblische Christus* (Leipzig: A. Deichert, 1892); neu herausgegeben von E. Wolf, 4. Aufl. (München: Chr. Kaiser Verlag, 1969), 16. ケーラーは近代の著述家が描き出す史的イエスを「歴史主義」（Historizismus）として断罪するが，彼によれば「歴史主義」は，「勝手気まま」であり，「人間的で傲慢」であり，また「好奇心が強すぎて，まったく《無信仰でありグノーシス的》」である。

102） Edmund Husserl, *Husserliana: Gesammelte Werke*, Bd. 25, *Aufsätze und Vorträge(1911-1921)*, mit ergänzenden Texten herausgegeben von Thomas Nenon und Hans Rainer Sepp (Dordrecht, Boston und Lancaster: Martinus Nijhoff, 1987), 41-62. フッサール，小池稔訳「厳密な学としての哲学」，細谷恒夫編集『ブレンターノ・フッサール』（世界の名著 62）（中央公論社，1980 年），148–171 頁。

103） 但し，フッサールのこのような批判に対して，ディルタイは 1911 年 6 月 29 日付けのフッサール宛ての書簡において，自分は「歴史主義者」（ein Historizist）でも「懐疑主義者」（ein Skeptiker）でもないと反論している。Walter Biemel, „Einleitende Bemerkung zum Briefwechsel Dilthey-Husserl,“ in *Man and World: An International Philosophical Review* 1, no. 3 (1968), 436.

104） Husserl, *Husserliana. Gesammelte Werke,* Bd. 25, 44. 邦訳書 151 頁。

105） Ibid., 45. 邦訳書 152–153 頁。

106） Ibid. 邦訳書 153 頁。

107） Ibid., 46. 邦訳書 154 頁。

108） Edmund Husserl, *Husserliana: Gesammelte Werke*, Bd. 6, *Die Krisis der europäischen Wissenschaften und die transzendentale Phänomenologie*, (Haag: Martinus Nijhoff, 1954), 382. E・フッサール，細谷恒夫・木田元訳『ヨーロッパ諸学の危機と超越論的現象学』（中央公論社，1995 年），527 頁。

109） Ibid., 383. 同上。

110） Ibid., 386. 邦訳書 534 頁。

111） トレルチは『歴史主義とその諸問題』のなかで，フッサールの学説についてかなり詳細な注釈を施している（GS III, 596-602）。そのくだりでフッサールのディルタイに対する関わりを論じつつ，フッサールは「ディルタイを非常によく理解し，構造理論，連続的生成の内的ダイナミズム，数学的でない歴史学的な時間，個性，意味連関などについてのディルタイの思想を卓越した仕方で，いなほとんど賛意を示しつつ再述している」が，それと同じ程度に明確に，「相対主義や，価値についての懐疑や，まったく歴史的また時間的に制約された世界観形成などがいかなる帰結をもたらすか」を正しく指摘している，と述べている（Ibid., 601f.）。

トレルチは最晩年に寄稿した自伝的随筆「わたしの著書」において，みずからの宗教哲学の構想に関して，「わたしは……現象学派にきわめて近づいており，そしてその影響のもとで他の多くのものを把握するであろう」（Ernst Troeltsch, „Meine Bücher,“ in *Die Deutsche Philosophie der Gegenwart in Selbstdarstellungen,* herausgegeben von Raymund Schmidt, Bd. 2 [2. Aufl., Leipzig: Verlag von Felix Meiner, 1923], 171），と語っている。『歴史主義とその諸問題』におけるフッサールに対する高い評価を重ね合わせると，トレルチとフッサールの思想的関係は，今後さらに論究されるべきテーマであろう。

112） Charles R. Bambach, *Heidegger, Dilthey, and the Crisis of Historicism* (Ithaca and London: Cornell University Press, 1995) は，ハイデガー哲学の成立を，ワイマール期のドイツに蔓延した「危機の意識」，とりわけ「歴史主義の危機」の克服という点に見出し，ヴィンデルバント，リッカート，ディルタイの哲学との思想的連関において，若きハイデガーの哲学的発展を分析した好著である。

113） Bambach, *Heidegger, Dilthey, and the Crisis of Historicism*, 187-273. もちろん，若いハイデガーが「解体」（Destruktion）の対象にしたのは，何も歴史主義に限ったことではない。彼が主唱した「事実性の解釈学」は，現在の事実的な生をすっぽり蔽って，その本来の意味を見失わせている「被解釈性」を，現象学的な解釈を通じて解きほぐすという，「解体的な遡行」（abbauender Rückgang）を意味していたからである。

114） マールバッハのドイツ文学資料館にあるハイデガーの遺品のなかには，1918 年 2 月 4 日付けのハイデガーに宛てたトレルチの書簡があるそうである。これは若きハイ

デガーが，大学行政にも大きな影響力をもっていたトレルチに書いた，就職の斡旋を依頼する手紙に答えたものであるという。

115） Martin Heidegger, *Gesamtausgabe*, II. Abteilung: Vorlesungen 1919-1944, Bd. 60, *Phänomenologie des religiösen Lebens* (Frankfurt am Main: Vittorio Klostermann, 1995), 19-30, 160-162.

116） Ibid., 26.

117） Martin Heidegger, *Gesamtausgabe*, III. Abteilung: Unveröffentlichte Abhandlungen, Vorträge-Gedachtes, Bd. 64, *Der Begriff der Zeit* (Frankfurt am Main: Vittorio Klostermann, 2004), 123.

118） Martin Heidegger, „Wilhelm Dilthey‘s Forschungsarbeit und der gegenwärtige Kampf um eine historische Weltanschauung. 10 Vorträge (Gehalten in Kassel vom 16.IV.-21. IV.1925),“ Nachschrift von Walter Bröcker, herausgegeben von Frithjof Rodi, in *Dilthey-Jahrbuch für Philosophie und Geschichte der Geisteswissenschaften*, Bd. 8 (1992-93) (Göttingen: Vandenhoeck & Ruprecht, 1993), 143-180. マルティン・ハイデガーほか，後藤嘉也訳『ハイデガー カッセル講演』（平凡社，2006年）43–123頁参照。

119） トレルチとハイデガーの間にはわずかな接点しかなかったが，ディルタイを中間に挟むことによって，トレルチの『歴史主義とその諸問題』とハイデガーの『存在と時間』とを，比較対照する興味深い視座が獲得される。実現はしなかったが，1930年の春，空席となっていたトレルチの後任として，ハイデガーがベルリン大学から招聘されたという事実は，このテーマが20世紀哲学史の重要な主題たり得ることを示している。

120） Martin Heidegger, *Sein und Zeit*, 14., durchgesehene Aufl. (Tübingen: Max Niemeyer Verlag, 1977), 20. マルティン・ハイデガー，細谷貞雄訳『存在と時間』上巻（ちくま学芸文庫，2004年），64–65頁。

121） Ibid., 19-20. 邦訳書63頁。

122） Ibid., 381. マルティン・ハイデガー，細谷貞雄訳『存在と時間』下巻（ちくま学芸文庫，2004年），320頁。

123） Ibid., 381. 邦訳書，下巻，319頁。

124） Ibid., 382. 邦訳書，下巻，321頁。

125） 辻村公一『ハイデッガー論攷』（創文社，1971年），202頁（なお，著者がこだわりをもつ旧字体の表記には従わず，ここではすべて新字体の表記に改めて引用してある）。

参考までに，辻村自身の翻訳によると，この箇所は以下のようになる。「併し乍ら，『現有は歴史的に有る』というテーゼは，人間が世界の運転装置の中の多かれ少なかれ重要な『原子』の役を演じているとともに諸々の事情と諸々の出来事との玩弄物であることを免れないというオンティシュな事実を，謂わんとしているだけではなくして，次の如き問題を立てるのである。すなわち，一体如何なる点に於てそしてまた一体如何なるオントローギッシュな諸制約に基づいて，『歴史的』主観の主観性には，歴史性が本質体制として属しているのかと。」ハイデッガー，辻村公一，ハルトムート・ブフナー

訳『有と時』（創文社，1997 年），432 頁。

126） Ibid., 392. 邦訳書，下巻，341 頁。

127） Ibid., 393. 邦訳書，下巻，341 頁。

128） Ibid., 394. 邦訳書，下巻，344 頁。

129） Ibid., 395. 邦訳書，下巻，345–346 頁。

130） Martin Heidegger, *Gesamtausgabe*, II. Abteilung: Vorlesungen 1923-1944, Bd. 20, *Prolegomena zur Geschichte des Zeitbegriffs* (Frankfurt am Main: Vittorio Klostermann, 1979), 2.

131） Ibid., 6.

132） Bambach, *Heidegger, Dilthey, and the Crisis of Historicism*, 246.

133） Heidegger, *Sein und Zeit*, 396. 邦訳書，下巻，347 頁。

134） Ibid., 397. 邦訳書，下巻，349 頁。

135） われわれがブルトマンにおいて見たのは，まさにそのような事態なのである。ハイデガーによって強力に推進された「歴史性」への転轍は，ディルタイの「歴史的生の哲学」ならびにトレルチの「歴史主義」との関係において，今日あらためて再吟味されなければならない。その際，ゲルハルト・バウアーの先行研究が参照されるべきであろう。Cf. Gerhard Bauer, *»Geschichtlichkeit«. Wege und Irrwege eines Begriffs* (Berlin: Walter de Gruyter, 1963).

136） Max Scheler, „Ernst Troeltsch als Soziologe," in *Gesammelte Werke, Bd. 6, Schriften zur Soziologie und Weltanschauungslehre*, mit Zusätzen und kleineren Veröffentlichungen aus der Zeit der Schriften herausgegeben mit einem Anhang von Maria Scheler, 2. durchgesehene Aufl. (Bern und München: Francke Verlag, 1963), 377-390; hier 377.

137） Ibid., 387.

138） Ibid., 390.

139） Max Scheler, *Gesammelte Werke*, Bd. 8, *Die Wissensformen und die Gesellschaft*, mit Zusätzen herausgegeben von Maria Scheler, 2. durchgesehene Aufl. (Bern und München: FranckeVerlag, 1960), 150. マックス・シェーラー，飯島宗享・小倉志祥・吉沢伝三郎訳『知識形態と社会』上巻，（「シェーラー著作集 第 11 巻」白水社，2002 年），223 頁。

140） Scheler, *Gesammelte Werke*, Bd. 8, *Die Wissensformen und die Gesellschaft*, 149. 邦訳書 222 頁。

141） Ibid., 150. 邦訳書 223 頁。

142） Max Scheler, *Gesammelte Werke*, Bd. 5, *Vom Ewigen im Menschen*, herausgegeben von Maria Scheler, 5. Aufl. (Bern und München: FranckeVerlag, 1968), 34. マックス・シェーラー，飯島宗享・小倉志祥・吉沢伝三郎訳『人間における永遠なるもの 上巻』，（「シェーラー著作集 第 6 巻」白水社，2002 年），52–53 頁。

143） Scheler, *Gesammelte Werke*, Bd. 8, *Die Wissensformen und die Gesellschaft*, 150. 『シェーラー著作集』第 11 巻，223 頁。

144） Ibid., 151.「シェーラー著作集 第 11 巻」224 頁。

145） Ibid., 152. 邦訳書 226 頁。

146） Ibid. 同上。

147） Ibid., 152-153. 邦訳書 227–228 頁。なお，この邦訳を見ると，あたかもディルタイが歴史主義について語っているかのような印象を与えるが，原文には引用符は付いていない。つまり，「歴史主義によってこそ形而上学の全認識は相対化されうる」という文章は，ディルタイ自身の発言ではなく，シェーラーによる要約に過ぎない。

148） トレルチは『歴史主義とその諸問題』において，フッサールの現象学の方法を継承しつつ，ジンメルに比肩する優れた業績を上げた思想家として，シェーラーを取り上げている。トレルチはシェーラーを「カトリック的ニーチェ」（GS III, 609）と名づけているが，マンハイムもそれに呼応して，次のように述べている。「実質的な，内容的に規定された公準によってしか，相対主義は克服されないと見抜いたところ」に，現象学派の「積極的な功績」があり，その点で「歴史主義はとりわけ現象学派と共通するものを持っている」。「しかし現象学派は多くの場合，キリスト教的・カトリック的価値評価に訴えることによって，静的な意味での価値実質を探し求め，そのために再び超時代的な見方でこの問題にアプローチすることになり，つまる所，実質的に充たされた諸公準の超時代的な階層秩序《ヒエラルヒー》の樹立をめざす」。そこに現象学派の限界がある，と。シェーラーの名前こそ明言されていないが，この批判は明らかにシェーラーを念頭においてのものである。Karl Mannheim, „Historismus,“ *Archiv für Sozialwissenschaft und Sozialpolitik*, 52. Bd. (1924), 59-60. マンハイム，徳永恂訳『歴史主義』（未来社，1970 年），103 頁。

149） Mannheim, „Historismus,“ , 1. 邦訳書 5 頁。

150） Ibid., 2. 邦訳書 6 頁。

151） Ibid., 3. 邦訳書 8 頁。

152） Ibid., 12. 邦訳書 21 頁。

153） Ibid., 16. 邦訳書 27 頁。

154） Ibid., 12. 邦訳書 21 頁。

155） Ibid., 30. 邦訳書 51 頁。

156） Ibid., 27, 29. 邦訳書 46–47，50 頁。

157） Ibid., 30. 邦訳書 51 頁。

158） Ibid., 22. 邦訳書 39–40 頁。

159） Ibid., 44. 邦訳書 71 頁。

160） Ibid., 44-45. 邦訳書 71–72 頁。

161） Ibid., 50. 邦訳書 87 頁。

162） Ibid., 54. 邦訳書 95 頁。

163） Ibid., 53. 邦訳書 94 頁。

164） Ibid., 55. 邦訳書 97 頁。

165） Ibid., 56. 邦訳書 99 頁。

166） Ibid., 58. 邦訳書 101 頁。

167） Otto Hintze, „Troeltsch und die Probleme des Historismus: Kritische Studien," in *Soziologie und Geschichte. Gesammelte Abhandlungen zur Soziologie, Politik und Theorie der Geschichte*, herausgegeben und eingeleitet von Gerhard Oestreich, 2., erweiterte Aufl. (Göttingen: Vandenhoeck & Ruprecht, 1964), 323.

168） Ibid., 325.

169） Ibid., 323.

170） Ibid., 325.

171） Ibid., 326.

172） Ibid., 326.

173） Ibid., 329.

174） Ibid., 330.

175） Ibid., 331.

176） Ibid., 333.

177） Ibid., 337.

178） Ibid., 343.

179） Ibid., 343.

180） Ibid., 363.

181） Ibid., 365.

182） Ibid., 367.

183） Karl Heussi, *Die Krisis des Historismus* (Tübingen: J. C. B. Mohr [Paul Siebeck], 1932), IV.

184） Ibid., III-IV.

185） Georg G. Iggers, „Historismus − Geschichte und Bedeutung eines Begriffs. Eine kritische Übersicht der neuesten Literatur," in *Historismus am Ende des 20. Jahrhundert. Eine internationale Diskussion*, herausgegeben von Gunter Scholtz (Berlin: Akademie Verlag, 1997), 108.

186） Cf. Annette Wittkau, *Historismus. Zur Geschichte des Begriffs und des Problems*, 2., durchgesehene Aufl. (Göttingen: Vandenhoeck & Ruprecht, 1994), 184.

187） Heussi, *Die Krisis des Historismus*, 6.

188） Ibid., 6.

189） Ibid., 7.

190） Ibid., 12.

191） Ibid., IV.

192） Ibid., 20.

193）『1900年頃のドイツの歴史学』という書物を繙くと，ランプレヒト，シュモラー，ベーロ，マイネッケ，ヒンツェという専門の歴史家と並んで，トレルチも堂々そこに席を占めている。執筆者によれば，「エルンスト・トレルチは専門の歴史家ではない」が，にもかかわらず，歴史家としても一定の権利を要求しうるところに，トレルチの偉

大さがあるという。Notiker Hammerstein, hrsg., *Deutsche Geschichtswissenschaft um 1900* (Stuttgart: Franz Steiner Verlag Wiesbaden, 1988), 131.

194） Ibid.

195） ホイシの議論において，このような曖昧さや不明瞭さが生じているのは，彼が基本的には教会史家であって，彼自身が精通している教会史分野での実践を基礎にして，歴史学全般に関わる議論を展開していることに起因しているように思われる。

196） Ibid., 66.

197） Ibid., 68.

198） Ibid.

199） Ibid., 69.

200） Ibid., 76.

201） Ibid., 70.

202） Ibid., 74.

203） Ibid., 104.

204） 西村貞二『ヴェーバー・トレルチ・マイネッケ――ある知的交流』（中公新書，1988 年）は，三者の知的交流をわかりやすく紹介した好著であるが，『現代ドイツの歴史学』（未来社，1968 年）107-111 頁所収の，同一著者による「トレルチとマイネッケ――ある友情の記録」も，トレルチとマイネッケの関係を知る上で貴重な情報を提供している。

205） Otto Gerhard Oexle, *Geschichtswissenschaft im Zeichen des Historismus* (Göttingen: Vandenhoeck & Ruprecht, 1996), 115. Cf. idem, „Troeltschs Dilemma," *Troeltsch-Studien*, Bd. 11, *Ernst Troeltschs »Historismus«*, herausgegeben von Friedrich Wilhelm Graf (Gütersloh: Gerd Mohn, 2000), 23-64.

206） Friedrich Meineck, „Ernst Troeltsch und das Problem des Historismus," in *Werke*, Bd. 4, *Zur Theorie und Philosophie der Geschichte* (Stuttgart: K. F. Koehler Verlag, 1965), 368.

207） Ibid., 369.

208） Ibid..

209） Ibid., 370.

210） Ibid., 371.

211） Ibid., 372-373（傍点筆者）. マイネッケは後の版ではここに注釈を施し，この点に関しては自分の著書『歴史主義の成立』と比較されたい，と述べている。

212） Friedrich Meinecke, *Werke*, Bd. 3, *Die Entstehung des Historismus* (Stuttgart: K. F. Koehler Verlag, 1965), 1.

213） Meinecke, *Die Entstehung des Historismus*, 2.

214） Ibid.

215） Ibid.

216） Cf. Friedrich Meinecke, „Geschichte und Gegenwart," in *Werke*, Bd. 4, *Zur Theorie und Philosophie der Geschichte* (Stuttgart: K. F. Koehler Verlag, 1965), 98.

217） Friedrich Meinecke, „Zur Entstehungsgeschichte des Historismus und des Schleiermacherschen Individualitätsgedankens,“ in *Werke*, Bd. 4, 342-343.

218） Ibid., 345.

219） Meinecke, *Die Entstehung des Historismus*, 2-3. ここで言われる「一般化的な考察」と「個性化的な考察」の対比が，リッカートの認識論に由来していることは言うまでもない。

220） Ernst Schulin, „Friedrich Meinecke,“ in *Deutsche Historiker I*, herausgegeben von H.-U. Wehler (Göttingen: Vandenhoeck & Ruprecht, 1971), 51; エルンスト・シューリン，豊永泰子訳「フリードリヒ・マイネッケ」，H.-U. ヴェーラー編，ドイツ現代史研究会訳『ドイツの歴史家』第3巻（未来社，1983年），196頁。

221） 「ドイツの運動」と聞けば，われわれはヘルマン・ノールがかつて『ロゴス』誌で展開した有名なテーゼを想起するが，マイネッケがここでそれを念頭に入れていることはほぼ間違いない。Cf. Hermann Nohl, „Die Deutsche Bewegung und die idealistische System,“ *Logos* 2 (1912), 350-359.

222） Ernst Troeltsch, „Der deutsche Idealismus,“ in GS IV, 532.

223） Ibid., 533.

224） Cf. Troeltsch, GS III, 281, 651; KGA 16, 491, 958.

225） Troeltsch, „Die Krisis des Historismus,“ 573; KGA 15, 438.

226） Oexle, *Geschichtswissenschaft im Zeichen des Historismus*, 119.

227） Hintze, „Troeltsch und die Probleme des Historismus,“ 329.

228） Ibid.

229） Troeltsch, GS III, 70; KGA 16, 244. 邦訳書，第4巻，112頁。

230） Ibid., 78; KGA 16, 252. 邦訳書，第4巻，123頁。

231） Ibid., 79; KGA 16, 254. 邦訳書，第4巻，124頁。

232） Ibid.;KGA 16, 254, 邦訳書，第4巻，124頁。

233） Ibid., 696; KGA 16, 1012. 邦訳書，第6巻，337頁。

234） Meinecke, „Ernst Troeltsch und das Problem des Historismus,“ in *Werke*, Bd. 4, 377-378. これに続けて，マイネッケはさらに次のように述べている。「学問は，直接的にではなく，むしろ間接的に生に奉仕しなければならない。そしてそれが，より正確にかつより厳密に自己自身のなかに閉じこもれば閉じこもるほど，それだけ一層効果的に生に役立つという場合もしばしばあるであろう。自明のことながら，純粋な研究者，思想家もまた，彼らが自己自身のなかに衝動を感じ，また時代が彼らに向かってそうすることを要請するならば，生に関与し，かつそれがために自分の学問に生ずべき諸々の危険をすら敢えて恐れはしない。それどころか，このことは，文化活動の利害関係において，むしろ望ましいことでさえあろう。そしてこのような場合には，必ずや学問の要求と全生活の要求との間のアンチノミーが発展せざるを得ないのであるが，しかしこのアンチノミーは論理的に解決されることのできないものなのである。」(Ibid.)

235） C. S. Lewis, „Historicism,“ in *Christian Reflections*, ed. Walter Hooper (Grand Rapids,

Mich.: William B. Eerdmans, 1995), 100-113; here 100. ルイスの「歴史主義」批判はなかなか切れ味が鋭く興味深いが，その定義からも明らかなように，彼は「歴史主義」を歴史の「内的意味」を論ずる歴史哲学，あるいは「メタヒストリカルな意味」(110) を問題とする立場（すなわちメタヒストリー）と同定している。しかし「歴史主義」をトレルチのように規定した場合，はたしてどの程度までルイスの批判が妥当するかは，大いに疑問である。

236） Meinecke, „Ernst Troeltsch und das Problem des Historismus,“ 377-378.

237） ヴォルフガング・J・モムゼン，安世舟・五十嵐一郎他訳『マックス・ヴェーバーとドイツの政治，1890 − 1920』I，II（未来社，1993-94 年），および Karl Löwith, „Max Weber und seine Nachfolger, “ in *Sämtliche Schriften*, Bd. 5 (Stuttgart: J. B. Metzlersche Buchhandlung, 1981), 408-418 参照。この問題に関しては，柳父圀近『エートスとクラトス』（創文社，1992 年）の第 5 章「マックス・ウェーバーの大統領制論」が有益である。

238） トレルチは英国講演のために準備した「政治，愛国心，宗教」のむすびで，「妥協」について次のように語っている。「われわれドイツ人の多くにとっては，妥協といえば，およそ思想家の犯し得るもっとも軽蔑すべきこと，もっとも低俗なること，と考えられています。『あれか，これか』という徹底した非妥協主義が，要求されているのです。そしてこの気持ちは，東の方へ行くほど強くなっています。けれども，そんな人は勝手に問題をひねくりまわしていればよろしいのです。すべて徹底した非妥協主義というものは，不可能なことへ，そしてまた破滅へ，と導いてゆくものなのです。これについては何と言ってもキリスト教の歴史そのものが無限に豊富な教訓を示しております。キリスト教は，これを全体として眺めるとき，神国というユートピアと，尽きることなき現実生活との，大規模な，そのつど新たな形で行なわれた妥協であります。そして福音書自体は，鋭い本能をもって，やがてこの世の終末が来ることを念頭に置いて説いておったのです。しかもそれだけではありません。畢竟するに，いっさいの生命そのものが，まったくの動物的な生命も，肉体と精神とを持つ生命も，これを形成し統合するもろもろの力の不断の不安定なる妥協であるのです。まず生命とそれの妥協とがあって，そのなかから，宗教的なまごころや宗教的な結合の，至高の境地が形成されてくるのであり，しかる後この宗教的な境地は，彼岸を指し示すのでありまして，その彼岸においてのみ，それは完全に自由を得るのであります。単に生存のための闘争，政治的・社会的な自己主張のための闘争のみならず，何よりもまず自然的生命と精神的生命との闘争――これが人間というものの運命なのです。その精神的生命とは，自然的生命のなかから現われ出て来て，自然的生命に反抗しつつも，あくまで自然的生命に拘束される状態を免れることが出来ないものなのであります。もし全歴史の本質が妥協であるとすれば，思想家もその妥協を免れることは出来ないでしょう。そしてこの世のいっさいのものに妥協の性質があるということが，格別に重苦しくわれわれの魂を圧迫するようなときにも，思想家は自ら妥協の信者たることを告白せねばならないでしょう。」（Troeltsch, *Der Historismus und seine Überwindung*, 104-105; KGA 17, 132, cf. 202-203. 邦訳書 168–

169 頁)。

第８章　ニーバー兄弟と《エルンスト・トレルチの影》

1） Van A. Harvey, *The Historian and the Believer: The Morality of Historical Knowledge and Christian Belief* (Philadelphia: Westminster Press, 1966), 3.

2） Ibid.

3） Ernst Troeltsch, GS III, 102; KGA 16, 281.

4） Ernst Troeltsch, „Ueber historische und dogmatische Methode in der Theologie," in GS II, 729.

5） Ernst Troeltsch, *Der Historismus und seine Überwindung. Fünf Vorträge*, eingeleitet von Friedrich von Hügel (Berlin: Pan Verlag Rolf Heise, 1924), 62; KGA 17, 105.

6） Karl Barth, *Die Theologie und die Kirche. Gesammelte Vorträge*, 2. Band (Zürich: Evangelischer Verlag, 1928), 8.

7） Hermann Diem, *Theologie als kirchliche Wissenschaft*, Bd. 2, *Dogmatik: Ihr Weg zwischen Historismus und Existentialismus* (München: Chr. Kaiser Verlag, 1955), 13.

8） Richard R. Niebuhr, *Schleiermacher on Christ and Religion: A New Introduction* (New York: Charles Scribner's Sons, 1964), 11.

9） James Luther Adams, Foreword to *Crisis in Consciousness: The Thought of Ernst Troeltsch*, by Robert J. Rubanowice (Tallahassee: University Press of Florida, 1982), ix.

10） ニーバーは 1957 年 4 月 1 日のインタビューで,「両親はドイツ語を話していたので, 子供の頃は家ではドイツ語, 小学校では英語を話した。しかしそのうちにドイツ語はすっかり忘れてしまい, 大学で勉強しなおした」と語っている。ラインホールド・ニーバー, オーテス・ケーリ訳『自我と歴史の対話』未来社, 1964 年, 311-312 頁。

11） これはリチャードの教え子で長年の同僚でもあったリストン・ポープが伝えている逸話であるが, その際に両親や他の兄姉がどういう楽器を演奏したのか, 詳しいことはわからない。Liston Pope, "H. Richard Niebuhr: A Personal Appreciation," *Faith and Ethics: The Theology of H. Richard Niebuhr*, ed. Paul Ramsey (New York: Harper & Row, 1957; reprint, Gloucester, Mass.: Peter Smith, 1977), 4-5.

12） フルダは遠回りし苦学の末, 遅蒔きながらシカゴのマコーミック神学校の教授になった。著書には, *Ventures in Dramatics with Boys and Girls of the Church School* (New York: Charles Scribner's Sons, 1935), *Greatness Passing By: Stories to Tell to Boys and Girls* (New York: Charles Scribner's Sons, 1947), *The One Story* (Philadelphia: Westminster Press, 1949) がある。彼女の生涯と思想については, Elizabeth F. Caldwell, *A Mysterious Mantle: The Biography of Hulda Niebuhr* (New York: Pilgrim Press, 1992) が詳しい。

13） かつての恩師であったロバート・C・スタンジャーによるラインホールド評。Charles C. Brown, *Niebuhr and His Age: Reinhold Niebuhr's Prophetic Role in the Twentieth Century* (Philadelphia: Trinity Press International, 1992), 14.

14） Richard Fox, *A Biography of Reinhold Niebuhr* (New York: Pantheon Books, 1985), 11.

15） Cf. Reinhold Niebuhr, “Intellectual Autobiography,” in *Reinhold Niebuhr: His Religious, Social, and Political Thought*, ed. Charles W. Kegley, 2d ed., rev. and enl. (New York: Pilgrim Press, 1984), 4.

16） Cf. Reinhold Niebuhr, “On Academic Vagabondage,” first published in *Keryx* in 1924; reprinted in *Young Reinhold Niebuhr: His Early Writings*, ed. William G. Chrystal (New York: Pilgrim Press, 1977), 145-150.

17） ハンス・ホーフマンは「ニーバーの神学の積み荷全体は，彼が第一次世界大戦中および大戦後のデトロイトで，若き牧師として遭遇した社会問題の深さに対する彼の驚きから成長した」と述べているし（Hans Hofmann, *The Theology of Reinhold Niebuhr* [New York: Charles Scribner’s Sons, 1956], 3），N・A・スコット Jr. は「彼の人生の最初の偉大な形成的経験はデトロイトにおける数年間（1915-1928 年）に起こった」（Nathan A. Scott, Jr., *Reinhold Niebuhr* [Minneapolis: University of Minnesota Press, 1963], 9）と記している。

18） Reinhold Niebuhr, “Ten Years That Shook My World,” in *The Christian Century* LVI (April 26, 1939), 545.

19） Reinhold Niebuhr, *Does Civilization Need Religion?: A Study of the Social Resources and Limitations of Religion in Modern Life* (New York: Macmillan, 1927); Reinhold Niebuhr, *Leaves from the Notebook of a Tamed Cynic* (New York: Willett, Clark, and Company, 1929). 邦訳はそれぞれ，栗原基訳『近代文明と基督教』（イデア書院，1928 年）と古屋安雄訳『教会と社会の間で――牧会ノート』（新教出版社，1971 年）。

20） Ronald H. Stone, *Professor Reinhold Niebuhr: A Mentor to the Twentieth Century* (Louisville, Ky.: Westminster/ John Knox Press, 1992), 41, 48; Brown, *Niebuhr and His Age*, 32, 43.

21） Niebuhr, *Does Civilization Need Religion?*, 110n5, 235.

22） Reinhold Niebuhr, “Ex Libris,” in *The Christian Century* LXXIX (May 9, 1962), 601. ちなみに，彼が挙げている 5 冊の書物を順に記すと，トレルチ『キリスト教会と諸集団の社会教説』，アウグスティヌス『神の国』，ウィリアム・テンプル『自然，人間，そして神』，H・リチャード・ニーバー『アメリカにおける神の国』，カール・バルト『ローマ書講解』となっている。ついでながら，リチャードもトレルチのこの書を最も影響を受けた 10 冊の書物の一つに挙げている。H. Richard Niebuhr, “Ex Libris,” in *The Christian Century* LXXIX (June 13, 1962), 754.

23） Cf. Robert T. Handy, *A History of Union Theological Seminary in New York* (New York: Columbia University Press, 1987), 174-175; Fox, *A Biography of Reinhold Niebuhr*, 105, 117-118.

24） Fox, *A Biography of Reinhold Niebuhr*, 136.

25） H. Richard Niebuhr, “Ernst Troeltsch’s Philosophy of Religion,” (Ph.D. diss., Yale University, 1924); available on University Microfilms, Ann Arbor, Mich..

26） Cf. Martin E. Marty, Introduction to the Wesleyan Edition of *The Kingdom of God in*

America, by H. Richard Niebuhr (Middletown, Conn.: Wesleyan University Press, 1988), xii.

27） Brown, *Niebuhr and His Age*, 160.

28） Fox, *A Biography of Reinhold Niebuhr*, 122.

29） Cf. *Remembering Reinhold Niebuhr: Letters of Reinhold & Ursula M. Niebuhr*, ed. Ursula M. Niebuhr (San Francisco: Harper San Francisco, 1991), 415.

30） Fox, *A Biography of Reinhold Niebuhr*, 118, 122.

31） H. Richard Niebuhr to Reinhold Niebuhr of February 14, 1930; quoted in A *Biography of Reinhold Niebuhr* by Fox, 122.

32） *Remembering Reinhold Niebuhr*, 415.

33） Hans Morgenthau, “The Influence of Reinhold Niebuhr in American Political Life and Thought,” in *Reinhold Niebuhr: A Prophetic Voice in our Time, Essays in Tribute by Paul Tillich, John C. Bennett and Hans Morgenthau*, ed. Harold R. Landon (Cambridge: Seabury Press, 1962), 97-116; モーゲンソーのこのニーバー評の邦訳は，大木英夫『終末論的考察』（中央公論社，1970 年）の巻末に付録として収録されている。

34） Cf. Arthur Schlesinger, Jr., “Reinhold Niebuhr’s Role in American Political Thought and Life,” in *Reinhold Niebuhr: His Religious, Social, and Political Thought*, 190-222.

35） こうした事情を考慮すると，「また，これは多少，衝撃的な事実であるが，ライニーは，弟リチャードの亡くなったとき，イェール大学のチャペルでの葬儀に出席しなかった。それは，ライニーの娘エリザベスの結婚式の当日であったのであるが，娘の『延期しましょうか』という提案を押さえて，その日に結婚式をし，それがあるという理由でイェールに行かず，関係者を驚かせたのである」という東方敬信の叙述は，事実を正確に伝えたものとは言い難い。東方敬信「二人のニーバー」，キリスト教文化学会編『キリスト教と欧米文化』（ヨルダン社，1997 年），217 頁参照。

36） Reinhold Niebuhr to Scarlett, n.d. [1962], July, quoted in Fox, *A Biography of Reinhold Niebuhr*, 280.

37） H. Richard Niebuhr, *The Social Sources of Denominationalism* (New York: Henry Holt and Company, 1929).

38） Marty, Introduction to the Wesleyan Edition of *The Kingdom of God in America*, vii.

39） H. Richard Niebuhr, *The Kingdom of God in America*, xvi.

40） Ibid., xii.

41） リチャードによれば，「『神の主権性』という古い神学的語句は，わたしにとって根本的であるところのものを示している」。H. Richard Niebuhr, “Reformation: Continuing Imperative,” in *Christian Century* LXXVII (March 2, 1960), 248. なお，リチャード・ニーバーの思想全体を「神の主権性」という視点から解釈したものに，グレン・H・スタッセンのすぐれた博士論文がある。Glen Harold Stassen, “The Sovereignty of God in the Theological Ethics of H. Richard Niebuhr” (Ph.D. diss., Duke University, 1967).

42） H. Richard Niebuhr, *The Meaning of Revelation* (New York: Macmillan Publishing Co., 1941; Macmillan, 1974), xi.

43) Ibid., 31.
44) Ibid., 29.
45) Ibid.
46) Ibid.
47) H. Richard Niebuhr, *Christ and Culture* (New York: Harper & Brothers, 1951), xii.
48) Niebuhr, *The Meaning of Revelation*, 67.
49) Cf. Ibid., 44.
50) Niebuhr, *The Meaning of Revelation*, 54.
51) Ibid., 56.
52) Ibid., 68.
53) Ibid., 69.
54) Ibid., 81.
55) Ibid., 83.
56) Ibid., 84-85.
57) Ibid., 84.
58) Ibid., 86.
59) Ibid.
60) 一般的にいえば，レッシングは「偶然的な歴史の真理は必然的な理性の真理の証明とはなり得ない」という，あの有名な命題を提示した人物として知られているので，筆者のこの主張は読者には意外に思われるかもしれない。しかし炯眼にも，あのバルトもレッシングが「厭わしい広い濠」を跳び越える術を知っていることに気づいている（Cf. Barth, *Die protestantische Theologie im 19. Jahrhundert*, 224-226）。

少し説明しておけば，リチャードの「内的歴史」の主張に含意されているのは，実施された治療や手術の成果を実感するのは，それを内的に経験する側の患者だということであるが，同様の考え方は，レッシングによってすでに断片論争の初っ端に明確に示されている。レッシング曰く，

> ……この人［＝「無名氏」ことライマールス］の仮説，説明，証明は，キリスト者に何の関わりがあろうか？　キリスト者にとっては，キリスト教は何といっても現に存在しており，彼はそれをかくも真実であると感じ，そこにおいて彼はかくも幸いであると感ずる。もし卒中で麻痺をおこしている者が，電気火花の有益な衝撃を経験するなら，ノレとフランクリンのいずれが正しかろうと，あるいは二人とも間違っていようと，何の構うところがあろうか？（LM 12, 428; G 7, 457-458 (Gegensätze des Herausgebers)）

すなわち，電気治療の有効性は誰よりもそれに身を委ねる卒中患者によってはじめて実証されるものである。卒中患者が「電気火花の有益な衝撃」を経験するときには，誰が電気を発見したかとか，誰の学説が正しいかということは，少なくともその患者にとっては全く問題にならない。なぜなら，それによって癒された，あるいは癒されつつあるという体感的事実が問題だからである。同様に，レッシングにとって，宗教の「内

的真理」（die innere Wahrheit）は，それに内的に参与することによってのみ認識され得るものであり，客観的知識や理論として対象化されることはできないものである。詳細は拙著『レッシングとドイツ啓蒙』（創文社，1998 年）を参照のこと。

61） Niebuhr, *Christ and Culture*, ix-x.

62） H. Richard Niebuhr, "Reformation: Continuing Imperative," in *How My Mind Has Changed*, ed., with an introduction by Harold E. Fey (New York: World Publishing Company, 1960), 74-75.

63） この視点からなされた最良の研究書は，外国語の研究書も含めて，高橋義文『ラインホールド・ニーバーの歴史神学』（聖学院大学出版会，1993 年）であろう。

64） フォックスは，ラインホールドの出世作の表題「道徳的人間と非道徳的社会」（Moral Man and Immoral Society）は，トレルチから取られたものであると述べているが（Cf. Fox, *A Biography of Reinhold Niebuhr*, 134），筆者は正確な典拠を寡聞にして知らない。しかし遺稿となった英国講演の一つ「倫理学と歴史哲学」のなかには，実質的にそれを支持するような，個人的道徳と集団的倫理との相違に関する鋭い分析が見られないこともない。Cf. Troeltsch, „Ethik und Geschichtsphilosophie," in *Der Historismus und seine Überwindung*, 12-13.

65） Reinhold Niebuhr, *Beyond Tragedy: Essays on the Christian Interpretation of History* (New York: Charles Scribner's Sons, 1937). 哲学者のリヒャルト・クローナーはこの書によって一種の思想的回心を経験したという。W. アスムス『ナチ弾圧下の哲学者——リヒャルト・クローナーの軌跡』（島田四郎・福井一光訳，玉川大学出版部，1992 年），148 頁参照。

66） Reinhold Niebuhr, „The Truth in Myths," in *Faith and Politics* (New York: George Braziller, 1968), 16-17.

67） Ibid., 25.

68） Ibid., 30.

69） Ibid., 31.

70） Reinhold Niebuhr, *The Nature and Destiny of Man*, vol. II (New York: Charles Scribner's Sons, 1943), 50.

71） Niebuhr, *Beyond Tragedy*, ix.

72） Ibid., 3.

73） ラインホールドがリンカーンについて語ったエッセーは，両者の類似性ないし同質性を窺わせるもので，その意味できわめて興味深い。ラインホールドによれば，「ヘブライの預言者たちが有意味なる歴史の観念を最初に考えたのであるが，リンカーンの信仰はヘブライの預言者たちのそれと同一である。」「あらゆる西洋文化の霊性の中心に存在するパラドクスに厳然として従ったのは，リンカーンの偉業であった。」「しかし理想主義者たちに対するリンカーンの道徳的優越性は，政治家としての彼の良心的なところや力量によっていたのではない。それは歴史のドラマの意味を感知する彼の宗教的センスの深さと重さ，そして行為者たる人間がそれによって当該の意味を台無しにしてし

まうところの，意味の定義にあたっての自己利害の汚染という問題に対して，彼が徹底的に敏感だったことによっていた。最後に，それはこの敏感さから自然にもたらされた雅量の大きさによっていた。」Reinhold Niebuhr, “The Religion of Abraham Lincoln,” in *Lincoln and the Gettysburg Address*, edited by Allan Nevins (Urbana, Ill.: University of Illinois Press, 1964), 75, 77, 86.

74）ちなみに，ドロイゼンには「歴史の神学」（Theologie der Geschichte）と題された短い論文がある。これは『ヘレニズムの歴史』第2巻の序文として書かれたもので，もちろんヘーゲルの『歴史哲学講義』，ランケの『世界史概観』，ブルクハルトの『世界史的考察』，ギゾーの『ヨーロッパ文明史』などとは比べものにならないが，しかしこの時代に歴史家が「歴史の神学」について明示的に語っていることは興味深い。

75）もちろんわれわれはここで，イーデン神学校時代の恩師サミュエル・D・プレスが，旧約聖書の釈義を通して，ラインホールドに及ぼした思想的感化も無視できないであろう。

76）メイはこの書が「流行はずれの書物」（an unfashionable book ）となった1960年代後半に，あえて筆を執って書評を書いている。Cf. Henry F. May, “A Meditation on an Unfashionable Book,” in *Ideas, Faiths & Feelings: Essays on American Intellectual & Religious History 1952-1982* (New York and Oxford: Oxford University Press, 1983), 220-225.

77）See David R. Davies, *Reinhold Niebuhr, Prophet from America* (New York: Macmillan, 1948); Ronald H. Stone, *Reinhold Niebuhr, Prophet to Politicians* (Nashville and New York: Abingdon Press, 1972); Harold R. Landon, ed. *Reinhold Niebuhr: A Prophetic Voice in Our Time* (New York: Seabury Press, 1962); F. Ernest Dibble, *Young Prophet Niebuhr, Reinhold Niebuhr's Early Search for Social Justice* (Washington D. C.: University Press of America, 1979).

78）オーテス・ケーリ訳『アメリカ史の皮肉』（社会思想研究会出版部，1954年）2–3頁の「日本語へのまえがき」より。

79）Reinhold Niebuhr, *The Irony of American History* (New York: Charles Scribner’s Sons, 1952), vii-viii.

80）Ibid., 4-5.

81）Richard Reinitz, *Irony and Consciousness: American Historiography and Reinhold Niebuhr's Vision* (Lewisburg: Bucknell University Press, 1980), 108.

82）Ibid., 109.

83）Ibid., 69.

84）Reinhold Niebuhr, *The Self and the Dramas of History* (New York: Charles Scribner’s Sons, 1955), 58.

85）Robert L. Calhoun, review of *The Nature and Destiny of Man*, vol. II: *Human Destiny*, by Reinhold Niebuhr, *The Journal of Religion* Vol. 24, No. 1 (1944): 59.

86）Cf. Thomas Ray McFaul, “A Comparison of the Ethics of H. Richard Niebuhr and

Reinhold Niebuhr" (Ph.D. diss., Boston University, 1972), v.

87）H. Richard Niebuhr, "The Grace of Doing Nothing," in *The Christian Century* XLIX (March 23, 1932), 378-380; Reinhold Niebuhr, "Must We Do Nothing?," in *The Christian Century* XLIX (March 30, 1932), 415-417; H. Richard Niebuhr, "The Only Way into the Kingdom of God," in *The Christian Century* XLIX (April 6, 1932), 447. 三論文とも現在では *The Christian Century Reader* (Freeport, N. Y.: Books for Libraries Press, 1972), 216-231 に再録されている。

88）この論争に関しては，John D. Barbour, "Niebuhr Versus Niebuhr: The Tragic Nature of History," in *The Christian Century* (November 21, 1984), 1096-1099 と東方敬信「歴史と霊性――ニーバー兄弟の論争をめぐって」『日本の神学』第 24 号（1985 年），18-34 頁を参照したが，とくに後者はニーバー兄弟の相違の中核に迫る秀逸な論文である。

89）H. Richard Niebuhr, "Reinhold Niebuhr's Interpretation of History," in *Theology, History, and Culture*, 91-101.

90）Ibid., 91.

91）Ibid., 97.

92）H. Richard Niebuhr, *Radical Monotheism and Western Culture*, with supplementary essays (New York: Harper & Row, 1960), 37.

93）Reinhold Niebuhr, *Faith and History* (New York: Charles Scribner's Sons, 1949), 129, 131, 132.

94）H. Richard Niebuhr, "Reinhold Niebuhr's Interpretation of History," 100.

95）Niebuhr, *Christ and Culture*, 15, 17.

96）Ibid., 183.

97）H. Richard Niebuhr to Reinhold Niebuhr, n.d. [Fall, 1932], quoted in Fox, *A Biography of Reinhold Niebuhr*, 145.

98）Ibid., 146; cf., 134.

99）Richard Wightman Fox, "The Niebuhr Brothers and the Liberal Protestant Heritage," in *Religion & Twentieth-Century American Intellectual Life*, ed. Michael J. Lacey (Cambridge: Cambridge University Press, 1991), 104.

100）Glen H. Stassen, D. M. Yeager, and John Howard Yoder, *Authentic Transformation: A New Vision of Christ and Culture* (Nashville: Abingdon Press, 1996).

101）Cf. Hans F. Frei, "The Theology of H. Richard Niebuhr," in *Faith and Ethics*, 65; John D. Godsey, *The Promise of H. Richard Niebuhr* (Philadelphia: J. B. Lippincott Company, 1970), 62-63; Lonnie Kliever, *H. Richard Niebuhr* (Waco, Tex.: Word Books, 1977), 58.

102）William Stacy Johnson, introduction to *Theology, History, and Culture*, xxvi.

103）Niebuhr, "Reinhold Niebuhr's Interpretation of History," 97.

104）Ibid., 99.

105）Niebuhr, *The Kingdom of God in America*, 88.

106）ラインホールドは，普遍史に関する最初の明示的な説明をアモス書 9 章 7 節の審

判の言葉のなかに見出しているが，そのことが暗示しているように，イスラエルの最初の偉大な記述預言者アモスは，ラインホールドが最も愛好する預言者であった。Cf. Niebuhr, *The Nature and Destiny of Man*, vol. II, 23; *Faith and History*, 107 n.2.

なお，リチャードのジョナサン・エドワーズに対する言及としては，Niebuhr, *The Kingdom of God in America*, 101, 103, 106, 113-114, 116, 136-139; “The Anachronism of Jonathan Edwards,” in *Theology, History, and Culture*, 123-133.

107） これについては，近藤勝彦『トレルチ研究』上・下巻（教文館，1996年）参照。

108） Cf. Elisabeth Sifton, *The Serenity Prayer: Faith and Politics in Times of Peace and War* (New York & London: W. W. Norton & Company, 2003).

109） 「変える勇気」（courage to change）がラインホールドにとって本質的意義を有していたことは，J・ビンガムがこれをラインホールドの伝記の表題に選んだことからもよくわかる。June Bingham, *Courage to Change* (New York: Charles Scribner’s Sons, 1961).

110） Niebuhr, *Does Civilization Need Religion*?, 165.

111） Niebuhr, *The Social Sources of Denominationalism*, 264, 265, 280, 281, 284.

112） Ernst Troeltsch, GS I, *Die Soziallehren der christlichen Kirchen und Gruppen* (Tübingen: J. C. B. Mohr[Paul Siebeck], 1912), 979.

113） Niebuhr, “Reflections on the Christian Theory of History,” in *Theology, History, and Culture*, 90（傍点筆者）.

114） Morgenthau, “The Influence of Reinhold Niebuhr in American Political Life and Thought,” 109; 大木英夫『終末論的考察』（中央公論社，1970年），216頁。

115） Marty, Introduction to the Wesleyan Edition of *The Kingdom of God in America*, xii.

116） Ibid., xiii.

117） Friedrich Meinecke, *Werke*, Bd. 4, *Zur Theorie und Philosophie der Geschichte* (Stuttgart: K. F. Koehler Verlag, 1965), 98.

118） 本書第7章四（3）を参照されたい。

119） Troeltsch, „Geschichte und Metaphysik,“ 69.

120） GS III, 175.

121） GS III, 184.

122） Ernst Troeltsch, *Glaubenslehre*. Nach Heidelberger Vorlesungen aus den Jahren 1911 und 1912 herausgegeben von Gertrud von le Fort, mit einem Vorwort von Marta Troeltsch (München und Leipzig: Duncker & Humblot, 1925), 139 (§12.2); E・トレルチ，拙訳『信仰論』（教文館，1997年），153頁。

123） GS II, 764. ちなみに，近藤勝彦はトレルチの「エネルギッシュな有神論」を「緊張に富んだ動的二元論」と言い換えているが（『トレルチ著作集』第5巻の「解説あとがき」参照），『信仰論』における神論には，次のような注目すべきくだりが見出せる。「意志と本質としての神」という二重性は「キリスト教的神概念における内的緊張」を構成しているが，しかしこの緊張は，最終的には，「神的生命の内部における緊張」にまで遡るものである（*Glaubenslehre*, 167 (§12.4); 邦訳書181頁）。実に，「神は最高の

実在性である。そのようなものとして，神はまたあらゆる緊張を自らのうちに担っている。これらの緊張はまさにそこにあるのである！」(*Glaubenslehre*, 167-168 (§ 12.4); 邦訳書 182 頁)。トレルチは『信仰論』において，このような「神概念の内部における内的緊張」を，さらに「神の自己多重化と自己豊富化」(die Selbstvervielfältigung und Selbstbereicherung Gottes) という根源的事態にまで遡って考察しているが，残念ながら彼の神概念は，宗教哲学や歴史哲学のなかでは暗示の域にとどまっている。トレルチの宗教哲学や歴史哲学が画竜点睛を欠くのはこのためである。

終章　《ベルリン精神》と思想史研究

1） Eduard Spranger, *Berliner Geist* (Tübingen: Rainer Wunderlich Verlag, 1966).

2） Volker Gerhard, Reinhard Mehring, und Jana Rindert, hrsg., *Berliner Geist. Eine Geschichte der Berliner Universitätsphilosophie* (Berlin: Akademie Verlag, 1999).

3） トレルチよりも 3 歳年長のマイネッケ（Friedrich Meinecke, 1862-1954）は，ドロイゼンの最晩年の学生として，1882/83 年の冬学期に彼の「史学論」講義を受講しており，その受講ノートも保存されている。Cf. Friedrich Meinecke, *Werke*, Bd. 7, *Zur Geschichte der Geschichtsschreibung*, herausgegeben und eingeleitet von Eberhard Kessel (München: R. Oldenbourg, 1968), 168-172; Horst Walter Blanke, „Johann Gustav Droysens Historik. Ein Etappenpunkt in der Geschichte der geschichtswissenschaftlichen Selbstreflexion," in *Historie und Historik. 200 Jahre Johann Gustav Droysen*, herausgegeben von Horst Walter Blanke (Köln, Weimar, und Wien: Böhlau Verlag, 2009), 36.

4） ジンメルは 1885 年から 1900 年まで私講師（Privatdozent），その後 1900 年から 1914 年まで員外教授（Exraordinarius）としてベルリン大学にいたが，ディルタイとの関係がよくなかったこと，またユダヤ人であることが災いして，ベルリン大学ではついに正教授になることはなかった。そして皮肉なことに，トレルチがベルリンに着任するのと相前後して，シュトラースブルク（現在はフランスのストラスブール）大学に正教授として転出した。Cf. Ilka Thom und Kirsten Weining, hrsg., *Mittendrin. Eine Universität macht Geschichte*. Eine Ausstellung anlässlich des 200-jährigen Jubiläums der Humboldt-Universität zu Berlin (Berlin: Akademie Verlag, 2010), 128.

5） Horst Renz, „Troeltschs Theologiestudium," in *Troeltsch-Studien. Untersuchungen zur Biographie und Werkgeschichte*, herausgegeben von Horst Renz und Friedrich Wilhelm Graf (Gütersloh: Gerd Mohn, 1982), 51.

6） Ernst Troeltsch, „Meine Bücher," in *Die Deutsche Philosophie der Gegenwart in Selbstdarstellungen*, herausgegeben von Raymund Schmidt, Bd. 2 (Leipzig: Verlag von Felix Meiner, 1921), 161.

7） Troeltsch, GS II, 754.

8） ヘルゲ・ジーマースによれば，1897 年以前のトレルチはディルタイにほとんど言及していないし，1897 年から 1900 年の間も，若きトレルチに対するディルタイの影響はあまり大きなものではない。結局，「ディルタイはトレルチの先生ではなかった」

（*Dilthey war nicht der Lehrer Troeltschs*）というのが，ジーマースの結論であるが，それではなぜトレルチがディルタイを「わが師」と呼んだのであろうか。いずれにしても，トレルチとディルタイとの関係については，両者の間にどの程度の文通や交流があったのかを調べない限り，現段階では確定的なことは言えないであろう。Helge Siemers, „»Mein Lehrer Dilthey«? Über den Einfluß Diltheys auf den jungen Troeltsch,“ in *Troeltsch-Studien. Untersuchungen zur Biographie und Werkgeschichte*, herausgegeben von Horst Renz und Friedrich Wilhelm Graf (Gütersloh: Gerd Mohn, 1982), 203-234.

9） Wilhelm Dilthey, *Gesammelte Schriften*, Bd. 5, *Die geistige Welt. Einleitung in die Philosophie des Lebens. Erste Hälfte, Abhandlungen zur Grundlegung der Geisteswissenschaften*, 2. unveränderte Aufl. (Stuttgart: B. G. Teubner Verlagsgesellschaft; Göttingen: Vandenhoeck & Ruprecht, 1957), 9.

10） Ludwig Marcuse, *Mein zwanzigstes Jahrhundert. Auf dem Weg zu einer Autobiographie* (Zürich: Diogenes, 1975), 49.

11） 第5章の注74でも述べたように，ディルタイの問題意識を批判的に継承発展させる方向としては，トレルチが採ったのとは全く異なる，ハイデガーのような行き方がある。20世紀の哲学史・思想史を瞥見すれば，トレルチ的な歴史主義の方向は1930年代に中断され，ハイデガーとそれを継承するガダマーの方向が支配的となってきたことがわかる。だが重要な問いは，果たしてハイデガー＝ガダマー的な解釈学的哲学がトレルチ的な問題を解決したかということである。そこにわれわれがディルタイからトレルチへという方向線を再検証する意義があるが，この課題を十全な仕方で果たすためには，ディルタイを中間に挟んだトレルチとハイデガーの比較対象が不可欠であろう。

12） シュライアーマッハーが書記を務めていたベルリンアカデミーは，1818年に「哲学部門」（die philosophische Klasse）の廃止を決議したが，しかしこの事実をヘーゲルの入会を阻止するためにシュライアーマッハーがたくらんだ謀略と曲解してはならない。「哲学部門」の廃止案は，ヘーゲル着任以前に進んでいた話だからである。それにもかかわらず，シュライアーマッハーがその後もヘーゲルを遠ざけようとしたこともまた否定できない事実である。Cf. Kurt Nowak, *Schleiermacher. Leben, Werk und Wirkung*, 2. Aufl. (Göttingen: Vandenhoeck & Ruprecht, 2002), 434.

13） Adolf von Harnack, *Geschichte der Königlich Preussischen Akademie der Wissenschaften zu Berlin*, Bd. I/2, *Vom Tode Friedrich's des Großen bis zur Gegenwart* (Nachdruck, Hildesheim & New York: Georg Olms Verlag, 1970), 734-735.

14） シュライアーマッハーとヘーゲルの確執については，最近ではRichard Crouter, *Friedrich Schleiermacher. Between Enlightenment and Romanticism* (Cambridge: Cambridge University Press, 2005), 70-97が最も詳しく正確な分析を行なっている。Cf. Terry Pinkard, *Hegel. A Biography* (Cambridge: Cambridge University Press, 2000), 445-447, 501, 536-540. さらに，K・ローゼンクランツ，中埜肇訳『ヘーゲル伝』みすず書房，1983年，282‒284頁にも，二人の関係について貴重な報告が含まれている。

蛇足ながら，シュライアーマッハーの墓はDreifaltigkeitskirchhof II (Berkin-Kreuzberg,

Bergmannsstrasse; Platz B-OA-118) にあり，一方ヘーゲルの墓は Dorotheenstädtischer Friedhof (126 Chausseestrasse; Platz 79) にある。同じベルリン市内とはいえ，互いに随分離れており，死してなお溝は埋まらず，との感慨を抱かざるを得ない。ちなみに，ベークの墓はヘーゲルと同じ Dorotheenstädtischer Friedhof (Platz 119) に位置しているし，フィヒテの墓はヘーゲルの隣（Platz 78）である。Cf. Alfred Etzold, *Der Dorotheenstädtischer Friedhof. Die Begräbnisstätten and der Berliner Chausseestraße*, mit Fotos von Wolfgang Türk (Berlin: Ch. Links Verlag, 2002).

15） Cf. Max Hoffmann, *August Böckh. Lebensbeschreibung und Auswahl aus seinem wissenschaftlichen Briefwechsel* (Leipzig: Druck und Verlag von B.G. Teubner, 1901), 76, 170, 224, 226, 309, 425.

16） Christiane Hackel, hrsg., *Johann Gustav Droysen 1808-1884* (Berlin: G + H Verlag, 2008), 21.

17） Cf. Droysen an Ludwig Moser, Berlin, 10.-29. November, 1831, in *Johann Gustav Droysen Briefwechsel*, herausgegeben von Rudolf Hübner, *Erster Band 1829-1852* (Nachdruck der Ausgabe 1929, Osnabrück: Biblio-Verlag, 1967), 44.

18） Cf. V. Gerhard, R. Mehring, und J. Rindert, hrsg., *Berliner Geist*, 122. ベークとディルタイの間にどのような交流があったかはわからないが，ディルタイの父親のマクシミリアン（Maximilian Dilthey, 1804-1867）とベークとは知己の間柄であり，ナッサウの宮廷牧師をしていた彼は，神学徒であったヴィルヘルムの天分と哲学への熱い関心を知って，息子の将来をベークに委ねた経緯があった。Cf. Thomas Kornbichler, „Wilhelm Dilthey," in *Berlinische Lebensbilder Geisteswissenschaftler*, herausgegeben von Michael Erbe (Berlin: Colloquium Verlag, 1989), 198.

19） Cf. Wilhelm Dilthey, „Das Hermeneutische System Schleiermachers in der Auseinandersetzung mit der älteren protestantischen Hermeneutik," in *Gesammelte Schriften*, Bd. 14/2, *Leben Schleiermachers. Zweiter Band: Schleiermachers System als Philosophie und Theologie*, aus dem Nachlaß von Wilhelm Dilthey mit einer Einleitung herausgegeben von Martin Redeker (Göttingen: Vandenhoeck & Ruprecht, 1966), 595-787.

20） Wilhelm Dilthey, *Gesammelte Schriften*, Bd. 4, *Die Jugendgeschichte Hegels und andere Abhandlungen zur Geschichte des deutschen Idealismus*, 2., unveränderte Aufl. (Stuttgart: B.G. Teubner Verlagsgesellschaft; Göttingen: Vandenhoeck & Ruprecht, 1959).

21） 第 5 章の注 33 で述べたように，ドロイゼンとディルタイの間に直接的な人格的交流があったことは間違いないが，その詳細については未だ明らかになっていない。しかしドロイゼン＝ディルタイ的な解釈学理論の重要性に鑑みれば，両者の間に一体どのような人間関係が成立していたかについて，今後掘り下げた研究がなされるべきであろう。他方，ベークとの関係も興味深いが，学生時代の日常的接触は別として，後年はそれほど親密ではなかったように思われる。少なくともルードルフ・ヒューブナーが編集したドロイゼンの書簡集――*Johann Gustav Droysen Briefwechsel*――には，ベークとのやりとりは見出せない。それのみならず，ベークは 1841 年 7 月 14 日付けのＦ・Ｇ・

ヴェルカー宛の書簡において，ドロイゼンの慎重さに欠ける仕事ぶりに多少の苦言を呈している。Cf. Hoffmann, *August Böckh,* 189.

22） Adolf von Harnack, „Rede am Sarge Ernst Troeltschs, “ in *Berliner Tageblatt* Nr. 61, 6. Februar 1923, Morgen-Ausgabe, 2-3; Nachdruck, *Troeltsch-Studien*, Bd. 12, *Ernst Troeltsch in Nachruf*, herausgegeben von Friedrich Wilhelm Graf unter Mitarbeit von Christian Nees (Gütersloh: Gütersloher Verlagshaus, 2002), 268-269.

23） F・W・グラーフは，トレルチの『キリスト教の絶対性と宗教史』には「歴史主義的に屈折した後期ヘーゲル主義」の歴史哲学が仮定されており，ヘーゲルに対する表向きの批判にもかかわらず，初期トレルチはその限りではヘーゲル主義的思考形態に拘束され続けていた，との判断を下している（Cf. F. W. Graf, „Einleitung,“ in KGA 16, 20）。それに加えて，西南ドイツ学派の新カント主義との接近が顕著だった中期を経て，ベルリン時代の歴史哲学者としてのトレルチは，ヘーゲルに再び接近しているように見える（Cf. Helmut Thielicke, *Glauben und Denken in der Neuzeit. Die großen Systeme der Theologie und Religionsphilosophie* (Tübingen: J. C. B. Mohr [Paul Siebeck], 1983), 578-579）。しかしそこでもトレルチはヘーゲルとの相違を明確に認識している。例えば,「ミネルヴァの梟は，日の暮れ始めた夕暮れとともに，その飛翔を始める」というヘーゲルの有名な言葉に関連づけて，トレルチは次のように述べている。「彼〔ヘーゲル〕は，自分が原理的帰結の時代に属し，来るべきものの創造のなかにではなく，既存のものの把握のなかに偉大さを求めるようにと，運命によって宣告されていると感じていた。来るべきものの創造という課題に対しては，彼の歴史哲学はほんのわずかの関わりさえも持っていず，この点においてわたしが代表している歴史の見方とは全く対立している。彼の歴史哲学は，このような事情の下にあって，この来るべきものの創造という課題に対して関わりを持つことができなかった。ヘーゲルはその点において誤っていた」（GS III, 255; KGA 16, 458）。

24） トレルチのヘーゲルに対する関係を扱った研究としては，George J. Yamin, Jr., *In the Absence of Fantasia. Troeltsch's Relation to Hegel* (Tallahassee: University Press of Florida, 1993) がある。この書の著者によれば，「トレルチのヘーゲルに対する関係は，『範型的虚構の懐疑的な修正』（カーモード 24）として最も良く叙述される」という（Ibid., 9）。いろいろ教えられるところもあるが，これによって両者の関係の全貌が明らかになったとは必ずしも思われない。

25） 序章の注 35 を参照のこと。ちなみに，アメリカのキリスト教思想史研究に大きな足跡を残したヴィルヘルム・パウク（Wilhelm Pauck, 1901-1981）は，1930 年代のユダヤ人迫害に伴ってアメリカに移住したわけではないが，彼もまたベルリン大学でハルナック（Adolf von Harnack, 1851-1930），トレルチ，カール・ホル（Karl Holl, 1866-1926）などから学んだ,「ドイツの学問のまさに最良部分」（the very best of German *Wissenschaft*）をアメリカに移植した一人である（David W. Lotz, ed., *In Memory of Wilhelm Pauck* (1901-1981) [New York: Union Theological Seminary, 1982], 13）。彼は 1925 年にアメリカに渡り，シカゴ神学校とニューヨーク・ユニオン神学大学で長

年教鞭を執り，最晩年にヴァンダービルト大学に移って，そこに「キリスト教思想史」（History of Christian Thought）のコースを創った。筆者はヴァンダービルト大学に留学して，そのコースを主専攻にしてPh.D.を取得したので，パウクの学統の末席を汚す者であるが，彼がアメリカのキリスト教思想史研究，とくに宗教改革に関する思想史研究に果たした貢献は偉大である。Cf. Marion Hausner Pauck, “Wilhelm Pauck: A Biographical Essay,” in *Interpreters of Luther: Essays in Honor of Wilhelm Pauck*, edited by Jaroslav Pelikan (Philadelphia: Fortress Press, 1968), 335-361.

それ以外にも，われわれが本書でたびたび引証してきた *Das Verstehen. Grundzüge einer Geschichte der hermeneutischen Theorie im 19. Jahrhundert*. 3 Bde. の著者ヨアヒム・ワッハ（Joachim Wach, 1898-1955）もまた，1930年代のユダヤ人迫害に伴ってアメリカに移住してきた一人である。彼の父フェリックス・ワッハは作曲家フェリックス・メンデルスゾーンの末娘エリザベスの息子で，母方もメンデルスゾーン家の家譜に繋がっている。アメリカ合衆国に移住後，ワッハはブラウン大学とシカゴ大学神学部で教えたが，シュライアーマッハー，ベーク，ディルタイ，トレルチ，ヴェーバーなどの著作に精通し，確固たる解釈学理論に基礎づけられた彼の宗教学は，《シカゴ学派》と呼ばれる宗教学の伝統を形成し，アメリカの宗教学に多大な貢献をなした。ワッハの学問業績については，Christian K. Wedemeyer & Wendy Doniger, eds., *Hermeneutics, Politics, and the History of Religions: The Contested Legacies of Joachim Wach and Mircea Eliade* (Oxford & New York: Oxford University Press, 2010) の Part I が参考になる。

26） Johann Gustav Droysen, *Historik. Vorlesungen über Enzyklopädie und Methodologie der Geschichte*, herausgegeben von Rudolf Hübner (München: R. Oldenbourg, 1937; Nachdruck, 5. Aufl., 1967), 83.

27） Joachim Wach, *Das Verstehen: Grundzüge einer Geschichte der hermeneutischen Theorie im 19. Jahrhundert* (Tübingen: J. C. B. Mohr [Paul Siebeck], 1926-1933; Nachdruck, Hildesheim: Georg Olms Verlag, 1966).

28） Hans-Georg Gadamer, *Gesammelte Werke*, Bd. 1, *Hermeneutik I: Wahrheit und Methode* (Tübingen: J. C. B. Mohr [Paul Siebeck], 1990), 172. ガダマー，轡田収・麻生建・三島憲一・北川東子・我田広之・大石紀一郎訳『真理と方法I』（法政大学出版局，1986年）245頁。

29） Ibid., 174.『真理と方法I』248頁。

30） Ibid., 174.『真理と方法I』248頁。

31） Ibid., 177.『真理と方法II』293頁。

32） 実際，ガダマーはハイデガーへの帰依を，次のような注目すべき言葉で表現している。「ディルタイやトレルチをハラハラさせた歴史的相対主義の問題性も，ハイデガーにおいて思想の力によって歴史主義が正真正銘克服されるのを体験した人にとっては，脅威となるものを一つももっていなかった。」Hans-Georg Gadamer, „Emilio Betti und das idealistische Erbe,“ in *Zur Grundlegung einer allgemeinen Auslegungslehre,* von Emilio Betti (Tübingen: J. C. B. Mohr [Paul Siebeck], 1988), 93.

33）筆者の見るところでは，ガダマーが指弾する「歴史主義のアポリア」——晩年のディルタイがこれに逢着した——を脱却する方途として，おそらく二つの対蹠的な可能性があるであろう。ひとつは「歴史によって歴史を克服する」（Geschichte durch Geschichte überwinden）という言葉に示されるように，歴史主義に徹することによってそれを克服しようとする，トレルチが選び取った「歴史主義の内在的超越」の道である。もうひとつの可能性は，ハイデガーの『存在と時間』が綱領書の役割を果たすことになった，「解釈学的哲学」の道である。ガダマーの『真理と方法』は，ハイデガーが打ち出した「事実性の解釈学」（Hermeneutik der Faktizität）に全面的に規定され，普遍史的な構えをもつトレルチの歴史主義を評価する眼識を欠いているように思われる。しかしハイデガー＝ガダマー的な思考が一世を風靡した時代が過ぎ去ろうとしている今，われわれはディルタイからトレルチへの発展の方向と，ディルタイからハイデガーへの転轍の方向を，醒めた目で比較検討すべきであろう。この見直し作業における鍵概念は，管見によれば，「歴史性」（Geschichtlichkeit）と「歴史化」（Historisierung）である。これらの概念の分析を通して，歴史の問題に関するディルタイ，トレルチ，ハイデガーの相互関係を解明することが，われわれの次の大きな課題となるであろう。

34）G. W. F. Hegel, *Werke in zwanziger Bänden*, Bd. 12, *Vorlesungen über die Philosophie der Geschichte* (Frankfurt am Main: Suhrkamp Verlag, 1970), 19.

35）レッシングが生きた時代状況を具体的に示す事例は，『無名氏の断片』の著者，ハンブルクのギムナジウム教授ライマールス（Hermann Samuel Reimarus, 1694-1768）のケースである。『理性的神崇拝者の弁明あるいは擁護書』という表題をもつ，理神論擁護のこの書物の批判版が刊行されたのは，ようやく1972年のことである（Hermann Samuel Reimarus, *Apologie oder Schutzschrift für die vernünftigen Verehrer Gottes*, herausgegeben von Gerhard Alexander [Frankfurt am Main: Insel Verlag, 1972]）。著者は半生をかけて書き上げたこの大著の原稿を，死の直前まで秘匿し，ごく親しい数人の友人と二人の子どもにしか見せなかったが，それは彼が「聖職者の暴政」によって告発されるのを恐れたからである。ドイツにおいて宗教的寛容が地歩を占めるのは，レッシングが「ハンブルクの異端審問官」の異名をもつゲッツェを相手に孤軍奮闘し，いわゆる「反ゲッツェ論争」を戦い抜くことによってである。

36）Cf. Otto Mann, *Lessing: Sein und Leistung*, 2. Aufl. (Berlin: Walter de Gruyter, 1965), 307.

37）Gotthold Ephraim Lessing, *Sämtliche Schriften*, herausgegeben von Karl Lachmann, dritte, auf's neue durchgesehene und vermehrte Aufl., besorgt durch Franz Munker (Berlin: Walter de Gruyter, 1968), Bd. 13, 353; idem, *Werke*, in Zusammenarbeit mit Karl Eibl, Helmut Göbel, Karl S. Guthke, Gerd Hillen, Albert von Schirnding und Jörg Schönert, herausgegeben von Herbert G. Göpfert (München: Carl Hanser Verlag, 1970-79), Bd. 8, 459 (Ernst und Falk, II).

38）レッシングは，「身に迫った危険のために真理に不誠実となる人であっても，真理を非常に愛することはできる。そして真理は彼の愛ゆえに彼の不誠実を赦す」，と述べて

いる（*Sämtliche Schriften*, Bd. 11, 70; Werke, Bd. 7, 80 [Berengarius Turonensis]）。フィットボーゲンは，レッシングが多用する「戦術」（Taktik）には不当なものもあるとして，彼を譴責しているが，レッシングが置かれていた当時の状況を考えると，必ずしも彼の非難は正当とは言えない。Cf. Gottfried Fittbogen, *Die Religion Lessings* (Leipzig: Mayer & Müller, 1923; New York: Johnson Reprint Corporation, 1967), 79-83.

39） Lessing, *Sämtliche Schriften*, Bd. 18, 266 (An Karl Lessing vom 16. März 1778); idem, *Werke und Briefe in zwölf Bänden*, herausgegeben von Wilfried Barner zusammen mit Klaus Bohnen, Gunter E. Grimm, Helmuth Kiesel, Arno Schilson, Jürgen Stenzel und Conrad Wiedeman (Frankfurt am Main: Deutscher Klassiker Verlag, 1985-2001), Bd. 12, 131 (Brief Nr.1351).

40） Cf. Hannah Arendt, *Von der Menschlichkeit in finsteren Zeiten* (München: R. Piper & Co. Verlag, 1960); idem, *Men in Dark Times* (New York: Harcourt, Brace & World, 1969).

41） ムーサイの働きについては，拙論「クリオとヘルメース」『人文論集』（北海学園大学）第 48 号（2011 年），43–95 頁を参照されたい。

42）「セレンディピティ」については，ノーベル化学賞を受賞した鈴木章北大名誉教授が貴重な証言をしている。鈴木氏はノーベル賞受賞に繋がったクロスカップリングの発見を，「偶然の女神」が微笑んだからだとし，このように「偶然の幸運により発見する」ということは科学の研究ではときどき起こる，そしてこうした偶然をうまく活かす能力あるいはその結果として手に入れた発見のことを「セレンディピティ」と言う，しかしそのような幸運を活かせるかどうかは，「『自然を直視する謙虚な心』『小さな光をも見逃さない注意力』『旺盛な研究意欲』にかかっている」，と述べている。北海道大学 CoSTEP『鈴木章　ノーベル化学賞への道』（北海道大学出版会，2011 年），38–41 頁。

43） Peter Stuhlmacher, *Historical Criticism and Theological Interpretation of Scripture: Toward a Hermeneutics of Consent*, translated and with an introduction by Roy A. Harrisville (Philadelphia: Fortress Press, 1977), 11, 84-85, 89; idem, *Schriftauslegung auf dem Wege zur biblischen Theologie* (Göttingen: Vandenhoeck & Ruprecht, 1975), 125.

44） Peter L. Berger, *A Rumor of Angels: Modern Society and the Rediscovery of the Supernatural* (New York: Doubleday & Co., 1969), 121.

45） この点については，とくに第 6 章の「四　トレルチの追感的理解」で詳しく論じているので，そこを参照されたいが，そこに含まれている哲学的・認識論的問題は，誰よりもトレルチによって鋭く抉剔されている。Cf. Ernst Troeltsch, GS III, 684-685; KGA 16, 998-999.

46） Karl Barth, *Die protestantische Theologie im 19. Jahrhundert* (Zürich: Theologischer Verlag, 1981), 308.

47） 手塚富雄・神品芳夫『増補　ドイツ文学案内』（岩波文庫，1994 年），171 頁。

48） Divination については，ルドルフ・オットーの『聖なるもの』が，宗教学的文脈に限定したかたちではあるが，かなり詳細に論じている。Rudolf Otto, *Das Heilige. Über das Irrationale in der Idee des Göttlichen und sein Verhältnis zum Rationalen* (München:

Verlag C. H. Beck, 1963), 173-205.

49） 筆者はこの問題について，拙著『レッシングとドイツ啓蒙』（創文社，1998 年）の第 4 章で詳しく論じているので，それを参照されたい。

50） このモデルを考える上で，Anthony C. Thiselton, *Hermeneutics: An Introduction* (Grand Rapids, Mich. / Cambridge, U.K.: William B. Eerdmans, 2009) の，とくに Chap. I & II から大きな示唆を得た。

51） Reinhold Niebuhr, *The Nature and Destiny of Man*, vol. 2, *Human Destiny* (New York: Charles Scribner's Sons, 1943), 255; idem, *The Self and the Dramas of History* (New York: Charles Scribner's Sons, 1955), 118; cf. 199.

52） Reinhold Niebuhr, *Faith and History: A Comparison of Christian and Modern Views of History* (New York: Charles Scribner's Sons, 1949), 194.

53） Gadamer, „Emilio Betti und das idealistische Erbe," in *Zur Grundlegung einer allgemeinen Auslegungslehre*, 97.

54） Johann Gustav Droysen, *Historik* (Historisch-kritische Ausgabe von Peter Leyh und Horst Walter Blanke), Band 1: *Rekonstruktion der ersten vollständigen Fassung der Vorlesungen* (1857); *Grundriß der Historik in der ersten handschriftlichen (1857/58) und in der letzten gedruckten Fassung (1882)* (Stuttgart-Bad Cannstatt: Friedrich Frommann Verlag Günther Holzboog, 1977), 236; *Vorlesungen*, 287.

55） ゴードン・E・マイケルソンは，所謂「レッシングの厭わしい広い壕」という心象には，時間的な次元，実存的な次元，形而上学的な次元が含まれていることを指摘し，それぞれを "temporal ditch"，"existential ditch"，"metaphysical ditch" と名づけている。Cf. Gordon E. Michalson, Jr., *Lessing's "Ugly Ditch": A Study of Theology and History* (University Park and London: Pennsylvania State University Press, 1985).

56） Stuhlmacher, *Schriftauslegung auf dem Wege zur biblischen Theologie*, 121, 123, 125; cf., idem, *Historical Criticism and Theological Interpretation of Scripture*, 85, 87, 88; idem, *Vom Verstehen des Neuen Testaments*, 222-256（Ｐ・シュトゥールマッハー，齋藤忠資訳『新約聖書解釈学』（ＮＴＤ補遺 6）（日本キリスト教団出版局，2009 年），325–355 参照）.

57） Leopold von Ranke, *Aus Werk und Nachlass* (Historisch-kritische Ausgabe), Bd. 2, *Über die Epochen der neueren Geschichte*, herausgegeben von Theodor Schieder und Helmut Berding (München & Wien: R. Oldenbourg, 1971), 59-60.

58） 武藤一雄『神学と宗教哲学との間』（創文社，1969 年），236 頁参照。

59） Droysen, *Historik* (Peter Leyh), 422; *Vorlesungen*, 327.

60） Leopold von Ranke, *Sämtliche Werke*, Bd. 15, *Englische Geschichte vornehmlich um 17. und 18. Jahrhundert* (Leipzig: Duncker & Humblot, 1867), 103.

61） Leopold von Ranke, *Sämtliche Werke*, Bd. 33-34,*Geschichten der romantischen und germanischen Völker von 1494 bis 1514* (Leipzig: Duncker & Humblot, 1867), VII.

62） この点については，村岡哲『レーオポルト・フォン・ランケ』（創文社，1983 年）

の第6章「ランケ史学成立についての熟考」を参照されたい。

63） Niebuhr, *Faith and History*, Chap. XII 参照 .

64） ここでわれわれは，1948年のアムステルダム世界宣教会議の際に，ラインホールド・ニーバーがカール・バルトを批判して書いた論文の表題を思い起こす。ニーバーはそこで「われわれは人間であって神ではない」と主張している。Reinhold Niebuhr, “We are Men and Not God,” *The Christian Century*, LXV (October 27), 1138-1140.

65） Cf. Hans Morgenthau, “The Influence of Reinhold Niebuhr in American Political Life and Thought,” in *Reinhold Niebuhr: A Prophetic Voice in Our Time,* Essays in Tribute by Paul Tillich, John C. Bennett and Hans Morgenthau, ed. Harold R. Landon (Cambridge: Seabury Press, 1962), 109; Martin Marty, Introduction to the Wesleyan Edition of *The Kingdom of God in America*, by H. Richard Niebuhr (Middletown, Conn.: Wesleyan University Press, 1988), xii-xiii. もちろん，トレルチにおいてもこのような超越的視点がまったく欠けているわけではない。「彼岸は此岸の力である」(Das Jenseits ist die Kraft des Diesseits)(GS I, 979) という言葉は，トレルチの宗教思想を支える超越的契機の端的な表明である。しかしながら，彼の歴史解釈にはこの超越的契機が十分に反映されていない憾みがある。ニーバー兄弟はその点で，トレルチにおける不十分さを補ってあまりある，きわめて重要な神学的貢献をしている。

66） R・N・ベラー他，中村圭志訳『善い社会——道徳的エコロジーの制度論』（みすず書房，2000年），197頁。

67） Frithjof Rodi, *Erkenntnis des Erkannten. Zur Hermeneutik des 19. und 20. Jahrhunderts* (Frankfurt am Main: Suhrkamp Verlag, 1990), 7.

68） 2010年はベルリン大学創立200年にあたっており，各種のイベントが催された。記念刊行物としては，I. Thom und K. Weining, hrsg., *Mittendrin. Eine Universität macht Geschichte* が大学の足跡に関する貴重な情報を満載している。ちなみに，アウグスト・ベークについては，「雄弁ならびに詩歌をはるかに超えて」（Weit über Beredsamkeit und Poesie hinaus）という見出しの下に，丸々2頁を費やして紹介記事が載っているが，それ以外の箇所でも何度か言及されている。さすがは学部長を6回，学長を5回務めただけのことはある（Ibid., 120-121; cf. 38, 47, 55-56, 158, 198）。

安酸 敏眞（やすかた・としまさ）

1952 年生まれ。京都大学大学院博士課程およびヴァンダービルト大学大学院博士課程修了。Ph.D.，京都大学博士（文学）。現在，北海学園大学人文学部教授。
〔主要業績〕*Ernst Troeltsch* (Scholars Press, 1986; Oxford University Press, 2000),『レッシングとドイツ啓蒙』（創文社，1998 年），『歴史と探求』（聖学院大学出版会，2001 年），*Lessing's Philosophy of Religion and the German Enlightenment* (Oxford University Press, 2002), *Frühes Christentum und Religionsgeschichtliche Schule*（共著, Vandenhoeck & Ruprecht, 2011），トレルチ『信仰論』（教文館，1997 年），グラーフ『トレルチとドイツ文化プロテスタンティズム』（共訳，聖学院大学出版会，2001 年），バルト『十九世紀のプロテスタント神学』中・下巻（共訳，新教出版社，2006-2007 年）ほか。

〔歴史と解釈学〕 ISBN978-4-86285-135-2

2012 年 8 月 10 日　第 1 刷印刷
2012 年 8 月 15 日　第 1 刷発行

著　者　安　酸　敏　眞
発行者　小　山　光　夫
製　版　ジ　ャ　ッ　ト

発行所　〒113-0033 東京都文京区本郷1-13-2
電話03(3814)6161 振替00120-6-117170
http://www.chisen.co.jp
株式会社　知泉書館

Printed in Japan　　印刷・製本／藤原印刷